安徽文化名人传略

王世华　徐　彬◎主编

安徽师范大学出版社
ANHUI NORMAL UNIVERSITY PRESS
·芜湖·

图书在版编目(CIP)数据

安徽文化名人传略 / 王世华，徐彬主编 .—芜湖：安徽师范大学出版社，2021.1

ISBN 978-7-5676-5020-6

I. ①安… II. ①王… ②徐… III. ①文化—名人—列传—安徽 IV. ①K825.4

中国版本图书馆CIP数据核字(2020)第272033号

安徽文化名人传略

ANHUI WENHUA MINGREN ZHUANLÜE

王世华　徐　彬◎主编

责任编辑：蒋　璐　　　责任校对：何章艳　李慧芳
装帧设计：张　玲　　　责任印制：桑国磊
出版发行：安徽师范大学出版社
芜湖市北京东路1号安徽师范大学赭山校区
网　　址：http://www.ahnupress.com
发 行 部：0553-3883578　5910327　5910310(传真)
印　　刷：苏州市古得堡数码印刷有限公司
版　　次：2021年1月第1版
印　　次：2021年1月第1次印刷
规　　格：700 mm × 1000 mm　1/16
印　　张：35.25
字　　数：510千字
书　　号：ISBN 978-7-5676-5020-6
定　　价：126.00元

序　言

王世华

安徽夹江跨淮，迤原包山。淝颍以北，极于濉泗，弥望平原，田畴沃衍。而长江以南，崇山峻岭，逶迤不绝。在这片广袤的土地上，几千年来，安徽的先民们辛勤劳作，创造了光辉灿烂的文化。二十年前，张海鹏、臧宏、郭因、张秉伦主编了一套《安徽文化史》，洋洋洒洒二百万言，向我们详尽展示了安徽文化成就的辉煌画卷，以及安徽作为一个文化大省的壮丽风貌。

作为一个文化大省，灿烂的文化成就当然是文化精英或者说文化名人创造的。晚清吴汝伦在谈到安徽的文化精英时就曾感慨："名山峻岳，蕴蓄精英，人文之兴，著自前史。入国朝，瑰人杰士，后先映蔚。经师若婺源江氏、休宁戴氏，文章若桐城方、刘、姚氏，皆所谓特立于一时，而不泯没于后代者。其他名德硕望，入而谙修、出而经纬六合，不可胜纪"。

"不可胜纪"的安徽文化名人，其具体数字无法统计，仅蒋元卿《皖人书录》中就收集了6600多位有著作可考的名人，当然实际数字远远不止于此，因为该书只记载了春秋至1919年这一时段的文化名人，其后的就没有记载了，且那些著作已散佚的文化名人也未记载。但即便如此，安徽历代的文化名人已令人惊叹了。

这些文化名人从类型上分，大致可以分为以下几种：

仕宦型。安徽不少化名人都在各级政府部门任职。他们或在中央部门为官，或在地方政府从政。最早者如老子，就曾是东周"守藏室之史"。其后的管仲还担任了齐国的"相"，位高权重。何尚之也是南朝刘宋重臣，官至侍中、左光禄大夫，并兼领中书令。清代乾隆年间的金榜因高中状元而被授予军机处行走、翰林院修撰。更多的安徽文化名人是在各级地方政府任职。无论是在中央部门还是在地方政府，他们在治民理政之余，或吟诗作文，或研究学术，从而创造了很多文化成果。

科技型。在安徽文化名人中，也有一些是纯粹科技型的。他们把毕生精力献给科技事业，作出了很大贡献。如华佗，一生精研医学，在内外科、妇科、儿科、精神科、传染科等领域均有较深的造诣，几成全科圣手。明清时期安徽的医家非常多，仅仅徽州一府，据统计就有800多名医家，他们都是文化精英。宣城梅文鼎孜孜不倦潜心研究，在天文、历法、数学方面都做出了非凡成绩，成为一名杰出的科学家。方以智因在物理学、化学、天文学上的贡献被人称为百科全书式的大学者。

布衣型。有不少人一生由于种种原因，或者无意科举，或者屡踬科场，从而绝此念想，以布衣终老。他们大多只是考中了秀才，以后就再也无缘蟾宫折桂，因身无一官半职，从某种意义上说，可以称为布衣。但是这批人中有的出于对文化、对学术的敬畏和热爱，焚膏继晷、呕心沥血地研究或创造，取得了杰出的成果，成为布衣型的文化名人。清中叶的俞正燮家境贫寒，“日食不给”，只能为人佣书，养家糊口，即使为人作嫁，他也没有停止过自己的研究，终于完成了《癸巳类稿》《癸巳存稿》，奠定了其思想家、考据学家的学术地位。康熙年间的江永只是个诸生，但他勤奋钻研学问，二十七岁开始设馆授徒，培养出戴震、金榜这样的杰出人才。他在经学、音韵学、理学方面的成就，戴震认为“自汉经师康成（郑玄）后，罕其俦匹”。吴敬梓也是在获得秀才功名后，无缘蟾宫折桂，毅然诀别科场，埋头创作，在穷困潦倒、食不果腹的境遇中写出了划时代的杰作《儒林外史》。

商贾型。在安徽文化名人中还有一些商人，这也是不同于其他省的地方。明代商人程大位，由于经商的需要和启发，历经二十余年的研究，写成了《算法统宗》一书，成为“在明代数学家当中最引人注目”的一位。盐商程晋芳对经营毫无兴趣，“才难问生产，气不识金银”，却废寝忘食地钻研各种学问，清代大学者袁枚评价他：“平生绝学都探遍，第一诗功海样深。”

闺阁型。虽然在传统社会，女子一般被剥夺了受教育的权利，但由于家学渊源、家长重视，也有少数女子得以接受教育，加上她们自已的追求和努力，终于在文化上有所成就。桐城人方维仪十八岁丧夫，回母家守志，成为侄儿方以智的良师。旌德人吕碧城在家庭破落、寄人篱下的情况下，发愤图强，自学成才，成为诗人、政论家、社会活动家，其影响之大，乃至“绛帷独拥人争羡，到处咸推吕碧城”，堪称民国第一才女。

艺术型。安徽的文化名人中有不少是艺术家。东晋时期的戴逵及其子戴勃、戴颙在雕塑绘画上取得了杰出的成就。宋代李公麟笔下“扫去粉黛、淡毫轻墨、高雅超逸”的白描画，被后人称为“天下绝艺矣”，苏东坡称其“神与万物交，智与百工通”。“敢言天地是吾师”的画家渐江，开创了新安画派的时代。清代绘画巨擘石涛，直师造化、打破藩篱、无古无今、我用我法的大胆创新，为当时画坛吹来一股劲风，使人耳目一新。安庆艺人程长庚对演唱艺术精益求精、不断创新，熔昆弋声于皮黄中，终成京剧鼻祖。

“彬彬称极盛”的安徽文化名人有些什么特点呢？

第一，文化成果贡献丰富。安徽文化名人群体在医学、技术、绘画、书法、文学、戏曲、哲学等各个领域都作出了巨大的贡献。蒋元卿的《皖人书录》中收录了皖人著作17 000余种，这还是不完全的统计，实际更多。仅以徽州为例，唐宋以后徽州学者贡献了大量的学术著作。道光《徽州府志·艺文志》收录自唐至清道光年间徽人著作达3332种，7万余卷。

第二，文化成就影响深远。宋代朱熹创立的理学成为以后各个朝代的正统思想，影响深远。程大位的《算法统宗》被翻译成多国文字，影响空前。日本甚至把每年8月8日定为算盘节，专门纪念这位中国“算神”。南朝宋周兴嗣编的《千字文》虽然只是一本科普读物，问世后却家喻户晓，“学童三五并排坐，天地玄黄喊一年”。直到今天此书还是人们喜爱的启蒙书籍之一。吴敬梓的《儒林外史》在我国文学史上占有重要地位，是可以跻身世界文学之林的杰作。

第三，文化成就全国一流。安徽文化名人贡献的文化成果不仅数量多，影响大，而且质量上乘，很多成果在全国领先。老子的《道德经》就不必说了，无疑是最伟大的名著之一，对哲学、科学、政治、宗教都产生了深刻的影响。东晋戴逵及其子戴勃、戴颙也是东晋艺坛上的领军人物。方以智作为明末清初与顾炎武、黄宗羲、王夫之齐名的杰出思想家，在哲学、文学、史学、医学、语言学、天文、物理、地理、书画、音乐等方面皆有很高造诣，是明代难得一见的百科全书式的大学者。梅文鼎一生致力于钻研科学，会通西学，对整个清代的学术思想有着重要的影响，被世界科技史界誉为与英国牛顿和日本关孝和齐名的“三大世界科学巨擘”。梁启超曾说：“我国科学最昌明者，惟天文算法。至清而尤盛，凡治经者多兼通之，其开山之祖，则宣城梅文鼎也。”可见梅文鼎的研究已达到当时的最高水平。戴震一生著述繁富，涉及学科非常广泛，有数学、古文字学、语言学、考证、天文学、地理学、经学、哲学等。梁启超评价他说：“戴东原先生为前清学者第一人，其考据学集一代大成，其哲学发二千年所未发。”

第四，文化风气开先创新。安徽文化名人在创造文化的过程中，很多人具有开拓创新的精神，敢为天下先，往往能引领时代风气。史称“三曹”的曹操、曹丕、曹植父子三人，利用乐府诗的形式大胆赋予新的题材，或反映现实，或抒情言志，或咏物感怀，开创了“建安文学”，在中国文学史上写下了壮丽篇章。诗歌发展到中唐，已经暴露出“沿袭古题，唱和重复”的缺憾，李绅一心想克服这个弊端，大胆开创一种新体，并以身示范，亲自创作，即得到元稹和白居易的积极响应，他们共同掀起了一场“新乐府运动”。“诗到元和体变新”，元和年间的诗歌革新取得了成功。20世纪初，我国传统教育已走上末路，但其势力和影响仍很强大。吴汝纶顶着各种压力，敢开风气之先，坚持发展西式教育，在家乡桐城建立了当地的第一所新式学堂，推动了中国的近代化教育。严复赞其为“平生风义兼师友，天下英雄惟使君”。

第五，文化传统根深叶茂。文化名人的成长，或得家学渊渊的传授，或受文化传统的熏陶。自方苞、刘大櫆、姚鼐开创新文风以来，很多文人纷纷归依，形成“桐城派”，这一文化传统影响清代文坛二百多年，出现了二百多位作家。自朱熹创立理学以后，徽州形成了新安理学，这一文化传统影响了无数徽州人，新安理学家秉承这一文化传统，一直传承发展到清代中叶。安徽诸多文化名人均是在这种文化传统中成长起来的。

为了帮助大家更深入地了解安徽文化名人，更广泛地宣传安徽的文化成就，安徽省历史学会会长李琳琦希望能组织一些学者编撰一本书加以介绍，这就是我们今天呈现给大家的《安徽文化名人传略》。受篇幅所限，很多文化名人没能入选，并因各种原因，有的人物只能忍痛割爱，请读者谅解。本书出于众人之手，叙述各有详略，质量参差不齐，加之囿于主编水平，错误和不足在所难免，敬请读者批评指正。

目　录

道家宗祖，传奇人物——老子

周奕鑫

老子像

在春秋战国时期，中国涌现出一大批具有不同特色的杰出人物，他们在各自擅长的领域取得了巨大的成就。如孔子，以“仁”与“礼”为核心，垂教万世，开创了儒家学派；又如墨子，以“兼爱”“非攻”为主要思想，开创了墨家学派，以至时人称“天下之言，不归于杨，即归于墨”；又如公输班、许行等人亦在手工业、农业领域上阐发自己的学说，对后世产生了极大的影响。其中有一位伟人感悟天道人伦，提出自己的主张，并开创了道家学派。不仅如此，他还被后来中国的本土宗教道教尊为教祖，对中国古代政治、思想的发展产生了极大的影响——他就是老子。

老子所处的时代及其大致经历

老子，姓李名耳，字聃。根据《史记》记载，他是“楚苦县厉乡曲仁里人”（即安徽亳州人，也有一说为河南鹿邑人），曾做过东周的“守藏室之史”。他生活的时代大概是在春秋末期，要比孔子稍早一些，两人曾有过对话，因此我们可以推知老子所处的时代大概是在公元前五六世纪。自周平王东迁（约前770年）以后，周王室逐渐衰微，大国之间相互争霸吞并，因此有了“春秋无义战”之说。周王室虽然地位尊崇，但不再具备周初时的威慑力和影响力了，各个诸侯国仅仅只是在名义上奉周王为主，而“礼乐征伐”自诸侯出、自大夫出。

老子正是生活在这样的背景下，现如今，他的事迹已经不可详考，我们只能从文献中很简略的记述来了解一二。在《史记》中，司马迁主要记载了“孔子问礼于老子”和“遇关令尹喜而著《老子》五千言”这两件事，这两件事在其他典籍中也有记载，较为可信。

孔子问礼。相传老子成年后，游学东周列国，最后在东周做了“守藏室之史”，也就是管理藏书室的史官。东周的藏书室中存放了三代以来的文书档案以及各种关于古礼的典籍，于是老子就有了更多的机会接触到三代的典籍和礼乐制度，老子也因此博学多识，深谙三代典故，从而远近闻名。古有云：“礼闻来学，不闻往教。”孔子想要学习古礼，曾经多次就上古礼制向老子请教。其中有一次是在孔子仕鲁后，与弟子南宫敬叔出使朝觐周王时，向老子问礼于洛邑。老子告诉孔子上古时的君子“得其时则驾，不得其时则蓬累而行”，又告诫孔子要除去他的“骄气与多欲，态色与淫志”。孔子要返回鲁国时，老子又赠言说：

> 聪明深察而近于死者，好议人者也。博辩广大危其身者，发人之恶者也。为人子者毋以有己，为人臣者毋以有己。（《史记·孔子世家》）

大意是说：耳聪目明、眼光透彻的人之所以更容易受到死亡威胁，是因为喜欢议论别人。博学善辩、识见广大的人之所以常遭困厄危及自身，是因为他好揭发别人的罪恶。做子女的要忘掉自己而心想父母，做臣下的要忘掉自己而心存君主。

从老子这里，孔子明白了要“克己复礼”以求仁，只有使自己的品行得到提升，才能达到古之“礼”。因此孔子返鲁后，学问日益精进，弟子也越来越多。孔子在弟子面前评价老子像“龙”一样能“乘风云而飞入九霄”，难以望其项背。可见老子道行之高深，境界之高远！

遗书尹喜。据说老子久处周地，见王室之衰微，于是生出了弃官归隐之心，想要回到故乡传播自己的学说，以期有名世者出。当他来到东周边境时，关令尹喜恳求老子能够在归隐前留下一部著作，老子应邀写了五千余字的《老子》并将之赠送给尹喜。这部书分为上下两篇，专门讲述道德的真义，因此后世又称此书为《道德经》。此后，老子便回到故乡授徒讲学，开创了诸子百家中的道家学派。

根据《庄子》的叙述，老子似乎还到过秦国，教授阳子居“大白若辱，盛德若不足”的道理。此外，《庄子》还讲了老子死后，秦人秦失前往吊唁的事情。如果《庄子》记载无误的话，老子在其晚年归隐之后，还曾西游于秦，甚至可能客死于秦。因此，老子的一生大体上可以描述为：老子在春秋末期生于楚苦县，成年后游学于周，并担任“守藏室之史”，在任职期间与孔子一起探求古礼，晚年则归隐于楚，传书《老子》，其后还可能西游于秦。

老子的思想

老子的思想集中体现在《老子》一书中，在老子的思想体系中，“道”是基本纲领，是其学说所能存在和流行的前提。因此，在介绍老子的思想之前，我们有必要了解在老子心中，“道”是什么？它有什么作用？《老子·第二十五章》中云：

> 有物混成，先天地生。寂兮寥兮，独立而不改，周行而不殆，可以为天下母。吾不知其名，强字之曰道，强为之名曰大。

这是老子所理解的“道”：生于天地之前、循环往复而不休止，是天下之母。因此我们可以知道，老子所说的“道”是一个与西方哲学家口中的“绝对精神”相类似的存在，正所谓“道生一，一生二，二生三，三生万物”，它不仅不受天地自然的制约，相反还衍生天地万物。在老子之前，中国的哲学观念更多的是强调“天”与“神”对人类世界的统治，但老子把“道”凌驾于“天”“神”之上，冲击了宗教神学对人的精神世界的统治，为人性意识的觉醒奠定了精神基础。老子除了对“道”有深刻的认识外，还依据他对“道”的理解提出“无为”的哲学命题，从而提出了他的治国主张。

无为，又曰无不为。老子“无为”的命题是基于“人法地，地法天，天法道，道法自然”这一观点而提出的。“道”效法自然，顺应事物发展的规律和变化。那么，“道”既然效法自然，而由“道”所衍生出来的“万物”——包括天、地、人以及世界上的其他生灵——都应该是要效法自然才可以达到“道”的境地。那么，“道”法自然的具象表现形式是什么呢？老子认为是“无为”，以人为例，在人类活动中顺应事物的发展变化，随缘而动，因循而用之，这样才能“合于道”。但值得注意的是，老子所讲的“无为”并不是无所作为，而是有所为有所不为（又可称之为“无不为”）。老子曰：“道常无为而无不为。”正是认为“无为”者，是在顺应“道”的基础上无所不为。因此，老子的“无为”是在遵循事物的自然发展规律，让其自然演化；而所“不为”的是不恣意妄为，不过多的干预事物的动态发展过程；“无不为”是站在“合于道”的高度上为其所当为，止其所当止。所以说，老子的“无为”思想中蕴含着非常丰富的思辨精神，故司马谈在《论六家要旨》中说：“道家无为，又曰无不为，其实易行，其辞难知。”

有无相生，祸福相依。在老子的思想体系中，还有一个非常重要的特色，也就是老子的朴素辩证法思想。《老子·第二章》就说：“有无相生，难易相成，长短相形……前后相随。”在老子心目中，他认为有无、难易、长短这些相反的词并不是绝对对立的，而是可以相互转化的，“有”可以从“无”中诞生出来，同样的“无”也可以从“有”中生出。在中国，老子率先认识到“有”与“无”这一类的对立统一关系，具有极其独到的见解。此外，老子把他的发现运用在生活中，自然而然地提出了“祸福相依”的观点。他还发现有德行的人往往在外表和言行举止上看起来很平凡、很普通，所以他在劝诫孔子时说：“良贾深藏若虚，君子盛德，容貌若愚。”意思是说，好商人深藏不露，像没有财货一样；君子有盛德，外表却像什么都不懂。

治大国，若烹小鲜。在政治上，老子向往上古时代的“小国寡民”的社会：

> 小国寡民，使民有什伯之器而不用，使民重死而不远徙。虽有舟舆，无所乘之；虽有甲兵，无所陈之。使民复结绳而用之。甘其食，美其服，安其居，乐其俗。邻国相望，鸡犬之声相闻，民至老死不相往来。（《老子·第八十章》）

大意是说：使国家变小，使人民稀少，即使有各种各样的器具，却并不使用，使人民重视死亡，而不向远方迁徙。虽然有船有车、有盔甲兵器，根本用不上。民众都满足于现有的衣食住行，在淳朴的风俗中优哉游哉。国家之间也没有交往，两国近得鸡犬之声都相互听得见，两国民众却至老至死都没有交往。

这样的理想当然有“倒退”的色彩，否定了社会发展进步的意义，但老子这样说的背景是诸侯国之间的纷争不息、战乱不休。

老子其实很清楚当今的天下是回不到“小国寡民”社会的，因此他对大国也提出了自己的治理方案：“治大国，若烹小鲜”，即治理大国就像烹饪小鱼一样，烹饪小鱼不能频繁翻动，而在治理大国时，所需要注意的是在治理国家的过程中维护国家的稳定，使之不至于发生太大的动乱，不应该翻来覆去瞎折腾，更不应该动辄扰民。可见老子对春秋战国时期的连年争战和各国国内的苛政深恶痛绝。此外，老子还反对以权术、智谋治国，他说：“以智治国国之贼，不以智治国国之福。”以权谋治国则会使人心浮动，人心浮动则天下难以安定，因此老子又说：“无欲以静，天下将自定。”我们可以看出，老子的政治主张是希望统治者“因循以为用”，以不扰民为基本条件，顺着社会的发展态势向前发展，使百姓能够得以休养生息。汉初时的“文景之治”正是采用老子的主张，薄赋敛而与民休息，从而使百姓安居乐业，西汉国力也得到很大的提高，从而为汉武帝的文治武功奠定了经济基础。

老子思想的现代价值与意义

老子所处的时代距离现在已经非常遥远了，但他的思想仍然对当今世界的发展具有指导意义，借用老子的话来形容就是“其人与骨皆已朽矣，独其言在耳”。一方面，老子思想中的“道法自然”对于处理人与自然的关系具有指导意义。在春秋战国时期，人与自然的关系远未达到像今天这样的紧张程度，但是老子的一些思想还是可以作为处理当今世界人与自然关系的指导原则，老子所说的“道法自然”就是要顺遂事物的发展规律，因循为用，时变是守。那么从这里我们可以得到启示：在处理人与自然的关系时，不能强行改变自然以适应自身的发展，而是要在尊重自然、保护自然的基础上，找到人与自然的结合点，使人类能够更好地利用自然。从这一角度来说，老子的思想对处理人与自然的关系具有方法论层面的指导意义。

另一方面，习近平总书记在讨论如何治国理政时，曾经多次强调要有“治大国，若烹小鲜”的态度。当今中国处在一个改革开放、不断向前发展的阶段，而越是处在这个阶段越是需要保持政治上的稳定和维护人民群众的根本利益，使人民群众在改革进程中充分受益，而不是深受其害。在老子阐述他的治国思想时，非常重视天下的安定与否，他把治理国家比喻为烹煮小鱼，只有精心制作，小心地保持鱼肉的鲜嫩和味道，才可以烹煮出美味的鱼。所以老子的治国思想对治国理政是具有一定借鉴意义的。

此外，老子的朴素辩证法思想对人们的立身处世具有积极作用。“祸兮，福之所倚；福兮，祸之所伏”对于今天的我们来说无疑是“当头棒喝”，又如老子以水为例，“天下莫柔弱于水，而攻坚强者莫之能胜”，来告诉我们以弱胜强、以柔克刚的道理。老子从日常生活中“见人之所未见，发人之所未发”的人生哲理，极具人生智慧。当然在老子的思想中也有因时代的进步而须被摒弃的部分，比如老子主张“小国寡民”，这已经不符合时代发展的需要，我们在认识老子和学习老子的思想时应有意识地摒弃它。

法家先驱，天下奇才——管仲

黄国伟

管仲像

管仲（？—前645年），名夷吾，字敬仲，今安徽颍上人。春秋时期齐国著名的政治家、军事家和改革家。管仲治齐后，“通货积财，富国强兵”，辅佐齐桓公成为春秋时期的第一个霸主。管仲在中国古代政治史、文化史上都有着极高的地位和深远的影响，《国语·齐语》以他的言论事迹为主要内容，战国管子学派源于他的思想，他对后世历代政治家、思想家均有一定影响。

管鲍之交

据《史记·管晏列传》记载，管仲是颍上人，和鲍叔牙从少年时便是好友。管仲家里贫困，曾与鲍叔牙一起经商，但管仲常占鲍叔牙的便宜，经商所得财利往往多分自己一点。鲍叔牙知道管仲家里贫穷，所以并不去计较。管仲曾经因为替鲍叔牙筹谋事务而使自己更加贫困，但鲍叔牙知道这是他运气不好，不因此觉得管仲愚笨。管仲曾经多次被国君驱逐，但鲍叔牙体谅管仲只是时运不济。管仲曾屡次在战争中逃跑，鲍叔牙不认为他怯懦，知道他是因家中有老母亲而不愿以身犯险。

后来，管鲍二人皆仕于齐。春秋早期襄公在位时，齐国政治混乱，内部矛盾尖锐，公子纠奔鲁、公子小白奔莒，管仲和鲍叔牙分别是公子纠和公子小白的亲近随从。襄公后被公孙无知杀死，公孙无知自立为君，不久被雍林人杀死。齐国无君，招流亡公子回国，时机刻不容缓，公子小白因有高、国两家事先密告而先启程，管仲为了公子纠而率兵拦截公子小白，一箭射中公子小白带钩。公子小白假装中箭倒地，骗过管仲和莒国军队，兼程赶回齐国，被立为君，即齐桓公。桓公即位之初就击败鲁国，要求鲁国除掉公子纠等政敌。为了保护管仲，时已身为齐国重臣的鲍叔牙写信给鲁侯，表示齐国想假手鲁国杀死公子纠，而对于召忽和管仲则欲生致之，手刃而后快。其实鲍叔牙是想让管仲活着回到齐国，他劝桓公宽恕管仲且重用之，说以往之事不过是各为其主，管仲能为公子纠射桓公，也能为桓公“射”天下，以他的才华，在哪国受到任用，哪国就会强盛。鲁国新败，不敢不从，就杀了公子纠，召忽自杀，管仲束手就擒，被押送到齐国，想必他心里很清楚知交好友鲍叔牙的用意。管仲至齐，桓公与其畅谈，真切地体会到他的政治才能，于是任他为大夫，使秉国政，齐国的强盛之路由此开始。

鲍叔牙进言桓公，起用管仲，管仲才得以一展所长，实现生平抱负。管仲的前半生崎岖坎坷，若是没有鲍叔牙这样的知心好友一路相助，就不会有后来匡扶桓公成为春秋一霸的功业。管仲多次对人讲过：“生我者父母，知我者鲍子也。”但管仲并没有因为与鲍叔牙的私交而影响政治上的理性判断，据典籍记载，管仲临终时，桓公问他谁可以继任掌管齐国政务，管仲反过来问桓公心目中属意于谁，桓公说是鲍叔牙，管仲却说：“不可。其为人洁廉，善士也；其于不己若者不比之；又一闻人之过，终身不忘。使之治国，上且钩乎君，下且逆乎民。其得罪于君也将弗久矣！”阻君用友，并非是对友情的背叛，而正是对友、对君的双全之言。知管仲者无如鲍叔牙，知鲍叔牙者亦无如管仲。政治需要妥协乃至苟且，某种程度上原本就是藏污纳垢的。若仅是管理一方面事务，或有坚持直道而行的可能；若驾驭复杂局面，实非狷介之士所能。水至清则无鱼，人至察则无徒，以洁廉之善士为一国执政，必然上犯君而下废事。管仲深知此理，故劝阻桓公，试图防患于未然。后来由于管仲的继任者隰朋很快也去世了，桓公还是任用了鲍叔牙，鲍叔牙逐桓公近臣易牙、开方等而不果，郁郁而终。

司马迁在《管仲列传》中用一半以上的篇幅叙述管鲍之交，并说：

“鲍叔既进管仲，以身下之。子孙世禄于齐，有封邑者十余世，常为名大夫。天下不多管仲之贤而多鲍叔能知人也。”极力推崇鲍叔牙的知人之明，荐一人而齐国治，荐一人而子孙昌，这是对鲍叔牙的赞美，也是对管仲的赞美。

管仲改革

齐国本是太公望的封国，东方重镇，一直具有很强的实力，因为襄公的荒淫暴虐、胡作非为，造成国内外关系的紧张和混乱，国力和声誉受到很大的损害。管仲相齐期间大刀阔斧的对齐国的政治经济军事进行改革，使齐国迅速富强起来。

在政治方面，为了“定民之居”“成民之事”，管仲对齐国进行“叁其国而伍其鄙”的改革。“国”就是国都及其近郊，将国划分为二十一乡，士居十五乡，工居三乡，商居三乡，分设三官管理。十五个军士之乡分为三组，分别由国君和国、高两大世卿家族掌管。由此在军事上设立三军：中军、左军、右军，国君与国、高各率一军，以国君为统帅。“乡”是一级行政组织，设三官、三宰、三族等管理，每乡两千家，五家为轨，十轨为里，四里为连，十连为乡，分别设有轨长、里司、连长、乡大夫。军士之乡兵农合一，军事组织与行政组织既有相合又有分司。

管仲使士农工商分乡而居，避免四民杂处，加强了国家对地方的控制和管理。让承担不同社会职能的人群居共处，世代传承，所谓“少而习焉，其心安焉，不见异物而迁焉”，保持社会职业的稳定性，“士之子恒为士”“工之子恒为工”“商之子恒为商”“农之子恒为农”，从而保证了国家的物资供给和军队来源。

“鄙”就是边邑，即在远离国都之地设立的城邑及其实际控制的周边区域。把鄙分为五属，设立五大夫、五正官管理。三十家为邑，十邑为卒，十卒为乡，三乡为县，十县为属，分别设有邑司、卒帅、乡帅、县帅、属大夫。因为边邑新开垦的田地较多，可以推行新的农业政策，据《国语·齐语》，伍鄙的农业政策为：“相地而衰征，则民不移；政不旅旧，则民不偷；山泽各致其时，则民不苟；陆、阜、陵、墐、井、田、畴均，则民不憾；无夺民时，则百姓富；牺牲不略，则牛羊遂。”依据土地肥瘠区别赋税的重轻，不任用那些不熟悉边邑情况的旧贵族掌管边邑之政，山泽按照固定的时节贡献出产，在高平之处（韦昭注：“高平曰陆，大陆曰阜，大阜曰陵。”）均等分配井田，不任意征发劳役，不随便征用民众的家畜为祭祀品。这一整套措施，在已有种种旧规和既成事实的国都无法有效推行，却可以有效施行于边邑，管仲在这些地方大展身手，增加了农业产出。

管仲把军事组织寄托在行政组织中，不张扬地增加兵力，即所谓“寄军令于内政”。兵员得到保证后，接着就是器械问题，管仲采用了以甲兵赎罪的政策措施，这既是军事上的举措，也是刑法上的改革。对犯重罪的人，允许用犀牛皮所制之甲一领、戟一支赎罪；对犯轻罪的人，允许用装饰有绣革的盾一面赎罪；对犯了小罪的人，处以罚金（金指金属）；疑罪则直接赦免。诉讼者须缴纳一束箭，作为“受理费”。赎罪之金、铜用来造兵器，铁用来制农具和手工工具。这一系列政策措施实施后，无疑能大大增加军事装备的供给。就刑法制度来说，将轻罪重罪都设定为可以用一定物资买赎，诉讼需要缴纳一束箭才能得到受理，当然增加了经济条件较差者的负担，让犯罪的富有者有机会逃脱法网，但这一方面较广泛、成体系地采用了赎刑，另一方面包含着疑罪从无的司法原则，无疑是具有进步意义的。

除了“相地而衰征”等农业政策措施之外，管仲在经济方面还收盐铁山泽之利，增加了国家财政收入和经济活力；设置轻重九府，铸造货币调节物价，“关市几而不征”，对于后来齐国商业经济繁荣起到了很大的作用。管仲也被奉为娼妓业的祖师爷。《战国策·东周策》载:“齐桓公宫中七市，女闾七百，国人非之，管仲故为三归之家，以掩桓公。”《韩非子·说难》也有“昔者桓公宫中二市，妇闾三百”的记载。女闾就是当时蓄养娼妓的地方。管仲通过这种方式增加国家税收，对安定社会也起到了一定的作用。

在用人上，管仲主张三选制，即以“乡长所进，官长所选，公所訾相”的选举方式，扩大人才的来源，为新型的贵族和下层人士提供上升的空间。在官员考评上，根据官员实际政绩和能力进行奖惩，也有效地提高了行政效率和活力。所要选举的人才，一是“居处好学、慈孝于父母、聪慧质仁、发闻于乡里者”，一是“拳勇股肱之力秀出于众者”，德能并重，文教武备并重。对官员的要求，是“有功休德，惟慎端悫以待时，使民以劝，绥谤言，足以补官之不善政”，注重的是官员对民众的统率能力、对治下秩序的驾驭能力。

通过这些改革措施，使齐国迅速积累财富，稳定了国内局势，增强了军队战斗力，为后来称霸诸侯奠定了基础。

尊王攘夷

齐桓公时，北方戎狄部落常常进犯，对燕国、邢国、卫国造成了很大的破坏。管仲进言齐桓公，认为戎狄贪暴无常，齐桓公应当联合诸夏，抵御这些侵略，不能袖手旁观。后来还帮助邢国、卫国迁都复国，又进兵北上讨伐山戎，对稳定北方局势，团结小国起了很大的作用。与战国时期秦国采用“远交近攻”的策略发动兼并战争不同，春秋霸主政治下的战争不以兼并别国为主要目的，而是在“尊王攘夷”的旗号下，霸主国团结、领导中原诸国，结成稳定同盟，以打击非华夏族势力，阻挡楚、秦等边远国家进入并主导中原政治舞台为意图，采用的是“近交远攻”的策略。管仲为齐桓公制定的称霸策略，首先就是团结周边主要国家，南伐以鲁为主，西伐以卫为主，北伐以燕为主。为了笼络诸国，齐国“反其侵地”，即把原本侵占的各国土地归还回去，以示好。齐桓公在管仲的辅佐下出兵存邢救卫、北伐山戎，彰显了“负责任大国”的风范，得到了诸国的支持。

齐桓公按照管仲制定的策略，逐步推进霸业，先后征讨莱、莒、徐夷、吴、越等三十一国，率领诸侯联军进逼对南方威胁最大的楚国。据《左传·僖公四年》记载，齐桓公伐楚之事是在管仲的主导下，以齐为首的诸侯联盟最大的一次军事行动。楚国在春秋时期发展迅速，先后灭掉了自己西部的部落和淮水流域的舒、六等国，在此以前，汉水以北的姬姓诸侯国已被楚蚕食殆尽。楚国又侵扰北部的黄、蔡、郑等国，逐渐向黄河流域扩展，对齐国霸业形成威胁。鲁僖公四年，齐桓公借伐蔡之机，联合诸侯讨伐楚国。双方并没有真正的军事交锋，但管仲在与楚国使臣屈完的谈判中，一方面引用齐国始封时的命辞，强调和张扬了齐国的领导地位；另一方面以楚国不向王室进贡作为声讨的主要理由，把“尊王”的名义彰显出来。楚国最终在名义上加入了以齐为霸主的诸侯联盟，北进的军事行动有所收敛。

春秋时期，周王室衰微，周王的权威受到挑战和削弱，礼乐征伐自诸侯出。但这毕竟是“尊礼重信”的时代，周王在名义上依然是诸侯的“共主”。管仲为了稳定时局，建议齐桓公尊王攘夷，这可以增强齐国称霸的正义性、合理性和权威性。“尊王”是管仲在春秋时周王室衰微的背景下提出的，利用周王的影响力为齐国的行为寻找合乎礼法的依据，同时用“攘夷”的方式，同盟中原各诸侯国，从而使齐国成为春秋霸主。《国语·齐语》曰：“兵车之属六，乘车之会三，诸侯甲不解累，兵不解翳，弢无弓，服无矢。隐武事，行文道，帅诸侯而朝天子。”对天子的服从是与对霸主的服从绑定在一起的，霸主作为天子的代表可以堂而皇之地控制小国。标志着齐桓公霸业鼎盛的是“葵丘之会”，周王派宰孔到会上赐胙肉（祭祀先王所用之肉）给齐桓公，并且传话免除齐桓公的拜礼，即接受胙肉时不用下拜。管仲对齐桓公说：“为君不君，为臣不臣，乱之本也。”提醒齐桓公虽有王命而不能亏礼，于是齐桓公下拜致辞，谦逊恭顺，周王赐给他车服旗帜。这样，在管仲的辅佐下，齐桓公以身作则，把“尊王”的表面工作做得很漂亮，标榜了下对上的恭敬顺从。

管仲利用周王室的权威为齐国的行为提供合理依据，向北征伐山戎，向南征伐楚国，同时尊崇周王的权力，维护周王朝的宗法制度作为维系诸侯国之间的纽带，对于维护中原政治秩序起到了很大的作用。后来孔子对管仲的这些努力给予了高度评价，说：“微管仲，吾其被发左衽矣。”即如果没有管仲，华夏文化会遭受灭顶之灾。

名因书传的淮南王——刘安

胡宁　丁宇

刘安像

西汉立国之初，刘邦在继承了秦代推行的郡县制基础上，并行分封制，以建藩封国的方式分封了很多诸侯国，借以形成“众星拱月”的政治局面，是为郡国并行制。但出于进一步巩固皇权的需要，刘邦在翦灭韩信、英布等几个异姓王的同时，加强对同姓王的分封，确立了“非刘姓不可封王”的原则。这些刘姓诸侯王的设立，原是为了拱卫汉政权，但诸侯王国的发展又势必成为“离心力量”，不利于中央集权。在今安徽境内，这一时期也存在几个重要的刘姓封国，而统治这些“国中国”的诸侯王中，淮南王刘安是比较著名的一位。

父死失国　流离失所

刘安，祖籍沛郡，生于淮南（今安徽淮南），是汉高祖刘邦的孙子。刘安之父刘长，谥号厉王，是刘邦庶出的小儿子。

高祖十一年（前196）七月，齐王韩信、楚王彭越均被消灭之后，淮南王英布自知祸患迟早会殃及自己，自己可能会成为下一个被消灭的目标，于是在领地举兵叛乱。刘邦则改立刘安的父亲刘长为淮南王，让他掌管昔日英布领属的四郡封地，但徒有虚名。直到刘邦亲自率军出征剿灭了英布后，刘长就藩淮南，正式代替了英布，才成为拥有实名实权的淮南王。刘长幼时丧母之后，一直依附吕后长大，因此孝惠帝和吕后当政的时代，虽然很多刘姓宗室受到迫害，他却幸免于难。

吕后死后，诸吕势力也随之被消灭殆尽，太尉周勃、丞相陈平等人迎立代王刘恒入京即位，是为汉文帝。刘长骄纵不逊，时常做出违背礼法的事情，文帝不忍加罪，屡次宽恕，这使刘长变得更加傲慢。这在文帝三年（前177），刘长自封国入朝时表现得尤为明显。刘长在侍奉汉文帝狩猎时，称呼汉文帝为“大哥”。甚至当众诛杀朝廷重臣辟阳侯审食其，文帝出于手足亲情，不予治罪，赦免了他。因此刘长返回封国后就越发骄纵起来，不依朝廷法令行事，出入宫中都号令警戒清道，还称自己发布的命令为“制”，另搞出一套文法，一切调度、行动都模仿天子的声威。

文帝六年（前174），刘长直接勾结匈奴、闽越，意图谋反，但行迹很快败露。丞相张苍带领群臣揭露淮南王刘长对抗中央的罪行，要求文帝处死他。汉文帝依然宽贷其罪，只削去他的王爵，流放至蜀郡的邛莱山一带（今四川雅安），还命令昔日受过他宠幸的妃嫔十人一同随往，每天供应五斤肉、两斗酒。但大臣袁盎反对，认为刘长性格刚烈，必定会在途中自杀，果然，刘长因为途中不堪屈辱，绝食而亡。刘长死后，汉文帝以列侯的规格安葬了他，并安置三十户人家守冢祭祀。

复得王位　淮南三分

文帝八年（前172），淮南王刘长自杀两年后，文帝出于对刘长的同情，将刘长四个年幼的儿子都封为列侯：长子刘安为阜陵侯，次子刘勃为安阳侯，三子刘赐为阳周侯，四子刘良为东城侯。在淮南，当地百姓作歌哀叹刘长的遭遇：“一尺麻，尚可缝；一斗谷，尚可舂。兄弟二人不相容。”汉文帝听闻，叹息地说：“尧舜放逐自己的家人，周公杀死管叔、蔡叔，天下人都称赞他们贤明。为什么呢？因为他们能不因私情而损害王朝的利益。天下人难道认为我是贪图淮南王的封地吗？”为了维护帝王的声誉，刘恒在文帝十二年（前168）徙封城阳王刘喜去统领淮南王的故国，谥封已故淮南王刘长为厉王，并按诸侯仪制为他建造了陵园。

文帝十六年（前164），文帝让淮南王刘喜复返城阳故地，将淮南国一分为三，赐封厉王刘长的三个儿子：刘安为淮南王，刘勃为衡山王，刘赐为庐江王（刘良因为年幼夭折，没有子嗣，故这一支未得封王）。刘安虽然承袭的是淮南王封号，但论辖地的区域，已不能与先淮南王刘长时相比。这时的淮南国国境北至淮河，东至凤阳、滁州，南至巢湖，西至河南唐河，国都仍在寿春。刘安袭封为淮南王后，历经文帝、景帝、武帝三朝共42年时间，这也是淮南社会发展比较平稳的42年。刘安治理淮南时，将汉初奉行的"无为而治"黄老之说付诸治国实践，收到了良好的效果。他采取轻刑薄赋、鼓励生产的政策，在芍坡（今安丰塘）设立"陂官"，修复水利设施，发展农业。种种措施使得淮南国的经济、文化得到空前繁荣，成为当时较为强盛的诸侯国之一。在实践中，他总结出一整套行之有效的治国理政经验，并进行了系统的思考，这些治国理念体现在他所编纂的《淮南子》一书中。

祸起萧墙　起事败死

刘安好读书鼓琴，善为文辞，不喜欢嬉游打猎，同时又很注意抚慰百姓，因其时常对百姓施以恩惠，"流誉天下"。但早年父亲含恨自杀，流离失所的经历给刘安埋下了复仇的种子。汉景帝时，适逢吴楚七国之乱，当时刘安就想过发兵响应，但是被淮南国相诈得兵权，站在汉朝阵营抵挡藩王军队的进攻，汉朝也派遣军队救援，淮南国才在七王之乱中得以保全。

刘安的声望在乱后得到了提高，而他又早已心怀异志，暗中结交宾客，笼络百姓，谋划叛逆之事，一些心怀鬼胎的政治赌徒起到了推波助澜的作用。建元二年（前139），刘安入京朝见武帝，武安侯田蚡在霸上迎候淮南王，告诉他说："现今皇上没有太子，大王您是高皇帝的亲孙，施行仁义，天下无人不知。假如有一天皇上过世，不是您又该是谁继位呢！"这一番极有诱惑力的说辞使刘安不由得欣喜万分，野心愈加膨胀。建元六年（前135）时，天有彗星出现，有人劝刘安说道："先前吴军起兵时，彗星出现仅长数尺，战事血流千里。现在彗星长至满天，将会有更大的战事发生。”刘安又认为汉武帝没有立太子，若天下发生变故，诸侯王必将一齐争夺皇位，便加紧筹办兵器和攻战器械，积聚黄金钱财贿赠郡守、诸侯王、说客和有奇才的人，又日夜研究军事地图，暗中进行作战部署，谋反之心日甚一日。

在淮南国内，贵族违反法纪的行迹渐渐暴露出来，比如王后荼、太子刘迁和女儿刘陵，他们自恃有刘安的宠爱，专擅国权，侵夺百姓田地房宅，任意加罪拘捕无辜之人。这直接导致地方秩序的紊乱，同时也引起风闻淮南亲贵卑劣行径的公卿大臣的不满，间接增加了中央对淮南地方的猜忌，朝臣也借此攻击淮南王。

家庭内部矛盾的激化使刘安决定走上举兵叛乱的不归路，最终落得失败自尽的下场。汉武帝元朔五年（前124），淮南王太子刘迁面前郎中雷被比试剑术时被刺伤，因此十分怨恨雷被，屡次在刘安面前诋毁他，刘安就让郎中令罢免了雷被的官职。雷被畏惧，潜逃到长安，向朝廷上书申诉冤屈。汉武帝诏令廷尉、河南郡审理此事，河南郡则议决追捕刘迁。刘安打算以此为借口，趁机发兵反叛，可是十几天未能定夺具体计划。淮南国相又对寿春县丞将逮捕太子的命令扣下不发的行为十分恼怒，控告他犯有“不敬”之罪，刘安便派人上书陷害国相。朝廷将此事交付廷尉审理，发现案件中有的线索直接涉及刘安诬告国相，公卿大臣便请求逮捕刘安加以问罪。

太子刘迁向刘安献策说，一旦发生不测，就先刺死朝廷使者和淮南国中尉，起兵对抗朝廷。但是汉武帝不批准公卿大臣的奏请，又改派汉中尉段宏赶赴淮南国，向刘安查问案情。段宏到达后，态度温和，只询问罢免驱逐雷被的原因，刘安认为朝廷不会治他的罪，就没有动手。段宏回到京城后，立刻把查询的情况如实上奏。公卿大臣建议处死刘安，武帝不许；又请求废其王位，依然被武帝拒绝了；最后请求削夺刘安五县封地，武帝只诏令削夺二县。

事情进展到此本可以平稳结束，但刘安的嫡子与庶子之间的不和却将他彻底推向了深渊。刘安的庶子刘不害，虽是长子，却素来不受刘安的喜爱，淮南王后荼和太子刘迁也很不待见他。刘不害的儿子刘建才高气傲，因太子刘迁轻视其父而时常怨恨，又因其父不得封为列侯而一直心怀不满，就在元朔六年（前123）派人把刘迁曾经意图刺杀汉中尉段宏的事情密告朝廷，以打击太子势力。汉武帝将此事交给廷尉、河南郡处置，这时辟阳侯审食其的孙子审卿因私仇落井下石，向丞相公孙弘添油加醋地告发淮南王谋叛之事。

汉武帝时代，对诸侯国的管控较前朝已十分严厉，因此刘安眼看刘建被召受审，更加害怕密谋造反之事败露，想抢先起兵。他们商议先假装宫中失火，打算在国相与郡守来救火的时机，趁乱杀死他们。谋议还未敲定，又计划派人伪装成抓捕盗贼的兵卒，手持羽檄，从南方进入淮南国境，并大呼“南越兵入界”，以借机聚集军队，但刘安并没有立即发兵。

廷尉将淮南王孙刘建供词中涉及刘迁的事呈报汉武帝后，汉武帝决定派廷尉去逮捕太子刘迁。刘安得知廷尉来到淮南国，就和刘迁谋划，打算召国相、内史和中尉前来，一杀死他们就发兵。但在执行计划时，仅国相一人受诏，内史和中尉都借机脱身，见只抓住一个国相没有什么用处，反而会暴露谋叛的事迹，于是放走了国相。

廷尉到达淮南国后，刘迁认为自己犯的是阴谋刺杀朝廷中尉的罪，而参与密谋的人已死，依靠辩白的说辞来求得生存已经没有希望，而此时举兵反叛的时机不成熟，于是自愿前往廷尉处受捕，且劝刘安不要提早发兵，刘安心中也暗想罢手，就答应了刘迁的请求。但是，此前所献计谋一直不被刘安采纳，且父母被刘安囚禁三个月的伍被，竟然独自去面见了执法官吏，直接告发了自己参与淮南王谋反的事情，将谋反的详情和盘托出。

淮南王谋叛的事迹败露后，执法的官吏率领军队逮捕了太子、王后，包围了王宫，将国中参与淮南王谋叛的宾客全部抓捕起来，搜出了很多谋反的器具。不久，关于淮南王谋反的奏书就被递送至汉宫。汉武帝将此案交给公卿大臣审理，案中牵连出与刘安一同谋反的列侯、地方官员、地方豪强有几千人众，一律按罪处以死刑。汉武帝派去审讯的人还未到达淮南国，刘安就已提前自刎而死。王后荼、太子刘迁和所有共同谋反的人皆被诛杀，淮南国由此被废为九江郡。

鸿篇巨制　遗世奇作

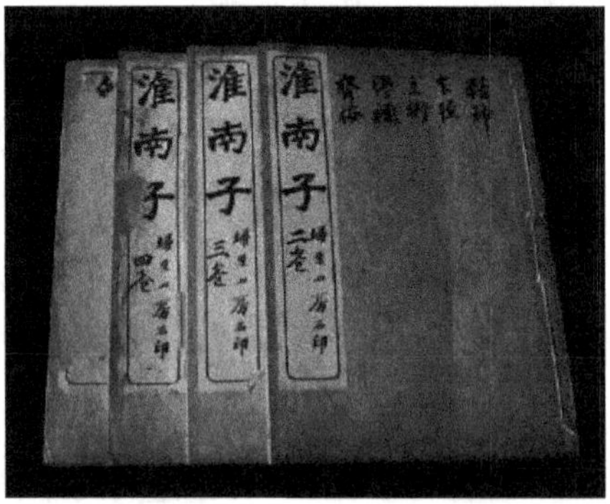

《淮南子》书影

刘安博学多才，当时颇有贤名，又“招致宾客方术之士数千人”，让寿春成为一个学术文化中心，所以具备了组织大规模写作的条件，其最重要的成果就是今天仍保持完整的《淮南子》一书。《汉书·淮南衡山济北王传》记载刘安“作为《内书》二十一篇，《外书》甚众，又有《中篇》八卷，言神仙黄白之术，亦二十余万言”。《汉书·艺文志》列有《淮南内》二十一篇、《淮南外》三十三篇。《淮南内》就是《淮南鸿烈》，中篇、外篇后来失传了。《隋书·经籍志》始称其为《淮南子》，沿用至今。

《淮南子》是黄老道家的集大成之作，既关乎个人修身处世，也关乎治道，其《要略》篇说：“凡属书者，所以窥道开塞，庶后世使知举错取舍之宜适，外与物接而不眩，内有以处神养气。”就是说写书的目的在于启发愚蒙，使后世知所取舍，举措合宜，对外待人接物、对内存神养气，都合乎道。又说：“纪纲道德，经纬人事，上考之天，下揆之地，中通诸理。”就是说要以天道指导人事，实现良好的社会治理。诚如牟钟鉴先生所说：“作者要总结先秦和秦汉以来治乱兴衰的经验教训，探寻自然和社会发展的规律性，构造自然观、历史观、人生观和社会政治理论的体系，为封建统一大帝国的长远统治，提供一个较为完备的学说。”因此此书编成之后，就进献给汉武帝，武帝“爱密之”并珍藏在宫中。

《淮南子》除总纲《要略》篇以外，二十篇论文的名目和内容要点为：

《原道训》：诠释“道”这一范畴，阐明以“道”为核心的宇宙演化过程。

《俶真训》：阐述道家宇宙论、生死观和政治上的时势观念。

《天文训》：论述天文历法和“五音”“十二律”等乐理。

《地形训》：阐述带有传说色彩的地理观。

《时则训》：阐述节候物象和对应人事。

《览冥训》：论述人事中与道相合或相违的种种表现。

《精神训》：重在性情、心神的养生论。

《本经训》：用大量的神话和古史传说阐述道家政治观。

《主术训》：论述君主治理国家的原则和方法。

《缪称训》：此篇儒道杂糅，旨意多端。

《齐俗训》：阐述令万事万物各得其宜的治理之道。

《道应训》：以历史故事阐发《老子》之言。

《氾论训》：阐论古来治乱兴衰，儒道杂糅。

《诠言训》：阐论治天下之本在身以及无为之道。

《兵略训》：在系统吸收先秦军事思想基础上撰写的军事理论著作。

《说山训》：格言汇编。

《说林训》：格言汇编。

《人间训》：阐论祸福之道，包括养生、政治、祭祀等层面。

《修务训》：论教育、教化的重要性。

《泰族训》：全面论述天道与人事的关系，是全书的总结。

对于《淮南子》一书的思想内容，高诱总结的十分到位：“其旨近老子，淡泊无为，蹈虚守静，出入经道。言其大也，则焘天载地；说其细也，则沦于无垠；及古今治乱存亡祸福、世间诡异瑰奇之事，其义著，其文富，物事之类，无所不载。然其大较，归之于道。”

也就是说，《淮南子》在继承先秦道家思想的基础上，通儒墨，合名法，糅合阴阳家的部分思想，因此班固《汉书·艺文志》将《淮南子》

归入杂家当中，但《淮南子》主要的宗旨属于道家。正如汉初治国以道家“无为而治”主张为主体，吸收了阴阳、儒、法、名等思想，假托黄帝、老子之名，而形成的相关社会主张和政治理论。而汉武帝初登帝位时，国家已经富足到“都鄙廪庾皆满，而府库余货财，京师之钱累巨万，贯朽而不可校。太仓之粟陈陈相因，充溢露积于外”，但依然面临着诸侯国对中央的威胁、土地兼并现象严重以及匈奴不停侵扰农耕区的问题。在这样的情况下，汉武帝大力推行集权制的政治改革，以适应发生变化的国家形势。而刘安及其宾客撰写的《淮南子》，与汉武帝采用董仲舒所推行的“罢黜百家，独尊儒术”的政略互相冲突。汉代立国以来，一直存在着儒家与道家思想的相争，双方互相批评、诘难。这种思想上的斗争，不仅影响了各自学派政治前途的地位，也影响了汉代的治国方略和国家命运，还影响了后世思想文化圈的命运。《淮南子》的成书，不仅是为了替道家思想发声，也是在思想大一统时代正式到来的前夕，对先秦以来道家思想的一次总结和扬弃，正如胡适先生所说：“道家集古代思想的大成，而淮南书又集道家的大成。”虽如此，但在面临儒术独尊的历史趋向中以道家为主的旗帜最终还是倒下了。因此白寿彝先生评价道：“刘安无论在政治上，还是在学术思想上，都是失败的。当时，削弱藩国与独尊儒术可谓大势所趋；刘安逆流而动，实难得逞。”

就书中具体内容而言，《淮南子》不仅对“道”“天人”“形神”等名词和问题提出了独特见解，同时又提出了“元气论”的概念和系统的宇宙生成论。值得注意的是，《淮南子》又是我国神话故事之集大成者，中国古代很多的神话传说，或来自《淮南子》或是经《淮南子》的记述而得到极为广泛的传播，例如嫦娥奔月、共工怒触不周山、女娲补天、后羿射日四大神话传说均见于《淮南子》。应该说，作为西汉时期一部影响巨大的社会百科全书，《淮南子》所蕴含的大量史料和丰富的精神智慧，至今依然有很高的价值。

《淮南子》的古注，数许慎与高诱两家为要，即东汉许慎撰二十一卷《淮南鸿烈闲诂》与高诱撰写的《淮南子注》。现藏各本《淮南子注》，许、高二注早已混淆，根据学者考证，《缪称训》《齐俗训》《道应训》《诠言训》《兵略训》《人间训》《泰族训》和《要略》八卷为许慎所注，其余十三卷主要为高诱所注，但其中也有许慎的注。由于完整的许注已经散佚，清代以来的许多学者做了相关的辑佚工作，重要的有陶方琦的《淮南许注异同诂》四卷、《淮南说文补诂叙》，孙冯翼的《许慎淮南子注》，易顺鼎的《淮南许注钩沉》，谭献的《淮南许注举正》等。

杂闻典故

刘安居淮南国时喜交宾客，广招天下贤达之人，其中刘安最赏识的八人为左吴、李尚、苏飞、田由、毛被、雷被、伍被、晋昌（司马贞索隐引《淮南要略》：田由作陈由，毛被作毛周），称为八公或淮南八骏。刘安与门客常在八公山中著书立说，研究天象，编制历法，冶丹炼砂。魏晋以来，《神仙传》与《录异记》等道家著作以刘安好方技，遂附会八公得道修炼成了神仙。

民间也有称刘安曾在八公山炼成仙丹，服食后得道成仙的传说。《太平寰宇记》又有记载称："昔淮南王与八公登山埋金于此，白日升天。余药在器，鸡犬舔之，皆仙。"这也是典故"一人得道，鸡犬升天"的出处。

而豆腐的发明，相传也和刘安有很深的渊源。刘安在八公山上炼丹的时候，偶以石膏点豆汁，从而意外地制作出了豆腐。

刘安的一生是场悲剧，既是处于汉代加强中央集权的时代悲剧，又是继承他父亲刘长傲慢骄纵的性格悲剧。"吾宁能北面臣事竖子乎"的豪言壮语，在屡次"起事不决"的犹豫中，则又显得有点可笑。在治国方略上，秉承汉初黄老学说治国，又与独尊儒术的大集权时代相抵触，不得不说刘安生不逢时。

命运虽如此，但这不妨碍刘安撰著的《淮南子》成为一代奇书，也丝毫不影响刘安在中国古代思想史与文学史上的地位。正如宋代史论家高似孙在其所著《子略》中评论道："淮南，天下奇才也！《淮南》之奇，出于《离骚》；《淮南》之放，得于庄列；《淮南》之议论，出于不韦之流；其精好者，又如《玉杯》《繁露》之书。”认为《淮南子》的奇绝之处继承了《离骚》，放达之处继承了《庄子》《列子》，议论纵横之处继承了《吕氏春秋》，其中一些精华部分又与董仲舒的著作近似。近人梁启超也说：“《淮南鸿烈》为西汉道家言之渊府，其书博大而有条贯，汉人著述中第一流也。”

直言敢谏，深思明辨——桓谭

胡宁

桓谭像

桓谭，字君山，沛国相（今安徽濉溪）人，两汉之交著名的思想家。

悲剧人生

汉成帝时，桓谭之父为大乐令，秩六百石。因汉代有“任子”制度，桓谭得以为奉车郎，时年十七岁，属于皇帝的侍卫近臣，后又管理宫中漏刻。因为正直敢言，而且在经学上倾向于古文经学，与古文经学的倡导宣扬者刘歆是知交好友，得罪了那些从今文经学起家的权贵，所以仕途并不顺利，《后汉书》本传说他“喜非毁俗儒，由是多见排抵。哀平间，位不过郎”。桓谭本人对此倒并不是很在意，这种达观是建立在对时局和政治环境的深刻认知之上的。据《后汉书》本传记载，桓谭与傅皇后之父孔乡侯傅晏私交甚笃，当时哀帝宠幸董昭仪（董贤之妹），傅皇后受到冷落，傅晏的地位也岌岌可危。桓谭对傅晏说：“刑罚不能加无罪，邪枉不能胜正人。”劝他遣散宾客，谦诚自守，“修己正家以避祸”。傅晏听从，傅家因此幸免于难，得以保全。从其规劝他人之言，可知其自处之道，要而言之实为守正、谦诚二端，既不随波逐流，苟且取容，也不汲汲名位，致取祸殃。这显然是有见于朝政日非，山雨欲来，知一时荣盛之不足凭。果然，不久之后王莽当权并进一步篡汉，政治核心有了翻天覆地的变化。

王莽欲利用古文经学为新政权张目，刘歆原与王莽交好，因此先任侍中太中大夫，又升骑都尉、奉车光禄大夫，王莽篡汉后又任命他为右曹太中大夫。桓谭也先升任谏议大夫，又迁掌乐大夫。王莽作《大诰》

颁行天下，时为谏议大夫的桓谭是主要负责人，回京后被封为明告里附城，相当于汉之关内侯。照此行迹来看，桓谭似已依附王莽，成为新王朝的新贵，其实不然，以他的政治眼光，焉能看不出王莽种种施为的不合理？焉能看不出王莽统治的不能长久？好友刘歆又因对新政不满，谋诛王莽，事泄自杀。《后汉书》本传说："王莽居摄篡弑之际，天下之士，莫不竞褒称德美，作符命以求容媚。"桓谭却并未如此，默然无言。可知他并非积极投靠王莽，在新朝任职实属不得已。因此当农民运动风起云涌、新莽政权风雨飘摇之际，桓谭并未枯守将覆之舟，为一朝荒唐的时代殉葬，更始帝刘玄立，桓谭为太中大夫。

烽烟消散，干戈闭藏，波谲云诡终归风清日和，光武帝刘秀扫平群雄，建立东汉王朝，于百废待兴之时广征达士通人以襄助治平，桓谭也被征为待诏，上书言事，因不符合光武帝的心意，而未获任用。后来大司空宋弘举荐桓谭，说他"才学洽闻，几能及扬雄、刘向父子"，认为桓谭的才能可以和扬雄、刘向、刘歆相比，光武帝这才任命他为议郎、给事中。桓谭上任之初，又上书言事，仍为光武帝所不喜，没有得到任何回应，于是忿而把矛头直接指向图谶，不仅上书反对图谶，而且当面向光武帝直陈图谶非经，可以说是触犯时忌，被贬为六安郡丞，上任途中病死。桓谭晚年的经历可谓不幸，刚刚建立的东汉政权正积极图治，光武帝也不可不谓是有道明君，桓谭却一再碰壁，因言获罪。他人生的最后一段历程最能表现出他的性情与人格，故有详细辨析的必要。

桓谭征为待诏之时所上之书，传记无载，无从考知其内容。任议郎、给事中时"上书陈时政所宜"，《后汉书》本传详载之，桓谭首先就说："臣闻国之废兴，在于政事；政事得失，由乎辅佐。"这看起来不过是"为政在于得人"一类的老生常谈，其实是为后面论君臣相合的"善政"作铺垫。他借楚庄王与孙叔敖的对话表达了对君臣相合的强调，指出："君骄士，曰士非我无从富贵；士骄君，曰君非士无从安存。人君或至失国而不悟，士或至饥寒而不进。"虽然两面都说，实际上隐含着"牢骚"的成分，因被征为待诏时"上书失旨，不用"而有一些不满情绪，委婉隐晦地对光武帝的用人政策提出批评，故后面说到“贾谊以才逐，而晁错以智死”，“世虽有殊能而终莫敢谈者，惧于前事也”，虽泛言“有殊能”者，“惧于前事”者，实即他自己，这说明他真的想在“中兴汉室”的时代有所作为，施展自己的才能，发挥自己的作用，也说明之前不愉快的经历让他颇受打击，乃至于想到了贾谊、晁错的悲剧。桓谭这一次上书，所讲的主要内容是法令执行和重农抑商，我们将在后文详论。他完全可以直接讲这些，却偏偏先说了一大段关于君臣相合的话，这固然也可以说是单独的一条建议，细味之，不难听出其“弦外之音”，他最迫切的期望是得到皇帝的信任，深知若无这一前提，一切具体的施政方略都很难被采纳。他的上书没有得到任何回应，光武帝从中看出了“牢骚”可能也是重要的原因。

汉光武帝是中国历史上屈指可数的有道明君之一，马上得天下，下马治天下，为人宽厚，沉毅有远略，历来史家对他评价都很高，但多会提到他的一个不足之处，即迷信图谶。所谓“图谶”，就是假托神灵或古人的政治预言，故弄玄虚，含糊其词，经过曲折的诠释引申，与真实的人物和事件联系上。光武帝刘秀在争夺天下的过程中得益于一些图谶的政治宣传作用，即位后意图进一步利用图谶，凡制法出令，施政用人，多依据图谶、引用谶语，甚至在建武中元元年（56）正式“宣布图谶于天下”，将经过他认可的图谶作为法定的经典。桓谭在前两次上书碰壁之后，针对当时“帝方信谶，多以决定嫌疑。又酬赏少薄，天下不时安定”的现状，把批评的矛头指向了图谶，指出图谶不过是“诸巧慧小才伎数之人，增益图书，矫称谶记”，制作图谶的目的是“欺惑贪邪，诖误人主”，因此皇帝“听纳谶记”是错误的。这次上书适触时忌，让光武帝更为不悦。

后光武帝诏议建灵台之处，问桓谭：“我想用图谶决定，怎么样？”桓谭默然良久，说：“臣不读谶。”光武帝问他为什么不读，他于是“复极言谶之非经”，说图谶根本不是儒家经典，不足凭信。光武帝勃然大怒，说桓谭“非圣不法”，要把他斩首。桓谭在专制淫威之下恐惧了，叩头流血，才没有真的被拉下去斩首，而是外放为六安郡丞。这显然是一场由光武帝故意挑起的、严重不对等的“辩论”，光武帝有意识地想以这次直接面对面谈话压服桓谭这个图谶的反对者，最终以死亡相要挟，取得了“胜利”。桓谭没有认清光武帝的真实想法，不明白光武帝真正看重的是图谶的政治宣传作用。桓谭以为光武帝信图谶是受蒙蔽、受欺惑，殊不知此事的本质不是小人愚弄皇帝而是皇帝想愚弄天下人，因此就算皇帝知道图谶并不是真的儒家经典，也要把它说成是，谁妨碍，谁就会受到专制皇权的暴力对待。

就这样，桓谭晚年在政治上彻底失败，郁郁不乐，死在贬谪的路上。桓谭的悲剧，可以说是“直言取祸”，他守正不阿，直言敢谏，能容于哀平衰乱之世，却不能容于光武清平之时，这般遭际，着实令人唏嘘，引人深思。

经学思想

桓谭自少喜读书，涉猎广泛。因父为乐官，有此家学，故也精通音乐，因曾执掌漏刻，又颇知天文历数，可以说是一个博学多才的人。尽管如此，桓谭仍是以儒学为宗，遍读五经。两汉经学盛行，分今文、古文，界限分明，壁垒森严。今文经学多为汉初凭借经典传承者的记忆，背诵并用当时的隶书记录下来的典籍，较早获得发展。而古文经学所依据的是发现于壁藏或通过其他途径保存下来的儒经，这些经典是用先秦古文写录的，有的为今文经所无，有的与今文经有文句上的差异，学者据以立说，发展在后。两者在治经立场、观点、方法上有很大的不同，今文经学被立于官学，而古文经学长期在民间流行，受到今文经学排斥。桓谭与刘歆在经学上是倾向于古文的，训诂举大义，不效今文学家碎义逃难、牵强附会。

《春秋》三传，《公羊》《穀梁》是今文学，朝廷设有博士官；《左传》是古文学，一直不得立于官学。哀帝建平元年（前6），刘歆发现了包括《左传》在内的众多古文经，公开要求立古文经博士，遭到今文经学家的群起反对。桓谭对于三传皆有评论，而明显更看重《左传》，他说《穀梁》“残略，多有遗失”，说《公羊》“缘经文作传，弥离其本事”，认为“《左氏传》于经，犹衣之表里，相待而成。经而无传，使圣人闭门思之，十年不能知也”。这些评论之语要言不烦，抓住了问题的关键，短短几句胜过千言万语。无论今文学家以什么样的理由否定、排斥《左传》，文极简略的《春秋》涉及的众多史事，只有读了《左传》才能明白，这是谈义理的《公羊》《穀梁》所无法替代的。如果没有《左传》，再聪明的人也不可能凭空知晓那些人那些事，这是客观事实，《左传》与《春秋》就是表与里的关系。桓谭的这些言论是关于经学的，但有着史学意识，所以能超出经学的局限而论经学，一语中的。

上文我们讲述桓谭生平时，言及他因反对图谶而遭贬逐，郁郁而终。谶纬与今文经学是紧密联系在一起的，是今文经学的神学化。《四库全书总目·经部·易类》说：“谶者诡为隐语，预决吉凶。”“纬者经之支流，衍及旁义。”实则纬虽对经而言，但皆为假托，带有浓厚的神学气息，也多隐语预言，与谶并没有严格的界限。所以，反对图谶，与桓谭的经学思想是密不可分的。以董仲舒春秋公羊学为代表的西汉今文经学，本就强调天人感应，奢谈符命灾异，埋藏着进一步神学化的种子。董仲舒讲解儒家经典，要讲出经典中原本并没有的符命灾异，就不得不超出正常训诂讲解的范围，断章取义，故意曲解，牵强附会。这样就开了“先例”，后来的经师往往“失平常之事，有怪异之说；径直之文，有曲折之义”，于是更多神秘莫测、离奇荒诞的说法不断出现。西汉晚期社会危机日益深重，各种政治势力之间有着错综复杂的矛盾和非常激烈的斗争。上自王公大臣，下至黎民百姓，虽然立场地位、动机目的各不相同，但在阴阳五行、天人感应已经成为主流意识形态，经学早已垄断文教的时代，用以表达意志、进行思想斗争的工具却是大致相同的，都是在经学义理的框架中，假托神灵或圣人，编造谶纬。两汉之交，今文经学已经严重谶纬化，谶纬神学风靡一时。在这样的历史背景下，反谶纬的桓谭可谓是朝阳鸣凤，奏疏原文如下：

愚夫策谋，有益于政道者，以合人心而得事理也。凡人情忽于见事而贵于异闻，观先王之所记述，咸以仁义正道为本，非有奇怪虚诞之事。盖天道性命，圣人所难言也。自子贡以下，不得而闻，况后世浅儒，能通之乎！今诸巧慧小才伎数之人，增益图书，矫称谶记，以欺惑贪邪，诖误人主，焉可不抑远之哉！臣谭伏闻陛下穷折方士黄白之术，甚为明矣；而乃欲听纳谶记，又何误也！其事虽有时合，譬犹卜数只偶之类。陛下宜垂明听，发圣意，屏群小之曲说，述《五经》之正义，略雷同之俗语，详通人之雅谋。

图谶纬书喜假托孔子为之，桓谭就抓住这一点指出谶纬之非。首先，世传儒家经典，所载先王之语，反复强调的都是仁义正道，并没有什么"奇怪虚诞之事"。将真正的经典与谶纬相对照，显然一平实一浮夸，一守正一诞妄，后者不能与前者等量齐观。其次，《论语·公冶长》记子贡之言曰："夫子之文章，可得而闻也。夫子之言性与天道，不可得闻也。"可知孔子所教，皆甚笃实，并不奢谈性命如何，天道如何。谶纬偏偏喜言性命天道，并假托孔子，显然与孔门高第子贡所述不符，足证其不可信。桓谭在《新论》中也说："谶书出河图、洛书，但有兆朕，而不可知。后人妄复加增依托，称是孔丘，误之甚也。"《周易·系辞上》尽管有"河出图，洛出书，圣人则之"的话，这河图、洛书究竟是什么，不可知晓，后世制作图谶者却据为口实，任意发挥，还假托是孔子所为，无疑是荒谬的。

那么，谶纬是如何产生的，又为什么能大行其道呢？桓谭将其归因为"诸巧慧小才伎数之人"为了希图富贵而刻意编造和人们"忽于见事而贵于异闻"的普遍心理。尽管没有提到以光武帝刘秀为代表的最高统治阶层为了利用谶纬而故意提倡，桓谭所言也确实揭示了部分真相。不难看到，桓谭对图谶纬书的批判，带有维护儒学正道的性质，谶纬严重损害了圣人与经典的严肃性，打着儒家经学的招牌败坏儒家经学，这是他所不能容忍的。

形神论

笃实求真的学风，必然与诚挚平实的处世态度相应，落实到认识论、世界观上也必然是切于事情、实事求是的，桓谭的形神论正是集中体现。“形”即形体，“神”即精神，两者的关系如何，是中国古代哲学思想史的重要问题。先秦诸子，尤其是道家诸子著作中，就有这方面的论述，汉代的思想家也多有论及。桓谭的《新论》中有一篇专论形神，后来被收入《弘明集》第五卷，得以保存至今，有着较为鲜明的思想特色。

此篇是对话体的论文，友人杜房读《老子》，就问桓谭：“老子用恬淡养性，致寿数百岁，今行其道，宁能延年却老乎？”汉代有老子活了几百岁的传言，并认为是因为老子恬淡寡欲，善于养性，仿行老子道术，可以延年益寿。桓谭就友人的问题谈了自己的看法：首先，他认为人的先天体质各有不同，注意保养，也只是在原有的基础上有一定程度的增强，就如同衣服、鞋子和器物，爱惜慎用则能长久保持完整。接着，桓谭又以麻烛（麻秆做的火把，并非后世的蜡烛）与火的关系为喻，说明形与神的关系。火不能脱离烛而独燃，精神不能脱离形体而独存。小心保护火把，不让它被大风吹灭，看到它因为麻秆本身的问题而火焰将灭，就倾侧一下让它得以继续燃烧下去，这样就可以一直把麻秆烧完。反之，如果不善于保护火把，可能烧一段就灭了。同样，人如果不善于保养精神，形体尚存而精神衰亡，忘却前事，不能自知，那么活着其实无异于死亡。寿终正寝如薪尽火灭，形体精神皆归消亡。

然后，桓谭又拓开而言，联系到社会政治状况。他认为在“古昔和平之世”，人天生体质强健，寿命普遍可达百年，最后自然死亡如入睡，就像谷物果实自然坠落一般。与此相反，后来政治混乱之世，人禀赋“衰薄恶气”，又嫁娶过早、勤苦过度，所以夭折的多，死因多为疾病，所以都怀着恐惧之心，畏惧死亡。其实人的生老病死都是自然现象，寿命有其极限，自古人人皆死，如果不把有限的生命用在实现自我价值（“立身扬名”）上，而总想着延长自己的寿命，实在是执迷不悟。

接着，文中设问曰：“以烛火喻形神，恐似而非焉。今人之肌肤，时剥伤而自愈者，血气通行也。彼蒸烛缺伤，虽有火居之，不能复全。是以神气而生长，如火烛不能自补完，盖其所以为异也，而何欲同之?”这是质疑用烛与火比拟形与神的合理性，人血气通行则肌肤有伤可以自愈，火把燃烧则不能恢复完整，可知神气能生长肉体而火不能保养火把，两者显然有异，不可混为一谈。桓谭回答说：与烛火自一端向另一端燃烧不同，神之于形则是全部充满的，由内达外或由外达内。犹如烧红的火炭，滴一滴水上去，瞬间炭火似部分熄灭，但很快又恢复燃烧，不正像血气充满而再生肌肤一样吗？燃烧的终点是熄灭，形神一体的生命终点是死亡，用燃烧为喻有什么不妥呢？

桓谭的形神论固然可以视为中国古代唯物论，但此论仅有唯物主义倾向，并不是彻底的唯物论。他与友人刘伯师有一次燃灯夜谈，灯中脂尽而烛将熄灭，于是又言及烛火形神之说。刘伯师说：灯油干了可以加油，烛快烧完了可以倾侧一下（吸取旁边的油脂）或再换一支，人衰老了是不是也可以像灯烛一样倾侧一下或者更换一支，重获新生呢？桓谭说：灯烛不能自己添油更换，是人去添油更换；人的生命将走到尽头，或许天能暂时让其“倾侧”一下以“复明”吧，但一旦“本尽”，也就没什么可以“燃烧”了。桓谭这样说，没有背离神随形灭的基本观点，但这样去说，是经不起进一步推敲的，既然留了一个“天能延长人寿命”的空子，将其与给灯添油换烛的人相比拟，那“天”就有可能像人换烛一样换掉人的肉体而延续人的精神，岂不是形灭神传？

因此，桓谭的形神论只能停留在养生论的层面上，所针对的是希求长生不老的方术观念，他说：

> 今人之养性，或能使堕齿复生，白发更黑，肌颜光泽，如彼促脂转烛者，至寿极亦独死耳。明者知其难求，故不以自劳；愚者欺或，而冀获尽脂易烛之力，故汲汲不息。

想要自己“促脂转烛”，不过是愚者欺惑，徒劳而已，但这里面没有排除神秘外力“促脂转烛”的可能性。桓谭又说：

> 又草木五谷，以阴阳气生于土，及其长大成实，实复入土，而后能生，犹人与禽兽昆虫，皆以雌雄交接相生。生之有长，长之有老，老之有死，若四时之代谢矣。而欲变易其性，求为异道，惑之不解者也。

说有生长必有老死，对神仙方术的否定是坚决彻底的，但以草木五谷、四时代谢为喻，实未能完全杜绝类似“轮回”的观念。桓谭善用的烛火之喻，后来反而更多地被神不灭论者使用，如东晋佛教学者释慧远曰：“火之传于薪，犹神之传于形；火之传异薪，犹神之传异形。”就是用这个譬喻来说明轮回。至于佛教思想原不主张有恒常不变的“神识”，中国僧侣的神不灭论实是对佛学的误解，则不在本文所述的范围内了。

政治思想

西汉宣帝时，太子对皇帝说：“陛下持刑太深，宜用儒生。”皇帝回答：“汉家自有制度，本以霸王道杂之，奈何纯任德教，用周政乎？且俗儒不达时宜，好是古非今，使人眩于名实，不知所守，何足委任？”“霸王道杂之”可以视为汉代的政治方针，桓谭的政治主张正可以给我们提供一些诠释，他在《新论》中说：

> 夫上古称三皇、五帝，而次有三王、五霸，此皆天下君之冠首也。故言三皇以道治，而五帝用德化，三王由仁义，五霸用权智。其说之曰：无制令刑罚，谓之皇；有制令而无刑罚，谓之帝；赏善诛恶，诸侯朝事，谓之王；兴兵众，约盟誓，以信义矫世，谓之霸。王者，往也，言其惠泽优游，天下归往也。五帝以上久远，经传无事，唯王霸二盛之美，以定古今之理焉。夫王道之治，先除人害，

而足其衣食，然后教以礼义，而威以刑诛，使知好恶去就，是故大化四凑，天下安乐，此王者之术。霸功之大者，尊君卑臣，权统由一，政不二门，赏罚必信，法令著明，百官修理，威令必行，此霸者之术。

所谓“三皇以道治，而五帝用德化”，显然只是虚设，即所谓“五帝以上久远，经传无事”，王、霸才是重点，并称为“二美”，是政治成功的典范，可以之“定古今之理”。王道之治是怎样的呢？是先足衣食、教礼义，然后用刑罚惩治那些不可教化的人。霸者之术是怎样的呢？是树立君主的绝对权威，以赏罚为手段，以法令为准绳，规范官吏执守，维护社会秩序。这样看来，王道与霸道并不是针锋相对、水火不容的，王道政治并不是不用刑罚，霸术要尊君，要有良好的政治伦理规范，也不能没有礼义。前者更多的是强调“经”，注重对社会政治理想的献身精神；后者更多的是强调“权”，注重实际权术谋略的运用和政府的公信力。王道、霸道可以互补，应该结合起来。“周政”何尝是“纯任德教”，不切于事的只不过是一些“俗儒”。在汉朝被定为一尊的儒家，更多秉承的是荀子一系的学说，又吸收了法家、阴阳家等思想因素，虽高扬礼义，但并不排斥法术，桓谭的政论就是一个代表。

桓谭王霸并行的政治思想，建立在对历史经验教训的认识总结和对政治现实的体察之上。

桓谭简要梳理了从周秦到东汉的政治变化。秦王看到周王朝因“丧权于诸侯”而衰亡，又把驱使万民看得很轻易，所以任法而不任人，不封建诸侯。没想到正是以陈胜、刘邦等为代表的布衣贫民揭竿而起，推翻了秦王朝。刘邦考虑到项羽和自己分别从函谷关、武关进入，又深切体会到民众的力量，所以加强都城本身的守备力量，多多征发戍卒，并“设穷治党与之法，重悬告反之赏”，小心防范、严厉打击一切政治离心力量，试图杜绝哪怕是很小的造反苗头。但到了西汉末，王莽就在都城里发动政变夺权，根本不需要起兵造反、斩关夺隘。王莽以权臣篡夺皇位成功，于是“抑重臣，收下权”，大小事都自己亲自决断，生怕手下出现跟自己一样的人。王莽把注意力放在揽权和自我神圣化上，屡事更张，没有注意百姓的实际需要，新莽政权没有亡于权臣，却很快在农民运动中覆灭了。灭亡新莽政权的更始帝依仗自己受民众欢迎，麻痹大意，不听有识之士的意见，结果在赤眉军和刘秀大军的两面夹攻下破败了。从秦王到更始帝，每个新政权都汲取前朝失败的教训作出相应改变，但同时又犯了造成自己覆败的新错误。

桓谭说：“由是观之，夫患害奇邪不一，何可胜为设防量备哉？防备之善者，则唯量贤智大材，然后先见豫图，遏将救之耳。”这不仅是历史反思，还是对历史反思本身的反思。如果历史反思仅仅停留在头疼医头、脚疼医脚的层面上，前人犯了什么错就只注意这一方面，那无疑是太浅薄了。前人犯的错误各不相同，恰恰说明了政治的复杂性，桓谭认为防止重蹈覆辙，关键在于人才，任用“深智大材”，集思广益，然后充分汲取历史经验教训，依据当前时势来制定对策，而不是制定某些政策就能一劳永逸的，无论这政策是“王道”还是“霸术”。

既然如此，何为“深智大材”？桓谭认为主要在于“知大体”。他说：

> 凡人耳目所闻见，心意所知识，情性所好恶，利害所去就，亦皆同务焉。若材能有大小，智略有深浅，听明有暗照（笔者按：当为“听照有明暗”），质行有薄厚，亦皆异度焉。非有大材深智，则不能见其大体。大体者，皆是当之事也。夫言是而计当，遭变而用权，常守正，见事不惑，内有度量，不可倾移，而诳以谲异，为知大体矣。

人的思维方式和情感倾向大致是相同的，皆欲趋利避害，但认识和处理事务的能力有高有低，见识广狭不同。只有具备雄才大略、深远智谋的人才能识大体，既能守经又能达权，针对不同情况作出最恰当的反应，遇事有主见，不受欺诳。由此可见，桓谭所谓“知大体”的“深智大材”，就是善于审时度势、有大局观、可以驾驭整个时局的人。政治形势千变万化，各种问题层出不穷，根本没有“万灵药方”，还是要靠贤明之士去具体应对。

因此，桓谭政治主张的核心就是尊贤，“大才乃主之股肱羽翮也”，君主本身缺乏才德，也能够把天下治理好，只要能“选任明辅”。如果依恃小才小德，刚愎自用，不能尊贤，是很危险的，反倒不如自身没什么本事的君主。所以衡量一个君主，主要不在于其自己具有什么才德，而在于其是否重视人才、信用人才，“则材能德行，国之针药也，其得立功效，乃在君辅”。尊贤的目的，是把国家治理好，让民众安居乐业，所以桓谭说：“圣王治国，崇礼让，显仁义，以尊贤爱民为务。”这几句话可以看作他政治理念的纲领。

桓谭的生平事迹与主要思想，略如上述。朱谦之先生在《新辑本桓谭新论》的序言中说：“尝谓桓谭才智开通，切于时务，以约生于公元前二二年之人，已先于王充、张衡具启蒙学者之学之识。以经学言，君山遍习五经而不离古文，不为章句，不以灾异谶纬说《春秋》；谓前圣后圣未必相袭，通大义而时增新意。……君山以疏贱之质，亶非毁俗儒，论说世短，智者或能察，愚者不怀诽谤而怨之乎？是为世俗所遗失宜也。”这是很中肯的评价。

经学名家，光大桓氏——桓荣

丁宇

桓荣像

在今安徽省怀远县龙亢镇，曾出现过一支势力庞大、影响深远的士大夫家族——龙亢桓氏。说到龙亢桓氏的兴盛，则不得不归功于桓荣。龙亢桓氏本主要活动于齐地，是春秋五霸之一齐桓公的后裔，以齐桓公的谥号“桓”为氏，称桓氏。而桓氏自齐地迁入龙亢，传至桓荣时，已经历了六世，而桓荣究竟是怎样的人，又如何得以将桓氏发扬光大的呢？

年少游学

桓荣年少时家里比较贫穷，但这丝毫不减桓荣勤勉学习的热情。《后汉书》记载他年轻时自家乡前往长安求学时，只能靠给别人当佣工来养活自己，十五年没能回家。

自从汉武帝采纳了董仲舒“诸不在六艺之科，孔子之术者，皆绝其道，勿使并进”的建议，“罢黜百家，独尊儒术”，儒家学说成了西汉的官学。桓荣受时代风气的影响，跟随九江人朱普学习欧阳生所传的今文《尚书》，与朱普建立了深厚的感情。在朱普的培养下，桓荣成为一位今文经学家。而这一段少时游学长安的时光和研习《尚书》的经历使桓荣的学识水平得到了很大的提高，同时磨炼了桓荣的意志，这对桓荣的一生有着极大的帮助。

时逢丧乱

桓荣在长安游学的日子，随着王莽篡夺汉朝政权而暂告结束。新莽王朝立国之初，桓荣并没有投靠新莽政权的怀抱，而是回到自己的家乡。不久，桓荣的恩师朱普在九江去世，他怀着巨大的悲痛去九江奔丧，背着一筐筐的土，为朱普筑坟。他不仅将朱普视为他的恩师，更将朱普视为他的父辈。桓荣在为朱普守丧期间，留在九江布道讲学，聚集了数百名门徒。

新莽地黄四年（23），农民运动最终推翻了王莽的政权，但是战乱没有随着王莽被杀而终止，自新莽末年以来，中原大地又经历了长达近二十年的混战与割据局面。此时的桓荣不得不怀抱经书躲避纷乱之世，在山野密林中传授平生所学，即使生活条件艰苦，时常忍饥挨饿，但也依然讲经不辍。后来，随着光武帝刘秀平定其他割据势力，局势日渐明朗化，桓荣才走出深山，在江淮一带传授学问。

在经历磨难的这段时间，桓荣没有向篡夺西汉政权的王莽屈膝投靠换取荣华富贵，也没有因为时逢战乱心灰意冷而放弃为人师者传道授业的任务。这种既为人师，矢志不渝的精神，在恩师朱普去世时没有遗忘，在躲避战乱抱经入山时也没有遗忘，在吃不饱穿不暖时也没有遗忘，即使生活困顿，桓荣也甘之如饴，在史书上留下了“虽常饥困而讲论不辍”的深重一笔，令人肃然起敬。

东汉建武三十年（54），桓荣已官至太常。他回忆起曾经与族人桓元卿一同躲避战乱，逃入深山时，他们两人都遭受着饥饿的折磨，但唯独桓荣一直坚持高声讲诵经书。桓元卿嘲笑他说：“你这样劳费气力讲学，又有什么用处呢？”当时桓荣笑而不答。桓荣被封为太常时，桓元卿前来拜访桓荣，桓荣反讥说：“你平时笑完了气力，现在又如何呢？”桓元卿叹道：“我本是农家出身的人，没想到学问竟这样有用处。”

老而名显

桓荣虽然才华横溢，但是年老之时才步入宦途。建武十九年（43），桓荣已六十多岁，垂垂老矣，才被大司徒府征辟。而桓荣真正意义上的脱颖而出，却是始于刘秀和太子老师何汤的一次对话。

建武十九年（43），刘秀为太子刘庄寻找晓畅经书的老师，最终选择了何汤（字仲弓），让他指导太子学习《尚书》。刘秀问何汤师出何人，刘秀就这样从何汤口中，第一次听闻了经学大师、一代鸿儒桓荣的名字，何汤也向刘秀极力推荐了桓荣。刘秀立刻召见了桓荣，让他解说《尚书》，深为嘉许，封桓荣为议郎，赐钱十万，让他教授太子的学业。由此桓荣逐渐引起了刘秀的重视和崇敬，而他的名望也日甚一日。由此观之，桓荣的发迹和何汤有莫大的关联，连桓荣本人也不禁慨叹，自己之所以可以声名显赫，“皆何仲弓之力也”。

当然，何汤的推荐是外因，桓荣自身的学识水平和儒者风度，则是他声誉日隆的内在根基。桓荣在经学上极有造诣，这是显而易见的。每次朝会时，桓荣在满朝公卿前陈奏经书，都能获得刘秀的称善。刘秀也十分慨叹，认为在桓荣年老的时候任用他，已是“得生几晚”，恨不得提早任用桓荣。由于桓荣早年跟随朱普学习《尚书》，打下了良好的基础和功底，而且刘秀早年入长安时学习的也是今文尚书学，因此刘秀和桓荣有很多的共同语言，在《欧阳尚书》博士位置出现缺人时，刘秀最先想到的就是任命桓荣来补缺空位。但是桓荣的儒者风度首先体现在为人谦虚，他自认经术浅薄，不如彭闳和皋弘，但最后刘秀还是拜桓荣为博士，同时让彭闳和皋弘担任议郎。

除了处世的谦恭，桓荣在待人方面也显得十分亲和有风度。桓荣在入值太学期间，有一次遇到太学博士集体以交流学问的名义向桓荣提出诘难，桓荣身穿儒衣，体态温恭，虽然他晓畅经义，但他面对那些儒生，往往以礼相对，使人信服，不以长篇大论将人说服，儒生都自认不如他。对待皇帝，桓荣也能做到足够的尊敬，有一次刘秀赏赐众人奇异的果子，其他人都将果子从容收到怀中，唯独桓荣不同，他双手将果子捧着，举向高处，行拜礼接受赏赐的果子，刘秀赞叹曰：“此真儒生也。”相应地，刘秀对桓荣也更加的尊敬和推崇，常常让桓荣留宿太子宫，和太子朝夕相伴，希望太子可以见贤思齐。而桓荣与太子的师生情谊，也在此期间慢慢地培养了起来。

稽古少傅

桓荣出入太子宫达五年之久，后来，由于身体原因，他推荐自己的门生胡宪担任侍讲，而自己只是旁听，每天早晨进一次宫。桓荣病重时，太子刘庄每日都很关切桓荣的病情，表示如果桓荣不幸过世，他会尽全力照顾好桓荣的家人。

建武二十八年（52），刘秀接受了博士张佚的建议，不以外戚担任太子的老师，而“用天下之贤才”来担当教育太子的职责。在这样的条件下，桓荣正式成了太子少傅。在桓荣出入太子宫期间，桓荣和太子建立了十分深厚的师生情谊，而在桓荣担任太子少傅期间，这种情谊则更加深化了，这从桓荣上疏奏

太子学成和太子的回信中就能看出。桓荣上疏说：

> 臣幸得侍帷幄，执经连年，而智学浅短，无以补益万分。今皇太子以聪睿之姿，通明经义，观览古今，储君副主莫能专精博学若此者也。斯诚国家福祐，天下幸甚。臣师道已尽，皆在太子，谨使掾臣汜再拜归道。

除自谦外，桓荣对太子刘庄的天资大加赞赏，称其是一位从未有过的“专精博学”的储君，而自己“师道已尽”，作为少傅的职责已尽完了。《后汉书·显宗孝明帝纪第二》也明确记载刘庄“师事博士桓荣，学通《尚书》”。就刘庄在即位之后的为政方略来看，可以算得上是一位贤明之君，三国时吴国的薛莹就称赞刘庄治理下的东汉“海内乂安，四夷宾服，断狱希少，有治平之风”，如此治国贤君，没有让他的老师失望。

太子对桓荣的尊重和敬爱之心也是显而易见的，这不仅是出于刘庄本人尊师重礼的素养，也是出于刘庄与桓荣的关系十分亲密，以及桓荣的品行早已使太子深深折服，这从太子的回信中就可以看出：

庄以童蒙，学道九载，而典训不明，无所晓识。夫五经广大，圣言幽远，非天下之至精，岂能与于此！况以不才，敢承诲命。昔之先师谢弟子者有矣，上则通达经旨，分明章句，下则去家慕乡，求谢师门。今蒙下列，不敢有辞，愿君慎疾加餐，重爱玉体。

刘庄先是说自己虽然已经学了九年，但对于《尚书》经义依然未通晓，这固然是自谦之辞，同时也是为下面颂经、颂圣、颂师作铺垫。他称五经的学问广大，圣人的旨意深远，如果不是极聪明的人则无法掌握其中奥秘，其实这是在变相夸赞桓荣，表达对桓荣由衷的敬佩。至于桓荣以太子已学通《尚书》请辞太子少傅，则万不敢认同，万千情愫都融合在了最后一句，因为桓荣当时已是高龄，刘庄希望桓荣多进饮食，保重身体，字里行间无不体现出对桓荣的尊敬和爱戴。

桓荣在初任太子少傅时，刘秀曾赏赐过他辎车、乘马。有一次他大会宾客的时候，将车马、印绶都陈列起来，对着这些象征荣誉的帝赐之物，回顾他的一生，从年少游学到避乱入山，从晚年仕宦到声名显赫，他感慨道："今日所蒙，稽古之力也，可不勉哉！"他将今日所获取的荣耀，归功于考稽古书，归功于平生之所学。正如桓元卿在桓荣被封为太常时的那一声慨叹："我农家子，岂意学之为利乃若是哉！"

封侯族盛

建武中元二年（57），太子刘庄即皇帝位，即汉明帝。作为帝师，桓荣的地位更加显耀，声名更加显赫。而刘庄本人对桓荣也更加亲重。当时桓荣已年过八十，自以为衰老，几次上书请辞，明帝都优赐不许。

汉明帝曾经坐车到太常府，叫桓荣坐东面，设几杖，集合百官和东平王刘苍以下群臣以及桓荣的学生数百人，汉明帝亲自捧书求教，每开口就说："大师在这里。"礼毕，将太官供具全部赐给桓荣，刘庄对桓荣的特殊礼遇由此可见一斑。

永平二年（59）是桓荣一生中最光辉的时光，此时三雍（明堂、灵台、辟雍三宫）已经初步建成，明帝拜桓荣为五更养老。每次大射养老礼毕，明帝就带着桓荣和弟子升堂，手持经书，讲论经书，明帝亲自主讲。桓荣最终被封为关内侯，食邑五千户。这是桓荣一生中所受封的最高荣誉。

后来桓荣病重时，他上疏谢恩，希望让还爵位。但是汉明帝亲自到他家问安，捧着经书上前，流着眼泪抚摸桓荣，赐给他床茵、帷帐、刀剑、衣被，过了好久才离开，以至后来探望桓荣的诸侯、将军、大夫都不敢再乘车到门口，都是拜倒在桓荣的床下。

桓荣死后，汉明帝亲自改易丧服，为桓荣送葬，把首阳山的南面赐给桓荣当作冢茔。桓荣死后，他的遗族、学生都被封了官，而他的子孙承袭了桓荣的家业，累世传袭《尚书》，成为经学世家。

自桓荣壮大龙亢桓氏之后，这支士族自东汉至东晋一直活跃在政治舞台上，代代有身居高位、对朝政有重大影响之人。在东晋时期，龙亢桓氏与另一士族陈郡谢氏一直处于分庭抗礼的状态，桓温之子桓玄甚至一度篡夺皇位，建立桓楚，改元永始，几乎覆灭了东晋。但桓楚政权不得人心，未两年便遭刘裕等人的击溃，桓玄死后其堂弟桓谦奉还国玺于晋室。桓楚败亡后，龙亢桓氏家族亦渐渐走向没落。

汉僧之首，译才高妙——严佛调

胡宁

严佛调像

严佛调，又称严浮调，东汉晚期临淮（今江苏盱眙，原属安徽）人。他是有史可考的第一位出家的汉族僧徒、第一位参与佛经汉译的汉族人、第一位撰写佛教著作的中国僧人，在中国佛教史和中国文化史上有着非常重要的地位。

临淮地区最早出现汉族僧侣，并不是一件偶然的事情。东汉明帝时，这里是楚王英的辖地，而楚王英是史籍记载最早信奉佛教的高级贵族。据《后汉书·楚王英传》，当时明帝下诏，令天下死刑犯缴纳缣纨赎罪。令人意外的是，贵为诸侯王的楚王英也让属下郎中令奉黄缣白纨三十匹缴纳给国相，并说："托在蕃辅，过恶累积，欢喜大恩，奉送缣帛，以赎愆罪。"楚国相把这一情况报告给朝廷，明帝下诏回复："楚王诵黄老之微言，尚浮屠之仁祠，洁斋三月，与神为誓，何嫌何疑，当有悔吝？其还赎，以助伊蒲塞桑门之盛馔。"楚王英所说的话表现出对佛教"业报"观念的理解和接受，表示自己身为诸侯王，享用远过常人，以佛教的教义戒律相绳，生活中有种种的罪过，所以借机缴纳缣纨赎罪。明帝的回复表明了当时社会上层对佛教的认识，即将这种新兴的外来宗教与黄老之学等量齐观，并认为佛教是祠祀之术的一种，是祭神求福的。所谓"伊蒲塞"和"桑门"，后来更常用的译名是"优婆塞"和"沙门"，分别指在家修行的佛教男性居士和出家修行并受具足戒的佛教男性僧侣。明帝把楚王英缴纳的缣纨还了回去，说明其是用来供养佛教徒的，这无疑为佛教在楚国的传播开了绿灯。因此，处于东汉楚国辖区内的临淮地区，在接受佛教影响方面是得风气之先的。

东汉晚期，临淮地区是与严佛调大致同时代的笮融的势力范围。笮融在徐州牧陶谦手下负责广陵、下邳、彭城三郡物资运输，笮融将物资据为己有，在下邳郡广兴佛寺，迁附近各郡佛教徒至下邳，有五千余户。可见当时临淮地区佛教的传播之广、信徒之多。

严佛调是东汉时期佛教最兴盛地区涌现出的一位出类拔萃的佛教学者。佛教史称严佛调童年便颖悟好学，很早就出家修道，其能如此，主要由于他自身的天分，也得益于他生在佛教传播风气之先的地区。后赵著作郎王度在给石虎的奏疏中说："佛，外国之神，非诸华所应祠奉。汉代初传其道，惟听西域人得立寺都邑，以奉其神，汉人皆不出家。"就严佛调出家来看，王度所言并不确切。但王度这样说，应非空穴来风，随口捏造。东汉时期应该确有限制汉人出家的相关政令，到了汉末，朝纲紊乱，地方势力崛起，政令得不到严格执行，才有了汉人出家为僧的情况，而严佛调就是见于记载的第一位汉族僧人。

严佛调出家后，曾跟随安世高学习佛法。安世高，本名清，原为安息国（西亚古国）太子，笃信佛教，持戒谨严，乃至放弃王位出家为僧，于汉桓帝建和初年来到洛阳，是佛经汉译的创始人。安世高所译佛经，晋释道安编撰的《综理众经目录》列举了三十五部、四十一卷，现存二十二部、二十六卷。从所译佛经来看，安世高的佛学属于部派佛教上座系统。严佛调跟随他学习，所学的当然也是上座部佛法。

可能是受老师影响，严佛调自己也从事佛教经典的汉译工作，他的合作者是安玄。安玄是一位安息国商人，也是一位佛教居士。安玄在洛阳从事贸易，可能曾为东汉政府效力，被东汉政府封为骑都尉。安玄在华日久，学会了汉语，平居常与僧侣讲论佛法、举办法事，有志译经却难以独立完成。而严佛调作为汉族僧人，有跟随安世高学习的经历，又长期与胡僧、胡商游处，既有较高的佛学水平又通晓胡语。于是两人一拍即合，共同从事译经事业。

安玄与严佛调合作译经，采取的方式是"都尉口陈，严调笔受"。这就是说，安玄在阅读讲解经文方面没有问题，但汉语水平尚不足以译述；而严佛调虽然通晓胡语，能阅读佛经，但在理解上也有没把握的地方。两者的长短正可互补，形成了有效的工作模式。安玄把胡本经书用胡语念出并有重点地讲解一番，严佛调把经文的意思用汉文写出来，再共同修订润色。这种译经方式，是一个创举。在他们之前，安世高、支娄迦谶等人的译经，都是独自完成的。外国人与中国人合作译经的风气一开，一方面，佛经汉文本的可读性提高了，更符合中国人的语言习惯，更便于学习和传播；另一方面，那些从印度、西域来的高僧，可以在并不精通汉语的情况下，用这种方式从事译经工作。这样一来，佛法东传的途径就大大拓展了，为后来魏晋南北朝时期佛经翻译数量的爆发式增长、译经方式的日益成熟以及佛教思想的迅速普及和发展奠定了基础。

安玄和严佛调，佛学水平高，驾驭语言的能力又强，他们两人的合作取得了很大的成功。由他们合作翻译的《法镜经》饱受赞誉，三国康僧会称其“言既稽古，义又微妙”，晋释道安称其“省而不烦，全本巧妙”。也就是说，《法镜经》的汉译本不仅文辞简练古雅，而且能恰当地把经文中深邃的意旨传达出来。萧梁释慧皎的《高僧传》则把安玄、严佛调与安世高并列，说“三人传译，号为难继”，足见翻译质量之高，乃至于后人难以企及。

据《历代三宝记》《开元释教录》载，除了《法镜经》之外，安玄和严佛调还翻译了以下几种佛教经典：《古维摩诘经》二卷；《濡首菩萨无上清净分卫经》二卷；《慧上菩萨问大善权经》二卷；《思意经》一卷，亦云《益意经》；《内六波罗蜜经》一卷；《迦叶诘阿难经》一卷；《阿含口解十二因缘经》一卷。

凡此诸种，仅《法镜经》与《阿含口解十二因缘经》署安玄、严佛调两人之名，其他仅署名严佛调，研究佛教史的学者通常将这些只署严佛调名的佛经也视为二人合译的。值得注意的是，与安世高所译皆为小乘经典不同，安玄、严佛调所译多为大乘经典，这说明严佛调虽是安世高的弟子，但所习不仅限于安世高一系。

除译经之外，严佛调还自己撰写了一部佛教著作，即《沙弥十慧章句》，是中国佛教史上第一部由汉僧撰写佛教著作。此书署“严阿祇梨浮调所造”，“阿祇梨”是佛教专有名词，指教授弟子的导师，可知严佛调从事佛教教育活动，且在佛教界有较高的地位。严佛调在《沙弥十慧章句·序》中说：

> 有菩萨者，出自安息，字世高，韬弘稽古，靡经不综，悯俗童蒙，示以桥梁。于是汉邦敷宣佛法，凡厥所出数百万言。或以口解，或以文传，唯沙弥十慧，未闻深说。夫十者，数之终。慧者，道之本也。物非数不定，行非道不度，其文郁郁，其用亹亹，广弥三界，近观诸身。调以不敏，得充贤次，学未浃闻，行未中四，夙罗凶咎，遘和上忧。长无过庭善诱之教，悲穷自潜，无所系心。于是发愤忘食，因闲历思，遂作《十慧章句》，不敢自专，事喻众经，上以达道德，下以慰己志。创奥博尚之贤，不足留意。未升堂室者，可以启蒙焉。

严佛调以诚挚而又典雅的笔调叙说了自己撰写此书的缘由和目的。原来安世高讲授禅数之学，唯十慧之义未及深入阐发就去世了。严佛调于是继承老师的遗志，延续老师的事业，发愤著书，阐论十慧。由于此书已经亡佚，具体内容难知其详，只能通过这个序和其他一些相关材料推知其大致内容。汤用彤先生根据序文中所言十慧之文“广弥三界，近观诸身”，认为此乃禅观之书。他又依据谢敷《安般守意经序》中“建十慧以入微”这句话和经中所列“十黠”，认为“十慧”很可能就是“十黠”，包括数息、相随、止、观、还、静、四谛。吕徵先生则从安世高的学说思想出发加以阐述，安世高重点翻译的是定、慧两方面的学说，定学即禅法，慧学即数法。安世高关于数法的译文里还带着解释，可以说是半翻译半撰述。严佛调就是受到老师的启发，对“沙弥十慧”引经解说，作成章句。这种体例，被后来康僧会、释道安等仿效。

严佛调其人、其事、其学，略如上述。汤用彤先生在《汉魏两晋南北朝佛教史》中对严佛调作了非常确切中肯的总结评价：“然古时译经仅由口授，译人类用胡言，笔受者译为汉言，笔之于纸。故笔受者须通胡语。浮调，时人称为善译，则或擅长胡语，巧于传译，而为中华译经助手之最早者。夫调能译，且以佛理著书，又为发心出家之最早者，则严氏者，真中国佛教徒之第一人矣。”

外科鼻祖——华佗

庄华峰　李松

华佗像

安徽医药学的历史十分悠久，可考的名医众多，其中成就最大者当推华佗。

华佗，名旉，字元化，沛国谯（今安徽亳州）人，杰出的医学家、药物学家，《后汉书》和《三国志》均为他专门立传。他精湛的医术和传奇的一生，在民间广为流传。华佗继承了秦汉以来的宝贵医学遗产，在其基础上又有发展和创新，积累了丰富的经验，对内科、妇科、儿科、针灸科都很精通，而尤以外科最负盛名。由于他把脉问诊极其准确，后人多用神医称呼他，甚至后来人们以"华佗再世""元化重生"来称誉医术高超的医师。华佗的名字成了中医药卓越成就的象征，他发明的麻沸散为世界医学的发展作出了重要的贡献。

不求功名　治病救人

东汉末年，群雄割据，兵荒马乱，加之水旱成灾，疫病流行，民不聊生。目睹这一切的华佗内心深感痛苦。他痛恨作恶多端的封建豪强，十分同情受压迫受剥削的劳动人民。华佗从小博览群书，精通经史子集，对儒家学说颇有研究，但无意仕途，"沛相陈珪举孝廉，太尉黄琬辟，皆不就"。即使后来华佗凭借其精湛的医术获得曹操的赏识，留在曹操身边，他也没有因此去谋求一官半职，依旧为人诊病，悬壶济世。

华佗学识渊博，尤精医学，"又精方药，其疗疾，合汤不过数种，心解分剂，不复称量，煮熟便饮，语其节度，舍去辄愈。若当灸，不过一两处，每处不过七八壮，病亦应除”。可见诊断相当精确，处方简便精当，药味、针灸不多而疗效十分明显。在兵连祸结的岁月，华佗一面游学，一面行医，足迹遍及当时的徐州、豫州、青州、兖州各地。根据他医案中所及地名查考，大抵是以彭城（今江苏徐州）为中心，东起甘陵（今山东临清）、盐渎（今江苏盐城），西到朝歌（今河南淇县），南抵广陵（今江苏扬州），西南直至谯县（今安徽亳州），即今江苏、山东、河南、安徽等省的广大地区，方圆达数百平方公里。在行医的同时，为了采药，他还先后到过朝歌、沛国、丰县、彭城卧牛山、鲁南山区和微山湖等地。华佗一生四处奔波，治愈病人无数。仅《三国志·魏书·方技传》及注中所载的病例就有半数以上是经华佗施治而痊愈的。

从这些医案中可以看到，华佗治病有这样几个特点：一是主动替人解除病痛，救人生死。如一日华佗在行医途中，遇见一人患咽喉堵塞之症，想进食却无法下咽，家人用马车载着他去求医。华佗听到病人的呻吟声，便主动前去诊视，并告诉他们：“让病人吃三升蒜泥和大醋，病痛自然会好。”他们马上照华佗的话去做，病人吃下后立即吐出一条像蛇一样的虫，病痛立除。二是抓住本质，辩证治疗，对症下药。有一次，府吏倪寻、李延两人同患头疼发热之症，先后找华佗看病。华佗问明病情后，给倪寻开了泻药，给李延开了发汗药。有人问华佗为何病情相同用药却不一致。华佗说：“此病表面看来相似，其实不同。倪寻病在内部，该服泻药。李延只是受点外感，故而让他发发汗即可。”这两人回去抓药服下，果然药到病除。三是认真对待，细心诊治。一次，华佗给一个病妇看病。根据脉象，华佗断定她是孕期受伤，胎儿未下所致。病妇的丈夫以为不然，说道：“孕期受伤是事实，但胎儿确实已经生下。”过了百余天，此妇病情加重，只好再次请华佗诊治。华佗详细诊察之后说，脉象如前。原来病妇怀的是双胎，第一个小儿生出来后，由于病妇失血过多，致使第二个无法生下。如今第二个小儿已经死在病妇腹中，但扎针、吃药，仍不见死胎生下。华佗说：这是由于死胎已经干枯了的缘故，需要外人取出来。他告诉病妇家人需要找一个接生婆，结果果然不出他所料，接生婆取出了一个变黑了的死胎，从而挽救了这个病妇的生命。

勇于探索　敢于创新

华佗医术高明，在医学史上多有创举，其中最著名的有两个方面：一是开外科手术之先例，成为外科鼻祖。二是发明了世界上最早的麻醉剂——“麻沸散”。

华佗是我国医学史上为数不多的杰出的外科医生之一，他善用麻醉、针灸等方法，特别是擅长开胸破腹的外科手术。过去人们受儒家思想的影响，认为身体发肤受之父母，不能有丝毫损坏。要开肠破肚，哪里还能活命，所以患者宁肯等死，也不愿开刀。华佗用他精湛的医术打破了这一迂腐的见解，使中医外科学得以发展进步，后世尊华佗为“中国外科的鼻祖”。然而由于华佗并非世界及中国最早实施外科手术之人，而且其技术又后继乏人，一些细节已模糊不清，导致人们对华佗的事迹感到难以置信，有学者甚至对他的外科术完全持否定的态度，如陈寅恪先生便如是说：“夫华佗之为历史上真实人物，自不容不信。然断肠破腹，数日即差，揆以学术进化之史迹，当时恐难臻此。”陈寅恪先生认为华佗所处时代腹腔外科术非常罕见，所以对华佗的外科术持怀疑态度。然而近年来考古活动证明了华佗的外科术并非孤例。据研究者介绍，在国内考古中，已经发现开颅术案例30多起，其中能够确信带有病理治疗色彩的约有11起，时间多为距今2000至4000年前。除了开颅术案例外，其他人体部位的手术案例也有发现，如1991年考古工作者在新疆鄯善县苏贝希村发掘距今约2500年的古代墓葬时发现了一具男性干尸，腹部有刀口，以粗毛线缝合，很有可能是进行过腹腔手术。另外，马王堆出土的《五十二病方》中有疝修补手术和痔疮切除术的记载。这些事实告诉我们，我国很早甚至在先秦时期就已经有人发明了外科手术技术，医术精湛且善于创新的华佗利用外科术为患者治疗，便是顺理成章的事了。虽然华佗的外科术很可能是粗浅的，它所带来的疗效恐怕也是有限的，但我们却不能因为技术的不够成熟而否定它的存在。

我们相信华佗外科术存在的另一依据是史籍中记载的华佗外科术的基本要素与现代外科术基本要素的契合。《三国志》载："若病结积在内，针药所不能及，当须刳割者，便饮其麻沸散，须臾便如醉死，无所知，因破取。病若在肠中，便断肠湔洗，缝腹膏摩，四五日差，不痛，人亦不自寤，一月之间，即平复矣。"这个记载有两点值得注意，一是手术本身，二是手术中使用的麻沸散。在整个治疗过程中，华佗认为可以对人体病患处进行必要的切除，并有与之相配套的行之有效的方法，包括麻沸散的使用、切除病变部分、清洗伤口、缝合伤口以及敷药预防感染等，这与现代外科术基本契合。

华佗发明的麻沸散对后世影响颇大，这在中国医药学史上是空前的，在世界麻醉史和外科手术史上也占有重要地位。《世界药学史》编者鲁化说："阿拉伯医学家用一种吸入的麻醉剂，恐从中国学来。被称为中国希波克拉底（古希腊的著名医学家）的华佗，很精通此种技术。"华佗发明的麻沸散在当时世界上是最先进的，流传于朝鲜、日本、摩洛哥等世界多个国家。而欧美全身麻醉外科手术的记录始于18世纪初，比华佗晚了1600年左右。所以将华佗誉为"外科鼻祖"是毫不为过的。

华佗行医，留下了许多著名医案，《三国志》中有16起，《华佗别传》中有5起，其他文献中5起，共26起，在整个先秦和两汉医家中是较多的。从其治疗范围看，涉及内科病的有热性病、内脏病、精神病、肥胖病、寄生虫病，属于外、儿、妇科的疾病有外伤、肠痈、肿瘤、骨折、针误、忌乳、死胎、小儿泻痢等。由此可见，华佗几乎是一名全科圣手，在内外科、妇科、儿科、精神科、传染科等领域均有较深的造诣，对缓解乱世时代人们的病痛具有重要作用，其所传之术，也为后人所沿用。

《三国志》评论说："华佗之医诊，杜夔之声乐，朱建平之相术，周宣之相梦，管辂之术筮，诚皆玄妙之殊巧，非常之绝技矣。"评价可谓不虚。

创编“五禽戏”

华佗不仅悬壶济世、治病救人，他还继承和发扬了我国古代“不治已病治未病”的思想，深谙养生、预防保健之道。据《后汉书》《三国志》等记载，华佗通晓养生之术，年过百岁，其相貌犹如中年之人，时人视其为神仙。

广陵人吴普曾跟随华佗学过医，他遵照华佗的医术治病，治好了许多人。其实，吴普早年曾是官宦子弟，过着优裕的生活，是位肩不能扛，手不能提的阔少爷。一次华佗带着他出外采药，结果他刚回到家便病倒了，华佗给他切脉，发现六脉和平，身体无恙。华佗心中便了然，他对吴普说：“人体欲得劳动，但不当使极耳。动摇则谷气得消，血脉流通，病不得生，譬如户枢终不朽也”。华佗吸取先秦以来导引术的精华，模仿虎、鹿、熊、猿、鸟等禽类的动作姿态，结合自己的理解和实践，创编了一套医疗保健体操，称为“五禽戏”。“禽”字在现代指的是鸡、鸭、鹅等鸟类动物，然而在古代，“禽”除了指前面所说的鸟类动物之外，还包括像虎、鹿等兽类动物。此操的具体动作即模仿虎的扑动前肢、鹿的伸转头颈、熊的伏倒站起、猿的脚尖纵跳、鸟的展翅飞翔等，可用来防治疾病，同时可使腿脚轻便利索，强身健体，用来当作“导引之术”。身体不舒服时，就做其中一戏，流汗浸湿衣服后，在身上搽上爽身粉，便感觉身体比之前轻松许多。吴普从此跟着华佗学习五禽戏，一直坚持用这种方法锻炼，效果显著，活到九十多岁还“耳目聪明，齿牙完坚”，实现了精、气、神的合一。华佗又在我国医疗体育史上写下了光辉的一页。

五禽戏的出现，在很大程度上推动了后世导引养生术的发展，同时为后来一些象形拳的创编提供了有益的启示，但五禽戏究竟是什么样子？它是通过什么原理来达到健身效果的？对此，人们以前只能通过字面去理解和想象。直到1974年在湖南长沙马王堆汉墓发现的一幅帛画，让人们对五禽戏有了一个更为生动形象的了解。这幅帛画出土于长沙马王堆三号墓，是一卷图文并茂的彩色画，在长1米，宽0.5米的画面上，共有

44个人，有男、有女、有老、有少，分四排排列，每人有一个运动姿态，从人物的运动姿态及所标文字内容来看，这就是古代的“导引图”。其与五禽戏有异曲同工之妙，是通过模仿动物动作、配以呼吸导引之术以达到强身健体的目的。后世将五禽戏作为养生保健的一项重要技能传承下来，并发扬光大，如今已成为很多人喜爱的一种养生之法。

马王堆帛画

樊阿是华佗另一著名弟子，他精通针刺疗法，常常敢于在以往医生不敢针刺的背部和胸部内脏之间针刺，并能做到针到病除。一次樊阿向华佗讨教可以服用而且对人体有好处的药方，华佗便授以“漆叶青黏散”之方。该药方按照漆叶碎屑1升、青黏碎屑14两的比例配制，长期服用，可使身体轻便，头发不会变白，而且此药能祛除体内多种寄生虫，对五脏六腑有利。樊阿遵照他的配方，坚持服用，活到一百多岁，耳聪目明，无疾而终。据说此药方中的漆叶等原材料，在当时沿淮一带非常普遍，此药方是于平常处养生，以普通草长命的典范。

神医冤死　后世崇拜

说到华佗，不得不提曹操。曹操（155—220），字孟德，小名阿瞒，沛国谯（今安徽亳州）人，东汉末年杰出的政治家、军事家、文学家、诗人。曹操戎马一生，并未称帝，他病死后，其子曹丕称帝，追尊曹操为武帝。华佗与曹操，一个是治病救人的“神医”，一个是征战疆场的“枭雄”，相同的家乡，不同的身份和背景，是怎样的情形让华佗和曹操相遇？之后他们之间又发生了什么事呢？

随着华佗的名气越来越大，曹操终于听说了这个老乡，便以朝廷名义将其征召到自己身边。原来，曹操年轻时常年行军打仗，得了一种头风病。中年以后，时常发作，一旦发作，就头痛难忍，精神烦乱，目眩眼花。诸多医生施治，都疗效甚微。华佗应召前来诊视后，在曹操膈俞穴进针，片刻之后，曹操便觉疼痛立止，脑清目明。曹操十分高兴，称赞其医术高明。但华佗却对曹操说："这病短期内难以治好，需要不断地进行治疗，方能延长一些寿命。"曹操听后有些不快，但还是把他留在了身边，同时也让他给百姓看病。后来曹操国事日烦，病情不断加重，于是就让华佗专门为他看病。作为一个心系百姓的医者，华佗的心思始终在民间，不甘心只服务于权贵。过了一段时间，华佗由于长期远离家乡，很想回去看看，就向曹操禀报说："我久别家乡，刚才收到家中来信，想先暂时回家一趟，看看家中的父老乡亲。"曹操同意后，他立马动身回家。到家之后，他再也不想回到曹操身边，但总得有个理由，于是，华佗以妻子有病为借口推托，多次请求延长假期不肯回来。曹操几次用书信召他，均有去无回。三番五次，曹操不耐烦了，便命令郡县派人遣送华佗回来。华佗自恃有才能，不愿伺候权贵，还是不愿上路。曹操恼羞成怒，认为华佗是在戏弄他，便派人前往查看，并明确表示：如果华佗妻子确实生病，就赐赠四十斛小豆，放宽假期；如果他虚假欺骗，就立刻逮捕押送他回来。地方官很快领会了曹操的意思，便把华佗一路递解押送，交付许昌监狱，严刑拷问，要他认罪。但华佗此时表现出了一个文人的风骨，坚决不肯认罪。当时曹操身边的重要谋士荀彧听说后，向曹操求情说："华佗医术高明，名满天下，关系着人的生命安危，应该宽恕赦免他。"曹操说："不用担心，天下会没有此等无能鼠辈吗？"曹操之语，最终判决了华佗死罪。华佗临死时，将已写好的《青囊书》交给狱吏，但狱吏畏罪不敢接受，华佗只得将医书投入火中，一焚了之。后来曹操的爱子曹冲病危，诸医无术救治。这时曹操才悔恨地说："吾悔杀华佗，令此儿强死也。"

华佗辞世至今已经1800多年了，但百姓对他的怀念却从未停止，并逐渐确立了华佗信仰。其明显的标志就是在安徽等地建立了许多华佗庙。

唐开元中，亳州就建造了华佗庙，取名“华祖庵”。至宋代，据《通州直隶州志》载：“宋太平兴国五年建华王庙，在治西寺街。”到了元代，朝廷提倡对医药神的信仰，元贞年间，在京师建了三皇庙，祭祀三皇和历代名医孙思邈、华佗等十人。至此，在朝廷和地方的共同推动下，华佗信仰在淮河流域蔚成风气。明清时期是华佗信仰的高峰期，据学者统计，明清时期各地共建有华佗庙56所，其中江苏16所，山东7所，河南11所，安徽22所。可见，明清时期华佗信仰的地区主要以华佗生前活动的淮河流域为主。华佗信仰的确立，不仅契合了人们对华佗医学意义上的崇拜，而且也契合了人们对华佗的乡土认同。作为淮河流域的乡土医神，华佗信仰以其自身的功能满足了人们的不同需求。

建安文学的代表——三曹

江增华

汉末的中国，干戈相攘，局势动荡，人神杂处，民不聊生。凄苦的社会惨状，激荡着时代音符，叩击着苍生与豪杰，变奏成慷慨悲凉的雅音，合谱着“建安文学”的风骨乐章。

合称“三曹”的曹操“以相王之尊，雅好诗章”，曹丕“以副君之重，妙善辞赋”，曹植“以公子之豪，下笔琳琅”，父子三人是彬彬之盛的“建安文学”的倡导者、组织者与实际建设者，他们共同确立了“梗概而多气”这一时代乐章的“风骨”旋律，为“建安文学”的兴盛起到了决定性的作用。

曹操——改造文章的祖师

曹操像

曹操（155—220），字孟德，小名阿瞒，沛国谯（今安徽亳州）人。曹丕称帝后，追尊其为武帝，史称魏武帝。其父曹嵩为宦官曹腾的养子，官至太尉。曹操二十岁举孝廉为郎，后在汉末大乱中聚集兵马，败黄巾、讨董卓，建立了自己的军事武装，然后“挟天子以令诸侯”，取得政治上的优势。曹操先后消灭了吕布、二袁等封建割据势力，成为北方的实际统治者。

曹操不仅是政治家、军事家，还是一位具有崇高地位的文学家，在文学事业上取得了令人瞩目的卓越成就，被鲁迅先生誉为“改造文章的祖师”。

“建安文学”是在汉魏之际的长期战乱、家国残破的凄惨社会环境中勃发而兴的，也与曹操的“雅爱诗章”及其文学创作密不可分。“国家不幸诗家幸，赋到沧桑句便工。”残酷的现实，触动了曹操的心弦，开启了情感倾泻的闸门，他“御军三十余年”，常在戎马倥偬之余“手不舍书，昼则讲武策，夜则思经传，登高必赋，及造新诗，被之管弦，皆成乐章”，纪事述怀，游仙咏史，无不展现其诗歌“慷慨悲凉，气韵沉雄”的主体艺术风貌。

曹操的以乐府古题写时事的纪事诗，刻画了汉末战乱的社会惨状，同时记述了自己的征战之苦。“白骨露于野，千里无鸡鸣。生民百遗一，念之断人肠。”倾泻着关切民生疾苦的情怀，展露了内心极端痛楚之伤情。“北上太行山，艰哉何巍巍！……悲彼东山诗，悠悠使我哀。”记述了建安十一年（206）曹操征讨高干之役，以古直悲凉的格调，沉郁质朴的笔触描写了途经太行山的苦寒之状与内心的进退犹豫，又自比周公东征，志在必胜，表达了曹操建功立业的雄心壮志。

“对酒当歌，人生几何！譬如朝露，去日苦多。慨当以慷，忧思难忘。何以解忧？惟有杜康。青青子衿，悠悠我心……月明星稀，乌鹊南飞。绕树三匝，何枝可依？山不厌高，海不厌深。周公吐哺，天下归心。”全篇以比兴手法，表达了曹操叹息时光易逝、时不我待的焦虑，以及渴慕贤才的心情和建功立业的思想与情感，曲折抑扬，感人至深，沉郁悲凉中蕴含着一种慷慨、高昂的生动气韵和激奋、笃定的积极进取精神。

曹操的游仙诗，如《秋胡行》《气出唱》等，尽管学界对它们的理解存有歧见，但一般认为它们虽抒写了人生失意的苦闷情绪，却寄寓了曹操对精神自由的向往和追求，并不消沉颓萎。曹操的《善哉行》咏古公亶父、伯夷叔齐等人，《短歌行》（之二）咏周文王、晋文公等事，昭示臣僚及天下，期许效法古公亶父、伯夷叔齐、周文王，以德统天下，而不作晋文公以力称霸，阐述了自己的治世之道。

尽管曹操所作的诗今仅存二十二首，包括作者存疑的三首，全部是乐府诗，但曹操使乐府诗进入文人乐府诗的阶段。在内容上，曹操率先以乐府旧调旧题写时事，既承接了汉乐府的传统，又能记述、反映汉末社会现实，语言古朴率真，风格慷慨悲凉，在汉魏之际，起到了承上启下的作用，开启了“建安文学”一代新风，为唐代的新乐府运动奠定了基础。如蒿里本为挽歌，曹操却用来写时事，陌上桑写秦罗敷的故事，本为富有喜剧色彩的乐府旧题叙事诗，曹操却改为写求仙，蕴含追求精神自由的境界。在形制上，曹操也对汉乐府诗形制进行了大胆革新，改变了曲辞僵硬的应对成规，转而为自由灵活的填词、纪事述怀，拓展了乐府诗歌的书写领域。如《观沧海》《龟虽寿》开创了四言诗的新境界，为已经板滞僵化的四言诗体注入了新鲜活力，在《诗经》之后大放异彩。正是曹操创作的引领，奠定了“风骨”基调，汉魏之际的文人逐渐重视乐府诗的创作，涌现了诸多优秀诗篇，使乐府诗进入了新的文人乐府诗阶段，开创了“建安文学”新局面。

曹操为了实现自己统一天下的雄心壮志，作为当时的汉丞相，北中国的实际统治者，他唯才是举，把因战乱流离各地的俊才彦士延揽在自己幕下，使他们有了安身立命之所，才华有了得以施展的机会。“建安七子”中，除孔融之外，都在建安时期先后归附于曹操。其他诗人，如蔡琰、繁钦等，也都得到了曹操的庇护，可以说“邺下文人集团”就是在他提供的物质条件基础及自由空间中形成的，这些文人以饱满的热情，抒写着自由人生情怀，也是在曹操的倡导、影响下进行文学创作，曹操实为“邺下文人集团”的领袖。这些诗人创作出许多优秀作品，内容充实，感情充沛，以务实的精神对待现实政治，慷慨悲歌，以通脱的态度对待人生，以浪漫的情怀对待文学。如王粲《七哀诗》中的“出门无所见，白骨蔽平原”，概括了战乱后生灵涂炭的惨相。陈琳《游览》中的“建功不及时，钟鼎何所铭”“立德垂功名”，抒写了激越高亢的政治理想，渴求建功立业，慨叹岁月短促、功名未立，却仍努力追求。再如曹植《赠徐干》中的：“惊风飘白日，忽然归西山。圆景光未满，众星灿以繁。志士营世业，小人亦不闲。”这些作品在体制形式上继承了汉乐府民歌的现实主义传统，普遍采用五言形式，形成明朗、刚健、清新、质朴的特点，具有浓郁的悲剧情怀和慷慨悲凉的阳刚之气，共同谱写了“建安文学”的华丽篇章。

汉魏之际社会动荡，豪强军事割据，各种异端思想悄然兴起，汉家政治权威已是颜面扫地，统治人们思想的礼教权威也渐渐丧失了独尊地位，汉儒治学的烦琐求证、偏重训诂的古文经学学风渐渐变为注重阐发经文“微言大义”的今文经学学风。曹操等文人摆脱了道德与礼教的束缚，文学创作不再是“发乎情而止于礼”，而是以刑名法术思想主宰天下，于戎马倥偬间抒写情怀，语言简捷，不假斟酌，指事写意，皆不傍经典，自由倾泻，直抒胸怀。曹操的散文也不过于讲求对偶、工整、声律，有别于用语雕琢、雅化的骈体化，而是率心任性，表达真实情感。如“设使国家无有孤，不知当几人称帝，几人称王?”曹操自述自己的思想、经历，表达生平之志，反击了朝野谤议，毫无掩饰造作之辞。文章虽是实情，然非他人所敢言。曹操的《举贤勿拘品行令》打破了汉代选人用人的察人品、考出身、举孝廉的制度规矩，提出只要有文武才略，即使名声不好也可以被推举的“唯才是举”的选人用人思想。曹操的文章率性而作，毫无顾忌，自由表达，随意发挥，尽抒胸臆，气韵流畅，毫无滞碍。一代枭雄的个性，通脱的人生情调，使他的作品在慷慨悲凉中又具有清俊、通脱的特征，对建安风骨的形成具有直接影响。

曹丕——文学自觉的先驱

曹丕像

曹丕（187—226），字子桓，曹操次子。曹操长子曹昂随父征讨张绣，于建安二年（197）遭张绣逆袭，为救其父，战死于宛城。建安二十二年（217）曹丕被立为太子，建安二十五年（220），曹丕继任汉丞相、魏王，并受禅登基，以魏代汉，史称魏文帝。曹丕学识渊博，诸子、经史“靡不毕览”，著述丰富，惜多散佚。

曹丕诗现存约四十首，以乐府诗为主，分为三类：一是抒情言志诗。主要记述征战时的军旅生活，反映了民生疾苦，具有现实主义诗风，同时抒写了自己积极进取的人生态度和渴求建功立业的雄心志向以及浓郁的忧患意识。如《黎阳作诗》三首，写曹军南征之事，既描写了曹军行军的艰苦，又突出了克敌制胜的豪情，彰显了“救民涂炭”和志在“靖乱”的决心。二是宴游诗。主要记述宴游之乐，都是一些咏物、感怀之作。如《芙蓉池作诗》写夜游铜雀园之乐，《于玄武陂作诗》记游玄武池游赏之趣等，描摹细致，文辞富丽，在我国山水诗的发展史上有一定地位。三是游子思妇诗——拟代之作，最能体现曹丕诗的水平。如《于清河见挽船士新婚与妻别》言离别之苦，凄婉动人，《燕歌行》描写一位妇女在不眠的秋夜思念淹留他乡丈夫的情态，情思委曲，修辞精美，深婉感人。曹丕以文人深婉细腻的笔触，刻画出乱世中人内心复杂的情感世界，因而颇有《古诗十九首》的风致。《燕歌行》是曹丕的代表作，也是现存最早的、最完整的七言诗，对中国诗歌的发展影响极为深远，曹丕也成为文学史上七言诗创作的第一人。曹丕另有杂言长句诗《大墙上蒿行》，长达七十五句，被王夫之誉为“长句长篇，斯为开山第一祖”。

曹丕以贵公子的身份，常与归附于曹操门下的文士们相聚游宴，诗酒竞豪中创作了许多诗文作品。建安十六年（211），曹丕任五官中郎将、副丞相，其时以副丞相之尊，与王粲、刘桢、陈琳、徐干、阮瑀、应玚、杨修等宴饮游乐、吟诗作文。曹丕与这些文人诗酒唱和，开创了文人雅集的先河。曹丕是“邺下文人集团”的真正组织者与领导者，在共同的唱和中，对“建安文学”的精神架构起到了关键作用，共同创作了建安文学“风骨”篇章，对后世诗歌创作产生了深远影响。

曹丕现存辞赋二十六篇，作品数量在建安文人中仅次于曹植。曹丕辞赋的成就不在诗赋之下，代表作有《与吴质书》等。《与吴质书》追忆往事与亡友，是一种诗文评述，以抒情为主，兼有叙事和说理，融三者于一体，行文通脱而平易，表述自由、达观，不拘世俗之礼，这是过去的书信文体所没有的。曹丕所作《典论》中的《论文》篇，是中国第一篇文学批评的专门论文，涉及了文学批评中几个很重要的问题，在文学批评史上起了开风气的作用，标志着文学的自觉与独立。

《论文》中批评了“文人相轻”的风气，标举了“建安七子”，最为重要的是提出了“文以气为主”的理论主张，认为作家的气质决定作品的风格，蕴含着抒情化与个性化的观念，还分析了文体不同，差异必然的缘由及其文风特征。曹丕既赞赏慷慨之气的豪壮，又欣赏便娟婉约的诗风，强调“诗赋欲丽”的绮靡，注重文质并重。《论文》高度肯定了文学的作用和价值，认为“盖文章，经国之大业，不朽之盛事”，将文学从经学的附庸中解脱出来，是文学自觉的标志之一。诚如鲁迅所言：“诗赋不必寓教训，反对当时那些寓训勉于诗赋的见解，用近代的文学眼光看来，曹丕的一个时代可说是‘文学的自觉时代’，或如近代所说是为艺术而艺术的一派。”可以说，曹丕基本走出了汉儒主张的“发乎情而止于礼”的樊笼，从而开启了曹魏诗文通俗流畅、清绮婉秀之先河。

曹植——“才占八斗”的诗宗

曹植像

曹植（192—232），字子建，曹丕之弟，曾封为陈王，死后谥号“思”，故世称“陈思王”。在建安文人中，他的作品留存最多，被称为一代诗宗、“建安之杰”，对当时及后代的影响最大，后人评价也最高。晋朝诗人谢灵运更有“天下才有一石，曹子建独占八斗，我得一斗，天下共分一斗”的评价。

曹植现存九十余首诗中就有六十余首是五言诗，在艺术上具有极大的创造性。曹植兼擅各类文体、诗体，尤擅五言，是我国诗歌史上专注于五言诗创作的第一人。曹植的生活和创作，可以以建安二十五年（220）曹丕继任魏王称帝为界，分为前后两个时期。其前后期的作品，在内容和风格上都有明显的差异。

曹植“生乎乱，长乎军”，身经动乱之苦，在时代的熏陶和父亲的感召下，他前期的作品主要抒发理想和抱负，渴求建功立业，自负而豪放，洋溢着浪漫的情调。加之曹植天资聪慧而又恃才纵情傲物，所以这一时期，他的作品显露出任纵飞扬的浪漫风格，如“勠力上国，流惠下民，建永世之业，流金石之功”，西灭“违命之蜀”，东灭“不臣之吴”，“混同宇内，以致太和”，“愿得展功勤，输力于明君。怀此王佐才，慷慨独不群”等，都体现了这种风格。又如《白马篇》：“白马饰金羁，连翩西北驰。……捐躯赴国难，视死忽如归。”借北国少年游侠任纵的神采形象，抒写慷慨激昂的报国壮志、视死如归的凛然之气和渴望建功立业的情感，这也正是曹植本人早期自我形象的写照。清人朱乾说：“此寓意于幽并游侠，实自况也……篇中所云捐躯赴难、视死如归，亦子建素志，非泛述矣。”曹植也有反映汉魏之际社会动乱和人民疾苦的诗篇，如《泰山梁甫行》《送应氏二首》等作品，语言质朴，没有过分的铺采文藻，真实的感受和感情溢于言表，表现了其对人民的深切同情。

由于曹植与其兄曹丕曾有太子之争，曹丕称帝后，对曹植的猜忌与迫害日益加剧，曹植忍辱求生，功业未成的失落与愁苦，忧生的恐惧与愤怒，使他后期的作品失去了任纵飞扬的神采，而转向愤激勃郁，进而转向托喻深婉，形成了悲愤哀怨的基调。如《野田黄雀行》：“高树多悲风，海水扬其波。利剑不在掌，结友何须多……”《赠白马王彪》：“鸱枭鸣衡轭，豺狼当路衢。苍蝇间白黑，谗巧令亲疏。欲还绝无蹊，揽辔止踟蹰。”均以比兴手法，曲折而隐晦地倾泻着满腔悲愤，激荡着一股郁结不平的抗争之气，蕴含着无尽的苦恼与忧患。还有一些闺怨诗，如《浮萍篇》《美女篇》《怨诗行》，抒写女性的相思与隐忧，实际上表达了自己遭忌被弃的感慨。

曹植所作诗歌“骨气奇高，词采华茂，情兼雅怨，体被文质”，达到了风骨与文采的完美结合，成为建安诗坛最杰出的代表。曹植早期的诗文，饱含对未来美好宏愿的追求与憧憬，充满着昂扬向上的勃发生机、豪迈之气，寄寓了对理想、功业及其壮丽人生价值的遐想；后期诗歌写出了自己的遭遇、压抑、失望、不平与悲愤，无不具有刚健、明朗、质朴的风格，是建安文学“风骨”的基本特征。曹植善用比兴手法表达思想情感，工于起调，善于炼字，并注意运用对偶，大量铺成排比手法，讲求声律，注意文辞的色泽、音调之美，也善为警句，显示出善于把观察事物、体验情感与选择辞藻、精心修辞相结合的用心。《名都篇》《美女篇》突出地显示了这些特点。曹植尤其注重辞藻，彰显了其“词采华茂”，他提出“质素也如秋蓬，摛藻也如春葩”的重要审美标准，词采的华美是建安文学的重要特点之一。

诚如学者所说：“曹植的诗，既有《诗经》‘哀而不伤’的庄雅，又有《楚辞》窈窕深邃的奇谲，既继承了汉乐府民歌反映现实的笔力，又保留了《古诗十九首》温丽悲远的情调。”曹植做到了风骨与文采的完美结合，完成乐府诗向文人乐府诗的转变，改变了汉乐府古朴的风格，代之以浓烈的感情色彩和鲜明的特色，成为建安诗坛最杰出的代表。

“建安文学”以曹氏父子为核心，他们是倡导者、领导者与实践者，以“建安七子”为骨干，共同面对动乱的社会，反映现实，抒写怀抱，慷慨悲凉，打破了两汉儒生恪守的文学教条，文学已经摆脱了经学的附庸地位，表现出鲜明的个性及对生命的关怀。“雅好慷慨，良由世积乱离，风衰俗怨，并志深而笔长，故梗概而多气也。”从而彰显“以情纬文，以文被质”的审美特质，形成一种刚健质朴的文学风格，文学也渐趋华丽，开启一代文学审美风貌。

“竹林”名士——嵇康

庄华峰　陈小力

嵇康像

嵇康被捕入狱，与发生在吕巽、吕安兄弟间的一件丑闻有关。

吕巽、吕安兄弟都是嵇康的好友，关系甚为密切。嵇康常常不远千里造访吕安，以慰惨淡生涯中他们志趣相投的情谊。吕巽艳羡其弟吕安妻子徐氏的姿色，心旌摇摇，不能自已，终于趁着酒兴玷污了徐氏。东窗事发后，吕安不堪羞愤，扬言要告发吕巽。讵料，吕巽“恶人先告状”，反而诬告吕安诽谤自己殴打母亲，并与钟会设局将吕安抓进了牢狱。吕安为证明自己的清白，请求嵇康为自己作证。为帮助好友洗脱不白之冤，嵇康不顾司马氏的威胁，毅然“保明其事”，因此得罪了司马氏，钟会乘机进谗，说嵇康“无益于今，有害于俗”，“今不诛康，无以清洁王道”云云。嵇康在劫难逃，身陷牢狱之中。

这个“义不负心”的嵇康，字叔夜，生于魏文帝黄初五年（224），祖居会稽郡（今浙江绍兴），因先祖避仇，迁至谯国铚（今安徽宿州西南）。嵇康的父亲嵇昭，在曹魏时官至侍御史，掌律令。嵇康出生后不久，其父便去世，他在母亲和兄长的抚养下长大，他的成长过程中充满慈爱与温情，没有严厉的管束与规矩。由此，嵇康养成了任性骄纵而情深似海的性格，正是这样的性格对嵇康的人生产生了重要影响。

不合作的“竹林”名士

嵇康，少有俊才，素怀济世之志。但其生活的时代恰逢魏晋易代之际，政治变动剧烈，代表世族豪门利益的司马氏为了彻底夺取魏曹政权，一方面，想方设法削除异己铲除曹氏羽翼；另一方面，又标榜名教、笼络当时各方人才，增强自己的影响力。此时，忠于曹魏的嵇康，与司马氏渐行渐远。

嵇康的家族并无很深的根基，属于一般庶族士大夫家庭，但嵇康有自己的长处和优势。他尚奇任侠，疾恶如仇，不能忍辱含垢。在学业上，他博览群书，学不师授，知识宏富；他通音乐，善奏琴，他的《声无哀乐论》即使今天看来仍然是不朽的音乐奇文；他还擅书法，善丹青。至于他的诗歌文章，放言无惮，辞锋犀利，流光溢彩，风调峻切。其作品所彰显的个人意识和追求个性自由的精神，成为魏晋文学最显著的特色，在中国古代文学中闪耀着独特的光辉。

这一切，已足够使嵇康傲视天下了。

非但如此，嵇康潇洒英俊，玉树临风，英姿飒爽，风度翩翩，是当时公认的美男子，见到他的人都赞叹："萧萧肃肃，爽朗清举。"在魏晋那样一个注重外貌风度的时代，内秀而貌美的嵇康备受人们的倾慕和关注便是情理之中的事了。恰因如此，也就不难理解，在门第观念十分盛行的魏晋时期，门第并不高贵的嵇康，为何能迎娶曹魏宗室的长乐亭公主（一说为曹操孙女，曹林之女；一说为曹操曾孙女，曹林的孙女）为妻了。作为曹魏宗室的姻亲，嵇康曾被朝廷征为郎中，拜中散大夫，位居曹魏政权的中上层，这可能是嵇康在仕途上最志得意满之时。然而好景不长，到了三国后期，司马氏在曹魏政权中的势力不断增强，可谓是步步紧逼，试图控制曹魏政权。魏嘉平元年（249），司马氏集团发动了"高平陵之变"，捕杀辅政大将军曹爽等曹氏亲贵，灭其三族，杀戮数千，实现了对曹魏政权的实际控制。嵇康的政治生涯也从此发生了逆转。

在政治立场上，嵇康更倾向于曹魏政权。在司马氏掌控曹魏政权之后，他时常"痛魏之将倾，其愤恨司马氏之心，无所于泄"，他在《幽愤诗》中就毫不掩饰地写道："大人含弘，藏垢怀耻。民之多僻，政不由己。"为曹魏政权的倾塌深感痛心。而实际上，作为儒学文人，嵇康的内心是矛盾的。一方面，他具有“尚奇任侠、刚肠嫉恶、轻肆直言、遇事便发”等秉性，看到了现实社会的腐朽和司马氏的虚伪残暴。但另一方面，在当时的处境中，嵇康所能做的仅仅是“独善其身”，对司马氏政权采取了不合作的态度，在河南山阳隐居了二十余载。山阳，是以嵇康、阮籍为首的“竹林七贤”的一个重要活动中心，那里茂林修竹，流觞曲水，萧然可爱。嵇康在隐居期间，从事锻铁、灌园、吟诗、讲学等活动。然而，嵇康并非真正的“放下”政治，与其说他主动与政治分割，不如说是他针对司马氏的一种抗争。嵇康的隐居不是不问世事，而是在与司马氏不合作的前提下关心时局。作为魏晋时期著名的“竹林七贤”之一，他“不合作”的政治态度比阮籍、山涛等人更为强烈，有形与无形的对抗也更为激烈。

以嵇康、阮籍等为代表的“竹林”名士，隐居于山林之间，躲避司马氏的笼络、威逼和利诱，选择与司马氏不合作，这与汉末以来所出现的个性解放思潮也有紧密的联系。作为文人，他们很难通过军事手段反对司马氏，只能用文人的方式表达自己的声音。如，司马氏标榜以孝治天下，通过宣扬孝道，来宣扬忠君思想。嵇康则反其道而行之，在丧居期间饮酒吃肉。司马氏为了维护自身的统治，不断强调人伦、礼法。嵇康则针锋相对，强调道法自然，对司马氏宣扬的礼法进行揭露。随着司马氏对政权的控制不断加强，便想凭借自己手中的军事力量迫使曹魏禅位，对此，嵇康鲜明地提出“非汤武而薄周孔”，通过否定先王，进而否定今王——司马氏。司马氏为强化其执政的基础，不断笼络名士，山涛把嵇康推荐给司马氏，嵇康随即与山涛绝交，写下《与山巨源绝交书》，这是他的宣言书，也是他的绝命书。在这篇犀利而洒脱的文章中，嵇康冷嘲热讽，嬉笑怒骂，令人忍俊不禁。文章毫不留情地鞭挞了司马氏政权的虚伪，与以往还有多少回避的态度不同，这次是直接的正面的与司马氏交锋，表明了他与司马氏水火不容的决心。

嵇康对于司马氏的抗争，还表现在他批评王肃（司马昭的妻父）的太学辩难方面，并且专门撰写了《管蔡论》，大意是说周成王的两位叔父管、蔡二人本是忠善之人，有功之臣，他们获得周文王、周武王和周公旦的信任，被推举任用。因为武王突然病故，成王年幼，周公旦“践政”称王，管、蔡怕周公旦不利于成王而起兵，出发点是“翼存天子”。嵇康评价管、蔡“怀忠抱诚”，却不懂得权术之变，周公不得已“流涕行诛”。嵇康这种与传统儒家学术截然相反的论调，实则是在借此讽刺司马氏的黑暗政治。

卓越的音乐美学家

嵇康是我国音乐史上杰出的音乐家，他在音乐演奏、音乐创作和音乐理论等方面都有很深的造诣。《声无哀乐论》是嵇康音乐美学思想的集中体现，这篇文章的可贵之处在于它并非简单的就音乐来论音乐，而是从音乐的本质谈起，进而阐发了音乐与情感之间的关系。

中国的音乐美学主要分为儒家音乐和道家音乐两种，儒家音乐源自孔子，在荀子时得到发展，以《乐记》的方式加以呈现。儒家把对世事的思考都融入音乐之中，认为音乐是人的情感的表达，是现实生活的反映，同时音乐也可以启迪心智，感化人心，进而促进社会风气的转化。然而，随着社会的变迁，音乐也逐步被儒家视作伦理教化的工具，成为政治上的附庸。道家音乐则始于老子，起初并非处于主流地位，而多是以儒家音乐的对立面而存在。老子本人有关音乐的主张并不多，但他提出了有关“道”的论述，提出了“大音希声”思想，奠定了道家音乐的基础。进一步而言，所谓“大音”也就是超越了人的具体哀乐等情感，可以说这是“声无哀乐”思想的起源。庄子在老子音乐思想的基础上进一步发展，强调音乐的本体是“道”，并非人的感情。总体而言，儒家对音乐的认知是形而下的，道家对音乐的认知是形而上的。两者之间既存在着对立，也有互补性。嵇康正是继承了道家的音乐思想，尤其是庄子的音乐思想成了嵇康音乐美学思想的核心。

嵇康所处的时代，原本的儒家音乐已经发展为一种虚伪的政教工具，成为禁锢音乐自身发展的障碍。深谙音乐的嵇康，对此表现出了极大的不满，他渴望把音乐从非音乐的状态中解救出来。嵇康坚决反对儒家提倡的音乐美学思想，旗帜鲜明地反对音乐的功利性。他认为音乐是不反映人的思想感情的，也不反映社会风俗，情感不是音乐的本体，所谓“声有哀乐”是荒谬的。他在《声无哀乐论》一文中指出：音乐仅有其自然属性，只可判断其好听与否，根本不存在社会属性，音乐无法传递情感，是有声无乐的。嵇康明确提出，“心之与声，明为二物”，“声音自当以善恶为主，则无关于哀乐；哀乐自当以情感，则无系于声音”，意思是说情感与音乐是两个截然不同的本体，两者不可合成一体。

然而，我们细读《声无哀乐论》会发现此文虽然立论清晰，但其音乐思想存在明显的矛盾性。在《声无哀乐论》中，他把音乐分为两类，一种是比较抽象的“至乐”——“无声之乐”，另一种是具体的音乐——“音声”。所谓“至乐”的说法源自老庄，却又不同于老庄的解释。老子的无声之乐是指“大音希声”，是音乐的自然规律，是客观的。而嵇康的“无声之乐”是由于“乐之为体，以心为主”，是主观的。然而，与此同时，嵇康又认为“天地合德，万物资生……章为五色，发为五音”，这又承认了音乐本质的客观性。由于嵇康是高超的琴演奏家，他对于第二类具体的音乐即“音声”形式特征的定位、总结是比较精准的，有其独到见解。在音调的组织方面，他认为“声音和比”；在音调的变化方面，他认为“万殊之声”“声音有大小”“夫度曲不同，亦犹殊器之音耳……然皆以单复、高埤、善恶为体”；在音调的统一方面，他认为“八音谐会”“曲变虽众，亦大同于和”。嵇康正是用玄学家们“无”的精神来扩充传统的音乐本体的内涵，进而使其更加丰富和深刻。嵇康用“无”的思想解释音乐的“和”，在一定程度上，这是嵇康对于道家美学乃至先秦以来整个音乐美学发展所作出的重要贡献。

总体而言，嵇康的音乐美学思想表现了从本体论到欣赏论的有机整合，同时又充满了辩证的关系。嵇康的思想体系是道家音乐美学思想的集合，同时作为魏晋玄学的主要代表人物，嵇康的音乐思想又是其玄学理念的重要组成部分。他的“声无哀乐”与同时代的儒家音乐思想格格不入，这既是他音乐理想的展现，同时也是他政治理念在音乐上的表达。

用生命灌注思想的勇士

魏晋时期，玄学开始盛行，并且逐步成为一种时代思潮。玄学借用老子对“道”玄之又玄的解释，把反对的矛头指向自汉以来业已形成的烦琐的经学、神学，把目光投在对世界终极本体的追求上。玄学的理论基石经历了从“贵无”到“崇有”，再到“虚无”的否定之否定的过程。这一过程，实际上就是玄学家从政治改革中寻找出路，转变为士族文人自身寻找人生精神归宿的过程。值得注意的是，玄学“有无”之说的探索演变过程，其核心在于以超然的人生态度取代热衷政治的强烈欲望，其外在的表现形式是以放荡不羁的行为取代蝇营狗苟的政治角逐。简单地说，就是崇尚自然取代了追逐名教。

嵇康生活的魏晋之际，现实中的名教已然失去了其存在的意义，人们无法在名教中寻求到人生价值，因此嵇康选择走向了它的对立面，“越名教而任自然”成为他思想核心之所在。嵇康作为魏晋时期玄学的主要代表人物，其玄学理论被后世称为“自然论”，他继承的是老子“道法自然”的思想，推崇自然。他并不反对名教，而是主张自然与名教相结合，并把出于自然的名教作为自己的政治理想。他认为出于自然的名教政治应当是“君道自然”，当是“承天理物，必崇简易之教，御无为之治”，也是“大朴未亏，君无文于上，民无竞于下；物全理顺，莫不自得”，抑或是“不以天下私亲，高尚简朴兹顺，宁济四海蒸民”。值得一提的是，嵇康所论述的自然与名教之间的关系，其实还体现着一种朦胧的民主思想。但是现实世界又无情地击打着嵇康，司马氏渴求对曹魏政权的垄断，对于与自己政见相左的文人进行残酷地打压，摧垮了文人内心的唯一一点期许。嵇康的追求与现实的环境格格不入，致使其选择与司马氏不合作。他高喊“非汤武而薄周孔”，“轻贱唐虞，而笑大禹”，主张“顺天和以自然”。在理想与现实的博弈中，嵇康选择了与现实脱离。

然而，真正使嵇康流芳百世的，是他高尚的人格魅力。虽然嵇康为人任性、好空谈，在盛名之下疏于戒备，以致最终归于失败。但是，他却是历史上少有的能用生命高举精神火把的人。嵇康不仅学术出色，而且具有良好的修养，“与之游者，未尝见其喜愠之色”。当其被捕时，“太学生数千人请之，于是豪俊皆随康入狱”，这充分说明嵇康的学术和人品深受人们的推崇和喜爱。而嵇康的锒铛入狱，与他跟钟会之间的恩怨有关。钟会在撰写完《四本论》时，想求教于嵇康，但钟会又怕才华横溢的嵇康看不上，情急之下，钟会选择“于户外遥掷，便回怠走”。之后，地位显赫的钟会第二次拜访嵇康，嵇康正在家门口的大树下“锻铁”，对钟会不予理睬，表现出一副旁若无人的样子。钟会感到无趣，便悻悻然要离开。嵇康说：“何所闻而来，何所见而去?”钟会回答：“闻所闻而来，见所见而去。”钟会自此对嵇康怀恨在心，最后设局将嵇康投入监狱。在狱中，嵇康不停地接受讯问，他悔恨、自伤、自责，即便如此，他仍然矜才使气：“神气激扬，浊醪夕引，素琴晨张。”他没想到会因此而死，他甚至希望将来出狱后，学伯夷、叔齐，隐居山野，永啸长吟，颐性养寿。

然而，事情已不可挽回了。

曹魏景元三年（262）八月的一天，嵇康被押赴洛阳城东门外的马市行刑。这天一早马市一带就挤满了人，都知道今天要杀的是当今第一大名士，是仪表堂堂、玉树临风的嵇康。面对即将到来的死亡，嵇康表现出了超乎常人的冷静，他神色不变，坦然自若。此刻，嵇康所想的不是自己的生命即将结束，而是一首美妙绝伦的乐曲从此后继无人。他斜睨一下日影，确定行刑尚且有些时辰，便要来了一把古琴。在高高的刑台上，嵇康最后弹奏了一次《广陵散》。铮铮的琴声，神秘的曲调，飘进了每个人的心里。弹奏完毕，嵇康仰天一叹，说：“《广陵散》从今绝矣!”悲怆的旋律升起来了，弥漫在广阔的天空，这是嵇康最后的伤感。

杰出的雕塑家——戴氏父子

庄华峰　曲少强

安徽历史上不仅文臣武将辈出，艺术方面也同样人才济济。东晋时，就有一位安徽人，被认为是顾恺之成名之前成就最大的画家，他就是当时的画坛领袖、雕塑大家戴逵。戴逵博学多闻，喜好谈论，既善于作文，又工于绘画、雕塑，还长于琴艺，其他各种才艺也莫不集于一身。戴逵的两个儿子——长子戴勃，幼子戴颙，也和其父一样，擅长绘画、雕塑、音律等各种艺术。与“三曹”“三苏”分别是魏晋文学、北宋文学中的翘楚一样，堪称艺术世家的“三戴”，也是东晋艺坛上的领军人物，他们在中国古代艺术史上留下了浓墨重彩的一页。

戴逵的绘画与雕塑成就

戴逵像

戴逵（约326—396），字安道，谯郡铚县（今安徽宿州西南）人。出身士族，祖父戴硕、父亲戴绥都做过高官，永嘉之乱后，戴逵一家南渡到江南，兄长戴逯曾跟随谢玄参加淝水之战，因功被封为广信侯。

东晋之初，戴逵的书法很有名气，他的琴艺就连王公贵族都钦佩有加。但是，戴逵最为人称道的还是他在绘画与雕塑方面的成就。戴逵自幼禀赋过人，年少时就展露出不俗的绘画才能，他十多岁时，有一次游览瓦官寺（位于今南京），遇到了当时的画坛大家王蒙，王蒙与戴家素有交情，耳闻过戴逵的名声，就让戴逵现场作画，结果戴逵毫不怯场，一挥而就，画了一幅《渔翁图》。王蒙看了，很是惊讶，随后感叹道："这个小孩聪明过人，他不是一般的会绘画，长大后一定会有大出息，可惜我现在已经老了，看不到他功成名就的那天了。"

戴逵成年后，拜当时的名士范宣为师，学习儒学，范宣让他读书他便读书，让他抄书他便抄书，范宣很看好戴逵。但范宣对戴逵有一点不满意，就是戴逵在闲暇时喜欢画画。范宣对此很不以为然，认为绘画是奇技淫巧，学这些是虚度光阴。戴逵不便当面与老师理论，于是便从东汉张衡所写的《南都赋》中汲取创作灵感，画成了一幅《南都赋图》献给老师。范宣看后不由地发出赞叹，不仅彻底改变了对戴逵绘画的看法，还表示愿意向戴逵学习绘画，这成为历史上教学相长的一段美谈。

戴逵堪称绘画全才，他不仅擅长人物画、动物画，还擅长宗教画。戴逵的人物画和肖像画，注重写实，形神兼备，不仅如此，戴逵还把意境融入人物画中，使画中有诗，画中有情，他的《嵇阮十九首诗图》《渔父图》等都是这方面的代表作，颇受时人的好评，只可惜失传了。戴逵的佛像画，描绘接近真人，细腻精妙，生动传神。他的山水画，更是情景交融，独树一帜。此前的山水画，不过是人物画的附庸，直到魏晋时期才逐渐发展为一个独立的画科，这与戴逵的推动与引领是分不开的。戴逵的画风充分体现了我国古代绘画艺术创作中的现实主义传统，对后世的绘画风格影响颇大。

经历了千余年的风雨变迁，戴逵的绘画作品无一传世，但我们依旧可以从文献记载中了解到他的绘画作品。据唐代《贞观公私画史》记载，戴逵的宗教绘画《五天罗汉图》被隋朝宫廷收藏。唐代著名的绘画评论专著《历代名画记》中，也收录了戴逵所作的《孔子弟子图》《嵇阮像》《渔父图》等19件作品，可惜在随后的五代战乱中他的作品大多亡佚，到宋代更是几乎绝迹，官修的《宣和画谱》甚至连他的名字都未提及，不免令人惋惜。不过，中华人民共和国成立后的考古发现为我们提供了研究戴逵绘画艺术成就的资料。1960年4月，在南京西善桥宫山东晋墓葬中发现砖刻七贤与荣启期像，可以作为研究戴逵《七贤像》的第一手资料，因为戴逵之画“百工所范”，这一墓画很有可能就是工匠参考戴逵的画风而作的。

东晋大画家顾恺之对戴逵十分推崇，他的绘画理论和风格受戴逵影响很大，顾恺之强调“以形写人，形神兼备”，这和戴逵的注重写实、情景交融的画风有许多相通之处，顾恺之在戴逵画风的基础上，使中国的人物、山水、鸟兽、风俗画的技艺趋于成熟，可以说戴逵是中国传统绘画的重要奠基者之一。

我国古代的雕塑艺术，在魏晋时期获得空前发展，这与当时的社会风气息息相关。在此之前，雕塑业被看作是“贱业”，很少有人乐意去从事。而魏晋时期，思想空前解放，士人恣意风流，不拘一格，他们中很多人开始投入雕塑业，给雕塑业的发展带来了知识素养和创新意识，使之焕发出勃勃生机，并大大向前迈进了一步。这其中，戴逵的贡献值得一书。

就像喜欢绘画一样，戴逵对雕塑的喜爱，也源自他的天赋。据说在他年幼时，有一次不小心打破了一个鸡蛋，他赶紧用抹布去擦拭，过后将抹布随手一扔。一天后他发现，那块抹布已经变硬。戴逵不愧为神童，他居然由此想到了鸡蛋的黏合性。后来戴逵找到一些破砖烂瓦，把它们磨成灰加入鸡蛋液搅拌后塑成一个碑，他用刀在碑上刻下自己写的文章，命名为《郑玄碑》，见过的人无不赞叹。

戴逵高超的雕塑技艺突出反映在佛像雕塑上，这也与魏晋时期佛教的蓬勃发展密不可分，正所谓“南朝四百八十寺，多少楼台烟雨中”。佛教的盛行推动了对佛像的需求。在魏晋之前，匠人们对佛像的制作只不过是对外来佛像的简单模仿，带有浓厚的古印度风格，大多古朴雄健，浑厚粗犷，这与魏晋时期的审美格格不入。戴逵在广泛听取意见的基础上，结合自己的创作，吸纳印度造像风格之长处，并融合本土对美的感悟，创立了“秀骨清像”这种全新的、本土化的造像风格，使之更加世俗化、本土化。

戴逵所创作的佛像大多呈现身体修长、面容瘦削的气质，较之以前的雕塑显得更加含蓄，更具有亲和力，也更被人们所接受，从而开启了佛教雕塑世俗化之路。这种艺术风格集中体现在他的代表作——山阴灵宝寺的木雕无量寿佛及胁侍菩萨上。据《历代名画记》记载，这个佛像高一丈六尺。据说戴逵在完成初稿之后总觉得这个佛像在造型上缺乏情感，显得太过呆板，他很不满意。为了能听到真实的评论，使佛像能够更加引人入胜，戴逵便躲在佛像后面的帷布中，暗中偷听信徒们的看法，“肩大面阔”“眼小额窄”……戴逵将信徒们的点评全都记在心里。经过三年的雕琢，戴逵终于完成了他心目中期望的佛像。当时的很多名士，诸如郗超等人都慕名而来，参观佛像。这一雕塑作品的精巧，受到时人普遍的赞扬。戴逵所制定的佛像形体就此流传下来，几成定式。

戴逵在雕塑上的另一项成就是创制了“脱空像”。此前的造像主要使用的是木雕、石刻、泥塑等方法，不仅费时费力、造价过高，而且搬运也不方便。后来，戴逵受到匠人用木模造瓦片的启发，发明了“脱空像”。由于这种佛像外实内空，重量较轻，方便运载，也被称为“行像”。“脱空像”很快就在全国流行开来，并在隋唐时期传到了日本。后来瓦官寺因火灾重建时，戴逵就利用这种手法雕刻了五尊佛行像，它与顾恺之的《维摩诘像》及狮子国进献的玉像，并称“瓦官寺三绝”。

戴勃与戴颙的艺术造诣

戴逵有两个儿子，大儿子戴勃，小儿子戴颙，二人各自继承了父亲的一部分艺术天赋。在戴逵最得意的两项造诣上，两兄弟各得一真传，分别擅长绘画与雕塑。兄弟二人潜心艺术，都在艺术史上留下了自己光辉的一笔。

戴勃继承了父亲的绘画天赋，尤其擅长山水画。据相关史料记载，戴勃有《九州名山图》《风云水月图》等山水画问世，可惜都已经失传，我们今天只能从时人的评价中了解一二。孙畅之认为戴勃的山水画已经超过了顾恺之。戴勃的人物画也值得称赞，张彦远在《历代名画记》中就记有戴勃的《曹长孺像》等人物画，可见其颇有声名。戴勃还深谙音律，并有着较大的影响，慕名前来的拜访者不在少数。据《宋书》记载，当时的中书令王绥曾专程拜访戴勃，希望能够听他弹奏一曲，但遭到了拒绝。戴勃长期隐居于会稽剡县山中，终身不仕，这与戴逵家族“好隐逸，不慕名利”的家风是分不开的。

戴逵的次子戴颙相对于其兄而言更有名气。戴颙在音乐方面颇有造诣，他的音乐才能来自对自然界的感受和理解。根据唐代冯贽《云仙杂记》卷二记载，一次，戴颙提着一篮酒和果品，悠悠自在地走在山林小道上。村里有位年轻人看到了他，便问他进山做什么。戴颙说，去听听黄鹂的叫声，好写几首诗。年轻人有些不解地说，黄鹂的叫声和诗有何关系？戴颙摇头说道：“不吟诗者，不明此理啊。吟诗要有诗兴，没有诗兴就作不出好诗。黄鹂的鸣叫可以医治俗耳，鼓吹诗肠。”说完，他便悠悠自得地走了。年轻人若有所悟，“诗肠”要靠外界物景“鼓吹”。实际上戴颙的观点是说，人必须从自然界景物中寻觅悟性、灵感，这样才能写出好的作品。戴颙就是这样一位善于借助自然界的神韵，诱发创作灵感的艺术家。

当然，戴颙的艺术成就主要还是在雕塑方面。他的雕塑作品技巧性很高。戴逵在作像时，戴颙常常参与其中，与其父共同探讨。佛像雕刻所使用的“藻绘”手法就是从戴颙开始的，这正是佛像雕塑和传统艺术进一步结合的表现。

戴颙的艺术眼光是很多人所无法比拟的。据《宋书》记载，南朝刘宋时的宋世子曾令人在瓦官寺用铜铸造出一个一丈六尺高的佛像。可是在完成之后，佛像的脸部看起来太过消瘦，但此时已经完工，无法再重新铸造。正当大家都束手无策时，有人提出请戴颙来看看。戴颙过来后，经过仔细观察说道：“这其实不怪佛像脸部铸造的瘦小，只是因为它的臂胛造的比较肥大罢了。”工人们在磨减一部分臂胛以后，脸部就不显得消瘦了，大家都很佩服戴颙。元嘉初年，戴颙曾到吴郡的绍灵寺游览，他看到寺里的释迦金像采用的是古印度造型，过于呆板，不符合中国人的审美习惯，就重新做了设计，进行了小规模的删削。经过戴颙的修改，这尊佛像变得生动起来，看着更加顺眼。

戴颙的雕塑突破了以往呆板的形象，他所创作的作品生动柔丽。戴颙用富有表情的面目、符合体形与动作规律的衣饰，显示了艺术家对人物的理解以及表现技巧的纯熟，充分展露出戴颙在造型艺术民族化上所获得的成功。戴颙的作品在当时可以说是遍布于各个寺庙，像会稽龙华寺所造的弥勒像、蒋州兴皇寺制作的六丈金像等，都出自戴颙之手。只可惜，在经历了上千年的时光变迁之后，戴颙的雕塑作品无一实物存续至今，我们今天只能从流传下来的同类型雕塑中追忆一二。

戴氏父子的艺术思想及其影响

戴氏父子三人，之所以能够取得很大的艺术成就，是因为他们不是单纯的匠人，他们有深厚的人文素养，又善于思考与创新，所以能够形成自己的艺术思想，能够自主的进行创作。

戴逵有着深厚的文学素养，写过《竹林七贤论》，著有《戴逵集》等，使得他能够把诗意融入画中。由于老师范宣不追求荣华富贵，在范宣的影响下，戴逵学到了这种不贪图名利的傲骨。此后，随着戴逵的名声越来越大，朝廷曾多次征召他入朝为官，但是戴逵始终找寻理由推脱，甚至躲到山里去隐居起来，成为当时著名的隐士。戴逵的山水画之所以生动形象，能够开创一代新风，与戴逵钟情于山水的品性有关。或许正是因为戴逵的隐逸不仕，才使得他有充分的时间进行艺术创作，从而能够在艺术史上留下自己的篇章。

戴逵虽然在佛像雕塑上造诣颇深，但他并不信仰佛教。他写过《释疑论》反对流行的因果报应说，他还经常同当时的高僧慧远辩论，常常把慧远驳得哑口无言。这种质疑精神，在某种程度上，也促使戴逵把佛当作人来处理，用人像的思想来创作佛像，使得他雕塑出来的佛像更富有人情味，更符合中国人的审美要求，也更受大家的欢迎，恰因如此，戴逵被后人尊称为“中国式佛像之父”。

戴逵的两个儿子也继承了戴逵的傲骨，在那个政治昏暗的年代里，坚持不走仕途。戴勃曾多次被征召为官，他坚辞不就；戴颙也曾多次被举荐征召，他也从不出仕。兄弟二人学习庄子，隐居山林，寄情山水，寓情于心，寓景于画，从而创作出了一件件令人惊叹的艺术珍品。

在当时，戴氏父子有着很大的影响力。戴逵有事去京城时，宰相谢安特意去看望，二人谈天说地，相见甚欢。双方都很仰慕对方，一直聊到太阳西下还意犹未尽。戴逵在隐居剡县时，与当时的名士郗超、刘炎、王徽之等过从甚密。当时王徽之居住在山阴，与戴逵相隔将近两百里路。有一天半夜，天降大雪，王徽之在赏雪时突然想到了戴逵，就连夜坐船去拜访。雪夜访戴的故事一直流传至今，而我们也可从中看出戴逵在当时的影响力之大。

更为直接的是时人的评价，东晋著名画家顾恺之写过一本《魏晋胜流画赞》，上面收录了多幅戴逵的画作，并认为戴逵的作品无人可比拟。南齐画家谢赫称赞戴逵的画“情韵连绵，风趣巧拔。善图圣贤，百工所范”，还说戴逵是当时画坛的实际领袖。此外，张彦远在《历代名画记》中也称戴逵“画人物、山水极妙”。律宗创始人、唐朝的道宣和尚评价戴逵塑造的佛像“振代迄今，所未曾有”。而戴逵创作“脱空像”的手法至今仍被人们使用。到了唐代人们已经公认“二戴像制，历代独步”，认为戴氏父子的雕塑，无人能出其右。张彦远甚至认为，只有戴氏父子的雕像，才算得上生动、形象。

戴勃与戴颙也颇受时人赞扬。南朝宋文帝对戴颙非常欣赏，常常想去拜访，想在戴颙住的山上举办宴会。戴颙爱好音乐，宋文帝就给他配了一个正声乐队。戴颙去世，宋文帝感到十分遗憾和伤心。多年后，宋文帝造成一座极精妙的园林，还不禁感叹说：“可惜不能让戴颙来看看了。”

戴氏父子三人，不慕名利，潜心艺术，为东晋时期安徽艺术的繁荣增添了新的光辉。

“南学”领袖——何尚之

庄华峰 李亚伦

南朝宋文帝雅好义理，重视学术，他于元嘉十五年（438）在京师（今江苏南京）开设四学馆，建立四门国学，并让何尚之主持玄学馆、何承天主持史学馆、谢元主持文学馆、雷次宗主持儒学馆。此举不仅弘扬了玄学，也为何尚之开创“南学”奠定了基础。

“南学”鼻祖 文坛领袖

何尚之像

何尚之（382—460），字彦德，庐江灊县（今安徽霍山）人，元嘉时期卓越的文学家。元嘉十三年（436），宋文帝以何尚之为丹阳尹，并命其主持玄学。何尚之在丹阳城南郊外建宅院，设立“南学”，招收学徒，东海郡徐秀，庐江郡何昙、黄回，颍川郡荀子华，太原郡孙宗昌、王延秀，鲁郡孔惠宣，等等，都因仰慕丹阳郡兴盛的玄学而远道前来游学。

所谓“南学”，广义上指的是南北朝时期与北朝相对应的南朝学术，具体指的是南朝文人墨客研习学术的风格、方法，并不是专门的学术门类。何尚之在丹阳设立的“南学”，因“立宅南郭外”而得名，从表面上看似乎与南朝之南学风马牛不相及。但由于何尚之讲述的内容主要是流行于南朝的玄学，所以他创立的“南学”实际上就是南朝的南学。这也反映了当时“南学的玄学化”倾向。玄学即“玄远之学”，是魏晋时期出现的一种崇尚老庄的哲学思潮，也是一种学术风格。它以《老子》《庄子》《周易》这“三玄”为主要研究对象，与儒学相结合，探讨天人关系的玄远义理，着重关注有无、本末、体用、言意、一多、动静、才性、生死关系以及自然与名教的关系等。东晋南朝时期，玄学与佛学相互影响，呈现合流的趋势，这是这一时期玄学发展的一大特点。玄学被称为南北朝时期的经学，宋文帝任命何尚之主持玄学馆，虽以私人主持，实际上具有国子学的性质。何尚之个人清谈玄理的水平姑且暂置不论，仅就其主持玄学馆而言，其在学术史上的影响与地位便值得重视。

南朝文风昌盛，各种文学聚会活动频繁。何尚之弘扬玄学也主要是通过参加文学活动展开的。早年，何尚之主要是参加一些由帝王组织的文学聚会。如义熙十四年（418），宋武帝刘裕为送别孔季恭，在彭城（今江苏徐州）举行了一次规模较大的文学聚会，何尚之作为当时的文臣参加了聚会，当时到场的有谢灵运、谢瞻等著名诗人，他们在这次聚会中均有作品传世。宋文帝即位后也非常重视文学，并推崇以文治国，因而这类点缀升平的君臣文宴活动更加频繁。思想的交流与碰撞，必然对学术的弘扬与发展有所推动，“爱尚文义”的何尚之正是在参加这样的文学聚会中结识了许多文人名士，不仅提高了自己的文学修养，也使他接触到了不同的文学风格，为他以后弘扬玄学奠定了深厚的理论基础。据《宋书·沈怀文传》载，隐士雷次宗南回庐山时，何尚之为其设宴送行，文人义士都集聚此地，吟诗作赋，可谓是一场文学盛宴。何尚之能把这次文人义士的集会组织起来，说明其在文学领域有着较高的地位和影响，也说明了他善于利用多种途径，不遗余力地宣扬玄学之道。何尚之与当时的许多名士，如颜延之、王球、袁淑、范晔、沈麟士、谢混等均有善交，常常在一起赋诗唱和，说道谈玄，乐此不彼。在这样的文学活动中，何尚之创作了大量的作品，《隋书·经籍志》记有他的文集十卷，只惜都已散佚。《全上古三代秦汉三国六朝文》收录了他的十五篇作品，其中《华林清署殿赋》《列叙元嘉赞扬佛教事》等文都是享有盛誉的名篇。

崇佛尚儒　以文治国

汉传佛教自东汉传入中国后，到南北朝时期进入了兴盛阶段，开始与玄学合流，使佛教玄学化。当时，京师（今江苏南京）就有佛寺数百座，晨钟暮鼓、袅袅香烟中，诵佛之声不绝于耳。佛教重视人类心灵、道德的进步和觉悟，教人向善，因此，当时淡泊名利之人大多尊尚佛学。又因宋文帝推崇以文治国，这对佛学、儒学的发展也起到了推动作用。他建立的四门国学中有两位主持者都崇佛尚儒，尤其是何尚之，更是“奉法素谨”，成为南朝佛教发展的积极促进者。

何尚之所以崇佛尚儒，主要是从济世治国方面考虑的。他认为，儒学能调整人们的道德水准与国家治理之间的关系，而佛学以佛法求世法，经世致用，佛教的清规戒律也能提升个人的道德修养和维护国家的稳定。但是，随着佛教在南朝的兴盛，一些一直以儒学为尊者主张限制外来佛教的发展，推崇以儒学治国。有的则主张促进佛儒二学共同发展，依靠两者的合流来维护社会稳定。究竟何去何从，宋文帝也举棋不定，陷入了困惑之中。宋文帝就佛学能否作为治国理政的基本国策问题咨询时任侍中的何尚之，何尚之回答道：前朝有许多宰相、名士等朝中重臣也曾依靠佛学治理国家，社会稳定，经济也得到了很好的发展，这是不争的事实。而且，庐山的慧远大师曾说过：“佛法无边，无所不可。”佛学也是以道德教化人心，与儒学以“仁”为核心的礼治、德治、人治的思想并不冲突。因此，何尚之认为佛学与儒学都可以作为治国理政的根本指南。

何尚之在《答宋文帝赞扬佛教事》一文中说：假如佛学的道德教化功能能在百户人家的乡村感化数十人遵守五戒，那么就会有数十人谨遵国家法度；如果能在上千户人家的县城感化数百人勤于修十善，那么这数百人自然就会和睦忠厚。以此类推，假如佛学的道德教化功能能遍布数千万人中，那么国中的仁人君子就会达到数百万人。虽然不能完全遵守五戒十善（“五戒”系佛教最基本的戒律，即不杀、不盗、不邪淫、不饮酒、不妄语。“十善”是“五戒”的扩充，即不杀生、不偷盗、不邪淫、不恶口、不两舌、不妄语、不绮语、不贪、不嗔、不痴），但能遵守一戒一善的人就更多了。反过来说，假如一个人能行一善，就会去一恶，没有了这一恶，自然也会免受一种刑罚。对于一个家庭来说是免受一种刑罚，但对于整个国家来说就是免受数万种刑罚，那么整个国家的违法犯罪事件就会大大减少，各种刑罚也就会渐渐搁置不用了。这样，国家中品德败坏之人就会渐渐减少，品德高尚之人就会渐渐增多，整个国家必然也会天下太平。何尚之认为，佛家的“五戒”“十善”包含了所有的善德，其与儒家的仁爱道德正好契合，可以相得益彰。把儒家“仁”的思想和佛家济世于万民的作用融合为一，何尚之的这一思想对后世影响深远，实开后世具有代表性的佛法辅政论之滥觞，值得今人重视。

元嘉时期，佛法日益兴盛，塔寺与出家僧人日益增多，随之也引起了一些问题。元嘉十二年（435）五月，丹阳尹萧摹之上奏，声称各地塔寺频建，僧尼日众，且铸像竞奢，道人越轨，戒律失控，主张限制塔寺的兴建及佛像的铸造，遏制佛教发展的势头，以减少财力损耗，抚恤民生。宋文帝接到上奏，便召集何尚之等大臣商议此事。何尚之针对萧摹之奏文提出的问题，从两个层面阐述了他的看法：一是列举东晋以降崇信佛教的著名人物，他们“并禀志归依，厝心崇信”，皆是人臣、士人之榜样，说明佛理可以助人修行，是人心所向。二是明确指出佛教并非完全是出世的，它也以入世济俗为要务，“若使家家持戒，则一国息刑”，可以实现“坐至太平”的理想。而这两点正是处于历史变革与转折关头的宋文帝迫切关心的，因而听了何尚之的论说之后，宋文帝高兴地说：“佛门有你何尚之，就好像孔门有季路一样，我不会再听见恶言了。”季路即子路，孔子弟子之一，孔子曾说过：“自吾得子路，而恶声不入于耳。”宋文帝将何尚之比作孔子门下的子路，正是称赞他以身行道、力护佛教的勇敢精神。元嘉时期，由于宋文帝的倡导，佛教在各个方面都有所推进，从而开创了南朝佛教的新局面，成为此后齐竟陵王萧子良、梁武帝萧衍倡佛之先驱。而宋文帝佛教政策的确立，显然与何尚之奉持佛教是密切相关的。

家风滋养　清正为官

东晋南朝时期，庐江经济发达，文化昌盛，人才辈出，尤其是何氏家族，自晋尚书、光禄大夫何桢以降，历经九代，累世显贵，是安徽历史上著名的政治、文学世家。正如《广韵》所说："（何氏）出庐江、东海、陈郡三望。"一个家族的兴盛可以从正史留名的人数上得到印证。东晋南朝时期，庐江何氏家族仅正史立传的就有三十人之多。在何氏众系中，何尚之一支为该家族显系，《南史·何尚之传》对此有详细记载。何尚之因家境贫寒，直到二十九岁时才开始走上仕途，这在当时的士族子弟中年龄算是偏大的。虽然起步较晚，但这并未妨碍何尚之在政治和文学上大展宏图。何尚之能在仕途和学术上获得大的发展，与其良好家风的影响是分不开的。

与诸多世家大族一样，何氏也是一个重视儒家礼法的孝义世家。东晋时，其家族人物便有以孝义著名者。如何尚之的父亲何叔度生性至孝，小时候就因特别笃厚诚实而受到邻里的夸赞。何叔度的母亲在娘家时与妹妹感情极深，出嫁后两人感情依然如初，往来不断。何母临死前特意嘱咐何叔度说："你的姨母与我是同生姊妹，我死之后，希望你能像服侍我一样服侍你的姨母。"何叔度含泪答应了母亲，此后，他遵照母亲的遗言，把姨母当作自己的母亲一样对待，姨母去世时他非常悲痛，每到初一、十五都要亲自挑选祭品和纸钱到姨母坟前哭泣祭祀，直到服丧三年结束。何叔度"奉姨若所生"，体现出何氏家族一贯之家教，时人都非常崇敬何叔度高尚的品德。

何叔度在东晋时曾任太常、尚书，入南朝宋之后官至金紫光禄大夫、吴郡太守。他为官严于律己，谦卑恭谨，对子女的教育更是从严要求，从大处着眼，从小处着手。何尚之任尚书吏部郎时，有一次告假省亲，文武百官皆相送。因为深谙当时的官场风气，何叔度看到衣锦还乡、意气风发的儿子便问："听说你离京时满朝文武都为你送别，究竟有多少送客？"何尚之回答说："大概有几百人吧。"何叔度笑道："他们都是送吏部郎的，跟你何尚之有什么关系？"过了一会儿，何叔度又说："前朝殷浩为豫章（今江西南昌）太守时，告假省亲送别的人比你还多，但他后来被贬官到东阳时，船停泊在征虏亭很多天，至亲旧故居然没有一人来看他一眼。"何叔度实际上是在告诫儿子，功名利禄乃身外之物，不要沉迷于此，为官要正直、廉洁。

何尚之年少时轻薄浪荡，还染上了赌博的恶习，可以说是一个典型的不良少年。他恰逢年少，风华正茂，又是门第中人，沾染习气，在所难免。然而在良好家风的浸染之下，他浪子回头，折节蹈道，以学业优秀，品行端正为人称道。受家风影响，其子何偃也是一个优秀的文学家，作品《冉冉孤生竹》在当时广受赞誉。

义熙六年（410），二十九岁的何尚之开始步入仕途，因“家贫，起为临津令”，即担任临津（今江苏溧阳）县令。东晋南朝，士族子弟一般均在二十岁左右入仕，通常是从属吏做起，或为台省中的郎、侍郎，或为王公府中的参军、行参军。

义熙十三年（417），三十六岁的何尚之跟随宋武帝刘裕征讨长安，此时他的职务是府主，后来因随军征讨有功被赐爵为都乡侯。景平元年（423），宋少帝登基后，四十二岁的何尚之被任命为庐陵王刘义真的车骑咨议参军，刘义真被废之后，何尚之被任命为中书侍郎。元嘉年间，何尚之因“雅好文义，从容赏会”而为宋文帝所器重，自此之后其职位不断擢升，历任黄门侍郎、尚书吏部郎、左卫将军、祠部尚书、国子祭酒、吏部尚书、中书令、尚书右仆射、尚书左仆射等职。宋文帝在他的辅佐之下迎来了“元嘉之治”的繁盛局面。

宋孝武帝即位后，对何尚之更加重用，进位司空、尚书令、左光禄大夫等职，位居端揆。何尚之晚年多次提出辞请，希望放下政务，栖身山田。但直到何尚之七十一岁时才得以卸任，于建康（今江苏南京）附近的方山筑室隐居，并著《退居赋》以明所守。何尚之一面著书立说，一面与好友寻幽、谈玄，逍遥自得。不过，何尚之不是一味的遁世，积极入仕、致力事功的他没有也不可能忘怀所有。没隔多久，在皇帝诏书的频频劝导之下，何尚之又复出，重新执掌朝政，直至去世。

在何尚之四十余年的政治生涯中，有两方面的事迹值得一书，从中可以窥见其精神风范。

一是敢于直谏。如元嘉二十三年（446），京师修建玄武湖，宋文帝想在湖中建三座山，何尚之认为这将耗费大量人力物力，劳民伤财，于是，他态度坚决地劝谏。在他的坚持下，宋文帝打消了这个念头。不久，宋文帝又想修建华丽的林园，何尚之以国家社稷为重，加以劝谏，宋文帝也采纳了他的意见。当时宋文帝到处巡幸，还经常秉烛夜游，何尚之又上表劝谏说："万乘大国应当自重，尊威不可忽视，这本应是皇上圣心明鉴的，哪里需要我来说明呢！圣上近来连连游玩，还经常彻夜游赏，朝廷上下群情反对，实在是不能安宁。清理道路再出行，帝王要以此作为出行的准则，这是古今帝王深深警诫的事，居安而不忘危啊！如果遇上汲黯、辛毗那样的忠臣，也一定会不惜冒犯龙颜极力劝谏……臣特别希望皇上稍微采纳一下臣诚挚的愚见，想着自我省察，不因为臣的碌碌无为而废弃臣的真言，才可以宽慰天下人的期望。"宋文帝最终也下诏采纳了他的意见并嘉奖他。何尚之诸如此类敢于进谏的例子还能举出许多。

二是为官清廉。何尚之一生俭朴，即使是当了大官，位高权重，衣食住行及生活习惯也和普通百姓相差无多。他与同朝为官的颜延之、羊玄保属于同一类的士族，"不营财利，处家俭薄""悉资俸禄而食"。据《宋书》载，何尚之"清忠贞固，历事唯允"，"立身简约，车服率素。妻亡不娶，又无姬妾"。他不但自己为政清廉，对他的家人和故旧也不徇私情，秉公以待。《宋书》载他"秉衡当朝，畏远权柄。亲戚故旧，一无荐举。既以致怨，亦以此见称"。他鄙夷贪墨之徒，曾痛陈吏部尚书庾炳之多纳贿赂、贪黩无厌，"历观古今，未有众过藉藉，受货数百万，更得高官厚禄如炳之者也"。指出如不严惩庾炳之，则贪婪恣意之人越发增多。在他的力谏之下，宋文帝罢免了庾炳之。何尚之去世时，谥简穆公。正直无邪曰"简"，布德执义曰"穆"，这个复字谥可谓是对何尚之一生立身行事的最好评价。

总的看来，何尚之的思想和行为代表了儒道兼综、亦出亦入的玄学旨趣，反映了当时大多数置身庙堂或山林的士人的心态。何尚之"雅好文义，从容赏会"，就连平时与皇帝、大臣议论政事，有时也被人视为是在进行天人之际的玄谈。

与名郡宣城相表里——谢朓

陈虎山

江路西南永，归流东北骛。
天际识归舟，云中辨江树。
旅思倦摇摇，孤游昔已屡。
既欢怀禄情，复协沧洲趣。
嚣尘自兹隔，赏心于此遇。
虽无玄豹姿，终隐南山雾。

在中国山水诗的发展史上，这首题为《之宣城郡出新林浦向板桥》的排律是一篇重要的开新之作，因其结构完整，思致含蓄，语言清新，情味旷逸，被明末清初伟大思想家王夫之赞为“语有全不及情而情自无限者”，成为唐代山水诗大放光彩的重要艺术源头。这首诗的作者是南齐宣城太守谢朓，他是安徽历史上一位具有重要影响的地方官员。

谢朓像

谢朓（464—499），字玄晖，历史上著名的文学家，山水诗歌的开创者，与江南大郡宣城，互为表里，相得益彰，宣城因他而名“谢公城”，他因宣城而名“谢宣城”。自南齐以降，唯谢朓对宣城的城市精神和文化品格产生的影响最为深远。“宣城谢守一首诗，遂使声名齐五岳。”唐代著名政治家、杰出诗人刘禹锡所盛赞的名齐五岳之山，便是享誉中外的宣城敬亭山。明朝江西兴国知州、宣城人高维岳在《敬亭山记》中这样写道："敬亭混沌于上古，疆理于周汉，而名胜于晋唐。玄晖发其藻，太白扬其辉，云蒸霞蔚之色，珠蜚玉贯之文，渐振振矣。"一个千年前的太守与他任职之地文化建设的肇始与流播，关系如此密切，实属罕见。那么谢朓和宣城究竟有怎样的关系呢？

赴任宣城　喜悦不已

南朝齐明帝建武二年（495）初夏，三十一岁的谢朓出任宣城太守，从都城建康（今江苏南京）新林浦登舟，逆江而上，但见滚滚长江，浩渺接天，两岸树木，郁郁葱葱，远远望去，恰似绿色的烟海。谢朓伫立船头，江风吹过，衣袂飘然。刚过而立之年的他此时此刻的心情，就像这船儿一样，与江水共舞，轻盈而喜悦，甚至还有几分迫不及待。《之宣城郡出新林浦向板桥》中云："既欢怀禄情，复协沧洲趣。嚣尘自兹隔，赏心于此遇。虽无玄豹姿，终隐南山雾。"字里行间，流露出难以掩抑的兴奋。谢朓为何放着京官不做，而心仪当时经济文化并不怎么发达的宣城呢？这还得从谢朓的身世和当时的朝政说起。

谢朓，祖籍陈郡阳夏（今河南太康），出身世家大族。其高祖谢据为东晋名相谢安之兄；祖父谢述，官居吴兴太守；祖母是著名史学家范晔的姐姐（刘宋时，范晔曾任宣城太守并在此著述《后汉书》）；父亲谢纬，官任散骑侍郎；母亲为宋文帝刘义隆的女儿长城公主。得益于良好的家庭教育，谢朓聪慧好学，以少年才俊名重当时，年纪轻轻就步入仕途，为南齐多个藩王所看重，先后被竟陵王萧子良、随王萧子隆引为幕僚，颇得赏识，为"竟陵八友"之一（竟陵王萧子良积德从善，喜好文学，招纳名士，府中才子游集。其中王融、任昉、谢朓、沈约、范云、陆倕、萧衍、萧琛八人，声誉最高，他们彼此唱和，各显才丽，人称"竟陵八友"）。永明九年（491），随王萧子隆出任荆州刺史，谢朓跟着到了荆州。永明十一年（493），由于遭人陷害，谢朓被调还京城，任尚书殿中郎，掌中书诏诰，为皇帝起草诏书政令，因祸得福地成了皇帝的近臣。但在接下来的两年里，回到京城的谢朓目睹了庙堂之上血雨腥风的权力争夺，先是萧鸾相继废杀郁林王萧昭业和海陵王萧昭文，接着当了皇帝的萧鸾又大杀齐高帝萧道成的子孙，与谢朓关系较深的竟陵王萧子良、随王萧子隆都在这场权力的争夺中被杀。这对谢朓打击很大，他希望远离政治漩涡，找到一个地方亦官亦隐，“既欢怀禄情，复协沧洲趣”，既无须放弃仕途，又能远离尔虞我诈的现实，在追求“仕隐”的境界里实现自己的人生价值。所幸的是，齐明帝萧鸾对谢朓信任有加。建武二年（495）夏，谢朓期待的机会终于来了，受封过“宣城王”的齐明帝萧鸾委派谢朓到自己的封地宣城郡任太守。须知那时的宣城郡，尽管经济上并不富裕，但由于其处于屏障京都西南门户的战略地位，自东晋以来，任此郡之守者，素有“非亲贤不拜”的规矩，由此可见齐明帝对谢朓的厚爱。所以，得了这样一个差事，谢朓的心情是愉快的，其在任上的作为也是积极的。

刚到宣城，作为山水诗人，谢朓并没有陶醉于敬亭山的奇异美景，他首先想到的便是如何报答齐明帝的知遇之恩，“皇恩既已矣，兹理庶无睽”，无睽，就是没有背离的意思，只有把宣城治理好，才能对得起齐明帝的信任。或许，正是这样的感恩之心和中国传统知识分子“兼济天下”情怀的合力作用，促使谢朓为宣城百姓做了不少好事，官清政廉，治绩显著。如他在宣城任上，整顿吏治，止“贪竞”、治“廉耻”，深入民间慰问百姓，抚恤贫病，重视生产，“视农正”“抑工商”“省兼并”，如此等等，深受宣城百姓爱戴。

谢朓在宣城除了重塑社会风气、重视农业生产、关注民生外，对当时朝堂之上的纷争也没有忘怀。他时常对国家的前途表现出深深的忧虑，这种忧虑集中体现在他的另一首名诗《高斋视事》中：“余雪映青山，寒雾开白日。暧暧江村见，离离海树出。披衣就清盥，凭轩方秉笔。列俎归单味，连驾止容膝。空为大国忧，纷诡谅非一。安得扫蓬径，锁吾愁与疾。”这是谢朓在宣城任职期间抱病时写的一首诗，病中的谢朓想到的是国家之病，是朝堂内外“纷诡”“非一”的权力之争，想的是如何实现政通人和，是“安得扫蓬径，锁吾愁与疾”。这些诗句，读后颇能让人联想到范仲淹所说的“居庙堂之高，则忧其民；处江湖之远，则忧其君”的“忧乐”情怀。试想，一个政治沉沦、耽迷山水之人，思想能达到这样的高度吗？谢朓后来之所以在世人的心目中成了失意文人，大概与他人生的悲剧结局和李白“世路如秋风，相逢尽萧索”的感叹多有关系。

由于治理宣城有功，谢朓更加受齐明帝萧鸾的信任。两年后，即建武四年（497），他被任命为皇长子萧宝义的镇北谘议，兼任南东海郡太守（治所今江苏镇江）。也正是在此任上，谢朓“大义灭亲”，向齐明帝告发了岳父王敬则的谋反活动，倘若不是深得齐明帝信任，一生谨慎的谢朓断不会有此“逆亲”之举的。事后，谢朓因功升任尚书吏部郎。对齐明帝的重用，谢朓再三上表辞让，齐明帝坚决不允。永元元年（499），谢朓遭到图谋篡夺的始安王萧遥光的陷害，死于狱中。

讴歌宣城　入眼成诗

谢朓来宣城之前，宣城寂寂无闻，如同一个美丽的少女，养在深闺人未识。谢朓到宣城后，以他诗人的慧眼，发现了宣城的大美。谢朓不仅是宣城大美的第一个发现者，更是敬亭山名齐五岳的第一位宣传者。谢朓所发现的宣城大美，既有自然山水之美，也有人文风俗之美。这些美景、美人、美事，让谢朓心旷神怡，触目成诗。如谢朓刚到宣城，就被城内陵阳三峰的壮美所震撼，挥笔写下了《宣城郡内登望》：“借问下车日，匪直望舒圆。寒城一以眺，平楚正苍然。山积陵阳阻，溪流春谷泉。威纡距遥甸，巉岩带远天。切切阴风暮，桑柘起寒烟。怅望心已极，惝恍魂屡迁。”真是好一幅宣城风光图啊，直令人如醉如痴，仅其中一个“带”字，便让后来者反复玩赏，如王勃“襟三江而带五湖，控蛮荆而引瓯越”，如李白“犬吠水声中，桃花带露浓”，如王维“桃红复含宿雨，柳绿更带朝烟”，如韦应物“春潮带雨晚来急，野渡无人舟自横”，等等。何为意味无穷，如此便是。在接下来的日子里，谢朓就在陵阳山最高的中峰上建起高斋，周围遍植竹树，作为自己办理公务及起居之所。公务之暇，便登临高斋，俯瞰大地，仰望云天，远山苍翠，近水婵媛，引得他诗兴勃发，写下了许多脍炙人口的诗篇，如《郡内高斋闲望答吕法曹》："结构何迢递，旷望极高深。窗中列远岫，庭际俯乔林。日出众鸟散，山暝孤猿吟。已有池上酌，复此风中琴。非君美无度，孰为劳寸心。惠而能好我，问以瑶华音。若遗金门步，见就玉山岑。"又如《新治北窗和何从事》："国小暇日多，民淳纷务屏。辟牖期清旷，开帘候风景。泱泱日照溪，团团云去岭。岧峣兰橑峻，骈阗石路整。池北树如浮，竹外山犹影。"这些诗用语清新亮丽，形象生动，显示出宣城山水给予诗人从未有过的美的享受。对宣城美景的审视，极大地开阔了诗人的胸襟视野。"天明开秀崿，澜光媚碧堤。风荡飘莺乱，云行芳树低。暮春春服美，游驾凌丹梯。升峤既小鲁，登峦且怅齐。王孙尚游衍，蕙草正萋萋。"在诗人的心中，宣城山水之美，无与伦比。其中，又以城北十里的敬亭山风光最为动人。敬亭山南俯城垣，万壑千岩，山中白云缭绕，深处有宣城人民建的祀雨神祠——敬亭山庙。谢朓关注农事和人民生活，常率众僚入庙祀雨，写下《祀敬亭山庙》《赛敬亭山庙喜雨》诸诗，表达了他"望岁伫年祥"的美好愿望和"原雨晦茫茫"的喜悦心情。他还和部下何从事等人在山中联句吟唱，抒发欢快情趣。如《祀敬亭山春雨》《往敬亭路中》，表达了他祀雨的虔诚和雨中的轻快感情，"水府众灵出，石室宝图开。白云帝乡下，行雨巫山来"。这既是诗句，更是谢朓对宣城人文之美的发现与讴歌。

谢朓喜爱敬亭山，写下了多首描写敬亭山的诗篇，其中以《游敬亭山》影响最广，诗云"兹山亘百里，合沓与云齐。隐沦既已托，灵异居然栖。上干蔽白日，下属带回溪。交藤荒且蔓，樛枝耸复低。独鹤方朝唳，饥鼯此夜啼。渫云已漫漫，夕雨亦凄凄。我行虽纡组，兼得寻幽蹊。缘源殊未极，归径窅如迷。要欲追奇趣，即此凌丹梯。皇恩竟已矣，兹理庶无睽。"

诗分三层：前六句以夸张手法，赞叹敬亭山高峻雄奇之美，其山横亘百里，重峦叠嶂，上蔽白日，下带回溪，既为隐者托身之所，又是灵异栖息之地。中间六句是写敬亭山幽深野趣之美。山中藤蔓交杂，林木荫翳，孤鹤朝唳、饥鼯夜啼，朝云漫卷、夕雨凄凄，景致幽静，奇异动人。后八句写自己寻幽追奇的雅兴和治理宣城的自得之情。正是这首诗，使敬亭山名满天下，让世人发现茫茫天下竟有一处雄奇野趣、美妙绝伦的敬亭美景。后来无数的诗人名宦，正是在谢朓的引导下，追踪蹑迹，登上敬亭山，浩叹长歌。唐代大诗人李白对谢朓尤为景仰，正如清王士祯在《论诗绝句》中所称："青莲（李白）才笔九州横，六代淫哇总废声。白纻青山魂魄在，一生低首谢宣城。"仰慕谢朓的李白，七次游历宣城，屡登谢朓楼，访敬亭山，追寻谢朓遗踪，吟咏不已。如在《秋登宣城谢朓北楼》中，满怀深情地说："江城如画里，山晚望晴空。两水夹明镜，双桥落彩虹。人烟寒橘柚，秋色老梧桐。谁念北楼上，临风怀谢公。"谢朓的那句"合沓与云齐"，让李白对敬亭山心动不已，干脆化为己用，推陈出新，"合沓牵数峰，奔来镇平楚。中间最高峰，仿佛接天语"。让人始料不及的是，诗仙李白对谢朓的深情怀念，对敬亭山独具慧眼的赞美，使历代文坛巨擘，如韩愈、白居易、杜牧、刘禹锡、欧阳修、梅尧臣、汤显祖、姚鼐、施闰章等，纷纷唱和，留下无以数计赞美宣城、歌颂敬亭山的诗文。从此敬亭山声名鹊起，吟无虚日，终成名播海外的华夏诗山。诸如白居易的"天静秋山好，窗开晓翠通"，许浑的"劳歌一曲解行舟，红叶青山水急流"，杜牧的"深秋帘幕千家雨，落日楼台一笛风"，等等，这些描绘敬亭山秋色风光的诗篇，无不合着谢朓的诗意，在秋日里挥笔而成，可见谢朓作为敬亭山的发现者，对后人的影响是多么深远和巨大，无怪乎唐季诗人皮日休直接用"谢朓青山"来指代敬亭山这一独特的文化坐标了。于是，发现宣城大美的谢朓有了"谢宣城"的别名，而宣城也因此荣膺了"谢公城"的雅号。

栖居宣城　诗意对话

诗是中国文化的渊薮，自《诗经》开始，风雅颂的优美旋律便深深地影响了华夏民族的性格，《诗经》也因此成了儒家经典之一。在历史的嬗变中，中国的诗歌文化经过楚辞汉赋的演进之后，在魏晋时期的学术流风里，深受“玄言”的影响，诗歌语言脱离了具体的形象，成为抽象哲学的注解，变得晦涩难懂起来。物极必反，亏满转盈。晋宋以后，山水文学因时而生。最早尝试山水诗创作的，是谢朓的同宗先辈，即人称“大谢”的谢灵运。作为新文化的开创者，谢灵运的山水诗还不能完全摆脱两晋以来玄言诗的影响，用字生僻，佶屈聱牙。谢朓在宣城的文学创作，最终一扫“玄言”余习，将山水诗发展到成熟阶段，开创了中国山水诗的新境界，对后世知识分子的文化性格产生了极大影响。

所谓山水诗，就是诗人将自然山水引入审美对象，开展人与自然的亲切对话，实现人与自然友好相处的一种文学范式。它使读书人的家国情怀有了寄托之所，让进取者在困顿中有了栖息灵魂的精神圣地。李白的那首《独坐敬亭山》中吟咏的“众鸟高飞尽，孤云独去闲。相看两不厌，只有敬亭山”，虽不过短短四句，却产生了超越时空、震古烁今的艺术魅力，奥妙即在于此。从南齐谢朓开始，敬亭山就和我国诗歌文化结下了不解之缘，也和历代诗人、词人成了最知心的朋友与最亲密的伴侣，而歌咏敬亭山的诗词篇什，把敬亭山的人文地貌、人文典故和人文精神，一代又一代地流传到今天，并将继续流传下去。追根溯源，正是谢朓创新和完善山水诗的突出贡献，使得宣城在中国文化史上第一次拥有了卓尔不群的地位。

谢朓的诗歌创作，经历了一个探索和创新的过程。早年创作的诗歌，题材比较狭窄，多为游宴应酬和吟咏风物之作。自赴荆州以后，他的诗歌创作有了新的开拓，特别是经历了政治风波，出任宣城太守以后，他的诗歌无论内容还是形式，都取得了新的成就。在赴任宣城途中，谢朓连吟两诗，一是《之宣城郡出新林浦向板桥》：“江路西南永，归流东北骛。天际识归舟，云中辨江树。……”一是《晚登三山还望京邑》“灞涘望长安，河阳视京县。白日丽飞甍，参差皆可见。余霞散成绮，澄江静如练。喧鸟覆春洲，杂英满芳甸。……”两诗既有大江奔流、视野开阔的场景，又有细致入微、令人心动的观察，特别是“余霞散成绮，澄江静如练”，被评家论为独步之作，被广泛引用。如李白有诗：“解道澄江净如练，令人长忆谢玄晖。”王安石有词：“登临送目，正故国晚秋，天气初肃。千里澄江似练，翠峰如簇”。谢诗创新者的风范由此可见。今日宣城之宛溪，又叫澄江，即来源于此。

诚然，宣城的秀山丽水，令谢朓写下二十多首赞美宣城山水的诗篇。这些诗歌“语皆自然流出”，使人读来“觉笔墨之中，笔墨之外，别有一段深情妙理”，“至为后进士子所嗟慕”。比如，早春时节，谢朓凭窗远眺，“余雪映青山，寒雾开白日。暧暧江村见，离离海树出”。夏秋之时，“高轩瞰四野，临牖眺襟带。望山白云里，望水平原外。夏木转成帷，秋荷渐如盖”。冬天里，“苍翠望寒山，峥嵘瞰平陆”，别具一派苍茫景色。宣城对于谢朓来说，真是无时无刻不是美的，以至他流连忘返，依依不舍。当他接到朝廷诏令，要他代表朝廷到湘州主祀南岳山神时，他仍不忘造访敬亭山下的句溪，写下了著名的《将游湘水寻句溪》：“轻苹上靡靡，杂石下离离。寒草分花映，戏鲔乘空移。兴以暮秋月，清霜落素枝。鱼鸟余方玩，缨绥君自縻。及兹畅怀抱，山川长若斯。”通过对句溪动人景物的细致描写，抒发了自己不舍宣城的情怀。临别之时，再次赋诗《忝役湘州与宣城吏民别》，吟唱出诗人与宣城人民、与宣城山水间的深情厚谊，“闲沃尽地区，山泉谐所好。……四时从偃息，三省无侵冒。……遗惠良寂寞，恩灵亦匪报。……”

谢朓的山水诗善于把描写景物和抒发情感自然巧妙地结合起来，小中见大、尺幅千里。如“绿草蔓如丝，杂树红英发”，“朔风吹飞雨，萧条江上来”，“余霞散成绮，澄江静如练”，“天际识归舟，云中辨江树”等。即便写些歌颂“帝功”和“藩德”的应命之作，也表现出高超的描山摹水的文字功力，如《入朝曲》中的“江南佳丽地，金陵帝王州。逶迤带绿水，迢递起朱楼”，既是一曲颂歌，也是一幅壮丽的图画。不管是何种情感意趣，都可以借山川景物来表现，而且达到情景交融的境界，这是谢朓诗歌的重要特点，也是他对于诗歌艺术发展的重要贡献。这些诗句清新隽永，流畅和谐，对仗工整，体现了“新体诗”的特点。谢朓主张“好诗圆美，流转如弹丸”，他的诗善于摄取自然景色中最动人的瞬间，以清俊的诗句，优美的旋律，道破人所未见的自然之美，如“远树暖阡阡，生烟纷漠漠。鱼戏新荷动，鸟散余花落”，一幅多么曼妙的水墨春景啊，令人读后心生神往。

谢朓是南齐诗人的旗帜。他的五言新诗，在当世就享有盛名。与谢朓同时代的学者兼诗人沈约十分服膺谢朓的五言诗，称赞谢朓：“吏部信才杰，文锋振奇响。调与金石谐，思逐风云上。”赞其诗为“二百年来无此诗也”。梁武帝萧衍说：“三日不读谢诗，便觉口臭。”谢朓关于声律对仗和写景状物的技巧，对于唐代诗坛有着深刻的影响。杜甫说，“谢朓每篇堪讽诵”，著名诗评家严羽也说，“谢朓之诗，已有全篇似唐人者”，明胡应麟认为唐人“多法宣城（谢朓）”。

一言以蔽之，谢朓是宣城大美的发现者，因为谢朓，宣城的敬亭山成了中国山水诗的摇篮。山不在高，有仙则名；水不在深，有龙则灵。宣城与谢朓，堪当斯言。

蒙学泰斗——周兴嗣

庄华峰　欧阳淑南

中国很早就出现了专门用于启蒙的识字课本，秦代有《爰历篇》，汉代有《凡将篇》《滂喜篇》《劝学篇》《急就章》，三国时有《埤苍》《广苍》《始学篇》，南朝刘宋有《庭诰》《诂幼》等。这些作品被称为“字书”，但多数影响不大。自从南朝梁代的《千字文》出现后，则以其独特的魅力取代了其他许多蒙学教材，并一直流传至今。

《千字文》的由来

周兴嗣像

《千字文》的作者周兴嗣，字思纂，祖籍陈郡项（今河南项城），其先人于永嘉南渡时迁至江南姑孰（今安徽当涂），居于濒临长江的宝积山上。这里山重水阔，茂林修竹，环境清幽，是读书著述的理想之地。周兴嗣是名门之后，他天资聪慧，博古通今，擅长诗文，佐撰国史，官至员外散骑侍郎，著有《皇帝实录》《皇德记》《起居注》《职仪》等百余卷及文集十卷。

隆昌元年（494），南齐侍中谢朏任吴兴（今浙江湖州）太守。谢朏厌恶与士人交往，却喜欢和周兴嗣在一起谈论文史。任职期满，他向朝廷极力推荐周兴嗣，于是周兴嗣被推举为桂阳（今湖南桂阳）郡丞。郡太守王嵘一直很欣赏周兴嗣的文才，待他很好。和帝中兴二年（502），梁武帝萧衍代齐建梁，周兴嗣上奏《修平赋》，文辞优美，意味深长，博得梁武帝的重视，于是任命他为“安成王国”侍郎。梁天监七年（508），梁武帝将自己在建康（今江苏南京）城内的一处旧居改建为光宅寺，命周兴嗣和陆倕分别写一篇寺碑碑文。两篇碑文完成后，梁武帝只使用了周兴嗣的作品。周兴嗣因为过人的才识深得梁武帝的赏识，引起了朝内一班权贵的妒忌。据说，梁武帝为了使满朝文武信服周兴嗣的才华，就当着众臣的面，要周兴嗣以所拓王羲之遗书上的不同的一千个字做一篇韵文，第二天的早朝就要拿到朝堂，让众臣当面批阅。周兴嗣接旨后，夜不能寐，苦思冥想，一夜之间，鬓发皆白，第二天早朝时他将韵文呈上朝堂。全文不多不少正好就是所拓王羲之遗书上的一千个字，因而取名为《千字文》。众臣传阅《千字文》后，嫉妒周兴嗣才华的人虽然对他文章的内容持有怀疑态度，但最终都被他的才情所折服了。

《千字文》四字一句，两句一行，内容涉及广泛，信息量很大，其所引用的文献非常丰富，包括《诗经》十八处、《尚书》十二处、《礼记》七处、《论语》六处、《易经》《左传》各五处、《汉书》四处、《史记》三处、《后汉书》《管子》《楚辞》《淮南子》《荀子》各二处、《韩非子》《史记正义》《越绝书》《新论》《墨子》《孟子》《老子》《孝经》《战国策》各一处，共涉及二十二部文献和经典。所涉及的历史名人有龙师（伏羲）、火帝（炎帝）、鸟官（少昊）、人皇、尧、舜、姬发、成汤、墨子等四十人，叙述了他们的事迹和故事。文中涉猎了大量的神话、传说、地理和风物知识。涉及的地名就有丽水、昆仑山、长安、洛阳等十九处。可以说《千字文》是一部袖珍的百科全书，由此也反映了周兴嗣广博的知识和严谨的为学精神。

《千字文》符合当时统治者对社会统治的需要，自此而后，梁武帝也越发信任周兴嗣了，这使得他在仕途上一帆风顺。从宋明至清末，《千字文》与《三字经》《百家姓》一起，构成了最基础的“三、百、千”启蒙读物。旧有打油诗说：“学童三五并排坐，天地玄黄喊一年。”正是其真实写照。

启蒙教育的优秀教材

《千字文》的内容包罗万象，其丰富深刻的内容不仅对儿童有启蒙作用，其中所蕴含的优秀传统文化对于当今社会也依然适用，尤其是在人生修养和孝亲文化方面，其教育意义更大。

儒家的道德观念和价值观念是贯穿《千字文》的核心思想。“上和下睦，夫唱妇随。外受傅训，入奉母仪。诸姑伯叔，犹子比儿。孔怀兄弟，同气连枝。交友投分，切磨箴规。”这里讲的是为人处世之道，主张长幼之间要和睦相处，夫妻之间要恩爱和谐。在外要听从老师训导，在家要听从母亲教导。对待姑姑、伯伯、叔叔等长辈，要像是他们的亲生子女一样。兄弟之间要非常相爱，因同为父母血气，犹如树枝相连。结交朋友要志趣相投，相互切磋，相互勉励，这才是为人处世之道。“仁慈隐恻，造次弗离。节义廉退，颠沛匪亏。”这里讲的是仁义、慈爱和恻隐之心，在任何时候都不能抛弃。气节、正义、廉洁、谦让的美德即使在最穷困潦倒的时候也不能丢。以“孝”为基础，对于谦、恭、诚、敬、勤、直等这些道德行为都有很明确的要求。除了对以上这些为人处世之道提出要求外，对于“孝亲”“忠君”也强调要竭尽所能，“孝当竭力，忠则尽命。临深履薄，夙兴温凊。似兰斯馨，如松之盛。川流不息，渊澄取映”。

《千字文》对于其他方面的知识介绍也很多。“寒来暑往，秋收冬藏。闰余成岁，律吕调阳。”这是关于农时的描述，简短几句话就将一年四季中的收获与时序描写得简洁易记。在以农业为本的古代社会，人们期盼的是风调雨顺，过上温饱的生活，正所谓“不违农时，谷不可胜食也”。

在地理知识方面，《千字文》写道：“九州禹迹，百郡秦并。岳宗泰岱，禅主云亭。雁门紫塞，鸡田赤城。昆池碣石，巨野洞庭。旷远绵邈，岩岫杳冥。”这里将祖国大好河山的秀美壮丽描写得气势磅礴，儿童通过阅读《千字文》一定会激发他们对祖国大好河山的热爱，有利于培养儿童的民族自豪感和爱国主义情感。

在生活常识方面，《千字文》说：“果珍李柰，菜重芥姜。”这是说水果中最珍贵的是李子和柰（类似苹果的果子），蔬菜中最贵重的是芥菜和生姜。李子和柰属于同科植物，都能“和脾胃，补中焦”。芥菜和姜都是辛味植物，能开窍、解毒，排除人体的邪气。

在善与恶方面，《千字文》强调“祸因恶积，福缘善庆”，这里主要告诉人们，灾祸是作恶多端的结果，福禄是乐善好施的回报。

在行为举止上要“坚持雅操，好爵自縻”，就是说只要坚定保持高雅的情操，好的职位自然就会属于你。

在为人处世上要“笺牒简要，顾答审详”，这里主要告诉人们，写给别人的书信要简明扼要，回答别人的问题要详细周全。

在理想和志向方面，《千字文》强调“墨悲丝染，诗赞羔羊。景行维贤，克念作圣。德建名立，形端表正”。即是说，在为人方面应像羔羊素丝那样纯洁，保持本心，不要为外物所累。告诉人们要树立远大理想，做一个有用的人，做一个积极学习的人，这样就会具备优秀的品质，拥有良好的道德情操。

《千字文》的内容十分丰富，在人生修养、道德情操、政治统治、清洁家务、农务耕作、为人处事等方面都有一定的规范要求，这使得《千字文》备受社会重视，也是它经久不衰的原因。

文采优美的生动读物

《千字文》的形式很独特，四言成句，千言不重，每一个字都有它独特的含义。据载，周兴嗣在刚写出《千字文》时也曾受到别人的质疑，比如其中有一个字形重复的字，即“洁”字。此字在整篇文章中出现两次，“女慕贞洁”“纨扇圆洁”。如今这两个字的读音是一致的，但当时周兴嗣认为这两个“洁”字，虽字形相同，但读音有异。“女慕贞洁”的“洁”字，应读古平声；“纨扇圆洁”的“洁”字，应读古入声，故实为两字。由此可见，《千字文》字字如珠玑，句句有出处。每个字在文中都有它独特的含义，无论从用字还是从四言成句的格式上来说，都对后来的启蒙教材产生了重要的影响。

《千字文》不仅用字讲究，句式独特，而且对仗工整，善用各种修辞。如在“剑号巨阙，珠称夜光”这句中，采用了组内上下两句的对仗，分别是“剑”对“珠”，“号”对“称”，“巨阙”对“夜光”。“性静情逸，心动神疲”和“乐殊贵贱，礼别尊卑”这两句也采用了这种修辞手法。而在文中，两组之间互相对仗也体现得非常鲜明。如在“推位让国，有虞陶唐。吊民伐罪，周发殷汤”这句中，“推位让国”对“吊民伐罪”，“有虞陶唐”对“周发殷汤”。在“仁慈隐恻，造次弗离。节义廉退，颠沛匪亏”这两组文字中也同样采用了两组之间互相对仗的手法。在“似兰斯馨，如松之盛”“龙师火帝，鸟官人皇”这两组句子之中，运用了比喻、对偶、排比等修辞手法。

语言优美、辞藻华丽也是《千字文》的重要特色。在“云腾致雨，露结为霜”一语中，作者将云和露凛冽的气势用生动活泼的语言表达了出来。在“枇杷晚翠，梧桐早凋”一语中，作者将枇杷的颜色用一个“翠”字来表达，传递给读者的则是旺盛的活力。此外，像“天地玄黄，宇宙洪荒。日月盈昃，辰宿列张。寒来暑往，秋收冬藏。闰余成岁，律吕调阳。”“金生丽水，玉出昆冈。剑号巨阙，珠称夜光。”“都邑华夏，东西二京。背邙面洛，浮渭据泾。宫殿盘郁，楼观飞惊。图写禽兽，画彩仙灵。丙舍傍启，甲帐对楹。肆筵设席，鼓瑟吹笙。”语言华丽多彩，极富艺术感染力。

因为读者对象是儿童，《千字文》还充分考虑到了寓教于乐的原则，把说道理和讲故事结合起来，不是进行空洞、抽象的说教，做到了生动、易懂。如“桓公匡合，济弱扶倾。绮回汉惠，说感武丁。俊乂密勿，多士寔宁。”说的是春秋时期，齐桓公多次集合诸侯，出兵援助势单力薄和面临危亡的诸侯小国，扶持将要倾倒的周王室。汉惠帝做太子时依靠绮里季，才未被废黜，商君武丁因梦境所感而得贤相傅说。这些人物才能出众，勤勉努力，正是依靠这样的贤士，国家才得以富强安宁。“晋楚更霸，赵魏困横。假途灭虢，践土会盟。何遵约法，韩弊烦刑。”即是说晋文公、楚庄王先后称霸，赵国、魏国因连横而受困于秦。晋国向虞国借路去消灭虢国，结果连虞国也一起给消灭了。晋文公在践土召集诸侯歃血会盟。萧何遵奉汉高祖简约的律法制定九章律，韩非却死在他自己主张的苛刑之下。“起翦颇牧，用军最精。宣威沙漠，驰誉丹青。”说的是，秦将白起、王翦、廉颇、李牧，用兵作战最为精通。他们的声威远扬到北方的沙漠，美名和肖像永远流传在史册之中。这样读来并不枯燥乏味，加之合辙押韵，读起来十分富有节奏感和韵律感，朗朗上口，易于记诵。以至梁武帝读后大加称赞，立即命令宦官拿去刻印作为“诸王”的习诵课本，并刊之于世，作为初学者的入门教材。

绵延不绝的民族瑰宝

《千字文》问世后产生了深远的影响，这种影响主要表现在两个方面：一是作为蒙学教材被广泛使用，一是作为书法被长期书写。

《千字文》在中国流传了1500多年，这表明，它是一部流传广泛的童蒙读物。在唐朝以后，《千字文》被人们广泛地加以采用和学习，出现了一大批以“千字文”为名的作品，如唐朝僧人义净编纂了《梵语千字文》，宋人胡寅著有《叙古千字文》，元人夏太和有《性理千字文》，明人卓人月有《千字大人颂》，吕裁之有《吕氏千字文》，清人吴省兰有《恭庆皇上七旬万寿千字文》，等等。这些所谓的《千字文》内容五花八门，但都以“千字文”为名，足见《千字文》影响之大。宋真宗时编成的《道藏》，分装在四百多函中，每一函都按《千字文》的顺序编号，起于“天地玄黄”的“天”字，终于“宫”字，所以人称这部《道藏》为《大宋天宫道藏》。

《千字文》问世后，有许多名人都对它进行了评价。明代古文大家王世贞称此书为“绝妙文章”。明末清初人顾炎武说：“后之读者，苦《三苍》之难，而便《千文》之易，于是至今为小学家恒用之书。”章太炎也曾说《三字经》与《千字文》比较，有两个不足，即“字有重复、辞无藻采”。《千字文》在文采上独领蒙学读物风骚，堪称训蒙长诗。从王世贞等这几位著名学者对《千字文》的评价可知，《千字文》对古代蒙学的发展不仅起到了承上启下的作用，其影响力也是其他蒙学教材难以企及的。

书法作为我国一门独有的文字艺术，它把字形结构和章法完美地结合起来，即可生成一幅富有美感的艺术品。《千字文》内容丰富，且千字不重，四字一句，布局较易，再加上《千字文》本就是由周兴嗣从王羲之的书法中集来，因而博得后世书法家的喜爱，或用来习字，或馈赠亲友，或作为初学者的范本，这也体现了实用与审美价值的一致性。历代书法家书写过《千字文》的大有人在，其中在草书方面有智永、褚遂良、孙过庭、怀素、张旭等书法大家，行书方面有欧阳询、李建中、王宠等，楷书方面有王羲之、董其昌等，而多体书写的代表人物则是著名书法家赵孟頫、文徵明等人。赵孟頫自题一卷《千字文》云，仆廿年来，写千字文以百数。作为普及草书的一种尝试，杰出书法家于右任曾与草书社同仁遍览当时能够搜集到的草书《千字文》，以易读、易写、准确、美丽为原则，从中选字，编成标准草书。

《千字文》作为一部很有影响力的作品，它曾远渡重洋，广泛流传于世界各地。日本不仅有多种版本的《千字文》，而且还出现了很多以《千字文》命名的作品。1583年朝鲜出版了以朝语解释的《石峰千字文》。自1831年英译本的《千字文》问世，在此后的数十年间先后有拉丁文版本、意大利文版本、法文版本等的《千字文》相继出现。这使《千字文》享誉海内外。中华民族博大精深的优秀文化，通过《千字文》得以更广泛的传播。

尤工乐府诗，举代少其伦——张籍

孙英杰　沈世培

张籍像

张籍，字文昌，祖籍吴郡（今江苏苏州），幼年迁居和州乌江（今安徽和县乌江镇），遂为和州乌江人，中唐现实主义诗人。

青年时代求学和游历

关于张籍出生年份，史书并没有详细记载。唐德宗建中四年（783）至贞元八年（792）年间，张籍与王建一同在漳水一带（今河北省南部）从师求学。其诗《登城寄王秘书建》云："闻君鹤岭住，西望日依依。远客偏相忆，登城独不归。十年为道侣，几处共柴扉。今日烟霞外，人间得见稀。"可见当时两人少年时期一起经历了大约十年的求学生活，这段求学经历使两人之间建立了深厚的友谊。王建《送张籍归江东》诗也说："昔岁同讲道，青襟在师旁。出处两相因，如彼衣与裳。"在这段求学期间，张籍还认识了诗友于鹄，张籍在《哭于鹄》一诗中说："西山无逸人，忽觉大国贫。良玉沉幽泉，名为天下珍。野性疏时俗，再拜乃从军。气高终不合，去如镜上尘。我初有章句，相合者唯君。今来吊嗣子，对陇烧新文。耕者废其耜，爨者绝其薪。苟无新衣裳，曷用光我身。奠酒徒拜手，哀怀安能陈。徒保金石韵，千载人所闻。"从中可见张籍和于鹄之间的情谊是非常深厚的。

约贞元九年（793）至贞元十二年（796），张籍在漳水一带学成后，告别好友王建，开始了在北方的游历。王建在其诗《送同学故人》中写道："各为四方人，此地同事师。业成有先后，不得长相随。"张籍北游的足迹，遍布今天山西、河北、陕西以及河南等地，最北到达蓟北，其诗《蓟北春怀》云："问路更愁远，逢人空说归。"抒发了自己思乡的情绪。张籍在北方游历的目的是怀诗文以干谒，求取前途，但是并没有达到目的。所以他的《南归》诗云:"骨肉望我欢，乡里望我荣。岂知东与西，憔悴竟无成。"

张籍北游蓟北后，空无所获，动了归思，春季折回，五月份经过王建所在之地，之后回到了苏州故居。张籍南归后，开始了在南方的游历，先后经过浙江、赣南以及岭南地区，并在贞元十二年（796）秋季，返回老家和州乌江。此时孟郊进士及第东归，当年冬天过路和州，探访张籍，与张籍同游和州城南桃花坞，饮酒赋诗作乐。孟郊临行时，张籍作《赠孟郊》一诗，为之送行。

"日念子来游，子岂知我情"

贞元十三年（797）农历十月一日，张籍到达汴州（今河南开封），因孟郊结识了韩愈。两人一见如故，韩愈对张籍的才学和品行极为赏识，所以将张籍留在自己的城西馆读书，以备来年参加科举考试。韩愈诗《此日足可惜赠张籍》云："留之不遣去，馆置城西旁。岁时未云几，浩浩观湖江。"在这年冬与第二年春，张籍分别作《上韩昌黎书》和《上韩昌黎第二书》，韩愈亦有《答张籍书》和《重答张籍书》。在两次上书中，张籍直言不讳地指出韩愈"比见执事多尚驳杂无识之说，使人陈之于前以为欢"，意在批评韩愈喜欢那些杂乱无实际内容、只能供人逗乐的东西，"此有以累于令德"，这样下去会有损美德。张籍认为，韩愈的文章可以比肩孟轲和扬雄，"执事聪明，文章与孟轲、扬雄相若"，希望韩愈能够以宽阔的胸怀接纳人才，辨别杨、墨、老、释诸家的邪说，使儒家的学说重新在唐朝出现。对于张籍的批评，韩愈在《答张籍书》中也给出了自己的回答，"吾子又讥吾与人人为无实驳杂之说，此吾所以戏耳"，以此向张籍表明，你讥笑我与人们说的都是些没有实际根据和纷繁复杂的话，这些是我为了诙谐而写的，如果有一些做得不得当的地方，"当更思而悔之耳”，我应当进一步反思并改悔。在书信的交流中，韩愈更加欣赏张籍，两人之间的友情也进一步加深。

大约经过一年的苦读，张籍的学问有了很大长进。贞元十四年（798）秋，张籍参加了汴州推举进士考试，韩愈为考官，张籍没有辜负韩愈的期望，在此次考试中名列榜首。韩愈在其诗《此日足可惜赠张籍》中云：“州家举进士，选试缪所当。驰辞对我策，章句何炜煌。相公朝服立，工席歌鹿鸣。礼终乐亦阕，相拜送于庭。之子去须臾，赫赫流盛名。”这年，韩愈和张籍两人进行了一次谈辩，张籍朴直真率，一经韩愈诱导便一股脑儿地倾诉了自己的看法。等张籍言毕，韩愈便后发制人，一番高谈阔论，最终使张籍心悦诚服。

贞元十五年（799）春二月，张籍在长安进士及第。韩愈在张籍科举考试中给予了巨大的帮助和鼓舞，张籍也对韩愈深表感激。在韩愈将张籍送去长安应试后不久，汴州宣武节度使董晋去世，陆长源知留后事，韩愈从丧，离汴赴洛，当韩愈一行走到偃师以西时，汴州突然发生了兵变，叛乱士兵杀死陆长源，韩愈的一家老小也被困于汴州。韩愈闻讯后，心中焦急万分。后韩愈得知妻儿老小成功脱险，便顺汴水而下，把妻儿老小安置在徐州，然后回头护丧一直到洛阳，之后返回徐州和一家人团聚。韩愈为董晋护丧之时，正是张籍应试及第之时。及第之后，张籍为了表达自己的感激之情，在返乡途中，路过徐州，专门去拜访和探望了韩愈，张籍也是在此时经由韩愈推荐认识了张建封。能够在惊魂未定的情况下，再次见到自己的得意门生，韩愈内心自然是非常兴奋和欣慰的，所以韩愈留张籍在自己家中居住了一个月。韩愈在其《此日足可惜赠张籍》一诗中写道：“日念子来游，子岂知我情。……连延三十日，晨坐达五更。”此诗记录了韩愈和张籍在徐州交游的这段经历，感情真挚，可以看出当时张籍和韩愈之间的交情是非常深厚的。

独有咏诗张太祝　十年不改旧官衔

贞元十六年（800），张籍在和州家中居丧，韩愈特地致函嘱咐孟郊前去探望。第二年，张籍与舒州刺史之女胡珦成亲。贞元十八年（802）至贞元二十年（804）期间，张籍一直在和州家居候官。在张籍家居候官期间，张籍好友白居易和元稹在贞元十九年（803）以书判拔萃科登第，元稹授秘书省校书郎。同年，关中地区大旱，监察御史韩愈在查访后发现灾民流离失所、饿殍遍野，痛心疾首，而当时京兆尹李实却封锁消息，谎报灾情，韩愈愤怒之余，上奏《御史台上论天旱人饥状》，但反遭李实诬陷，十二月被贬谪至连州阳山。贞元十九年（803），韩愈写《咏雪赠张籍》，诗赠张籍，因为唯有张籍是知己。全诗于写景中寓讽喻，将随风而舞、无处不到的雪花，比作盘剥黎庶的聚敛之臣和钻营幸进之徒，批判了封建社会的黑暗现象，抒发了诗人胸中的郁闷。诗中又云："莫烦相属和，传示及提孩。"这是韩愈嘱咐张籍不必唱和，也不要传示给一些幼稚无知的人。其关切之心，不难想见。

唐顺宗永贞元年（805），张籍调补太常寺太祝，居住在长安延康坊西南隅西明寺后。张籍在太常寺太祝这一职位上，一待就是十年，直到元和十年乙未（815），才转为国子助教。白居易在其诗《张十八》中有云："独有吟诗张太祝，十年不改旧官衔。"张籍穷愁一生，仕途蹭蹬，长期沉滞于卑官冷职，生活清贫。作为朋友的韩愈和白居易，时常在诗中对此表示同情与不平。如韩愈《题张十八所居》云："君居泥沟上，沟浊萍青青。"白居易《寄张十八》云："同病者张生，贫僻住延康。"张籍甚至在《酬韩庶子》中自我解嘲地称："西街幽僻处，正与懒相宜。"

唐宪宗元和元年丙戌（806），张籍为韩愈的儿子韩昶授诗，韩昶从小就是个神童，六七岁没有拿过笔，却能书写文字，出口成章。韩昶十岁时每天能够阅读十多卷诗书，这对于一个十岁的孩子来说，几乎是不可能完成的任务，韩昶却能够很好的完成，张籍对他更是刮目相看。韩昶常常向张籍提问，张籍往往答不上来。此后，韩愈从江陵调回长安任国子监博士，张籍此时也在太常寺太祝任上，两人时常与诗友饮酒聚会，韩愈的《醉赠张秘书》和《会合联句》中详细记载了当时欢聚的场景。

张籍曾在幼年时期于和州乌江见到了张巡的部下于嵩。张巡是唐朝重要军事将领，于唐玄宗开元末年中进士，历任太子通事舍人、清河县令、真源县令。在安史之乱时期，张巡起兵守雍丘，抵抗叛军，后在至德二年（757），因粮草耗尽、士卒死伤殆尽而被俘遇害。张籍在和州见到于嵩时，于嵩已经六十多岁了，“籍时尚小，粗问巡、远事，不能细也”。元和二年（807）四月十三日，张籍在韩愈家中同阅旧书，看到了李翰撰的《张巡传》，于是和韩愈谈起自己幼年时期曾见过于嵩，并从于嵩那里听得张巡和许远的轶事，此举也促成了韩愈撰成《张中丞传后叙》一文。

元和二年（807）十一月，白居易由周至尉升为翰林学士、左拾遗，张籍在《病中寄白学士拾遗》中云：“自寓城阙下，识君弟是焉。”印证了张籍和白居易相识于此时。白居易对张籍也是赞不绝口，认为他的乐府诗无人能及，也赞赏了其人穷志高，不为名利奔走的可贵品格。自此结识后，两人因志趣相投，交情日深，成为挚友。元和三年（808），张籍作诗寄予王建。元和四年（809），张籍在太常寺太祝任上作《伤歌行》。元和七年（812），张籍再次与好友王建重逢。张籍有诗《喜王六同宿》云：“十八年来恨别离，唯同一宿咏新诗。”从诗中可以看出两人的友情是很深的。元和九年（814），张籍患眼疾，几乎失明，后人称为“穷瞎张太祝”。

张籍主张排佛，但是其和韩愈一样，主张排佛的同时，又与当时许多僧人道士有密切的交往，曾写有三十多首寄予僧人道士的诗。在这些诗中，他经常谈及采药、制药之事。这是因为贫困交加的穷愁诗人张籍当时长期患病，当时精通医术的僧人道士经常帮助他。那些与张籍有交往的僧道之人，不仅在药物上帮助张籍，还赠给张籍藤杖之物，用来支撑他因长期患病而变得羸弱的身体。元和九年（814）八月，孟郊以暴疾卒于河南阌乡县，终年六十四岁，张籍和韩愈同往吊丧会哭，私谥“贞曜先生”。孟郊死后，张籍目疾更加严重，于是休假赋闲，无钱财以济医药，韩愈撰《代张籍与李浙东书》托李翱转交浙东观察使李逊，以求资助。

乐府诗成就

张籍生活在中晚唐时期，是当时重要的乐府诗人，世称“张水部”“张司业”。他自幼多才多艺，诗文兼长，少年在故乡和州时，就已经写了不少诗篇，可谓是年少成名。如韩愈在《病中赠张十八》诗中写道：“籍也处闾里，抱能未施邦。文章自娱戏，金石日击撞。龙文百斛鼎，笔力可独扛。”其乐府诗与王建齐名，时称“张王乐府”。《乐府诗集》收有张籍的乐府诗五十五首，《全唐诗》收录七十余首。

张籍所处的时期，正是唐王朝转向衰落的时期，社会问题日趋严重，政治腐败，民不聊生。张籍对杜甫的诗作格外推崇，在诗作创作中多学习杜甫。据冯贽《云仙杂记》中说：“张籍取杜甫诗一帙，焚取灰烬，副以膏蜜，频饮之曰：‘令吾肝肠从此改易。’”一次，张籍的朋友拜访他，看到他正在拌纸灰，问他为什么把杜甫的诗烧掉，又拌上蜂蜜吃了呢？张籍回答，吃了杜甫的诗，就能写出和杜甫一样的好诗了。虽然这段材料无法考证真伪，但是从侧面可以看出，张籍对杜甫的敬仰之情已经到了一种痴迷的程度。张籍继承杜甫现实主义创作传统，创作乐府诗，诗中满怀儒家济世爱民的思想，通过寓意古题或者即事名篇来针砭时弊，反映了时代的苦难和人民的呼声，具有积极的思想意义。

唐代诗人作古题乐府多保持题材或主题的传统性，但也有许多作品，或用其本意，或翻出新意。张籍诗作中大约有三分之一的乐府诗沿用古题，有用古题古义的，如《关山月》《采莲曲》，更多的是虽用古题，却寓意古题，刺美见事，写下许多与古义关系较远甚至全无古义之作，推陈出新。

唐大历以后，唐代诗人积极探索新风格，以白居易为首的诗人提倡的新乐府，继承了现实主义创作传统，描写现实社会，反映民间疾苦。张籍继承杜甫现实主义创作传统，创作了大量反映社会现实的乐府诗，其中最为著名的当属《征妇怨》和《筑城词》。这两首诗集中反映了严重的边患和繁重的劳役给底层的劳动人民带来的痛苦和灾难。在《征妇怨》

一诗中，先写边患给人民带来的灾难，展现出一幅“家家城下招魂葬”的悲惨场景，而后通过写征妇的内心活动，表现她欲生不得、欲死不能的悲惨处境。《筑城词》一诗主要写劳役的苦难，成千上万的役夫一年到头在荒原上筑城，生活极其艰苦，凶狠的军吏却执鞭督促，直到“杵声未尽人皆死”为止。最后诗人对这种极不合理的现象不直抒愤慨，而是寓理于事，将“家家养男”的美好愿望，同今日竟为“城下土”的冷酷现实作对照，极尽嘲讽之意。另外在其作品《野老歌》中，也反映了社会矛盾和民生疾苦，“老农家贫在山住，耕种山田三四亩。苗疏税多不得食，输入官仓化为土。岁暮锄犁傍空室，呼儿登山收橡实。西江贾客珠百斛，船中养犬长食肉”。官仓粮化土，百姓不得食；贾客养犬食肉，老农橡实充饥，两组对比深刻有力，突出了农民的痛苦和社会的不合理。

他以自己乐府诗的创作实践恢复优良诗歌传统，推动了白居易倡导的新乐府运动。白居易倡导的新乐府运动开展于张籍创作大量乐府诗之后，张籍上承杜甫爱国爱民的现实主义的传统，下又影响了白居易的新乐府创作，所以张籍的乐府诗在唐朝具有很大的影响，起到了承先启后和继往开来的作用。

在元和诗坛上，张籍受到当世名士的赞扬，尤其受到像韩愈、白居易等文人墨客的推崇，其在元和诗坛上的地位可见一斑。白居易在《读张籍古乐府》诗中曾这样高度评价张籍的乐府诗，“张君何为者？业文三十春。尤工乐府诗，举代少其伦。为诗意如何？六义互铺陈。风雅比兴外，未尝著空文”。张籍恩师韩愈也认为，“张籍学古淡，轩鹤避鸡群”，并称赞他“龙文百斛鼎，笔力可独扛”。王安石也在《题张司业》诗中赞扬张籍诗，“看似寻常最奇崛，成如容易却艰辛”，道出了张籍诗的艺术特色。

张籍的诗歌由于凝聚着丰富的生活内容、深刻的政治见解和浓厚的思想感情，因此有着鲜明的个性和独特的风格，不仅内容充实，富有现实意义，而且语言质朴，不事雕琢，凝练而又自然。在安徽历史上有这么一位著名诗人，是值得我们珍视和尊敬的。

“苦吟”诗人——许棠

程洁　沈世培

许棠，字文化，生于唐穆宗长庆元年（821），宣州泾县人，晚唐著名的“苦吟”诗人，有关许棠生平的资料现存较少，仅零碎地见于《新唐书》《唐诗纪事》《唐摭言》《唐语林》《唐才子传》等史籍。许棠颇有诗名，与张乔、郑谷、任涛、李昌符等经常唱和，人称“咸通十哲”，又称“芳林十哲”。许棠的杰出代表作为《过洞庭湖》，当时的人多用此诗来题扇，因此，许棠又被称为“许洞庭”。晚唐时期，唐朝处于不断衰落并逐渐走向灭亡的阶段，宦官干政、朋党激争、藩镇割据交织，政治黑暗，政治压迫和经济剥削加剧，激化了社会矛盾，激起了农民起义。许棠生活在这样一个社会动荡、经济逐渐萧条的时期，其思想及诗歌创作都打上了时代烙印。

坎坷的一生

许棠虽为宣州泾县人，但他的祖籍却在山西霍县。长期的社会动荡和经济萧条，决定了许棠的生活长期处于贫困窘迫的状态。许棠常以“贫苦”“家贫”来形容自己的生活境地，他成长在一个破落的地主家庭，再加上他常年为追求仕途在外奔波，无暇顾及家庭，导致家庭走向衰败。

许棠喜欢写诗，但性格有些孤僻内向，“苦于诗文，性僻少合”。他曾经隐居于九华山、庐山等地，据记载，唐池州人顾云与杜荀鹤、殷文圭一同肄业于九华山，同时期归隐九华山的还有许棠、张乔等人。九华山，原名九子山，坐落在安徽青阳县，诗仙李白曾在此写下诗句，“妙有分二气，灵山开九华”，“天河挂绿水，秀出九芙蓉”。许棠《题张乔升平里居》诗云：“下马似无人，开门只一身……匡庐曾共隐，相见自相亲。”

匡庐，就是指今江西庐山。“匡庐曾共饮”，表示许棠和张乔曾一起在庐山隐居过。我们常见的隐居生活多指一些文人志士在受到某种打击之后，选择归隐山林来躲避世间的凡俗之事，而许棠是在开始仕途之路之前归隐的，他的目的是想找一个安静的地方，全身心地为科举做准备。

许棠的求仕生涯可谓是十分坎坷的，从初试落榜到最终及第历时三十多年，经历了生活上和精神上的重重磨难。在这期间，许棠经常奔波于家乡与京城两地。许棠《泗上早发》诗云：“独起无人见，长河夜泛时。平芜疑自动，落月似相随。楚外离空早，关西去已迟。渔歌闻不绝，却轸洞庭思。”诗歌生动描写了他为了赶考连夜赶路的画面，抒发了离乡之愁。

在许棠屡试不第的三十余年中，大部分时间是游走边塞，一方面是与唐末考试制度有关，唐代科举考试中的考生先要通过各个州县在秋天的考试，然后在十月去京城考试。京城的省试是在第二年春天，如果落榜，有的人选择回家，有的则游历边塞，还有的直接留在京城，等待来年的考试。许棠家在安徽泾县，从京城返回家乡路途遥远，所以选择游历边塞。另一方面与许棠的心态有关，在许棠看来，衣锦还乡才比较妥当。因此，他大部分时间都是在游历边塞。许棠一生至少有三次游历边塞的体验：在大中三年（849）至大历四年（850），许棠去过秦陇一带，这是他第一次游历边塞；大中四年（850）至大历六年（852）左右，许棠游走于河东一带，这是他第二次游历边塞；咸通九年（868）至咸通十一年（870）左右，许棠再次来到秦陇及关内道，这是他第三次游历边塞。当然许棠肯定不止这三次游历边塞的经历，只可惜其他的无从考证。

所谓苦心人天不负。与大多数终其一生追求仕途无果的士子相比，许棠算是幸运儿了，历经多次落第，终于在咸通十二年（871）进士及第。据《唐诗纪事》卷七十载，许棠“登咸通十二年进士第”。许棠能够成功入仕，得益于他遇到了一个公正的主考官高湜。据《新唐书》卷一百七十七《高钛传》附《高湜传》载，“咸通末，为礼部侍郎，时士多由权要干请，湜不能裁，既而抵帽于地曰：‘吾决以至公取之，得遣固吾分！’乃取公乘亿、许棠、聂夷中等……亿字寿仙，棠字文化，夷中字坦之，皆有名当时”。高湜主张用公平来取士，才使许棠的才华得到了重视，最终取得科举考试的胜利。

艰苦的生活环境塑造了许棠积极上进、永不放弃的坚毅性格，他的这种性格在他追求仕途的道路上体现得淋漓尽致。可以肯定地说，如果没有这种坚毅的品质，他也不会在科举的道路上最终取得成功。许棠在追求功名的三十多年中，多次游历边塞，遭受了重重的艰难险阻。他的《下黄耳盘》云：“独下黄盘路，多虞部落连。云晴仍著地，树古自参天。乱鸟飞人上，惊麋起马前。行行无郡邑，唯见虎狼烟。”《出塞门》云：“步步经戎虏，防兵不离身。山多曾战处，路断野行人。暴雨声同瀑，奔沙势异尘。片时怀万虑，白发数茎新。”都反映了他在游历边塞时，不仅要忍受风沙酷热之苦，还经常与敌军相遇，遭猛禽野兽的袭击。许棠不辞常年奔波，不惧艰难险阻，都体现了他坚毅的性格。

许棠及第后的仕途之路并不是一帆风顺的，这还是与唐末这个混乱的大背景有关。许棠及第后没有立马被授官，直到两年后才正式步入官场。咸通十四年（873）左右许棠被任命为泾县尉，据《唐诗纪事》记载，许棠初为泾县尉，此后，就一直做着一些无足轻重的小官。据《唐诗纪事》卷五十三《陆肱》载，陆肱牧南康郡，辟许棠为郡从事，可知许棠曾任南康郡从事。《唐语林》卷七载，永临刘相，以其子希与许棠同年，乾符六年（879）任许棠为江宁丞。后来许棠辞官，潦倒以终。

关于许棠何时去世，现还没找到足够的材料论证，但可以推断许棠至少活到了六十二岁以上。《全唐文》卷八百一十二许棠《唐故浙江道五部兵马大元帅平南节度使银青光禄大夫检校尚书令戴公墓志铭并序》载，墓主戴昭死于中和三年（883），据此可知，许棠此时尚活在人世，许棠出生于长庆元年（821），那么可以推算他至少活到了六十二岁以上。从许棠诗中可以看出他晚年生活过得并不快乐，生活也不富裕。其诗《言怀》云：“万事不关心，终朝但苦吟。久贫惭负债，渐老爱山深。日月销天外，帆樯弃海阴。荣枯应已定，无复系浮沉。”可见他晚年失意落魄的境地。不管是及第之前还是及第之后，许棠都是在一条坎坷的道路上行走，一生都在贫困辛劳中度过。

九华四俊

许棠曾隐居九华山，时张乔、张蠙、周繇也在九华山上隐居，他们在咸通十一年（870）同时参加了京兆府解试，都取得了不错的成绩，被称为“九华四俊”。他们都是晚唐时期较为重要的诗人，有相似的人生经历，相似的心态特征，都出身于贫苦家庭，都来自皖南九华山周围地区，更为重要的是他们都在科场之路上摸爬滚打几十年，经历了种种挫折与磨难。“九华四俊”的称号，最早是在清代徐松《登科记考》中出现的，此书卷二十三载，张乔，字伯迁，时李频以参军之试，乔及许棠、张蠙、周繇皆九华人，时号“九华四俊”。他们与其他士人相比，算是幸运的，除了张乔一生未及第之外，其他三人都及第了。但是他们四人的生活都充满荆棘，求第道路上都充满磨难。他们热衷于仕途功名，积极进取，但由于现实的残酷，理想破灭，最终都穷困潦倒，终其一生。许棠晚年辞官回家后，还为生计而奔波。

孤独梦幻的诗歌成就

许棠在诗歌方面造诣很深，是晚唐时期很有名气的诗人。许棠一生创作了百余首诗作，题材类型非常丰富，他以自己的人生经历为蓝本，每一首诗都是内心及其生活的真实写照。

许棠诗以“苦吟”著称，这里“苦”有两层含义：一是指诗人所写诗歌的内容，所表达的情感都是苦的，大多是写贫苦的生活和孤独落寞的情感；二是指诗人在对待诗歌的态度上精益求精，对于每一首诗作，他都要力求达到完美。许棠诗中的每一个字都是经过认真打磨推敲出来的，追求字的生动传神。例如《秋江霁望》中“落木满江水，离人怀渭城”，“满”字的使用，不仅写出了落叶之多，也描绘出了水面上漂满了落叶的场景，一种离愁别绪悄然而生，形象生动地表达了诗人的内心情感。他在《过中条山》中写到“云垂多作雨，雷动半和钟”，“垂”和“作”写出了云和雨动态的变化过程，“动”与“和”则写出了雷声和钟声共鸣的情景，视觉与听觉交相辉映，有声有色，使整首诗显得很有生气。许棠诗擅于吸收他人诗歌的长处，尤其喜欢借用前人诗歌的意境来构建自己的意境。例如《留别故人》中的“鸟畏闻鶗鴂，花惭背牡丹”，这与杜甫的“感时花溅泪，恨别鸟惊心”，有异曲同工之妙，都是通过花鸟来抒发感伤之情。许棠诗《题郑侍郎岩隐十韵》中“朝退常归隐，真修大隐情”，这里的“大隐”就是意化于晋代王康琚《反招隐诗》中的“小隐隐陵薮，大隐隐朝市”。这些都是许棠经雕琢打磨之后所写出来的佳作。

许棠所处的时代背景和他自己的人生经历，使他的诗歌具有鲜明的特色。诗人独特的人生经历，形成了独特的诗韵，使他的诗歌展现的多是孤独梦幻的意象，一方面是表现自己生命中所感受到的孤意，另一方面则是对日渐黑暗的现实的一种反思。他的诗歌包括咏怀诗、送别题赠诗、边塞诗、写景咏物诗等。

许棠是一位在逆境中成长起来的诗人，他的咏怀诗体现出了一个贫穷、忧愁、孤寂、苦寒的形象。其诗《冬杪归陵阳别业五首》描述家庭状况贫困已极，“无媒归别业，所向自乖心。闾里故人少，田园荒草深”；“已贫甘事晚，临老爱闲多。鸡犬唯随鹿，儿童只衣蓑”；“游秦复滞燕，不觉近衰年。旅貌同柴毁，行衣对骨穿”。家境贫寒可以说是他在科场不得志的一个重要原因。据《唐摭言》卷四记载，许棠曾经拜谒马戴，马戴以礼相待，并在物质上给予他一定的接济，但这治标不治本，并不能从根本上解决许棠在生活上的困境。许棠有二十多首诗，均反映了忧愁苦闷的情感，其中描写最多的是科场上的不得意。许棠花了三十多年的时间来追求功名，虽然最终得以及第，但历经坎坷，遭受一次又一次的打击，因而他的大部分时间都是在忧愁中度过的。其诗《曲江三月三日》云：“满国赏芳辰，飞蹄复走轮。好花皆折尽，明日恐无春。鸟避连云幄，鱼惊远浪尘。如何当此节，独自作愁人。”长安曲江边，别人都在高高兴兴地赏花、春风得意的时候，他却独自忧愁。在边塞游历的生活更是凄凉悲惨，不仅为科举考试担忧，也有思乡之愁。即使是在家中，许棠心情也不愉悦。总之，许棠的忧愁可以说是贯穿于他生活的始终，在家愁，在外愁，少年愁，老年愁，及第前愁，及第后还是愁。许棠常年奔波在外，他的诗中写孤独者约计三十处，塑造了一个孤独行者的形象。许棠在求第生涯中不管是北上赴试，还是游历边塞，都是孤身一人。《泗上早发》中的“独起无人见，长河夜泛时”就是他孤身启程的真实写照。《雁门关野望》中的“高关闲独望，望久转愁人”表达了他游历边塞的孤独落寞之感，诗人的孤独在他的诗中表现得淋漓尽致。他经常用孤城、孤竹、孤蟾、孤屿等事物来体现诗的主旨。这些景物在他的笔下被染上一种孤独的主观审美色彩，实际上是诗人内心的反映。

送别题赠诗，类型有所不同，有给家人的送别题赠诗，例如《寄江上弟妹》云：“无成归未得，不是不谋归。垂老登云路，犹胜守钓矶。大荒身去数，穷海信来稀。孤立皆难进，非关命独违。”有为了追求功名而写给达官贵人的送别题赠诗，例如《献独孤尚书》：“虚抛南楚滞西秦，白首依前衣白身。退鹢已经三十载，登龙曾见一千人。魂离为役诗篇苦，泪竭缘嗟骨相贫。今日鞠躬高旆下，欲倾肝胆杳无因”，表现了自己生存状态的艰难，希望博得同情。又如《谓上送人南归》诗云：“远役与归愁，同来渭水头。南浮应到海，北去阻无州。楚雨天连地，胡风夏甚秋。江人如见问，为话复贫游。”这首诗渲染了离别、孤独与悲凉的氛围，送别使人顿感凄凉悲楚。又如《送友人归江南》云：“皇州五更鼓，月落西南维。此时有行客，别我孤舟归。上国身无主，下第诚可悲。”此诗通过对悲凉空间景物的描写，倾诉着自己孤独心境。

边塞诗，是许棠多次在落第后游历边塞过程中写的作品，是他生活的真实写照。他擅于借用边塞的风景来创作诗歌，融情于景，通过大漠风光及边疆战况来抒发他孤身游历的落寞之情。《全唐诗》收录许棠的边塞诗，有《陇州旅中书事寄李中丞》《塞外书事》《雁门关野望》《五原书事》《夏州道中》《陇上书事》《边城晚望》等。这些边塞诗，一方面展现了大漠一望无边的景象，另一方面也描写了边塞紧张的战事状况。如《出塞门》中的“岁岁经戎虏，防兵不离身”，就写出了边塞战事的紧迫。

写景咏物诗，是许棠借景物咏志的诗作。许棠诗讲究整体上画面美，他特别注意写景状物的技巧，擅于利用动与静、光与色的对比，在相互映衬之下，显得更加形象，效果更强烈。例如《题青山馆》中的“水隔平芜远，山横度鸟斜”，在“水”的阻隔之下，对岸的平芜显得更加远，由于山的横断，飞鸟在天上显得更加偏斜。许棠喜欢在诗中营造一种若隐若现的幻觉，造就一种恍惚的境界。例如《宿灵山兰若》中的“地出浮云上，星摇积浪中”，地在浮云上，星星在激浪中，这是作者的一种想象，是视觉上的错觉。正是这种幻想，使诗句显得更加奇异神妙。许棠的写景咏物诗还有一个重要的特色，就是独特个性的意象运用。许棠结合自身经历，选取一些意象来反映自己真实的思想感情。他喜欢用一些艰险意象来烘托环境的恶劣以及诗人独自游历的孤独之情，雷、电、暴雨、豺狼等都是他常用的一些意象。例如“星河愁立夜，雷电独行朝”，情景相生，写出了一种悲凉艰险的情景。许棠常将自己的孤独之感放在景物意象之上，表达他内心的悲凉之情。如《中秋夜对月》：“月月势皆圆，中秋朗最偏。万方期一夕，到晓是经年。影蔽星芒尽，光分物状全。惟应苦吟者，目断向遥天。”中秋之夜是所有人都渴望团圆的时刻，但是诗人面对中秋夜的月亮，却只能描述它的“圆”与“亮”，无法与家人团聚，表达了诗人苦楚凄凉的心境。许棠的《过洞庭湖》，在写景咏物诗中是最负盛名的，“惊波常不定，半日鬓堪斑。四顾疑无地，中流忽有山。鸟高恒畏坠，帆远却如闲。渔夫闲相引，时歌浩渺间”。该诗描绘了一幅洞庭湖的壮美景色。因该诗颇具盛名，当时很多人用此诗题扇，“许文化致语楚楚，《洞庭》一律，时人多取以题扇”。《过洞庭湖》体现了许棠在写景咏物诗中所常用的艺术手法，动静结合，远近交替，视角变换，而在描写景物时由静写动，使动态画面宽阔悠远，让人产生无限遐想，这是许棠常用的写景艺术手法。还有一些写景咏物诗通过景物，表达许棠对高洁品格的赞美与崇尚之情。例如《白菊》中的“发在林凋后，繁当露冷时。人间稀有此，自古乃无诗”，通过对白菊生长环境以及白菊品格的描写，歌咏白菊，赞美白菊品格，反映诗人内心深处对高洁人生的追求。

许棠虽身处政治黑暗、藩镇割据、科举不公的混乱年代，但他凭着自己坚强的品质，奔波赴试，最终取得成功。混乱的时代背景和独特的人生经历，使他的诗歌颇具特色，对我国古代诗歌的发展具有重要价值。

忍苦待知音，无时省废吟——曹松

尤敏　沈世培

曹松像

曹松，字梦徵，舒州（今安徽潜山）人，晚唐诗人。关于他行迹的资料比较零散，分布于不同史料中，多为只字片语式的描述。近年来，学界对曹松的研究越来越重视，充分肯定了曹松诗歌的艺术成就。

儒家建功立业思想的践行者

儒家思想以入世为特点，受到儒家思想熏陶的中国知识分子，始终以天下为己任，一生追求建功立业，为社稷、人民做事，奉献自己，实现自己的人生价值。受儒家思想影响的唐代文人士子，普遍有这种以天下为己任的思想，以报效国家为己任，怀着辅佐帝王，推行仁政的理想，正如杜甫所言“致君尧舜上，再使风俗淳”，建功立业是唐代文人士子普遍的人生追求。文人士子要实现自己的理想，只有通过科举考试，才能晋升到社会上层，才有可能实现自己的抱负。曹松就是一个深爱儒家思想影响的诗人，他家世寒微，一生漂泊，却又执着于科举求仕之路，有“穷则独善其身，达则兼济天下”的抱负，也有对“修身、齐家、治国、平天下”的坚持。他从青年时期就胸怀建功立业的理想，始终以儒家思想为立身行事的指导，思想上也始终是以儒家积极求仕的思想为主。

曹松早年曾在山中学习，希望通过科举考试获得入仕资格，以便日后建功立业。他在早期作品《僧院松》中表达了这种想法，他说：“此木韵弥全，秋霄学瑟弦。空知百余尺，未定几多年。古甲磨云拆，孤根捉地坚。何当抛一干，作盖道场前。”这首诗借僧院松抒怀，表达诗人要为国家建功立业的理想。其诗《吊李翰林》:“李白虽然成异物，逸名犹与万方传。昔朝曾侍玄宗侧，大夜应归贺监边。山木易高迷故垄，国风长在见遗篇。投金渚畔春杨柳，自此何人系酒船。”此诗为曹松过安徽当涂大青山李白墓地后所作，对李白恃才傲物、不事权贵的个性、卓越的诗才钦羡不已，借此抒怀，希望能像李白一样，能受到上层青睐，为朝廷效力。

晚唐时期，科举考试是大批士子，尤其是寒门子弟，踏入仕途的重要途径。晚唐社会风气和统治阶级的腐朽，使科场日益黑暗，再加上每年录取人数极少，一般士子及第也就愈发困难。为了及第，晚唐士子们只得费尽心血，潜心作诗，苦吟读书，他们以近体诗为主要形式，凭借敏锐的审美感觉来发掘诗歌的素材，使用精致的语言来表达丰富的情感和细腻的内心体验，创造出或是幽美深婉，或是清旷明丽的诗境。其中，具有代表性的诗人便是贾岛、姚合。曹松在诗《言怀》中曰:“冥心坐似痴，寝食亦如遗。为觅出人句，只求当路知”，诉说苦吟是为了科举求仕。曹松毕生苦读，对于贾岛“苦吟”之风，尤为推崇。曹松诗学贾岛，又形成自己的独特风格，取境幽深，讲究铸字炼句，却又没有流于怪涩，这也使其在唐诗中占据一席之地。“松……学贾岛为诗，深入幽境，然无枯淡之癖。”

曹松苦吟求仕，却屡试不第。每每放榜后的长安街上，热闹非凡，曲江边上，觥筹交错，唐代举子进士及第，自放榜至关试前后，一项重要的活动是所谓的宴集，这些活动一般都在曲江或曲江附近举办。曲江大会在新进士宴集中规模最大，时间最久，有时长达数月，甚或延长至仲夏。但这一切与曹松并无关系，曹松只能用诗诉说心中的失落，有《长安春日》一诗:“浩浩看花晨，六街扬远尘。尘中一丈日，谁是晏眠人。御柳舞着水，野莺啼破春。徒云多失意，犹自惜离秦。”尤其“御柳舞着水，野莺啼破春”一句中，“舞”字展现出婀娜多姿的柳枝姿态，“啼”字反映了长安城里春意盎然、生机勃勃的景象，这与诗人内心的失意产生巨大的反差。

晚唐边塞不稳，将士养寇纵敌，连年战事，生灵涂炭。不再有盛唐时“黄沙百战穿金甲，不破楼兰终不还”，“愿将腰下剑，直为斩楼兰”的气势和豪情。曹松有《塞上行》诗云：“上将拥黄须，安西逐指呼。离乡俱少壮，到碛减肌肤。风雪夜防塞，腥膻朝系胡。为君乐战死，谁喜作征夫？”这些戍守边防的士兵离家的时候正当年轻力壮，因为连年的战事导致他们变得苍老憔悴，但他们仍然坚守边塞，做好随时为国捐躯的准备，可谁又非常乐意去边塞当征夫呢？诗中传递出悲凉之情，却用“乐”“喜”形成对比，反衬出人们对少壮离家不知何时归的辛酸，表达出诗人对征夫的深切同情，以及渴望战事平息。其诗《己亥岁二首（其一）》更是广为传诵，诗云：“泽国江山入战图，生民何计乐樵苏。凭君莫话封侯事，一将功成万骨枯。”诗中道出了“生民”之苦，耐人寻味。打柴为“樵”，割草为“苏”，“樵苏”本来就很艰辛了，但在战乱之下，普通老百姓想要平平安安，打柴割草度日，都成为一种奢望了。“凭君莫话封侯事，一将功成万骨枯”则成为名句，奠定了曹松在唐朝才子中的地位。

唐末黄巢起义爆发，遭到了朝廷疯狂镇压。乾符六年（879），镇海节度使高骈在淮南镇压黄巢起义军，以“功在杀人多”而受到封赏，令人发指。曹松对朝廷的大肆屠杀行为，极其愤怒，却又无能为力，以凝练的语言展现“封侯”的残酷现实和对战乱中人民的深切同情。“凭君莫话封侯事”，诗人用一个“凭”字，意在“请”与“求”之间，意思是说：“行行好吧，可别再提封侯的事啦！”词苦声酸，全由一“凭”字推敲出来。“一将功成万骨枯”，运用了强烈的对比，揭示了“封侯”是以无数士卒和无辜老百姓的生命为代价的惨痛事实。

曹松的“苦吟”，是基于现实的需要和对诗的执着。《崇义里言怀》中讲到“平生五字句，一夕满头丝”，这恐怕是曹松“苦吟”的真实写照了。

考察曹松百余首诗，不难看出，曹松一生游历甚广，漫游祖国大江南北，与当时许多官员、释道名流、文人士子都有交往，有名的如齐己（《赠曹松先辈》《寄曹松》），方干（《九江送方干归镜湖》），陈陶（《哭陈陶处士》），许棠（《山中寒夜呈进士许棠》），贯休（《与胡汾坐月期贯休上人不至》），裴说（《寄曹松》），贾匡（《庐山访贾匡》），等等。就各个不同时期而言，大体上是曹松前期与文人士子和朝廷官员交游频繁，归隐后则更多的是与释道名流有来往。

佛教思想下的一度归隐

曹松主要受儒家思想熏陶，一生为报国求仕进，勤奋不已。后来，因种种原因他选择归隐。归隐的原因有以下几点：一是在唐末衰世，统治衰落，吏治腐败，统治阶级腐朽，科场黑暗，一般寒士通过科举仕进极为艰难，许多人在科场虚耗了大半生，却一无所获。二是黄巢起义以后，战火连连，到处生灵涂炭，民不聊生。在这种情况下，许多文人看到了唐朝的衰落，感到绝望，又因自己仕途不顺，在无奈与绝望之下，想逃避现实，寻求心灵的安宁。“时中原多难，文章之士，缩影窜迹不自显”，及黄巢攻陷长安，“天子幸蜀，士皆窜伏窟穴，以保其生”。三是受社会普遍信佛氛围的影响。唐代统治阶级多信佛，晚唐尤甚，佛教思想在全国范围内广泛蔓延。四是佛教对文人士大夫影响很大。唐朝时期，儒教、佛教、道教出现相互融合的局面，儒学正统地位动摇，佛教迅速发展，并在晚唐时期出现高潮。佛道思想对文人士大夫的影响很深，他们在佛道中寻求超然脱俗，曹松也不例外。晚唐出现了禅宗发展的鼎盛时期，禅宗“圆融无碍”的境界，是晚唐诗人归隐后寄心于佛教的追求。修禅就是要心性如同蓝天上的白云一般自由自在，无拘无束；另一方面，心性亦如净瓶中的清水一般澄明透彻，洁净无染。只有进入了“云在青天水在瓶”的境界，才能出入于理与事之间，圆融无碍，灵根透脱，随缘委化，一任自然。在唐朝统治“土崩之势，忧在旦夕”之时，面对当时残酷无情的现实，文人们选择归隐，很容易在心理上接受禅宗，与僧侣或隐士来往，渴望从佛教中寻求精神慰藉，在佛教所构筑的虚幻世界中安顿自己的灵魂。唐末文人士大夫与僧人们往来频繁，他们品茶饮酒，或吟诗属文，或谈玄说空，或发明义理，以消解失意的郁闷、愁苦，一定程度上超脱了尘世之累。据统计，《全唐诗》中有关佛教题材作品共两千多首，其中属于晚唐诗人作品就有一千多首，约占到了一半。曹松家乡舒州的皖山山谷寺，有禅宗三祖僧璨在此修行，其禅宗四祖道信也在此修行达十年之久，使舒州境内佛教兴盛。曹松早年习业山林时，就常往来佛庙寺院，对禅院的清幽颇为倾心，其早年诗篇中也反映了这种情况，这对他后来归隐是影响的。五是友人归隐的影响。唐末战乱频仍，社会动荡，统治阶级信佛风气浓厚，陈陶、陆龟蒙、方干等友人的归隐或亦官亦隐生活，也是使他选择归隐的客观因素。六是传统文化影响。儒家说："天地闭，贤人隐"，"天下有道则见，无道则隐"；道家亦言："古之所谓隐士者，非伏其身而弗见也，非闭其言而不出也，非藏其知而不发也，时命大谬也。"于是文人们在乱世为保存性命纷纷走向隐居。七是自身科举、游宦求仕的失败，这是他归隐的主观因素。曹松滞留长安时，在他诗中常流露出生活窘困、科举失利之意。如《长安春日》诗云："浩浩看花晨，六街扬远尘。尘中一丈日，谁是晏眠人。御柳舞着水，野莺啼破春。徒云多失意，犹自惜离秦。"又如《立春日》诗云："春饮一杯酒，便吟春日诗。木梢寒未觉，地脉暖先知。鸟啭星沈后，山分雪薄时。赏心无处说，怅望曲江池。"在上述多种因素影响下，曹松在悲痛绝望中，心如槁木，选择了归隐，过着与禅僧相伴的隐居生活。

咸通十年（869）至咸通十二年（871）曹松南游广州，有诗《南海陪郑司空游荔园》，这里所讲的"郑司空"即郑愚，是当时的岭南东道节度使。《广东通志·流寓志》中有记载，曹松"累试不偶。南游广州山水胜处必流连累日，尝至西樵，栖迟久之，教其民焙茶。复至卢堠石咨问处士陈陶旧迹，人因改石为南箕台云"。《广东通志·物产志》中也提到："自唐诗人曹松移植于西樵，号称茶山。今山中人多种之为业。或谓此茶甲天下，春摘者尤胜。"然而，曹松在南游的历程中并未放弃过科举考试。《南海旅次》一诗中道出滞留南海的思归之心，"心似百花开未得，年年争发被春催”。此后不久，曹松决定北还，他在其诗《将入关行次湘阴》中写道：“背顾秦城在何处，图书做伴过湘东。神鸦乱噪黄陵近，候雁斜沉梦泽空。打桨天连晴水白，烧田云隔夜山红。也知渐老岩栖稳，争奈文闱有至公。”曹松走水路由南向北，准备进京赶考。

李频是曹松交往较为密切的朝廷官员，有诗《赠南陵李主簿》《林下书怀寄建州李频员外》和《哭李频员外》等。李频任建州刺史时，曹松前往投靠。乾符三年（876），李频卒于建州任上。李频卒后，曹松在建州附近的山中有过短期隐居，有诗《访山友》云：“一径通高屋，重云翳两原。山寒初宿顶，泉落未知根。急雨洗荒壁，惊风开静门。听君吟废夜，苦却建溪猿。”“建溪”即位于建州北面。

乾符五年（878），因农民起义军到达建州，曹松转往相对安全的洪州。乾符六年（879），面对战乱和血腥屠杀，曹松发出“凭君莫话封侯事，一将功成万骨枯”的无奈感叹。科场失意，战乱不息，曹松决定隐居于洪州西山，“构身林泽，寓情虚无”，与一群志同道合的朋友促膝长谈、寻求慰藉。史料也记载了他的归隐，如《唐才子传校正》载，“早未达，尝避乱来栖洪都西山”。《全唐诗增订注释》云，曹松“曾避乱隐居洪州西山”。曹松有《再到洪州望西山》诗，讲到“未定却栖息，前头江海分”，是指黄巢之乱尚未平定，自己避乱隐于相对安全的洪州。又如他的《乱后入洪州西山》讽刺了当时的江西观察使高湘“弃官而逃”之事，“寂寂阴溪水漱苔，尘中将得苦吟来。东峰道士如相问，县令而今不姓梅”，“洪都”，即唐时对“洪州”的别称。在曹松的隐居生活中，还有一类身份特殊的朋友，如李频、方干、陈陶、贯休、齐己等，他们隐身世外，寄情山水，而曹松经常和他们交游、唱和，在山林中涤荡心灵，“不为天地囚”。

在曹松百余首诗中提到“寺”或者“僧”的，就有近三十首，如《寄崇圣寺僧》《贻住山僧》《江西逢僧省文》《送僧入庐山》等，足见曹松对佛教的倾心。曹松早年就常往来于各寺庙间，与僧人多有酬唱，留有诗作。居留长安时，曹松与诸多得道高僧也有来往，在曹松居留长安所作诗中，不少是赠僧、贻送僧或登临寺院之作。他隐居洪州西山后，更是与僧人来往密切，酬唱作诗，表达自己对这种清寂静净的栖禅生活的适应，如《与胡汾坐月期贯休上人不至》诗云：“扫庭秋漏滴，接话贵忘眠。静夜人相语，低枝鸟暗迁。星围南极定，月照断河连。后会花宫子，应开石上禅。”在这种空灵静寂的状态中，人与自然、历史与现实完全融为一体，物我两忘，荣辱全无，诗人心境已与周围的静寂环境彻底相融。这时期，曹松与贯休和齐己二人关系最为密切。贯休（832—912），晚唐著名的诗僧，隐居庐山。在此期间，曹松与贯休、胡玢谈诗论道，交游酬唱。齐己，晚唐五代著名高僧，曹松与齐己的交往主要是在曹松隐居洪州西山期间，虽然《全唐诗》所收曹松诗作没有与齐己酬唱的诗，但二人是有交往的，如齐己《寄曹松》诗云：“旧制新题削复刊，工夫过甚琢琅玕。药中求见黄芽易，诗里思闻白雪难。扣寂颇同心在定，凿空何止发冲冠。夜来月苦怀高论，数树霜边独傍栏。”此诗反映了曹松“学贾岛”的苦吟和对诗句的推敲。从曹松后期交游的人群及其诗歌来看，他晚年的思想主要以佛家思想为主。天复元年（901）曹松特敕及第，并被授校书郎，但是其后不久他便辞官归隐了。

古稀及第

晚唐文人选择归隐，是不得已而为之，身在山野，心系天下。隐士的内心是矛盾的，相对而言，仕为主，隐为补，仕是执着的、长久的追求，而隐则是暂时的、无奈的逃避。在动荡的局势之下，想借“隐”排解心中的苦闷，却又被一颗忧国忧民的心所困扰。曹松作为一名诗人，在藩镇割据、宦官专权、朋党之争的乱世之下，对归隐心生向往，归隐是为了减轻内心的痛苦，回避矛盾，专心参悟佛道思想，努力将自己融于山水。然而，深受儒家思想影响的曹松，有着难以舍弃的庙堂情怀，又想为国家尽自己的绵薄之力，颠沛流离的一生，让他舍弃不了科举之路，同时又心念寄情山水的隐居生活，最终在“科举”与“归隐”的路上蹒跚前行。这也促使他年过古稀，再一次走进考场。

天复元年（901），年逾七十的曹松终于进士及第，授校书郎，官秘书省正字。“时上新平内难，闻放新进士，喜甚，诏选中有孤平屈人，宜令以名闻，特敕授官。故德祥以松等塞诏，各受正。”与他同时登第的还有王希羽、刘象、柯崇、郑希颜，年皆七十余，他们五人时号为“五老榜”。杜德祥，杜牧次子，时任礼部侍郎。曹松及第后有诗《及第敕下，宴中献座主杜侍郎》云：“得召丘墙泪却频，若无公道也无因。门前送敕朱衣吏，席上衔杯碧落人。半夜笙歌教泥月，平明桃杏放烧春。南山虽有归溪路，争那酬恩未杀身。”“座主”指唐代科举考试中的主考官。曹松借诗表达出正是杜侍郎主张公道，才使得他这位“碧落人”有机会展现自己，哪怕杀身酬恩也在所不惜了。坎坷的仕途之路，让曹松在及第后突然看到希望，悲喜交加，忍不住涕泗横流。

曹松曾有《书怀》一诗道：“默默守吾道，望荣来替愁。吟诗应有罪，当路却如雠。陆海傥难溺，九霄争便休。敢言名誉出，天未白吾头。”诗中道出了自己得不到当朝的赏识，只能默默地期待能有所成时，自己还没有白头。然而，曹松及第之时已然成为“白头进士”了，且还是得益于皇恩浩荡，“念尔登科之际，当予反正之年，宜降异恩，各膺宠命”。曹松授得校书郎一职，但从光化三年（900）后，京城就一直处于内乱之中，曹松也为躲避兵变而弃官南归，继续过着隐居的生活。

诗歌成就

曹松学习贾岛苦吟作诗，著有《曹梦征诗集》三卷。

唐末五代的诗人，多学习贾岛，苦吟作诗，形成“苦吟”现象。如闻一多认为，由晚唐到五代，学贾岛的诗人不是数字可以计算的，除极少数鲜明的例外，是向着词的意境和辞藻移动的，其余一般的诗人大众，也就是大众的诗人，则全属于贾岛。从这个观点来看，我们不妨称唐末五代为贾岛的时代。唐末五代诗人，“大抵皆宗贾岛辈，谓之‘贾岛格’”。“贾岛格”就是指在诗歌创作中“苦吟”的创作风格。这种“苦吟”创作风格，也对曹松也产生了很大的影响，如《唐才子传》记载，曹松“学贾岛为诗，深入幽境，然无枯淡之癖。……构身林泽，寓情虚无，苦极于诗，然别有一种风味，不沦乎怪也”。

晚唐“苦吟”创作风格主要特点是在重视诗句雕琢、意趣求新的同时，还力求语言平易而不艰涩。曹松的诗歌也具有这种特点。曹松早期诗作，为求功名苦吟而作，因胸怀建功立业、报国为民大志，充满豪情壮志，感情浓烈，技巧上刻意求奇求淡，以求语言平淡而又有奇警和理趣。曹松善于写景状物。曹松创作的律诗，讲求起承转合，注重写景、书事、写意、抒情、用典等要素的安排，不同联句各有讲究。方回《瀛奎律髓》载，“晚唐诗多先锻炼颈联、颔联，乃成，首尾以足以”。曹松所写律诗也基本如此。曹松科举及第后，作的诗在意象选择、字句、意境营造上很有讲究，使诗句淡中有丽，平中见奇，情景交融，内涵丰富，富有理趣，在律诗创作中，重视对中间二联的锤炼和打磨。

曹松归隐以后，其诗风发生明显改变。这一时期，因报国救世、建功立业的政治理想被黑暗的现实击得粉碎，他隐居山林，追求宁静淡泊，诗作则重在反映清幽寒寂的生活意境，在选择意象上也趋于清幽寒寂的景物，以营造淡泊闲寂的诗境，从而形成了一种清寒幽峭、闲淡奇僻的诗风。

总之，曹松生活在动荡不安的年代，苦吟求仕，屡屡落第，无奈归隐，却又在古稀之年进士及第，我们看到了这位唐才子曲折而又执着的一生。作为“白头进士”，曹松是不幸的，一生奔波，四处漂泊，多少的辛酸泪换得这沉重的九品校书郎一职；作为诗人，曹松是幸运的，创作了丰富的诗作，为后世留下了宝贵的财富。

诗家之雄杰——杜荀鹤

李兰　沈世培

杜荀鹤像

杜荀鹤（846—904），字彦之，自号九华山人，池州石埭（今安徽石台）人，晚唐著名诗人。杜荀鹤的诗作具有俗而能雅、朴而切理的独特风格，在晚唐众诗人中脱颖而出，不失为唐代“诗家之雄杰”。

身世的争议

杜荀鹤生于唐代后期，家世低微，登第较晚。记录其身世、生平的资料较少，且讹误较多。

关于杜荀鹤身世，历来史学家争论不休，其中最为人们津津乐道的是，相传杜荀鹤为“杜牧微子”（微子，即非正妻所生子）。这种说法最早见于宋计有功《唐诗纪事》，该书卷六十五载，“荀鹤，牧之微子也。牧之会昌末自齐安移守秋浦时，年四十四，所谓‘使君四十四，两佩左铜鱼’者也。时妾有妊，出嫁长林乡正杜筠，而生荀鹤”。这里解释了杜荀鹤为“杜牧微子”的由来，即会昌末年，杜牧出任秋浦太守，当时其小妾有孕而出嫁长林乡正杜筠，生子杜荀鹤。后有严有翼《艺苑雌黄》记载，“荀鹤，杜牧之之微子也。牧之会昌末自齐安移守秋浦时，时妾有娠，出嫁长林卿士杜筠，生荀鹤”。宋代周必大《二老堂诗话》中说的则更为具体，“《池阳集》载：杜牧之守郡时，有妾怀娠而出之，以嫁州人杜筠，后生子，即荀鹤也。此事人罕知。余过池尝有诗云：‘千古风流杜牧之，诗材犹及杜筠儿。向来稍喜《唐风集》，今悟樊川是父师。’”随后，这种说法开始广泛流传。宋代祝穆《方舆胜览》、尤袤《全唐诗话》、元代辛文房《唐才子传》、清代吴任臣《十国春秋》和余嘉锡《四库提要辨证》等基本都如此记载，肯定了杜荀鹤是“杜牧微子”的说法。这一观点也被《明一统志》、嘉靖《池州府志》等历代史书和地方志所采用。

但对于这种说法，被历代大多史学家斥为毫无根据的妄言，《四库全书总目提要》、康熙《池州府志》、《四库全书总目提要补正》等史籍都有记述。清代纪昀在《四库全书总目提要》中，首先对杜荀鹤为“杜牧微子”的说法提出质疑。《四库全书总目提要》载，“荀鹤赋诗有‘若教阴朗长相似，争表梁王造化功’句，是荀鹤为人至不足道，其称杜牧之子，殆亦梁师成之依托苏轼乎？”清代薛雪更是在《一瓢诗话》中严厉驳斥此说法，其云：“是成何语！且必欲证实其事，是诚何心！污蔑樊川，已属不堪，于彦之尤不可忍。杨森嘉树曾引太平《杜氏宗谱》辨之，殊合鄙意”。后世虽然有人附和杜荀鹤为“杜牧微子”之说，但多数还是对此说法提出质疑。

且杜荀鹤有《投从叔补阙》一诗，云：“吾宗不谒谒诗宗，常仰门风继国风。空有篇章传海内，更无亲族在朝中。其来虽愧源流浅，所得须怜雅颂同。三十年吟到今日，不妨私荐亦成公。”此诗大约作于禧宗年间。据史籍记载，当时有两位杜补阙，一位是杜牧之子杜晦辞，另一位是杜审权之子杜让能。据《新唐书·宰相世系表》可知，这两位补阙皆为杜预十七世孙，属于平辈。如果杜荀鹤为“杜牧微子”，也是平辈，不可能称“从叔”。

杜荀鹤为“杜牧微子”的说法在唐五代典籍中皆未出现，却出现在杜荀鹤死去两百多年后的南宋之际，且记载相关事迹的典籍大多出于同一源流，可信度并不高，所以，杜荀鹤为“杜牧微子”基本可以否定。

关于其家庭，杜荀鹤自称出身寒族，不过不是一般的贫苦农民。杜荀鹤之父杜筠，时为长林乡正，其母程氏，是一个普通农妇。杜荀鹤生活的时代是唐末乱世，当时战乱频仍，百姓流离失所，农业生产遭到破坏，而且地方官吏和地主盘剥百姓，普通百姓生活之困难可以想象，再加上杜荀鹤家族人口众多，父亲虽为乡正，但是生活也不容易，他在诗中曾多次提到他的生活状况，如“四方无静处，百口度荒年”“百口度荒均食易，数年经乱保家难”，又言“食无三亩地，衣绝一株桑”。不过，自称寒族的杜荀鹤虽不是官宦之家，但生活亦不像他自己所说的那么凄苦，起码比一般百姓好些，如杜荀鹤和他的兄弟、子侄都有自己的书斋、书堂，家里也有田产，这在他的诗《闲居书事》中就有所反映，诗曰：“竹门茅屋带村居，数亩生涯自有余。”这种家境在当时的战乱中虽不算富裕，但也为杜荀鹤离家求学、外出游历、进京赶考等提供了条件，甚至进京赶考之时还有书童侍奉左右，如其诗《早发》曰：“东窗未明尘梦苏，呼童结束登征途。”就反映了他外出有书童陪伴。

执着的科第情结

儒家寒士，苦求声名。“万般皆下品，唯有读书高”，这是中国社会一直以来所认同的价值标准，“学而优则仕”，是当时社会所有文人士子苦读的最终目标。通过苦读，参加科举，步入仕途，成为广大文人士子进入上层社会的捷径，亦是他们实现“齐家治国平天下”伟大理想的保证。自隋朝实施科举制度选拔人才以来，历代文人士子在科举之路上前赴后继。深受这种思想影响的杜荀鹤，同样也对科举仕进有着无比执着的情结。

杜荀鹤少年时曾与顾云、殷文圭、罗隐、李昭象等在九华山读书学习，约在大中末、咸通初年间到庐山读书，当时杜荀鹤约十五六岁，但已作了大量描述这段求学时光的诗作，如《题庐岳刘处士草堂》《赠庐岳隐者》《怀庐岳书斋》《哭山友》等。杜荀鹤《哭山友》云：“十载同栖庐岳云，寒烧枯叶夜论文。”可知其在庐山求学达十年之久。在庐山读书的这段时光，是闲适而愉悦的，正如他在《怀庐岳书斋》所说：“长忆在庐岳，免低尘土颜。煮茶窗底水，采药屋头山。是境皆游遍，谁人不羡闲。无何一名系，引出白云间。”

经历了十年寒窗苦读，满腹经纶的杜荀鹤认为时机已到，遂准备出山游历，博取功名，此时的他年少气盛，恃才甚傲，曾在《小松》一诗中以小松自喻，“自小刺头深草里，而今渐觉出蓬蒿。时人不识凌云木，直待凌云始道高”。信心满满的杜荀鹤离开庐山，开始了自己的游历之旅。咸通十三年（872），到浙江台州、钱塘等地游玩，结识了台州刺史姚鹄，与其交好，作有大量纪念二人情谊的诗作，如《寄临海姚中丞》《春日行次钱塘却寄台州姚中丞》等。次年，杜荀鹤从浙江归来，又游历至湖南，作有《将游湖湘有作》，与刺史王凝、裴瓒交好，并作干谒诗《献长沙王侍郎》《投长沙裴侍郎》，以求举荐。离开湖南后，杜荀鹤继续南下，游历广西、福建等地，留下大量诗作。后杜荀鹤于乾符二年（875）离开福建，取道江西返回家中，此时他已在外游历三年。如此“南来北往两三年”，杜荀鹤深感“男儿三十尚蹉跎，未遂青云一桂科”，便北上进京参加科举考试，时年三十一岁。然而，科举致仕之路并不像他想象的那么简单，乾符四年（877）春，杜荀鹤在京落第。原本志得意满的他，遭受了落第的打击，十分失落，作诗《感春》云：“无况青云有恨身，眼前花似梦中春。浮生七十今三十，已是人间半世人。”感叹自己韶华不再，时运不济。但初次落第的杜荀鹤并未对科举失去信心，而是坚定了继续苦读追求仕进的理想，“未得青云志，春同秋日情。花开如叶落，莺语似蝉鸣。道合和贫守，诗堪与命争。饥寒是吾事，断定不归耕”。经历了之后数年的不断落第，杜荀鹤心灰意冷，饱尝人世冷暖，他在坚定追求仕进的同时，亦对功名利禄产生了向往，其诗《遣怀》曰：“驱驰歧路共营营，只为人间利与名。”乾符年间，杜荀鹤在京城准备科举闲暇之余，又游历了河北、陕西、巴蜀等地，留下诗作甚多。

唐末社会动乱、战争频繁，久试不中的杜荀鹤在乾符五年（878）避战隐居九华山，后来杜荀鹤自称“九华山叟”，众人亦称他为“九华山杜荀鹤”“九华杜先辈”。杜荀鹤归隐九华山，并不是对科举、功名失去兴趣，而是对战乱的暂时性躲避，在隐居期间蓄力寻找时机，以便能一举高中。其诗《长林山中闻贼退寄孟明府》云：“一县今如此，残民数不多。也知贤宰切，争奈乱兵何。皆自干戈达，咸思雨露和。应怜住山者，头白未登科。”这首诗最后两句很清楚地表达了诗人对科举仕进依然充满希望，期望有一天能够高中，以实现自己的抱负。

杜荀鹤隐居在九华山，并不是全然的隐居，他利用这个机会，四处交友拜谒，以求被举荐仕进。广明年间，杜荀鹤再次下江南，其诗《江南逢李先辈》云："李杜复李杜，彼时逢此时。干戈侵帝里，流落向天涯。"杜荀鹤此次江南之游时日较长，并在扬州与友人顾云、张乔等相聚，作有《维扬逢诗友张乔》《贺顾云侍御府主与子弟奏官》《顾云侍御出二子请诗因遗一绝》等诗，诗中详尽地描述了他在江南的游历过程。光启二年（886），杜荀鹤又前往浙江杭州、钱塘江等地游览。次年，杜荀鹤回到九华山中定居。在他隐居九华山的十五年间，曾多次外出游历，与当地权贵结交、多处干谒，并写诗赞颂，以求举荐。除了上述人物外，杜荀鹤还与歙州刺史李涛交往，作诗《献新安于尚书》；与明州刺史钟季文交往，作诗《别四明钟尚书》；谒温州刺史朱褒，作诗《寄温州朱尚书并呈军倅崔太傅》；在杭州与判官罗隐交往，作诗《献钱塘县罗著作判官》，等。杜荀鹤结交权贵以求举荐，不仅是他久试不第之后向现实的妥协之策，还与当时晚唐时期官员把持朝政、权贵垄断仕途的社会现实有关，身处在这样的乱世之中，即使是自视甚高的文人士子也不得不向现实低头。

光启四年（888），唐僖宗驾崩，唐昭宗即位，杜荀鹤认为时机已到，便结束归隐生活，出山求仕，其诗《乱后出山逢高员外》云："自从乱后别京关，一入烟萝十五年。重出故山生白发，却装新卷谒清贤。"理想很丰满，现实却是残酷的，这一次，杜荀鹤又是落第而归。在落寞的归家途中，他写道："一回落第一宁亲，多是途中过却春。心火不销双鬓雪，眼泉难濯满衣尘。苦吟风月唯添病，遍识公卿未免贫。马壮金多有官者，荣归却笑读书人。"作者内心的苦闷与失意跃然纸上，让人读后不禁为他掬一把同情泪。

唐代科举积弊已久，《旧唐书·王丘传》载，唐玄宗时，"考功举人，请托大行，取士颇滥"。到了唐后期更为严重，官僚贵族干扰科举取士，文人士子得不到达官贵人的推荐，在科场角逐是注定要失败的。文人士子奔走权门，结交权贵，求写送行卷、引荐信等，已成为当时科举的普遍现象。但这些都是需要金钱或权势做后盾的，杜荀鹤虽然相信自己的才华，坚信“莫愁寒族无人荐，但愿春官把卷看”，但是自己“三族不当路，长年犹布衣”，没有金钱和权势问路，也只能落个名落孙山的下场。

科举求仕的艰辛使杜荀鹤十分痛苦，也对现实生活有了更深的理解，他内心的痛苦随着一次次落第不断加深。然而，现实的打击与心灵上的苦痛并未改变他求仕的初衷，在科举这条道路上，即使再艰难也会坚持下去，“惟知偷拭泪，不忍更回头。……孤寒将五字，何以动诸侯”。他始终不愿真正归隐山野，做一个“闲人”，而是将自己置身于科举激流，一次次顺流而下，再逆流而上。大顺元年（890）秋，杜荀鹤再次入京应举，准备应试期间，作诗《近试投所知》云：“白发随梳落，吟怀说向谁。敢辞成事晚，自是出山迟。”久试不中的苦闷，以及对未来的担忧，显露无遗。终于，功夫不负有心人，大顺二年（891）正月初十放榜，杜荀鹤以第八名登进士科。此日正是杜荀鹤四十六岁生辰，好友李昭象、王希羽、殷文圭等得知他高中的消息后纷纷写诗祝贺。杜荀鹤及第后因“时危势晏”，并未入仕，而是回到了老家池州。后来杜荀鹤做了田頵的幕僚，天复三年（903）八月，田頵派杜荀鹤出使大梁。梁王朱全忠宴请他时，天气突变，天上没有阴云，却风雨大作，一时间众人大惊，梁王问这是怎么回事？杜荀鹤作诗《梁王坐上赋无云雨》云：“同是乾坤事不同，雨丝飞洒日轮中。若教阴朗长相似，争表梁王造化功。”杜荀鹤用此诗赞颂梁王功德无量，梁王大喜，杜荀鹤因此受到了梁王的重用。同年十二月田頵兵败被杀，杜荀鹤因为受到朱全忠的赏识，便留在大梁，后于天祐元年（904）病卒。杜荀鹤晚年依附于梁王朱全忠，一向为后人所诟病，是可谓“壮志清名，中道而废”，而他得势后病卒也被人妄论。《旧五代史》记载，杜荀鹤因为获得梁王的赏识，势焰高涨，其他同僚不悦，对他怀恨在心，不满情绪日涨，就一起合谋把他杀了。计有功《唐诗纪事》和辛文房《唐才子传》也有过相似记载。杜荀鹤的诗中大部分是抨击社会现实、讽刺贪官污吏的，如《山中寡妇》《伤硖石县病叟》

《乱后逢村叟》等，得罪缙绅在所难免。但唐朝末年，时事动荡，文人干谒权贵属于正常现象，杜荀鹤四十六岁及第，却未谋得任何官职，身为一个毫无权势的文人依附梁王可能是无奈之举。后世因梁王的逆行对杜荀鹤及其人品进行贬低，未免有失公允。

“苦吟”诗歌特色

杜荀鹤的诗作种类繁多，不仅有现实主义诗作，描写社会现实、百姓疾苦，还有描绘山川河流、自然风光及风土民情的诗作，而诗的题材更有干谒诗、送别诗、交友诗、哲理诗、讽喻诗等。这些诗歌是他“苦吟”而来，在他的诗歌中他反反复复自述“苦吟”，以“苦吟”自许，正如诗人在其《苦吟》一诗中所说：“世间何事好，最好莫过诗。一句我自得，四方人已知。生应无辍日，死是不吟时。”这首诗不仅说明了诗人对诗的热爱，更体现了作为“苦吟”诗人认真执着的态度，这就是杜荀鹤诗能自成一体，在晚唐诗林中大放异彩的原因。对于杜荀鹤来说，作诗时不断琢磨、反复推敲是一种常态，是对于诗歌创作的执着追求，亦是对自己严苛的要求。与杜甫《江上值水如海势聊短述》“为人性僻耽佳句，语不惊人死不休”一样，杜荀鹤也是“自小僻于诗，篇篇恨不奇”，并说“苦吟天与性，直道世将非”，这种将“苦吟”当做天性，甘愿“被诗磨”的心境是难能可贵的，正是如此，才使他在诗歌创作上获得较大的成就。

杜荀鹤“苦吟”诗歌具有鲜明的特色。

第一，充满现实主义。《全唐诗》所收的杜荀鹤诗作中有十余首全篇描写现实的，还有一些诗歌通过描写其他事物来反映当时社会现实，这些诗历来为人所称道，以至后来人们常把杜荀鹤称为现实主义诗人。

杜荀鹤继承了杜甫、白居易的现实主义创作手法，同情人民疾苦，始终着眼于现实世界，坚持批判精神，爱国爱民，为人民鸣不平，向统治阶级抗议，具有强烈的现实性和批判性。同时，他继承了白居易“篇篇无空文，句句必尽规”的文学理论，强调文学的“美刺”作用，并进行创作实践。《诗大序》提出诗歌具有“美刺”作用，认为“美刺”要“温柔敦厚”“止于礼义”。杜荀鹤在继承这一文学理论的同时，不满足于这一理论温婉的态度，而是积极揭露社会的积弊和现实的黑暗。

杜荀鹤生处晚唐时期，亲身经历了当时社会的混乱和黑暗。在这个政治腐败，朝政混乱，朋党争斗，宦官专权，各地藩镇割据，战乱频发，社会动荡的混乱年代，广大人民不仅要经受统治者的深重剥削，更要遭受战乱之祸。唐代末年，各种危机日益加深，农民起义不断，而黄巢起义甚至差点颠覆了整个唐王朝，即使后来起义被镇压下去，唐王朝也早已疮痍满目了。面对这样的时局，杜荀鹤不可能不在诗歌中有所反映。如同白居易提出的“文合为时而著，诗合为事而作”，杜荀鹤的诗歌创作也主张“言论关时务，篇章见国风”，杜荀鹤不仅继承了《诗经》中的风雅精神，更是坚持了现实主义的创作方法，留下了大量描述社会、讽刺现实的诗作，顾云撰《唐风集序》称，其“激越之句，能使贪吏廉，邪臣正，父慈子孝，兄良弟悌，人伦之纪纲备矣”。

面对这个“兵戈到处弄性命”的乱世，杜荀鹤用诗歌真实地记录下来，“四海兵戈无静处，人家废业望烽烟”，因为战乱百姓的家园变为焦土；“四海十年杀人尽，似君埋少不埋多”，战争吞噬了广大无辜百姓的性命，尸横遍野。如此乱世，最难熬的莫过普通百姓，他们经受天灾、人祸、抢劫、杀戮和统治者的盘剥，杜荀鹤看在眼里，悲愤不已，作了很多为百姓呼喊、鸣不平的诗作，如《山中寡妇》《乱后逢村叟》《伤硖石县病叟》《蚕妇》《田翁》等，尤其是他在《山中寡妇》一诗中对战争和剥削沉重的揭露，更是让人唏嘘，该诗写道：“夫因兵死守蓬茅，麻苎衣衫鬓发焦。桑柘废来犹纳税，田园荒后尚征苗。时挑野菜和根煮，旋斫生柴带叶烧。任是深山更深处，也应无计避征徭。”这个寡妇的丈夫因战乱而死，家破人亡，衣食无着，搬入深山躲避战乱，却躲不掉繁重的徭役，这正是唐末广大百姓悲惨生活的真实写照。而诗人在最后两句直接揭露造成百姓悲惨生活的原因是战争和统治者的残酷剥削，这种剥削无处不在，也无处躲藏，将矛头直指统治阶级和剥削制度，引人深思。

杜荀鹤知道这种混乱、残破的社会现状是多种原因造成的，他也是一直直面各种不堪，他不仅抨击统治阶级和剥削制度，也会对残暴的军阀和贪污腐败、毫无作为的官员进行无情的控诉和抨击。“握手相看谁敢言，军家刀剑在腰边。遍搜宝货无藏处，乱杀平人不怕天。古寺拆为修寨木，荒坟开作甃城砖。郡侯逐出浑闲事，正是銮舆幸蜀年。”官兵手握刀剑，暴力抢夺百姓财物，百姓无法反抗，寺庙、荒坟也被拆毁去修筑军事防御工程了。而《题所居村舍》中所描写的军阀更是惨无人道：“家随兵尽屋空存，税额宁容减一分。……如此数州谁会得，杀民将尽更邀勋。”据《资治通鉴》记载，中和二年（882），官兵不敌起义军，大败，“恐无功获罪，多执村民为俘送府，日数十百人……悉斩之，其中亦有老弱及妇女”。朝廷官兵不仅掠夺百姓财物，更将无辜的老弱妇女当做起义军杀掉来邀功以求加官晋爵。民不聊生竟至此！

除了那些屠戮人民的军阀，需要讨伐的还有那些盘剥人民、敲骨食髓的贪官污吏。在那个兵连祸结、天灾不断的乱世，原为百姓父母官的官吏们却为了自我享受，对百姓大肆盘剥，苛捐杂税，名目百立，百姓难以负担，可谓是“不闻宽赋敛，因此转流离”。面对这种黑暗的社会，杜荀鹤在《再经胡城县》中进行了无情地谴责，诗云：“去年曾经此县城，县民无口不冤声。今来县宰加朱绂，便是生灵血染成。”诗人不止一次经过胡城县，目睹了人民的惨境，听到了百姓们的哀嚎。那些贪官污吏不顾百姓死活，巧取豪夺，愈演愈烈。贪官污吏享尽荣华富贵，加官晋爵，百姓们却衣食无着，难以生存，这种尖锐的阶级矛盾经由诗人口中喊出，一针见血地指出了社会的黑暗，声声有力，发人深省。

这些诗作表达了杜荀鹤的思想情怀，面对残酷的社会现实，身为文人的他并未逃避现实、寄情山水，而是对种种不公以及社会黑暗进行勇敢的批判和揭露。由此看来，杜荀鹤并没有一直醉心功名、追求闻达，而是始终关心着百姓的疾苦和社会发展。当然，杜荀鹤和其他现实主义诗人一样是找不到社会出路的，他也无法解决尖锐的对立的阶级矛盾。所以他只能痛斥、揭露，由此表达自己强烈的愤慨之情。

第二，思想性强。杜荀鹤注重诗歌的思想性，力求反映他的想法，体现一定的哲理。如《小松》一诗云：“自小刺头深草里，而今渐觉出蓬蒿。时人不识凌云木，直待凌云始道高。”以小松来比喻他的才能不被人认可，只有显露以后才会得到别人的认可。又如《闻子规》云：“楚天空阔月成轮，蜀魄声声似告人。啼得血流无用处，不如缄口过残春。”子规终日啼叫，似乎在倾诉，啼叫到流血也没有用处，还不如缄口不语，比喻在黑暗的社会，哀怨倾诉是没有用的。有的诗揭露社会黑暗，如《将过湖南经马当庙因书三绝》云：“贪残官吏虔诚谒，毒害商人沥胆过。只怕马当山下水，不知平地有风波。”有的诗歌富含辩证法的，如《感遇》云：“大海波涛浅，小人方寸深。海枯终见底，人死不见心。”

第三，浅近俚俗。有人评价杜荀鹤诗作“浅近俚俗”，语言浅近平淡，质朴无华，这也正是其诗的优点，他的律诗绝少用典，通俗易懂，他的绝句行云流水，清新爽朗，有浓浓的民歌风味，独具特色。胡震亨《唐音癸签》在论述唐七律的变化发展时，将“杜荀鹤之不避俚俗”作为最后一变。作为“苦吟士”的杜荀鹤，对自己的每一首诗都严格要求，斟酌字句，反复推敲，“此心闲未得，到处被诗磨”，将自己的全部心血倾注于诗歌之上，因此获得了“苦吟”诗人的称誉。因为他对字句的反复锤炼，所以他的诗歌虽通俗浅显，但一觞一咏，能变俗为雅，字句虽简，却词句切理。被誉为《唐风集》压卷之作的《春宫怨》，其中“风暖鸟声碎，日高花影重”一联，“碎”与“重”两字用的甚妙，以春光明媚，鸟语花香反衬深宫枯寂，虽无“怨”字却“怨”意尽显。这就是“以乐景写哀，以哀景写乐，一倍增其哀乐”，言语虽简，情义尽现。

杜荀鹤诗歌的语言通俗浅显，与当时的整个诗坛风气和自己的创作主张密切相关。他生活在晚唐动荡黑暗的社会，经历长时间的怀才不遇，仕途不顺，却没有像其他文人士子一样逃避社会、逃避现实、沉湎声色，而是始终坚持着“诗旨未能忘救物”的创作主张，关心现实、关心社会、关心人民百姓，坚持“言论关时务，篇章见国风”，反映社会黑暗和人民疾苦，揭露军阀残暴，讽刺官吏贪污腐败。用最朴实的语言创造出最贴近生活的诗歌，他用自己的坚持对当时“嘲云戏月、刻翠粘红”的诗风进行有力批判，表现出了其创新的精神与自我追求的坚持。杜荀鹤在诗歌创作上不避俚俗，追求浅显易懂，这种过于直白的艺术手法确实会使其诗作过于直言，略显浅薄，缺少诗歌应有的文采和情韵。但杜荀鹤所追求的通俗浅切，并不是率意而为，是诗人为了实现自己“俗而能雅，朴而切理”的创作主张的刻意追求。如其诗《田翁》：“白发星星筋力衰，种田犹自伴孙儿。官苗若不平平纳，任是丰年也受饥。”使用浅显通俗的语言，并加入民间口语，使诗作朗朗上口，充满节奏感，形成了通俗浅切、自然流畅的语言风格。这种类似民歌的诗作还有《蚕妇》《伤硖石县病叟》等。

第四，自然整齐。杜荀鹤留下来的诗歌均为格律诗，且多为他四十六岁以前所作。他在律诗的创作上，成就十分突出。由于律诗要求对仗工整、声韵相当，限制较多，往往容易束缚诗人的思想，而杜荀鹤的律诗却写得非常熟练、工整，如行云流水一般。尤其擅长用简单平易的语言描写百姓生活和揭露社会现实，杜荀鹤化繁为简，鲜少用典，如在《山中寡妇》中，仅寥寥数语便描画出了一个丈夫死于战乱、衣食无着的孤苦妇女形象，令人心生怜悯，也使人对这吃人的社会感到不满和失望。

总之，在灿烂辉煌的唐代诗坛中，杜荀鹤以其独特的语言风格，新颖的创作方式，形成了独特的诗歌风格，为唐诗艺术做出了自己的贡献。他的一生崎岖坎坷，也代表了唐末文人士子追求实现自身价值与当时社会困境之间的矛盾。杜荀鹤的诗作有着深刻的内容，精湛的技巧，具有很高的审美价值，在唐诗中占据着一席之地，而他本人也是唐代诗人中值得传颂的一人。

德才兼备——梅尧臣

刘永

梅尧臣像

梅尧臣（1002—1060），字圣俞，宣州宣城（今安徽宣城）人，北宋著名诗人，诗文革新运动领导者之一。宣城在汉代又称宛陵，故世称其为宛陵先生。

梅尧臣的一生主要生活在宋仁宗一朝，这一时期文人政治高度发展，台谏制度、考试制度等政治体制得以改革和完善，“和而不同”的庆历士风得以形成。范仲淹、欧阳修、富弼、韩琦、包拯等一批名臣成为这一时期历史舞台上的主角，司马光、王安石、苏轼、苏辙兄弟也在宋仁宗一朝开始崭露头角。然而，文人社会的和谐并没有维持很长的时间，此时期北宋的“三冗”等问题日趋严重，士大夫通变救弊的呼声也越来越大，伴随着文人政治和社会变革一同而来的还有党争。盛行于神宗熙宁以后，直至宋亡的文人党争，实萌芽于仁宗景祐、庆历年间。此外，西北战事也是仁宗一朝的突出事件。北宋与西夏的战事前前后后长达十年之久，双方互有胜负，前线战事的负担一头压在将士们肩上，而另一头则压在了内地百姓肩上。庙堂之上的党派之争、西北边陲的紧张战事以及百姓生活的艰辛苦楚共同构成了一个复杂的社会大背景，梅尧臣正是在这样的社会环境之下为官、为文、为人的。

位卑未敢忘国忧

梅尧臣为官，一生都活动在官场的边缘地带，虽无大的建树，但却始终心怀家国，尽忠职守。大中祥符六年（1013），其叔梅询就任襄州通判，十二岁的梅尧臣便离开家乡宣城，跟随叔叔来到了襄州。自此之后，梅尧臣一直追随在叔叔梅询身边，直到自己外出做官。到了仁宗天圣五年（1027），二十六岁的梅尧臣在梅询的主持之下与谢涛的女儿完婚，这一年夫人谢氏二十岁。此后，梅尧臣通过恩荫补太庙斋郎，标志着他正式步入了仕途。初入仕途，不免热情满怀，梅尧臣对未来满是憧憬和期待，然而此时的梅尧臣还想不到，这一年也意味着他坎坷仕途的开始。

在宋代，步入仕途一般有两条路可走：一是通过科举取士进入仕途，另一条便是通过恩荫的方式。虽说梅尧臣的诗名和才华在当时已经得到了大家的认可，但是他的科举之路却走得十分艰难。如此情况之下，叔叔梅询只好暂时让侄儿走上了恩荫这条路，待科举题名之后再作打算。虽同为当官，但二者之间却存在着较大的差异，若干年后，当梅尧臣的好友欧阳修、富弼、韩琦等人都已手握重权之时，恩荫出身的梅尧臣还只是一个在官场底层摸爬滚打的小官吏，这其中的差别也就不言而明了。正是有了这样的差别，很多恩荫入仕者才会不断地去参加科举考试，以图获得更加光明的前途，梅尧臣也是如此。

此后不久，他被调任桐城主簿。主簿是当时县级的官吏，主管出纳官物、销注簿书等类的职务。两年后又由桐城主簿调任河南县主簿。之后，调任河阳主簿。至此，梅尧臣已做过三任主簿。

明道二年（1033），梅尧臣进汴京应进士试，虽已做过三任主簿，但在他心中依然想去争取一个进士的名分，但此次应试还是以失败而告终了。景祐元年（1034），三十三岁的梅尧臣知建德县（今属安徽池州）。宝元二年（1039），又知襄城县。

庆历五年（1045），四十四岁的梅尧臣通过礼部侍郎资政殿学士知许州王举正的推荐，获得了签署许昌忠武军节度判官的名义。庆历八年（1048），为国子监博士，亦不过虚衔而已。

皇祐三年（1051）九月十二日这天，对梅尧臣来说应该是意义非凡的，因为就在这天，他被赐同进士出身了。后来南宋的陆游也曾被赐同进士出身，可陆游时年三十八岁，而梅尧臣这一年已经五十岁了。再想想欧阳修当年中进士的时候只有二十四岁，当真是有种老年蹉跎之感。尽管如此，进士的名分总算是有了，也算是了了一桩夙愿。这一时期，梅尧臣正在监永济仓的任上。

嘉祐元年（1056），梅尧臣在欧阳修的推荐之下，担任国子监直讲之职。嘉祐二年（1057），欧阳修知礼部贡举，梅尧臣为参详官，后转为都官员外郎。

纵观梅尧臣的一生，在仕途上他始终都徘徊在官场的边缘地带，这或许与他的出身有着一定的关系。位卑官小，没有大的空间来施展自己的才能和抱负，这对梅尧臣来说自然是不幸的，但从另一角度来讲，底层的工作恰恰也成就了他。如《桐城续修县志·名宦》记载了当地百姓以梅尧臣姓名命名县东之山的事情：县东有都官山，圣俞官主簿，课农往来，后迁都官员外郎，民即以官名其山。再如梅尧臣知建德县期间廉政爱民，去官后当地人特将建德改为梅城，以示感恩和纪念。梅尧臣不仅在其职尽其责，而且对关系国家命运的大政方针亦关注有加，此一时期，朝堂之上的政治斗争、西北战事以及社会改革等事情都曾在其心中激起过千层波浪。作为一个心忧家国的知识分子，梅尧臣时刻都在其能力范围之内尽着自己的一份责任。

景祐元年（1034），梅尧臣到任建德县，由主簿升任知县。虽然建德远离京师，但是不久之后朝堂之上的一场政治斗争还是波及了这位远在江南的小知县。景祐元年的政治斗争主要是围绕着吕夷简和范仲淹二人展开的。当时仁宗皇帝亲政不久，宰相吕夷简与右司谏范仲淹和御史中丞孔道辅之间发生矛盾，最终孔道辅被贬知泰州，范仲淹被贬知睦州。不久，范仲淹以天章阁待制的名义重返汴京权知开封府，再次与吕夷简对峙。景祐三年（1036），范仲淹向仁宗皇帝进四论：《帝王好尚论》《选人贤能论》《近名论》《推委臣下论》。吕夷简坚持认为范仲淹越职言事，荐引朋党，离间君臣。是年五月，范仲淹再次落职，知饶州。随后余靖、尹洙上疏为范仲淹鸣不平，亦相继被贬斥，时为馆阁校勘的欧阳修也因此遭贬。

十余天内，欧阳修、尹洙等几个好友相继被贬，梅尧臣虽远在建德，但也无法不为之动容，无论是出于对朋友的情谊还是对国家的责任心，他对于此次政治斗争的立场和态度是很明确的：

断木喙虽长，不啄柏与松。松柏本坚直，中心无蠹虫。广庭木云美，不与松柏比。臃肿质性虚，圬蝎招猛觜。主人赫然怒，我爱尔何毁。弹射出穷山，群鸟亦相喜。啁呼弄好音，自谓得天理。哀哉彼鸷禽，吻血徒为尔。鹰鹯不搏击，狐兔纵横起。况兹树腹怠，力去宜滨死。

在这首诗里，梅尧臣把宋王朝比作了害了虫的树木，把范仲淹等人比作是为树木啄去害虫的啄木鸟，然而啄木鸟的一番苦心不仅没有得到认可和支持，反而被误解攻击。字里行间都透露出作者的愤懑不平和惋惜之感。他虽无力改变现状，但强烈的责任意识依然促使他在其能力范围之内对社会变革提出了自己的主张和看法。

而且他还分别为范仲淹、欧阳修和尹洙写了一首诗：

《闻欧阳永叔谪夷陵》

共在西都日，居常慷慨言。今婴明主怒，直雪谏臣冤。谪向蛮荆去，行当雾雨繁。黄牛三峡近，切莫听愁猿。

《闻尹师鲁谪富水》

朝见谏臣逐，暮章从谪官。附炎人所易，抱义尔惟难。宁作沉泥玉，无为媚渚兰。心知归有日，时向斗牛看。

《寄饶州范待制》

山水番君国，文章汉侍臣。古来中酒地，今见独醒人。坐啸安浮俗，谈诗接上宾。何由趋盛府，徒尔望清尘。

在这三首诗当中，我们不难看出梅尧臣对三位好友被贬斥的同情和惋惜，但是更多的却是对好友直言进谏的赞叹和敬佩，也不乏对他们的安慰和鼓励，认为过程曲折，但前途依旧光明，即“心知归有日，时向斗牛看”。

宝元元年（1038），大宋江山的西北边陲传来了轰隆隆的战鼓之声。这年十月，元昊称帝，建元天授，建立西夏。当时宋王朝与北方的契丹也只是靠着每年输入大量的金银布帛维持着表面上的安定，现如今西北又多了一层威胁，而且当时西夏和契丹已经结成了联盟的关系。面对如此复杂的形势，宋廷稍有疏忽，便有可能给敌人可乘之机。眼光长远的士大夫早已看透了这一点。

是年，三十七岁的梅尧臣只是汴京城里一个不起眼的小官，但他却早已意识到了这层危机。前几年旧友因政治斗争而落职之时他远在建德县，无能为力，而今面对雄心勃勃的北方少数民族政权，他觉得自己作为大宋的臣民，理应未雨绸缪，为国家的前途命运尽一己之力。虽然自己位卑官小，无法效力疆场，但是文人自有文人报效国家的方式和方法。这一次梅尧臣把目光集中在了一本书上——《孙子兵法》，他决定集中精力将这本书注释一番。

北宋时期的《孙子兵法》多采用曹操、杜牧和陈皞的注本，称作“三家孙子”。梅尧臣注释的《孙子兵法》如今已经无法看到了，其本人对此也无过多的说明，但我们可以通过旁人对此事的记载来窥见一斑。好友欧阳修在《孙子后序》中写道：

> ……后之学者徒见其书，又各牵于己见，是以注者虽多而少当也。独吾友圣俞不然，尝评武之书曰：“此战国相倾之说也。三代王者之师，司马九伐之法，武不及也。”然亦爱其文略而意深，其行师用兵，料敌制胜，亦皆有法……而注者汩之，或失其意，乃自为注。凡胶于偏见者皆抉去，傅以己意而发之，然后武之说不汩而明……

如果说欧阳修和梅尧臣一样同为文人，没有战场经验，对梅尧臣所注《孙子兵法》的评价或许缺乏专业的见解，那么嘉祐元年（1056）胡瑗的评价还是具有一定可信度的，因为他曾亲身参与对西夏的军事作战，具有一定的军事经验。其《上仁宗兴武学疏》：

> ……今国子监直讲内梅尧臣曾注《孙子》，大明深义，孙复而下，皆明经旨。臣曾任边陲，颇知武事。若使尧臣等兼莅武学，每日只讲《论语》使知忠孝仁义之道；讲孙武使知制胜御敌之术，于武臣子孙中，选有智略者三二百人教习之，则一二十年之间，必有成效……

作为一个纯粹的文人，梅尧臣从未上过战场，甚至从未碰过刀剑，他对《孙子兵法》作注实是出于心中挂念前线战事，对国家和民族怀着一颗怜悯之心，他希望自己作注的这本《孙子兵法》能够为前线将士带来一些帮助。

宝元二年（1039），梅尧臣知襄城县。这已是他第二次做知县了，底层人民的痛苦他是了解的，他一边处理着公务，另一边仍然挂念着西北的战事。这年冬天，襄城下了一场大雪，梅尧臣写道：

> 登城望密雪，浩浩川野昏。谁思五原下，甲色千里屯。冻禽立枯枝，饥兽啮陈根。念彼无衣褐，愧此貂裘温。

白雪茫茫，浩野荒荒，谁又能想到那沙场之上的千里甲色呢？谁又能想到那饥寒交迫，身边危机四伏的将士们呢？而今，自己身披貂裘，愧疚不已。然而，牵挂归牵挂，他毕竟身处襄城县内，于西夏的战事他是无能为力的。康定元年（1040），大宋在对西夏的战争中溃败，这年三月，好友尹洙权签书泾原、秦凤路经略安抚司判官事，参与到了对西夏的作战当中。此前战事的溃败让梅尧臣一连几个月烦闷无比，现在得知自己的好友有机会为国家战事出一份力，梅尧臣欣喜万分，提笔写下

《闻尹师鲁赴泾州幕》：

> 胡骑犯边来，汉兵皆死战。昨闻卫将军，贤俊多所荐。知君虑不浅，永对未央殿。天子喜有言，轺车因召见。筹画当冕旒，袍鱼赐银茜。曰臣岂身谋，而邀陛下眷。青衫出二崤，白马如飞电。关山冒风露，儿女泣霜霰。军客壮士多，剑艺匹夫炫。贾谊非俗儒，慎无轻寡变。

庆历四年（1044），西北的战事已经接近尾声了，这场战争持续了十年之久，十年间人民遭受了严重的压榨，边关将士也付出了血的代价，宋王朝最终以每年给契丹和西夏岁币换取了北方边境的和平。对外战争一经停止，朝堂之上的派系斗争便接着上演了，范仲淹离京后，朝中要求革新的新进派与旧派继续对峙。正如王夫之在《宋论》中所说："宋之有此（朋党）也，盛于熙、丰，交争于元祐、绍圣，而祸烈于徽宗之世，其始则景祐诸公开之。"景祐年间的政治斗争一直延续到了当下。此时的梅尧臣常与好友苏舜钦在一起，可是不久之后苏舜钦也卷入了这场政治斗争中。

当时苏舜钦正以集贤院校理的身份监进奏院，有一次他吩咐把进奏院积攒下的废纸卖掉，用所得的钱财大宴宾客，参加此次宴会的都是一些喜好诗文的朋友，其中有宋敏求、刘巽、王洙、刁约、王益柔等。酒至半酣之际，忽然诗兴大发，其中王益柔的诗中有这样的两句："醉卧北极遣帝佛，周公孔子驱为奴。"有一位叫李定的，此人就是后来苏东坡乌台诗案的策划者之一，他本来也想参加这次宴会，可是被苏舜钦拒绝了。于是他便去御史中丞王拱辰处告状，还把王益柔的那几句诗拿出来做文章。旧派代表王拱辰随即出手，苏舜钦等人相继遭到贬斥，史称"进奏院之狱"。

西北战事刚告结束，兵疲民乏，正当国家休养生息之际，高居庙堂之人随即又掀起了党争之风。梅尧臣虽未参加这次宴会，但却目睹了这场斗争，奈何自己位卑职小，更无进言的机会。尽管如此，他依然毫不掩饰自己的观点和主张，他在《杂兴》中说：

主人有十客，共食一鼎珍。一客不得食，覆鼎伤众宾。虽云九客沮，未足一客嗔。古有弑君者，羊羹为不均。莫以天下士，而比首阳人。

很明显，这首诗表面上就是冲着李定去的，但在这背后我们也能看到梅尧臣对此次党争的不满和反对。这一时期，梅尧臣的家人去世，朋友遭贬，满腔的苦闷和愤怒无处排遣，所以这首诗虽将矛头指向李定，指向党争，但这其中的情感却是复杂无比，难以言明的。

开宋诗之先河

虽然梅尧臣为官始终都徘徊于官场的边缘地带，但在文坛上，他的地位却是举足轻重的，可以说他在文学史上留下了浓墨重彩的一笔。作为北宋诗文革新运动的重要参与者之一，梅尧臣的主要贡献和成就便是创造了以平淡为主的“宛陵体”（欧阳修称之为“圣俞体”），为宋初文坛乃至后世的诗文发展作出了突出贡献。当然，此种成就并非一蹴而就的，对于梅尧臣来说这更是他几十年生命体验的成果。

天圣九年（1031），三十岁的梅尧臣调任河南县主簿，此间结识了西昆体诗人钱惟演。当时钱惟演是梅尧臣的顶头上司，对这位年轻人也是非常赏识，《宋史·文苑五》云：“钱惟演留守西京，特嗟赏之，为忘年交，与酬唱，一府尽倾。”由此可见，梅尧臣与钱惟演之间的交流还是很深的。钱惟演乃是西昆体代表诗人，梅尧臣早期的诗歌多为五言律诗，诗风也偏向清丽，在一定程度上就是受到西昆体的影响。这年三月，新科进士欧阳修以西京留守推官的名义来到洛阳，不久之后便与同处洛阳的梅尧臣结识，成了一生的好友。这期间，梅尧臣还结识了尹源、尹洙兄弟等几位朋友。这些年轻人都好诗文，共同的爱好和志向促使他们结下了深厚的友谊，欧阳修在《梅主簿》中说道：

圣俞翘楚才，乃是东南秀。玉山高岑岑，映我觉形陋。《离骚》喻草香，诗人识鸟兽。城中争拥鼻，欲学不能就。平日礼文贤，宁久滞奔走。

欧阳修在这首诗中对梅尧臣的才华大加赞赏，称其为“东南之秀”。在这群酷好诗文的年轻人中，领头的是梅尧臣的内兄——谢涛之子谢绛。他长梅尧臣七岁，同样以恩荫入仕，但后来考中了进士。谢绛无论是文学还是政事皆为时人所称道，在欧阳修成名之前，他是当时的文坛领袖，对梅尧臣的影响亦是相当深远的。当时谢绛正以祠部员外郎、直集贤院的名义调任河南府通判。之后，梅尧臣也曾作《依韵和答王安之因石榴诗见赠》回忆这一时期的情况：

当年仕宦忘其卑，朝出饮酒夜赋诗。伊川嵩室恣游览，烂漫遍历焉有遗。是时交朋最为盛，连值三相更保厘。谢公主盟文变古，欧阳才大何可涯。我于其间不量力，岂异鹏抟蒿鷃随。

宝元二年（1039），谢绛在邓州去世之后，欧阳修曾在襄城县与梅尧臣一起怀念过这位老大哥，欧阳修还在诗里写道：“神物丧头角，空存尾与躯。”由此可见谢绛早已是他们心目当中的群龙之首。

景祐元年（1034），梅尧臣调知建德县。从这时起，他的诗风开始发生变化了。此前，以西昆体为代表的形式主义文风构成了宋初文学的主流，主要表现为浮靡柔弱而缺乏风骨，镂金错彩而内容空洞。宋初王禹偁、姚铉等一批文人都曾提倡古文、古诗，与一味讲求声律，浮艳空泛的骈体及近体诗相抗衡，以求革除弊端，重振文风，在宋初长达百年的时间里掀起了一场诗文革新运动。梅尧臣也加入了这个行列。与姚铉编选《唐文粹》诗歌总集为诗文革新运动助长声势不同，梅尧臣更希望能够通过自己的诗文创作来影响文坛，改变诗风。因此，这一时期可以说是梅尧臣诗歌创作的一个转折点。

古人说“诗言志”，诗歌作为一种文学体裁，其功能之一便是抒发情感，传播思想，而诗人的情感和思想与其经历又有着密不可分的联系。此前的梅尧臣虽已做过三任主簿，但却并没有多少机会接触到生活在底层的劳苦大众。至此，身为知县的梅尧臣身处劳苦大众中间，深切了解到了劳苦大众的疾苦，正如他在《陶者》中写道：

陶尽门前土，屋上无片瓦。十指不沾泥，鳞鳞居大厦。

身为知县的梅尧臣深知百姓疾苦，他又是一个有着强烈社会责任感的诗人，面对这样的情况，他内心的同情和愤怒都随着诗歌表达了出来，他在《汝坟贫女》中写道：

时再点弓手，老幼俱集。大雨甚寒，道死者百余人。自壤河至昆阳老牛陂，僵尸相继。

汝坟贫家女，行哭音凄怆。自言有老父，孤独无丁壮。郡吏来何暴，县官不敢抗。督遣勿稽留，龙钟去携杖。勤勤嘱四邻，幸愿相依傍。适闻闾里归，问讯疑犹强。果然寒雨中，僵死壤河上。弱质无以托，横尸无以葬。生女不如男，虽存何所当！拊膺呼苍天，生死将奈向？

梅尧臣此时的诗歌创作已经完全摆脱了当初西昆体诗歌的影响，单就这首《汝坟贫女》来说已经明显带有唐代诗人杜甫的风格了，与其《石壕吏》有着异曲同工之妙。

自知襄城县以来，梅尧臣既见证了底层人民的疾苦，也目睹了朝堂之上你死我活的政治斗争，对长达十年之久的西北战事亦有自己独到的见解。丰富的经历与经验也促使他的诗歌创作更进一步，有了自己独特的面貌。他敢于否定晚唐以后的作者，认为那些“嘲风月，弄花草”之作只是“区区物象磨穷年”而已，没有实实在在的意义，他认为一个诗人应当具备一定的社会责任感，因而他对于诗歌的要求是因事激风，直追二雅，二雅即《诗经》当中的大雅和小雅。他在《答韩三子华韩五持国韩六玉汝见赠述诗》中这样说：

> 圣人于诗言，曾不专其中。因事有所激，因物兴以通。自下而磨上，是之谓国风。雅章及颂篇，刺美亦道同。不独识鸟兽，而为文字工。屈原作《离骚》，自哀其志穷。愤世嫉邪意，寄在草木虫。迩来道颇丧，有作皆言空。烟云写形象，葩卉咏青红。人事极谀谄，引古称辨雄。经营唯切偶，荣利因被蒙。遂使世上人，只曰一艺充。以巧比戏弈，以声喻鸣桐。嗟嗟一何陋，甘用无言终……

庆历四年（1044），梅尧臣由老家宣城入汴京，七月七日这一天，船行至邵伯北边，梅尧臣的妻子谢氏去世了。从二十六岁那年在叔叔梅询的主持下与谢氏完婚，至今已有十七八年，十七八年间，梅尧臣因公务原因四处奔波，谢氏也一直追随左右，与其患难与共，还生育了三个儿女。如今妻子撒手而去，梅尧臣心中自是悲痛难当。等到达汴京后，他请好友欧阳修为妻子撰写墓志铭，而自己也写了悼亡诗三首：

> 结发为夫妇，于今十七年。相看犹不足，何况是长捐。我鬓已多白，此身宁久全？终当与同穴，未死泪涟涟。

> 每出身如梦，逢人强意多。归来仍寂寞，欲语向谁何？窗冷孤萤入，宵长一雁过。世间无最苦，精爽此消磨。

> 从来有修短，岂敢问苍天？见尽人间妇，无知美且贤。譬令愚者寿，何不假其年。忍此连城宝，沉埋向九泉。

刘学锴先生曾说：悼亡诗在感情真挚这一点上，比任何诗歌都要求得更严格，容不得半点虚假。而华侈雕琢往往是要失真的，朴实平易倒是表达真情实感的好形式。特别是当朴实平易和深厚的感情结合起来时，这样的诗实际上已经是深入浅出的统一了。鲁迅所说的白描“秘诀”为“有真意，去粉饰，少做作，勿卖弄”似乎特别适用于悼亡诗。反观梅尧臣的这三首悼亡诗，平淡而不失真切，真挚而不显造作，都强烈表现出了梅尧臣对妻子的不舍与怀念。

梅尧臣因怀念妻子而作的诗绝不止这三首，几年后，他已身在许昌，仍不时想念妻子，又留下了多首悼亡诗。亲人的离去让诗人经历了情感上的坎坷，内心的情感也随着手中之笔流露了出来，后来苏东坡的“十年生死两茫茫，不思量，自难忘”是这样，陆游的《沈园》二首也是这样，当时的梅尧臣也是如此。对于庆历四年的梅尧臣来说人生着实是痛苦不堪的，发妻刚刚亡故不久，船至符离县时，次子又去世了。

底层民众的疾苦、朝堂之上的政治斗争、紧张的西北战事，再加上亲人的离世以及自己仕途的不顺等因素，对梅尧臣的诗歌创作产生了深远的影响。从景祐元年开始，梅尧臣平淡的诗风便开始慢慢形成了，此种平淡是落尽繁华后的返璞归真，用语简单但情感浓烈，题材平凡而意蕴深远。简而言之，这都是经历了世事沧桑之后的升华。

庆历六年（1046），欧阳修有一篇《梅圣俞诗集序》，如此评介梅尧臣的诗：

> 予闻世谓诗人少达而多穷，夫岂然哉？盖世所传诗者，多出于古穷人之辞也。凡士之蕴其所有，而不得施于世者，多喜自放于山巅水涯，外见虫鱼草木风云鸟兽之状类，往往探其奇怪，内有忧思感愤之郁积，其兴于怨刺，以道羁臣寡妇之所叹，而写人情之难言。盖愈穷则愈工。然则非诗之能穷人，殆穷者而后工也……

在这篇序中，欧阳修提出了“穷而后工”的说法，纵观梅尧臣的一生，总是在颠沛流离和穷困潦倒中度过的，他的经历也是常人鲜有的。穷困对于人的生活来说或许不是一件好事，对梅尧臣亦是如此。可是反映在诗歌创作上却是另外一种情况，穷困使得他的生活体验更加丰富多彩，情感也会愈加深刻，即“内有忧思感愤之郁积，其兴于怨刺，以道羁臣寡妇之所叹，而写人情之难言”。对于这一点，后来的苏东坡也有着相似的经历，他曾在一首诗中总结自己的一生：问汝平生功业，黄州惠州儋州。这三个地方都是他遭受贬斥的地方，正是在此，苏东坡写出了《念奴娇·赤壁怀古》《赤壁赋》这样的传世名作。于梅尧臣而言，亦是如此。

同样是在庆历六年，梅尧臣途径颍州（今安徽阜阳）时，与晏殊有过一次会面。晏殊作为一名诗人和词人对梅尧臣是早有耳闻的，他便借此机会邀梅尧臣饮酒论诗。逗留几日后，梅尧臣辞别起行，临别前晏殊还与他定期再会。两年后，梅尧臣的新夫人刁氏所生一女夭折，这再一次让他感到痛不欲生。人生本就落魄失意，沉重的打击仍旧向他袭来，这位年近五旬，双鬓已现雪色的诗人感到既无助又无奈。而此时，他忽然又想到了两年前曾有过一面之交的晏殊，这位词人对自己可是欣赏有加的，何不去投奔他呢？恰巧这一年晏殊调知陈州，梅尧臣就决定去陈州做一个幕僚官。十月，梅尧臣到达陈州，晏殊辟他为签书陈州镇安军节度判官。

梅尧臣本以为来到陈州后能与喜好诗词的晏殊在公事暇余之际谈诗唱和，可是到陈州后他才发现自己与晏殊在诗词上根本就不是一路人，他们的创作风格与主张是完全不同的。这首先还要归因于二人的经历和身份地位的不同，晏殊曾官居中书门下平章事兼枢密使，可以说位极人臣，虽然眼下他是一位知州，但是前半生的经历和经验已足以对他的诗词创作产生质的影响。作为一位高官，他所接触到的生活只是那一个小圈子，而梅尧臣却不同，他虽为官数十载，可接触到的却多是底层大众实实在在的生活和苦难，这与晏殊有着本质的区别。因此不同的经历和经验，势必导致了二人在诗词创作上的迥异风格。

虽然风格和主张都格格不入，可是眼下毕竟还是寄人篱下，身不由己，梅尧臣也只能强迫着自己与晏殊论诗唱和。如此情况之下，梅尧臣无计可施，但是他作为一个有着自己的主张和创作风格的诗人，是不可能轻易放弃自己的原则和思想的，他不会因为时下的困境而背叛真实的自己。为此，梅尧臣后来写过一首《责躬诗》，专门来检讨自己。由此可见他对于违背自己内心的做法是极其厌烦的，同时也说明了他对自己在诗歌创作方面的主张和原则是十分坚定和自信的。这首《责躬诗》是这样写的：

所禀介且拙，尝耻朋比为。皎皎三十年，半语曾未欺。身微德不著，尚使人见疑。省己当自责，实负圣相知。圣相虽明察，不假束蕴辞。扣言已可罪，引去岂非宜。

至和二年（1055）正月，晏殊去世了。虽然梅尧臣与晏殊在诗词创作上不相投，但二人毕竟也有一段交情，梅尧臣在《闻临淄公薨》中这样评价晏殊：

……公自十三岁而先帝兮，谓肖九龄宜相唐。后由石渠凤阁禁林以登枢兮，俄佩相印居庙堂。出入藩辅留守两都兮，其民咏歌盈康庄。官为喉舌勋爵一品兮，经筵讲义尊萧匡。年逾顺耳不为夭兮，文字百卷存缣箱……

对于晏殊在文学方面的成就梅尧臣并未过多提及，这或许也是二人理念与思想不合拍所导致的。

梅尧臣作为诗文革新运动的领导者之一，其诗歌风格由当初受西昆体的浮靡之风影响发展到后来以平淡为显著特征的“宛陵体”，对开创宋诗新面貌起到了巨大作用，为当时的文坛吹进了一股清新之风，对后世亦有深远的影响。后来的王安石、苏轼甚至陆游等人在诗歌创作上都曾受过他的影响。梅尧臣的诗在当时流传甚广，《宋史·文苑五》载“有人得西南夷布弓衣，其织文乃尧臣诗也，名重于时如此”，由此可见梅诗的影响。

不遗余力提携后辈

明朝胡应麟在其《诗薮》中有言：“宋世人才之盛，亡出庆历、熙宁间，大都尽入欧、苏、王三氏门下。”欧、苏、王分别指欧阳修、苏轼和王安石三人，殊不知此三人与梅尧臣亦有着颇为深厚的渊源，欧阳修是梅尧臣一生的挚友，苏、王二人是梅尧臣晚辈，梅尧臣对二人亦有提携之助。纵观梅尧臣的一生，他对有才学的人总是热情相交，特别是对年轻才俊，更是欣赏有加，不吝提携，在他身上鲜见“文人相轻”之象。

皇祐五年（1053），梅尧臣的嫡母束氏去世了，按照当时的规矩，他需要回家守制三年。守制期间，梅尧臣与一位青年诗人郭祥正来往较为频繁。郭祥正是当涂人（今属安徽马鞍山），和梅尧臣、欧阳修、苏轼等都有交往，梅尧臣与这位青年诗人也算得上是志趣相投了，他们在一起饮酒论诗。有一天夜里大雨滂沱，第二天一大早，郭祥正就送来了一首诗，梅尧臣也和了一首。二人告别之际，梅尧臣还作一首《送郭功甫还青山》：

> 来何迟迟去何勇，羸马寒僮肩竦竦。昨日弃为梅福官，扁舟早胜大夫种。负经不厌关山遥，访我犹将岁月恐。得言会意若秋鹰，反翅归飞轻饱氄。明朝到家年始开，椒花寿酒期亲捧。何当交臂须强行，莫作区区事丘垅。

由此可见，梅尧臣对这位青年诗人是非常看重的。梅尧臣作为当时文坛的重量级人物，他对待有志青年的态度是非常好的，不仅对郭祥正如此，后来他对苏轼、曾巩以及王安石、王安国兄弟二人也是如此。

梅尧臣守制期满后，从宣城出发入汴京，途径历阳（今安徽和县）

时，遇到杜慎，恰巧他和州知州任满，所以二人相约共同赴汴。经过建康时，曾巩前来拜访，当时曾巩的诗文已经小有名气了，梅尧臣对他亦是赞赏有加，他有一首《逢曾子固》，应为此时而作：

前出秦淮来，船尾偶搀燕。遽传曾子固，愿欲一相见。顺风吹长帆，举手但慕美。杨子东园头，下马情眷眷。昔始知子文，今始识子面。吐辞亦何严，白昼忽飞霰。我病不饮酒，烹茶因非善。冷坐对寒流，萧然未知倦。

北宋时期的汴河是通往汴京的主要干道，而汴河流经地区在秋冬季节雨水又少，因而时常会出现水枯河浅，耽搁行程的情况。梅尧臣到达扬州后行程便慢了下来，他在扬州期间，王安石的弟弟王安国因慕其大名前来拜访请教。

嘉祐二年（1057），五十六岁的梅尧臣被欧阳修等人推荐为参详官，共同担任那年科举考试的试官。评阅试卷的时候梅尧臣突然被眼前的一篇文章吸引住了，待他读罢全篇，早已按捺不住心中的激动与喜悦，拿着卷子便到其他考官面前，建议将这篇文章拔为第一。当时的考官有王珪、范镇、韩绛等人，他们便到欧阳修面前共同商讨，待欧阳修读完文章，同样赞赏有加，心中也有意将其定为第一。可是欧阳修的心中还有一丝顾虑，他担心这篇文章是出自自己的学生曾巩之手，因此为了避嫌就建议将其定为第二。梅尧臣还是一再坚持当定为第一，但见身边之人都同意将其定为第二，他也就同意了。事后才知，这篇文章的作者并非曾巩，而是眉山人苏轼，就是那位日后叱咤文坛的大才子。后来苏轼对梅尧臣大为感激，还特意写了一篇《上梅直讲书》：

……今年春，天下之士，群至于礼部，执事与欧阳公实亲试之。诚不自意，获在第二。既而闻之人，执事爱其文，以为有孟轲之风；而欧阳公亦以其能不为世俗之文也而取焉，是以在此。非左右为之先容，非亲旧为之请属，而向之十余年间，闻其名而不得见者，一朝为知己。退而思之，人不可以苟富贵，亦不可以徒贫贱。有大贤焉而为其徒，则亦足恃矣。……执事名满天下，而位不过五品。其容色温然而不怒，其文章宽厚敦朴而无怨言，此必有所乐乎斯道也。轼愿与闻焉。

这一时期与梅尧臣来往的除了欧阳修、范镇等一些老友外，还有曾巩、王安石、王安国、苏轼等一帮年轻人。梅尧臣着实喜欢与这些既有才学又有大志的年轻人交往，从郭祥正到王安国，再到曾巩、苏轼，梅尧臣对有志青年向来都是不断鼓励，一心提携。在他们身上，他不仅看到了文坛的希望，更看到了国家的希望。在王安石赴任常州之时，他写了一首《送王介甫知毗陵》，曾巩、苏轼出京之时，他又写了一首《送曾子固苏轼》。

嘉祐三年（1058年），文彦博调任判河南府兼西京留守，朝政集中到了韩琦、富弼二人手中，欧阳修曾请韩琦推荐梅尧臣，无果。之后不久，欧阳修便把梅尧臣汲引到唐书局来做修史的工作。同年，梅尧臣的小儿子出生了。

嘉祐四年（1059）到嘉祐五年（1060），梅尧臣的主要精力都用在了《新唐书》的编纂工作上。此时的他病痛不断，衰老之相愈显，生死之忧时常萦绕在他的脑海之中。他有一首《长歌行》这样写道：

世人何恶死，死必胜于生。劳劳尘土中，役役岁月更。大寒求以□，大暑求以清。维馁求以馌，维渴求以觥。其少欲所惑，其老病所婴。富贵拘法律，贫贱畏笞搒。生既若此苦，死当一切平。释子外形骸，道士完髓精。二皆趋死徒，足以见其情。遗形得极乐，升仙上玉京。是乃等为死，安有蜕骨轻。日中不见影，阳魂与鬼并。庄周谓之息，漏泄理甚明。仲尼曰焉知，不使人道倾。此论吾得之，曷要世间行。

嘉祐五年（1060）五月，这位当时最富名气的大诗人永远闭上了双眼，享年五十九岁。六月，长子梅增奉其棺柩回到宣城老家，于嘉祐六年（1061）六月葬于柏山。

梅尧臣的一生，作为官员，心忧家国，尽职尽责；作为北宋最重要的诗人之一，对宋代诗风转变影响巨大，刘克庄称其为宋诗的开山祖师。一生著述颇丰，注《孙子十三篇》，撰《唐载记》二十六卷，《毛诗小传》二十卷，最重要的还是《宛陵集》六十卷，《补遗》一卷。

北宋杰出的文人画家——李公麟

李永卉

李公麟像

中国的绘画发展到宋代，艺术成就已经达到了相当高的水平，自唐五代以来的宫廷绘画更是达到顶峰。北宋立国后，吸取了唐、五代藩镇尾大不掉的教训，实行右文政策，文人士大夫的地位空前提高，知识分子逐渐在文化领域取得了一定的话语权。文人士大夫的喜好和崇尚，对艺术文化领域的发展起到了引领作用。到了北宋中期，文人画开始出现，打破了院体画的贵族习气，要求画者应赋予所绘制内容一定的思想、文化和审美旨趣。李公麟，便是当时著名的文人画家。

家学渊源：博闻广识

李公麟（1049—1106），字伯时，号龙眠居士，安徽舒城人。庐州府舒城李氏是一个“家世业儒”的世家大族，据说是南唐国主李氏家族的后裔。南宋时人周必大在给李公麟的孙子李琥撰写的《朝奉郎李君琥墓碣》中详细叙述了其家世谱系。李公麟是南唐李先主的“四世孙”，南唐中主李璟的弟弟李珉，被封齐王，北宋灭南唐后，李煜入朝，李珉遂举家迁徙至淮西。李珉的四子李季（字仲宣），随兄李铎（字用章）宰舒城，买田置业，遂为庐江人。仲宣生执中，执中生虚一，虚一即李公麟的父亲。

李公麟的父亲李虚一，历任江州司户参军、蕲州判官等官职，著有

《溉漕新书》传世。李虚一喜欢收藏法书名画，对李公麟产生了颇多的影响，据说李公麟临摹了很多父亲收藏的古画，对画技的提高起到了很大的作用。李公麟在绘画上十分用功，如果友人家里收藏有历代名画，他一定是要前去观看临摹的，所以他的画名也逐渐在士林传开。同时，他还对古器物有着浓厚的兴趣，李家藏古器甚多，李公麟自幼耳濡目染，知识渊博，好古善鉴，多识奇字，自夏商以来钟鼎尊彝皆能考订世次，辨别款识。据史书记载，李公麟在长垣收购了精致细腻的玉带钩、玉辘轳环等，其中，玉辘轳环巧夺天工，成为李公麟唯一的随葬品。李公麟除了画技了得，其实他还是一位饱读诗书、胸中有丘壑的文士，宋神宗熙宁三年（1070），年仅二十二岁的李公麟便进士及第。

李公麟有两个弟弟，李公权和李公寅，均进士及第。李公权是王安石长兄王安仁的女婿，李公寅则与苏轼关系密切。堂弟李䜩与李公麟同年举进士第，其子李文伯为黄庭坚女婿。族弟李冲元也善书画，进士及第，与黄庭坚、苏轼等过从紧密。从李氏家族的交游来看，他们与北宋党争新旧两党均有渊源，这也可以解释为何李公麟在元祐党争中可以全身而退。

仕宦生涯：诗意的栖居

李公麟的仕宦生涯并不是很顺利，自二十二岁进士及第便开始踏上仕途，直到宋哲宗元符三年（1100）因病致仕，三十年为官，一直担任中下层官职。但是无论在哪里、担任何种官职，李公麟总是在烦琐的公务之余，流连于山水间，与当地的文人墨客酬唱作画，将生活过得诗情画意。

李公麟的第一个职位是南昌府建昌县（今江西永修）县尉。宋代县尉是主要负责县级地方治安的官员，其主要负责缉捕盗贼、侦查刑事案件以及押运官物、保护商旅等事务。李公麟在公务之余，时常流连于山水间，并与云居山上的僧人交往。这一时期他的绘画题材多以释道为主，如《白莲社图》描绘的就是发生在建昌县东林寺的故事。他还与相距不远的庐山隐士刘涣、陈舜俞等以书画、诗文相交。元丰三年（1080），李公麟任无为司户参军，主要掌一军（府）的户籍、赋税、仓库、交纳等杂务，在北宋属从八品的小官，所掌职事比较繁杂。这一时期，黄庭坚知安徽太和，途经舒州时，与李公麟、李寀一起在天柱山、龙眠山等地游玩，其间，他们相互诗画相酬，《鲁直青牛图》就作于此时。

元丰四年（1081）前后，李公麟改任泗州录事参军。泗州（今已没入洪泽湖）是北宋重要的交通枢纽，是通济渠（汴渠）东部起点，是水路通往京城的必经之路，十分繁华。当时，王安石已经去职暂住金陵，泗州离金陵不远，李公麟应与其有过来往。据《宣和画谱》记载，王安石"与公麟相从于钟山"，并作四诗相赠，遗憾的是，这四首诗今天已经不存在了。从李公麟绘制《王荆公骑驴图》，后来又多次绘制王安石像，可以看出他们关系的亲密和李公麟对王安石的敬重。

元丰末年，中书舍人陆佃推荐李公麟担任中书门下省敕令所删定官一职。删定官是对敕令所编纂的各种行政文书进行校对和审定的职务，正八品，相对比较清闲，这让李公麟有更多的时间从事绘画和收藏。《宣和画谱》称其"博求钟鼎古器、圭璧宝玩，森然满家"。因为公务不算繁忙，李公麟常到骐骥院画马，《临韦偃牧放图》据说就画于此时。同时，他还与当时的文士名流交往，如元丰八年（1085），黄庭坚奉诏返京任职，到京后即领弟子陈师道往李公麟府邸拜访。第二年，苏轼被召回朝，李公麟与这位名贯文坛的领袖，常合璧作画，被后人广为称颂。随着元祐文人圈的形成，李公麟的黄金时期到来了。

宋哲宗元祐二年（1087）秋闱，李公麟受命担任考试官。在锁院期间，与考试官邓忠臣、张耒、晁补之等十九人在判卷之余，诗歌酬唱，集成《同文馆唱和诗》，其中李公麟留诗二十首。元祐三年（1088）春闱，苏轼担任主考，李公麟再次奉命为考试官。锁院期间，李公麟画马，苏轼赋诗赞之，黄庭坚、晁补之等又分别和诗赞之。此后，李公麟与元祐文人来往频繁，诗画相酬，李公麟的画经苏轼等人诗文称赞，扬名天下。著名的《西园雅集图》，画的就是李公麟与苏轼、苏辙、黄庭坚、秦观、米芾、蔡肇、李之仪、郑靖老、张耒、王钦臣、刘泾、晁补之以及僧圆通、道士陈碧虚等人于王诜府中雅集场景。他们或挥毫用墨，或吟诗赋词，或抚琴唱和，或打坐问禅，此图成为后世文人雅集图绘的典范。同时，李公麟的《考古图》刊行，这部著作主要收藏古器物（青铜器和古玉等），每件均描绘形制，并题写考证资料，为北宋古器物研究之发轫，影响深远。舒城龙眠山庄建成后，李公麟还邀请苏轼、苏辙等人到龙眠山庄游玩，苏辙应邀为龙眠山庄赋诗二十首，苏轼则为李公麟所绘《龙眠山庄图》题跋。

艺术成就：不负丹青

从唐五代到北宋初年，宫廷的画院画家成为绘画的主流。随着时代的发展，进入北宋中期，由于宋代崇文抑武的国策，文人的社会地位逐渐提高，相应的文人画也开始崛起。文人画要求画者画技纯熟，并且博古通今，具有很高的文化素养。时人邓椿这样描述文人画的基本品格，“画者，文之极也。故古今之人颇多着意”，强调画面的意境，“其为人也多文，虽有不晓画者寡矣；其为人也无文，虽有晓画者寡矣”。当这种评判方式成为群体共识时，画工和“无文”画家便处于越来越不利的位置。士大夫文人画家与贵戚交游，广结画缘，收藏富赡，眼光精妙，所以在审美旨趣上往往能领袖群伦，影响四方。李公麟出身高贵，与之相交结者均为名流逸士，而且其画技高超，博闻强识，所以能在北宋画家中脱颖而出。《画继》称“大才逸群，举皆过人也”，此处的“才”不唯画才，在绘画之外，李公麟的修养也令人敬仰。

李公麟的绘画才能始于对家藏书画的临摹，他在临摹古人名迹中掌握了绘画技法，且越出古人的技法，青出于蓝而胜于蓝。他并不拘泥于一种题材，而是广泛尝试，他画过鞍马、佛像、人物和山水等。特别值得一提的是，李公麟擅长画马和人物，他画的人物据说能够从外貌上区别出“廊庙馆阁、山林草野、闾阎臧获、台舆皂隶”等社会各阶层人的特点，并能分别出地域和种族的具体特点，以及动作表情的各种具体状态。他的艺术创造以生活现实性为基础，敢于突破前人的定式，追求新的表现。他画长带观音，飘带长过一身有半，还画过石上卧观音，这些都是他创造的新式样。他的创造性还表现在他对题材的理解上，他画“观自在观音”，不是按照一般流行的坐相，他说“自在在心，不在相”，不必限制于某一固定的坐相，而是另创一种他认为能表现出心情自在的坐相。他画陶潜的《归去来兮辞》时，把表现的重点放在正在思考中的神态上，不在一般化的田园松菊等自然风物上，注重描绘“临清流处”——发人深思的流水。李公麟画汉代的将军李广夺了胡人的马逃回来，在马上引弓瞄准追骑，箭锋所指，人马应弦而倒。李公麟自己说，如果是旁人画就要画箭射中追骑了。可见李公麟非常了解艺术的真实有别于生活的真实，表面上好像不合理，但却能产生更强烈的艺术力量。

从宋神宗元丰后期到宋哲宗元祐初年，李公麟在京任职，开始与苏轼、黄庭坚、米芾等元祐文人密集交往，元祐文人的绘画审美开始熏染李公麟，在这种情况下，他自觉地完善着文人审美下的样态和内蕴，对于人物故事类绘画也开始敬而远之，将功用性绘画引入书斋雅赏，试图以小而精雅去其院体习气。在这段时间，李公麟的绘画造型取法很可能是受到南唐画家的影响，比如《五马图》中的人物造型与南唐《韩熙载夜宴图》有某些联系。北宋的人物画，其构形技法，到北宋后期为李公麟发扬光大，线条健拔却有粗细浓淡，构图坚实稳秀而又灵动自然，画面简洁精练，但富有变化；题材广及人物、鞍马、山水、花鸟，既有真实感，又有文人情趣，而且所作皆不着色，被称作“白描大师”。《五马图》和《维摩诘图》标志着单线勾勒的技法在中国绘画艺术中的巨大成就。单线勾勒的写实能力在于它有可能表现对象的形体、质感、量感、运动、空间，所以单线勾勒是一种效果明显而高度简洁的描绘技法。

李公麟一生勤奋，作画无数，人物、史实、释道、士女、山水、鞍马、走兽、花鸟无所不画，无所不精。人物、释道深得吴道子旨趣，运笔如行云流水，造型正确，神态飞动；山水气韵清秀，得王维正传；着色山水追李思训心法；画马过韩干。能集诸家之长，得其大成，师法自然，大胆创新，自成一家，被后代敬为第一大手笔、百代宗师。传世作品有《五马图》《临韦偃牧放图》《维摩演教图》等。

苏东坡称“其神与万物交，其智与百工通”。清初大家孙承泽则评价：“自龙眠而后未有其匹，恐前世顾（恺之）、陆（探微）诸人亦所未及也。”而邓椿在他的《画继》里说：“吴道玄画今古一人而已，以予观之，伯时既出，道玄（吴道子）讵容独步。”因此，李公麟笔下“扫去粉黛、淡毫轻墨、高雅超逸”的白描画，被后人称为“天下绝艺矣”。在中国绘画技法中，线描是最有特色的技法之一，而纯用线条和浓淡墨色描绘实物的白描画法，可以说是线描技法发展的最高阶段，李公麟的白描技法成为后人学画的典范，“犹如群龙之首”，千百年来代代相传。

李公麟不仅爱画、善画，而且诗、赋、文、论的造诣也十分深厚，《宣和画谱》说：“其文章则有建安风格。”另外《东都事略》中也记载：“其为文清婉，工于诗，而一时多所称誉焉。”关于他的绘画，黄庭坚赞曰：“李侯有句不肯吐，淡墨写出无声诗。”苏轼亦称：“君虽不作丹青手，诗眼亦自工识拔。”李公麟自己也称：“吾为画如骚人赋诗，吟咏情性而已，奈何世人不察，徒欲供玩好耶？”李公麟的诗文集虽已不存，但在时人的合集、文集中还能见到他的一些诗文，如《同文馆唱和诗》中录有他的诗共二十首，其中有五言、七言的律诗、绝句，另外还有古体长诗。虽大都是唱和诗，但用意至到，句法精严，其中更是大量的用典，显示出对诗歌的自如掌控能力。

南宋理学大师——朱熹

郭淑新

朱熹像

清华大学哲学系教授陈来在接受时任法国驻北京大使馆文化专员戴鹤白采访时曾如是说："我觉得在中国哲学史上，有两个人的地位最重要。第一个当然是孔子，孔子……开创了儒家这个哲学学派，这个学派成为中华文化的主要部分，影响了后来两千五百年的整个中国文化。朱熹……是中国文化史上另一个集大成者，他的作用可以说和孔子几乎相当。……从南宋末期到元明清三个朝代，都是以朱熹的思想为正统……另外，如果从整个东亚看，韩国一直到19世纪末，还受到朱熹思想的影响。日本也有几个世纪，特别是17、18世纪，朱子学的影响比较大。"朱熹创立的致广大、尽精微、综罗百代的理学体系，成为中华文化宝库中的璀璨瑰宝。

生平概览

朱熹（1130—1200），字元晦，又字仲晦，号晦庵，别号紫阳，晚称晦翁，谥号文，世称朱文公。南宋著名理学家、教育家、文学家。其思想成为中国封建社会后期的官方意识形态，并成为朝鲜李朝和日本江户时期的官学。朱熹是唯一非孔子亲传弟子而享祀孔庙，位列大成殿十二哲的大儒。

朱熹，祖籍江南徽州府婺源县（今江西婺源）。宋朝建炎四年

(1130)，朱熹出生于南剑州尤溪（今福建尤溪）。其父朱松是在二程理学思想熏陶下成长起来的儒生，因而严格按照儒家学做圣贤的目标去教育朱熹。据《朱子年谱》记载，朱熹在十岁时就“厉志圣贤之学”，每天刻苦攻读《大学》《中庸》《论语》《孟子》，立志要做圣人。据《宋史》本传记载：朱熹自幼受教于父，“熹幼颖悟，甫能言父指天示之曰：‘天也。’熹问曰：‘天之上何物？’”这一发问，充分表明朱熹自幼不仅具有强烈的求知欲，而且具有聪慧的哲学头脑，追问“天之上何物”，即是追问天之外何物？天之本原何物？这无疑是一个重大的哲学问题。

绍兴七年（1137），朱松应诏入都，赴都之前，将妻子祝氏和儿子朱熹送到建州浦城寓居。绍兴十三年（1143），朱松病逝于建瓯，临终前将朱熹托付给崇安五夫好友刘子羽（朱熹义父），又写信请刘子翚、刘勉之、胡宪等三位学养深厚的朋友代为教育朱熹。刘子羽将朱熹视如己出，在其舍傍筑室安置朱熹一家，名曰紫阳楼。绍兴十七年（1147），朱熹在建州乡试中考取贡生。绍兴十八年（1148）春，刘勉之将自己的女儿刘清四许配给朱熹。同年三月朱熹入都科举，中王佐榜第五甲第九十名，准敕赐同进士出身。绍兴二十一年（1151），朱熹再次入都铨试中等，授左迪功郎、泉州同安县主簿。绍兴二十三年（1153）夏，朱熹赴同安途中，受学于延平李侗。秋七月，朱熹至同安。以其“敦礼义、厚风俗、戢吏奸、恤民隐”的治县之法管理县事，排解同安、晋江两县械斗，整顿县学、倡建“教思堂”，在文庙大成殿倡建“经史阁”，主张减免经总制钱。绍兴二十七年（1157），朱熹任满罢归。绍兴二十八年（1158），朱熹已意识到“妄佛求仙之世风，凋敝民气，耗散国力，有碍国家中兴”，于是决定重新踏上求师之路——拜李侗为师，因之得以承袭二程“洛学”之正统，从而奠定了其之后的学术基础。

绍兴三十二年（1162），宋孝宗即位，诏求民意。朱熹应诏上封事，力陈反和主战、反佛崇儒之主张；详陈讲学明理、定计恢复、任贤修政之意见。隆兴元年（1163）十月，朱熹应诏入对垂拱殿，向宋孝宗面奏三札：一札论正心诚意、格物致知之学，反对老、佛异端之学；二札论外攘夷狄之复仇大义，反对和议；三札论内修政事之道，反对宠信佞臣。但由于当时汤思退为相，力主和议，朱熹的抗金主张没有被采纳。十一月，朝廷任朱熹为国子监武学博士，朱熹辞而不就。

南宋乾道三年（1167）八月，朱熹在林择之、范念德的陪同下，前往潭州（今湖南长沙），访学于湖湘学派代表张栻。二人相见之后，抵足夜谈，终夕不倦，期间，《东归乱稿》集成。乾道四年（1168），崇安发生水灾。朱熹力劝豪民发藏粟赈饥，还向官府请贷粮食六百斛散发于民，使民不致挨饿。乾道五年（1169），朱熹悟到“中和旧说”之非，用“敬”与“双修”重研二程著作，并以全新角度独创“中和新说”。这在学术史上是具有里程碑意义的重大事件，标志着朱熹理学思想的成熟。同年九月，朱母去世，朱熹建寒泉精舍为母守墓，开始了长达六年之久的寒泉著述时期。乾道七年（1171）五月，为了从根本上解决百姓灾年生计问题，朱熹在五夫创建“社仓”，以减轻贫民困苦，缓和社会矛盾，减轻朝廷施政压力，后为诸多地方效仿。同年十一月，朱熹回到尤溪，与好友知县石子重讲论学问于县学。在石子重的陪同下，游览其父朱松任尤溪县尉时燕居之所韦斋旧址，手书“韦斋旧治”四字刻石揭榜。乾道九年（1173），作《重修尤溪庙学记》，亲书“明伦堂”制匾悬挂于尤溪县学宫正堂。从此天下学宫匾皆仿此刻制悬挂。

南宋淳熙二年（1175）正月，吕祖谦从浙江东阳来访朱熹，在寒泉精舍相聚四十余天，编次《近思录》，史称“寒泉之会”。五月，朱熹送吕祖谦至信州鹅湖寺（今鹅湖书院），陆九龄、陆九渊及刘清之皆来会，史称“鹅湖之会”。鹅湖之会的直接动因是吕祖谦想利用此机会调和朱、陆学说之扞格。鹅湖之会是中国古代思想史上的第一次著名的哲学辩论会。朱、陆双方辩论的中心议题是“为学之方”，这也是朱熹与陆九渊在哲学上的基本分歧点。朱熹认为心与理是两个不同的概念，理是本体，心是认识的主体。而陆氏兄弟则主张心即理，坚持以心来统贯理。朱熹主张“格物致知”，强调通过对外物的考察来启发内心潜在的良知。陆九渊则认为读书并非成为圣贤的必要途径，主张圣人之道须“先发明人之本心”，无须多做读书穷理的功夫。在讨论中，陆九渊声称自己的心学是“易简工夫”，定会永久流传，讽刺朱熹的学问是“支离事业”，终将走向沉沦。朱熹与陆氏兄弟在鹅湖之会上论辩、讲学达十日之久，虽然未能达至统一双方思想之鹄的，但却加深了各自对对方学术思想及其分歧的认识，也促使各自对自己的思想予以反思。其结果是：陆九渊的心学传至明代，经王守仁形成了一个比较精致的哲学体系，世称“陆王心学”，曾对明清两代思想的发展产生了较大影响。朱熹的理学，逐渐发展成“致广大，尽精微，综罗百代”的理学体系，对后世产生了巨大而深远的影响。

淳熙五年（1178），宋孝宗任朱熹知南康军兼管内劝农事。淳熙六年（1179）三月，朱熹到任。当年适逢大旱，灾害严重，朱熹到任后，即着手兴修水利，抗灾救荒，奏乞蠲免星子县税钱，使灾民得以生活。十月，朱熹行视陂塘时，在樵夫的指点下找到白鹿洞书院废址，经朱熹竭力倡导，至淳熙七年（1180）三月，白鹿洞书院得以修复。朱熹在南康军任上，为白鹿洞书院的修建殚精竭虑，不遗余力。他曾自兼洞主，延请名师，扩充图书，并请皇帝敕额，赐御书。他还置办学田，供养贫穷学子，并亲自订立学规——《白鹿洞书院教规》。《白鹿洞书院教规》是世界教育史上最早的教育规章制度之一，对教育目的、训练纲目、学习程序及修己治人的道理，都一一作了明确阐述及详细规定，它不仅成为后续中国封建社会数百年书院办学之模式，而且成为国内外教育家研究教育制度的重要议题。

淳熙八年（1181）二月，陆九渊来南康访朱熹，相与讲学于白鹿洞书院。八月，浙东大饥，因朱熹在南康救荒有方，宰相王淮荐朱熹赈灾，提举浙东常平茶盐公事。为解救灾民，朱熹立即采取了几项有力措施。朱熹因在浙东奏劾前知台州唐仲友不法，为唐之姻亲王淮所嫉恨，朱熹在浙东任职仅九个月即离任回家。朱熹曾先后六次上状奏劾唐仲友不法，直指王淮与唐仲友上下串通勾结的事实。王淮迫于压力，不得不免去唐仲友江西提刑新任。在奏劾唐仲友的过程中，朱熹表现出了理学家应有的气节与操守。

淳熙九年（1182），朱熹将《大学章句》《中庸章句》《论语集注》《孟子集注》四书合刊，经学史上的“四书”之名方首次出现。之后，朱熹一直在呕心沥血、殚精竭虑地修改完善《四书集注》，临终前一天还在修改《大学章句》。元朝迄至明清，《四书集注》既成为历代封建王朝的治国之本，也作为封建士子修身的准则、民众思想行为的规范、封建科举的标准教科书。淳熙十年（1183），朱熹在武夷山九曲溪畔大隐屏峰脚下创建武夷精舍，潜心著书立说，广收门徒，聚众讲学。淳熙十二年（1185），朱熹到浙江，与陈亮展开“义利王霸”之辩，力陈自己的理学思想。

淳熙十五年（1188）十一月，朱熹上奏《戊申封事》。这是一封万言书，直言当时国家局势极糟是由于宋孝宗颁布的种种措施相继出现失误造成的。万言书从六个方面证明其说，极力主张以“正心”为准则“任选大臣”“振举朝纲”。值得称道的是，宋孝宗收到此万言书后竟连夜读完，不但没有大发雷霆，反而从第二天起接连超升朱熹官职，表现出了历史上最高统治者罕见的胸襟与修养。淳熙十六年（1189），诏命朱熹知漳州。

绍熙元年（1190），朱熹到漳州赴任。朱熹在漳州的全部施政变革，主要体现在正经界、蠲（免）横赋、敦风俗、播儒教和劾奸吏等方面，而正经界则是朱熹全部变革的主旨。时值当地土地兼并之风盛行，官僚地主倚势吞并农民耕地，而税额却没有随地划归地主，致使“田税不均”，失地农民遭到更为沉重的盘剥，导致阶级矛盾激化。为此，朱熹提出正经界，即核实田亩，随地亩纳税。这一建议势必会减轻农民负担，但却损害了大地主利益，因此遭到后者的强烈反对，致使“经界”最终未能推行。绍熙二年（1191）正月，朱熹长子朱塾卒。闻噩耗后，朱熹无奈以治子丧请辞。五月，朱熹迁居建阳。绍熙三年（1192），朱熹在此建考亭书院，考亭书院是朱熹一生中创办的最后一座书院，初名竹林精舍。后因生员日增，便将精舍加以扩建，更名为沧州精舍，并自号沧州病叟。宋理宗为了崇祀朱熹，于淳祐四年（1244）赐名考亭书院。朱熹在考亭书院授徒讲学八年，著述甚丰。当时，四方学子不远千里负笈到考亭书院求学问道，群贤毕至，形成学术史上具有重大影响的“考亭学派”。

绍熙五年（1194），湖南瑶民蒲来矢起义，震惊朝野。忧国忧民的朱熹，临危受命前往赴任。五月，朱熹至潭州。此时，瑶民已败退深山，被困溪洞。朱熹采取了善后招抚的怀柔政策，遣使招降瑶民起义军首领蒲来矢。因此次镇压瑶民起义是湖北、湖南两地的共同行动，朱熹的招抚策略遭到了湖北帅王蔺的反对，在蒲来矢押解后，王蔺主张斩杀以警众。朱熹不得不在入都奏事中，直接向宋宁宗面恳，要求对瑶民“毋失大信”。朱熹到任后，兴学校，广教化，督吏治，敦民风。改建、扩建了位于湖南长沙岳麓山下的岳麓书院，空余时间亲自到此讲课，使岳麓书院成为南宋时期全国四大书院之一。

绍熙五年（1194）八月，朱熹除焕章阁待制兼侍讲。九月，朱熹于行宫便殿奏事。第一札要宋宁宗正心诚意，第二札要宋宁宗读经穷理，第三、四、五札论潭州善后事宜。十月十四日，朱熹奉诏进讲《大学》，反复强调“格物、致知、诚意、正心、修身、齐家、治国、平天下”之“八目”，希望通过匡正君德来限制君权的滥用，引起宋宁宗和执政韩侂胄的不满。因此，朱熹在朝仅四十六日，便被宋宁宗内批罢去了待制兼侍讲之职。十一月，朱熹还居建阳考亭。晚年在此兴教讲学，著书立说，直至去世，给后人留下了丰厚的文化遗产。

庆元二年（1196）十二月，发生了“庆元党禁”。监察御史沈继祖以捕风捉影、移花接木、颠倒捏造的手法奏劾朱熹“十大罪状”，朝廷权贵对理学掀起了一场世所罕见的“清算”，效法北宋元祐党籍的故技，开列了一份五十九人的伪逆党籍名单，名列党籍者都受到了不同程度的处罚。朱熹被斥之为“伪学魁首”，位列名单中的第五位。朱熹以“伪学魁首”落职罢辞，朱子门人亦遭受沉重打击。

庆元五年（1199），朱熹重病缠身，党禁中的朱熹预感到大限临近，于是更加抓紧时间著述。庆元六年（1200）入春后，朱熹足疾发作，生命垂危。此时的他，双眼已无光感，几近失明，但仍以超乎常人的顽强毅力加紧整理书稿、残篇，旨在将自己撰写的所有著作全部完稿，使学统、道统后继有人。是年三月初九，朱熹在血雨腥风的“庆元党禁”中离世。十一月，朱熹葬于建阳县黄坑大林谷，参加会葬者有千人之多。朱熹去世后，赠宝谟阁直学士，又追封徽国公。

学术贡献

朱熹作为理学家、教育家、文学家，其著述甚丰，主要有：《四书集注》《四书或问》《太极图说解》《通书解》《西铭解》《近思录》《周易本义》《易学启蒙》《楚辞集注》等，其中《四书集注》是钦定的教科书和科举考试的标准。另有朱熹与弟子们的问答录——《朱子语类》。

第一，作为理学家，朱熹建立了“致广大、尽精微、综罗百代”的理学体系。

朱熹是程颢、程颐的三传弟子李侗的学生，其哲学体系以二程兄弟特别是程颐的理本论为基础，并吸取周敦颐的太极说、邵雍的易学、张载的气本论以及佛教、道教的思想而形成。其理学体系主要包含如下内容：

“理气”说。朱熹将周敦颐的“太极”诠释为“理”，提出“理也者，形而上之道也……气也者，形而下之器也”。他认为理和气虽然不可分，但是在逻辑上理先于气。在朱熹看来，理则只是个净洁空阔的世界，无形迹，它却不会造作。气则能酝酿凝聚生物，提出了“理气相依”的思想。

“理一分殊”说。朱熹认为宇宙万物的统一法则就是“理一”，即将“理”上升到宇宙论、本体论层面，而每一个事物又有自己的特殊性，叫做“分殊”。在此基础上，朱熹认为具体事物各不相同，因此需要格物，然而具体事物又有其共同之理，所以能够彼此贯通。虽然天地万物只秉承一个理，但不同事物又各有一个理，他用“月印万川”为喻来说明此理，“本只是一太极，而万物各有禀受，又自各全具一太极尔。如月在天，只一而已，及散在江湖，则随处可见，不可谓月已分也”。

“已发”“未发”说。朱熹认为，“情之未发者性也”“性之已发者情也”，即以性为未发、情为已发来说明性为体、情为用。朱熹发展了“心统性情”说，认为“统”有两个意思，一个是指“包”，就是说心包括性情、体用；另一个是指“主”，就是说作为体的心能够主宰性情。

“天命之性”“气质之性”说。朱熹以程颐的“性即理”为基础，论述了人性论问题。朱熹说：“性只是理，万理之总名。此理亦只是天地间公共之理，禀得来便为我所有。”意即人禀受了天理而有了人之性，就人的性禀受了天理而言，只是理的作用，性就是天命之性。朱熹又认为天命之性难免会受到气质之性的浸染，被污染的人之性就是气质之性。天命之性是纯善的，而气质之性有善也有恶。“人自有人心道心，一个生于血气，一个生于义理。”在朱熹看来，人心受气质的浸染，包含着欲望，而道心出于理，是合乎理的。由此，应该“存天理去人欲”。需指出的是，在朱熹看来，“人欲”只是不合乎伦理道德的极度膨胀的私欲，而非人的正常欲望。

“格物致知”说。在朱熹看来，“格物”就是“即物穷理”，“致知”是格物的结果。“即物穷理”就是在事物上去了解的道理，主要途径有：读书学习、实地观察、反思事物，其目的是了解事物的“所以然”（事物的本质和规律）和“所当然”（社会的伦理原则和道德规范），“天下之物，必各有所以然之故，与其所当然之则，所谓理也”。

“知行相须”说。在“格物致知”说的基础上，朱熹认为知在行先，只有知道事物的“所当然”，才能做到行为恰当。但朱熹又强调“知行相须”说，虽然必须先致知然后力行，但是行是道德修养的目的，在这个意义上，行比知更重要。因此，朱熹在总结知行关系时如是说：“如目无足不行，足无目不见。论先后，知为先；论轻重，行为重。”

第二，作为教育家，朱熹在教育思想和教育实践上都取得了重大成就。

朱熹是我国历史上著名的教育家，是一名学者型的高级官吏，官至焕章阁待制兼侍讲，为宋宁宗进讲《大学》。朱熹终身热衷于教育事业，孜孜不倦地授徒讲学，直接从事教育活动达四十年之久。他所到之处，兴办教育，整顿县学、州学，并亲手创办同安县学、武夷精舍、考亭书院，重建白鹿洞书院和岳麓书院，还亲自制定学规，编撰“小学”和“大学”的教材。他整理编撰的《四书集注》一书，成为元明清科举考试的标准和学校的必读教科书，其地位甚至高于五经，影响中国封建社会后期教育长达数百年之久。朱熹的教育思想与教学实践，培养了大批知识分子，其中包括诸多著名学者，并形成了自己的学派——“闽学”。朱熹的教育思想十分丰富，主要体现在以下几个方面：

其一，提出了教育的根本目的。朱熹认为，教育的根本目的在于培养符合儒学原则的有道德的人，即“明人伦”的人。他在《福州州学经史阁记》中说道：“福州之学，在东南为最盛，弟子员常数百人。比年以来，教养无法，师生相视，漠然如路人。以故风俗日衰，士气不作，长老忧之，而不能有以救也。”之所以造成这种现象，他认为原因在于“圣学不传，世之为士者，不知学之有本”，此处所谓的“本”即教育的根本和目的。而要达到这一目的，则要以“明人伦为本”。

其二，探究了教育任务和教育内容。朱熹在总结前人教育经验和自身教育实践的基础上，基于对人的生理和心理特征的初步认识，把一个人的教育分成“小学”和“大学”两个既有区别又有联系的阶段，并提出了两者不同的教育任务和教育内容。朱熹认为八至十五岁为小学教育阶段，其任务是培养“圣贤坯璞”。鉴于小学儿童“智识未开”，思维能力薄弱，因此他提出小学教育的内容是“学其事”，即从具体生活细节入手，教之以洒扫、应对、进退之节，礼乐射御之习，并且要加强练习，为大学的学习夯实基础。而大学阶段的任务和内容，朱熹认为应是小学教育的扩充和深究。应注重探究穷理的功夫，着重讲习“修、齐、治、平”的道理，从而使学生在道德修养上有更大提升，在学业上有更深造诣。

其三，对教育方法的研究与践履。在教育方法上，朱熹强调先入为主，及早施教；要力求形象、生动，能激发兴趣；以《须知》《学规》的形式培养儿童道德行为习惯。朱熹认为十五岁以后的大学教育，其方法主要是在“坯璞”的基础上再“加光饰”，把他们培养成国家所需要的人才。与重在“教事”的小学教育不同，大学教育的重点是“教理”，即重在探究“事物之所以然”。对于大学教育方法，朱熹一是重视自学，二是提倡不同学术观点之间的相互对话、交流切磋。著名的鹅湖之会，无疑是对这种教育方法的亲身实践。朱熹关于小学和大学教育不同方法的见解，为中国古代教育思想增添了新鲜内容，符合教育的循序渐进规律。

其四，创立相对系统的读书法。为了使受教育者更好地学有所获，朱熹还创立了相对系统的读书法。这些读书法的创立和运用，成为其弟子、后学学有所成的重要原因。这些方法后来由朱熹的弟子进行了集中概括：循序渐进、熟读精思、虚心涵泳、切己体察、着紧用力、居敬持志等。这些方法之间不仅相互联系，而且每一种方法自身内部也有其内在关联，以下仅以循序渐进法为例加以分析说明。循序渐进法包含三层含义：一是读书应该有一定的次序，不能颠倒。“以二书言之，则通一书而后及一书。以一书言之，篇章文句，首尾次第，亦各有序而不可乱也”；二是应该根据自己的实际情况和能力，安排读书计划，并切实遵守它。“量力所至而谨守之”；三是读书要扎扎实实地打好基础，不可囫囵吞枣，急于求成。“字求其训，句求其旨。未得乎前，则不敢求乎后；未通乎此，则不敢志乎彼。”

第三，作为文学家，朱熹的诗词淳朴自然、意境高妙。

朱熹在理学上的巨大成就，在一定程度上掩盖了他作为文学家的光芒。其实在南宋文坛上，朱熹是一位有很深造诣的词人和诗人，现存诗词一千二百余首，其中大多都是经典之作。其理学思想使他的诗词呈现出淳朴自然、意境高妙之美。在朱熹看来，美是给人以美感的形式和道德善的统一，唯有文与质、文与道的和谐统一才是完美的。他对《诗经》与《楚辞》的研究，表现出了敏锐的审美洞察力。

其词作的主要代表有《菩萨蛮》（回文）《水调歌头》《南乡子》《忆秦娥》等。其中以《菩萨蛮》（回文）最具特色，该词运用回文，每两句互为颠倒，八句共四对。其构思之精巧、语言之淳朴、意境之高妙，无不彰显了他作为词人的才情与才华。

朱熹不仅善于作词，还善于赋诗。朱熹对《诗经》很有研究，有《诗集传》传世，他对《诗经》"博依安诗"的主张，不仅心领神会，而且身体力行。《春日》和《观书有感二首》无疑是其最脍炙人口的诗作。

朱熹在《春日》中写道：

胜日寻芳泗水滨，无边光景一时新。
等闲识得东风面，万紫千红总是春。

从字面上看，这首诗似乎是在写游春观感，但细究便可知："寻芳"的地点是在泗水之滨，而此地在宋南渡时早被金人侵占。朱熹其实未曾北上，当然不可能在泗水之滨游春吟诗。诗中的"泗水"暗指孔门，因为春秋时孔子曾在洙、泗之间弦歌讲学，"寻芳"即是指探求圣人之道；"万紫千红"暗喻孔学的博大精深；"东风"则譬如催发生机、润染万物的儒家教化。这无疑是一首寓理趣于形象之中的哲理诗。这种不露说理痕迹的诗，凸显了朱熹的高妙之处。

朱熹在《观书有感》（其一）中吟道：

半亩方塘一鉴开，天光云影共徘徊。
问渠那得清如许，为有源头活水来。

"方塘"又称半亩塘，在福建尤溪城南郑义斋馆舍（后为南溪书院）内。"鉴"即镜，古人以铜为镜，包以镜袱，用时打开。半亩塘虽不大，但它却像镜子那样澄澈明净。天的光与云的影倒映在清澈的塘水之中，变幻徘徊不定。水之所以清澈，是因为有源头活水不断注入，暗喻人要心灵澄明，就得认真读书，时时补充新知识。此诗用生动的比喻来说明深奥的哲理，大有《诗经》之遗风。

在《观书有感》（其二）中，朱熹吟道：

昨夜江边春水生，艨艟巨舰一毛轻。
向来枉费推移力，此日中流自在行。

这也是一首借助形象说理的诗。它以泛船为例，让读者去体会与学习有关的道理。诗中说往日船大水浅，众人使劲推船，也是白费力气，而当春水猛涨，艨艟巨舰竟然如同羽毛般轻盈，自由自在地飘行在水流中。用水与舟做比，说明功夫与成效的关系，很是耐人寻味。由此可见，朱熹诗歌极善于“寓物说理而不腐”。

为官政绩

朱熹生活在一个内忧外患的时代。他出生那年，就爆发了钟相、杨幺起义，之后各地农民起义此起彼伏。与此同时，金朝每年向南宋勒索大量金银财帛，南宋皇帝还要向金朝屈膝称臣。朱熹在考中进士后的五十年里，在外地做官二十七年，在朝中做官才四十六日。为官期间刚直不阿，两袖清风，以致家中常常断粮，但他却能泰然处之，对于不合道义的钱一分不取。为政期间，申敕令，惩奸吏，治绩显赫。其为官政绩主要体现在以下几个方面：

勤为政，亲裁决，防范吏弊。在宋代，主簿是协助县令管理簿书、赋税、教育等事务的官吏。朱熹热心于这一职务，“事无大小，必亲裁决，赋税簿籍，逐日点对，以防吏弊”。他经常查对赋税的出入簿册，每到收税时，先期贴出榜文，限期完纳，如过期不交，必严厉处罚。对此，朱熹后来自述道：“然此只是一个信而已，如或违限遭点，定断不恕，所以人怕。”

体民情，宽民力，民思其惠。朱熹十分关心民间疾苦，恳请南宋统治者“宽民力”，裁减赋税。他说：“天下国家之大务，莫大于恤民，而恤民之实在省赋。”在同安任内，他就曾上书，要求豁免各地所亏欠的经总制钱，因为这种钱“取之无名”。朱熹常常深入民间，访问疾苦，鉴于同安城关沟渠淤塞，溪洪为患，于是勘测地形，制订舆图，开沟建渠，使小沟汇入大渠，渠道注入河溪，脉络相通，纵横有序，为同安城防洪排污、驱除疫病、美化环境做出了贡献。在同安任职期间，朱熹深受当地百姓的敬仰和爱戴，离任后，同安“士思其教，民思其惠”。

理荒政，建社仓，赈济灾民。朱熹同安主簿任满回崇安后，埋头于书海，探究学问，著书立说。在近二十年里，朝廷多次任命他官职，并一再催促其到任视事，但由于朱熹不屑于与佞臣为伍，总是一辞再辞，不愿起命。朱熹虽然屡召不起，但他仍在力所能及的范围内，办一些公益事业，为国家分忧，为百姓释难。被誉为“先儒经济盛迹”的社仓制，就是他极力倡导的。乾道四年（1168）七月，崇安发大水，朱熹奉府檄行视水灾。闽北一带，水旱濒仍，饿殍遍地。朱熹首先劝富户发藏粟赈饥，继而请县衙开仓，运来六百斛粮食，赊赈饥民，里人方幸免饥。事后，朱熹三度上书建州知府，陈述县州官仓之弊，备述建立社仓之益。他设定“社仓”任务是在青黄不接之时贷谷给农民，一般取息百分之二十，这就可以不向豪民高利贷粮，若发生小饥，息利可以减半，若发生大饥则可免除利息。乾道七年（1171），建州知府批准了朱熹的建议，“立社仓崇安县凡十七所”。五夫社仓经过世代修葺，仍保存完整，这在中国经济史上亦有其贡献。

减赋税，行经界，缓和兼并。朱熹治漳时，正值南宋政权内外交困并行。当时，南宋统治区域只有北宋的三分之一，而税收却增加了四分之一。大地主巧取豪夺，土地兼并日益严重，阶级矛盾日益激化，农民起义风起云涌。朱熹从缓和阶级矛盾，巩固封建统治出发，到郡后，“减轻经总制钱四百万”，使百姓负担有所减轻。为解决“赋税不均”和增加南宋政权的收入，光宗命朱熹在漳州试行“经界”。朱熹在试行“经界”的过程中，既发现了税收问题上的不合理现象，也看到了对待经界的不同态度，“豪家大姓不以为便，县吏乡司不以为便，官员之无见识，乐苟简者不以为便”，“独有贫民下户欲行此事，有同饥渴”。在此过程中，他极力为民请命：“今之为县，真有爱民之心者十人，则十人以经界为利。”朱熹治漳，时间虽短，但政绩昭然。由于他在学术上的威望，所以“未至之始，吏民闻风竦然，望若神明”。

后人评说

千秋功过，自有后人评说。朱熹驾鹤西去后，后人对其评价甚高。

朱熹的弟子黄榦在《朝奉大夫文华阁待制赠宝谟阁直学士通议大夫谥文朱先生行状》中写道：“窃闻道之正统，待人而后传。自周以来，任传道之责，得统之正者，不过数人，而能使斯道章章较著者，一二人而止耳。自孔子而后，曾子、子思继其微，至孟子而始著。由孟子而后，周、程、张子继其绝，至先生而始著……先生出，而自周以来圣贤相传之道，一旦豁然，如大明中天，昭晰呈露。”

朱熹去世时正值庆元党禁时期。据史料记载，朱熹去世时，“伪学禁方严，门生故旧至无送葬者”，南宋词人辛弃疾为文往哭之，曰：“所不朽者，垂万世名。孰谓公死，凛凛犹生。”南宋词人陆游在《祭朱元晦侍讲文》中写道：“某有捐百身起九原之心，有倾长河注东海之泪。”清初经学家江藩如是说：“晦翁是宗孔嗣孟，集诸儒之大成者也。”清康熙帝称朱熹：集大成而绪千百年绝传之学，开愚蒙而立亿万世一定之归。并认为朱熹“文章言谈之中，全是天地之正气、宇宙之大道。朕读其书，察其理，非此不能知天人相与之奥，非此不能治万邦于衽席，非此不能仁心仁政施于天下，非此不能外内为一家”。清全祖望在《宋元学案·晦翁学案》中如是评价朱熹：“致广大，尽精微，综罗百代矣。江西之学，浙东永嘉之学，非不岸然，而终不能讳其偏。”

英国科技史家李约瑟在《李约瑟文集》中写道：朱熹是一位深入观察各种自然现象的自然学家。当我们进一步考察这一精心表达的自然体系时，我们不能不承认宋代哲学家所研究的概念和近代科学上所用的某些概念并无不同。至少理学的世界观和自然科学的观点极其一致，这一点是不可能有疑问的。宋代理学本质上是科学性的，伴随而来的是纯粹科学和应用科学本身的各种活动的史无前例的繁盛。

当代哲学家、中国人民大学教授张立文如是说，朱熹思想体现了历史的脉搏、时代的精神……适应了社会的需要，影响久远。……他成功地回应了当时社会各个方面的挑战，并化解了各层面的冲突。……使儒家道德学说获得形上性和整体性的阐发，传统儒学内部的逻辑结构、价值结构、道德结构等经此调整，获得了新的生命。

爱国词人——张孝祥

张宪华

张孝祥像

张孝祥（1132—1169），字安国，号于湖居士。原籍和州乌江（今安徽和县），生于鄞县（今浙江宁波鄞州区），卒于芜湖。张孝祥于绍兴二十四年（1154）考中状元，历任礼部员外郎、起居舍人等，此外他还出任过抚州、平江、静江、潭州等地的地方长官。同时，他在文学创作及书法等多方面也具有卓越才华和成就，是南宋初年词风转变中的著名作家之一。

早年经历与高中状元

北宋靖康年间，金军攻破东京（今河南开封），俘虏了宋徽宗、宋钦宗父子，这就是历史上著名的"靖康之难"，直接导致了北宋的灭亡。南宋绍兴二年（1132），张孝祥出生。

在和州，张氏是一个耕读世家。"靖康之难"后，这个家族便开始饱受离乱之苦。张孝祥大伯父张邵，登宣和三年（1121）上舍第，建炎元年（1127）任衢州司刑曹事，并携带张氏家族寓居衢州。建炎三年（1129），张邵出使金国，被金人囚禁十五年而不屈，名声十分响亮。张孝祥二伯父不忍舍弃祖业和祖坟，执意留守和州故里，后死于战乱。父亲张祁因长兄张邵出使金国补官，在任明州观察推官期间，又将张氏家族迁居明州，当时张祁官职不高，薪水微薄，张家在鄞县又没有田产，只能寄居在僧舍里，生活相当窘迫。张孝祥就出生在明州鄞县方广寺的僧房内。

绍兴十三年（1143），张邵出使归来之后，张祁又带着一房老小移居太平州芜湖县。这样，一来可以隔江照应和州故居的产业和祖茔，二来可以减轻聚居大家庭的经济负担。这些早年经历，使得张孝祥对战乱中颠沛流离的人民寄予了深切的同情，对金人践踏中原表示极大的愤慨。

张孝祥在取得科名方面颇为顺利，《宋史》说："年十六领乡书，再举冠里选，绍兴二十四年廷试第一。"然而，也由此遭受秦桧及其党羽的嫉恨。

在殿试之前，秦桧为了让其孙子秦埙夺魁，买通所有环节。当时秦桧党羽魏师逊及汤思退等人判卷，暗定秦埙为榜首，张孝祥次之，曹冠又次之。但最终定夺大权在高宗手里，他大概觉察出秦桧党羽有舞弊偏私之嫌，所以亲自阅卷。他先看秦埙的策论，觉得都是一些陈词滥调，没有新意。再看张孝祥的策论，认为"议论雅正，词翰爽美"，便提笔判卷，亲擢其为进士第一，并将秦埙降至第三。宋人叶绍翁《四朝闻见录》卷二说："高宗酷嗜翰墨，于湖张氏孝祥廷对顷，宿酲犹未解，濡毫答圣问，立就万言，未尝加点。上讶一卷纸高轴大，试取阅之，读其卷首，大加称奖；而又字画遒劲，卓然颜鲁。上疑其为谪仙，亲擢首选。"

高宗之举，打破了秦桧及其党羽的如意算盘，但他们面对皇帝的决定敢怒不敢言。高宗传旨召见新考中的进士，完成依次唱名和谢过皇恩程序后，张孝祥开始拜谢当朝权臣和主考官。来到秦桧面前时，秦桧说："看来皇上不仅喜欢你的策论，而且还喜欢你的诗与字，你可真是三绝呀。"随即又问他："诗何所本，书何所法？"张孝祥正色以对："本杜诗，法颜字。"秦桧的书法也有一定水平，如果张孝祥借机恭维他一下，或许后来的情况会有所不同。可是，张孝祥却直率地说出了师法对象，又一次让秦桧难堪。

张孝祥状元及第后，还做了两件得罪秦桧的事。第一件是拒绝秦桧亲党曹泳（时任杭州临安府长官）的请婚，第二件是上书朝廷为岳飞平反昭雪。恼羞成怒的秦桧，开始指使他人诬陷张孝祥的父亲张祁与张浚、胡寅等人谋反，张祁、胡寅等人因此下狱，“囚系甚苦”。张孝祥也列入秦桧罗织罪名、制造冤案的黑名单，所幸不久，秦桧病死，张祁获释，张孝祥也幸免于难。

三起三落的宦海沉浮

张孝祥自绍兴二十四年（1154）步入仕途，仕宦生涯只有十五年，这还包括期间落职闲居的三年。这十五年可分为三个阶段：入仕后初为朝官的五年；被罢职后又任知抚州、平江、建康，以及再罢职闲居芜湖的六年；最后四年是知静江，知潭州及徙守荆州。

第一阶段为临安初仕的五年，仕途较顺，屡屡升迁，从一个八品散官，擢升为权中书舍人，在中书省任职，居四品要职，成为皇帝身边的近臣。期间，先后上《论先备札子》《论治体札子》《论涵养人才札子》等奏议，提出加强边防、抵御金人、扫除积弊、广开才路等主张，表现出卓越的政治才能。绍兴二十九年（1159）八月，因遭侍御史汪澈的诬陷，张孝祥被罢职。关于汪澈的诬陷之辞，在李心传《建炎以来系年要录》中有着比较详细的记载。这一变故，对于刚入仕途的张孝祥来说是有口难辩，打击颇大，他只能“静扫一室，终日危坐，以省昔愆，它无可言者”。而高宗为了表示惜才，给了张孝祥提举宫观的闲职。这一年秋天，张孝祥带着失望离开临安，回到芜湖。

第二阶段是在担任抚州知府、平江知府、建康留守时，再次遭到罢免，回芜湖闲居，大约六年时间。绍兴三十二年（1162）二月，张孝祥出任抚州（今江西抚州）知府，在执政过程中，儒家“仁政爱民”的思想对他产生了深远影响。他体恤民力，实行减税政策，“百姓皆大欢呼，大为民户之利。张、陈既皆满罢，后来不复能守其法，于二斛输三斛之上，又浸加斛面，民益以为困”。任内，他还出榜禁卖假药，也曾平定地方上哄抢兵库的动乱。隆兴元年（1163）三月，任平江（今江苏苏州）知府时，积案很多，他都一一判决，做到了“庭无滞讼”。在平江的属邑，有一个地方豪强私煮海盐，囤积居奇，牟取奸利，而且结纳官府，横行乡里，以致整个郡县都深受其害。张孝祥下令将其逮捕治罪，并抄没家产，单是囤积的粮食就有几万斛。第二年，这里发生饥荒，他就用这些粮食赈济灾民。隆兴二年（1164）正月，经主战派张浚的推荐，张孝祥入朝就时局回答高宗的提问，由于对答如流，颇有见地，深受赞赏，除被委任中书舍人、直学士院外，还兼任都督府参赞军事，领建康留守。重新获得重用后，张孝祥积极协助张浚练兵择将，筹划边备，奔波于两淮和建康之间，决心为恢复大计做出一番业绩。可是好景不长，这年十一月，他又受到主和派的攻讦，再次被革职。张孝祥作为一个积极主战者，多年来奔走呼号，渴望的就是“扫开河洛之氛祲，荡洙泗之膻腥”，北靖中原，收复两京，以雪国耻。然而，就在行将出现希望的时候，他的理想和梦想，却随着罢官、和议一齐被断送了，这不能不令他痛苦万分。隆兴二年（1164）的罢官，是张孝祥仕途上遭遇的第二次挫折，也是对他打击最大的一次。

第三阶段是担任静江府长官，同时第三次遭到罢免，后复出知潭州及徙守荆州。乾道元年（1165），张孝祥知静江府（今广西桂林）兼广南西路经略安抚使，七月到任。一年后被御史王伯庠弹劾“专事游宴”而落职。御史王伯庠人品恶劣，阿附取容，张孝祥这次罢官，可能就是王伯庠根据某一执政的示意而罗织罪名的，这是张孝祥仕途上的第三次挫折。张孝祥为人不拘小节，以致有“嗜酒好色，不修细行”的名声，高宗也有所耳闻。一次，高宗问他：“有人说你赃滥，是真的吗?”张孝祥回答：“臣不敢欺君，‘滥’诚有之，‘赃’之一字，却不敢奉诏。”可见张孝祥虽然疏放，为官却清正廉洁。当时有人这样评价他：“于湖平生虽跌宕，至有大纲大节处，直是不放过。”在芜湖赋闲半年后，乾道三年（1167）三月又被起用，担任潭州（今湖南长沙）府长官。任期里，张孝祥“为政简易”，不横征暴敛，不严刑峻法，十分重视农事，关心年成丰歉。在一场干旱之后，喜降新雨，他欣然命笔：“天公有意不作难，一雨千里须臾间。但得湖南今岁熟，我亦腰镰归故山。”“今朝一雨秋事了，便可高咏丰年诗。”这些诗篇都饱含着他对百姓疾苦的关心。乾道四年

（1168）八月，改任知荆南府（今湖北江陵）兼荆湖北路安抚使。在荆南任上只有八个月，期间，主要做了以下几件事：一是修边备，治理战争留下的创伤；二是鉴于当地水患频繁，兴办水利，组织动员五千人，历时四十天，建成新堤，根治了荆州水患；三是重建荆州万盈仓，储备漕粮。其心系民瘼、造福于民的情怀及处理政事的干练、气魄可见一斑。

张孝祥是个很有政治才能的清官，决策处事，刚毅果断，也是治理政务的好手。他前后治理过六个州郡，所至皆有惠政。难怪《宣城张氏信谱传》中称赞他："历事中外，士师其道，吏畏其威，民怀其德，所至有声。"同时代的人则称赞他"六郡能声，两朝雅望"。这些评价诚非虚誉。

张孝祥在芜湖的活动

张孝祥虽说原籍和州，但是芜湖是他的却第二故乡，其别号"于湖"，就寄托着对这方土地的深情。西晋太康二年（281）设置于湖县，位于今芜湖市东北靠近当涂之地，隋开皇九年（589）废，入当涂县。《资治通鉴》胡三省注："芜湖即于湖。"宋代以来，则大多将于湖视为芜湖的古地名。张孝祥《蝶恋花·怀于湖》说："春到家山须小住，芍药樱桃，更是寻芳处。绕院碧莲三百亩，留春伴我春应许。""家山"二字，说明他已把芜湖看作故乡。

绍兴十三年（1143），张孝祥随父亲张祁移居芜湖。张祁在县城西南升仙桥附近建了住宅。这里负廓临河（芜湖旧称青弋江为长河），西去长江不远，东北面是郁郁葱葱的赭山，环境安静。在住宅附近，还专门建了一个书房，书房前有一片绿池。张祁为官清廉，对官声极为看重。张孝祥曾回忆父亲的教诲："世间如贪鄙、刻薄等事，须常常把做一大罪过看，不可有分毫放过处。才惯了，便只把做常事看。"更重要的是芜湖秀美的山水和浓厚的文化氛围，给了这位浪漫气质的青年人更多的陶冶。

芜湖早就流传着许多与张孝祥有关的故事。据说其书房正对着一方池塘，春夏之交常有蛙鸣，搅得人心烦意乱。芜湖旧俗还有祭蛙神的习惯，一日，张孝祥见街坊邻居摆出香案，香案正中立有蛙神牌位，据说这样才能求得蛙神的庇护，不再整日鼓噪。可是张孝祥不信这一套，当天夜晚，他推开后窗，蛙声又一次袭来，他随手将一方砚台投入池中。说来奇怪，蛙声顿时灭绝，从此不再鼓噪，此塘也得名“禁蛙池”。据嘉庆《芜湖县志》卷六《古迹志》载，状元张孝祥宅在县西南升仙桥，筑归去来堂，堂畔有池，群蛙鼓噪。邻人江氏让之，孝祥取砚投池，应手绝，因命禁蛙池。时过境迁，张孝祥故居演变成状元坊巷。这条小巷全长三百多米，南起中长街，北至中二街。

芜湖地处水陆要冲，送往迎来，人民不堪其扰。有个将领拥兵还镇时，军纪不严，所过市镇无不遭受劫掠，以致老百姓听说该军要路过，都惊恐万分。张孝祥这时正在家乡闲居，于是挺身而出，以与该将领有世谊为名，致信迎接，自己出资购买数百斛米，与父亲亲自到江上犒劳军队，以礼束缚，使他们不便滋扰，扬帆而去。

张孝祥居芜湖期间，还修建了青弋江上的浮桥。每逢春夏之交山洪暴发，灾祸频发。“万家之邑，百贾所趋，一溪之桥，累岁不葺。系破舡之六七，当骇浪之千寻，溺马杀人，习为常事。”于是张孝祥组织人力“入谷斩木，造舟为梁”，在青弋江上拼舟搭板，造成浮桥，浮桥两边设有护栏，方便行人商旅过桥。浮桥告成，两岸人民“但渡无苦”，从此“得福甚多”。

张孝祥在芜湖影响最大的是“捐田百亩，汇而成湖”，造就江城明珠——镜湖（又名陶塘）。这一善举造福桑梓，让芜湖的百姓感念至今。宋人叶绍翁《四朝闻见录》卷二：“张，乌江人，寓居芜湖。捐己田百亩，汇而为池，圜种芙蕖杨柳，鹭鸥出没，烟雨变态。扁堂曰‘归去来’。”就是说张孝祥捐田造湖，起造园林，为诗文会友、悠游燕乐之所。张孝祥去世前，又嘱咐儿子捐出镜湖，作为乡民游览休闲之所。

明清时期，芜湖官方与民间对镜湖进行开发建设，使之逐渐成为“邑中风景最佳处”。清代沿湖亭台楼榭尤胜，著名的有来佛亭、澹人居、一房山、长春园、读画轩、洪园、龙家园、戴园等。乾隆年间，芜湖知县陈圣修曾将陶塘一带荒废园林，重新整修，采用张孝祥“留春伴我”词句，命名为“留春园”。为了纪念张孝祥，又把“澹人居”一分为二，其南设立了张于湖祠，即今天的烟雨墩。道光年间，乡贤王泽致仕，买下留春园，重新修葺，改名为“希右园”，园内亭台水榭，格调高雅，有“吴波亭”“溪山好处亭”“小罗浮仙馆”“归去来堂”，成为江南著名园林。清代诗人黄钺《于湖竹枝词》说：“升平桥畔状元坊，曾寓于湖张孝祥。一自归来堂没后，顿教风月属陶塘。”可见张孝祥捐田成湖，给这座城市带来了一种特别的气韵和清旷。镜湖的波光水韵，仿佛呈现出张孝祥高尚的人格。

一段刻骨铭心的爱情

据宛敏灏先生的考证，张孝祥少年时即与桐城李氏少女相识、相恋，两人同居并生下长子张同之。但不知何故，李氏却始终得不到张家的认可，不能成为他的妻子。绍兴二十六年（1156），张孝祥决定娶仲舅之女时氏为正室，他先期从临安到建康，于重阳节前送李氏和张同之前往桐城浮山，托辞学道以掩人耳目。《于湖词》里有一首《念奴娇》，宛敏灏先生认为这首词正是张孝祥与时氏成亲前夕，送别李氏与张同之而作。词云：“风帆更起，望一天秋色，离愁无数。明日重阳尊酒里，谁与黄花为主？别岸风烟，孤舟灯火，今夕知何处。不如江月，照伊清夜同去。船过采石江边，望夫山下，酌水应怀古。德耀归来虽富贵，忍弃平生荆布？默想音容，遥怜儿女，独立衡皋暮。桐乡君子，念予憔悴如许。”其中“德耀归来虽富贵，忍弃平生荆布？”一句，用的是南朝江祏的典故，江祏早年贫贱，以剪刀为聘与范氏女子订亲，后来他飞黄腾达，范氏的父亲说：“现在你已经飞上枝头变凤凰，我家荆钗布裙的女儿，按理配不上如此华盛的亲事。”于是将当年的聘礼剪刀还给了他，江祏也就心安理得的别娶另婚。张孝祥在词中反问：“虽然今日富贵荣耀，怎能忍心抛弃糟糠之妻？”可是轮到他自己，却也不得不离弃李氏母子，这其中的自责、内疚、悔恨、悲苦均难以说出口，种种情绪折磨之下，使他心力交痒，痛苦不堪。

李氏被送走之后大约是出家做了女道士，至少也是在家修行，儿子张同之长大之后，与父亲仍有来往，张孝祥去湖南长沙上任，张同之随行，但李氏与张孝祥，却似乎终身不复相见。

张孝祥去世后，由李氏所生的长子张同之袭了荫官，获得芜湖住宅的继承权，这也许是张孝祥对他们母子的一种补偿。李氏的身份被官方所承认，是在张孝祥死后多年，儿子张同之升官之后，可以荫封母亲了，他便特地向朝廷提出申请，要求将这个太夫人的荫衔授予自己的生母李氏，张孝祥这一段地下婚姻，才终于得到了官方的承认。虽然，张同之的墓志铭上也不得不按照封建礼制在嫡母一栏写上父亲的正室时氏，却终于也获得留下生母姓氏的权利，使父母这一段爱情悲剧不至于永远湮没。

张同之墓出土的随葬品中，有一枚铜印，刻着张同之的姓名和字号，在四侧刻有“十有二月”“十有四日”“命之曰同”“与予同之”篆书跋文，从刻辞的语气来看，应该是其父张孝祥所赠。那时的张孝祥，还无法预料自己的官场未来，更料不到这段婚姻最终无望，连做一个合格的丈夫、称职的父亲也不可得。虽然他临终前将自己的官职荫袭权与个人遗产都给了张同之，对这个儿子得不到家族承认的内疚，却终身难以弥补。

张孝祥的诗词创作及书法成就

由于时势不与，也由于天不假年，张孝祥的政治才能，并没有完全发挥出来，但在文学上，他是既全面又杰出的天纵之才。他的书法、诗赋、文章俱佳，而其中最为出色的是词。

谢尧仁《张于湖先生集序》评其散文说：“如大海之起涛澜，泰山之腾云气，倏散倏聚，倏明倏暗，虽千变万化，未易诘其端而寻其所穷，然从其大者目之，是亦以天才胜者也。”如张孝祥上孝宗的《论用才之路欲广札子》，全文四百余字，把广开用人之路的重要性、目下用人制度的弊端和解决的办法，都说得清清楚楚。文笔流畅而有波澜，语言简洁而不呆滞。张孝祥的《乐斋记》叙述赵再可以国为重，不顾两淮为宋、金争战之地，置生死安危于度外，毅然赴钟离（今安徽凤阳东北）主簿事。该文用对比手法，以宋、金交战之际，“居江之北者盖皆徙而南”，与“再可独驱车以北”赴任作对比；次段层层深入、反复渲染赵再可的“濠上之乐”，并与那些所谓“大官”贪生怕死的行径形成鲜明对照：“夫濠上之乐孰知之？使吾于濠官守得其职固乐，不幸而不得其职，而不害其为赵再可者，再可亦乐也；又不幸而虏入塞，再可与民以心为城，择险而守，再可之志如此，再可亦乐；又重不幸，再可力不支而见得于虏，再可以得死所为幸，再可弥乐。夫无往而再可莫不有以自乐，再可兹行，其策得矣。彼纡朱怀金、驾高车、从卒吏，号称大官，平时冒爵位、取富贵，一旦赤白囊至，股栗心悸，谋自窜之不暇，闻再可之乐，可愧死矣。”文章于对比中既突出了赵再可英勇无畏的形象，对那些但求富贵、闻敌股慄的官僚，亦可谓鞭辟入里。

从文集数量看，张孝祥所作的诗最多，也很出色，时人把他列为南渡后的“大家”。如《和沈教授子寿赋雪三首》之一：

北风吹来燕山雪，十万王师方浴铁。
风缠熊虎灵旗静，冻合蛟龙宝刀折。
何人夜缚吴元济？我欲从之九原隔。
东南固自王气胜，西北那忧阵云结？
岂无祖逖去誓江，已有辛毗来仗节。

此诗气势充沛，感情深沉，很有唐朝诗人所作边塞诗的气韵。

又一首《湖湘以竹车激水，粳稻如云，书此能仁院壁》：

象龙唤不应，竹龙起行雨。联绵十车辐，伊轧百舟橹。
转此大法轮，救汝旱岁苦。横江锁巨石，溅瀑叠城鼓。

神机日夜运，甘泽高下普。老农用不知，瞬息了千亩。
抱孙带黄犊，但看翠浪舞。余波及井臼，舂玉饮酡乳。
江吴夸七蹋，足茧腰背偻。此乐殊未知，吾归当教汝。

这首诗作于湖南，时人“谓其《水车》诗活脱似东坡”。可见，这是一首成功的仿苏诗。“象龙唤不应，竹龙起行雨”是指筒车的造型和材料，筒车所有材料均为竹制，特别是挹水筒用天然的竹筒盛水，很好地利用了竹材的中空特性，堪称绝妙。筒车灌溉靠的是利用山区的水文条件，靠激流产生的水力推动，自灌自覆，流转无劳人力。因灌溉效益显著，亦称竹龙。这种筒车上有十个挹水筒，不停断地挹水，筒在水中盛水后，随轮转至上方，水自动倾入上方槽内，流入农田。“联绵十车辐，伊轧百舟橹。转此大法轮，救汝旱岁苦。”可见筒车为山区乡民灌溉之利器，在湘桂丘陵山地一带十分流行。作者全面地介绍了筒车的形制、材料、灌溉过程和功效，高兴之余，想起皖江一带还在使用的踏车，“江吴夸七蹋，足茧腰背偻。”大抵是七人踩踏的大型号踏车。人倚架上，踏动拐木，带动龙骨板循环转动，提水上岸。脚踏水车靠的是人力踩踏，脚上磨出老茧，腰背也弯曲了。相比之下，实在劳苦，因此张孝祥说要把筒车技术带回家乡。若不是平素关心民间疾苦，对农民有深厚的感情，绝不会有这种想法。

张孝祥是南宋词坛豪放派的名将，在宋代的词坛上，他是上承苏东坡下启辛弃疾的重要桥梁，有“词坛射雕手”之称。宋孝宗隆兴元年（1163）五月，南宋主战派将领张浚挥师北伐，但因准备不足，加之前线将帅失和，终至兵败于符离（今安徽宿州）。一时之间，朝廷上下议和言论甚嚣尘上，宋孝宗开始遣使与金人谈判，酝酿新的“和议”。坚持抗战、反对投降的张孝祥义愤填膺，遂在建康留守，席上赋《六州歌头》一词：

长淮望断，关塞莽然平。征尘暗，霜风劲，悄边声。黯销凝。

追想当年事，殆天数，非人力。洙泗上，弦歌地，亦膻腥。隔水毡乡，落日牛羊下，区脱纵横。看名王宵猎，骑火一川明。笳鼓悲鸣，遣人惊。

念腰间箭，匣中剑，空埃蠹，竟何成！时易失，心徒壮，岁将零。渺神京。干羽方怀远，静烽燧，且休兵。冠盖使，纷驰骛，若为情？闻道中原遗老，常南望，翠葆霓旌。使行人至此，忠愤气填膺，有泪如倾。

该词上阕写张孝祥在北望中原所见到的景象，景中含情。开篇，写词人登高望远，“长淮望断”，当时的淮水正是宋、金的边界线，望断长淮，即目尽边塞，不见南宋方面操练军队，惟见荒草丛生，几乎与关塞相平！可以想见，南宋边防前线的荒凉冷落。“征尘暗，霜风劲，悄边声”三句，写边塞景象。在如此重要的边塞前沿，惟闻边声悄然，不见守军，正说明南宋边备废弛，不禁使自己“黯销凝”，伤神而丧魄。后追忆当年金灭北宋往事，神州陆沉，悲愤之情，溢于笔端。然后笔锋一转，由对历史的追忆转而描绘现实，写强敌只隔一水，淮水北岸的金兵毡房连成一片，正借打猎来演习军事，而且是在夜晚，骑兵拿着火把将整个淮水都照亮了！“看名王宵猎，骑火一川明。笳鼓悲鸣，遣人惊”，是金人对南宋政权的虎视眈眈、磨刀霍霍，这种情况当然是“遣人惊”的。

下阕以写情为主，但融情入景。因为久无战事，兵器被闲置一旁，随着岁月的流逝，光复汴京的希望已是越来越渺茫了。“时易失，心徒壮，岁将零。渺神京”，写出了一代爱国志士报国无门的悲愤痛苦。此后六句，则直斥主和派的放弃抵抗，屈辱求和，真是颜面丢尽。这几句的情感渐由沉郁转为激愤。“闻道中原遗老，常南望，翠葆霓旌”，宕开一笔，以中原父老盼望南师北伐，进一步讽刺了南宋朝廷的苟和政策。结尾三句则由作者个人之感情扩大到行经淮河边的行人，想象他们面对当前的局势，恐怕也会像作者一样，忠愤气填膺，泪如雨下。

这是一首忠愤之气喷薄而出的好词，从宋代以来，一直感染着一代又一代的人。清人陈廷焯赞美它："淋漓痛快，笔饱墨酣。读至末处，如惊沙乱飞，谁不起舞?"也难怪主将张浚读后深受感动，为之罢席。清人刘熙载由此悟出，词的兴观群怨其实是一点也不下于诗的，这种感悟对我们也是具有启示意义的。

张孝祥《念奴娇·过洞庭》云：

洞庭青草，近中秋，更无一点风色。玉鉴琼田三万顷，著我扁舟一叶。素月分辉，明河共影，表里俱澄澈。悠然心会，妙处难与君说。

应念岭表经年，孤光自照，肝胆皆冰雪。短发萧骚襟袖冷，稳泛沧溟空阔。尽挹西江，细斟北斗，万象为宾客。扣舷独啸，不知今夕何夕！

这首词是作者描写自己被谗落职后的心境，抒发自己高洁的品质和旷达的胸怀。上阕写时近中秋月夜湖中的景色，极写月光之皎洁，湖水之广阔，月华星辉，波光水色，水天辉映，上下通明。对此，自己心神与之交会，很难诉诸言辞。下阕写自己的心迹。回想当年为官岭海，以孤月为伴，引清光相照，"肝胆皆冰雪"，光明磊落，肝胆照人，犹如那万顷湖水在素月之下表里澄澈。如今虽然落职，但豪情不减，仍与天地万物纵情豪饮。全词把自己被谗后的旷达胸怀表现得淋漓酣畅。这首词在风格上与苏轼《水调歌头》写中秋夜之作很相近，精神也相通。作者绘景写情，物我交感，完全把莹然绝尘的自我融入了澄澈空明的山水环境中，创造了一个天人合一的艺术境界。

张孝祥不仅文采风流，书法也享有盛名。其传世书迹凡十余种，可以分为两大类：一是墨迹，多为书札，有《临存帖》《泾川帖》《休祥帖》《关御帖》《柴沟帖》等；一是石刻，多为诗文，桂林市文物管理委员会所编《桂林石刻》一书，辑有张孝祥的《朝阳亭记》。

张孝祥传世的书法往往表现出中青年特有的雄健、奇伟、劲挺，加之其为人豪迈，其书迹往往超然自放，十足可爱，在“中兴四大家”中，若以“骨力”而论，张孝祥是最为劲健的。

延续着这种劲健气息，我们在他传世的最后一件书作《柴沟帖》中看到与他二十几岁时大相径庭的书风。清雄伟岸，浑厚严谨，遒劲流畅，骨力内含。其用笔方圆兼之，线条凝重俊逸，整体疏密对比强烈，用笔以折带转、易方为圆，已明显从颜字中脱化出来，在米芾书风的基础上更加奔放，有过于放纵、不甚含蓄的地方。张孝祥率真的为人，让他在南宋官场上郁郁不得志且频繁调任；而对于本真的书风，朋友们也提出了委婉的批评，杨万里云“张安国书甚真而放如此”，好友朱熹口中的“爱放纵”，可能正是针对这类作品的评论。

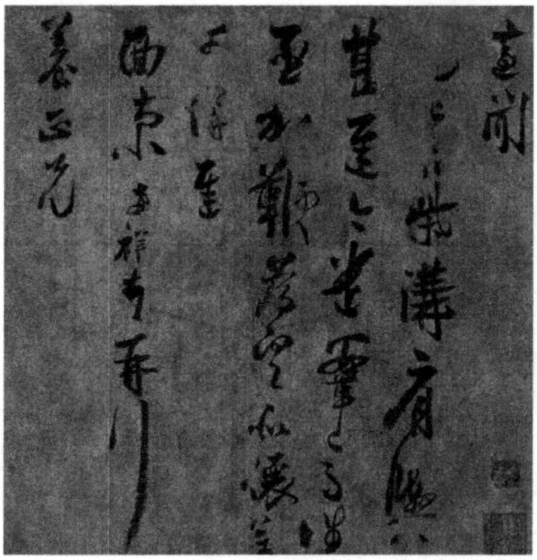

《柴沟帖》

张孝祥的书法，一如其人，充分地表现了他的才气。他的侄孙张即之，号称传承家学。但其书刻意立异，远不及张孝祥的自然洒脱。最为可惜的就是天妒英才，张孝祥不到四十岁就英年早殒了。否则，他在书法上所取得的成就一定是难以想象的。

张孝祥才情横溢，意气豪迈，是南宋前期著名的忠义之士，在许多领域都有突出表现。可惜这位文章、道德、才干三者兼备的良吏英年早逝。张孝祥病故之日，芜湖的商贾都为之罢市，两河的百姓感觉从此失去了倚恃而惶恐悲伤，足见他是何等的深得民心。张孝祥的文集在宋代即有数种刊本行世。今传《于湖居士文集》四十卷，有《四部丛刊》影宋本，其中收词四卷。又有《宋六十名家词》本《于湖词》三卷。宛敏灏先生撰有《张孝祥词笺校》，是目前最为完备的笺释本。

一代大儒——吕祖谦

李永卉

吕祖谦像

吕祖谦（1137—1181），字伯恭，号东莱，南宋著名的史学家、思想家，世称“吕太史”“东莱先生”，因谥号“成”，后人亦称“吕成公”。祖上河东人（今山西），后徙居寿春（今安徽寿县），六世祖申国文靖公吕夷简自寿春徙开封，遂为开封人。北宋灭亡后，祖父吕好问随皇室南迁至婺州（今浙江金华），始居金华。吕祖谦与著名的理学家朱熹、张栻齐名，世人誉为“东南三贤”，他博通经史，与当时诸多学派学者来往密切，对推动南宋学术流派的交流与发展做出了巨大贡献。

家世显赫　刻苦勤学

宋代的吕氏家族是一个世代业儒的大家族，人才辈出，绵延不绝，从10世纪晚期到12世纪末，涌现了许多达官显贵和知名学者。早在北宋太宗、真宗两朝，祖上吕蒙正就曾三度为相，后来吕夷简在仁宗朝三度拜相。吕祖谦的太祖父吕公著则在仁宗朝任天章阁待制兼侍读，英宗时加封龙图阁直学士，哲宗时继司马光之后而拜相。祖父吕好问在宋钦宗靖康年间担任御史中丞、兵部尚书等职，后在南宋高宗朝拜尚书右丞，封东莱郡侯等。对于吕氏家族“十世三相”，清人赵翼称赞说：“世家之盛，古所未有。”

吕氏家族成员除了在朝廷做官外，在学术上也很有影响力。据史书记载，吕氏家族成员见载于《宋元学案》者就有“七世十七人”，其中吕正献之子吕希哲、吕希纯为安定（胡瑗）门人，而吕希哲（字原明，学者称荥阳先生）自为《荥阳学案》。吕荥阳之子吕切问，亦见于学案。吕荥阳的孙子吕本中及从子大器、大伦、大猷、大同录为《紫微学案》，紫微之从孙祖谦、祖俭、祖泰又别为《东莱学案》，足见吕氏家学之深厚。所以《宋史・吕祖谦传》中说：“祖谦之学本之家庭，有中原文献之传。”南宋绍兴七年（1137），吕祖谦出生于广西桂林外祖父曾几（文清公）的官邸。此时，其外祖父曾几任广西转运使，其父吕大器此时亦在桂林。曾几因其兄曾开反对与金人议和之事，触怒主和派秦桧，同被贬官，降为广西转运副使，吕大器父子亦随之一起。绍兴十二年（1142），曾几的弟子陆游见到六岁的吕祖谦，大为赞叹，以为“卓然颖异”。

吕祖谦家学深厚，从小便耳濡目染，勤奋好学。他的父亲吕大器，于绍兴十五年（1145）在浙江武义县与其弟吕大伦、大猷、大同，共建豹隐堂以研读经典、讲习道义。吕大器与朱熹的父亲朱松友，皆为道学中人，由于有此渊源，朱熹得以谒见吕大器，并与吕祖谦相识并结为朋友。童年的吕祖谦由父亲吕大器、母亲曾氏亲自教授，据史载，“先生文学术业，本于天资，习于家庭”。早年的家庭教育受用终生，据说吕祖谦少年时，性格偏执，后来因为生病研读《论语》，当读至“躬自厚而薄责于人”一节时，幡然醒悟，遂“终身无暴怒”。这一时期，除了研读正统的经史典籍，吕祖谦还研读佛学典籍，留有《题真觉僧房芦》和《再赋真觉僧房芦》三首等作品。绍兴二十五年（1155），父亲担任福建提刑司干官，吕祖谦亦随之到福建，并就学于闽地大儒林之奇。林之奇世称“三山先生”，是吕祖谦的伯祖吕本中的及门弟子，据《宋元学案》称：“先生于学，博综诸家。”随后，又拜汪应辰、胡宪为师，汪应辰是南宋著名的诗人、散文家，胡宪是著名学者胡安国的侄子，曾经跟随胡安国学习，因居住在籍溪，故自号“籍溪先生”，二位先生对吕祖谦的影响也很大。

显赫的家世、名师的指点再加之勤学苦读，少年吕祖谦在师友圈中已经颇有名气，可谓少年得志。

仕途平淡　命运多舛

吕祖谦十二岁时，以祖荫恩补将仕郎，绍兴二十七年（1157）的春天，赴临安参加礼部春试，可惜没有及第。同年四月，朝廷以功授迪功郎，监潭州南岳庙，在湖南醴陵讲学。绍兴三十一年（1161），吕祖谦被授为右迪功郎，授严州桐庐县尉，主管学事。但是吕祖谦对朝廷一系列的优待政策，并未十分看重，没有赴任。宋代以科举入仕为重，吕祖谦一心要走科举入仕的道路。宋孝宗隆兴元年（1163），吕祖谦终于实现了夙愿，这年的四月，他先考中博学宏词科，接着又中进士。因为“祖谦既中选，赐同进士出身，相继放进士榜，又登上第”，所以孝宗特别下诏“减二年磨勘，堂除差遣”。按照吕祖谦的家世和他的学业成就，仕途本应该一帆风顺，但是他的命运实在不济，随后的一系列家庭变故对他打击很大，也影响了仕途的发展。

就在吕祖谦连中两科的前一年，即绍兴三十二年（1162），他的妻子韩氏（韩元吉之女）去世，所生男亦夭折。第二年连中两榜进士后，特授左从政郎，改差南外敦宗院宗学教授。乾道二年（1166）十一月，他的母亲又因病去世，归葬婺州，由于为母亲守丧，他只得以教授学子为业。乾道六年（1170），升任太学博士，并兼国史院编修官、实录院检讨官。乾道七年（1171）五月，不幸的是他第二任妻子韩氏又因病去世，所生的女儿亦夭折，这在精神上给吕祖谦带来了极大痛苦。乾道八年（1172）二月，其父吕大器因病告归，并于这年二月去世，吕祖谦遂辞官丁父忧。在守丧的三年中，仍以教授学子和著述为业。淳熙二年（1175）三月，吕祖谦去福建探访老朋友朱熹，同年五月，主持著名的鹅湖之会。淳熙三年（1176）九月，他又与著名的事功派学者永康陈亮有长乐之会。十月，因李焘的推荐，任秘书省秘书郎，兼国史院编修官、实录院检讨官，参与编修《徽宗实录》。这一年，吕祖谦刚满四十岁，但是已疾病缠身。

淳熙四年（1177）三月，二百卷的《徽宗实录》编纂完成，吕祖谦作为审订官，删削数百条，并作程颢、程颢传。同年四月，因参与编修《徽宗实录》有功，减一年磨勘，转承议郎，罢实录院检讨官，仍兼国史院编修官。八月，迁著作郎。十月，开始编纂《中兴馆阁书目》。十一月，以丞相赵汝愚、礼部尚书周必大的推荐，开始校正《圣宋文海》。这一年，又娶芮氏为妻。淳熙五年（1178）三月，转朝奉郎，以朝奉郎充殿试阅卷官。六月，以朝奉郎权礼部郎官，又以七十卷《中兴馆阁书目》编纂完成，减二年磨勘。当年十二月，吕祖谦突患中风，所以第二年的正月，不得不以中风的缘故请辞。二月，以《圣宋文海》成，除直秘阁，赐银绢三百匹两，赐名《皇朝文鉴》。这一年的七月，他的第三任妻子芮氏也去世了，四十三岁的吕祖谦又孑然一身。淳熙七年（1180）九月，诏除著作郎兼国史院编修官，以病乞祠。十月，诏除两浙东路安抚司参议官，吕祖谦坚辞不就，所以就让他主管亳州明道宫。淳熙八年（1181）七月二十九日，吕祖谦病卒于家，享年四十五岁。后谥号“成”，嘉熙二年（1238），宋理宗改谥吕祖谦为“忠亮”，后追封开封伯。景定二年（1261），配享孔庙。

博采众长　自创学派

吕氏家族长期以来以博学而闻名，同时并不局限于师承一家的狭隘学派思想。受家族学术传统的影响，吕祖谦博学多识，学术上主张明理躬行，兼容并包，学以致用，反对空谈心性，开浙东学派之先声。吕祖谦虽然英年早逝，但他的学术成就十分丰富，许多学术著作在当时及后世广为流传，学术思想影响深远。有《东莱集》四十卷传世，另有《古周易》一卷、《书说》三十五卷、《吕氏家塾读诗记》三十二卷等传世。

吕祖谦的学术不拘泥于一门一派，有“博采众长”“不私一说”的特点，这种不拘学派限制、广泛交游的开放思想，提高和丰富了他的学术思想。他融合朱熹之闽学、陆九渊之心学、张栻之湘学、陈亮之永康学以及薛季宣、陈傅良、叶适之永嘉学，得为婺学，是当时影响力很大的学派，在理学发展史上占有重要地位。同时，他交友广泛，与同时代不同学派的学者均过从密切，既与张栻、朱熹、陆九龄、陆九渊以及韩元吉、周必大等理学家相交，又与主张王霸事功的浙东学者如薛季宣、陈傅良、陈亮、叶适等相互问学，同时也与史学家李焘、袁枢等交流。但是，吕祖谦和其他理学家不同的是，他特别强调“经世致用”，所以他与倡导王霸事功的陈亮、薛季宣等人，经常书信来往探讨治国经邦的学问。吕祖谦认为修身应更多的在现实世界多加实践并学习“实学”，这种经世致用的传统成为浙东学派的一大特征。吕祖谦为人谦和，性格融通，不轻易排除异己，这种兼收并蓄的学术特点和谦和包容的为人性格，使得他能够与各学派学者融洽相处，交流学术，并在学派之间穿针引线，引导和推动学术对话，在当时学术交流活动中，起到了桥梁和纽带的作用。

另外，吕祖谦的史学造诣也十分深厚。因为致力于治国之道的研究，他将大部分时间投身于研究古代和当时历史的演变中，以求更好地理解现实并从中总结治理国家的经验教训。他曾告诫学生应该从历史中观察事物如何变化，而不是将历史只看作是记忆中的大量历史事件。吕祖谦还对其门生提到，在阅读历史文献时，应该先停下来设身处地去考虑，把自己置身于当时的情况下，怎么找到解决的办法并会产生什么样的结果。吕祖谦十分重视通史的撰写，他留下的未完成的《大事记》十二卷，就是一部本拟“起春秋，后讫于五代”的编年体通史，连对吕祖谦教人读史颇有微词的朱熹也不得不承认，“其书甚妙，考订得仔细”。其传世的作品还有《十七史详节》一书，吕祖谦在读正史时，但凡认为重要的事件便有目的地随手抄出，后汇成此书。清代四库馆臣评价曰：“所录大抵随时节抄，不必尽出精要。”虽然此书是具有选本性质的一部书，亦足见吕氏读书的广博与严谨。而另一部较有影响的史学著作是《东莱博议》，又称《左氏博议》，虽是“为诸生课试之作”，却多有吕祖谦的真知灼见，彰显了其卓越的史才。

尽管吕祖谦一生屡遭不幸，但在学术上兼收并蓄的精神，仍使他独树一帜，成为南宋重要的学者和思想家。清代学者全祖望总结吕祖谦的学术特点时说，吕氏之学“兼取其长，而复以中原文献之统润色之”，还说“小东莱之学，平心易气，不欲逞口舌以与诸公角，大约在陶铸同类以渐纪其偏，宰相之量也”。这确是吕祖谦的风格和为学特点，而表现这一风格和为学特点的，莫过于他促成了朱、陆的鹅湖之会。所谓鹅湖之会，是指以朱熹为首和以陆九渊为首的两个针锋相对的理学家学派，于淳熙二年（1175）在江西信州鹅湖寺举行的一次辩论会，这是我国哲学史和思想史上一次重要的聚会。在吕祖谦的斡旋之下，促成了此次名留史册的千古盛会。

对于吕祖谦的评价，同时代人周必大说：“祖谦涵养久，知典故，不但文字之工。”老朋友朱熹曰：“学如伯恭，方是能变化气质。”《宋史》则曰，“祖谦学以关、洛为宗，而旁稽载籍，不见涯涘。心平气和，不立崖异，一时英伟卓荦之士皆归心焉”，“居家之政，皆可为后世法”。现代著名史学家白寿彝先生则赞曰，吕祖谦关心朝中大事，极力主张抗金，他对南渡之后五十年，“文治可观而武绩未振”的情况极为担忧，希望能从根本上予以改变，其用意显然是十分深刻的。可惜吕祖谦在从政的十八年间，屡被他所说的“隐忧”所困，未能充分发挥他的才干，实在令人叹惋。

总之，吕祖谦生活的年代正值南宋内忧外患之际，南宋朝廷一度风雨飘摇。在民族矛盾、阶级矛盾双重压力下，社会则呈现出政治颓废与学术繁盛鲜明对比之景象。吕祖谦以其学识和为人，以及他对待各种学术思想的开明态度，在他的周围聚集了一大批当时最为卓越的、学术思想各异的学者。在他的斡旋和引导下，闽学、心学、浙学、文学、史学等思想流派，进行了比较充分的学术论辩和学术交流，推动了当时的学术发展，并对后世学术产生了深远影响。

和会朱陆——赵汸

周伟义

求学与经历

赵汸，字子常，号东山，元延祐六年（1319）出生于徽州休宁，元代著名的理学家。

赵汸天资聪颖，在他很小的时候便展现出了他优秀的读书天赋。他在几岁时便可以流利清晰地读诵四书和五经。他也很早就明白了“读万卷书，行万里路”的道理，于是在他少年时便有了出外游学的经历。也正是在这个期间，赵汸详细阅读了宋代大儒朱熹所编订的四书，他在阅读四书的过程中对书中内容产生了很多疑问，由于少年时期知识和经验积累的局限，他在仔细思考之后也没有找到问题的答案。求知欲旺盛的赵汸便就一些无法解决的疑问向当时一些知名学者拜访求教。当时有一位老师告诉他：“在刚开始学习的时候，有很多疑问是正常的，要顺其自然，不要强求自己在这期间可以解决所有的疑问。”

老师的说法并没有让赵汸感到满意。于是，赵汸转而反求诸己，认为自己对书中内容产生的疑问自然可以在书中找到问题的答案。于是为了解决这些疑问，他便仔细阅读能找到的朱熹所编著的所有著作，以期可以在这些著作中找到答案。

大量的阅读对赵汸产生了很深的影响。在阅读中，赵汸对书中内容渐渐有了一些基于自己主观经验所得来的感悟。这些感悟使赵汸失去了通过科举考试考取功名的兴趣和热情。他立下了远大志向，他不再以功名或是利禄作为衡量自己的标准。他的理想是要做一个胸怀天下的大学者，并且成就一番有益于社会和人民的大事业。

在赵汸所居住的新安郡有一位著名的儒家学者叫做汪炎昶，赵汸少年时代便慕名拜访过他。汪炎昶（1261—1338），字懋选，自号古逸民，世称古逸先生，徽州婺源人。汪炎昶广览群书，学识渊博，治学风范严谨，他研究学术的宗旨是为了阐释和发扬朱熹的学说。汪炎昶在阅读朱熹所编订的四书时参考其他各种书籍，多视角对朱熹的研究进行阐释，发扬了朱熹学说中的微旨奥义，他将这些发现编撰成《四书集疏》一书。遗憾的是，直至汪炎昶去世，该书还未能最终成稿。

汪炎昶可以说是赵汸的启蒙恩师，对赵汸具有思想启蒙的作用。在汪炎昶的启蒙教导下，赵汸对经学产生了一些更加深刻的感悟，同时也产生了更多的疑惑。赵汸觉得靠自己对书籍单纯的阅读无法解决这些疑问，于是他产生了背上行囊，离开家乡，游学四方的念头。

他变卖了自己的家产，以此作为自己游学途中的食宿费用以及其他花费。尽管亲友们对赵汸变卖家产的事情并不支持，非议重重，但赵汸依旧不改初心，踏上了出外游学之路。

赵汸游学的第一站是江西九江，为的是拜访当时九江一位以学行出众而著称的学者——黄泽。黄泽（1259—1346），字楚望，资州（今四川资中）人，元朝著名理学家、经学家、教育家，著有《易春秋二经解》《二礼祭祀述略》等书。南宋末年，宋元在四川激战，于是黄泽便离开四川，在九江安家。他曾先后担任景星书院和东湖书院山长，受学者众，名声斐然。赵汸游学九江时，当时的黄泽年事已高，将近耄耋之年，但依旧不懈学习。他对于经学的学术方法是以思考和感悟为主，主张通过深刻地思考以达到自我领悟的境界。同样，他教授弟子也是以此方法为纲领，通过引导他们自己思考而让他们得到自己最深刻的感悟。

赵汸曾多次登门求教于黄泽，向他请教研究经学的要旨以及对经学问题的思考方法，并向他询问一些自己在读书时产生的疑惑。这些问题加起来有千余条，黄泽体谅赵汸远道而来，于是便对其问题一一做了解释，赵汸在得到答案后便回家继续钻研和斟酌，总结出了自己对经学的研究和思考方法。即不必对前辈儒者的说法无条件地相信，对一些问题自己应当进行认真思考，从而提出自己的看法。这也成了日后赵汸研究经学的指导思想和基本路径。

四年后，赵汸与朱升同行前往湓浦（今江西九江），再次回到了黄泽身边，从其游学，这一次，他停留了两年。在这两年中，黄泽向他口头传授了《易经》中六十四个卦象的含义，并且教授他研习《春秋》一书的要旨。通过这两年的学习，赵汸渐渐明白了一个道理：如果开课讲学问不结合自己的切身体验，研究经典不去探寻经典中所记载事情的前因后果、细枝末节，那便算不上真正领会了书中所说的深刻道理。

元至正四年（1344），赵汸又去临川（今江西抚州）拜见了第二位对他有深刻影响的老师——虞集。虞集（1272—1348），字伯生，号道园，世称邵庵先生。元代著名学者、诗人。年少时曾经随吴澄游学。元成宗大德初年，因人推荐得授大都路儒学教授，历任国子助教、博士。元仁宗时，迁任集贤殿修撰，除翰林待制。元文宗即位后，被任命为奎章阁侍书学士，领修《经世大典》，著有《道园学古录》《道园遗稿》。虞集以写得一手好文章而出名，与揭傒斯、柳贯、黄溍并称“元儒四家”，又与揭傒斯、范梈、杨载并称“元诗四家”。

赵汸曾在虞集家做了一年多的门生。在这一时期，赵汸给虞集写过一封信，在这封信中，赵汸的自我修养意识显露无遗。赵汸认为，应通过努力学习以及反观内心，不断地进行自我思考与自我反省从而达到自我人格的完善。在信中，他还向虞集对他的谆谆教导表达了深深的感激之情。他感谢虞集对自己的教授之恩，表达了对其教诲的深刻铭感。

元至正十二年（1352），社会动荡局势加剧，赵汸在母亲的建议下，带着全家来到了南直隶的偏远山区躲避战乱兵燹。至正十六年（1356），元军收复了该地区，获胜的元军将领试图请赵汸做他的幕僚，但遭到了赵汸的拒绝。第二年，赵汸在衢州的柯山地区继续过着隐居生活。至正十九年（1359），赵汸到星溪的古阆山地区隐居，由于该地多深山，少有人迹踏足。赵汸得以再次潜心著述。

在这一时期，赵汸虽辗转于干戈之地，颠沛流离，但是他的学习并没有懈怠，反而大有长进。至正二十二年（1362），朱元璋控制了东山地区。于是，赵汸收拾行装，回到了老家休宁东山。当时正值朱元璋定都金陵，屡次派人征召赵汸，但赵汸不欲出仕，始终称病婉拒。

明洪武二年（1369），登基称帝不久的明太祖朱元璋诏告天下，召集元代遗老共同编修《元史》，为明朝政权服务，赵汸也在被征召之列。赵汸这时方才应召出山，从事《元史》的编修工作。在《元史》初稿完成后，赵汸又辞官，归乡田园。几年后，他旧病复发，不久病逝。

学说与思想

在理学研究方面，赵汸支持“和会朱陆”的主张。他的理论思想集中反映在其文章《对问江右六君子策》中。这篇文章是赵汸在虞集门下初学时，对虞集等人所提出的“朱陆二氏立教所以异同”问题的回答。此篇文章后来被收入《东山存稿》中。这篇文章中还涉及了对太极无极之辨、简易支离之说等理学史上的重大争辩问题的思考。赵汸在这篇文章中认为，朱熹的朱子之学与陆九渊陆学的“入德之门”确实存在着一些差异。他认为，朱熹与陆九渊是因为其“气禀”的不同，造成其所宗之师的不同。朱熹的学说来源周（敦颐）、程（颢）的学说，而周（敦颐）、程（颢）的学说又来源颜子的学说。陆九渊是将孟子当做自己的老师，依照孟子的学说来实行，得到了孟子学说中的立心之要。颜子与孟子的学说在“为学”与“入德”两方面存在着一些差异，正是这些差异导致了朱熹的学说与陆九渊的学说“入德之门”的不同。赵汸还认为，朱熹与陆九渊的学说虽然源头不同，但仍旧殊途同归。在承认朱熹与陆九渊关于“入德之门”的学说存在差异的基础上，赵汸进一步辨析了朱熹、陆九渊二人的晚年学说，渐渐发现了二人晚年学说中的一些不足之处，并尝试修正这些不足。

赵汸认为，朱熹与陆九渊“合并于暮岁”，二人的学说到晚年已经殊途同归。基于这个观点，赵汸一生都致力于“和会朱陆”的研究。虞集就此评论说，赵汸生在朱熹的故乡，学习了陆九渊的学说，并且将朱、陆二人学说中的经典与精髓之处加以反复思考研究，以求透彻地明白领会。赵汸在“和会朱陆”的研究中，并非是对两家学说字面语句随便地比附、折中、拼合，而是将它们的精髓糅合在了一起。赵汸主张“澄心默坐，涵养本源，已为致思之地”，对于老师的指导以及对书籍里文字义理中思考后而不能解决的疑问，必定要以自己的刻苦努力思考去解决。这些观点都表明赵汸深受陆学遗风的影响。在“和会朱陆”的观点中，赵汸属于“右朱”一派。朱熹曾说过：“穷理之要，必在于读书。”意思是想要透彻明白“理”，要旨在于读书。赵汸接受了朱熹学说中笃实致知的功夫，也主张尊经读书。赵汸认为：“古之圣人亦必由学而至。学者之功，必可至于圣人。”“澄心默坐”，只不过是贯通“文字奥义”的辅助功夫，全不受陆学鄙视读书风气的影响。凡有疑问，“质诸师而不得者，卒求之程朱遗言而有见焉”。由此可知，赵汸仍然是以程朱之教为归，只不过避免了朱子之学中支离的短处，而仅吸收陆学精于“默思”的长处，这也足以说明赵汸“右朱”的学术倾向。

由于受新安理学重视研究《春秋》传统的影响，加之学者黄泽的学术引导以及赵汸自身对于《春秋》一书的重要性及其研究价值的认识，赵汸学术研究的重心在《春秋》一书。

赵汸一生都致力于对《春秋》理论的探讨，在《春秋》的研究领域中做出了令人瞩目的成绩。赵汸的贡献，首先在于他对历史上研究《春秋》的诸位学者及其学说做了比较客观、中肯的分析。他在《春秋集传序》中指出：“左氏有见于史，其所发皆史例也，故常主史以释经，是不知笔削之有义也。公羊、穀梁有见于经，其所传者犹有经之佚义焉，故常据经以生义，是不知其文则史也。”赵汸指出了《春秋》三传的得失：左丘明了解“史法”却不了解《春秋》笔法之实义，公羊、穀梁了解《春秋》的写法，却不了解《春秋》的文字本身便是对历史的记述。所以，《春秋》三传各有其长处，但仍避免不了自己主观思想的偏执。另外，赵汸还指出了后世学者在研究《春秋》方法上的不足。他说，近代学者“说经大旨不出二途：曰褒贬，曰实录而已。然尚褒贬者，文苛例密，出入无准，既非所以论圣人，其以为实录者，仅史氏之事，亦岂所以言《春秋》哉！是以为说虽多而家异人殊，其失视三传滋甚”。在赵汸看来，尽管《春秋》三传各有其短处，但是研究《春秋》的学者的弊病更多。

在评析前代儒家学者关于《春秋》研究的优劣、长短基础上，赵汸提出了求索《春秋》“笔削之旨”的根本方法是“属辞比事法”，即通过排比《春秋》中褒贬之史事，发掘其中的“义例”，进而探究《春秋》的笔削之旨。赵汸认为研究《春秋》的具体途径应是先考证鲁国的治史之法，再探求孔子的圣人之法。在具体研究过程中，赵汸非常注重吸收前代学者研究《春秋》的优秀成果，并在此基础上提出自己的观点。比如赵汸的《春秋属辞》一书，尽管是以杜预、陈傅良之说为本编纂而成，然而赵汸在其间能够“集杜、陈二氏之所长而弃其所短，有未及者辩而补之”，因而较以往学者更清晰地指出了“何者为史策旧文，何者是圣人之笔削”。这就是赵汸对前人研究成果的创见。

《春秋集传》一书是赵汸在博采先儒之见的基础上，“附以己意，畅而通之”著成。学者宋濂评论赵汸对《春秋》的研究成果时说，其书“义精例密，咸有所据，多发前贤之所未发。譬犹张乐广厦，五音繁会，若不可以遽定。细而听之，则清浊之伦、重轻之度，皆有条而不紊”。宋濂在这里用了“咸有所据”一词，这表明赵汸的研究并不作凭空之论，而“多发前贤之所未发”，以自己的研究填补了前人研究的不足与空白。这说明了赵汸的研究既具有丰富的创造性，又具有充分的历史依据。

赵汸所在的时期是徽州传统学术发展过程中学术思想最为活跃最为丰富多彩的时期之一。但与其他一些学者有所不同的是，赵汸的理学思想相对更加斑斓。在具体的研究中，赵汸并不偏执于朱学，同时兼容陆学功夫。他的治经指导思想以及刻苦努力使其获得了巨大的学术成就，因而其在新安理学发展史上具有不可动摇的“名儒”之地位。

儒者风范——陶安

管宏杰

早期经历

陶安像

陶安，字主敬，当涂（今安徽当涂）人，元末明初著名文人、政治家。

陶安幼年聪明颖悟，胸怀大志。稍长，博览群书，尤其精通《易经》。元至正四年（1344），以《易经》中江浙行省乡试，此后连续两次参加会试皆落第，被朝廷授予金陵（今江苏南京）明道书院山长，后调任会稽（今浙江绍兴）高节书院，为躲避战乱，归乡家居。每天仍是孜孜不倦地读书，沉浸于钻研学问中。时常赋诗作词，怡然自得。元至正十五年（1355）六月，朱元璋从和州（今安徽和县）渡长江攻取元朝太平路，此时居家的陶安与另外一个耆儒李习率全城老少出迎。陶安见朱元璋相貌非凡，高兴地对父老乡亲们说："龙姿凤质，非常人也。今天我们遇见明主了！"朱元璋面召陶安，商议天下大计。陶安说："方今天下大乱，四海鼎沸，各路豪强并争，攻城略地，互不相让。但他们志在掠夺更多的人民以及金银珠宝，只图一时之快，并没有扫平战乱、济世安民、平天下之心。今明公率众渡江，英明神武，不妄杀戮，人心悦服。以此替天行道，顺应民心，伐无道，诛暴元。以摧枯拉朽之势吊民伐罪，天下不足平也"。朱元璋说："先生的话很有道理。我想要攻取金陵，不知先生意下如何？”陶安说：“金陵，虎踞龙盘，自古以来就是帝王建都的好地方。北有长江之险，如果能够攻取并占有它，凭借天然优越的地理位置，抚临四方，定会所向披靡，无所不克。”朱元璋说：“好！先生之言，正合我意”。于是朱元璋用很高的规格礼遇陶安，诸多事务都与他商议，并设置太平兴国翼元帅府，以陶安为元帅府幕僚。

元至正十六年（1356）三月，朱元璋攻克金陵。七月，被部下拥戴为吴国公，以元御史台作为吴国公府邸，并设置江南行中书省，处理政务。八月，陶安母亲去世，他离职为母亲守丧，期满还职。不久升任左司员外郎，参赞谋划，功劳居多。此时朱元璋礼贤下士，四处征聘贤才，既而得刘基、宋濂、章溢、叶琛四人。朱元璋就问陶安：“这四人才能怎么样？”陶安回答：“我参赞谋划不如刘基，学问不及宋濂，治理民众不及章溢、叶琛”。陶安的谦逊，让朱元璋很欣赏他。攻克黄州（今湖北黄冈）后，朱元璋考虑黄州战略地位重要，必须以重臣镇守。在众多候选人中，陶安是最佳人选。到达黄州后，陶安立即着手进行整顿，安定社会秩序，减租赋，省徭役，使得百姓安居乐业，民心悦服。后因犯错被贬为桐城（今安徽桐城）县令，不久，升任饶州府（今江西鄱阳）知府。当时正值朱元璋四处征伐，军队后勤供应十分紧张，陶安就劝谕饶州百姓捐输军需物资，百姓都乐于输送，故军用物资供应不乏。适逢信州盗贼萧明率众攻城，陶安就晓谕饶州百姓：“吴国公顺天应民，消除祸乱，军队所到之处，所向披靡。今逆贼煽动他们的余党，驱使一群乌合之众，来贻害我百姓，不足畏也。我们粮草充实，城池坚固，重视防务，对敌人的进犯一直以来都有所准备。只要我们坚守，不过数日，援兵到来，一定能够击破盗贼！”他与千户宋炳挑选勇健的士兵作为游兵，日夜巡逻，并派出使者向江西行省请求救援。陶安登上城池，对贼寇说：“你们都是我的子民，反而被奸人所利用，这不是中了他们的奸计么？”贼寇说：“假如我们那里的官吏都像您这样勤政爱民，怎么会有今日？如若攻破城池，一定不会杀害您。”于是陶安下令放箭，箭如雨下，贼寇不敢逼近城池。过了三日，江西行省派遣千户陈明率援军到来，大破贼众。许多无辜百姓遭到贼寇胁迫，也参与了攻城，有的将领主张屠戮他们。陶安说："百姓被逼无奈，才跟随寇贼攻城，为什么要屠戮他们呢？"于是众人皆得保全，饶州府也得以安宁。朱元璋听说后，亲自作诗以示褒奖，并派遣使者前往慰劳。当是时，饶地多战乱，土瘠民困，陶安就上疏朝廷，请求蠲免百姓的赋税，以便休养生息。百姓皆感念陶安的恩德，不仅为他建造生祠，还编唱民谣赞扬他的惠政，"千里榛芜，侯来之初，万姓耕辟，侯来之日"，"湖水悠悠，侯泽之流，湖水有塞，我思侯德"。自古以来，像陶安这样廉洁奉公的官吏多能名载史册，万古流芳，不仅为当时百姓所铭记，也为后世树立起一座夺目的丰碑。

议定典章

元至正二十七年（1367），朱元璋设置翰林院，首选陶安为学士。后征召诸多儒士议定礼仪，命陶安为总裁官。举凡国家制度、礼仪之事，多由陶安定拟。1368年，朱元璋即皇帝位，国号明，年号洪武。这年正月，陶安对明太祖说："适才听到中书省和都督府议论，要仿效元朝旧制，设中书令，想奏请太子任职。"明太祖说："向古制取法，必须择善而从。如果不合乎法度一概取而用之，就好比攀登高岗而退缩，渡长江而回楫，怎么能达到理想的效果呢！元氏胡人做事情不向古人学习，设置官职不能做到以贤才任官，高级官职大多以胡人充任。以致名实不副，徒有虚名，不足以服众，岂能为我朝所效法？更何况朕的儿子年龄还不大，学问尚未充实，阅历不多。现在所要做的是对他进行教育，尊敬师长，学习经史，做到博古通今，洞悉事理，处理事务时能够根据实际情况制定出适宜的方针。他日军国重务，大臣们都要向太子汇报。何必要效仿元朝让太子作中书令呢？"还有一次，明太祖与陶安、御史中丞章溢讨论前代兴亡得失。陶安认为前代之所以丧乱，根源在于骄奢淫逸。明太祖说："位居高位者容易骄纵，安于享乐者容易奢靡。骄纵则听不进正言，对于过错者不予计较；奢靡则不立正道，完全不顾品行。如此一来，没有不灭亡的。今日听到你们的议论，给予朕深刻的警示，定会铭记于心。前车之鉴，后事之师。真是发人深省啊！”

不久，明太祖和众多儒臣讨论治国之术。陶安说：“正道不明，是因为被荒谬有害的言论蒙蔽所致。”明太祖说：“荒谬有害的言论蒙蔽正道，就好比美味让人感到口感很好，美丽的容貌让人感到光彩夺目，少有人不被诱惑。倘若没有豪杰般的见识，是很难拒绝的。战国之时，众多纵横捭阖之徒携其不当的言论游说诸侯王，那些急于功利的诸侯王，多采用他们的主张。结果往往效果还没显现，国家就灭亡了，这有什么益处呢？故而，荒谬有害的言论不除，正道则不兴，正道不兴，天下怎能大治？仁义，是治理天下的根本。贾谊认为秦朝之所以灭亡是不行仁政，而秦朝又是承袭战国以来遗留下来的残暴不仁，怎能知道行仁政呢？”陶安说：“陛下所言，真是洞悉其弊。”君臣之间的这番谈话，透露出明太祖对治国安邦的见解。随后，明太祖赐予陶安诰命：“听说国家之建立，必有一心一意的大臣拥戴。用自己的才干匡正辅弼君主，使纲常纪律严明且赏罚分明，制定礼仪制度，确立正朔的名分和地位，在外交事务中擅长辞令，使得江山社稷一天天变大，国家日益强盛安宁，自古以来都是这样。朕当初渡长江时，江南有识之士拜谒朕于军前者，先生实际是首位。刚开始会面时，先生就以帝王之宏图大业相期许。历年来赞襄军事，谋划机密，功劳实多。宣布号令则军民信服，议定礼仪则切实而简要。提议陈请则以忠心，出纳君王命令则以诚信。至于坚守城池，抵御外侮，擒拿敌酋，治理民众，功劳益著。朕即皇帝位，像先生这样辅佐朕的老臣，年事已高，应当礼遇优待，不宜经常烦扰。于是设置翰林院等文翰机构以示崇重文治，设立学士等文翰官职以示尊崇儒家英杰；朕重视儒家治国之道，优待礼遇贤才，所以特授予先生高官显爵的章服，以此来昭示国家的典章制度。表彰先生勤于国事，献纳得失，使得帝王的谋略和教化得以彰显；综理人文，使得国家达到大治的局面。今特加封先生嘉议大夫、翰林院学士，以便参与制定国家制度和撰修国史。”明太祖赐予陶安诰命，既是对陶安以往政绩的肯定，同时也是激励他继续尽职尽责。

二月，太祖命中书省和翰林院商议，将在社稷坛上建造房屋，以防备风雨的浸淋。陶安说："考察历代的宗庙礼仪，天子的宗庙社稷一定要经受风雨霜露，以此接受天地气息；倘若是亡国之君的社稷坛，则用房屋遮盖起来，不让它接受天地阳光。今建造房屋以此遮盖社稷坛，不合时宜。倘若祭祀时遇到风雨，就在齐宫遥望祭祀。"太祖经慎重考虑，接受了陶安的主张。不久，朝廷制定宗庙祭礼。每年四季首月及岁终，共祭祀五次。陶安等人说："古人四时祭祀，三祭都合起来在祖庙祭祀，只有春祭在各庙举行。自汉代以来，庙都同堂不同室，于是四祭就都合起来在太庙举行了。今宜仿照近制，合起来在第一庙祭祀，如此一来，就适合中正之礼，不必像以往那样烦琐"。太祖就下诏春祭在各庙单独举行祭祀，其他时节在祖庙合祭。后来，陶安又上奏："凡春祭特享太庙，皇太子应当身穿冕服，随着朝班行礼。"明太祖就让皇太子供奉各庙的牌位，侍立一旁，又让其他王室宗戚站立在皇太子身后，跟随皇太子一起行礼。陶安追随明太祖十余年，是诸位儒臣中追随时间最久的。陶安当上翰林院学士这样的侍从官职后，明太祖对其的恩宠更加优厚。太祖曾经御制门帖赐给陶安，写道："国朝谋略无双士，翰苑文章第一家"。

造福一方

三月，明太祖设置山东行中书省，调江西行省参政汪广洋为山东行省参政，以陶安为江西行省参政。明太祖对陶安说："朕当初渡江时，先生首率父老见朕于军门前，为朕详述帝王之业。对当时天下大势针砭时弊的见解，也是深合朕的心思。因此朝夕相处，参与谋划军机大事，使朕获益良多。随后先生进入翰林院任职，让朕经常听到公正无私的奏言。今调汪广洋为山东行省参政，而江西处于长江上游，都市荟萃之地，能够替代汪广洋的人选，没有谁比先生更合适的了。还请先生为朕好好治理江西。"陶安说："我本是卑微浅陋之人，承蒙陛下不弃，让我追随陛下左右，这真是我最大的荣幸。今再次托付我重任，惟恐有负陛下的重托，辜负了陛下的恩情。"明太祖说："亲自穿上铠甲和戴上头盔，在两军阵前一决胜负，这是武夫勇士的事情，不是儒士所能做到的。倘若尊奉君王的命令，教化百姓，安抚治理一方的民众，这是儒生的事情，不是武夫勇士所能做到的。朕用人，用其所能做到的，而不是强迫他去做做不到的事情。先生的才能，能够担当此任，所以才授予这一职务。我怎么能私爱你一人而不爱护一方的子民呢?”陶安听到太祖的话后，立即叩头，表示愿意出任江西参政一职。这充分说明陶安具有顾大局、识大体的胸襟，具备作为一名合格的行政官员应有的素养。

陶安到江西上任时，各郡县刚刚平定。他按照法度进行治理，朝乾夕惕，事事躬亲，于是社会秩序安定，百姓安居乐业，呈现出一片太平景象，当地百姓都非常感念陶安的恩德。明太祖听说后，追封陶安的祖父、父亲为姑孰侯，追封陶安的祖母、母亲为姑孰侯夫人。九月，陶安在江西行省参政任上积劳成疾，甚至在病情非常严重的时候，还向朝廷上奏二十件亟须办理的事务，不久去世。太祖得知后，非常悲痛，亲自撰写祭文，派遣使者前去祭奠陶安，并追封陶安为姑孰郡公。

经术无愧其父，为文亦谨严有法——朱同

徐鹏飞

朱同像

朱同，字大同，小字外生，号朱陈村民，又号紫阳山樵，休宁（今安徽休宁）人，后迁居歙县石门（今安徽歙县）。元末明初学者、诗人、文学家、画家，是明初著名政治家朱升的独子。历任徽州府儒学教授、吏部员外郎等职，后官至礼部侍郎。朱同著有《新安志》十卷（已亡佚），《覆瓿集》七卷及附录一卷，等等。后世对朱同多有赞誉，称其“经术无愧其父，为文亦谨严有法”。清人陈田赞：“大同兼长书画，诗格高老，亦明初一作家。”近人蒋元卿也称朱同：“为文羽翼六经，诗具盛唐风致。”

朱同生平

朱同之父朱升是元末明初的军事家、文学家，明代开国谋臣，官至翰林学士，人称枫林先生。朱升因向朱元璋建议“高筑墙、广积粮、缓称王”被采纳而闻名于世，后朱升请老归山，然朱元璋有事情就召他进京，而他也常常坚请告归，形成了“年年应召赴秦淮”的情形。

元至正十六年（1356），朱同迎娶了自己的妻子汪氏。

元至正十七年（1357），朱元璋遣邓愈、胡大海攻下徽州。同年七月，因邓愈推荐，朱元璋召老儒朱升问时务。朱升提出了“高筑墙、广积粮、缓称王”三策，朱元璋大喜，定为夺取天下的基本策略。同年九月，朱同受其父朱升的派遣，带着朱元璋的谕旨与休宁大坑口民兵千户方德厚一同前去招服瑶民。

至正十八年（1358），朱同开始在家乡讲学，当时的朱同还只是一介布衣，并未出任任何官职。

明洪武九年（1376），朱同接受了徽州知府张孟善的招募，参与《重编新安志》编撰事宜。

明洪武十年（1377），朱同以明经入仕，官授徽州府教授，正式踏入仕途。

明洪武十三年（1380），朱同赴京师，以才行被举荐为吏部员外郎。后任职东宫，因为朱同文才武略过人，擅长书画，通群经诸艺，颇得太子朱标的器重，凡太常典礼，太子朱标多命朱同制作。

明洪武十五年（1382），朱同升任礼部侍郎。

明洪武十六年（1383）十二月，朱元璋赐礼部侍郎朱同、佥都御史詹徽、左通政蔡瑄等十二人袭衣。

明洪武十八年（1385），朱同因受郭恒案牵连，锒铛入狱，后被赐死。

朱同的诗文成就

朱同为人博学笃行，学识渊博，能通群经诸艺，有文武之才，极善绘画，时人称为"三绝"。朱同的诗文颇具盛唐风致，内容爽朗有格，散文议论纯正。

朱同的诗文以儒家伦理道德为依归，他认为文学作品应该羽翼六经，"佐圣朝之至治，以鸣国家之盛"，认为"诗之为教与政通"，"古之圣人以法制禁令不足以止人之邪心也，是以'二南'之诗，'正始'之道，王化之基，用之乡人邦国，使夫人之感发、兴起于歌咏之间，涤荡消融，涵泳洞彻，而不自知其迁善远罪，此上之所以资以为教者也"。出于这样的诗歌创作主张，朱同创作了大量"佐圣朝之至治，以鸣国家之盛"的粉饰太平之作，体现的是皇恩民风、一派升平的景象。除此之外，朱同的诗文中还有一些表达个人志向和民生关怀的抒怀咏志之作以及一些感怀之作。

朱同的诗文多有散佚，在其同乡程敏政所编的《新安文献志》中，收录了朱同撰写的部分诗文，如《双节堂记》《书先子临晦庵夫子书尊德性斋铭后赠曹子纯》《朱学士升传》《孙上舍元京传》等文，以及《题黄石汪茂卿溪山小隐卷》等诗。《御定历代赋汇》收录有朱同的《云赋》一篇。清末贵州人陈田所辑录的《明诗纪事》中也收录了朱同的诗，包括《题画》《散步至枫林》《登子陵钓台有感》《归故宅》等。今人可以通过这些保存下来的诗文作品了解朱同在文学上的杰出成就。

《覆瓿集》是朱同撰写的一部诗文别集，别集名称出自《汉书·扬雄传》的“恐后人用覆酱瓿”之语，系自谦之词。《覆瓿集》共有八卷，包括正文七卷及附录一卷。其中，卷一至卷三为诗，卷四至卷七为文，卷八是附录。《四库全书》集部就收有《覆瓿集》。根据蒋元卿的考证，《覆瓿集》有明万历四十四年（1616）黄叔吉刊本、明歙县朱府刊本和四库全书珍本初集本。《四库全书总目》对《覆瓿集》有较高评价：“集凡诗三卷，多元末之作，爽朗有格。文四卷，议论纯粹，不愧儒者之言。”

朱同的书画成就

朱同擅长书画，是明代“新安画派”的代表人物之一。在论及书与画时，朱同在《覆瓿集》中表达了他关于书法和绘画的观念，他先是引昔人评书法所用的“龙游天表”“虎踞溪旁”“劲弩欲张”“铁柱将立”“骏马青山”“美女插花”等语，谓评书亦可移作评画，“画之与书非二道也”。他认为，习书皆本于“性情存乎八法，义理原乎六书”。可是“善书者固不得不同，而亦不能不异”，犹如人之皆有耳目口鼻，却状貌殊而不齐。由书又及之于画，他说：“画则取乎象形而已，而指腕之法，则有出乎象形之表者，故有儿童观形似之说。虽然徒取乎形似者，固不足言画矣。一从事乎书法，而不屑乎形似者，于画亦何取哉！斯不可以偏废也。”朱同认为，“象形”是绘画的基础，但画者不同的创作态度、思想感情以及笔墨技巧不同，形之于“指腕之法”也不同，创造出的形象就“有出乎象形之表者”，这就亦如书法虽“存乎八法”“原乎六书”，却又

"不能不异"。他就这样理解苏轼的"论画以形似，见与儿童邻"。不过，朱同理解得较为全面和更加辩证，他认为"徒取乎形似"而不讲笔墨情趣，"固不足言画"，但只讲究以书法入画，而置形似于不顾，亦于画无取，所以形似与笔墨情趣二者不可偏废。他举"吴兴三绝"之一的钱选，证明形似、书法相统一，才能取得成功，尤其指出钱所画"折枝翠鸟，翠袖天寒，别有一种娇态，有非他人所能及者"。因"翠袖天寒"特指杜甫《佳人》诗中的托意，这"非他人所能及"的"别有一种娇态"，就非止于风韵，而有更深的余意了。因此，朱同论画是兼重形神，并发扬了文人画主张笔情墨趣，注重蕴蓄情感的传统。他说："禅家有五眼，观是画者又别具一眼，不可以没骨律之也。"

朱同的画作留存于世的有《古木寒林图》《万松道人吹箫图》等，其画作为宫院所藏，存世极少，价值很高。

朱同与《新安志》

洪武年间，徽州地方官张孟善、金石等邀请朱同参与编修方志，朱同欣然应允，主持编修了十卷本的《新安志》。编修《新安志》困难重重，但朱同还是做了很多努力，对前三志做了大量补充和发展工作，终于修成了明朝第一部徽州府志。虽然朱同所修《新安志》原书已佚，但《永乐大典》中仍保存了部分内容，朱同撰写的《重编新安志序》也被弘治《徽州府志》、道光《徽州府志》保留下来，可谓幸事。此志的编纂体例、结构和内容均对后世方志的编修产生了一定的影响。从后世对朱同所修《新安志》所持的肯定态度可以看出，朱同所修《新安志》在弘治以前编修的几部明代徽州府志中，质量当是最好的，所以才能够受到人们的高度重视。到弘治十五年（1502）续修徽州府志时，朱同所修《新安志》仍留存于世。朱同严谨的治学态度、追求创新和变通的修志原则、重用高素质修志人员的修志态度是志书质量的保证，也是当前方志编修工作中应当继承和发扬的。

朱同编修的《新安志》反映了明代初年以前徽州地区社会发展的总

体情况。从现存徽州府志和残志佚文看，朱同所修《新安志》佚文有上承宋元、下启明代之功。《永乐大典》本中朱同《新安志》佚文现存四千五百多字，其内容涉及徽州府所辖歙县、休宁、婺源、祁门、黟县、绩溪六县，主要分为地理、经济、人物、文化、遗事等几大类，包括山川、土产、官署、仓廪、古迹、人物、诗文、遗事、物产等九个类目，共四十九条资料，收录了有关山岭、湖泊、古迹、人物、墓葬、竹木、粮食、药材、织染局、杂造局、平准仓、际留仓、义仓、常平仓、社仓、永丰仓、端平仓、村落、诗文、佚事、文献、贡纸等方面的内容，为了解徽州地区社会历史发展的基本情况提供了一些难得的线索。

朱同之死

关于朱同因何事被赐死，坊间多有传说。《明史·朱升传》中说"同官礼部侍郎，坐事死"，说明他非正常死亡。《明史稿·朱升传》及弘治《徽州府志·朱升传》都附有朱同小传，但均未明说其死因。《四库全书总目》对朱同的生平事迹有如下评价："（朱）同，字大同，自号紫阳山樵，休宁人，翰林学士升之子，《明史》附见升传末。是集末有《范檩跋》，称洪武中以人材举，为东宫官，寻进礼部侍郎。而同时范准作《云汉归隐图跋》，则云由吏部员外郎升礼部侍郎。准字平仲，尝受业于升，与同交至契，所记宜得其实。又《明史》但载同坐事死，而不著其详。蒋一葵《尧山堂外纪》乃云：'同以词翰受知，宫人多乞书便面。一日御沟有浮尸，帝疑之，遂赐死。'其说颇荒唐，未可信也。"由此亦可知，因朱同的死因含有隐情，不同文献有不同记载。《四库全书总目》认为《尧山堂外纪》所言不足信。

清人陈田在其《明诗纪事》中有按语言："黄瑜《双槐岁抄》称：大同父升，得六壬之奥生子同，升课之曰：'此子后必遭妇人之祸。'天兵过徽，高皇帝素知升名，召问，遂预帷幄密议，临行问所愿欲，升跽而泣曰：'臣子同，后得全躯而死，臣在地下亦蒙恩不浅矣。'后同仕至礼部侍郎，善诗翰，大被宠遇，禁中画壁多其题咏，或令题诗赐宫人。忽御沟中有流尸，上疑之，将杀同，因念允升之请，令其自经。壬课精妙，亦至于此，与《尧山堂外纪》所言同一不经。今检《覆瓿集》有遭诬得罪赋诗见志云：‘四十趋朝五十过，典章事业历研磨。九重日月瞻依久，一代文章制作多。岂有黄金来暮夜，只愁白发老风波。归魂不逐东流水，直上长江诉汨罗。’盖以赃罪见诛也。”这段按语对朱同的死因做了较为具体的分析。

在《安徽人物大辞典》中有关于“朱同”的记载，即：“字大同，号朱陈村民。朱升子，幼年随父隐于山野。明洪武十一年（1378）中举，任徽州府儒学教授，纂修《新安府志》。不久以父荫升任吏部，寻迁礼部右侍郎。后因受人诬陷，赐死。能文善武，擅长诗、书、画。著有《覆瓿集》8卷。”此条资料指明朱同是受人诬陷而被赐死的。根据地方志的记载，朱同死后其墓建在歙县“桃梅下田干”。

当时，与朱同同遭此祸的还有他的两个好友，范准和程伯静。此三人同岁同乡，范准和程伯静是舅表兄弟，从小一起长大。七岁那年，范准的舅舅聘请朱升做家塾先生，朱同也跟着父亲来到程家。从此，三人相识，一起读书玩耍。此后，三人各为官一方。洪武十八年（1385），大概在相同的时间里，朱同升任礼部侍郎，程伯静因“考最”而升任督府断事。不久，范准也来到京师，任工部主事。但这时，朱同和程伯静都已经入狱，范准无由得见。最后，范准也“到任未及月而遭诬，不能复自明”。幸运的是，范准在狱中待了五十多天就被放了出来，并官复原职。但朱同和程伯静已经遭难。洪武十八年（1385）七月二十五日，范准在官署中看到《云溪归隐图》，触景生情，回忆起三人自小相交、亲密无间的情景，悲伤不能自已，在此图卷末写下三人交往始末，寄交老家的弟弟范深源收藏，“庶后来之为子孙者有征焉”。

朱同作为朱升独子，对朱升来说可谓得之不易。朱升老来得子，欣喜若狂。朱升在朱同出生之后非常高兴，格外疼爱朱同。在朱同懂事后，他曾对朱同说：“我家高祖而下，承继宗祀的人，就你一个，对你的期望怎能不重？”每逢朱同生日，他都设奠悲泣，说：“我出生的时候，亲族邻里无不欢欣鼓舞来祝贺，你的祖父认为我‘必能显父母、报乡邦’。现在我虽然有这个志向，但未能都做到，实在有负亲族邻里的厚望。你出生的时候，大家也是这样欢喜。我来不及做的，希望你能够继续做，那样我的愿望就满足了。”朱升精心教育孩子，不仅注重文才，而且锻炼武略。在朱元璋攻下徽州那年，朱升派朱同独自带着朱元璋的谕旨会同休宁大坑口民兵千户方德厚，招服瑶民。范准说朱同：“既优于学而机巧天成，故精于书，又善绘事，凡音律技艺之事，皆能谙焉。”范准族侄范檁也说朱同“文才武略，图绘丹青，无所不精”。可见朱同不负其父教导，颇有所成。朱升期望朱同成大器，就像天下的父母一样。然而，他又怕孩子成大器，在宦海风波中遭受灭顶之灾。跟随朱元璋这么久，他太了解这位开国之君了。于是，朱升就借着皇恩浩荡，向皇帝讨了一个免死券。免死券的事情，朱同一直知道。洪武年间，朱同重编《新安志》，将记载“免死券”之事的《翼运绩略》收入其中。在《重编新安志序》中，他自称“新安布衣”。他饱读诗书，文才武略具备，却迟迟不做官，当然有秉承其父告诫的原因。洪武十一年（1378），朱同以明经身份做了郡学教授。洪武十三年（1380），朱同来到了京师，做了吏部员外郎。在京为官的几年间，朱同的才能得以一一施展，朝廷的典章制作多出自其手。朱同《遭诬得罪赋此以见志》中就有“典章事业历研磨”“一代文章多制作”等句。朱同受诬入狱后，不觉感叹：“人情汹汹如何定，世事茫茫总莫伸”“归魂不逐东流水，直上长江诉汨罗”。

经世大儒——黄训

刘明鑫

黄训（1490—1540），字学古，号鉴塘，又号黄潭，时人称作黄潭先生，是明代杰出的经世大儒。

崇德倡廉

弘治三年（1490），黄训出生于歙县潭渡，少时就读于父亲从商之处，但此时的黄训比较贪玩，对学业不太用心。黄训二十岁时，开始专心读书，但还不知道读书的目的和用处。当时社会上对进士功名十分推崇，应试科举之风比较盛行，受此影响，黄训毅然决然投身科举洪流之中，醉心于科举之文。然而，科举之途并非他想像得那样顺利，试想有多少英姿飒爽之士折戟于此。黄训考了三次，最终都落榜而归。科场失意带来的沉重打击，使其日渐沉消。伴随着理想的一次次破灭，黄训开始对自己的人生重新审视与思考。辗转反思中，黄训在心里已经对科举功名与道德文章有了自己的评判标准，在他看来："今人所尊贵的进士功名，是一种身外之物；古人所尊贵的道德仁义，是一种身内之物。把追求身外之物作为自己的人生目标，实在是一件非常糊涂的事！"于是，黄训下定决心通过研习格物致知之学，追求"道德文章"这一高尚目标。带着这一新的人生目标，黄训进入南宋大儒朱熹创建的紫阳书院，专心研习格物致知之学、入道之门、进德之基，凡经史子集，无不读之。在紫阳书院读书期间，他手不释卷，废寝忘食，依他自己的话来说，即"读益博，心益昏，若航海而无岸畔也"。紫阳书院的求学经历，使黄训能日诵数千言，淹贯经史。此后，他再次踏上科举功名之路，终于在明嘉靖八年（1529）高中进士。

高中进士后，黄训开始了宦海生涯。明嘉靖九年（1530），黄训出任浙江嘉兴县令，期间为政温良，不取声誉，注重实干，对境内百姓爱护有加，对文学儒士尊崇备至。一次，有人送来三千缗样金，黄训坚决回拒，并规定以后各级官员均不得收受样金，违者均严惩不贷。黄训将其著为定例以后，此后继任的县令都不敢再肆意收受样金，这一做法使嘉兴官场树立起一股廉洁之风。明嘉靖十一年（1532），黄训因在政绩考核中被列为上等，而被召至京。当时掌握铨选大权的官员想提拔其做掌印给事中，掌印给事中即都给事中，以掌本科印，故名。给事中与监察御史合称“科道官”，他们虽然官阶不高，但权力很大，下至普通平民，上至皇亲国戚、首辅重臣，甚至君主都在其规谏范围之内。所以，当负责铨选官员的下属听到这个消息后，想借机对黄训进行敲诈勒索，黄训说：“这是对我一生清廉的玷污，如果以金钱的方式升官，这样的官我宁愿不当！”故对此不予理会。因此，该下属便对黄训怀恨在心，向负责铨选的官员进谗言。负责铨选的官员最终听信谗言，拟将其改授地方知州，经黄训据理力争，最终被任命为兵部主事。后来，那名负责铨选的官员自知当时做得有些过头，故登门道歉，黄训却没有怪罪之意。通过这件事情，让我们看到了黄训清正廉洁的为官之道和公私分明的高尚节操。

明嘉靖十四年（1535），黄训升为兵部职方司郎中，执掌各个省份地图、武官之赏罚，军伍之整肃与稽查等事务，该职可使黄训看到各种邸报和兵部奏疏，再加上以前的任职经历，黄训对朝廷事务以及大臣章奏有了一个较为全面的了解，这就为《皇明名臣经济录》的纂修提供了非常便利的条件，该书也大约成书于此时。后因公事，黄训便道回家，在黄训的倡议下，其家乡修建了一座德庵公祠，专门为族人服务。明嘉靖十六年（1537），黄训升为兵部侍郎，这是仕途生涯的最高官职。然而数年的宦海生涯，大大消耗了黄训的体力和精力，使其身体透支，身染重病，身体每况愈下，他在《除夜示诸儿》一诗中写道：“白头书帷五十年，灯前兀兀愧知天。”“竹爆声高岁尽时，天衔老马竟何之？”流露出无限惆怅落寞之情。明嘉靖十九年（1540），黄训出任湖广按察司副使，结果出行至东昌安平镇时，疾发而逝。卒之日，竟然“囊无一帛”，其清正廉洁之风，足以垂范后世！

韩昌黎复出

黄训在科举功名和仕途上取得显著成绩的同时，在文化事业上也有着骄人成就。黄训在文化上取得的成就，基于其深厚的文学与史学素养。黄训在诸生时就醉心于古文辞，每次写文章时必以韩愈之文为师法，在紫阳书院求学期间，其所作之文“由显入微，由粗入精，而浸淫于道德之旨”。有一次黄训带着他作的文章去南京谒见其叔祖胡康惠，胡康惠仔细看了黄训所作文章之后，大赞他为“韩昌黎复出”。韩昌黎即韩愈，是唐代古文运动的倡导者，提倡复兴儒道，文以明道，在韩愈看来，所谓道，就是维护封建国家秩序的根本原则。可见黄训所作之文已深得韩愈文学思想的要旨。在深厚知识素养的影响下，黄训对儒学，尤其对安徽地区尚书学的传播与发扬方面做出了巨大贡献。黄训治《尚书》直接师承同族成化十七年（1481）进士黄华，而黄华又师出明代唯一一个三元及第者浙江淳安县人商辂。黄训一生著作颇丰，有《皇明名臣经济录》五十三卷、《黄潭先生文集》十卷、《黄潭先生读书一得》四卷等流传于世，尝欲修《徽州府志》《续新安文献志》《黄氏统宗会谱》，但皆未能完成。

不惟名世

在史学方面，黄训在评判历史人物、重大事件时，以“将惟其人，不惟其世；只惟其实，不惟其名”作为标准，得出自己独到的见识，并且经常能发先贤之所未发，见先儒之所未见。清人李骥称赞黄训“具卓然之独识，盱衡古今，宜乎是非得失，洞若观火，见先儒之所未及见”。如黄训认为战国时期赵国李园杀楚国相国黄歇，乃是楚之先王指使李园所致。楚之先王料及李环（李园之妹）腹中之子乃黄歇之子，愤恨黄歇想借此灭掉自己，因此借李园之手杀掉黄歇，这一观点是前人没有提到的。又如元狩四年（公元前119年），汉武帝令大将军卫青、骠骑将军霍去病北击匈奴，斩匈奴八九万众，收复失地，汉度河自朔方以西至令居的地方，皆为一片良田。黄训对此作出评价，认为汉武帝不是黩武，而是神武，是志在复仇，与那些儒生俗士之论截然不同。又如明人丘濬等人在评论南宋时事时，常常沿袭南宋大儒朱熹的观点，肯定秦桧，贬斥岳飞。黄训则坚持正论，痛斥秦桧，为岳飞鸣冤。又如南宋忠臣郑思肖学习伯夷、叔齐不食周粟，不臣服蒙元的统治，自称“孤臣”。黄训对其深沉的故国情怀和崇高的民族气节表示高度赞赏，而对赵孟頫媚颜事敌，入仕元朝，丧失气节的行为表示强烈痛斥。这些观点皆与某些历史人物观点不同，体现出作者深厚的史学功底与素养以及与众不同的见识。

集中反映黄训史学思想的著作为《黄潭先生读书一得》四卷，该书乃黄训“每读一书，即摘取其中一两事，论其是非”，积久成帙，共得读书心得一百九十余条，涉及经、史、子、集、方志等八十余种史书。该书有黄训同年汪尚宁引言，指出此书乃黄训之弟心斋捐资刊刻而成，刊印精良。该书虽看似读书笔记，但从其“议论多而考证少”的显著特点来看，该书实为一部史论作品。从该书末尾所载黄训门人汪鲸所作跋文可知，黄训虽政务繁忙，但却手不释卷，博极群书，纵论古今，黄训学识的宏富可见一斑。

经邦济世

在经世思想方面，黄训对后世有着重要影响，堪为一代经世大儒。经世为经邦济世之意。黄训少负异秉，有远大志向，能够恰当运用体用关系，立足事物本质，发挥其功能和作用，并极力研究经世济民之策。黄训自己曾说：“外天下国家而治心无用之学也，名曰异端；外心而治天下国家无体之学也，名曰俗儒。异端不可天下用，而俗儒亦不可用天下。”意思是整天以天下苍生、经邦济世为念，自己却把毫无实用之学作为自己的治学内容与路径，这叫异端；整天想着如何治理天下国家，而不去研究本体之学，这叫俗儒。又说：“学不能致吾知，明大义，决大疑，徒纷纷焉。”意思是说如果治学不能获得知识，晓明大义，解决大的疑惑，则妄为治学。胡宗宪给黄训《黄潭先生文集》所作序文中也讲到，黄训的文风有四个变化，但其有一条主线即“不溺于古之空文”“蕴而为道德，发而为经济，以适于今之用”，意思是其文风既要复兴古文而又不拘泥于古文，用儒家道德的系列原则充实文章，并以经世济民为出发点，以致用为最终落脚点，适用于现实。

集中代表黄训经世济民思想的著作为《皇明名臣经济录》，该书辑录了洪武至嘉靖九朝名臣经世之言（中缺建文一朝）。分开国、保治、内阁、吏部、户部、礼部、兵部、刑部、工部九门，都察院、通政司、大理寺为一门，共计十门。除内阁、都察院、通政司、大理寺外，各门之下均有子目，开国、保治二门以时代为序，吏部、礼部、兵部、工部四门以所属四个清吏司分类，户部一门分图志、田土、赋役、给赐、黄册、屯田、婚姻、粮运、禄俸、盐法、茶法、课程、赈恤十三类，刑部分律例、论奏、题奏、杂论四类，分别收录了诸名臣的传状、行实、奏疏和议论，可以看出该书体例是以明朝中央机构设置及其职责分类编纂的。《四库全书总目》称该书“不纯为奏议之体，故但以《经济录》为名，其实奏议居十之九，与淮（黄淮）等所编（即《历代名臣奏议》），时代相接，颇足以资考镜，今附之奏议类中”。

从其地位来看，该书开了有明一代经世文体和当代名臣奏疏汇编的先河，一经问世，就引起了极大轰动，被视为“条系一代治体”的经世致用之书，士大夫争相传抄。其鲜明的体例及其价值，皆在史学史上有着十分重要的地位。受黄训影响，明代学者纷纷编纂各类当代名臣奏疏和经世文。当代名臣奏疏的汇编方面，其中较著名者有张卤《皇明嘉隆疏钞》、贾三近《皇明两朝疏钞》、吴亮《万历疏钞》等著作。经世文汇编方面，其中重要者有万表《皇明经济文录》、黄仁溥《皇明经世要略》、郑善夫《经世要谈》、冯应京《皇明经世实用编》等论著。

从其价值来看，该书具有重要的史料价值和资政价值。首先，史料方面，该书保存了明代中前期重要大臣生平、言行、奏疏等珍贵史料，为研究明代政治、经济、社会、军事等诸多制度及其运行状态，了解名臣的人品与人格等方面，提供了充实的史料支撑，具有重要的史料价值。其次，编纂目的方面，该书编纂的目的为资政，为当时官员和皇帝治国理政提供了有益借鉴，具有重要的资政价值。

集算法之大成的儒商——程大位

董家魁

程大位像

程大位（1533—1606），字汝思，号宾渠，徽州府休宁率口（今安徽屯溪）人，出身于徽商家庭。自幼颖悟好学，博览群书，尤其擅长数学。常常不惜重金，求购与数学相关的珍贵书籍。二十岁左右跟随父亲外出经商，期间曾遨游学术发达的吴楚之地，广泛拜访名师。长期的经商实践使程大位深深体会到数学的重要性，他曾说，无论是天上的日月星象，还是地上的山川尺幅，亦无论是国家的军需物资，还是民间的日用百货，要想厘清无一不需要数学知识。故而，在经商所到之处，他总是不忘访求学术名流和算学能手，搜求算学古书，以期不断丰富自身的数学基础理论知识。

大作虽晚成　匠心犹能见

中国珠算源远流长，由东汉徐岳撰、南北朝甄鸾注的《术算记遗》，已将珠算和筹算并列为十四种古算之一。今天上二珠、下五珠的算盘样式在唐末就已出现，北宋时已在商业领域获得广泛应用。宋朝人张择端所绘的名作《清明上河图》中就画有算盘。自南宋至元末，珠算算法口诀逐渐成熟并流行开来。随着明代商品经济的蓬勃发展，珠算的应用更加广泛，并逐渐取代了古老的筹算，今式算盘在当时已基本定型，明代官方编印的《鲁班木经》中已载有算盘的标准图式。

明代成化前后，徽商异军突起，雄飞于中国商界。遍布全国甚至世界各地的徽商的经营活动，向珠算的改进与发展提出了迫切的现实需求。

正是在这种现实需求的驱动下，程大位在四十岁倦游归里后，便根据自己及师友的研究和访问各地所得的相关知识，开始潜心研究与著述，历经二十余年的辛劳，万历二十年（1592），年至花甲的程大位终于撰成享誉后世的《算法统宗》，并于次年由屯溪宾渠旅舍刊行。该书集16、17世纪珠算之大成，适应了新兴的商业发展需要，比以往使用的筹算更为便捷，是世界算学史上的一大突出贡献。

《算法统宗》原名《直指算法统宗》，全文凡十七卷，主要内容分为十一个部分，其应用题按《九章算术》章名分类：一、加减乘除；二、方田、丈量田亩的方法；三、粟布，计算稻米、布帛的方法；四、差分，计算差徭多寡，物件贵贱；五、少广，开立方的方法；六、商功，建筑工程的计算；七、均属，计算运输、车数、粟数、运费；八、盈朒，计算有余和不足；九、方程，用已知数求未知数的方法；十、勾股，用勾股、弦测量高、广、深、远的方法；十一、难题，辑录有趣味的难题的解答。全书从启蒙到应用提高，循序渐进，系统性强，许多算法、例题，均以歌诀形式出现，浅显易记，便于学习。

程大位在书后记中说，我小的时候就沉迷于这门学问（指算学），年少时到吴楚地区经商游历，到处拜访有名望的长辈，探究算法文辞的意义，思考算法形成的规律，返回后便在水边沉思，二十年后的某一天恍然大悟，像是突然悟透了算学的精髓。于是我反复比较检验诸前辈的准则，附加我的鄙陋之见，修改汇集成一册，阐明前人著述未曾阐明清楚的内容，补充前人著述尚未完整的内容，删除前人著述繁杂的内容，详尽说明前人著述简略粗糙的内容。而且还订正了前人著述中的错误，使顺序厘清，标点断句明晰。可见这部书的撰写倾注了程大位毕生的心血。

著述当有用　行文莫幽玄

《算法统宗》的一大特点是大部分题目采用珠算，这也体现出了作者着眼于实际应用的精神。珠算盘是一种构造简单、价格低廉、容易携带的计算工具。与筹算相比，珠算的运算更为方便、迅速。但当时的珠算方法还不够完善，有的口诀也不够顺畅，于是程大位便花大力气改进了珠算法及珠算口诀。他为了区别乘除法口诀，在卷一就明确规定，“九九合数”应“呼小数在上，大数在下”，“九归歌”应“呼大数在上，小数在下”。例如“六八四十八”是乘法口诀，“八六七十四”是除法口诀。书中记载着完整的撞归口诀，如“一归，见一无除作九一，起一下还一”，“二归，见二无除作九二，起一下还二”，等等。第六、七卷中，程大位还给出珠算开平、立方的方法。虽不能肯定这就是他的发明，但该书确是目前已知最早记载这种方法的古算书之一。书中的珠算定位法也应归功于程大位，因为当时流行的珠算书中都未提到。明代吴敬的《九章详注比类算法大全》中虽有定位法，但它是用于筹算。首次完整地叙述珠算定位法的则是《算法统宗》中的“定位总歌”——“数家定位法为奇，因乘俱向下位推。加减只需认本位，归与归除上位施。法多原实逆上数，法前得零顺下宜。法少原实降下数，法前得零逆上知。”程大位十分重视珠算口诀，他认为口诀是学珠算、用珠算的基础，一定要记熟。他反复强调：“一要熟读九歌，二要诵归除歌法”“学算之人须努力，先将九数时时习”。

在用珠算法解决各种实际问题时，特别引人注目的是面积问题。特别是对于广大农村来说，田亩测量是不可缺少的，所以程大位十分重视面积问题。在《算法统宗》“方田”中，他结合田亩测量的实际问题，总结出大量面积公式，并编成歌谣，绘出图形。这一卷所绘图形六十余种，其中比较基础的有十几种，其他都是由这些图形割补而成。这十几种基础图形中，一些是《九章算术》中已有公式的，如方田（正方形）、直田（矩形）、圭田（三角形）、邪田（梯形）、圆田（圆形）、弧田（弓形）等，另一些图形则是《九章算术》中没有记载的，程大位分别给出公式。对于榄形田、牛角田等不同形状的田地，程大位分别总结出便于应用的计算公式。对于较复杂的图形，程大位则采用“截法”将其分为几个简单的图形来计算。例如，他将四不等田截成两个直角三角形和一个矩形，将三广田截成两个梯形等。即使是《九章算术》中原有的图形，程大位也注意从实际应用出发，总结出更加简便易行的公式。对于计算结果，程大位既要求尽可能准确，又主张根据总体情况适可而止。程大位不用旧法而创立“截法”，就是为了计算结果的准确。他说：“遇歪斜不等，必有斜步，岂可作正步相乘？若截之，庶无误矣。”对于更加复杂的图形，只用“截法”还不行，程大位便采用“截盈补虚”的方法，他说：“按田之形状甚多，具载难尽，学者不必执泥，在于临场讥变，必须截盈补虚，俾尖减大，以合规式。但田中央先取出方、直、勾股、圭、梭等形，另积旁余，并而于一，然后用法乘除之，用少广章开方等法还原，始为精密之术焉。”但他对准确性的要求是有限度的，因为他着眼于应用。他指出：“世之习算者，咸以方五斜七、围三径一为准，殊不知方五则斜七有奇，径一则围三有奇。”可见，他知道有更准确的比值，但他认为不一定使用，因为“数多则散漫难收”，即精确的数据位数多，计算起来太复杂，这在实际应用中往往是没有必要的。

为了适应当时测量田亩的实际需要，程大位还创造了一种丈量步车，在《算法统宗》中绘有图形并有详细解说。这种测量工具类似于今天的卷尺，由环、十字架、转轴、锁、钻角及缠在十字架内的竹尺（薄竹片制成的尺）构成。这在当时是一种很先进的测量工具。程大位对自己的发明十分得意，在图边自题：“宾渠制造心机巧，隶首传来数学精。”

除了《算法统宗》的内容以外，从该书的文字形式上也可以看出程大位重视数学的应用与普及的思想。全书文字分为叙述性文字、诗词歌诀及图表中的文字三种形式，而诗词贯穿全书，占了相当大的比例。这些诗词，既是优美的文学作品，又直接为数学服务。例如“留头乘”的歌诀是一首七绝：“下乘之法此为真，起于先将第二因。三四五来乘遍了，却将本位破其身。”他还用《西江月》等诗词来命题：“群羊一百四十，剪毛不惮勤劳。群中有母有羊羔，先剪二毛比较。大羊剪毛斤二，一十二两羔毛。百五十斤是根苗，子母各该多少？”这些诗词浅显易懂，生动有趣，使读者在学习珠算的过程中同时得到美的享受。再如：“今携一壶酒，游春郊外走。逢朋添一倍，入店饮斗九。相逢三处店，饮尽壶中酒。试问能算士，如何知原有？”此诗不仅读起来朗朗上口，而且具有浓厚的生活气息。读罢全诗，仿佛眼前出现一幅情趣盎然的携酒春游图。这种大众化的生动诗歌，无疑会引起读者的数学兴趣。又如另一首《西江月》：“平地秋千未起，踏板一尺离地。送行二步与竿齐，五尺板高离地。仕女佳人争蹴，终朝笑语欢嬉。良工高师请言之，借问索长有几。”这首诗歌形象地描绘了少女荡秋千的欢乐场景，合辙押韵，意境优美，巧妙地将数字、数学原理注入字里行间，在结尾处抛出问题，耐人寻味。诗意大概是：有一架秋千，当它静止的时候，踏板离地一尺高。将它往前推进两步的距离，此时踏板升高，离地五尺。美女佳人们看到秋千，争先恐后地登上去玩耍，笑语嬉戏，愉快自得。聪颖之士请说说，秋千索的长度是多少呢？一首《西江月》散发着浓郁的生活气息，透过诗意可以咀嚼那古老且永恒的勾股定理。《算法统宗》寓算题于诗词，赋予数学书以浓郁的文学色彩，其普及数学的效果是显而易见的。人们在愉快地欣赏这些诗词的同时，也就开始了对数学的理解和思考。《算法统宗》成为明清时期流传最为广泛的算书，甚至能超越国度，受到日本、朝鲜和东南亚各国人民的欢迎，其引人入胜的文字无疑是重要原因之一。

善意巧分金　声名扬四海

《算法统宗》传到日本据说跟程大位的一位日本弟子毛利重雄有关。明朝万历年间，在安徽山明水秀、风光优美的休宁县城里，一天，一个张秀才拿了些金钏来到一家银匠铺，恰好李秀才也带了些金钗来销熔。他们二人将金器放在柜台上，便互相施礼，搭起话来。小银匠将金钏和金钗分别称过后，向两位客官道：“金钏九成二两，金钗七色相同。”哪知二秀才只顾高谈阔论，没有把小银匠的话听好。也怪小银匠一时粗心，误认为两份金器是一家人的，把金钏和金钗熔在了一炉，成了一块四两重的八成色金锭。张秀才大怒，说他的金钏成色好，分量重，要把熔好的金锭全部拿走，而李秀才则要银匠还他的金钗。小银匠苦苦哀求，答应给二人分金，但分来分去，怎么算也算不清楚。

就在三人吵吵嚷嚷、争持不下的时候，一位身着布衣的瘦小老头，从看热闹的人群中挤了进来，说道："你们不要为难银匠小师傅了，我来替你们分金。"本来张、李二人想趁机敲一下竹杠，见此情景，十分恼火。而小银匠一闻此言，低头便拜，称："请算师相救。"原来，这个瘦小老头，便是远近闻名的算法大师程大位。说时迟，那时快，当下程大位口述算法，把八成色金锭中的二两二钱五分给了张秀才，把其余的一两七钱五分给了李秀才。围观者皆信服，张、李二人也只得接受作罢。

程大位分金助银匠这件事，一传十，十传百，一时轰动市井，也惊动了正在本城经商的一个日本人——毛利重雄。毛利重雄来到中国的江南经商多年，久闻程大位善算，但一直没有亲身拜访过，不知虚实。这次凑巧遇到，便不肯再放过结识的机会。他把程大位请进酒馆，说明仰慕之意，接着用算法歌谣考程大位。只听毛利吟道："肆中听得语吟吟，薄酒名醴厚酒醇，好酒一瓶醉三客，薄酒三瓶醉一人。共饮瓶酒一十九，三十三客醉醺醺。试问高明能算士，几多醴酒几多醇？"程大位听罢，微微一笑，应口答道："好酒十瓶，薄酒九瓶。"

这时，恰好酒馆门口有两个小贩正在吆喝卖水果。毛利重雄又吟道："九百九十九文钱，甜果苦果买一千。甜果九个钱十一，苦果七个四文钱。试问甜苦果各几，又问各该多少钱？"程大位略加默算，说道："甜果六百五十七个，该钱八百零三文。苦果三百四十三个，该钱一百九十六文。"毛利重雄心里暗暗吃惊。他举目四望，见墙上有一张图画，画中有一长排盐船，首尾相接，顿时一道好题想出来了。吟道："四千三百五十盐，大小船只要齐肩。五百盐装三大只，三百盐装四小船。试问船只多少数，每种船装几引盐？"程大位哈哈大笑，答道："大船一十八只，装盐三千引。小船一十八只，装盐一千三百五十引。"

问答到此，毛利重雄钦佩万分，当即拜程大位为师，希望跟他学习《算法统宗》，程大位也答应了。毛利重雄学成回国后，大力推广程大位的算学，并将《算法统宗》译成日文出版，这对日本算学的发展起到了极其重要的作用。

埋名三百年　墨迹一抹香

《算法统宗》刊行后，程大位考虑到这部书卷帙浩繁，内容庞杂，作为初学入门书多有不便。于是他删繁就简，编成《算法纂要》四卷，于明万历二十六年（1598）在其老家屯溪刊行。书前有程宾渠小像，及吴宗儒题《宾渠程君小像赞》、吴继绶序、程时用序和范时春跋。因为序言中有“乃今南倭北虏充斥于边陲”等文字，担心犯了清朝的忌讳，因此清政权建立后皆未曾翻刻，且公私书目中均无记载，湮没无闻近三百年之久。直到20世纪50年代，中国算学史家李俨、严敦杰发现明刊本，使得这部书重新回到人们的视野。现已知国内有明刊本九部。1986年秋，安徽科技出版社影印刊行了李培业先生的校释本。

吴宗儒在《宾渠程君小像赞》中写道：“……资敏而厚，髯也修修，神兮纠纠。书擅八分，算穷九九。迹隐市阛，心超林薮。为率溪一代之伟人，系出晋新安太守元谭公后。”堪称是程大位生平的真实写照。在明清时期刊刻的徽州府、县方志中均无载的程大位的名字和成就，被收入了《古今图书集成》和《四库全书总目》，永远彪炳于我国科学技术史册。李俨在《中国数学简史》一书中指出，在中国古代数学发展过程中，《算法统宗》是一部十分重要的著作。从流传的长久、内容的广泛和深入来讲，是那时任何其他数学著作不能相比的。

居所仍传世　故人已西辞

程大位在屯溪的故居今已建立了程大位纪念馆，是全国重点文物保护单位。该故居始建于明朝正德年间，距今有近五百年的历史。坐北朝南，两进三间砖木结构二层楼房，马头墙、小青瓦，是典型的明代徽州民居建筑。故居的大门为内外门楼，上饰精美的徽州砖雕，门内为天井，晴天可望蓝天白云，雨季可观屋檐雨水流汇，四水归堂。故居为两层，一脊二堂三开间，东西厢房列两边，建筑面积有五百多平方米。

底层设瞻仰堂，前堂为客厅，立有程大位画像，悬挂六角宫灯，横梁上“程大位故居”匾额为著名数学家苏步青教授所题。左右壁挂有关程氏“师生问难”“丈量步车”等十幅生平丹青。后堂有周恩来等人有关珠算内容的题词照片，有著名数学家苏步青教授等题词匾额。两厢为程大位及家人住房。楼上大厅内陈列有古今中外各式算具两百多件，质地有金、银、象牙、玉、石、瓷、木等多种，式样有龟纹、八卦十余样，还有程大位著作、程氏宗谱及各种珠算资料、图片。在众多展品中，最令人瞩目的是形状各异的算盘，大者有81档，1.75米长，小者如戒指算盘，仅2厘米长，具有较高的观赏价值和文物价值。国内外珠算专家和珠算爱好者、研究者，纷纷前来参观游览，亦将其作为珠算研究的中心。故居西侧为祀祖楼，五开间，倚主楼而建。故居入口处，就势建庭园一座，因程大位号宾梁，故名曰“宾园”。园内有回廊、草坪及花圃。回廊小径，花草山石，景致幽雅。墙垣窗户均为算盘图案，既具特色，又体现了故居主人“珠算宗师”的身份，构思巧妙。

皇族学者——朱载堉

管宏杰

生平和家世

朱载堉像

朱载堉（1536—1611），字伯勤，河南怀庆府（今河南沁阳）人，其祖上朱元璋为安徽凤阳人，故在广义上也可称之为安徽人，是明代杰出的科学家和艺术家。他是在中国传统文化土壤中诞生出的一位百科全书式的学者，中外学者尊崇他为“真正的世界历史文化名人”。

明嘉靖十五年（1536）朱载堉出生于怀庆府，十岁被朝廷册封为郑世子。特殊的家庭出身和社会地位给朱载堉的人生带来的影响具有双重性。一方面，显赫的身世、优厚的物质和文化环境使他具有充分的条件从事他感兴趣的事情；另一方面，明朝虽然在经济上对藩王给予优厚的待遇，但在政治上却对他们监管很严。特别是嘉靖皇帝由藩王入继大统，所以对藩王涉政更是忌讳莫深。对朱载堉一生产生转折性影响的事件是其父郑恭王朱厚烷在嘉靖二十七年（1548）上书劝谏嘉靖帝一事：这年七月，朱厚烷呈《居敬》《穷理》《克己》《存诚》等奏章，请嘉靖帝修身养德，按时进学，戒神仙、大兴土木之事，言语比较耿直，为此触怒嘉靖帝。送谏书的使者被下狱，且嘉靖帝颁下诏书：“先前宗室中有诋毁、诽谤朝廷之人，姑且暂不治罪。现在又有人要这样做，郑王，是当今的西伯啊，想效仿西伯你就去做吧。”两年之后，朱载堉的族叔朱祐檺为求恢复自己祖上应继承的郑王位，怨恨朱厚烷不替他向嘉靖帝上奏说明情况，趁着嘉靖帝恼怒朱厚烷之机，罗织了四十条罪状，向朝廷诬告其谋反。嘉靖帝立即下诏，令驸马、中官前往审讯。但是他们回来报告说没有谋反证据，只是修治宫室采用的名号、乘坐的轿子类比皇帝，则有其事。嘉靖帝发怒说："朱厚烷诋毁朕，且在藩国骄纵无礼，大逆不道！"于是下诏削去朱厚烷爵位，贬为庶人，禁锢在凤阳。

这场因宫廷政治斗争波及家庭的事件对朱载堉的人生道路与心理都产生重大的影响。朱厚烷被削爵、幽禁那年，朱载堉年仅十五岁。在此之前，他勤学笃教，有很高的德行。痛心父亲遭人诬陷而被幽禁，于是搬出郑王府，在王府外筑土室，铺上蒿草自己独居十多年。隆庆元年（1567）正月，朝廷大赦天下，恢复朱厚烷郑王爵位，朱载堉也结束了长达十多年之久的土屋生活。朱载堉在郑王府外筑土室独居十多年，是对当时政治斗争黑暗、父亲无罪被幽禁的一种无声的抗议；独居土屋的十多年，是朱载堉心理、学识、见解逐渐成熟的阶段。他对社会和人生的看法也显现双重性：一方面潜心于乐律、数历的学习，如他在独居土屋时，完成了音乐学著作《琴瑟》，另一方面在其序中自称"狂生"，署名"山阳酒狂仙客"，这个自称、署名说明他当时心怀不满的激愤心情。朱载堉恢复世子冠带后，仍继续潜心于他所热爱的乐律、数历的研究中。二十余年间完成了《律学新说》《律吕精义》《乐学新说》《算学新说》等著作。这些著作包括了朱载堉的学术成就和对乐律学的重大贡献。

明万历十九年（1591），郑恭王朱厚烷去世，朱载堉上奏万历帝要求让爵："郑王宗亲的顺序，盟津王为长，前盟津王朱见濍已经赐予谥号并恢复爵位，爵位应该归盟津王这一世系。"礼部大臣却说："朱载堉虽然坚持礼让之节，但东垣王这一世系继承郑王爵位已历三代，没有中途更换重封之理，应以朱载堉之子朱翊锡为郑王嗣子。"后来朱载堉又先后七次上疏恳切推辞，万历三十四年（1606），明神宗最终批准了朱载堉的累疏恳求，把爵位授予朱祐橏之孙朱载玺。朱载堉在其父去世后十五年内七次上疏，让爵给当年诬告其父的朱祐橏之孙朱载玺。这一让爵行为与其家族内部的倾轧斗争有关，同时也反映了朱载堉对政治黑暗、世态炎凉、人心险恶的失望与灰心。上疏让爵，一方面固然是淡泊名利的高风亮节之举，但另一方面也是保全性命，以退为进的谋略。颇具意味的是，崇祯年间，朱载玺的儿子朱翊钟犯罪被赐死，封国被废除。让爵之后，朱载堉迁居河南怀庆府城外，基本上过着隐居著书的生活。朱载堉在怀庆居住的晚年生活时期，和当时的数历、音律学家邢云路有过一段相见恨晚的交往。对朱载堉来说，一生孤寂坎坷，磨难不少，在人生学问上几乎没有可以畅谈的知己、朋友。所以在晚年遇到邢云路这样一位在历法、乐律上很有造诣，而且志向、趣味也很相投的朋友，颇觉心慰。这段友情为朱载堉的晚年生活无疑增添了快慰、灿烂的色彩。

皇族的特殊身份和社会地位，残酷的政治斗争，家族内部的倾轧、陷害，人生所经历的坎坷和磨难，对朱载堉来说无疑有一种大彻大悟的人生启迪。现实遭遇的变幻莫测，社会矛盾的纷攘百出，世道险恶、人心不古，使朱载堉对人生、生命有一种更为切肤的体验和深刻的领悟。这就表现出入世与出世的双重心态：一方面对社会政治积弊、道德沦丧激愤的批判与一种无法抗拒命运、无力改变现实的无奈；另一方面他又只能以俗世的做法屡次上疏，希望社会和人们能理解他在乐律、数历研究的成果，希望自己在乐律、数历方面的研究成果能为朱家王朝带来一种安邦济世的作用。他对现实的批判，对理想人格的追求，对身心自由的渴望，都保留着对美好人生目标孜孜不倦的向往与追求。朱载堉不是一个不谙世事的书呆子，而是一个具有敏锐的政治眼光，具有务实的政治才干的人。万历二十一年（1593），朱载堉向朝廷上疏，提出应允许宗室子弟入学应举进而入仕的建议，并具体论及宗室子弟入学应举从政的方法和途径。藩王宗室干涉政事一向是明王朝最高统治者所忌讳的大事，但对社稷、国事的忧患意识，以天下为己任、安邦济世的历史责任感，使朱载堉有一种责无旁贷、义不容辞的使命，这种强烈的家国责任感和历史使命感已超越了个人安危。

文化贡献

晚明社会是一个思想、文化急剧变化的时代，知识的各个领域都开始进行全面的总结和历史的批判，显现出一种脱离中世纪旧轨道的欲望和努力。朱载堉正是晚明时期思想和文化领域的历史巨人，在他的学术活动中充分体现了百科全书式的时代特点。他兴趣广泛，在音律、乐器、舞蹈、历法、算学等领域取得了不少高水平的研究成果。

朱载堉对音乐方面的研究相当广泛，对乐理和律制、乐器的制作和作曲、记谱及音乐的教学都作了大量的研究和实践工作。他总结前人在音乐律制研究方面的成败得失，系统地提出了十二平均律的理论和具体算法。在十二平均律的研究过程中，朱载堉对乐器的发声过程作了研究分析，一方面从音乐演奏的事实中看到历代沿用的音律存在重大缺陷，悟出了创建十二平均律的思路，另一方面也从乐器的制造中实际验证了自己创建的十二平均律的科学性。十二平均律主要包括三个方面的内容：一是系统地用旋宫法创作成套可实际演奏的乐谱，采用了各种谱式，诸如琴谱、工尺谱、瑟谱等；二是设计了几种“旋宫图”的直观教具，通过音乐教学使十二平均律在实践过程中为人熟知和了解；三是用精确的记谱方式，将以十二平均律为指导创作各种曲谱，用特定的符号系统将其记录下来。这样用旋宫法创作的新乐谱才有可能为社会接受、流传。他所创建的十二平均律无论在理论成果上还是在计算方法上都是领先于当时世界水平的。西方音乐理论专家都高度评价了朱载堉这个具有划时代意义的重大成果。中国著名的律学专家黄翔鹏先生说：“十二平均律不是一个单项的科研成果，而是涉及古代计量科学、数学、物理学中的音乐声学，纵贯中国乐律学史，旁及天文历算并密切相关于音乐艺术实践的、博大精深的成果。”十二平均律是音乐学和音乐物理学的一大革命，也是世界科学史上的一大发明。

朱载堉不仅是科学家和音乐家，而且还是乐器制造家。他不满足于因循旧说，敢于向历代相传的律制理论提出质疑，另立新说，以实事求是的态度进行研究，精心制作了世界上第一架定音乐器——弦准，把十二平均律的理论推广到音乐实践中。为了校正在音乐演奏时由于定音不准而造成的走音跑调的问题，同时也为了校正以弦定律或以管定律种种理论认识中的混乱，朱载堉制造了新的定律器——均准和律管。均准以十二平均律为基础，用十二根弦，列十二徽。在准的构造样式上，取琴和瑟的合理之处。它和以三分损益法为基础的旧准，在构造样式上如瑟，两者最大的不同之处是用弦不用柱。这样在定弦、定音时可以更灵活、准确的使用。朱载堉以他确定的管口校正法，亲自制作了律管三十六根，使倍律、正律、半律做到只要“律名同者”，就可“新律皆相协”。在制造律管和吹律试声时，朱载堉强调指出律管选材的重要性和吹气的适当，这两者都是影响吹率定音正确性的重要因素。

朱载堉首创“舞学”，为舞学制定了大纲，奠定了理论基础，绘制大量舞谱和舞图。他的“天下太平”字舞谱，也为今天的团体操开创了先河。朱载堉又提出较为系统的音乐教学体系，他的集体教唱、乐器伴唱、识谱学唱，在我们今天的音乐教学中仍被广泛应用。此外，朱载堉还大胆地把踩高跷和抬花轿两种民间表演艺术结合在一起，精心设计出了踩着高跷抬花轿的表演形式。他的初衷就是要让人们以仰视的角度看轿夫，用艺术的表现手段来提高轿夫在世人眼中的形象和地位。随后，又不断对其进行改进，将白天表演改为夜间，将花轿改为火轿，把原来的布轿改为纱轿，轿的周围插上蜡烛，轿顶镶嵌上能喷射出彩色火焰的龙头，寓意火旺、财旺，象征着一年里百姓的生活红红火火。另外，朱载堉用文字形式说明舞姿的具体动作及其表达的具体内容，用图谱标定舞者在舞蹈表演的每一过程，在舞台上的具体位置、脚步姿势、群舞队形的变换、组合和各种舞姿的分解动作，并配以伴奏的乐谱和节奏谱。用文字、图谱、乐谱和节奏谱构成的总舞谱是很严密的，至今人们还可以按照他的总舞谱重新排演这种舞蹈。

朱载堉在研究天文历法方面花费了很大的精力和心血。晚明社会由于张居正的改革，社会物质生产的需要刺激了科学技术的发展，天文历法直接涉及“敬授民时”，与百姓的生活、生产，特别是与农业生产密切相关。而当时使用的《大统历》又出现了明显的误差，朱载堉的修历是针对当时沿用的《大统历》，他了解《大统历》关于节气、闰月、月朔日、月交食等概念。修历是否被社会认可，归根结底看其历面与天象、二十四节气是否符合，这涉及回归年长度、朔望月长度的确定，决定了岁差的多少和闰月的置定。朱载堉在回归年长度的研究和日、月食计算时关于时差的订正都有其独到的贡献。他指出，由于视差引起月球视轨道和真轨道不一致，所以计算日食的时候，应作时差订正；而月食由于月球进入地影，太阳光被地球挡住，射不到月面，视差在此不起作用，所以计算月食时不应有时差的订正。

数学研究是朱载堉从事的另一项重要的学术研究工作，他在数学上的贡献是找到了求解等比数列的方法和用珠算进行开方运算的方法。朱载堉关于数学的研究工作是和他的乐律研究工作密切相关的，为乐律研究提供了一种有效的计算方法。他的《算学新说》《律学新说》和《乐学新说》等著作所拟定的珠算开方是中国古代数学史上的创举。

朱载堉学术研究领域广泛，学术研究的作风也很严谨。主要表现在以下几个方面：

第一，对每一个进行学术研究的领域，所作的第一项工作就是尽可能全面地阅读、了解、研究前辈和同时代人在这个研究领域所作的成果及不足之处，总结别人的经验和教训，从而能提出新的研究问题，探索解决问题的新思路和新方法。在乐律、历法的研究中，朱载堉博览群书，研读了历代史籍。在《律吕精义》撰写过程中，他应用的明代各种参考书目就有六十余种。他自己也说：“我二十来岁的时候，读《性理大全》，见到宋代大儒邵雍的《皇极经世书》、朱熹的《易学启蒙》、蔡元定的《律吕新书》等著作，对它们很感兴趣，每天都阅读背诵，不停地作批注，久而久之，研究的时间长了，在以后数学的研究中得到的启发很多。三十岁以来，阅读历代史书中有关天文历法的志书五十余种，我仔细考察它们之间的异同，分辨它们的疏密，我的志趣就是爱好这些历法，故而乐此不疲。把这些众说纷纭的历书编辑起来，全神贯注的考证其正误，采撷众说之所长，并充实其不完备的方面。”正是在这种大量、广泛而深入的研读前人研究成果的基础上，了解各家得失及所用研究方法，以此作为自己研究的突破口。这点在朱载堉关于乐律研究的工作中表现的最为突出：批评王莽伪作度量衡，指出王莽所制定的度量衡新规定与实际有误差，这种误差应用于定律上便会造成较大的音高差异；批判“刘歆伪辞”，指出刘歆为适应王莽新政的需要，用谶纬神学来附会音律学；批判三分损益律有“疏误”，指出历代律家都是因为他们信奉的三分损益律“非天成自然之理”，所以“不能取信于人”。朱载堉正是在研究前人在律制研究方面的三个失误之处的基础上，从而提出了三个根本性的解决手段：定黄钟之长为一尺，摈弃音律学上的谶纬神学内容，不用三分损益律，创建了十二平均律的新理论。

第二，不拘陈说，不囿于定见。朱载堉具有一种不断怀疑、批判和修正的科学精神，对真理的追求是其坚持严谨学术作风的动力，他认为，对史册记载和有些定论不能盲目信奉，应据实修正，去谬存真，以新说代陈见。即便是对自己的研究成果，他也是持一种客观的、精益求精的批判态度。在当时的社会历史背景下，朱载堉对流行陈说的学术批判是需要很大的勇气的。因为，一则历法、乐律都具有很强烈的政治色彩；二则朱载堉身为皇家世子，涉及社会政治和是非争论是一件很忌讳的事情。

第三，朱载堉严谨的学术态度也突出地表现在他对从经验世界获取科学事实的重视，表现在他对用实践来检验真理。他关于乐律理论认识的内容依赖于他长期与琴师、乐工在演奏实践和民歌采风过程中所积累起来的丰富的音乐感性知识。十二平均律的最终确立也是经过了制造乐器、乐师演奏、作曲制谱等音乐实践的验证。

结语

然而，朱载堉却是孤独的先驱、时代的悲剧。一方面，他创建的十二平均律从科学思想、科学方法和理论成果上都具有近代科学的意义；另一方面，他又远离了当时的社会思潮，他的十二平均律如空谷绝响，几被湮灭，并没有引起广泛的重视和科技变革的连锁反应。当时以利玛窦为代表的传教士在中国社会进行传教活动，其主要方法是用精致的天文仪器，精确的历法计算，崭新的历法知识去影响士大夫阶层。同时，西方传教士为了和当时士大夫进行天文历法方面的交流，就必然会了解中国传统的天文学。朱载堉历法研究和律制研究的成果都是以刻版印书的方式进呈朝廷的，因而，朱载堉的研究成果在一定范围内应为行内的士大夫所了解，故而，当时的西方传教士应该是有可能了解到朱载堉的十二平均律的理论和方法。因此，欧洲的十二平均律的产生和实践应用很有可能是受到朱载堉研究成果的启示。朱载堉首创十二平均律对乐律的发展确是一项伟大的贡献，从中国传统科技体系的发展来说，他创建十二平均律的科学认识过程所体现出来的近代科学精神具有更大的历史意义。

然而，社会历史的发展却使得朱载堉犹如一个孤独的先驱，前不见古人，后不见来者，最终怀着满腔的悲怆情感，无声无息地消失在历史的长河中，他的科学成就也随之尘封湮灭。晚明社会的市民阶层已经崛起、壮大，商业经济也很繁荣、发达，中国传统科技的发展也到了全面总结的辉煌时代，这为中国社会的科学近代化、社会思想的近代化准备了物质条件。但是，为什么我们所期望的近代科学革命并没有在中国的晚明社会发生，为什么朱载堉没有能成为中国“哥白尼”式的科学家，点燃近代科学革命的火炬？这是一个历史的悲剧。封建中国悠久和丰富的历史文化的积累固然是其继续发展的一个高起点，同时也是一种拒绝自我批判和自我反思的惰性力量，这妨碍了中国走入近代化的历史进程。“导致中国衰落的一个原因恰恰就是中国文明在近代以前已经取得的成就本身”，这应是对中国近代衰落原因的一个有力的回应。朱载堉创建十二平均律所采用的科学方法、所获得的理论成果、所达到的科学思想都具有近代科学意识，在晚明社会确实属于时代的先驱，然而，其结果也只是在史馆档案中予以记录，以备将来稽考，没有付诸实行。社会上也无人问津，知音难觅，这不得不说是一个时代的悲剧。从这层意义上来说，朱载堉作为中国科技发展近代化进程中一个孤独的先驱，正是封建中国难以走出中世纪的一个典型例证。

舍生取义，复社领袖——吴应箕

章建文

吴应箕像

吴应箕（1594—1645），字风之，后改字次尾，号楼山，南直隶贵池县兴孝乡（今安徽石台）人。吴应箕与南宋华岳合称“秋浦双忠”，与刘城合称“贵池二妙”，与杨维斗、沈寿民、刘伯宗、沈士柱合称“复社五秀才”，是明末著名文学家、复社领袖、抗清英雄。逝后乡人私谥“文烈”，乾隆四十一年（1776），朝廷追谥“忠节”。

失意科场　扬名文坛

吴应箕家世多儒，然小时候家道中落，进不了私塾，跟随舅父李得春学习诗文，于书无所不读，过目不忘。万历三十七年（1609），吴应箕第一次应童子试于句容，但落选而归。万历四十二年（1614），应试于池阳，补博士弟子，取得乡试资格。万历四十三年（1615），应南京乡试，但没有进考场。万历四十六年（1618），再至南京应乡试，然而遇到了史上少有之事，主考姗姗来迟，考试日期因而推迟，这次他虽然进了考场，但未能中举，作《昭君怨》以抒发郁闷：“琵琶空有曲，不到汉王宫”“寄语承恩者，黄金赂画师”。回到家乡后吴应箕励志苦学，然而此后七应南京乡试，都名落孙山。崇祯十五年（1642），又应南京乡试，考中副榜，同榜中不少为当时名士，如侯岐曾、宋征舆、夏仲文等。

吴应箕虽然科场屡屡失意，但文名却渐渐高升。万历四十四年（1616），他携诗文拜见同郡进士罗尚忠，罗尚忠见而称绝，赞为“邑中独超”。天启六年（1626），受汝宁知府王建和之聘，给他的两个儿子当家庭教师。后来刘廷銮、李慜、李时等人从其学习，陈名夏也与他亦师亦友。

吴应箕的诗不趋时尚，脱口而出，往往理实情真言朴，明末著名诗人陈子龙曾说："读次尾诗，其学问可考而知也，即其性情亦不能外，然岂可与今之人同日语哉？故天下善诗者，未有如次尾者也。"吴应箕的文名更大，擅长史论、策论与政论。

他的诗文关注现实，比较全面地反映了明末社会、政治、经济、军事、民生等方面的问题，洋溢着忧国忧民、疾恶如仇的情感。如《何以》揭露官府上下欺瞒，习以为常，"塘报习为欺，上下徒牵掣"。《和州》表达了对江北重镇和州失守的忧虑，"高皇昔神武，和州初济师。岂知壮哉县，遂尔汙为池。汝颍空连络，江淮断鼓鼙。杀人十五万，莫使圣明知"。《京口行》记述了官兵不能保民护民，反而明目张胆劫民的罪行，痛斥军队腐败以及官府对此的熟视无睹、无所作为，"白昼舟横截，熌熌耀戈旗……同日劫舟七，六商一官司。杀人到四五，计失千万赀。长年熟视叹，皆曰兵无疑"。

他的诗文高标忠节，为杨涟、左光斗、赵南星、高攀龙等东林党人立传，作《吊忠赋》等倡导"忠臣可为"，作《公讨从贼逆臣檄》等痛斥从贼逆臣"负朝廷，羞先圣，耻辱儒生"的行径，激发士人以死抗贼的忠心。

面对社会存在的问题，吴应箕除揭露与批评之外，也有自己的应对之策与解决之法。如其所作的《汉光武中兴论》《晋元帝中兴论》《拟进策》等，不仅提出了许多切实可行的解决方法，也推动了日后启蒙思潮的形成。

吴应箕在诗文理论方面的成就也非常突出。他强调文学"裨益治教""资于劝惩"的政治功能，摒弃门户之见，在复古通变的基础上，有效地整合以往的文学思想资源，与钱谦益、陈子龙、吴伟业等复社诸子一样，提出了"性情""学问"与"世"（或时事）相结合的文学创作论，但他又有着富有个性的理论阐释，丰富和深化了复社的性情诗学和经世诗学。

特别是他融通古文与时文，建立了“理体”说的理论框架，倡导与推动了明末清初尚朴的文学思潮，在文学理论史上有着独特的理论价值和深远的影响。

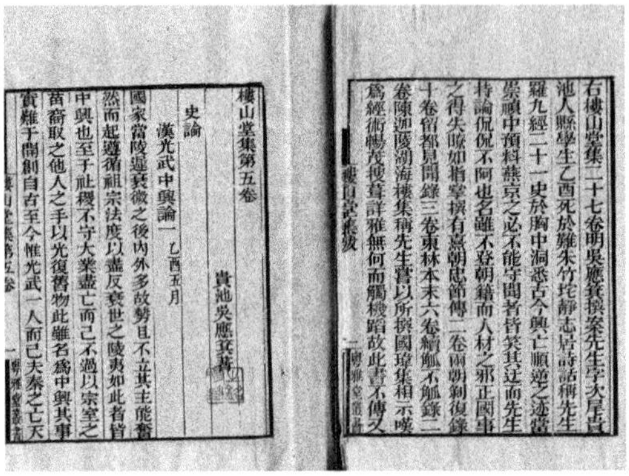

右樓山堂集二十七卷明吳應箕撰案先生字次尾貴
池人縣學生乙酉死於難朱竹垞靜志居詩話稱先生
羅九經二十一史於胸中洞悉古今興亡順逆之迹嘗
崇禎中預料燕京之必不能守聞者皆笑其迂而先生
持論侃侃不阿也名雖不登朝籍而人材之邪正國事
之得失瞭如指掌撰有熹朝忠節傳二卷兩朝剝復錄
十卷留都見聞錄三卷東林本末六卷續觚不觚錄二
卷陳迦陵湖海樓集稱先生嘗以所撰國瑋集相示嘆
爲經術暢茂搜葺詳雅無何而觸機蹈故此書不傳又

樓山堂集跋　一　粵雅堂叢書

樓山堂集第五卷
貴池吳應箕著
史論
漢光武中興論一　乙酉五月
國家當陵遲衰微之後內外多故勢且不立其主能奮
然而起遵循祖宗法度以盡反衰世之陵夷如此者皆
中興也至于社稷不守大業盡亡而己不過以宗室之
苗裔取之他人之手以光復舊物此雖名爲中興其事
實難于開創自古至今惟光武一人而已夫秦之亡天

樓山堂集第五卷　一　粵雅堂叢書

《楼山堂集》书影

吴应箕一生著述甚丰，著有《楼山堂集》《东林本末》《熹朝忠节传》《留都见闻录》等。然而他下笔数千言，文不加点，没有副稿，作品多有散佚，保存下来的又遭兵乱战火的损毁和清政府的禁毁，现在见到的主要有《楼山堂集》等几部著作，而这些仅是他著作的一小部分。他的《楼山堂集》在清朝时期一再地刻印，其中的爱国精神与经世思想影响了一代又一代的读书人。

组建复社　主持清议

万历四十八年（1620），吴应箕与泾县万应隆、宣城沈寿民、芜湖沈士柱、宣城梅朗中等十六人结南社。又与苏州徐鸣时合七郡十三子之文为匡社，后合于应社。崇祯二年（1629），复社成立，南社、应社并入其中，吴应箕也就成了复社的骨干。

复社主要以选文、清议、会讲等手段结交与凝聚士子。吴应箕进入复社之后，其在选文、清议方面的才能得到了充分的发挥。他广结公卿士子，如范景文、孔贞运、郑三俊等名宦以及方以智、侯方域、冒襄、陈贞慧等名士，有着突出的社会活动能力，加上其清议的深刻见解与卓越的表达能力，逐渐引导了复社的舆论，所以成为复社领袖。

吴应箕除了参加复社举行的社员大会外，还邀请名士组织了国门广业社。崇祯三年（1630）秋，吴应箕与刘城、许德先、沈昆铜集合近百志趣相投的士子举国门广业社，选编其诗文。崇祯六年（1633）秋，吴应箕邀请杨龙友、方以智主持国门广业社。然而在这一年温体仁任首辅，开始培植逆党，铲除东林，攻讦和打击复社，复社由此而介入政治斗争，不少复社成员以社事为讳，在此后一段时间里复社也就没有再举行大型社集。而阉党余孽阮大铖，先在安庆组织中江社，此时又在南京组织群社，不仅无丝毫附逆之悔意，而且在南京城中，坐华轿，拥童奴，壮声势，招游侠，交名士，图再起，跃跃欲试，气焰非常嚣张，不少士子趋承依附，社会正气遭到了进一步削弱。崇祯九年（1636）秋，姚瀚在复社忧疑满腹、谗言四起之时，一无所畏，大聚复社诸子，举国门广业社，统一思想，汇集与会诸子之文而刻之。吴应箕作《国门广业序》，盛赞其行，激励复社诸子奋起反抗。

崇祯十一年（1638）夏，吴应箕游梁溪，谒道南祠，过东林废址，与顾宪成从孙顾杲唱和，作《道南集》《东林本末》等诗文，大赞东林精神。七八月间，陈贞慧来访，出示沈寿民弹劾杨嗣昌夺情之疏，受疏中“霍维华、吕纯如虽败，冯铨、阮大铖堪忧”的刺激，最近一个月来洋溢于他们心中的东林精神不仅进一步被激荡，而且也为他们提供了践行东林精神的活靶子。为防止阉党余孽死灰复燃，他们商议集合复社诸子噪逐阮大铖，并草拟了《留都防乱公揭》。然而这一举动没有得到张溥、张采、吴伟业等复社领袖支持，几近流产。而吴应箕则一方面回乡鼓动士子声援，一方面致书、寄诗给顾杲、沈寿民、陈贞慧等，并发出《答友人论防乱公揭书》，反复申述东林精神，强调“留东汉之天下者，气节也；留南宋之人心者，理学也。而为是二者非皆高官尊第之人也”，激发士子“位卑不敢忘忧国”的自尊、自信和对社会责任的担当，以此来巩固与扩大反阮同盟。崇祯十二年（1639）正月，吴应箕又借池州、桐城诸子在池州城参加考试之机，会集方以智、左国材、左国林、方文、周歧、钱澄之诸子进行署名动员。在同年秋季南京乡试期间，有140余名复社成员签名的《留都防乱公揭》终于公之于世。同时他还亲自主持国门广业社，在秦淮河畔与侯方域、冒襄、沈昆铜、梅朗三、黄宗羲等名士以痛骂嘲弄阮大铖为乐，形成了巨大的舆论攻势，致使素来廉正的士大夫与阮大铖断绝了往来。阮大铖遭到了较为沉重的打击，住进牛首山，闭门谢客。崇祯十五年（1642）夏秋之时，吴应箕与冒襄、魏学濂、李标等名士夜集秦淮河畔观看阮大铖的《燕子笺》传奇，整夜大骂阮大铖，虬髯飒飒，辞意喷涌，诸子为之侧目。

崇祯十七年（1644）三月，大明灭亡，五月，南京官员拥立福王朱由崧为帝，建立弘光政权。阮大铖得到弘光朝廷起用后，立即对复社进行打击报复，首先便拿周镳和雷演祚开刀。吴应箕得知二人下狱，冒着生命危险入狱探视，并设法营救。阮大铖得到消息后即派兵抓捕，吴应箕在朋友帮助下连夜逃离了南京。由此可见，吴应箕倡议噪逐阮大铖是有先见之明的，也是十分必要的。在世风颓败之际，这不仅是继承东林精神的一种壮举，也为清初遗民铸造了忠孝之典范，是复社史上的光辉一页。吴应箕也因反阮而声名大振，之后他在复社中的影响越来越大，也越来越受时人的尊重，成为复社后期的实际领导者之一。

举兵抗清　舍生倡义

弘光元年（1645）五月，扬州失守，史可法殉节，弘光帝出逃，忠义者纷纷举兵抗清。金声首倡义兵勤王，被任命为都御史，提督南直隶军务。朱盛浓起兵池州，受命掌池太道（辖池州、太平两府）。六七月间，吴应箕倾其家产在家乡招集义儿门徒，纠合拳勇，举兵抗清。因朱盛浓与金声推荐，吴应箕被任命为池州府推官，监纪军事。

弘光元年（1645）七月，朱盛浓攻破青阳、石埭（今石台），驻军石埭，与吴应箕义军驻地相近，两人商议合兵攻打池州城，然而攻城失败。失败后，部众四散，吴应箕招募士兵，重整义师，转而攻打建德、东流，接连收复两县，声势大增。当时金声义军驻徽州，吴应箕与他有互为掎角之势。然而九月金声兵败被擒，吴应箕失去后援，受到了来自徽州与池州两个方向清军的夹击，同时清军又一面增兵，一面招抚，形势非常不利。十月，建德、东流相继溃败，于是吴应箕决定隐匿深山，训练士兵，等待时机。不久因乡人通风报信，遭清军围剿，将士们同心共死，与清军展开殊死搏斗，战斗异常惨烈。吴应箕的儿子吴孟坚所作的《压气培歌》有所描述：“我父军声堕此间，星日无光天欲折。我母颈罹刀痕七，身投层崖脑迸裂。我妹三龄弃路死，百口家人一无得。前山溪下血犹腥，将士同时皆义烈。”最后寡不敌众，兵败被擒。十月十五日，吴应箕写信给族人托付后事：“忠义之事何不可为？此于我心，一无所悔。”十月十七日，吴应箕临死慷慨赋《绝命词》二首，有“半世文章百世人”之句。

吴应箕牺牲后，刘城、侯方域、冒襄、陈贞慧、彭而述、张岱、查继佐等先后为他作传，记载其事，表彰其节。后人敬其气节与才学，在其牺牲之处立碑纪念。康熙四十四年（1705），内阁中书危映璧、举人章永祚等87人联名上书，请求朝廷允许在池州黄观祠旁建立吴应箕祀，县侯、郡侯、学院、巡抚诸公对吴应箕的气节与文章都给予了高度评价，也在原则上同意此举，然而此事往还于公文之中，却迟迟未见落实。民国戊午年（1918），同县胡子正在贵池百牙山上建起了吴应箕、刘城二先生祠，先生英灵终于有了供奉之处。

吴应箕是明末著名的文士、斗士、战士、义士，一腔报国情怀，一身侠肝义胆，一代节义文章，昭于天下。康熙五十八年（1719），江南省学院谢履厚说：“吴公节义昭于日月，文章继夫韩欧，既已万口流传，自是千秋不朽，遗集当盥手捧读。”《四库全书总目提要》也盛赞：“明末称复社五秀才，应箕为首。其克全晚节，尤不愧完人。”在明末结社史、思想史、学术史、舆论史、文学史、抗清史上都有他的一席之地。

敢言天地是吾师——渐江

夏建圩

渐江（1610—1664），徽州歙县人，本姓江，名韬，字六奇，明亡后为僧，法号弘仁，自号渐江学人、渐江僧，又号无智、梅花古衲等。新安画派的开山大师，和查士标、孙逸、汪之瑞并称为“海阳四家”，与石溪、朱耷、石涛被后世称为“清初四僧”。

明清鼎革　逃禅寄命

渐江祖上原为歙县大家族，后因父亲早逝，家境贫困。他幼时拜当地名宿汪无涯为师，学习刻苦，和中国古代封建社会其他文人一样，期望走上“学得文武艺，售与帝王家”的仕宦之道。然而他久困科场，仍只是诸生。他所处的时代，正值明末清初王朝交替的动荡时期。1644年，李自成的农民军杀入北京城，崇祯帝朱由检自杀，明亡。不久吴三桂引清兵入关，南京失陷，清兵进逼徽州，渐江同乡金声、江天一等人奋力抗清，终因寡不敌众而败。1645年，明唐王聿键即帝位于福州。清兵进逼徽州，渐江奋起反抗，失败后，又投奔入闽，继续从事抗清复明的斗争。1646年，唐王政权失败后，渐江在武夷山落发为僧，皈依佛门，法号弘仁。

渐江的一生，应该说是中国古代知识分子最具有代表意义的典型。他的早期思想属传统儒家范畴，尤其他的孝悌思想是他为人的信条。他“事母以至孝闻，尝藉铅椠养母氏”，“一日，负米行三十里，不逮期，欲赴练江死”，充分反映了他的孝行。长大后他抱定“不婚不宦”的主张，不婚有悖儒家孝义，但亦可能是出于家境的贫困，他不愿以蓄养家室儿女来连累老母。他不宦，正是他功名无望、国之已破的绝望。我们从他离家到福建追随唐王，到一生先后多次拜谒南京明孝陵、北京明陵，不难看出他的忠君、忠国的思想。当大明政权倾圮，前途一片黑暗迷茫之时，儒家“达则兼济天下”的教条成为空文，道家“无为”“淡泊”的意念和佛教“空寂”“虚无”的信仰成了他唯一的取向。正是如此，渐江在武夷山为僧后开始潜心于山水画的研究和创作，在此之前，他虽作画，但是终以举业为主。在福建住了数年后，渐江开始云游各地，浪迹天涯，先后去庐山、南京、北京、黄山各地，最后回到了家乡歙县，住在歙县西郊披云峰下的太平兴国寺。这期间他多次游览黄山、白岳，并在他的画中钤有“家在黄山白岳之间”的印章。

大约在1651年，渐江自武夷山返回家乡歙县，大部分时间都在家乡一带，他与收藏名画法帖的歙县丰溪吴氏家族交往颇深，丰溪吴氏是财力雄厚的徽商，贾而好儒，书画文物收藏闻名海内。渐江在吴伯炎家居留，纵览书画名作，并且得到吴氏在生活上的资助，作为回报，渐江赠其画多幅，且是精心力作，其中最著名的当属作于顺治十八年（1661）的《晓江风便图》。当时吴伯炎整装将去扬州，渐江祝愿他一帆风顺，早日返程，作此画相赠。该手卷采用平远法构图，画面横向展开，前段林木萧疏，溪寒水涸，饶有冬意；中段高峰峻岭，寒亭孤塔；后段晓雾迷蒙，烟峦重迭，顺流而下的江面上，远处两船齐驶，近处一舟风帆正悬，依稀可见一人坐于船尾，低首沉吟，这人可能就是出行赴扬州的伯炎居士。在朋友即将远行之际，渐江作画馈赠，千言万语付诸画作，浓浓的朋友之情溢于画外。1987年，经全国古代书画鉴定专家谢稚柳、启功、徐邦达、杨仁恺、傅熹年、谢辰生等人鉴定，一致认为此图是渐江现存世最经典的作品之一。

《晓江风便图》（局部）

1658年，渐江云游杭州、芜湖、宣城等地，并在宣城天延阁和另一位黄山画派大师——梅清会晤。梅清，字远公，号瞿山，宣城人，以诗名江左，为黄山画派中巨子之一。

天延阁藏有渐江的《采芝图》，由朱彝尊题诗，正是此时渐江绘赠给梅清的。又有一次渐江和他的侄子江注游黄山，江注从小就跟渐江学画，由于家距黄山仅一百二十里，所以经常畅游黄山，上慈光寺，抵文殊院，左揽天都，右挹莲花，宿于文殊院。秋夜月明，山山可数，于是渐江坐文殊台上吹笛，江注和歌，发音嘹亮，三更寒甚，屡添棉衣，不能忍，才回文殊院住宿。江注同学濮阳说："一年一度黄山行，三十六峰藜仗轻。"

1662年，渐江沿长江西上，饱游了庐山的胜景，并向诸名宿参证佛学。回来后，又和丰溪吴伯炎、江注等泛舟西子、荫于古淙之下，饮酒赋诗，并画有《石淙图卷》。

1663年秋，渐江以手临黄公望画寄给他的弟子郑旼，郑旼尽五日夜之力缩摹为小卷。郑旼十分注重民族气节，对抗清而死的英雄十分崇敬。郑旼的"旼"字原作"旻"，国变后，移日于左，寓无君之痛也。他的日记中常有"故国之思"。郑旼画学曾受渐江亲授，也是新安画派的重要人物。

1663年12月，渐江拟到界口省祖墓，并往芜湖拜望汤燕生。此后渐江欲重游黄山，不料行前染疾，辗转榻上。一日忽掷帽大呼："我佛如来观世音。"于1664年圆寂于五明禅院，友人汤燕生等遵其遗命，会集他的学生们，把他葬在披云峰下。《黄山画苑论略》谓：汤燕生，字玄翼，号岩夫，宁国太平人。明诸生，寓居芜湖，教授方沂梦家，工诗，精篆籀，著《商歌集》，有《哭渐江师诗》三首。渐江师圆寂，岩夫奔走三百里，为经记其丧，有白描大士像，为其亡母忌日祝冥福者，上书小篆《多心经》。汤燕生在《哭渐江师诗》中，记下了渐江他最后的一件小事：汤诗小序称"师告逝前一日，尚手作二画，以贻贫者"。诗句又说"先期一日弄寒烟，乞与贫者度腊钱"。由此可见渐江个人的品格和操守及其关怀贫苦人的处世态度。

渐江在家乡的书画朋友，还有许楚，字芳城，号青岩，工诗画，著有《青岩集》，曾写《黄山渐江师小传》及《画偈序》。还有程邃，字穆清，工书画，他曾一度劝渐江还俗，而渐江没有同意。还有程守，字非二，号蚀庵，曾写《故大师渐公碑》。与渐江合作山水画的有其弟子祝昌，字山嘲、山史、山公，他是一位弃世绝俗的高逸人士，开始作画完全学渐江。其弟子还有方式玉、汪然、张安苞等人，他们大多是皖人，且多半是布衣寂寞之士。

师法造化　外柔内刚

渐江在《画偈》中道：

> 敢言天地是吾师，万壑千崖独仗藜。梦想富春居士好，并无一段入藩篱。

“富春居士”指的是元代画家黄公望。渐江在诗中表明自己的画以天地造化为师，并不一味模仿，具有独创精神。

《黄山天都峰》可以说是渐江绘画的代表作。天都峰之险为黄山之冠，渐江用方折直线条，勾出无数大大小小的几何体，组成了天都峰奇绝险峻之势，它正是天都峰的真景。这一画法是他从写生中得来的，是他的独创，近处几株古松和山石中一些小松为画面增加了生趣。渐江用笔稳定，谨严精细，持重沉着，一丝不苟。画面朴素、简洁，几乎没有皴擦和墨的变化，具有强烈的装饰趣味。他的笔触是瘦削、精细、幽深、峻远的，层峦耸秀，淡远萧疏，颇有余韵。渐江的山水画给人最突出的感受乃是“远”“静”和“冷”，在去除一切拖泥带水，纯化到加折线般的线条中，透露出一股寒光冷韵，凛凛逼人，肺腑心胸为之一涤。有人以为渐江作品中的“远”“静”“冷”出于他的画笔而源于他的精神。他远离官场和尘俗世人，乃是他“远”的根源；他不降清求仕，不赶取功名利禄，静静地隐于禅，这是他“静”的根源；生活在他族统治的环境中，恢复既无希望，他的心冷了，这是他“冷”的根源。

渐江儒道释三家思想俱存，他的传奇经历及其“受性偏孤，不耐腥触”的个性，决定了他绘画中的审美思想和艺术风格，这也正是他画风的独特所在。

渐江一生勤奋好学，有“诗书画”三绝之誉，而成就最高、影响最大的则是他的绘画。渐江个人绘画风格的出现及走向成熟，应该是其在武夷山出家为僧时。此时的他对倪瓒表现出了极高的敬仰，并深受其影响。他有诗云：“倪迂中岁具奇情，散产之余画始成。我已无家宜困学，悠悠难免负平生。”他把自己比作倪瓒，其画中常题“仿倪云林”，云林子为倪瓒之号。其诗中常谓：“欠伸忽见枯林动，又记倪迂旧日图。”“传说云林子，恐不尽疏浅。于此悟文心，简繁求一善。”渐江倾心倪云林，正说明了他跟这位元代大师心灵的沟通和共鸣。两位大师在经历、处境、个性等方面有着惊人的相似。明清以后，画学倪云林的多不胜数，而独渐江能引领画坛，这正是渐江的高明之处。在历代山水画家中，倪云林的画中最难把握的是他淡而厚的笔墨中，隐含着的超尘脱俗的逸气。光有功夫而无胸次，只能得其皮毛。渐江在倪云林的画风中较好地糅入了自我，继承和发展了宋人和倪云林的精髓并超过了他们。

渐江的山水画之所以能超过所学的前辈，显示出他独特的风格，他学倪云林而不同于倪云林，与他师法自然，尤其与他生活在美丽的黄山有着密切的关系。他早年游武夷山，晚年游庐山，长期住在黄山和白岳，所以他画的画，与一味仿古人的作品大不相同。石涛在渐江《晓江风便图》跋中云：“公游黄山最久，故得黄山之真性情也。即一木一石，皆黄山本色，丰骨泠然生活。”渐江善写黄山真影。他曾写诗道：“坐破苔衣第几重，梦中三十六芙蓉。倾来墨渖堪持赠，恍惚难名是某峰。”这说明渐江在师造化中已可根据实景，随手写来，而不拘于某山某峰的实际形象，已达到了精神性情的高度升华。他又写道：“黄海灵奇纵意探，归来篱落菊毵毵。溪亭日日对林壑，啜茗濡毫一懒憨。”这说明他身心已沉浸在黄山的林海之中。

“敢言天地是吾师”，更是直言了他以大自然为师的执着精神和富有创意的理念。渐江的《黄山图》六十幅，图册前面有萧云从、程邃、唐允甲、查示标、杨自发、汪滋穗、饶璟、汪家珍等八家题跋。每幅注一地名，有天都峰、西海门、老人峰、九龙潭、莲花庵、一线天、光明顶、文殊院、慈光寺、莲花峰等，基本上概括了黄山大大小小的风景点，其构图皆按真景，幅幅不同。今天倘按图到黄山实地寻找，大体都能找到实景，且出入不大。据说渐江在黄山定居下来后，遍游黄山每一个角落，或对景写生，或回去默写，所画之景，历经寒暑，节气分明。《黄山图》体现了渐江独具匠心的构思，反映了他在师造化中的灵性和气质，非一般人所能比拟。

渐江画笔下的黄山是自我的黄山，是不同于别人的黄山。他学倪云林而不同于倪云林，他学宋人绝不像宋画那样繁杂、沉闷，他的画作体现了一种简峭、明快、雅远、清冷的艺术风格，反映出那种娴静简远、高流静士、胸无纤尘的意境，应该是清画史上不多见的。

渐江山水画的内容更能反映他的画风，在严整、瘦峭的山水画中，人物出现得很少。渐江的画与倪云林的画相比，在相同的冷寂凄清的情调之上，渐江的画还能使人感受到一种刚直、坚强、苍凉的意味，这是倪云林所没有的。书画为人的心声，是画家本人修养、气质、经历等诸多因素的体现，书如其人，画亦如其人。渐江的精神状态与倪云林相近，不同之处在于，倪云林一生下来，就在屈辱中生活，这种生活折射在他的画中是无限的惆怅和用笔的松散；而渐江与社会的抗争，体现在他的画中是一种锐利、坚拔意识的自然流露，这与个人的个性和性格亦是密不可分的。这正如张九如在渐江所作山水卷题跋中所说：“少具孤性，不屑时宜，蓬旅萍踪，储无甑顿，意泊如也。”他的这种性格，无疑对他的画风产生了决定性的影响。所以，石涛阅遍大江南北画手，得出结论云：“笔墨高秀，自云林之后罕传，渐公得之一变。后诸公实学云林，而实是渐公一脉。”

一代高僧　画派领袖

渐江开创了新安画派，他的影响是巨大的。他是明末清初中国画史上的一座高峰。虽然渐江同其他画家相比也许寿命并不长，但渐江能在这有限的生命期限内登上艺术的高峰，开启了新安画派，对后世产生了深远的影响，不能不让人惊叹他在艺术上的卓越创造能力。“新安画家多宗清闷者，盖渐师道先路也。余尝见渐师手迹，层峦陡壑，伟峻深厚，非若世之疏竹枯树自谓高士者比也。”渐江的绘画实践不仅奠定了新安画派的基础，同时对金陵画派、扬州画派绘画风格的形成也产生了一定的影响，在清代就已经被人们推许为“文人画”的正宗。石涛言：“笔墨高秀，自云林之后罕传。渐公得之一变。后诸公实学云林，而实是渐公一脉。”充分肯定了渐江的绘画艺术。王士祯说：“新安画家，宗尚倪、黄，以渐师开其先路。”程邃说：“吾乡画学正脉，以文心开辟，渐江称独步。”查士标说：“渐公画入武夷而一变，归黄山而益奇。”以上诸公都对渐江从师造化、师古人、师心灵的艺术实践中确立了新安画派的艺术风格，给予高度的评价。

百科全书式的大学者——方以智

刘明鑫

方以智像

方以智（1611—1671），字密之，号曼公、浮山愚者，安徽桐城人。他是明末清初与顾炎武、黄宗羲、王夫之齐名的杰出思想家，在哲学、文学、史学、医学、语言学、天文、物理、地理、书画、音乐等方面皆有很高造诣，是明代难得一见的百科全书式的大学者。

书香世家

方以智出身名门，自小就深浸翰苑书阁之墨香，濡染经史子集之遗韵，为日后取得巨大成就打下了深厚扎实的知识基础。方以智的曾祖方学渐，是位鼎鼎有名的大学问家，也是桐城方氏学术思想的奠基人物。方学渐的理学以掊击空幻，主张性善崇实而著称于世，与桐城赵鸿赐、童自澄，并称“桐川三老”，其著作主要有《崇本堂稿》《心学宗》《性善绎》《桐川语》《桐彝》《迩训》等，这些著作皆对方以智产生了重要影响。祖父方大镇，万历十七年（1589）进士，为官清廉，颇有政声，有《田居乙记》等著作存世。方以智的父亲方孔炤，万历四十四年（1616）进士，有《周易时论》二十二卷、《全边纪略》十二卷等著作存世。方以智三岁时，他的父亲便对其进行启蒙教育，教他学习《三字经》《千字文》等童蒙读物。母亲吴令仪性格温良，有美德，琴、诗、书、画、刺绣，样样精绝。方以智在《慕述》中对自己的母亲盛赞道：“吾母性善，秉宫谕诲。建幢幡林，通衢输慧。”一位充满智慧而又善良可亲的慈母形象，清晰地展现在我们面前。在父母的精心呵护与养育下，方以智六岁便能知晓一些文史知识，七岁便能作出一些简单的诗歌，九岁便能熟练地撰写文章。十岁时，文武兼长，武术上，喜好击剑，初通剑术；文法上，师法扬雄，一心模仿他的赋文风格。十二岁时，能熟练地背诵六经，并在书法上小有成就，无论隶书还是草书，皆挥笔自如。恰好在这一年，方以智丧母，无奈之下，其二姑方维仪主动承担起抚养重任，方维仪博学高才，经、史、诗、文，样样精通，曾与方维式和方以智母亲吴令仪广集古今女士的诗作，编成《宫闱诗史》，此外《清芬阁集》也出自其手，堪为一代才女。为了侄儿的学习，她决定亲自教授其《礼记》和《离骚》。此外，她还尽其所能地指导方以智学习琴、棋、书、画等各种艺术。

四处游学

除来自家庭的熏陶外，方以智还四处游学，深受师友教诲与影响。其先生白瑜、王宣皆为一时名士。白瑜聪慧不凡，博学广记，品行卓荦，人称“石圹先生”。他精通经学，学问以朴实著称，时人称赞他“所读必周秦之言，所赋必汉魏之诗”。方以智早年诗风以及所著《通雅》皆或多或少受其影响。王宣一生好学，少年以诗出名，博极群书，与人谈论古今人物时，侃侃而谈，不知疲倦，一时，笃志好学之士争相拜其门下。王宣中年绝欲，沉心治学，晚年好《易》，自成一家，又精通医学，好穷物理，学问深邃，人称“虚舟先生”，王宣著有《风姬易溯》《物理所》等书，此二书是方以智《河》《洛》象数易学和《物理小识》的直接来源。方以智在二位先生的影响下崇尚实学，致力于经济、物理等各种有用知识的学习。

为丰富自己的见闻，扩大自己的视野，方以智还泛游四海八方，广交社会名流。曾登九华山，泛独山湖，几度游学南京，登雨花台，谒高座寺。二十岁时，其游历范围进一步扩大，游南溪、常熟、宣城、芜湖、武夷山、灵谷寺、曲江、虎丘、西湖、洞庭西山等处，登苏州灵岩、太平诸山，增长了见识，开阔了眼界。与钱谦益、钱澄之、陈仁锡等东林名流，杨廷枢、陈贞慧、吴应箕、侯方域等复社骨干，陈子龙、周立勋、顾开雍等云间才子，魏学濂、沈嗣选等嘉禾名士，夏允彝、陈继儒、徐天麟等一时俊彦相识或结交，“接武东林，主盟复社”，忧心国事，愤慨世势，拥有强烈的社会责任感和忧国忧民的意识！

文化巨子

良好的家学渊源、丰富的见闻以及良师益友的言传身教与相互砥砺，使方以智的学问呈现出会通与广博的鲜明特点，堪称大明奇才。明末遗逸李世熊曾赞其：“三才物理之学，声音文字之学，与夫一技一艺，莫不穷其源、造其极。”《清史稿》说他“生有异禀，年十五，群经、子、史略能背诵。博涉多通，自天文、舆地、礼乐、律数、声音、文字、书画、医药、技勇之属，皆能考其源流，析其旨趣”。清代著名词人和学者朱彝尊也说他“纷纶五经，融会百氏”。今人侯外庐称其为“中国的百科全书派大哲学家”。他虽一生坎坷，但笔耕不辍，著作等身，著有《浮山文集前编》《浮山文集后编》《浮山此藏轩别集》《博依集》等诗文集，《图像几表》《药地炮庄》《东西均》《易余》等哲学著作，《四韵定本》《五老约》等音韵学著作，《医学会通》等医学著作，《灰冬录》等语录，约二十余种，数百万言，存世诗词两千多首，才华横溢，世所罕见。其中最负盛名者为《通雅》和《物理小识》，后期代表作为《药地炮庄》和《东西均》。

在哲学上，方以智运用会通、质测、三反（类似否定之否定）等方法，以善疑崇实的治学态度，力图折中诸家，贯通古今，融贯中外，构建出一个会通儒、释、道的哲学思想体系。在宇宙观上，他认为世间知识，不外乎“物理”“宰理”“至理”三种。“物理”为自然事物的属性及其变化规则，“宰理”为社会伦理道德准则，“至理”为更深层的普遍规律。习得“物理”的方法为“质测”（自然科学），获得“至理”的途径为“通几”（哲学）。他主张“质测即藏通几”“寓通几于质测”，强调在“质测”的基础上“通几”，即运用自然科学的方法研究世界万物，对诸多复杂现象进行归纳总结，发现深层的运行规律。同时，反对“扫质测而冒举通几”，即丢弃自然科学，而只讲哲学，走上宋明道学家空谈心性的老路。在认识论上，他提出了“气”论，认为“塞两间，皆气也”，“一切物皆气所为也，空皆气所实也”，“盈天地间皆物”，即无论是自然界，或是社会，皆由“气”或“物”构成，这里的“气”或“物”，指的是一种客观存在，其表现形式是多样的，显示了物质存在的多样性。在会通论上，他主张儒、释、道三教会通，集中反映此观点的著作为《药地炮庄》，该书认为“《庄》是《易》之变”，“《易》变而《庄》”，《易》与“《华严》法界符合”，带有典型的庄学、禅学、易学会通的特色。此外，他还提出了“合二而一”“变极自反”“虚实有无之不二”“博而能约”等富有特色的哲学命题。

在物理方面，他最早发现光的色散现象。通过实验观察，他认为“宝石面凸，则光成一条；有数棱，则必有一面五色”，意思是光透过棱镜会发生色散，这一认识把人们从对光的神秘认识中解救出来，比英国著名科学家牛顿的棱镜分光和色散理论早二十多年。方以智对传统元气学说进行修正，提出著名的光波动理论，“气凝为形，发为光声”，即光的产生是气受到激发传播的结果。据此认识，他进一步发现光不走直线，并阐发出一个重要光学概念，叫“光肥影瘦”，即光在传播过程中总要向障碍物的阴影范围内侵入，使光区扩大，阴影区缩小。在化学方面，他提出了用煤炼制焦炭的方法，比欧洲早了一百多年。他认为用相同重量的汞、盐再加双倍的白矾加热炼制即可升华为轻粉。同时，在《物理小识》中还记录了制瓷、造纸、印刷、冶金、制盐、煎矿等手工业生产原料及其工艺流程等知识，反映出其博通的学识。

在天文学方面，他结合中国传统天文学和传教士的西方天文学，研究了地圆学说、九重天说、天体分布、黄赤道、陨石、日月食、星宿、岁差、历法等问题，追踪西方天文学前沿进展。在讨论天体运行与分布上，主张七曜的分布为：月、日、火、木、土诸星按由远到近的顺序绕地旋转，金、水二星绕日旋转，这种说法既不同于托勒密的地心说，又有别于第谷的日地中心说。不仅如此，他还纠正了我国和西方一些传统天文学的错误。如主张地圆，纠正了中国历来所谓“天圆地方”“地浮水上”等错误说法；又如根据“光肥影瘦”理论，认识到人眼所见的太阳圆面比其实际的发光体大，据此，进一步指出了西方天文学中日地距离计算的错误。

方以智在史学上的成就集中体现在实证和通变两方面。实证方面，方以智重积累，重证据，重实验，所谓“博学积久，待征乃决”，开了乾嘉考据之先河。他认为历史研究要实地调查了解，作评价时不存偏见，并希望治史之人做出论断，必须列出旁证，培养考据学的功底。此外，他提倡“正疑”和“善疑”。所谓“正疑”，就是探求事物之间的联系。所谓“善疑”，就是要善于从别人不疑之处发现问题。他认为“疑”的目的就是要正确认识天地间一切事物的因果联系，只有做到真疑，才能大信。通变方面，他认为要做到真正意义上的“知古”，就必须从声音文字着手，探究其发展演变的历史，“以近推远，以今推古”，做到博洽旁通，只有“通达”才能真正“知古”。方以智治学之所以特别重视变通，其出发点和立足点都在于经世致用，所谓“学必施于事，乃为有用”。

在文学与语言学上，他提出了“道寓于艺”和“文章即性道”的文学观。“道”即理性认识和事物规律，“艺”即作文技法，二者既相互区别，又相互依存，不能离开“艺”去空谈“道”，“道”又是一种文人应当追求的境界。“文章即性道”，“性道”就是人性和天道，意思是文章应该在朴实风格的基础上体现自己独特的审美和性格，达到内在精神与外在形式的统一。在诗词上，他批判公安派、竟陵派的空疏虚浮，提出追慕秦汉、追复《骚》《雅》的主张。在音韵学方面，他继承并发展了陈第语音变化的时地理论，将汉语语音的发展分为上古、汉晋、宋、元、明五个时期。在古声母问题上，他不局限于“古音韵”，而以前人较为忽视的“声钮”为研究对象，论证了古轻唇音与轻唇音相通，开了古声钮研究的先河。在训诂学方面，他主张贯通音、行、义，强调“因声求义”的训诂方法，对“重言”进行了合理的考释。

在医药学上，他以个人的习医经验与心得，搜集了许多中草药，记录了许多治病良方。对一些传统医术加以适当的改进，如对东汉张仲景的灌肠术增加了加压手续，对唐王焘《外台秘要》中取吞钓钩法增加了用蚕茧保护食道的措施。在人体科学上，扬弃了西方传教士的上帝造人说，吸取西医人体解剖和生理卫生的知识，认为脑主神经、知觉与运动，“筋自脑出者六偶”，“又从膂髓出筋三十偶”，意思是神经由大脑分出六对，进一步分出三十对脊神经，其对神经系统的研究，可谓见解独到。他提出“人之智愚，系脑之清浊”，即人的智慧是由大脑决定，大脑为人的思维器官，在此基础上，进一步提出“资脑髓以藏受”，即记忆是脑的功能，可以说方以智是古代大脑记忆学说的首倡者。这些学说从医学和哲学上突破了数千年“心主神明”的传统观念，是自然科学史上一大贡献。

在书法上，方以智以楷书见长，认为楷书好比人之坐立，是基本功；行草如同舞蹈，舞蹈虽优美，却不能取代基本功。他所作楷书，工正大方，秀丽磊落，颇有馆阁遗风。晚年则以八分书和草书见长，笔势雄浑遒劲。在绘画上，方以智以山水画见长，受到渐江等新安画派前辈的影响，在审美意趣上亦崇尚冷峻与静谧。其绘画风格集中表现为与天和自然融为一体，在幽寂的自然中焕发出无限生机。方以智所作书画还有一个显著特点，即将易学思想贯通其中，认为“书即画，画即易”，主张将阴与阳、虚与实、有与无、黑与白、圆与方、柔与刚等相互矛盾的两极，相互转化，合二为一。唯有如此，书画艺术才有深沉的意境与丰富的内容，让人产生一种人在书画中，心随墨迹游之感。

哀动长安

方以智除在才学上博通百家、名甲天下外，还在孝行上感人至深，享誉朝野。崇祯十二年（1639），方以智考中举人，中举后，其父方孔炤在鄂西香油坪中了农民军的埋伏，全军溃败。后被当时宰相弹劾下狱，方以智在隆冬的清晨，以手贴额，双膝跪泣道旁，求朝臣能动恻隐之心，替其父亲在皇帝面前说句公道话。但朝臣们碍于自身安危，不敢犯颜，迫使方以智以中式举人的身份向崇祯帝上《请代父罪疏》，陈述了其父在任上与农民军八战皆捷的功绩，认为在香油坪遭农民军伏击，责任不在其父，并向皇帝表明了代父一死的决心，崇祯帝以“殿试在即”为由，拒绝了他的请求。次年，方以智高中进士。但金榜题名并没有为方以智带来本应该有的喜悦，因为其父亲此时正遭受牢狱之灾，再加之前的上疏没有得到获准，方以智经常一个人惧伏穷巷，捶胸嚎哭，痛心疾首。他推却一切宴饮声歌之乐，终日衣衫褴褛，面容憔悴，神情恍惚，日夜号泣，哀动长安。这种忧心忡忡的状态一直持续了一年零八个月之久。他执着的孝行终于打动崇祯帝，崇祯帝甚至发出了“求忠臣必于孝子之门”的感叹。出于救忠臣、扬孝义的考量，崇祯帝下诏免除方孔炤的死罪，了结冤案。顺治十二年（1655），其父病逝，此时方以智正在南京天界寺看竹轩闭关。接到丧信，他擗踊哀号，悲痛不已，所以不顾僧者身份，决然破关，回桐城奔丧。治丧期间，他一从俗礼，斩衰成服，这样的治丧生活持续三年之久。一个出家的和尚，却披麻戴孝服丧庐墓，真是世所罕见！

满腔正义

方以智还是一位忠义之士。在义方面，方以智心向清流名士组成的复社，鄙视、疏远阉党余孽阮大铖。方以智与阮大铖原本为桐城两大世家之子，关系向来不错，彼此来往频繁，友善相处，为时人所称道。崇祯五年（1632），因“逆案”罢官赋闲于家的阮大铖，创建了中江社，暗中操纵，网罗“六皖名士”，别有所图。而明末爱国志士、文学家钱澄之由于不清楚中江社以及当时复杂的形势，加入了这一团体。此时的方以智正游历东南，了解到了更多关于东林党和复社以及阉党的情况，深切地洞悉了当时明朝的内外形势。当时，复社被视为“小东林”党，代表社会正义，其初衷是想成为一支匡扶济世、引导舆论的力量，“与四方多士共兴复古学，将使异日者务为有用”。与之相反，阉党则朋比为奸，造冤欺善，阻塞言路，使朝政昏暗，危机四伏，广大百姓也处于水深火热之中。故阉党已然成为众矢之的，如果还与奸逆为伍，岂不遭世人诟骂？方以智游历归来，就立刻劝钱澄之退出中江社，与阉党划清界限，此举遭到阮大铖记恨。后来，方以智的父亲方孔炤被逮下狱后，阮大铖不仅没有因为之前两家亲邻相善的关系而施以援手，反而火上浇油，实施迫害，表现出其阴狠与毒辣的险恶嘴脸。

在南京成立的南明弘光朝廷，实际由马士英、阮大铖等人操纵与控制，在阮大铖的指使与纵容下，弘光朝一些官员，对方以智等正义之士，实施挤压和打击。先是御史王孙蕃上疏称方以智自亏臣节，复撰伪书，以乱是非，一心想把方以智逮捕入狱。同时，南京刑部尚书解学龙、右侍郎贺世寿等卑鄙之徒，把方以智列入“从逆六等”中的第六等，企图杖死方以智。面对奸人当道、忠奸不分的政治局面，方以智最终选择南逃避难，可是着眼天下，方以智又能逃到哪里去？此时，大明王朝气望已消失殆尽，大清正以摧枯拉朽之势扫荡明朝余孽，南明几个小朝廷只不过是凭借少数兵力，作苟延残喘之态而已，大清统一全国只是时间问题。在这样的背景下，方以智经浙、闽辗转广州，开启了一段漂泊不定、颠沛流离的生活。随后几年，方以智积极组织和参与复社活动，广泛结交复社成员。崇祯六年（1633），方以智与杨龙友主盟第二次国门广业社。崇祯九年（1636），姚瀚主盟第三次国门广业社，吴应箕作《国门广业序》以表祝贺，刘城、方以智积极参与。崇祯十一年（1638），为打击阮大铖气焰，挽救朝局，复社在南京发布《留都防乱公揭》，开始了一场声势浩大的打击阉党、驱逐阮贼、声援东林的防乱运动，方以智也积极响应。这篇讨阮檄文从多个方面揭示了阮大铖的阉党本质和种种臭名昭著的行径，从道德和人品上予以强烈谴责。崇祯十二年（1639）、崇祯十五年（1642），复社先后组织两次社集，方以智都积极筹划并参与。在参加复社活动期间，方以智与众社友共勉学问，砥砺名节，关心国事，故复社同仁称方以智与陈贞慧、侯方域、冒辟疆为“明季四公子”。崇祯十七年（1644）一月，方以智向崇祯皇帝上了《请缨疏》，请求朝廷允许他投笔从戎，以兵曹参谋的身份出征疆场，又上书魏相国，称自己愿意改任兵部，招揽豪强地主，组成义旅，镇压农民起义军，报效朝廷，为国效力。在国家危难之际，方以智敢于挺身而出，献出自己的生命也在所不惜。除了有满腔的热血，方以智还将远大志向付诸行动，向崇祯帝痛陈救危方略四策，言辞恳切、意味深长，得到了崇祯帝的高度赞赏。种种大义之举，显示出方以智绝非简单的一介书生。除了文化救国外，方以智还要直面战场，为明廷分忧解难，为天下百姓谋得一份安宁。

不仕清廷

在忠方面，方以智哭灵崇祯，为国事呕心沥血，誓死拒绝入仕清廷，纵有白刃相逼，也毫不畏惧，纵有利禄相诱，亦不为所动，着实堪称一代忠臣。崇祯十七年（1644）三月十八日，李自成攻破北京内城，崇祯帝自缢于煤山，明朝灭亡。三月二十三日，方以智潜至东华门崇祯牌位前哭灵，这一行为与当时朝野投降失节之风形成极大反差。正因如此，方以智才被农民军抓捕入狱，备受拷掠。后乘隙逃脱，至济南，在城下作《哀哉行》，对崇祯时期激烈的门户之争和文官武将的贪污之风表示强烈愤慨，并对崇祯帝自缢殉国表示沉痛的哀悼。五月十五日，他抵达南京，哭拜明孝陵。南投弘光朝廷后，方以智早已报定了领兵北伐，收复大明山河的决心，但弘光朝君臣荒淫，朝政腐败浑浊的现实，对方以智的宏伟抱负，无疑是一记沉重的打击。拥立永历帝后，永历朝朋党倾轧的现实，更加坚定了其归隐决心。永历元年（1647）二月，清军由广西平乐分兵进逼桂林。二月二十五日，永历帝逃往广西全阳，方以智亦携家流寓湖南新宁。在流寓新宁期间，虽贫苦心悲，但他仍时刻忧心国事，关心抗清活动，曾致书朝中诸公，劝勉他们要勠力同心、练兵爱民、勤于政事，并呕心沥血地向永历帝上陈了《刍荛妄言》，勾画出一幅反清复明的宏伟蓝图，可谓句句肺腑，发人深省。他在文中提出了改革制度、倡立土塞、广开饷源、重用说士、广布间使等五项建议，表现出伟大的政治智慧，可是造化弄人，这样的良言佳策，送到南明小朝廷手里，根本无力实施，只有消极待毙。隐居平乐时，方以智被清兵所捕，清将马蛟麟，一面以高官厚禄相诱，一面以白刃相胁，方以智面对威逼利诱，坚决不仕，并以死自守。看到方以智临危不惧、视死如归的坚贞态度，马蛟麟深受感动，顿生敬意，放走了方以智。归隐安庆期间，又有一批清廷要员前来充当说客，其中，著名者有操江都御史李日芃等名宦，他们皆希望方以智归顺清廷，为清廷效力。之所以有这么多说客相劝，是因为方以智是当世著名的忠节之士，如果成功将其说服，势必在当时产生较大的社会和政治影响。

为表明终身不仕清廷的决心，方以智遁入空门，拜南京天界寺觉浪和尚为师，更名弘智，字无可，别号药地，终日闭关修行，打坐念经，过着清苦的僧徒生活，以此解除清廷疑忌。在南京期间，还有不少说客前来相劝，其中，最著名者为明末清初著名诗人、娄东诗派的开创者吴伟业。面对其劝说，方以智赋诗一首，以表誓死不仕之心，诗文如下：

闻声自笑学龙蛇，二十年中苦乱麻。
久看图书如贝叶，却从刀箭出莲花。
五湖浪里难求梦，三径归来可是家。
惟祝东篱甘露满，没弦琴上是生涯。

吴伟业看了此诗，知其归隐之心已定，便黯然离去。辗转流离之间，方以智与王夫之、黄宗羲、顾炎武、何三省等明朝遗老，汤若望、熊开元等宗教人士以及乡绅贤达、士人学者交往不断，常有复明建策和言论，俨然被当时的反清志士视为精神领袖之一。其中，来往密切者为江西宁都易堂名士。顺治十六年（1659），方以智去江西宁都金精山翠微峰访问远近闻名的易堂，并与著名的魏禧、魏际瑞、魏礼三兄弟以及彭士望、邱维屏、彭任、李腾蛟、曾灿、林时益等“易堂九子”，相互交流，切磋学问。易堂名士是由一群以反清复明为志、具有强烈民族气节的知识分子组成，他们坚持实学，对理学坐而论道、无裨实用的空疏学风大加挞伐。方以智与这样一群有志之士交往，也表明了其不与清廷合作、为复明而努力奔走的坚定立场。除为复明活动积极奔走外，方以智还伏案疾书，对清军血腥屠戮汉族百姓的野蛮行径，进行深刻揭露和强烈谴责。如《病中》云："舍身犹有骨，血尽竟无心。"《度梅岭》有："开山留汉姓，凿路识唐碑。但有松千尺，难求梅一枝。古今南北泪，非但为流离。"又如《和陶饮酒》一诗云："天地已倾覆，何论东南偏。网罗不可脱，杀戮到深山。"以上诗词，字字句句都浸染着血与泪的痕迹，是方以智强烈反对清廷野蛮行径的倾诉，处处体现出其鲜明的反清思想！

康熙三年（1664），施闰章讲学于青原山，四海九邑之士、吴楚闽越游人，咸会于此，各抒己见，方以智在大会上激情阐发儒释一家之论，引发热烈响应，堪为一襄盛举。在此后的一段时间内，方以智以青原山为基地，聚众讲法、频繁接触反清复明之士，一时间，迁客骚人、游宦学者、遗老隐逸、在职官员、宗教僧众、士林书商频繁往来其间。青原一片山、曹洞一支脉，经方以智弘扬振发，已非世守之庙宇，寂寥之静地，俨然成为启迪士林、催人奋发的道场与传播反清复明思想的舆论阵地。以方以智为首的反清志士在青原山开展的日趋频繁、影响日益广大的复明活动，必然引起官府的恐惧。清统治者通过包衣、太监等情报系统，密切地监视着青原山的一举一动。康熙十年（1671），方以智被粤西仇家告发，黄门北寺接到"密功令"，将方以智押解赴岭南归案。在押解途中，方以智卒于江西万安惶恐滩。自此，被誉为"合忠臣、孝子、才人而一人""古今第一奇男子"的方以智，走完了其入世到经世、经世到避世的历程，在人生的旅途上画上了一个深沉的句号。

诗歌古文满天下——钱澄之

夏建圩

钱澄之（1612—1693），原名秉镫，字饮光，晚号田间老人、西顽道生，安徽桐城人，明清之际著名的文学家、经学家、史学家，他著作丰硕，文学作品主要有《田间诗学》《田间文集》《藏山阁集》，经学作品有《田间易学》《庄屈合诂》，现存史学代表作《所知录》，其学术水平极高，是明末清初颇具代表性的学者。

幼承家学　书生意气

明中期以来，桐城理学就兴盛不衰，在方氏、姚氏、钱氏等以文化自称的大家族的推动下，形成了浓厚的人文风气，钱澄之就是在这样的良好学术氛围中成长起来的。钱澄之父亲钱志立潜心治《易经》五十年，"以行谊文学显"。在父亲影响下，钱澄之兄弟三人都严谨忠孝、甘贫守节、轻利重义，在诗学、易学研究及诗文创作等方面都有独到见解。

钱澄之七岁启蒙读书，对科举并不感兴趣，而阅读《诗经》《左传》却激发他对诗文的浓厚兴趣。他十一岁能通读《左传》并能作文，不循常说。十二岁时解释自己"秉镫"之名云："以一炬之火，并日月之明。"显出少年高志。十六岁参加县试获第四名，十七岁加入乡里的石屋寺文社，开始在乡里崭露头角。明万历后期，东林党人引领士人"讽议朝政""裁量人物"，成为一股风气，影响很大。崇祯五年（1632），返乡的好友方以智向钱澄之详述时政，使他初识时局的复杂与危机。不久钱澄之开始出游，深深体会到民生凋敝，国计艰难。他与皖南名士，如方以智、刘城、吴应箕、沈寿民、梅朗三等人意气相投，一起诗酒宴饮、结社，研习经史、课读诗文，书生意气，挥放不羁。而立之年后，钱澄之的思想逐渐成熟。他走出桐城，广交东南各地俊彦，三十二岁时结交夏允彝、陈子龙等，在嘉善拜访了钱棅，结识魏子存，在杭州与陆圻、严沆结交，在苏州和姜埰、姜垓兄弟订交，这些都丰富了钱澄之的人生阅历。时张献忠所部农民军围攻桐城，钱氏举家逃至南京避乱，生活极为狼狈。明亡后，南明弘光政权在南京成立。阮大铖把持朝政，他首先清除政敌，逮捕曾以《留都防乱公揭》声讨他的士人，钱澄之名列其中，被迫隐姓埋名，流亡东南。

不到一年，弘光政权败亡，清军南下并颁布剃发令，“三吴同时沸，纷纷起义师”，钱澄之参与策划嘉善钱棅组织的义军，计划与松江陈子龙、徐孚远联络起事，但计划败露。义军先后在震泽、汾湖遭遇清军，队伍和随行眷属伤亡殆尽，钱澄之妻子及一子一女也都殒命其中。弘光政权败亡后，出现了两个南明政权，唐王在福州改元隆武，鲁王在绍兴监国。钱澄之辗转两月，投靠福州的唐王。他向唐王提出“出闽、巡楚、跸赣，协和鲁国，固结郑氏”的战略，但唐王与鲁王争夺“正统”之位，互相进攻，两个政权先后失败。此后钱澄之流徙大田、沙县、永安一代达三年，行踪常在龙龟寺、白云庵、兴国寺间。在寿昌时，他曾想要出家，但听到永历政权在肇庆建立后，又于顺治五年（1648）抵达肇庆，向桂王陈述战略对策，仍被“斥为妄议”，最终他离开肇庆，先至桂林，与瞿式耜、张同敞、方以智、吴鉴在等老友新知优游山水。桂林、广州相继失陷后，他又从梧州辗转出岭经赣闽，于顺治八年（1651）抵家。

中年著述　自得其乐

在清初遗民群体中，钱澄之行辈甚高，他身经忧患穷愁，慷慨激昂，很具有代表性。明清易代之后，家乡田庐已毁，妻儿久亡，兄弟五人其二已逝。钱澄之孑然一身，往来于芜湖、南京、潜山、桐城之间，广泛交游明遗民，如沈昆铜兄弟、陈焯、曾灿、方文、萧云从、胡星卿、方以智等。同时，他研究《易经》，接受佛、道思想，以此来消解国破家亡的悲痛。顺治十八年（1661），钱澄之构筑“乐易堂”，寓意“读易其中，自得其乐”。康熙初年，为避文字之祸，钱澄之辛酸奔波。康熙十一年（1672）、康熙二十六年（1687），钱澄之先后两次进京，拜会龚鼎孳，结交韩菼、徐乾学兄弟等当朝权要，后一次则是应徐乾学之邀参与修《明史》。康熙九年（1670），钱澄之经友人资助在枞阳购北山楼，开始“市隐”撰著。《田间易学》凡五易稿而成，《田间诗学》历经十四年而成，《庄屈合诂》在其七十五岁时完成。他闭门“删定平生未刻诗文，遂盈属尺”。这些著述在友人的帮助下刊刻问世，完成了他“藉以不朽”的愿望。

在诗文方面，钱澄之是桐城文派、桐城诗派的先导。《田间诗集》是钱澄之生前亲定的编年诗集，共二十八卷，包括《江上集》十卷，《客隐集》十八卷。这些诗作于顺治八年（1651）至康熙二十九年（1690），几乎囊括了诗人四十岁以后的全部诗作，记录了诗人历经坎坷后的悲惨遭遇与内心悲痛。其诗歌内容广泛，主要有：隐居山间的田园劳作生活，爱国忧民的思想，清廷苛政、清军暴行的现实等。钱澄之早年注名复社，与陈子龙等交游，此时颇受明代七子影响，“五言诗远宗汉魏”，学“唐则惟杜陵耳”，七言“欲出于初盛之间，间有中晚者”，即宗唐为多。后投身抗清，戎马倥偬，“遇境辄吟，感怀托事，遂成篇秩”，他这一时期的诗歌可作为年谱，当作诗史。江山易主，特殊的经历及主观上反对模仿，使得钱澄之诗自成一家，形成“求真尚质”“淡语苦情”“苦吟成诗”等特点，世人所谓“田间体”。清初遗民诗人如林，群星灿烂，在众多诗人中，钱澄之是成就较高的一位，可与顾炎武、吴嘉纪、屈大均比肩并称。他的田间诗自成一家，卓然名世，白描手法对稍后的查慎行产生了很大的影响。姚永概在《重印钱田间先生文集序》中说：“诗尤杰出，刘海峰《历朝诗选》于吾县之诗，登先生一人。”

忧患穷愁　立言传世

钱澄之返回家乡后，开始整理之前治《易》所得，在整理旧作中，不时有新的感发，他即以“今按”的形式留存于书中，《田间易学》最后完成于1671年，但苦于刊刻缺少经费等困难，直到1690年，在徐乾学兄弟的资助下才得以付梓。为了保证刊刻质量，钱澄之亲赴吴中，监督刻书工作，使此书得以流传世间。《田间易学》是钱澄之学问的哲学基础，也是其一生学术成就的最高表现。《田间易学》主要有三个部分的内容。第一部分是《易》的经传内容，包括卦辞、爻辞、彖传、象传、系辞传、文言、说卦传、序卦传、杂卦传等等。这是钱澄之阐发其易学思想的基础，他主要采取依经传之文逐条注释的方法来解《易》。其通常做法是，对于《易》中的某一个论题或者具体条文、概念，先列出历代治《易》诸家的认识和主张，再阐明自己的见解。第二部分是历代诸名家治《易》说，从西汉开始一直到清初。从分量上看，远远大于其他部分。主要针对《易》中某一个问题或文句，先列举这些引用的《易》说，但对《易》说主张不置评论，而在论证这一问题或文句的最后，写出自己的看法。通过对比，可以分析出钱澄之易学思想及其与所引用的诸家《易》说之间的关系。钱澄之所援引的历代《易》说达八十多家，集众易学家之长，其思想渊源十分博杂。在所引的诸家中，以朱熹、程颐的观点较多，仅朱熹就多达六百多条，由此可以看出钱澄之宗程朱易学的特点。第三部分是钱氏家传《易学》，其学术创建主体是钱澄之的祖父钱融堂、父亲钱志立、钱澄之本人、其兄弟辈及钱澄之长子钱法祖，前后相传四代。钱澄之兄弟五人，除四兄钱秉镐外，其余三人的治《易》成果在《田间易学》中都有体现。受钱澄之影响，其子钱法祖对《易》也很有兴趣，其著述为《问易堂私识》。《田间易学》以钱澄之的学说主张为主体，融合了几代人的治《易》成果，是家学的集大成者。

另一本凝结钱澄之心血的著作是《田间诗学》，他于1675年开始撰写，经历了十几年的时间“凡七易稿”，直到1689年才完成，钱澄之对此书颇为看重和自得。从整体上看，其内容分为三部分。第一部分为《诗经》原文。他就诗学中的某一问题、章节、文句或名词概念对《诗经》原文逐条进行注释，这部分是钱澄之诗学的根基。第二部分是历代诗家说《诗经》的成果和征引的古籍、俗谚。钱澄之说《诗经》兼采众说，不囿于一家之言，他以宏阔的文化视野进行广泛的取录，叙述了汉唐以来诸家治《诗经》的心得。第三部分为钱澄之个人治《诗经》心得。他在广泛征引的基础上，分析比较，就某一个具体诗学问题或者《诗经》中某一章节或某一经文提出自己的看法。

钱澄之的学术贡献远不止在文学、易学方面，《庄屈合诂》（《庄子诂》《屈子诂》合刊本）是他的经史作品，用以训释《庄子》《楚辞》二书。其中《庄子诂》主要诂《庄子》内七篇。他认为《易》之道可以一“时”字统之，《庄》之学可以一“游”统之。“时”者时机，主要指“入世”。“游”者逍遥无恃，即“出世”。知时机，方能进退有度；无所恃，才能超凡脱俗，待时而动，为逍遥之游。因此庄子思想，并非完全出世，而是兼有“入世”与“出世”的精神，选择的关键是根据“时”的变化。他以《易经》一“时”的观点将《庄子》内七篇一以贯之，“时”是《庄子》《易经》内在联系的根本。钱澄之借用《庄子》来表明自己的处世态度，为自己遗民的身份作解说，是遗民心态的一种折射。钱澄之“以屈继《诗》”宗旨，在《屈子诂》中主要体现在以治经的方法阐释屈骚和直接以《诗经》中的相关文句、文意、典故解释《楚辞》。钱澄之经学造诣深厚，加上《庄屈合诂》是在完成《田间易学》《田间诗学》后所作，他在《屈子诂》中以治经方法来阐释是符合情理的，表现在直接引用《诗经》解《离骚》，引《庄子》《易经》解《离骚》，引其他经史解《离骚》三个方面。钱澄之希望以《离骚》继《诗经》，若角度合适，分析中肯，不失为一种研究视角。然有时以说经之方法解释，就有些牵强失当。在明末清初提倡经世复古、重视对经典训诂考据的学术浪潮中，《庄屈合诂》是最富有特色的，它第一次将庄子、屈原的作品合在一起进行深入解读，并且从理论高度上提出了“庄屈无二道”的庄屈融通思想，为后世庄屈思想比较研究开拓了全新视角，也激发了后世学者对庄屈接受史的关注和探讨。

钱澄之的《所知录》是一部编年体史籍，分别记述了隆武两年间及永历前四年的政治、军事史实。隆武朝十月以前的事，皆得诸闻者，其他的多是所见者记之。永历二年（1648）以前的事，皆得刘湘客日记，之后两年所参厕班行，有的是目击，有的从一些奏章中得到，有的从一些从戎的大夫口述中得到，史料来源可信，有的还是原始资料。该著是了解南明的重要史料。《所知录》初稿完成于1651年，之后他将书稿深匿，十年后定稿。《所知录》继承了“史诗”传统，寓史于诗，钱澄之将自己生活时代的社会事件以诗歌的形式表达出来。他“生平好吟，每有感触，辄托诸篇文章”，他用叙事的方式记述朝廷事实时，每有感触，就会附诗词在其后，这些诗词不仅客观地记录史实，还包含了自己的见解。《所知录》求真据实的风格，得到人们的认可与重视。黄宗羲曾说：“桑海之交，纪事之书杂出，或传闻之误，或爱憎之口，多非事实。以余所见，唯《传信录》《所知录》《劫灰录》，庶几与邓光荐之《填海录》，可考信不诬。”徐乾学曾概括钱澄之一生经历与创作，“古今著书，其人未有不穷愁者……《易》圣人所谓忧患之书也，泰否剥复诸卦，为君子小人消息倚伏之机；而《诗》之作也，则又多出于贞臣志士感慨激扬之怀，好贤如《缁衣》，恶恶如《巷伯》，皆有不容自己者，先生既穷而著书，乃尤致意于二经，又有取于蒙庄之旷达，悲正则之幽忧，手辑其书，为之诂释，其志足悯矣，其他游览记载投赠之作无非原本此志，未尝苟作也”。

新安儒医——汪昂

王智汪

汪昂像

汪昂（1615—1694），字讱庵，初名恒，安徽休宁县城西门人。汪昂自称休宁八十老人，是我国清代著名医学科普及启蒙派的代表人物。他以其毕生的精力从事医学理论研究，虽然诊务繁冗，然其著书立说至老不倦。他著书立足于基础，着眼于普及，并讲究实用，文字流畅，通俗易懂，成为一代新安医学名家，《中国医学史》称："其书浅显易明，近人多宗之。"

弃儒攻医　大器晚成

不能医国，便要医人。汪昂早年读书，涉猎诸子百家，爱好诗文，应试为县诸生。他本欲通过科举，步入仕途，展其抱负。甲申之变后，愤于异族统治，又因与抗清志士金声过从甚密，金声遇难后，为避株连寄籍括苍（今浙江丽水）。汪氏遂放弃科举仕途，矢志习医。由于缺乏明师指导，主要凭借其深厚的儒学功底，刻苦研习，探索医学真谛。他泛览博取，上自岐黄、仲景等医学典籍，下迄后世诸家，探研学术义理，吸取其精粹内涵。在括苍，他经商并从医，目睹社会上一些医生不学无术，仅凭读了《药性》和《回春》，便给人治病，心甚恻然，便萌生了撰辑医书启蒙医学教育为的想法。汪昂先在武林"还读斋"从业，后自设刻坊"延禧堂"于苏州，出版书籍。

今天的不少学者认为汪昂不是临床医生，因为他们根据汪昂所说的"余非岐黄家，而喜读其书"和"余不业岐黄，又学无师授，寡见鲜闻，尤称固陋”，便断定汪昂没有给人看过病，只是个空头理论家。这是非常片面的，实际上，汪昂不仅给人看过病，而且临床经验丰富。笔者认为汪昂自称“非岐黄家”和“不业岐黄”都是自谦之辞，充其量也不过是说，不是以临床为职业的医生，是个医学的爱好者，也经常给人看病、开处方。因为汪昂卓越的临证经验在他所著的医书中随处可见，如《素灵类纂》载：“凡饮冷者，虽无房事，而亦每患伤寒也。若房事饮冷而患伤寒，亦有在三阳经者，当从阳症论治，不得便指为阴症也。世医不明，妄以热剂投之，杀人多矣，特揭出以告人。”

以儒通医　以仁为本

徽州自古被誉为“东南邹鲁”“礼仪之邦”，文风昌盛，特别是程朱理学的“格物致知”，对新安医学的影响尤为深远。新安文人以“仁者爱人”的博大胸怀，把立德、立功、立言，作为终身的追求目标，他们在仕途不敏时，往往投身医学。“不为良相则为良医”便成了他们最佳选择。他们儒而兼医，或亦儒亦医、医而好儒，汪昂就是这样一位儒医，正如汪昂在《医方集解·自序》中所说：“孔子曰：‘能近取譬，可为仁之方也已。’夫仁为心性之学，尚不可以无方，况于百家众艺，可以无方而能善此乎？”《休宁县志》记载：汪昂，字讱庵，清休宁西门人，明诸生。曾中秀才，因家庭贫寒，遂弃举子业，立志学医。他苦攻古代医著，结合临床实践，经过三十年的探索研究，编著有《素问灵枢类纂约注》《医方集解》《本草备要》等书，他立志以医济世拯疾，为我国医学的继承与发展做出了重要贡献。

以医济世　有禅世道

汪昂在《本草备要》自序署有“休宁八十老人”，寓意是生命不息，行医不止，把“利物利人”“有禅世道”作为自己一生追求的目标。我国传统医学中的《素问》《灵枢》为医家必读之经典，汪昂有感于其篇卷浩繁，文字古奥，病症、脉候、针灸、方药等错见杂出，他决心对其进行整理、编次、校订或注释。他认为《素问》治兼诸法，文字重于说理；《灵枢》偏重于针灸、经络，有相当一部分内容体现术数。因此，所辑各篇原文以《素问》为主，《灵枢》为辅，但对精要内涵，大致予以赅括。为了便于读者查阅，所引《内经》原文，均注明出处，不致相互参错。虽于《内经》原篇有所删节，但段落依旧，前后条贯，并无割裂原文之弊，较之滑寿《读素问钞》，别具特色。

汪昂在普及本草学和方剂学方面也做出了突出的贡献。本草自《神农本草经》问世以后，历代著作相当丰富。明代李时珍《本草纲目》广收博引，论述精博、全面，载药达一千八百九十二种，但是该书篇卷浩繁，备而不要，难以尽读，不便于初学入门。而《本草蒙筌》《药性歌赋》等书又拘于文字对偶，要而不备。再者，上述几种本草著作，只言某药治某病，而未说明主治之所以然。为此，他潜心研究历代本草，博采诸家学说，以李时珍《本草纲目》和明代缪希雍《神农本草经疏》二书为主，删繁就简，由博返约，取常用药四百余种，约于康熙二十年（1681）辑成《本草备要》一书。十年后，他又增补六十余种，名为《增补本草备要》，于康熙三十三年（1694）刊行于世，但后世仍沿用旧名《本草备要》。

汪昂论药，注意引录本草名著精要之说予以综括。在学术观点方面，师古而不泥古，并能折中前贤论述而多有创见。如书中既有18反、19畏之内容，又据临床实践提出异议，不拘执于前人“相反相畏”之说；其于药性，虽列百家之言，然必参以己见，判断其曲直是非。此书虽为本草专著，为了更切于临床参考，论药之时，必参之以论证，并将药性结合病证或病因相互阐发，亦将中医之生理、病理、诊断、治疗学的理论与药物学内容熔为一炉，以辨证论治的原则贯穿始终，使读者有规可循，遣药变通有法，既明理义，又切合实用。因此，该书自刊行后流传甚广，刊本达六十余种，其中最早为康熙三十三年（1694）刻本，另有1729年日本刻本等。本书对普及本草学知识影响很大，可以说是国内第一部普及性本草名著。

在医方分类、方剂理论等方面，汪昂也做出了巨大的贡献。他认为，医者知有方，亦当知方之解。否则“执死方以治活病，其不至于误世殃人者几希?”有鉴于此，他在撰写《本草备要》的同时，又仿照宋代陈言《三因极一病证方论》及吴昆《医方考》大意，广收博采，集录诸家之说，于康熙二十一年（1682）著成《医方集解》一书。此书共三卷，选收方剂近七百首，按功能分为补养、发表、涌吐、攻里、表里、和解、理气、理血、祛风、祛寒、清暑、利湿、润燥、泻火、除痰、消导、收涩、杀虫、明目、痈疡、经产计二十一门。各门之首，均简要阐述其功能、适应证及主治病证的病因病机。各方名之下，简注功效及方剂出处，次列主治病症、方药组成，再次方义解释及附方加减等，并对各方所治病证的病源、脉候、脏腑、经络以及治法，无不备录。书后尚附“救急良方”一章，记载了二十余种意外或暴发危证的抢救方法，以备仓猝之需。

在方剂学方面，汪氏汇古今数十位医家之学术精髓，上自《内经》《伤寒杂病论》，下迄金元四大家和明代、清初诸贤之论，均予选录，博览约取，附以己见，阐发立方蕴旨。他释方着意于“辨证论方”“虽名方解，而病源脉候、脏腑经络、药性治法，罔不毕备”，释方与临床密切结合，从而使理、法、方、药相应贯通，为后世方书之释方树立了规范。《医方集解》问世之后，流传甚广，对后世影响很大，长期以来深受广大读者的欢迎，成为中医门径书中之重要著作。刊本多达五十余种，现存最早为康熙二十一年（1682）刻本。

在《医方集解》刊行之后，通过十余年的实践，汪昂编撰了一部使读者能在较短时期内学习并掌握临床常用方剂的著作《汤头歌诀》，遂于康熙三十三年（1694）刊行问世。此书选常用方剂三百余首，编成流畅易读的七言歌诀二百余首，并在每方之下附有简注，以补方歌因音韵限制或过简之不足。汪氏此书的特点在于粗分门类，便于检索；且“歌不限方，方不限句；药味药引，俱令周明……并示古人用药触类旁通之妙，便于取裁”。此书受到初学者的欢迎，流传甚广，对后世方剂学之教与学有很大影响。刊本达三十余种之多。后人多有仿此体例而编写方歌，或予续补，或改编，或增注，或作白话解，多不胜数。至今学习中医者，尚多以此书作为入门读物。

汪昂的治学观点较为纯正、客观，他既重视阐扬《内经》等经典医籍之蕴旨，对汉唐以降之方药著作及临床名著亦均有所探究，还善于接受新的科学知识。明末清初，西方医学随传教士渐入我国，汪昂对此采取比较开明的态度。他认为西医虽不明气化之理，但对人体形态方面的论述较为确凿，并认为前贤所说“脑为元神之府”“灵机记忆在脑”之说亦颇可取。他在《本草备要》辛夷条下说：“吾乡金正希先生尝语余曰：人之记性，皆在脑中。”汪昂在学术思想上崇古而不泥古，乐于接受西方医学知识，即医不分中西，当择善而从，对后世的“中西汇通派”产生了一定的影响。

清诗大家，一代廉吏——施闰章

夏建圩

施闰章像

施闰章（1618—1683），安徽宣城人，字尚白，号愚山，又号蠖斋，清顺治六年（1649）进士，清初著名诗人，“宣城诗派”代表人物。著有《学余堂文集》二十八卷，《学余诗集》五十卷，别集《蠖斋诗话》《矩斋杂记》，外集《砚林拾遗》《试院冰渊》，另有《施氏家风述略》一卷，《清史稿》有传。

理学家世　孝友传家

宣城施氏出自姬姓，是周公旦后代。周武王之弟姬旦辅佐成王，其子伯禽封于鲁国，传十二世至惠公。惠公一子名叫尾生，字施父，他的后裔以其字为姓，施父为施氏一世祖，传至十一世孙施子恒，为孔子的学生。十九世孙施雠在汉宣帝时任太常博士，他博览经书，对《周易》有深入研究，著有《易经》十二篇、《易经章句》二篇，于是《易》有“施氏之学”。公元前51年，施雠与众多学者辩论五经同异，他舌战群儒，雄辩滔滔，一时名声大噪。唐天宝年间，施氏第四十四世孙施魁三教授宣城，见宣城风俗淳美，兵燹鲜至，“遂于卫前而家焉”，施魁三即是宣城施氏始迁祖。

明万历七年（1579），张居正诏毁天下书院，宣城志学书院的故址或成为民舍，或改为官园；宛陵精舍则被改为理刑公署，其田产经费移作他用，宣城心学的讲学活动受到挫折。加上理学家贡安国、梅守德、沈宠等人于此前不久先后去世，所谓老成凋谢，而他们的后裔或对于讲学内容有指责，或热衷于科举做官，并没有继承长辈的讲学精神，宣城讲学一度沉寂。到万历中期，宣城出现了以徽州祁门县贡生陈履祥（号九龙）为首，施宏猷（施闰章祖父）和汪有源（字惟清）为左右手的布衣讲学者活动的身影。陈九龙先生初来宣城，跟随他的只有数十人，在施宏猷的积极倡导下，一时间随从者多至八百余人。施宏猷成为陈九龙讲学事业发展的左右手。

陈九龙在宣城讲学重现此前的盛况多倚靠施宏猷积极倡导，施宏猷成为“陈门第一高足”，施家与宣城当地的章氏、徐氏、杨氏、刘氏等家族均有世交，在施宏猷的带动下，各家族纷纷投入陈九龙门下。施宏猷曾在宣城郡之西关建同仁会馆，集六邑及南都十四郡大会，穷究性命之理，实践于躬行。施宏猷与当时理学大家焦弘、邹元标有交往，得到他们的重视。万历三十七年（1609），施宏猷病逝。到了清初，众多学者质疑心学的空疏，宣城讲学活动再次销声匿迹。施闰章仍以振兴理学家风自期，他一再表示：“吾家以理学孝友三传而皆困于诸生，吾忝一第，抗颜称师，敢负吾君以负吾祖、父乎？”

施闰章家法严格，他的子孙多淡泊名利，发愤读书著述。其子施彦淳、施彦恪，毕生为亡父整理遗著。其孙施瑮，号随村，一生“耻趋炎俗”，后隐居田园，有《随村诗集》，人品与诗风直追乃祖。曾孙施念曾学有宗传，克承家法，将施闰章未刻诸书悉为付梓。施念曾续刻《蠖斋诗话》《矩斋杂记》为外集，另刻补《施氏家风述略》等。乾隆三十年（1765），施氏玄外孙刘琦又增补《砚林拾遗》《试院冰渊》入外集，遂合楝亭刻本藏版汇引为《愚山先生全集》。

山东学政　湖西参政

顺治十二年（1655），施闰章任刑部主事，当时刑部有一些奸官恶吏，以“捕贼”“献俘”为名，“捕民为贼”，乘机邀功请赏，大发横财，导致真凶被纵容而良善之人被冤枉，造成大量冤案、错案。施闰章认为老百姓的生命是天大的事，对那些罪大恶极的官吏，坚决予以惩处，他告诫下属：“冤枉成百上千的人命，就是为自己升迁，这样的事怎么能做？希望诸位千万不要草菅人命啊！”施闰章认真调查了大量案件，弄清真相后，亲手平反冤案一百多起，解救了许多无辜受害的百姓。

顺治十三年（1656），施闰章出任山东学政，主持乡试。当时科举考场中“请托”等舞弊之风盛行。施闰章坚决抵制这股不正之风，他要求通过考试，严格把关，为朝廷选拔优秀士子，绝不违背天意，为非作歹。这时推荐施闰章来山东做官的刘正宗派人来见施闰章，刘正宗是文华殿大学士，他是山东人，其亲戚的子弟在考试中不合格，刘正宗希望施闰章能网开一面，但施闰章当面拒绝。来人威逼道：“你的祸福就在此了，还固执什么？”施闰章严词回答：“如果为了我的私情而失去一个真正的人才，那么我宁愿弃官不做，也不愿意违背我的宗旨。”他的凛然正气，使当朝权贵也无可奈何。后来刘正宗将通过考试举子的文章拿来细看，想乘机找茬报复，结果一点毛病都挑不出来。刘正宗不得不佩服，他对人说：“施闰章不惧怕权势，不惑于钱财利禄，是个君子啊！作为学政却能抵制‘请托’之风，只有施闰章做到了。”施闰章不是不讲人情，第二年他到青州主持考试，考生入场完毕，考院严锁后，又有三位老者请求入场考试，施闰章出于怜悯破例答应他们。时至中午，三人仍未出场，施闰章又供应他们酒食，对士子爱护可见一斑。戏剧家洪昇、蒲松龄，都曾受过施闰章的教诲与培养。蒲松龄回忆说：“愚山是我的老师。我还是童子时，他就很赏识我。他十分爱护读书人，从不凭借权势作威作福，从不阿谀权贵。”因为施闰章重视士人的选拔，又能公正、严明，“崇雅黜浮”，被誉为“冰鉴”。

从顺治十八年（1661）到康熙六年（1667），施闰章任江西参议，分守湖西道。由于该地遭受多年战争，破坏巨大，田园荒废，但朝廷对军粮、赋税的征收仍在继续，当地百姓迫于生计纷纷逃亡，有的甚至组织起来反抗，官府立即进行残酷镇压，村舍田园被毁坏，生灵涂炭，一片荒凉。施闰章到任后，认为朝廷应该实行“与民休息”的政策，否则民不安国不宁。他一改简单的镇压方式，走遍湖西各地，安抚百姓，并释放了聚众起义的首领，让他们安心恢复生产。施闰章还向上级力争减轻赋税，告诫下属不准欺压百姓，几年后湖西地方经济逐渐恢复过来。施闰章到民间寻访时，见到百姓疾苦，十分痛心，常常解囊相助，以自己的薄俸赈济饥民，以至自己一贫如洗，官囊空空，老百姓称之为“施佛子”。卸任回乡时，亲故买船赠给他，因要乘船横渡鄱阳湖，而行囊少船体轻，压不住湖上大风，当地百姓争着买来石膏，装在船内对抗风浪。因缺少粮食与路费，上岸后施闰章只好将船卖掉。做了七年地方官，结果回乡时，两袖清风，两手空空。在当时贪污成风的官场，像施闰章这样清廉爱民的官吏，真是凤毛麟角，施闰章是真正的儒者。

施闰章仕宦期间，积极从事重建明代讲学书院、恢复讲会、再举祠祀等工作。尤其在江西，施闰章奉祀王守仁、邹元标、罗洪先三位理学家。他效法理学前辈倡导讲会，在白鹭洲书院和青原山举办讲会，一时间山中父老扶杖而出，讲会进行了三天，听者多达千人，有很多人听后感动得流泪。施闰章虽然不是一心追求性、理的理学家，他在理学方法上能够融通“朱陆”，不偏执一家之说，但仍以继承理学家风自居，将之当作是义不容辞的责任，并努力将自己的感悟渗透到诗歌创作之中，在为官之道中实践自己的理想。

《清儒学案》记载以施闰章为代表的学派为“愚山学派”时称：此派之学，以体仁为本，虽习王守仁、罗汝芳之说，而独守濂、洛。此派学者一方面肯定王守仁“致良知”的命题，一方面又强调问学和躬行，反对空谈性道，试图将二者调和起来。如施闰章指出：“文成之致良知，孔、孟之言，非王氏私言也。不学者或以任情率意为良知。而躬行阙焉，则王氏之罪人也”，“姚江立教，有间涉禅语处，其徒从而张之，致滋口实。然致知、良知语本孔、孟，姚江从万死一生中体验得来，正大有功，苦在学者循声失实，空说本体，咎在不致其知，非良知之罪也。姚江之说，曰所恶于上是良知，毋以施于下是致知，何等知行合一，但单提此说，便觉一切记诵学问可废，未免偏枯。此是朱、陆之辨，其实尊德性未有不道问学者”。此派代表著作主要有施闰章《学余堂文集》《施氏家风述略》等。全祖望尝评此派创始人施闰章曰：“先生之造诣，其与蔚州魏敏果公、睢州汤文正公、平湖陆清献公同道同德，不相上下。魏、汤二尚书虽未竟其用，然尚扬历槐棘，多所发舒；清献则以遭摧挫而愈显，先生于其中最为暗淡，又以工于诗、古文词，世人反用是掩其学问之大原。”汤斌曰：“世之学者，高谭性命，树立坛坫，求其恻怛为怀，浑忘物我，如先生者几人乎？”

温柔敦厚　诗人本色

然而，施闰章并不是严格意义上的理学家，关于理学讨论的心性、道等概念，没有提出理学主张，也没有始终坚持的理学观点，对于理学他更多的是出于对祖父的情感，因此他的观点很平允。对于程朱理学与陆王心学长期对垒的局面，施闰章说：“尊德行未有不道问学者”，“不尊德性，所学何事？不道问学，德性安在？”他认为，朱陆都是道学的一支，不要抱有门户之见。

施闰章的诗歌与散文，在清初以及清代诗歌史上都占有一席之地，有自己的风格，也反映时代面貌。当时诗坛盟主王士祯说：“康熙以来，诗人无出南施北宋之右，宣城施闰章愚山，莱阳宋琬荔裳也。”施闰章五言诗曰：“秋风一夕起，庭树叶皆飞。孤宦百忧集，故人千里归。岳云寒不散，江雁去还稀。迟暮兼离别，愁君雪满衣。”虽然是近体诗，却不逊于《古诗十九首》。施闰章之学，以体仁为本。置义田，赡族好，扶掖后进。为文意朴而气静，诗与宋琬齐名。王士祯爱其五言诗，为作摘句图。

施闰章不是文学批评家，虽有《蠖斋诗话》二卷，也被《四库全书总目》称作“多可议”，认为是不经意之作。但作为一名著名诗人，施闰章的“宣城体”有着自己的诗文创作及审美观点与理论，其中最著名的论述，就是《渔洋诗话》中所记施闰章同王士祯门人洪昇昉的一段对话：

洪昇昉思问诗法于施愚山，先述余夙昔言诗大指。愚山曰：“子师言诗，如华严楼阁，弹指即现，又如仙人五城十二楼……余即不然，譬作室者，瓴甓木石，一一须就平地筑起。

可见施闰章的诗比较质实，作为士大夫之一，施诗中大部分是唱和、登高怀远之作，但也有反映社会现实之作。如《大阬叹》《竹源阬》等诗，真实反映民间生活状况，希望引起省抚大吏重视。《大阬叹》："丛山如剑戟，灌木蔽嵚岑。其水独南流，溪谷皆阻深。山民鸟兽居，不驯匪自今。追呼敢逆命，兵革踵相寻。未能静伏莽，火烈悲焚林。杀人税无出，迟回伤我心。蚩蚩亦赤子，念尔为沾襟。招手语父老，鸱枭怀好音。宿逋既累岁，敲骨力难任。民顽实吏拙，许身愧南金。何时免素餐，引疾投吾簪。"

施闰章以诗名闻天下，与宋琬在清初诗坛上有"南施北宋"之称，在才力上宋较施为优，在学识上施胜过宋。施闰章少年已有文名，曾去北京，与宋琬、严沆、丁澎等以诗相和，时称"燕台七子"。施闰章言："海以内恢奇博雅能文之士，大率多吾友也，不则亦尝闻姓字寓书往来者也。"在施闰章现存的诗文中，新安的友人主要有许楚、吴栻、闵麟嗣、郑旻等人，大多以遗民自居，或专心为诗为学。施闰章是明末诸生，其交往的师友中有众多遗民，他无法与他们断绝关系。他敬重遗民气节，对其穷困的处境抱以同情。但是作为清朝的官吏，施闰章有着"得君行道"的期许，他在诗中写道："忧来不能坐，静言思奋飞。"他更不能与朝廷决裂。诗中曰："和璧莫投鼠，干将莫击石……击石剑先折，结怨不在深，片语伤人心。贾祸不在多，爝火燔邓林。"明确表达他"既明且哲，以保其身"的态度。施闰章的诗歌"温柔敦厚""有风人之旨"的保持着"乐而不淫、哀而不伤"的姿态，这与施闰章的处境有必然的关联。

康熙十八年（1679）清廷开博学鸿词科，施闰章被授翰林侍读，参加修撰《明史》。施闰章孤身在京师任职，年老多病，于康熙二十二年（1683），病逝于京斋。

历算第一名家——梅文鼎

朱小阳

梅文鼎像

梅文鼎（1633—1721），字定九，号勿庵，安徽宣城人，天文学家、数学家，被誉为清初"历算第一名家"。梅文鼎一生致力于钻研科学，会通西学，对整个清代的学术思想有着重要的影响，与英国牛顿、日本关孝和并称"三大世界科学巨擘"。梁启超曾说："我国科学最昌明者，惟天文算法。至清而尤盛，凡治经者多兼通之，其开山之祖，则宣城梅文鼎也。"

生平经历

宣城梅氏家族是书香世家，梅家的崛起要从北宋梅尧臣算起。梅尧臣，字圣俞，安徽宣城人，酷爱读书，工为诗，以深远古淡为意。经朝中大臣屡荐，朝廷召试，赐其进士出身，累官迁至员外郎。梅尧臣在文坛造诣颇高，与苏舜钦齐名，合称"苏梅"，又和欧阳修是至好，并称"梅欧"，欧阳修曾自以为诗不及梅尧臣。陆游在《梅圣俞别集序》中，称欧阳修文、蔡襄书、梅尧臣诗"三者鼎立，各自名家"。

梅家自梅尧臣之后，历宋、元、明几朝，世代为官。梅文鼎曾祖、祖父相继为明朝官吏。其父梅士昌是宣城诸生，虽在官宦世家，却对写八股文章没有一丝热情，倒是每每谈起坤舆、阴阳、律历、阵图、兵志、九宫三式、医药眉飞色舞，考取秀才后一心钻研阴阳律历。

从崇祯朝起，多发自然灾害，盗贼蜂起，关外战事不断。崇祯三年（1630），距离宣城不远的南京发生地震，陆陆续续有一些难民来到宣城，这让梅家对时局感到担忧。崇祯六年（1633），长男的诞生为这个家族带来了久违的喜悦气氛，家中长老郑重地为男婴取名文鼎，字定九，是否希望此男能帮助君王安定天下，鼎定九州，现在已无从考证。可以确定的是梅文鼎儿时聪颖异常，深受父亲喜爱。每每梅士昌与梅文鼎的启蒙老师罗王宾高谈阔论、仰观天象时都带着梅文鼎。父亲酷爱易经、历算、律历的兴趣不仅影响了梅文鼎，其父还将自身的所学所研全部传授给梅文鼎，这使得梅文鼎对科学有极大兴趣，对其将来的发展起到重要的影响。

梅文鼎的整个青年时代处于明亡清兴的混乱时代，梅文鼎求知欲强烈，开始学习数学、历法，终身潜心学术，读起书来常废寝忘食。清初西方科学知识的传入，对梅文鼎产生了巨大影响。他既不泥古守旧，也不盲目崇拜，而是批判地吸收外来文化，他对难解之书、难释之义“必欲求得其论，往往至废寝忘食”。他到处搜集湮没无闻的古籍，“遇古人之旧说，虽片纸如扛鼎”。康熙元年（1662），梅文鼎跟弟弟一起跟随同乡倪正学习明代的大统历法，很快梅文鼎就表现出卓越的科研能力，同年梅文鼎撰写成历法著作《历学骈枝》，其师倪正大为称赞。在这之后，梅文鼎数次到南京参加乡试，虽屡试不第，没有博得举人功名，却在数次乡试过程中结识了施闰章、黄虞稷、蔡璿、方中通等一批学术圈名流。1675年，梅文鼎在南京购得《崇祯历书》一部，同时期又抄得传教士穆尼阁《天步真原》等书，从此开始研究传入中国的西方科学，这时的梅文鼎在江南学术圈中已有一定的影响。

康熙十八年（1679），《明史》开局，梅文鼎以布衣身份参与其中历志部分的撰写，作《历志赘言》一卷，其大意：“明用《大统》，实即《授时》，宜详《元史》缺载之事，以补其未备。又《回回历》承用三百年，法宜备书。又郑世子历学已经进呈，宜详述。他如袁黄之《历法新书》，唐顺之、周学述之《会通回历》，以《庚午元历之例》例之，皆得附录。其《西洋历》方今现行，然崇祯朝徐、李诸公测验改宪之功，不可没也，亦宜备载缘起。”在此期间，梅文鼎与当时京城名流万斯同、刘献廷、阎若璩、李光地等多有交游。

康熙二十八年（1689），梅文鼎到京城李光地家中坐馆。这也是梅文鼎一生重要的转折点，在此之后梅文鼎的学术影响逐渐从南京转移到北京。李光地本人及其子李钟伦、弟李鼎征等都跟从梅文鼎学习历算。梅文鼎与李光地是亦师亦友的关系，常常与李光地促膝长谈。有一次梅文鼎对李光地说道：“历法至本朝大备矣，而经生家犹若望洋者，无快论以发其趣也。宜略仿元赵友钦《革象新书》体例，作简要之书，俾人人得其门户，则从事者多，此学庶将大显。”此时梅文鼎已经开始想要撰写一部总结自己学术成就的著作，不久之后，梅文鼎将自己研习的天文历法以问答形式撰写成书，名《历学疑问》。《历学疑问》也是梅文鼎最有影响力的学术著作。

康熙四十一年（1702），李光地随康熙帝南巡，南巡途中康熙帝命李光地上呈学术著作供览，李光地以《历学疑问》进呈康熙帝。康熙帝是一位对西方科学有所了解的皇帝，少年时曾受来华传教士汤若望影响，对天文历法颇有兴趣，看到这本《历学疑问》说道：“朕留心历算多年，此事朕能决其是非，将书留览再发。”两天以后，康熙帝召见李光地，对李光地说：“昨所呈书甚细心，且议论亦公平，此人用力深矣，朕带回宫中仔细看阅。”李光地请求皇帝御笔亲批，批驳改定著作，康熙帝应允。康熙帝在仔细阅读《历学疑问》之后，对书中的观点非常赞赏。

第二年春天，康熙帝再次南巡，于行在发回原书，召见李光地道：“朕已细细看过。”李光地看到书中圈圈点点，明白都是皇上亲手御笔。李光地请皇帝复批书中瑕疵缺漏，康熙帝曰：“无疵缪，但算法未备。”之后，又一次康熙帝在西巡过程中，向李光地询问是否有隐士，李光地答曰“关中李颙、河南张沐和梅文鼎”。皇帝点头道：“朕夙知颙、文鼎。”康熙四十四年（1705）二月，皇帝再次南巡，李光地以抚臣随扈，康熙帝问李光地：“宣城处士梅文鼎在否？”李光地答：“尚在臣署。”康熙帝曰："朕归时，汝与偕来，朕将面见。"四月十九日，梅文鼎召对御舟中，从容垂问，与康熙帝交谈许久，如此这般一连三天，连日赐御书扇幅，颁赐珍馔，辞别之时，康熙帝特赐"绩学参微"四大字。康熙帝对李光地说："历象算法，朕最留心，此学今鲜知者，如文鼎，真仅见也。其人亦雅士，惜乎老矣！"到了第二年，康熙帝让梅文鼎孙子梅成到内廷学习。

康熙五十三年（1714），康熙帝对梅成曰："汝祖留心律历多年，可将《律吕正义》寄一部去令看，或有错处，指出甚好。夫古帝王有'都俞吁咈'四字，后来遂止有'都俞'，即朋友之间，亦不喜人规，观此皆是私意。汝等须竭力克去，则学问长进。可并将此言写与汝祖知之。"可见康熙帝对梅文鼎之恩宠。

梅文鼎治学甚勤奋，刘辉祖曾与梅文鼎同馆生活，告桐城方苞道："吾每寐觉，漏鼓四五下，梅君犹构灯夜诵，乃今知吾之玩日而愒时也。"梅文鼎每得一书，都要指其得失，家里许多藏书，多年游历，手抄本更是不下数万卷。梅文鼎在京城时，名望颇高，受到王公大臣、京中名流礼遇，裕亲王以礼延致朱邸，称梅先生从不称名讳。晋江陈万策、河间王之锐、宿迁徐用锡、景州魏廷珍、交河王兰生等都以与梅文鼎交谈为荣。

明代万历年间，传教士利玛窦进入中国，传入几何学，以点线面体为测量之资，制作工具，制作图表，颇为精密。一时间中国学者很多以为然，不加深思熟虑，认为中国古法不足，又有墨守成规的学者，认为西学不足，两方僵持。梅文鼎认为用筹、用尺、用笔等工具可变从中国古法，而西方的三角、比例等确实超过中国古法。中国古法方程，也不是西法所有，认为中西二学应融会贯通。梅文鼎著《历学疑问》，后又在《历学疑问》的基础上引申，作《历学疑问》补二卷，可作为算家必读之书。

梅文鼎之子以燕，字正谋，康熙癸酉举人，在算学上颇有成就，能于《恒星历指》中摘出致问。梅文鼎道其子："能助余之思也。"惜乎早卒。

明史馆开，梅文鼎孙子梅成参与修《天文》《历志》，曾给总裁书说道：“一、《历志》半系先祖之藁，但屡经改窜，非复原本，其中讹舛甚多。凡有增删改正之处，皆逐条签出。一、《天文志》不宜入《历志》，拟仍另编。盖历以钦若授时，置闰成岁，其术委曲繁重，其理精微，为说深长。且有明二百七十余年沿革非一事，造历者非一家，皆须入志。虽尽力删削，卷帙犹繁。若加入《天文志》之说，则恐冗杂不合史法。自司马氏分《历》与《天官》为二书，历代因之，似不可易。一、《天文志》例载天体、星座、次舍、仪器、分野等事，《辽史》谓天象千古不变，历代之志天文者近于衍，其说似是而非。盖天象虽无古今之异，而古今之言天者，则有疏密之殊。况恒星去极，交宫中星，晨昏隐现，岁岁有差，安得谓千古不易？今拟取天文家精妙之说著于篇；其不足信者，拟削之。”

梅文鼎晚年主要在家乡著书传道，四方慕其名者不少亲赴宣城向其问学。康熙帝也屡次通过梅成代为致意。康熙六十年（1721），梅文鼎于宣城家中逝世，谥号文穆，清廷派江宁织造曹頫监葬。

学术成就

梅文鼎著述绝大部分是天文、历算和数学三类。

梅文鼎的天文历算著述大致可分为五类：一是对中国古代传统历算的考证和修正，纠正了前人的许多错误；二是将西方算法与中国历法融汇为一的阐述，梅文鼎的研究以《大统历》为基础，上溯到历代历法，同时参考西洋各家历法，得到中西历法的会通；三是授课的讲稿；四是对天文仪器的研究，梅文鼎创造了不少兼收中西方特色的天文仪器，如璇玑尺、揆日器、侧望仪、仰观仪、月道仪等；五是对中国古代地方志中天文记载的研究。

在数学方面，他写了二十多种数学著作。历法的制定和修改离不开测算计算，也需要用数学原理来阐述。梅文鼎为研究天文历法的需要，对数学进行了深入的研究，亦取得了重大成就。梅文鼎主张“去中西之见，以平心观理”，在研究整理中国古代算术的同时，潜心研读《几何原本》等西方数学著作，力求会通中西算法。他将中西方的数学进行了融会贯通，对中国古代数学的发展起了推动作用。梅文鼎的第一部数学著作是《方程论》，撰成于康熙十一年（1672）。他在书成后给数学家方中通的书信中写道：“愚病西儒（传教士）排古算数，著《方程论》，谓虽利氏（利玛窦）无以难。”

梅文鼎在《方圆幂积》中讨论了球体与圆柱、球台及球扇形等立体关系。有关数学中的三角学，梅文鼎著有《平三角举要》和《弧三角举要》介绍基本的性质、定理和公式，而且有《堑堵测量》和《环中黍尺》分别借助多面体模型和投影法来阐述相关算法。《勾股举隅》为梅文鼎研究中国传统勾股算术的著作，其主要成就是对勾股定理的证明和对勾股算术算法的推广。梅文鼎在测量问题上所使用的方法有别于明末西方传入的测量方法，梅文鼎的做法是采用传统算法来解《几何原本》。

梅文鼎不仅是一位有杰出成就的自然科学家，还是一位文学家，他所写的序言、引言、诗文颇具文学欣赏价值。以下四首诗皆为梅文鼎所作：

《江上望九华山慨焉有感》

曾闻九子山，险怪类西岳。攒簇金芙蓉，峥嵘发华萼。
我来江上看，烟光喜澄廓。奇峰缥缈间，一一青如削。
百里势不绝，蜿蜒相回薄。扁舟不可停，所见乍前却。
参差互出没，灵异难遥度。振衣思高颠，攀跻一何乐。
长歌入杳冥，凌风瞰大壑。身轻生羽翼，虚无行碧落。
平生慕至道，幽探性所托。于役曾未休，天游攘六凿。
福地傥依栖，旷然解尘缚。敢忘夙昔心，敬与山灵约。

《题赠宛津庵澹生上人》

小刹对山城，溪桥一水横。披帷来野色，傍郭有经声。

高树虚窗入，遥峰隔岸明。此中逢惠远，真觉道心生。

《雪中家从叔瞿山过饮山居》

青山闭户孤居惯，书卷时开逸兴多。觅句每于闲处得，逢君何意雪中过。
寒花万树看图画，浊酒盈尊起和歌。泥滑只今愁去马，荒村莫惜醉颜酡。

《柏枧山顶望仙人台同观湖先生》

峨峨方石台，千尺凌晨烟。昔闻山中叟，曾此逢飞仙。
棋局观未终，倏忽更岁年。樵斤寘丛条，木皮合且坚。
崖树既摧朽，无人能攀缘。我来陟岭半，俛视兹台颠。
再寻蛟路登，所见惟青天。琼宫在何许，便欲乘风旋。
下界溺埃尘，安能久迁延。何当封马鬣，非敢冀牛眠。
庶同五岳游，免此情内牵。云车策风马，愿言长执鞭。

梅文鼎去世之后，后人将其天文历法、数学作品汇为《梅氏丛书辑要》。诗文作品则以《绩学堂文钞》《绩学堂诗钞》刊行。

绘画巨擘——石涛

明成满

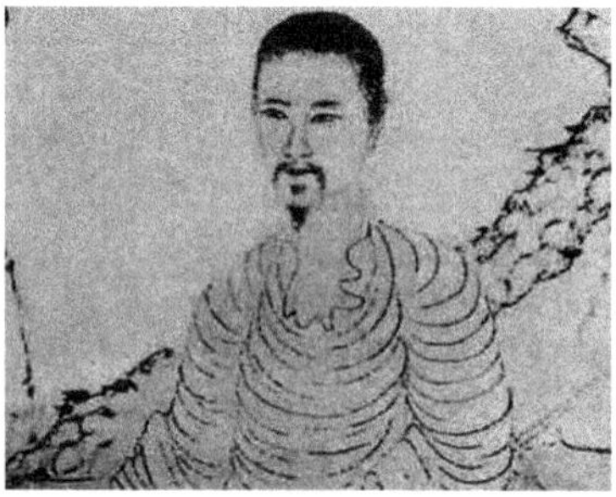

石涛像

石涛，原姓朱，名若极，安徽凤阳人，小字阿长，别号较多，如大涤子、清湘老人、苦瓜和尚、瞎尊者，法号有元济、原济等。明靖江王、南明元宗皇帝朱亨嘉之子，清初著名画家，与弘仁、髡残、朱耷合称“清初四僧”。

明清之际，画坛名家辈出，但若论及艺术性格奔放洒脱又能自由驰骋于书画艺术国度者，则非石涛莫属。石涛画风以野、秀、雄、奇四字见长，其章法境界常以奇制胜，在笔墨上泼辣放逸，在画论思想上能博采南北宗之所长，再加上其糅合儒道哲学为一，故能在书画美学上自成体系，同时在画风上创造出属于自己特有的面貌。

出身皇族

明朝的第一代靖江王名叫朱守谦，他是明朝开国皇帝朱元璋的侄儿。由于其父早死，朱守谦自幼便由朱元璋抚养长大。洪武三年（1370），朱守谦和朱元璋的九个儿子一起受封为王，朱守谦被册封为靖江王，并钦赐“赞佐相规约，经邦任履亨，若依纯一行，远得袭芳名”二十字作为家谱排序，朱守谦长大成人后到广西桂林就靖江王之位，但他脾气暴躁无常，好和小人结交，不善治理地方事务，导致民怨沸腾而被召回京，后又因写怨诗被削官为平民，一度被禁锢于凤阳。

朱守谦去世之后，他的儿子朱赞仪袭封靖江王并于永乐六年（1408）

到广西桂林就靖江王位。朱赞仪的性情处世和他的父亲截然不同，史载“赞仪恭慎好学”，曾奉命到各地去巡视。靖江王第九代即石涛的父亲，名为朱亨嘉。据《明史》记载，1645年，南京城被攻破，明弘光帝被清兵所杀，朱亨嘉在广西自封“监国”代行皇帝职务，但由于朱亨嘉非朱元璋之嫡系，其自封“监国”一事被南明的众官员视为叛逆。唐王朱聿键在获悉此事后，即刻派遣总督丁魁楚率兵攻打朱亨嘉并将其活捉押送至唐王朱聿键处囚禁致死。

朱亨嘉被捉之时，石涛因尚年幼幸得其家臣转移而幸存，他们隐姓埋名，在全州躲避了一段时间。为了避开清兵，更为了躲避南明朝廷的耳目及其追杀，石涛在家臣的保护和安排之下进入广东万寿寺剃发为僧而得以避免杀身之祸。

在万寿寺，石涛和那位家臣二人同时剃发为僧，他们的法号分别是石涛与喝涛。收留他们的深度法师是一位善书画又工诗文的高僧，石涛天资聪颖，有极高的书画艺术天分，几乎是无师自通，这位佛门高僧在石涛青少年时期学习书画上起到领路人的作用。喝涛的文化素养也颇高又善于诗文书法，是石涛一生中最忠实的守护者。后来，石涛与喝涛又辗转到了武昌一寺院避祸。

潜习传统

石涛聪明异常，对书法和绘画有浓厚的兴趣。僧人中有很多人通晓文墨，他们非常愿意教这个小沙弥。石涛刚开始时临摹唐代大书法家颜真卿的字体，颜体雄浑大度，历来为人们所称道，日久他所写的字可达乱真的程度。后来又学董其昌的书法。在学习书法的同时，石涛还学习绘画，山水、人物、花鸟都是他学习的内容。由于石涛在学习书法时非常喜欢颜真卿雄浑大度的字体，而中国绘画讲究书画同源、书法入画，这就使得石涛的绘画既大气磅礴，又笔法劲健，自成一家。石涛开始学画时喜画兰花和竹子，因为兰花气质高雅、姿态俊秀，竹子枝叶婆娑、挺拔潇洒，都被誉为君子的象征。随着时间的推移，石涛在武昌的寺院中长大成人，他的名声在寺院周围也日渐扩大，远近的人们都知道该寺中有一位能画画的和尚。这一时期的学习经历为石涛以后的绘画实践打下了坚实的基础。

石涛生性耿直，不喜欢随波逐流。很多文人雅士都喜欢搜集他的画作，石涛也愿意与他们交往。

顺治十四年（1657），石涛在绘画艺术上表现出超乎常人的天赋。时年石涛在湖北所作之画《人物山水花卉册》，是现存石涛署名落款最早的作品之一。该画有题诗曰："落木寒生秋气高，荡波小艇读《离骚》。夜深还向山中去，孤鹤辽天松响涛。"这幅画所描绘的意境为，临山的浩渺江水中，一叶扁舟正逐波荡漾，舟中端坐一人正捧读《离骚》。此画笔墨和题款虽表现了石涛早年的稚气及其一贯具有的清新意味，但从作品中可以看出石涛后期之所以能在中国绘画的各科别不论是山水、竹石、梅兰还是花卉蔬果、人物等都有很高的艺术造诣，与他早年临习古法帖、学习传统技法所打下的坚实基础是密不可分的。石涛二十二岁时拜临济宗旅庵为师，旅庵不但佛学渊博，还工书法与诗文。石涛十分敬重旅庵，不但向他学佛学，在诗文书法方面也得到他的传授。石涛二十三岁时所作的《山水人物画卷》，无论是在创作思想上还是在形式理论上较之前人都表现出新气息、新风貌。加上他的悟性很高，不拘一格的自然追求，使得他的书画作品风格开始呈现多样化的趋向。对于因师承古法所取得的书画成就，石涛也曾在其画卷题跋中有所暗示。石涛在宣城作《十六阿罗应真图卷》，题款"丁未年，天童忞之孙，善果月之子，石涛济"，卷后有梅清跋，以表示他的禅学师承。石涛曾赋《生平行，留题一枝别金陵诸友人》长诗一首，其中有一段提道："眷言来嘉招，袂耸访明秀。浮云去何心，沧浪任相就。五湖鸥近翩情亲，三泖峰高映灵鹭。中有至人证要道，帝庭来归领岩窦。三战神机上法堂，几遭毒手归鞭骤。谓余八极游方宽，局促一卷隘还陋。"从诗中可看出，石涛在成为画家的过程中，深受佛门人物的影响。石涛受到"禅宗"直接证入方法的影响，禅机助长了他的性灵活泼，尔后他浪迹山林野外，参透自然人生与道家思想的契合，晚年又出佛入道。石涛的思想和情感追求，随环境的改变而变化，对他的艺术创作影响很大。

融会创新

石涛在宣城时期是他在艺术上融会贯通、自成一体的时期。这一时期他结识了宣城诗人施闰章，画家梅清、梅庚诸人，诗画相磋的过程，对于石涛画艺的提高有一定的作用，甚至梅清的绘画，直接影响到石涛的某些画法。梅清是北宋诗人梅尧臣的后人，著有《天延阁诗集》，以擅画黄山而著称于世，与石涛、弘仁成为“黄山画派”中的代表人物。现代画家贺天健评道，石涛得黄山之灵，梅瞿山得黄山之影，渐江得黄山之质。石涛早期的山水画，受到梅清的一定影响，而梅清晚年画黄山，又受石涛的影响。所以石涛与梅清，皆有“黄山画派”巨子的称誉。梅清见到石涛的《黄山图》时，曾以诗叹咏云：“石公飘然至，满座生氤氲。手中抱一卷，云是黄海云。”表示了由衷的赞叹。

康熙十八年（1679），石涛前往毗邻宣城的江苏溧水，访祖琳于永春寺，在该寺作《独峰石桥图》，十月为怀祖作《竹石梅兰图》，这两个作品体现了石涛高度精熟的笔法，入古出新的风格，画技渐由熟练到灵巧的飞越。无论是题跋的正确性，还是章法的严谨度、运笔的法度掌握，石涛都能兼收并蓄、游刃有余了。此外，他在宣城时期的作品还有《溪山垂纶图》，此画排笔纵横，以奔放取胜，用笔有肥、瘦、方、圆、秃、软、硬、横、斜、顺、逆等不同，表现了能量的各种振动，超越所谓山石、树木的形象。让人更醒目的是点配合水与墨，将笔墨的能事表露无遗，表现出婉约、清丽、秀雅、俊逸、凝重、生辣、剽悍、飞舞的风格。石涛在这一时期的作品尚有《黄山八胜图册》留存于世。在宣城的这段日子里，石涛除在绘画上取得较大的成就，在书法方面也勇敢探索，敢于突破，打破当时董文敏体的笼罩，寻找新的途径，为他日后在书法上取得成功，奠定了良好的心理素质和创作心态。并且他将书法中的“精、雄、老、丑”等各种风格熔为一炉，不分秦汉、今古，与造化争雄，同时又加进了隶书的笔意，从而形成了奇崛、磅礴、纵横排山的精神风貌，所谓化腐朽为神奇、转丑为美，凸显出石涛巨大的创造能力。

有一次，石涛和一位名为半山的画僧同游于黄山，一位雅好书画的太守曹澹斋获悉了此事，于是携取七十二张纸给石涛，向他请赠黄山七十二峰图，石涛很爽快地答应了，只可惜的是，石涛的黄山七十二峰图今已不传。石涛为人热情好交游，在人文荟萃的宣城结交了不少当时文化界的名流，包括半山、黄砚旅、施闰章、梅庚、梅清等人，这其中以梅清尤为重要，梅清的鼓励对于石涛日后画艺的精进产生了很大程度的影响。

境界升华

康熙十九年（1680），石涛从宣城来到南京，开始了他艺术境界的升华时期。在南京与他来往较多的诗画友人有程穆倩、汤燕生、王概、戴本孝等。戴本孝，字务旃，号鹰阿山樵，安徽人，年纪比石涛大了二十岁左右，曾登上华山，其华山画极盛于一时。戴本孝之父是抗清义士，后绝食而亡，戴本孝因此终生不仕清而靠卖画为生。有学者认为石涛的画学思想可能或多或少受到了戴本孝的一些影响，比如说戴本孝的“太古图原在书学，一画先开文字天。河山涵影下垂象，笔墨真气能舟旋。是以六法尊气韵，俗夫贸贸迷媸妍”“本来爻象写心境，六法各现河山影”“开天一画无生有，万象流形画在首”“笔抉鸿蒙破，崖空虎睡。”等诗句和石涛的“一画”论之间存在若干的相似处。

相较于宣城时期大多是以“倪瓒风格”的渴笔皴擦作画，这一时期的石涛在用笔上浑逸清脱，在运墨上不但浓淡相兼有致，而且开始突出其氤氲淋漓的写意风貌，他的代表作之一《万点恶墨图》就是在这个时期创作的，题跋曰：“万点恶墨，恼杀米颠；几丝柔痕，笑倒北苑。远而不合，不知山水之潆回；近而多繁，只见了村居之鄙俚。从窠臼中死绝心眼，自是仙子临风，肤骨逼现灵气。”从这个题跋可知，石涛即使是在贫病之中仍然不缺乏那不时奋起生生不息的英雄气概。此刻他所交游的人仍以文化界诗画名流居多，但除此之外，也和极少数的清朝官员有一些接触往来。

石涛在这一时期的作品古雅厚重，不拘一格。《蕉菊竹石图轴》和《细雨虬松图轴》这两幅名作皆虚无定法、散乱狂野、起伏跌宕、恣意纵横，书写不求技法的精美与到位，只求精神与气质。笔墨的运用更是无可比拟的，强烈的笔墨冲击与涨墨、枯笔的对比运用，纵横跌宕的字势，恣肆遒劲的笔意，雄浑健朴的气势，在厚重的墨色之中构成尚骨力、重气势的美，表现出的是美学意义上的悲壮大气，呈现出一种在规矩中求变化、在狂放中求稳重的个人风貌。乍看之下，此时期的画作不免含有“丑苦”之态，但是经过细细品味后，却能嚼出绵长的甘味。尤其是《蕉菊竹石图轴》，此画以对称性为骨干，简练概括，寥寥数笔，痛快沐漓地表现神韵与气势。这种返璞归真，重视心灵抒发的作品，不可多得。

炉火纯青

石涛晚年在扬州定居直至终老，这一时期是石涛由中年时期的洒脱奔放转为沉雄深邃，绘画技巧趋于炉火纯青的阶段。这一时期的作品有《搜尽奇峰打草稿图卷》《设色云山图》《淮阳洁秋》《清凉台》，此外还有其五十二岁所作的《余杭看山图卷》《卓然庐图轴》《溪南八景图册》，件件都堪称中国书画史上的精品。

《搜尽奇峰打草稿图卷》是石涛在北京创作的作品，这时石涛的风格与笔墨技巧在京师四王的笼罩下另辟蹊径，这是一张带有“炫技”意味的作品。长卷表现丛山峻岭，画家运用移步换景的手法，初写曲水环流，山壁回旋，山形突兀升高，接着层峦叠嶂，势如卧虎腾龙。从俯瞰的角度，更显盘根错节、境界幽深，最后以开阔的江景作结，远山一笔消失在遥远的地方。山水之间杂置舟楫屋舍，林木荫凝，残柳疏逸，一派苍凉深秋景象。蠕动的山形与毛茸茸的林表，绰约杂刚健，掌握住宇宙“变”的实相。

《设色云山图》的构成非常巧妙，云气与山景虚实相成、动静相济；

山石粗犷，松针细密，疏密相间，染成青色的天空题满了作画心得，右下角露出的屋宇暗示环宇中人间有情。此图的构成方法是石涛的“错综”对称式。如果再参以《资任章》的人格化解释：前面两座对立的山是“山之拱揖也以礼”，云气环绕是“山之纡徐也以和”，画上题字说“落笔时勿促迫、勿怠缓、勿陡削、勿散神、勿太舒”，可见这张画强调从容有教养的和谐。

《清凉台》这幅作品，以城墙分成上下两部分，上方是大片留白的大江与题诗，下方是让人思发兴亡的废园。构图对称标准，有无相生、虚实相济。废园的这一部分用高树、屋宇、山坡等简单的元素，布置出复杂多区域的空间组合。存在、消逝、茂盛、寂寥，如古如今，岭头的松树似乎监督着这一切。从这幅画可以想象石涛善作庭园假山，《扬州画坊录》卷二记：“扬州以名园胜，名园以垒石胜，余氏万石园出道济手，至今称胜迹。”石涛布置空间，善用对称，高下取势让人激赏。

石涛在古稀之年，仍凭精进的章法和深邃的哲学思想创作晚年的最后一些作品，如《梅竹图》等。石涛晚年作《松窗读易图》一幅，又刻有一颗“道合乾坤”朱文方印，由此可知石涛晚年在出佛入道之后，他的哲学思想即以周易、老庄为重心。上海博物馆藏有一件石涛自书“画语录”的扇面作品，扇面上有“夫道之于画，无时间断者也。一画生道，道外无画，画外无道，画全则道全”等文字。这一段文字和《石涛画语录》一书虽有出入，但在内容思想上并无二致，这一段题画跋文中的“道外无画，画外无道”之语系石涛表明了其画学之宗旨为“道画合一”之论，也可以说，在石涛的眼中，中国绘画便是宇宙天地的精华浓缩，石涛和其他画家有一很明显的不同之处，即石涛不仅是一位身体力行的书画创作实践者，还是一位书画美学的理论创建者，更重要的还在于他是一位“道画合一”的伟大画师。

有人称石涛是中国绘画史上屈指可数的伟大人物之一，此评可谓实至名归。石涛是伟大的艺术家，也是中国绘画史上罕见的思想家，他直师造化、打破藩篱、无古无今、我用我法的大胆创新，为当时画坛吹来一股劲风，使人耳目一新。他博学又多才艺，在书画上题跋的诗文，即景抒情，随手生发，妙法横趣。所撰《石涛画语录》与谢赫《古画品录》的六法论相较，可谓玄奥精辟，为东方美学大放异彩。郑板桥先生赞誉他无所不能，无所不工。俞剑华先生认为，石涛雄阔的胸襟，敢想、敢说而且还敢画之作为，在明末清初时，他针对四王正统派之流弊，从根本上加以否定的革命精神，在中国画史上值得大书特书。

辨伪学家——姚际恒

秦宗财

清代学术兴盛，各种文化思想都得到了极大的发展，梁启超称有清一代二百余年，可以称为中国的文艺复兴时代。梁启超所说的“复兴”，其实是清代学术中“礼学”的复兴，从清初开始直至乾隆嘉庆时期达到鼎盛，涌现了一大批“以经典为法式”的清儒学者，史称乾嘉学派。他们治学坚持“三礼并立，一从古本”，即以古本三礼和郑注、孔疏为蓝本，认为“三礼之本”内蕴圣人制作之精义，只有通过校注、训诂、释例等才能重现儒家礼学的真正意义。因此，清初研礼考据成为当时学术主流，涌现了一批辨伪学家，姚际恒便是其中代表之一，他是清初著名的辨伪学家、经学家和收藏家。

生平

姚际恒（1647—1715），字立方，一字首源，祖籍安徽休宁。关于其籍贯，学界有争论，争论原因在于姚际恒在《春秋通论》和《诗经通论》序言中均自称“新安首源姚际恒”，但《清史列传》里却记载姚际恒为浙江仁和人。根据顾颉刚先生的说法，“姚际恒，本籍新安，是到杭州做生意的徽商”，张博成也认为姚氏祖籍是安徽休宁，因为毛奇龄在《大学证文》中称他为新安姚际恒，阎若璩在《尚书古文疏证》中称他为休宁姚际恒。即是说，姚际恒祖籍安徽休宁，后来因祖父辈到杭州从商便迁居于此。姚际恒少年时期在浙江仁和县求学，其后又借居于浙江钱塘，因此姚际恒《好古堂书画记》署名为“钱塘姚际恒首源著”。

其家藏书丰富，姚际恒自年少便博览全书，涉猎广泛，《国朝杭郡诗辑》称其“博究群书，穿肠万卷”，毛奇龄作《山阴何氏藏书记》，后见姚际恒，感叹何氏所藏之书，还不及姚际恒心中所记之书多，足见姚际恒之好读书、读书之广博。姚际恒虽然没有走向仕途，只做过学府诸生，但是他家境殷实，衣食无忧，致力于学术，勤勤恳恳，敏而好学，以读书著书为乐，早年喜爱诗词文学，但是并没有文学诗集流传于世，仅能根据前人的著作总结而得出四首诗歌，所以无法判断他在诗词歌赋上的文学造诣。但是早年的姚际恒因为学问渊博而经常获得人们的赞许，辞章之学是他前半生主要的致力之处。中年以后，其学术兴趣发生了大的转移，开始将精力专注于治经，取得了很大成就。五十岁是姚际恒从文学转向经学的关键时期，“向平婚嫁毕而游五岳，予婚嫁毕而注九经”，历经十四年，姚际恒终于完成了《九经通论》《庸言录》等学术巨著的撰述。但是由于其一生没有走向仕途，他的家族也不敢刊刻他的著述，以致他的著述大部分都丢失了，残存在别人著述中的被保留了下来，如《古文尚书通论》一书中的观点被阎若璩先生收录在其著作《尚书古文疏证》之中，诸如《易传通论》《周礼通论》《论语通论》《孟子通论》等则几乎全部丢失。其中保存较为完整的只有《诗经通论》《古今伪书考》以及《好古堂书画记》《仪礼通论》四种。

治学成就

儒家文化传统对姚际恒影响巨大，重儒弘礼的思想在姚际恒的论著中有着较为突出的体现。自明代以来，民间礼俗、僧道俗仪盛行，出现了“四礼学”，对传统儒家经典礼学著作产生了巨大影响，儒家经典所载录的“礼文”逐渐淡出了学者们的视野。针对这种现象，清初儒学家们痛心疾首，他们“以古礼正今俗”，希望恢复儒家礼学的真谛，以矫正宋明理学虚妄之曲。姚际恒便是突出代表。他说：“时有古今，礼无古今，惟论其是非而已。使古非而今是，谓之无用可也。使古是而今非，则是今世失于不用而，非果古礼之无用也。古礼今虽不能尽俾世从，然为之推详其旨，阐明其义，使后之人晓然，知先型之本善，悔末流之已失，不亦可乎？若果有非亦当明辨其由，又不可概以无用于世一语抹杀也。”

强调恢复儒家礼学的原真面貌的重要性。

《诗经通论》作为姚际恒现存著述中保存最为完整，学术影响力最大的著作，除了卷前《诗经论旨》和《诗韵谱》外，共有十八卷，这本书以文学的视角研究《诗经》，从艺术鉴赏的角度考察了《诗经》的文学特色、章法结构和审美情趣等，其创新的意见和卓越的观点对于后世研究《诗经》的学者们起到了极大的启发作用。在《诗经》主旨的探索上，姚际恒大胆提出汉、宋、明三代的研究存在误解甚至是歪曲，并提出想要真正探得《诗经》的主旨，必须要摒弃前人的错误看法，犀利地批判了《诗经》学史上影响巨大的《诗序》和《诗集传》，认为《诗序》参照《诗经》的编排次序，断定《诗经》本义，并杂以先秦史书与儒家经书牵强附会地解释《诗经》的做法是不可取的，并且必然导致首鼠两端、自相矛盾的尴尬境地。此外他还反对朱熹在《诗集传》中以道学家的理论来理解诗的要义，认为对于诗的理解应当立足其本身，用理学来解释诗，会丧失《诗经》原本的意义和价值，并提出“说诗入理障，宋人之大病也”。姚际恒对《诗经》主旨的探索主要遵循回归原典和以情解诗两大原则，认为回归原典的根本方法就是“涵泳篇章，寻绎文义”，将解读《诗经》的基点回归到对文本的探讨上去，通过反复吟咏来探寻《诗经》的真正面目；而以情解诗，即指对于其解释必须合乎人情，站在人的角度去考察，否则就会失去原本的价值和意义。

《古今伪书考》，原来是《庸言录》的附录，清代鲍廷博将其从《庸言录》中抽出，收入《知不足斋丛书》中，此书因此才得以流传保存下来。作为一部著名的辨伪专科目录，该书分“全部伪作者”“真书杂以伪者”“非伪而撰人名氏伪者”“书不伪而书名伪者”“未能定其著书之人者”五大类，辨证伪书七十种，对于破除人们盲目崇拜古书的风气，重新对待古代文化具有重要意义和作用。但《古今伪书考》中辨伪的文字由于太过简单，所以学界许多人认为其中的判断和言论并不完全合理可靠，梁启超将其概括为:“体例颇凌杂，篇帙亦太简单，未能尽其辞，所断亦不必尽当。”这段话就很好地道出了《古今伪书考》一书的缺陷与不足。但是此书的存在也影响了清代的辨伪之风，比如胡渭的《易图明辨》，孙志祖的《孔子家语》，崔述的《考信录》，近代康有为的《新学伪经考》等，都不同程度地受到了他的影响和启发。顾颉刚在论及姚际恒的《古今伪书考》时就曾说:“这本书的价值不在于它本身的研究成绩，而在于它给予学术界的影响。”由此可见，这本书对后起学者研究的影响之大。

姚际恒的思想不仅仅存在于其辨伪之论著与《诗经通论》之中，《仪礼通论》是姚际恒《九经通论》中的另外一部著述，这本书也是其辨伪思想的集中反映，通过这本著作我们可以看到，姚际恒对于《仪礼》的辨伪主要是源于对原始儒学要义的探寻。由于姚际恒身处清初学术的大环境中，其学术思想深受其辨别伪书、回归原典之学术潮流的影响，所以他反对将宋明理学和道家的思想混入对儒家经典的释义之中，而主张回到孔孟所倡导的世界中去理解，这样才不会偏离应有的方向。后来的研究者将《仪礼通论》的贡献总结为以下几点：其一，为解决《仪礼》成书时间问题做了有益的尝试。其二，注意古今礼制因革，既不泥古拘执，又不据今臆古。其三，《仪礼通论》上承敖继公《仪礼集说》和郝敬《仪礼节解》，为我们研究元、明至清初《仪礼》学的发展提供了宝贵资料。见识远大、考证精深是姚际恒特异之处，而也正是因为他对儒家经典过于激进和异类的论述而被正统儒家学者视为狂悖异端，或许是由于这个缘故，姚际恒的学说在清代很少有继承者，直到五四运动之后，埋没了二百多年的姚际恒才真正等到了认可他的人。但是综合目前国内外的研究现状，其礼学思想及特点还亟待人们更深入地去发现与研究。

除上述学术成果外，姚际恒还著有《好古堂书目》一书。“好古堂”本是姚际恒的藏书斋名，由于姚氏为书香世家，所以他家里的藏书可以说是相当的丰富。《好古堂书目》就是姚氏家藏典籍的目录，著录图书一千五百余种。该书目对书籍的分类尽管采用的还是传统的经、史、子、集四部分类法，但是其涉猎范围非常广泛，分类清楚且有所创新，如集古、时政、虫鱼、方物、名胜等类，在以前的史目中均不见，这是姚际恒所独创，具有很高的目录学价值。并且该书目末附有《好古堂收藏宋元版书目》二十三种，计宋版十五种、元版八种。此外，姚际恒还很爱收藏，著有《好古堂书画记》一书，记录了姚氏的许多家藏书画和珍稀古玩，对于后世的美学和考古研究具有一定的价值和意义。

辨伪思想

姚际恒辨伪思想的产生与他当时所处的社会环境和其自己的思想主张有着不可分割的联系。早在明朝时期就有一些学者意识到，当时的学术界大多沉溺于形而上学的思辨之理，却忽视了治学应当注重经世致用，最终造成了政治昏暗，世风日下的混乱局面，于是他们便走向了弃“虚”向“实”的治学之路，从而开启了清代重视经学、实学治学路径的先河。到了清代，“读经”已然成为一种学术风尚，只信孔子“真经”，其他均可怀疑的“疑经”“疑古”之风便由此兴起，出现了林庆彰先生所说的“回归原典”的学术运动。姚际恒适逢其时，受当时的社会大的环境和风气的影响，走上“疑古”之路也是情理之中。

虽然他“疑经”“疑古”的学术思想和研究成果挑战了当时的统治权威，与主流思想相悖，被视为离经叛道的妄言邪论，并没有得到广泛的认同，后世留存下来的著述也并不多，但是他作为清初疑古辨伪的代表人物，曾与诸多学者交游，其学术思想影响了阎若璩、毛奇龄等学者的治学方向。到了民国初年，其勇于怀疑、敢于“疑经”的辨伪精神更是被古史辨派所推崇，兴起一阵对于姚际恒《古今伪书考》研究之风。

姚际恒所著的《诗经通论》在《诗经》研究中取得了令人瞩目的成绩，他在解读《诗经》的过程中坚持回归原典和以情解诗的原则，以圈评的手段对其进行批注和解释，在扬弃前人观点的基础上，又有自己独特的创新性见解，使人耳目一新，由此可见姚际恒不仅敢于怀疑前人，还能自由立论，以科学的态度去审视经典，显示了实事求是的可贵精神。正是由于他的这种精神使得他在《诗经通论》中的许多解释对相关的研究具有很大的借鉴意义，如清朝末期的方玉润就曾多次在自己的著作中引用了姚际恒的许多论述，并且表示很欣赏他的观点：“自来说《诗》诸儒，攻序者必宗朱，攻朱者必从《序》，非不知其两有所失也，盖不能独抒己见，即不得不借人以为依归耳。姚氏起而两排之，可谓胆识俱优。”此外《诗经通论》更是与方玉润的《诗经原始》、崔述的《读风偶识》被誉为清代解经的独立派代表作，开创了《诗经》研究的新角度。

桐城派开山之祖——方苞

夏建圩

方苞像

方苞（1668—1749），字灵皋，亦字凤九，晚年号望溪，亦号南山牧叟，安徽桐城人。桐城“桂林方氏”十六世祖，与明末大思想家方以智同属“桂林方氏”大家族。方苞是清代散文大家，桐城派散文创始人，与姚鼐、刘大櫆合称“桐城三祖”，《清史稿》有传，著有《方望溪先生全集》。

诗礼之家 读书进学

方苞高祖方大美，为明万历十四年（1586）进士，曾任太仆寺少卿。曾祖方象乾，明恩贡生，曾任按察司使，充岑西左江兵备道，明末，因避乱寓居江宁（今江苏南京）。祖父方帜，曾任芜湖训导，后调任兴化县教谕。父方仲舒，清国子监生。方仲舒还是一名诗人，与明代遗民杜于皇、钱饮光等人为忘年交。方苞为方仲舒次子，母亲吴氏籍贯福建莆田，因方仲舒在政治上不与清廷合作，家中经济生活非常困窘，方苞在文中描写道：自从迁居南京，家中兄弟姐妹众多，条件差，我们兄弟几个身上长了疮疡，一年都没有愈合。

方家虽然贫寒，但方苞从小天资聪颖，又勤奋好学，五岁时父亲授以章句。稍长，则治经书古文，《易经》《诗》《书》《礼》《左传》已能背诵。七岁阅读《史记》，十岁始作时文，前辈一见异之。在方苞家庭中，对他影响最大的有两个人，一个是他父亲方仲舒，另一个是他长兄方舟。方苞童年时期，所有群经的注疏，都是方舟为他讲解的。有关《史记》

的一些见解，也是受到方舟的启发，后来加以推衍的。方舟在时文方面造诣很高，闻名天下。

康熙二十八年（1689），方苞岁试第一，补桐城县学弟子员。第二年，娶妻蔡琬。康熙三十年（1691），进北京国子监，声气广通，声名鹊起。他的时文被誉为“江东第一”，对其古文的评价更高，谓“韩欧复出，北宋后无此作”。康熙三十八年（1699）中举人，康熙四十五年（1706）中进士第四名。方苞学问很好，不过科举之路不是很顺利。在家乡读书时，民间流传很多他与戴名世的故事。

一天傍晚，方苞、戴名世二人走出书院，迎面一人挑了一担沉重的梨子，挡住了去路，二人欲让道，担梨人也跟着一移，又挡住了。二人这回懂了，对视一眼，携手快步，抢过担子，大走几步，再一回头，哈哈笑着走回来。担梨人这才歇下担子，连连拱手道：“佩服！佩服！”路人也欢呼起来。原来，这是一副哑联：“一担重梨（仲尼）拦子路，两个夫子笑颜回”。仲尼是孔子的字，子路、颜回都是孔子的学生。

还有一则著名的故事，发生在安庆迎江寺。有一次，方、戴二人来省城，访友之余一同游览振风塔，寺中住持见二人士子打扮，便迎到客堂奉茶。当时的读书人都喜欢佛法禅机，但方、戴二人却都不信佛。交谈中，住持或是觉得他俩傲慢了，便有意作难，出了个上联，让二人对，“宝塔六七层，直竖钢鞭驱白日”，戴名世应声对出：“城墙千万垛，倒生牙齿咬青天”。住持神色一凛，加大难度：“宝塔六七层，层层有四门，门朝东西南北”，方苞稍一思索，缓缓对道：“历书十二月，月月有两节，节分春夏秋冬”。这两个上联是住持的法宝，经常用来为难那些对佛法不敬，不知天高地厚者。一般人都对不上来，不得不对佛门肃然起敬。这二人却像儿戏一样对出来了，住持这才请教姓名，原来是方苞、戴名世。住持哈哈一笑道：“难怪！果然！”难怪对得出，果然是才子！

《南山集》案　灭顶之灾

在方苞四十岁前，虽小有不幸，总的说来没有什么大的风浪。但是到了康熙五十年（1711）方苞四十四岁时，清初有名的《南山集》狱发生了，这使方苞本来平静而舒适的生活发生了戏剧性的逆转。方苞的同乡朋友、翰林院编修戴名世，出于“司马迁之癖”，想编一部《明史》名垂不朽，在他的《南山集》里，谈到一些明末散佚的旧闻时，用了一些南明永历帝的年号，表达了自己对南明抗清之举的敬佩，在与好友余湛的讨论中，戴名世认为南宋末年末帝赵昺流亡至崖山，在正史中进行了详细记载，但在现今的明史中却对南明的皇帝避而不谈，因而戴名世认为有必要详细记载，如若没有则算不上完整的明史。且戴名世私下在《与弟子倪声》一信中说道：“本朝当以康熙壬寅为定鼎之始，世祖虽入关十八年，时三藩未平，明祀未绝，若循蜀汉之例，则顺治不得为正统。”尽管如此，已仕清朝的戴名世曾表示“益矢殚厥忠诚，已报国家”，可知其并无反心，其所做的只是一名修史者该做的。

康熙五十年（1711），都察院左都御史赵申乔上奏弹劾戴名世，认为其“妄窃文名，恃才放荡。前为诸生时，私刻文集，肆口游谈，倒置是非，语多狂悖”。随后九卿会审，首先刑部等衙门判其为大逆之罪，应凌迟处死，同时戴名世、方孝标二人的祖父子孙兄弟、伯叔父兄弟之子，凡年满十六岁以上者，均斩立决，而母女妻妾及姐妹，十五岁以下之子孙伯叔兄弟之子，全部贬为家奴，而参与《南山集》出版的汪灏、方苞也均应斩立决。在经过长达一年的审判后，康熙帝终于颁布御旨，戴名世判斩立决，但不问家人之罪，《南山集》全部焚毁。由于方孝标已死，因而家人只流放宁古塔。康熙四十一年（1702）《南山集》刊刻，方苞为之作《南山集序》，文笔优美，情感充沛，也因此遭了池鱼之殃，被逮问。先下在江县狱，旋解往北京，下刑部狱，被判了死刑，他的人生似乎走到尽头了。方苞在刑部监狱里仍然没有停止写作，名篇《狱中杂记》就是在此期间创作的，文章记述狱中事实及听闻，在触目惊心的叙述中，偶尔作冷峻深沉的议论。文中记叙了刑部监狱中的残酷阴森和官吏、奸民勾结舞弊的罪恶事实，深刻揭露了当时的政治黑暗。文中说道：“有些奸诈的人长期关在监狱里，同狱卒内外勾结，着实捞了些钱财。山阴县有个姓李的，因杀人入狱，每年都捞到几百两银子。康熙四十八年（1709），因为大赦被释放出来。在外面过了几个月，他感到寂寞无聊没有什么事可干，他的同乡中有一个杀了人的，于是他就代替那个同乡承担杀人的罪名。原来按法律规定不是故意杀人就判长期关押，终究没有死罪。康熙五十一年（1712），又遇大赦，又根据赦令减刑等待发配到边外去戍守。他叹息说：'我没有机会再到这里来啦！'按照旧例，发配充军的犯人要转到顺天府监狱关押，等候遣送。那时正好是冬天，停止遣送。姓李的写呈文请求留在刑部狱中等到来年春天遣送，请求了好几次，都没有得到批准，他很失望地被转送出去。"

山重水复疑无路，柳暗花明又一村。庆幸的是方苞颇负时望的古文早已"简在帝心"，加上理学名臣李光地的帮助，在大牢关押了十五个月后，不仅头颅无恙，反而因祸得福，康熙帝下了"方苞学问天下莫不闻"的圣谕，将其召入南书房，入汉军旗籍。从此，方苞开始了三十年的仕宦生涯，经历了康熙、乾隆、雍正三朝。前十年是康熙帝的文学侍从，中间十年充武英殿总裁，后十年升任翰林院侍讲、内阁学士、礼部侍郎等职，直到乾隆七年（1742），方苞才告老归乡。方苞在南京家中闭门谢客著书，据说，江南总督尹继善曾登门拜访，都被方苞托病谢绝。乾隆十四年（1749），方苞病逝，终年八十二岁，与其兄方舟、弟方林同葬于江宁龙塘。

方苞不仅才学过人，而且正直，敢于主持正义，不畏强权。乾隆年间，方苞与履恭王共同主持礼部事务。履恭王以贵胄自持，盛气凌人，独断专行，处事不当，怨声四起。方苞则正气凛然，不避锋镝，常常拂袖动容，据理力争。履恭王恼羞成怒，恶语伤人："秃老头子竟敢如此！"方苞毫不示弱，反唇相讥："王言如马勃（牛屎）味！"礼部"炸锅"了，履恭王与方侍郎"舌战"，一个仗势，一个恃理，针尖对麦芒，互不相让，事情闹到朝廷，乾隆帝嘉许方苞，事情罢休，履恭王奈何不得，怏怏而退。

方苞自幼体弱多病，进入老年，体质益弱，脚更不灵便。有一天，方苞拄杖步行，拜谒查相国。查府门仆自持豪门贵宅，见来者是个文弱老叟，漫不经心，迟迟不去通报。方苞脚力不济，不宜久立，再次恳请，门仆未得“小费”，仍置若罔闻。方苞顿时怒火中烧，区区门仆，竟敢如此倨傲，成何体统！举杖猛叩仆顶，仆抱鲜血淋漓的头颅，狂奔入告。查相国闻讯，匆忙出府，下台阶迎接。方苞怒气正盛，当面指斥：“君贵为天子辅臣，理当平易近人，对待下属，岂可纵容豪仆，公误多矣！”方苞言罢，转身欲去。查相国受到方苞的数落，自知理屈，连忙长揖谢罪，严斥门仆，邀请方苞入室，盛情接待。事逾不久，方苞因事复至查府，门仆一见，慌忙逃走，大呼：“拿拐杖打人的老头又来了！”

韩欧在世　文章学问震天下

方苞的古文是有学术渊源的，他学宗程朱，究心经术，笃于伦纪，成为桐城派开山之祖。从二十四岁至八十二岁之间，方苞共完成经学著作十种：《礼记析疑》《丧礼或问》《周官辩》《春秋通论》《春秋直解》《春秋必事目录》《周官集注》《周官析疑》《周官义疏》《仪礼析疑》，这其中属于《春秋》者三，属于《周官》者四，属于《礼记》《仪礼》者二，可见《春秋》《周礼》是方苞治经的重点。方苞治经义的目的与当时考据家的诂经并不相同。考据家是把自己束缚在制度名物的圈子里，脱身不得。而方苞治经义则是“探其根源，神而明之，随在可济于实用”，他这种学古所以为今，学经所以致用的治学方法是值得肯定的。根据学经致用的思想，方苞“奋欲以学术见诸政事”，提出了许多有益于国家与人民的建议，他的许多奏疏，内容涉及多个方面：有论地丁银两，论常平仓谷、漕运、荒政，皆有关财赋也；泽望之征、苗疆之议、塞外屯田、台湾建城，皆有关于边阃也；议开海口、论治浑河、议黄淮、议圩田、论禁烟酒，皆吏事也……方苞虽然是一介书生，在学以致用思想的指导下却能不断提出利国利民的政治见解，这是考据家不能为的。但乾嘉以后，汉学盛行，方苞“经世济民”的主张反而成了旁门外道。

方苞虽未做过府、州、县一类的地方官，但他对民间疾苦却十分关心。他凭借自己学术上与政治上的地位，对派往地方任官的朋友及后辈尽力规劝。方苞认为解除人民的疾苦，是做官者的职责。他立身行事可贵之处，表现在他对家人、对朋友的态度。雍正年间，方苞任侍讲学士时，孙嘉淦以刑部侍郎为顺天府尹，不为某亲王所喜。有客自王邸来，手持急奏稿，使方苞弹劾孙嘉淦，并答应以孙嘉淦之官授之，方苞没有答应，其人胁以祸，方苞不为所动。不久，果然有人应募弹劾孙嘉淦，孙被诬下狱，方苞力请大学士鄂尔泰为之缓颊，孙嘉淦得以无恙。

全祖望说："古今宿儒，有经术者或未必兼文章，有文章者或未必本经术。……唯是经术文章之兼固难，而其用之足为斯世斯民之重，则难之尤难者。前侍郎桐城方公，庶几不愧于此。"不仅道出了方苞与众不同的地方，而且道出了他之所以成为桐城派开山之祖的重要原因。方苞继承了明代归有光"唐宋派"古文传统，提出了"义法"的主张，并把它作为论文的惟一标准和作文的惟一依据，且成为桐城派的标识。"义法"到底指什么呢？方苞在《又书货殖传后》中有完整的论述："《春秋》之制义法，自太史公发之，而后之深于文者亦具焉。义即《易》之所谓'言有物'也，法即《易》所谓'言有序'也。义以为经，而法纬之，然后为成体之文。"简言之，"义"就是指文章的中心思想，具体所指，就是儒家的"道"，就是宋代理学家所强调的"义理"，即方苞自己所说的"六经、《论语》《孟子》之旨"。古文要以儒家纲常名教为内容，在方苞看来，是天经地义、理所当然的，在当时的士人中，一般不会有异议。但方苞并不主张空谈义理，使文章流于抽象空洞、枯燥乏味。他要求文章"有物"，指的是包含或合于义理的实实在在的可以致用的内容。正因为强调致用，方苞的文章，虽然儒道气息很浓，但空洞的仁义道德说教并不很多，内容充实且有益于经国济世的作品，并不在少数。

"法"是"言有序"，方苞借助《易·艮》六五之爻辞"言有序，悔亡"来谈文章作法。前代的文章大家如司马迁、班固、韩愈、欧阳修等人，他们的作品可以作为文章典范，但他们都不大讲文章作法，韩愈也只说"文从字顺"，即行文用语的妥帖通顺的问题。方苞要倡导一种渊源于唐宋大家的新的古文文风，因此有必要示人以法则。但文章的作法不好讲，必须结合具体的典范作品来讲，才容易让人明白，在方苞的文集中，有不少具体分析古人典范作品作法的文章。唐宋时期，方苞主要取韩愈、欧阳修，由于唐宋大家的文章又上承秦汉古文，于是又取《史记》《汉书》的文章，而以《史记》最多。方苞还对《史记》全书做了点评，后人辑为《史记评语》，其中不少地方涉及作文之法。方苞的《书萧相国世家后》《书刺客传后》《书淮阴侯列传后》《又书货殖传后》《书汉书霍光传后》等文，都重点讲“法”。方苞“法”之内涵，则包括文章的布局、详略、层次、章法、虚实等方面。如《书萧相国世家后》一文，方苞指出，《史记》着重记述了萧何四件事：收秦律令图书、举韩信、镇抚关中、晚年举曹参自代。对其他诸多事迹，《史记》不记或略记。方苞认为，萧何的价值，主要在定汉的关键作用及个人“至忠体国”的无私品格，其他事迹无关大体，可以从略。方苞又举班固《汉书》与《史记》对比，班固基本承袭司马迁，但增加了“汉王谋攻项羽，何谏止，劝入汉中一事”。方苞认为，此事有无未可知，即使是有，也是一般谋臣策士能够想到的，对于表现萧何“万世之功”并无意义。两相对比，《史记》《汉书》文法之高下可见。可以说，简洁而不枝蔓，不芜杂，是方苞讲古文之“法”的最基本之点。

方苞讲“义法”，“义”是经，“法”是纬，“义”显然是主要的，“法”是应该服从于“义”的。雍正十一年（1733），方苞代和硕果亲王允礼选编两汉及唐宋八家古文为《古文约选》，为国学生读本，他强调仁义忠孝才是文章的根本。“群士果能因是以求六经、《语》《孟》之旨，而得其所归，躬蹈仁义，自勉于忠孝，则立德立功以仰答我皇上爱育人材之至意者，皆始基于此。”方苞讲求“义法”，也涉及语言问题。他对古文语言要求是“雅洁”，即语言典雅规范而简洁，通俗的、骈偶的、艳丽的、谐谑的及一切不规范的语言，皆在排斥之列。

方苞的散文创作，是他“义法”主张的实践，他的作品，最能体现其“义法”说的，主要是记人记事文章，如《左忠毅公逸事》《孙征君传》《田间先生墓表》《陈驭虚墓志铭》《狱中杂记》等，都是清通简洁的佳作。方苞散文的风格，淳雅平和，正与康乾间的文化风气相吻合。他以“文章在欧、韩之间”，以继承唐宋文统自命，而其实，他的文风远远不同于气势充沛、汪洋宏阔的韩、苏之文，而更近于欧、曾的平和容与之风。这与清初的文化风气有关，也是由方苞的个性与处境决定的。方苞散文一个突出的特点是清通简洁，他的文章全无艰涩奇奥之弊，而是文从字顺，平易畅达，但又不俚俗率易。方苞一生讲求“虚实详略之权度”，坚信“文未有繁而能工者”“事愈详而义愈狭”，为文极力求简。因为他剪裁的匠心和驾驭语言的能力，文虽简短，而内涵并不单薄。当然，有的作品，材料简洁并不完全出于“义法”的讲求，如《田间先生墓表》写钱澄之的事迹，对其参加南明隆武、永历政权的抗清斗争，只给了含含糊糊的“及归自闽中”一句话，而此事在钱澄之生涯中是不可忽略的。方苞这样处理，不是出于“义法”，而是对清廷有所畏忌，也是其复杂矛盾心理的反映。

其后，桐城派另一位代表人物姚鼐曾说：“望溪所得，在本朝诸贤为最深，而较之古人则浅。其阅太史公书，似精神不包括其大处、远处、疏淡处及华丽非常处。止以义法论文，则得其一端而已。”可见，方苞“义法”理论对散文的艺术美，诸如文采、形象、风格、境界等问题，并没有涉及。而这些不足，为后来刘大櫆、姚鼐、梅曾亮、曾国藩等人不断充实和发展，严复、梁启超也受其熏染，其影响所及，早已超出桐城地域范围影响全国，使得桐城派主盟清代文坛两百余年，成为清代文坛上最大的散文流派。

经学大师——江永

朱小阳

江永像

江永（1681—1762），字慎修，又字慎斋，徽州府婺源县人（今江西婺源），清代著名的经学家、语言学家、数学家、天文学家、乐律学家。

驰逐名场非素心

江永出身读书世家。江永曾祖名江国鼎，在乡里多行善行，乡里称他为“江善人”。父亲江名期，江宁县学庠生，治学经史，熟读经史，为当地知名人士。江永年幼跟父亲读书，他酷爱读书，过目可诵读，六岁时已能写字数千，爱好经学，幼时读书遍求当地藏书之家，诵读了《十三经注疏》。

江永二十一岁即考得秀才功名，随后为诸生数十年，专心治学《十三经注疏》。二十七岁开始以教书为生，先后在婺源、休宁、歙县等地开馆收徒。清代著名学者，如戴震等都跟从过江永学习。戴震曾在《江慎修先生事略状》里对江永赞赏道：“盖先生之学，自汉经师康成（郑玄）后，罕其俦匹。”

江永在乡里为人教书，曾有故事说江永在乡间一富户家教书，每天在书房正襟危坐，每日的饮食、起居都由自己搞定。日子一长久，富户家渐渐讨厌江永，借故将江永辞退。江永也不在意，欣欣然接受而走。第二年重阳节，江永正好路过这户人家。这家富户正好有喜事在办酒席，大宴宾客，见到江永路过，就邀请其入席。江永说这件事我早就预料到了，主人不信。江永将主人拉入书房，在抽屉中取出一张纸条，上有诗曰：“三年宾主欢，一日遽分手。尚有未了缘，明年九月九。邀我赏茱萸，酌我三杯酒。数定且归休，口啖两馒头。”

江永的得意弟子为著名学者戴震，有关江永与戴震亦有故事。在徽州府的休宁县有一名叫戴震的年青人，酷爱读书，才思敏捷，聪颖出众，读书过目不忘。戴震听说同在徽州府的江永很有学问，十分仰慕，于是跑到江永家想要拜师。恰好此时江永不在，等候之时，读起了江永的易学类藏书，江永三天没有回家，戴震就在江永家读了三天书，江永回时，戴震恭敬地对江永行拜师礼，江永也不推辞，询问其读易学的收获，戴震回答:“已烂熟于胸。”江永又问:“可以运用吗?”戴震说:“还未曾运用过。”一天，师徒二人在野外田间散步，见一黄牛与黑牛相斗，江永问:“哪头牛会胜?”戴震说:“黄色为土，黑色为水，五行而论，土当克水，所以黄牛应胜。”江永说:“并非如此，此时时令为初冬，今天干支是壬子，水旺土衰，当黑牛胜。”不久，果然黑牛胜了黄牛。江永对戴震说:“学易不能拘泥一格，贵在融会与变通，这样才能通达自然造化之玄机。”戴震闻之，当下大悟。此后学业见长，名声在外，甚至盛于老师。

江永在乡里为人低调，平日较少与人来往，但名气在外，所以有关江永有着种种故事。譬如有这样一则关于江永的故事就将江永神秘化：江永平日专注治学，深居简出，少与人交往。但是和同乡程姓老翁关系甚密。一天，两人深夜醉归，在路上时，程翁说道:“今晚月明，我们何不乘此酒兴进城逛一下?”江永说道:“夜已深，还有十多里路要赶，进城的话恐怕今晚回家就困难了。”程翁顺手指路旁一块石头说:“这块石头今晚也要进城，难道我们还不如石头走得快吗?”江永闻言笑着说:“的确如你所说，不过石头明天中午才能返回。”正好此时有个走夜路的人听到这两个醉汉对话，心中好奇:“难道石头还会走路吗?”在江永与程翁两人离开后，就守在石头旁想看个究竟。此人在石头边守了一会，看见一个担酒的人走路路过，担子前面重后面轻，担着行走不方便，见路旁有一石头，就停下搬上担子轻的一边，挑着石头进城去了。第二天中午，挑酒人原路返回，在走到原先地点时将石头丢弃在原处。此事一传十，十传百，乡里都疑江、程二人为活神仙。

雍正初年，有大臣推荐江永入朝，雍正皇帝下旨召见江永，当庭对江永提问试其学问，江永跪于庭，战栗不已，口齿含混不能清楚对答。之后大臣又向雍正推荐戴震，戴震却口若悬河，与雍正评古论今，谈天说地，头头是道。雍正大悦，问戴震道："你与你的老师江永相比，谁的学问与才能更高?"戴震说:"我不能和我的老师相比。"雍正又说:"你的老师才能如果高于你，为何不能回答我提出的问题?"戴震说:"老师年事已高，耳朵口齿都不济，如论真做学问而言，老师江永胜过我万倍。"雍正对戴震谦虚和尊师的德性大为赞赏，对戴震更为器重。

江永曾应编修程恂邀请至北京讲学，与当时京城学术界名流多有交流。梅文鼎与其讨论天文历算，甚为折服。桐城方苞、荆溪吴绂质以礼经疑义，皆叹服江永学问，方苞感叹："先生非常人也。"当时有许多人推荐江永为官，江永力辞。在京师游历一年之后，江永返乡，后又多次被荐出仕，都力辞不就。乾隆七年（1742)，江永充当贡生，但绝意仕途。江永晚年已渐从研究礼学转向研究文字学、天文历算等，江永许多著作也是在这一时期完成的。

乾隆二十七年（1762）三月，江永病逝于家乡江湾村，时年八十一岁，葬于江湾湖山村，学生戴震为其撰写生平略状，钱大昕等为之撰写传记，王旭为其撰写墓志铭。

以天下为己任

江永书房名"弄丸斋"，自号"弄丸主人"，专意编著书籍。江永治学特点及特色即为"经世致用"。"经世致用"是明清之际主张学问有益于国家与大众的学术思潮，要求做学问要关注社会现实，面对社会矛盾，用所学解决社会问题，以求达到国治民安的实效。这一思想体现了中国传统知识分子讲求功利、求实、务实的思想特点以及"以天下为己任"的情怀。

江永受顾炎武“凡文之不关六经之旨，当世之务者一切不为”思想的影响，从古代典籍中寻求对现实有用的东西，以所治学问于世有益为目的。在治学之道上，江永主张做到“博”“精”“新”。所谓“博”，就是要“博通古今”“搜集散见”。所谓“精”，就是要“精深研究”，以“穷其理”而“辨其微”。所谓“新”，就要求有所创新。在具体方法上，他提倡“比勘”，就是要“善排比”“勤考释”“重辨微”，只有这样，才能“比之细”“考之详”“释之精”“辨之深”。

江永平生致力于经学、音韵学和理学。治学以考据见长，所注疏的《十三经》，对“三礼”（周礼、仪礼和礼记）颇有研究，所著有《周礼疑义举要》《礼书纲目》《律吕阐微》等，均为阐释经学之作，颇有创见，多有创新之处。江永于音韵、乐律、天文、地理均有研究，所著《古韵标准》一书，对研究中国古韵有重要创见。其所著《古韵标准》定古韵为十三部，又著有《音学辨微》《四声切韵表》，论述等韵学及韵书中分韵的原理。中年后的江永开始在治学上厚积薄发，著书立说。

四十一岁时，江永写成《礼书纲目》一书，其论宣城梅文鼎所言岁实消长之误曰：“日平行于黄道，是为恒气、恒岁实，因有本轮、均轮、高冲之差，而生盈缩，谓之视行。视行者，日之实体所至；而平行者，本轮之心也。以视行加减平行，故定气时刻，多寡不同。高冲为缩末盈初之端，岁有推移。故定气时刻之多寡，岁岁不同。而恒气、恒岁实，终古无增损也。当以恒者为率，随其时之高冲以算定气，而岁实消长可勿论。犹之步月行者先有平朔、平望之策，以求定朔、定策，而此月与彼月多于朔策几何，少于朔策几何不必论也。”

论钟律曰：“黄钟之宫，黄钟半律也，即后世所谓黄钟清声是也。唐时风雅十二诗谱，以清黄起调毕曲，琴家正宫调，黄钟不在大弦，而在第三弦。正黄钟之宫，为律本遗意，亦声律自然，今古不异理也。《国语》伶州鸠因论七律，而及武王之四乐，夷则、无射曰上宫，黄钟、太蔟曰下宫。盖律长者用其清声，律短者用其浊声，古乐用钧之法既亡，而因端可推。《韩子·外储篇》曰：‘夫瑟以小弦为大声，大弦为小声。’

虽诡其辞以讽，然因是知古者调瑟之法。黄钟、大吕、太蔟、夹钟、姑洗、仲吕、蕤宾，用半而居小弦；林钟、夷则、南吕、无射、应钟，用全而居大弦，此皆合之以管吕、论声律相生者，始明也。”

论声韵曰:“古韵起于吴才老，而昆山顾氏尤精。然顾氏考古之功多，审音之功浅。为书以正顾氏分十部之疏，而分平、上、去三声，皆十三部，入声八部。虞属鱼、模，又分之以属侯、幽。顾氏未之知也。先属元、寒，又分之以属真、谆，而真以后十有四韵之当分为二，考之三百篇，用韵画然。顾氏未之审也。萧至豪四韵之读如今音者，一部也，又分以属侯、幽，在三百篇亦画然，而顾氏未审也。覃至盐，属添、严，又分以属侵。自侵以后九韵，以侈敛当分为二，犹之真以后当分十有四韵为二也。顾氏亦一之。侯之正音近幽，顾氏不之审，而转其读以从虞。永之说，盖欲弥缝其缺也。”

六十岁以后，江永进入著书立说的黄金时期。他将宇宙万物比作一个“丸”，“弄丸”即是研究探索天地间万事万物的自然规律。因而江永为其书房取名“弄丸斋”，自号“弄丸主人”，专意编著书籍。

江永晚年后对中西历算产生兴趣。他精通中西历算，更服承朱熹之学，取阳儒阴释各家之说辨析校正，深究力行，以“孝、悌、仁、让”为先。

江永一生大部分时间在乡里治学，毕生所著甚多。据《清史稿》载，江永著有：“《周礼疑义举要》七卷，《礼记训义择言》六卷，《深衣考误》一卷，《律吕阐微》十卷，《律吕新论》二卷，《春秋地理考实》四卷，《乡党图考》十一卷，《读书随笔》十二卷，《古韵标准》四卷，《四声切韵表》四卷，《音学辨微》一卷，《河洛精蕴》九卷，《推步法解》五卷，七政衍、金水二星发微、冬至权度、恒气注历辨、岁实消长辨、历学补论、中西合法拟草各一卷，《近思录集注》十四卷，《考订朱子世家》一卷。”江永每次著成一书，既继承前人的观点，又有新创的见解。乾隆三十八年（1773），清廷编纂《四库全书》时，江永的著作被四库馆采入的有十六种一百六十六卷。

散文大家——刘大櫆

朱小阳

刘大櫆像

刘大櫆（1698—1779），字才甫，一字耕南，号海峰，桐城（今属安徽安庆）人。清代著名散文家，桐城派代表人物之一。

科场不顺　授徒为业

刘大櫆，曾祖名刘日耀，明末为歙县训导，因为人正直，乡里多称赞，后世皆为诸生。刘家为耕读世家，刘大櫆的祖父、父亲均为塾师兼事农作，父亲刘柱还是一名县学生。

刘大櫆曾自言"家世皖江侧，薄田十亩余"。他幼年从父读书，稍长拜师于同乡吴直，酷爱读书，才华出众。刘大櫆受家庭环境熏陶，苦读儒学，并小有建树。但累试不中，在第十次乡试中得秀才。二十多岁以布衣入京，当时方苞为京城名儒，后辈晚生的文章方苞一般都看不上，当看到刘大櫆的文章后大为赞赏，叹服道："如苞何足算哉！邑子刘生乃国士尔！"称赞其是韩愈、欧阳修一流人物，一时名噪京城，京城名流争相与其结交。

雍正七年（1729）、雍正十年（1732），刘大櫆两次参加考试都登副榜。乾隆年间，由方苞荐举应博学鸿词科，但被大学士张廷玉压制落选。张廷玉后来知道刘大櫆乃是同乡，深为惋惜。刘大櫆仕途不得志，终身以授徒为业，其弟子中桐城姚鼐、王灼，歙县吴定、程晋芳，常州钱鲁斯等最为著名。刘大櫆诸弟子中，姚鼐为桐城派的延续。钱鲁斯与王灼一起以"师说"传诵于阳湖，自成体系，系"阳湖派"。

刘大櫆六十岁后为黟县教谕。数年后告归，居乡里不再出游，教授门徒，乾隆四十四年（1779）卒。

轶事趣闻

刘大櫆本人作品流传甚多，但是有关本人的资料记载却很少。振风塔，原名“万佛塔”，又名“迎江寺塔”，坐落于今安庆市迎江寺内。这里有一则小故事讲的是刘大櫆幼年在安庆迎江寺振风塔对对联的趣闻。

刘大櫆六七岁时与一老者来迎江寺振风塔游玩，游至塔下，老者不免记起方苞、戴名世在迎江寺对句的故事，便把这事说给刘大櫆听了，并将方、戴二人的才学及机敏大大地夸赞了一番。没想到刘大櫆说：“此联我也会对，说不定对得更妙。”老者说：“你说来我听。”刘大櫆道：“算盘十三位，位位七粒子。子打加减乘除。”老者大喜，抱起刘大櫆，说：“真乃神童，将来必成大器。”

据说当时那老者兴起，为再试刘大櫆，出上联曰：“宝塔尖儿，倒竖钢鞭追日月。”刘大櫆对曰：“城樯垛儿，大张牙齿啃青天。”老者又出上联：“振风宝塔，宝塔振风，七层，四方，八角。”刘大櫆对曰：“玉掌遮日，日遮玉掌，五指，三长，两短。”

桐城派的中坚

刘大櫆留美髯，性情豪放，爱好朗诵古文，喜豪饮。桐城自方苞提倡古文之学，后来有戴名世、胡宗绪。戴名世遭祸，胡宗绪博学，文名都不显达。刘大櫆游学于方苞，学习了方苞的文法，才华又出众，著《海峰诗文集》。姚鼐继之而起。世人遂称为桐城派“方刘姚”。刘大櫆总结和发展了桐城派文学理论。清《国史·文苑传》有记载：“大櫆虽游学方苞之门，所为文造诣各殊。方苞盖取义理于经，所得于文者义法；大櫆并古人神气音节得之，兼及庄、骚、左、史、韩、柳、欧、苏之长。其气肆，其才雄，其波澜壮阔。”方东树评价方苞、刘大櫆：“学博（刘大櫆）论文主品藻，侍郎（方苞）论文主义法。”

刘大櫆师从方苞，又是姚鼐的老师，在桐城派的发展上，起到了承上启下的关键作用，被尊为“桐城三祖”之一。刘大櫆师从方苞之门，方苞擅长经学，行文用笔严谨，简明确切。刘大櫆是桐城派散文代表作家之一，行文着重古文风格，文风大气磅礴，行文喜用铺张排比，辞藻气势，较方苞、姚鼐为盛，而雅洁淡远则不如。《论文偶记》《观化》《息争》《焚书辨》《马湘灵诗序》《书荆轲传后》《海舶三集序》《送姚姬传南归序》等，可以代表他的文章风格。

他的著名作品《论文偶记》，在方苞义法论基础上，进一步探求文章的艺术性。《论文偶记》曰:“故文人者，大匠也。神气、音节者，匠人之能事也。义理、书卷、经济者，匠人之材料也。”他重视文的神气:“行文之道，神为主，气辅之……至专以理为主者，则犹未尽其妙也。”又指出:“神气者，文之最精处也；音节者，文之稍粗处也；字句者，文之最粗处也。”“学者求神气而得之于音节，求音节而得之于字句，则思过半矣。”世人称之为“因声求气”说。

《论文偶记》是刘大櫆最有代表性的作品，集中阐述了他的文学理论观点，是桐城派文学理论的重要体现。

桐城派大家方苞的文学理论“义法”论为桐城派文论奠定了基本原则，但是对文章写作的具体论述并不多，其学生刘大櫆依“义法”，对文章写作理论作了进一步的发挥。

刘大櫆的文学理论不着重于“义法”中的理，而着重于“义法”中的“法”。在《论文偶记》中，他首先提出文章写作技巧的重要性：

盖人不穷理读书，则出词鄙倍空疏。人无经济，则言虽累牍，不适于用。故义理、书卷、经济者，行文之实，若行文自另是一事。譬若大匠操斤，无土木材料，纵有成风尽垩手段，何处设施？然即土木材料，而不善设施者甚多，终不可为大匠。故文人者，大匠也。神气、音节者，匠人之能事也。义理、书卷、经济者，匠人之材料也。

这里明确指出“行文自另是一事”，即文章写作技巧有其独立性，并不是有了“义理”“书卷”“经济”这些写文章的材料，就一定能够写出好文章，还有如何组织这些材料的问题，就是文章写作的能力和水平的问题。如此突出强调文章写作技巧的独立性、重要性，是对方苞“义法”理论的重大发展。刘大櫆强调“行文之能事”中关键的因素在于文章要写出“神气”。

刘大櫆所谓的“神”是指文章中要充分展示作者的精神面貌和思想感情的境界，“气”则是指文章中具体体现这种境界，并带有作者个性、气质的行文气势。“神”“气”的关系是一篇文章中“神为主，气辅之”，“气随神转”，“文章最要气盛，然无神以主之，则气无所附，荡乎不知其所归也”。“神”与“气”和谐统一在文章之中，不可偏废，才能写出好的文章，否则，离“神”言“气”，则“气无所附”，离“气”言“神”，则“神”无所体。文章之妙，在于神气，但是神气毕竟是抽象的、无形的、不可捉摸的东西。那么在文章写作中如何求得神气呢？刘大櫆创造性地提出了从文字求得音节，从音节求得神气的观点。这是他文章写作理论的中心，也是他对文章写作理论的贡献。对神气、音节、文字三者的关系他作了如下表述：

> 神气者，文之最精处也；音节者，文之稍粗处也；字句者，文之最粗处也；然予谓论文而至于字句，则文之能事尽矣。盖音节者，神气之迹也；字句者，音节之规也。神气不可见，于音节见之；音节无可准，于字句准之。

刘大櫆认为神气并不是抽象而难以把握的，可以通过音节、文字体现，“因声求气”，把问题的症结归结于“字句”。问题的关键既然在字句，于是一字一句地推敲就成了写文章的根本问题，因为“一句之中或多一字，或少一字；一字之中，或用平声，或用仄声；同一平字、仄字，或用阴平、阳平、上声、去声、入声，则音节迥异”，有了这样的字句推敲，就会“积字成句，积句成章，积章成篇，合而读之，音节见矣，歌而咏之，神气出矣”。这就是刘大櫆文章写作理论的基本理论。刘大櫆的理论使神气不再玄虚，给人们以具体的方法，可操作性强，这也是他的重要创新贡献。

刘大櫆还提出了对文章风格的十二条标准，即奇、高、大、远、简、疏、变、瘦、华、参差、去陈言、品藻等，也有许多独到见解。比如他论述了文章风格的独创性，含蓄深远的韵外之味，简练疏脱的文字特色，文章不拘常法，富于变化，朴中见华，淡中有浓，等等。虽然有的论述偏重于文学性散文的倾向，但是对实用文章同样适用。刘大櫆在这方面的观点，丰富了文章风格论。总之，刘大櫆在继承方苞理论的基础上，从文章写作技巧方面，发展了桐城派的文章写作理论，并对后来的继往者有诸多启发。

刘大櫆一生著作甚丰，有《海峰先生文集》十卷、《补遗》一卷、《海峰先生诗集》、《古文约选》四十八卷、《历朝诗约选》九十三卷、《论文偶记》一卷，纂修《歙县志》二十卷。

文学巨匠——吴敬梓

明成满

吴敬梓像

吴敬梓（1701—1754），安徽全椒人。清代著名文学家，其所著的长篇小说《儒林外史》在我国文学史上占有重要地位，是可以跻身世界文学之林的杰作。他在讽刺文学的艺术和技巧上，是可以与意大利的薄伽丘、西班牙的塞万提斯和俄国的果戈理相媲美的伟大作家。

书香门第

吴敬梓出身于一个科名鼎盛的名门望族，其高祖吴沛在道德文章上有很高的成就，是一位受敬重的理学大师。吴沛生有五子，四个是进士，吴敬梓的曾祖父吴国对是顺治戊戌年（1658）的探花。吴敬梓的祖上共有六个进士及两个举人，都在朝为官。这样显赫的家世，是足以让吴敬梓感到荣耀的，他在其作品中也屡屡提及。其《移家赋》有云："五十年中家门鼎盛，陆氏则机云同居，苏家则轼辙并进，子弟则人有凤毛，门巷则家夸马粪。"

书香传家的吴氏家族，精于揣摩八股制艺，高祖吴沛虽然科名不高，但将八股应试的经验和体会写成《题神六秘说》《作法六秘说》，以教导传授诸子为文揣摩的功夫。出身于科举世家的吴敬梓，自幼接受四书五经与八股制艺的教育，并以"家声科第从来美"而自豪。在得天独厚的家学传统教育熏陶下，自幼聪颖好学的吴敬梓，具备良好的学习条件。

吴家除了钻研八股文外，也博览群书，讲求经史学问。吴敬梓不仅八股文章、诗赋辞章写得好，还大量阅读书籍，举凡经集文史、小说戏曲都加以浏览。吴敬梓除了钻研文史典籍外，还沉浸于阅读诗词、小说、戏曲等杂学之中。通过广泛的阅读，吴敬梓接触到丰富的内容，扩大了自身的知识面，对于他后来的创作有极大的影响。

在很小的时候，吴敬梓便在写作上显示出了多方面的才能。据说他能够对别人的作品给予适当的评价，并能指出文章的要害之处，甚至能修改同龄人的文章。时人称他“才大眼高心细”，在全椒一时传为美谈。

家庭变故

对于自己的家世，吴敬梓在《移家赋》中做了说明。全椒吴氏是仲雍的后代。因吴氏远祖吴聪曾参加“靖难之役”而受封于江苏六合，使吴氏跻身于上流社会，奠定了吴家兴盛的根基。吴家在承袭了数代之后，家道开始衰败。到了吴凤这一代，便从江苏六合迁至安徽全椒过着务农的生活，成为全椒吴氏的始祖。吴凤之子吴谦弃农从医，家境渐趋好转。至吴谦之子吴沛开始努力振兴家业。在八股取士的封建时代，参加科举考试是获取功名富贵的一条捷径，因此吴沛走上了科举之路，经过七次乡试，但皆落第，仅以一名廪生终老。虽然科考失利，但他在治学与教诲子孙方面却有很大的成就，其子辈和孙辈两代共有四个进士和两个举人。

1722年，对于吴敬梓来说发生了两件大事，一是自己考取秀才，二是其嗣父吴霖起病故。吴霖起病故后，身为长房长孙的吴敬梓，虽然有资格继承家族中相当多的遗产，但是由于他在家族中孤立无援，本该由他继承的财产却成为家族中其他叔伯、堂兄弟们觊觎和争夺的对象，吴家出现了遗产争夺的闹剧。吴敬梓在这场大家族财产争夺战中惨败，他不但丧失了部分的遗产，而且在精神上受到很大的伤害，妻子陶氏因受不了打击抑郁而终。

家难之后的吴敬梓，自身的性情及对功名、对人生、对社会的看法都发生了很大的改变。他满怀激愤，对金钱不再有所爱惜，“千金一掷买醉酣”，“放达不羁如痴憨”。这个时候，其四周的豪妇狎客也浑水摸鱼，乘机鼓动和诱惑，吴敬梓自己也慢慢失去理智，经常吃喝玩乐，甚至嫖娼狎优，生活日渐糜烂，声名日益败坏。这段特殊的生活对他来说是一场磨难，也是一笔财富。没过多久，继承祖遗的两万多两金银便挥霍一空。然而吴敬梓并没有因此而有所收敛，他出卖祖传的田地和家宅，继续寻欢作乐，极尽奢侈豪华。在此过程中，吴敬梓急人所难，为救济朋友也花费不少。

1729年，吴敬梓参加秋闱乡试落第，他感到非常困惑，并对科举制度的本质有了初步的认识。此时他的家中已是奴逃仆散，妻死尚未续弦，处于不婚不宦的尴尬境地。当时和他一道吃喝玩乐的人，依然肥马轻裘，眼看他家财散尽，不但不肯借钱给他，还笑他贫穷，不再同他来往。吴敬梓认识到过去胡混在一起的几个人无非是些酒肉朋友，真悔恨当初不该和这些淫朋浪友往来!

迁居南京

在吴敬梓三十三岁这年的二月，吴敬梓全家自安徽全椒迁至江苏南京，暂寄居秦淮水亭。离开全椒时，吴敬梓将祖屋变卖，得了些钱财，所以在迁居南京的第一年手头上尚称宽裕。但吴敬梓不会精打细算、长远考虑。在一年之后，他便有了“失计辞乡土，论文乐友朋”的感慨。大概移家并屋得来的钱也快花光了。移家南京一年以来，吴敬梓不时地对故乡的故友亲人怀着眷恋与怀念之情，另一方面也萌生了不该当初一气之下远离家乡的懊悔。

吴敬梓生性好交友，又才负盛名，好多文人雅士喜欢聚集在他的身边。当然，物以类聚，和吴敬梓过从甚密的朋友一般都是和他性情、爱好、经历比较相似的。自移居南京到他去世前夕，这不算很长的时间里，吴敬梓交了大量的朋友。

这些朋友有的是他在全椒老家就已认识了的。其中一位是其堂兄吴檠，吴敬梓与这位堂兄感情颇深。那年重阳，人们竞相邀友登高，吴敬梓等待其堂兄吴檠一同过节，久待不至便写下了“吾家才子推灵运，也向秦淮僦舍居。故国茱萸从插遍，登高作赋已全虚”的诗句。吴檠并不是像吴敬梓那样“田庐尽卖”之后才移家南京的，南京只是他的暂住地。他另一个在全椒就已认识的朋友便是徐柴芝。徐柴芝在全椒曾和吴敬梓一起共师学习过。徐柴芝是位诗人，著有题为《玉巢诗草》的诗集，吴敬梓曾为该集作过序。

众多朋友中更多的当然是来南京之后才认识的。其中严长明和吴敬梓可谓是莫逆之交、忘年之交，他们的年龄相差三十岁左右。严长明一直钦佩吴敬梓的诗文和才华，经常去吴敬梓的“文木书房”拜访、请教、讨论诗文，质疑问难。特别值得一提的是吴敬梓后来贫困交加之际，严长明仍保持和他的来往，并时常给以物质上的帮助和精神上的慰藉，实属不易。他在南京认识的朋友还有陈希廉、涂长卿、陶衡川等人。另外，吴敬梓也常和一些传记作家来往，并常为他们的传记写序作跋。其好友李遽门的传记作品《玉剑缘传奇》就是吴敬梓写的序。

移居南京后，吴敬梓更加喜爱制曲作戏。他自小在音乐曲艺方面有相当高的修养，到了南京之后，对于梨园传奇之事仍然十分关心。这年，城北举行了一次花朝会，吴敬梓全程参加。在这次花朝会上，他亲聆了老伶人王宁仲的歌声，感受颇深，留下了“四座都为失意人，老伶阑入欢声大”的诗句。

《儒林外史》

吴敬梓在年届四十之时，决定写一部反映读书人生活的长篇小说。四十年的风风雨雨，四十年的坎坎坷坷，四十年的酸甜苦辣，这其中有许许多多的话要说，有许许多多的事情需要回忆，有许许多多的经验需要总结。他决心要绘出一幅儒林百丑图的长卷！身为儒林中人，这四十年走过的路使他认识到在当时那样的社会里，知识分子是不可能有真正出路的，除非投向功名富贵和高官厚禄，但多少人在这条路上出师未捷身先死，死得那样悲惨，那样清冷，那样凄凉，好似黑暗中的一只小飞虫，掠过便销声匿迹。他已经彻底地从科举的圈套中觉醒了。自己这不平坦的前半生，周围朋友们的遭遇经历给吴敬梓积累了丰富的材料，他内省自己，静观外物。在繁华喧嚣的南京城里，吴敬梓开始思考自身，开始冷眼看这个世界了。然而此时的吴敬梓早已穷困潦倒、食不果腹，《儒林外史》是他在极端艰难的条件下写成的。

后来，吴敬梓从秦淮河迁居城东大中桥，每日闭门著书。但此时的他已是穷困至极，常常无米下锅。每每此时，他只得忍痛割爱，以书易米。对一个读书人来说，不到万不得已，是不会走这一步的。更为困难的是，在寒冬腊月，滴水成冰，无钱购炭取暖，吴敬梓便约上其他好友五六人，乘着月光，走出城门，绕城一周步行数十里，一路歌吟呼啸，彼此应和。等到天色大亮才进城，之后，各自大笑散去，数年习以为常。

《儒林外史》书影

吴敬梓花了十年左右的时间写就了《儒林外史》。在将近半个多世纪的时间里，吴敬梓由一个富家子弟落魄到一个以卖书卖文维持生活的穷秀才；由早年的奴仆满屋到潦倒时体会到世态炎凉；由一心一意想通过科举光宗耀祖到恨八股恨到如臭虫和蚊子。所有这些经历和实践都通过他深沉而敏锐的笔触写进了小说中。另外，通过与众多朋友的交往，他也获得了不少生动的素材。所有这些耳闻目睹的材料，凭借他的文学天赋和敏感，以及深切的体验、观察和感受绘制成了一幅漫长而生动的画卷，形形色色的儒林人物一个个粉墨登场，演绎了一场中国18世纪社会生活的活话剧。正如巴尔扎克的《人间喜剧》一样，不是正史，胜似正史，因为它比正史更生动、更形象、更具体。《儒林外史》寄托了吴敬梓深刻的思想认识和深切的人生体验。

在《儒林外史》以前，也有许多小说写到知识分子的形象。但他们的故事太单调，千篇一律，大都是才子佳人的故事，落入俗套。人物缺乏个性，除去姓名这个符号不同之外，在故事情节上大同小异，无甚区别。此外，这些小说中所表现的思想倾向很有问题，都是将求得功名富贵、金榜题名作为人生的最高追求。《儒林外史》跳出了这个长久以来形成的模式，塑造出了许多个性鲜明、形象丰满的儒林人物。特别是吴敬梓第一次公开在小说中反对读书人以科举做官来求得功名富贵，对那些热衷功名富贵的知识分子报以极端轻蔑的藐视，《儒林外史》的这一思想内容在中国古代文学史上具有极高的地位。

《儒林外史》虽以外史为名，但它继承和发展了我国古代优秀史学家的一些优良传统。其中最典型的便是“皮里阳秋”的笔法，即“外无臧否，而内有所褒贬”的艺术手法，具体来说就是吴敬梓在《儒林外史》里发挥得最成功的讽刺艺术。《儒林外史》在创作方法上以生活中的人为模特，以真人真事为题材，加以概括、提炼、夸张、虚构，是现实主义的创作方法。它没有贯穿全书的情节和中心人物。它分别以一个或几个人物为中心，其他人物作陪衬，组成一个个相对独立的故事。但是每一个人物的登场，每一个人物的退场，每一个故事的开始，每一个故事的结束，甚至故事之间的承转启合，都存在着内在的联系。松而不散，多而不杂，体现了作者独具的匠心。吴敬梓《儒林外史》的面世，给后世文学带来了深刻的影响。

清代前期的扬州是一个非常繁华的胜地，文人雅士云集，好结交朋友的吴敬梓经常来扬州居住，他的《儒林外史》最后也是在扬州完成的。1754年，诗人王又曾从京城南返路过扬州，前去拜访吴敬梓，两人相谈甚欢。当晚吴敬梓回到寓所休息时，因糖尿病并发高血压，导致痰涌不止，堵塞呼吸道，还来不及施药就去世了，后葬于南京城西北的清凉山下。吴敬梓去世十年后，其好友程晋芳为其撰写传记《文木先生传》，为后人留下了解吴敬梓生平际遇、思想与著述概况的重要资料。

文化商人——程晋芳

王世华

程晋芳像

他嗜书如命，一生竟藏有五万卷书；他又潜心学问，无所不究，袁枚赞其“平生绝学都探遍，第一诗功海样深”。由于他的学问让人折服，所以被荐与修四库全书。说他是个学者，完全名副其实，可他却是个商人。他就是清代徽州盐商程晋芳。

嗜书如命　愔愔好儒

清代到了乾隆年间，可谓如日中天，国力强盛，社会安定，人口增长，经济持续发展，一派升平气象。盐商尤其是扬州盐商，利用政府给予的垄断政策，一个个赚得盆满钵满。扬州盐商以徽商为主体，贾而好儒的徽商本来就钟情文化，这时更涌现出一批文化商人，程晋芳就是其中的杰出代表。

程晋芳，初名廷鐄，字鱼门，生于康熙五十七年（1718）。少年读书时因仰慕明末蕺山刘念台先生的道德文章，自号蕺园，祖居徽州歙县岑山渡。自高祖时程氏由歙县迁到扬州，经营盐业并从此发家致富。他的父亲程迁益继续业盐并入籍江都。岑山渡程氏虽然多富商，可也出士人。程晋芳祖父辈程文正为康熙辛未（1691）进士，仕至工部都水司主事，工诗词古文，著有诗文稿，善书法。父辈程梦星为康熙壬辰（1712）进士，官编修，多才艺，有《今有堂集》问世。程晋芳弟侄亦多工诗文者。程晋芳弟兄三人，他排行第二。有文化传统的家族和资产富裕的家庭给予程晋芳很大的影响。呱呱坠地以后，他就生活在这样的环境中。他无须为衣食而奔波，从小就受到良好的教育，加上他自己的勤奋努力，因而“少以文名江南”。

父亲去世后，将偌大的家业传给了程晋芳兄弟。如果程晋芳一心归商，可能会在原有的基础上更上一个台阶，成为更大的富商。然而世上的事就这么奇怪，程晋芳偏偏不爱经商，却愔愔好儒，潜心向学。为了治学，他酷爱藏书，从十三四岁起就千方百计搜求异书，得一书则置楼中，自己或与好友加上题识，并精心装潢，真是怡然自得。他的好友李情田知其所好，往往将从乡下得到的善本书专程送来，程晋芳能买则买，不能买的则抄。后来他到了京师，十年间更是经常造访书坊、书肆，遇有奇书，不惜代价买下。有时钱不够，竟然典衣以购，真正是“嗜书藏若饥渴”。经过三十几年的日积月累，竟有书五万卷。他的藏书楼上下六间，摆满图书，琳琅满目。藏书楼庭前杂栽桂树，他把自己的藏书楼命名为“桂宧”。乾隆三十七年（1772），清高宗开四库馆，敕修《四库全书》，并号召天下百姓贡献珍本善本图书。程晋芳积极响应，所献图书种类在三百五十种以上，其中被《四库全书》著录的就有一百八十三种共三百三十二卷，另外收入《存目》者也有一百六十七种，堪称名副其实的藏书家。

广交士人　名闻海内

藏书家历朝历代都有，但他们当中大多或附庸风雅，或炫耀于众，或囤积居奇，待价而沽。这些人藏书，自己既不研究，也不对外开放。而程晋芳与他们不同，“桂宧”之书，绝非秘不示人。程晋芳极其好客，经常延揽四方名流光临“桂宧”，让他们尽情阅读，并与他们觞咏其中，唱和不断，与他们结下了深厚的友谊。例如，他与袁枚、杭世骏、赵翼、毕沅、凌廷堪、沈初、商宝意、吴省钦、钱载、曹虎、王昶等都过从甚密，相交甚欢。“奇文共欣赏，疑义相与析。”在析文赏景的同时，他们互相切磋，共同探讨，享受到极大的乐趣。每逢重要节日，程晋芳都要做东，邀请一些学者、官员或来家中，或去郊外，作一日欢。文人在一起可不像有些人聚会，猜拳划令，非喝得酩酊大醉，他们聚会，当然无酒不精神，可酒是用来激发灵感的，所以每次聚会，或则每人作诗，或则众人联句。虽斗得不可开交，倒也其乐无穷。如今很多文人的文集中都留下了这样的记录，这也是文学史上宝贵的财富。程晋芳的诗写得很好，每逢这种场合，他绝不亚于其他任何人，因而也留下了大量的诗作。学者和官员也绝不因他是商人而有丝毫轻薄之意，反而是把他视为自己的挚友，亲密无间。

在这里特别值得一提的是他与吴敬梓的交往。吴敬梓与程晋芳的族祖程廷祚是至交，因而也结识了程晋芳。乾隆六年（1741），二十四岁的程晋芳与四十一岁的吴敬梓初次见面，两人就谈得非常投契，结为忘年之交。据史载，两人曾有四次会面，或研究学问，或赠答唱和，坐谈古今。此时的吴敬梓时运不济，命途多舛，虽学富五车，满腹经纶，却无意进取功名，可谓穷愁潦倒。受程晋芳的盛情邀请，吴敬梓在乾隆六年（1741）来到淮安程晋芳的府第，一住就是三个月，程晋芳当然给了他不少资助。过了几年，吴敬梓又去了淮安。乾隆十七年（1752）春，程晋芳来南京应乡试，其间他与吴敬梓等友人聚首畅游，相互酬唱。乾隆十九年（1754）十月初，吴敬梓客居扬州期间程晋芳自淮来扬，两人意外相逢，这是两人最后一次见面。时过境迁，程晋芳此时也债台高筑，穷困难支。吴敬梓执之手泣曰：“子亦到我地位，此境不易处也。奈何！”此次见面后二十几天，吴敬梓就溘然长逝。在吴敬梓去世后，程晋芳为其撰写了迄今最为详尽的也是唯一的一篇传记《文木先生传》，从而保存了许多关于吴敬梓的珍贵史料。他还出资将吴敬梓的《儒林外史》刻印出版，使这部伟大的讽刺小说得以传世。

程晋芳一直对学问抱有极大的兴趣。“君性嗜学，见长几阔案辄心开，展卷其上，百事不理。”他覃研典籍，虚怀求益，故博闻宏览，而才情丰蔚。大学者袁枚评价他说：“君学无所不窥，经史子集，天星地志，虫鱼考据，俱宣究而尤长于诗，古文醇洁，有欧曾遗意。”袁枚对程晋芳的诗最为推崇，曾有诗赞之曰：“平生绝学都探遍，第一诗功海样深。”程晋芳不仅刻苦钻研，而且虚心求教。自到京师后又从大学者朱筠、戴震问学。他笃信程朱之学，时人评价他“综核百家，出入贯串于汉宋诸儒之说，未始不以程朱为职志也”。他曾在《正学论》七篇中，反复讨论治学之道，可见他的治学宗旨。由于勤奋笃学，他一生著述甚丰。计有《周易知止编》三十余卷、《尚书今文释义》四十卷、《尚书古文解略》六卷、《诗毛郑异同考》十卷、《春秋左传翼疏》三十二卷、《礼记集释》若干卷、《诸经答问》十二卷、《群书题跋》六卷、《蕺园诗集》十卷、《勉行堂诗集》二十四卷首一卷、《勉行堂文集》六卷、《勉行堂集》一卷等，真可谓著作等身。

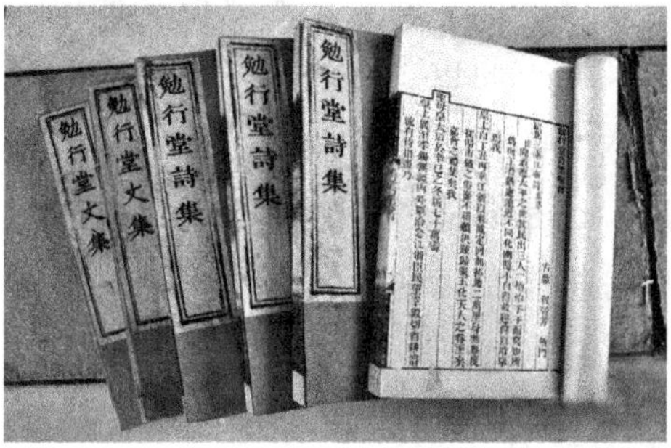

《勉行堂诗集》书影

屡踬科场　与修四库

程晋芳虽为商人，但他始终忘不了入仕求官。虽然他少已闻名，以及经过多年苦学，可谓“五百文撑肠，万卷书在眼”，学问颇有根柢，但却屡踬于场屋。科举制度作为当时已延续了一千多年的选拔制度，虽然也拔擢了不少人才，但也误遗了很多精英。程晋芳以及后来的大师戴震都是屡败科场。程晋芳屡屡名落孙山，不能不发出“也应有泪流知己，只觉无颜对俗人”的慨叹。

乾隆二十八年（1763），乾隆帝南巡，程晋芳代表盐商呈献长赋。皇帝召试群士，程晋芳又赋《江汉朝宗》诗四章，受到乾隆帝的嘉奖，拔为第一，赐中书舍人。这虽只是内阁中的一个秘书，但毕竟是到了中央。程晋芳信心倍增，乃把生意交给他人打理，携家北上京师。乾隆三十六年（1771），终于考中进士，授吏部主事，而他此时已经五十多岁了。多年的夙愿终于实现了，其间的酸甜苦辣程晋芳是难以忘怀的。袁枚有诗曰：“束发愔愔便苦吟，白头才许入词林。”道出了其中的艰辛。不久，朝廷纂修《四库全书》，经众大臣力荐，程晋芳被授命为《四库全书》纂修官。“称心竟领三清职，悦目还修《四库》书。”1777年，程晋芳又改授翰林院编修，这真是莫大的荣耀。因为翰林院远非普通的文职机构，它是国家重要的育才、储才之所，它在政治生活中具有举足轻重的地位。一般来说，进入翰林院期间，一面读书修学，一面获得许多政治知识，静待朝廷的大用，实在是个储才之所。许多大学问家、大政治家都是翰林出身，他们并不是只懂八股文章，其他方面也多有优长，而且多负有清望，是朝廷着意培植的人才。年逾六十的程晋芳当然并不指望自己将来还有大用，但晚年能够被“点翰林”，也是大喜过望了。

在四库馆期间，程晋芳以编修身份担任总目协勘官，为《四库全书总目提要》的最终完成尽心尽力，一丝不苟。

晚境凄凉　客殁他乡

程晋芳极其好客，史载：“兄弟三人，接屋而居，食口百人，延接宾客，宴集无虚日。”他又乐于助人，经常周济戚里，求者应，不求或强施之。加上酷爱藏书，几乎是不惜代价，因此耗费了他的大量财产。

本来作为大盐商，只要经营有道，是可以“千金散尽还复来”的，可是程晋芳又是与众不同的，正如他自己的一首《书怀》诗所云：“才难问生产，气不识金银。”由于一心向儒，对生意毫无兴趣，又不善经营，所以不断亏本。在此情况下他竟将财务交给家奴管理，家奴不断侵蚀，他又熟视无睹，所以越做越亏，由此“名日高，而家日替矣”，以致债台高筑，负卷山积，虽有俸禄、有饮助，只能沃雪填海，因此生活都成了问题。为了维持生计，他不得不卖书度日、还债，但这对他说来，也只是杯水车薪。有时甚至债主剥啄之声不绝于耳，而君伏案著书若无事者。“避债台高难恋阙”，终于在走投无路的情况下，1783年，他决定去投奔他的好友陕西巡抚毕沅。当时正值酷暑，讨债者又鼓噪着一起随行。在这种情况下，程晋芳到了陕西毕沅的官署就生病了，一个月后就去世了，这一年是乾隆四十九年（1784），程晋芳六十七岁。毕沅一手处理了他的丧事，并帮助他的儿子将灵柩运回南方。袁枚也笃于友谊，将程晋芳生前五千两银子的借券付之一炬，同时还抚恤他的孤子。

程晋芳的去世引起士人们的极大悲痛，他们纷纷写诗撰文纪念这位特殊的文化商人。大学者翁方纲在悼诗中写道：“载书西笑尚游遨，半世身名苦太劳。白璧琢成功更粹，黄金散尽气仍豪。”大诗人袁枚也赋诗志恸：“暂辞东观走西秦，幕府风高遽殒身。到耳忽惊肠欲断，痴心还想信非真。三吴屈指推名士，四海同声哭善人。料得中丞（指毕沅）骚雅主，不教遗稿付沉沦。”京师甚至流传这样的话：“自竹君（指朱筠）先生死，士无谈处；鱼门先生死，士无走处。”可见他生前与士人结成多么深厚的友谊。

程晋芳一生积累的图书，生前就经过了两次散佚。第一次是程氏赴京以前，因“家益贫，不获已则以书偿宿负”。此次散出藏书计有一万余卷。第二次是乾隆三十九年（1774），因淮河水泛滥，殃及扬州，程氏藏书也遭洪水所淹，他后来在诗文中曾痛惜地写道：“自甲午秋水，故册沦于淮。凡十六钞橱，痛绝泥沙埋。随身插架者，缺鼎断碣碑。”此次为洪水所浸埋的典籍具体数量不详，诗中所提“十六钞橱”当不是小数。他死后一贫如洗，后人又将剩下的书籍卖尽。这真是莫大的悲剧！

程晋芳的一生给我们留下了很多宝贵文化遗产，但也给我们以深刻的启示，商人好儒，无可厚非，甚至要大力提倡，但必须要把主业经营好，好儒才有坚实的经济基础。如果好儒废商，只能是两败俱伤，一事无成，或者及身而败。这真是沉痛的教训。

前清学者第一人——戴震

王智汪

戴震画像

戴震（1724—1777），字慎修，号东原，安徽休宁人，他对经学、天文、地理、历史、数学、机械、水利、生物及古代器物都有研究，是著名的皖派考据学者，同时他在史学理论与方法上同样也颇有建树，被誉为百科全书式的学者。历史上，东汉、西晋、唐五代时期以及宋代的北方强宗大族南迁到徽州，带来了中原先进的生产技术和深厚的儒学文化，使得徽州成为儒家、释家、道家文化的一个厚实的沉淀区，戴震的学术之根在徽州，解读戴震，也是解读徽州文化的一个关键。

戴氏家族

戴震家族通常称为隆阜戴氏，这是一个以尊祖、敬宗、睦族为宗旨而形成的宗族，这种宗族之共同生态是：聚族而居，绝无杂姓搀入者，千年之冢，不动一抔；千丁之族，未尝散处；千载之谱系，丝毫不紊。有关戴姓的来源说法很多。今天，学术界一般认为戴姓出自子姓，为商汤的后裔。据《元和姓纂》及《古今姓氏书辩证》所载，周初，周公旦在平定“管蔡之乱”后，封商纣之庶兄微子启（子姓）于商的旧都（今河南商丘），建立宋国。宋国第十一代国王戴公，仁而爱民，万民仰戴。周宣王彰其德，在其去世后谥号为“戴”。

先秦时期，戴姓人口主要在其发祥地即今天的豫东一带生息繁衍。

戴姓从宋国戴公至唐时护公之间，支分派衍，散而失稽比较严重，这期间的谱系是缺失史据的，所以我们认为戴姓仅溯至唐末时的戴护公，为真实的谱系。也就是说，从戴公至护公，中间代系遥隔，多有滥承之处。戴震也说："戴公以下，护公以上，不审信。"那么可以确信的隆阜戴氏谱系是：戴护（护公）为婺源始祖，戴护子为戴寿（寿公），戴寿子为戴安（安公），戴安生四子，其次子为戴颜（颜公），三子为戴端，戴颜乏嗣，过继了戴端次子戴睿（睿公）承嗣，戴睿十三传而戴外，戴外又十二传至戴弁，戴弁即戴震的父亲。这些谱系都记述于清乾隆二十八年（1763）抄本《戴氏荆墩家谱》中，可谓信史。

隆阜戴氏源于徽州戴氏，而戴安被隆阜戴氏追为一世祖，但真正迁居到休宁隆阜则是从戴安儿子戴奢和孙子戴睿才开始的。戴奢，字君俭，为人敦厚，性情豁达，人称"孝隐先生"，是个堪舆家，故他一来到休宁隆阜等处，就认定此为"斯发祥之地也"，于是戴奢与次子戴睿迁至隆阜定居，成为隆阜戴氏的始迁祖。戴奢终年六十八岁，葬于近隆阜的自卜葬地游仙山，后人尊之为"奢公墓"。戴弁是戴奢的第二十六代孙，戴震则是戴奢的第二十七代孙。

宗族的"局外人"

戴震无疑是戴氏宗族的"局外人"。自戴奢迁到隆阜居住，出了一些仕宦人物，到了戴震以上几代，早已式微，戴震的曾祖父名戴景良，祖父名戴宁仁，此时戴家已经是非常衰败了。他父亲戴弁起自单寒，又由于受到大族宗长房的欺压，领不到祠堂学米，从此戴弁不得入学，导致家极贫，无以为业。为了生存，戴弁出远门以贩布为业。即使这样，戴弁仍多有"义举"，主持修纂百有余年未修之宗族支谱，并于隆阜三门厅故居建众厅，辟思乐园，以为族党燕叙之所。但戴弁修族谱很不成功，戴震后来决定重修，戴震修谱"不从旧谱序列"，而是从古典章制度和史籍载录的考证入手，纠正了家谱中的不实之处，也因此得罪了族人。

为逃避迫害，戴震不得不远走。一波未平一波又起，乾隆二十年

(1755)，戴震状告一个家族中的强横子弟侵占祖坟地，因为在家族纠纷这件事情中，戴震不先寻求其家族族长的裁决，而是径直报官，违背了《戴氏家规》中“至因争而讼，更非所宜，戒之戒之”的族训，戴震成为一个悖弃族规、目无族长、大逆不道的罪人，后来族人以“文字狱”的罪名把他告上了官府，想以此陷害于他，永久霸占他家的祖坟地。他得到这个消息后连夜出逃至北京。“避仇入都”对戴震的人生转折和学问历程十分重要，因为戴震争讨祖坟地，本合情合理，反遭迫害，并且亡命京师，这种遭遇促使戴震对“以理杀人”与“以法杀人”进行思考，孰更苛毒不公？京师之行，是戴震学术生涯中的一件大事，也使得戴震深刻地感受到“哀民生之多艰”。戴震之所以有这样的现实关怀情结，是因为他在学习儒学经典时能创造性地思考社会所面临的现实问题，重新审视当时的思想观念，敢于冲破传统的、落后的思维定式和习惯的束缚，做到了不唯书，不唯上，这种现世情怀使得戴震颇为“另类”，成为宗族社会的一个“局外人”。

天才轶事

徽州六县可谓儒风浩荡，士林伟岸，而戴震则是其中的代表人物。他从小就培养了善于独立思考并养成了实事求是的精神。他十岁在私塾学习《大学章句》，塾师根据朱熹的注释，告诉学生：《大学》第一章的“经文”，是曾子记述孔子的话；其余十章的“传文”，则是曾子的学生记述曾子的思想。戴震听罢，略一沉思，问道：“老师，上述说法的根据是什么？”塾师答道：“这是朱熹的注解上说的。”戴震问：“朱熹是什么时代的人？”塾师答以“南宋人”。戴震又问：“孔子、曾子是什么时代的人？”塾师答以“东周人”。“东周和南宋相隔有多久？”“将近两千年罢。”戴震又问：“既然朱熹生活在孔子、曾子两千年后，那他又怎样得出上述结论来的呢？他的依据是什么呢？”塾师无言以对。

当然，戴震并没有因为这些轶事而被当时的士人社会认可。当时徽州社会数百年的传统是，一个男孩到了十六岁要走出徽州，学习如何经商。戴震的父亲循此传统，将他带到现在的江西南丰县做学徒，父亲的惨淡经营使得戴震认识到了商业非其所愿。实际上，年幼的戴震还是倾向追求经学、求取功名，但应试科举的支出庞大，难以措置，而戴震的父、祖、曾祖都不是受过经典教育的学人，戴震来自戴氏家族没有政治地位的一支，他不能依靠旁系亲属或姻亲来实现他的目标。而且，戴震这一支名望太低，所以，戴震没有向戴氏各房乞求照顾，也不能从戴氏家族的成员那里学习经典。戴震别无选择，只能通过自己寻找掌握经典的途径。戴震生而具有数学和语言的禀赋，擅长从分散、具体的材料中，归纳出量化和定性的类型，他从文字入手掌握经典，用考据的方法来阐释经典的含义。在科举时代，大多数士子备考，首先是记诵四书五经，接下来才是理解它们。戴震反其道而行之，以全部精力去逐字地弄明白这些古代经文的玄妙意义，这种字词取向，即只考察经文中每个字，并以经文互相参证来寻求对经典的正确解释，无法帮助戴震撰写八股文，令他在科举考试中付出了惨重的代价，使得他又成为科举社会的一个“局外人”。

士林中的“狂生”

戴震因争讨祖坟事件逃到京城，但迫害并没有就此结束，后来还是卢文弨从中调停才得以平息。受此影响，戴震在京生活无着，而禀性狷介自爱，不合流俗，人皆曰其为“狂生”。当时的社会名流王鸣盛、钱大昕、王昶、朱筠，“闻先生名，往访之。叩其学，听其言，观其书，莫不击节叹赏”，于是戴震声重京师，名公卿争相与其交往。

戴震所处的乾隆时代，虽称“盛世”，实际上已危机四伏，日趋衰朽。早在明中期，资本主义开始在中国萌芽，伴随着这种萌芽的产生，人们对物质财富和物质利益有了新的认知，人性解放的思潮产生，新的市民运动和市民意识开始发展，一股反封建理学启蒙主义和个性解放的人文主义思潮在中国大地上兴起，“理欲之辨”成了这一时期的中心话题，代表了当时社会发展方向。在中国古代思想史上，人欲和天理，或者用理学家的话说即人心和道心之间关系的问题讨论，是维系传统政治秩序与社会生活的根本观念之一，至少从唐宋以来就始终占据着思想领域的中心位置。对于“天理”的肯定常常变成对“绝对”的崇拜，而对于“情欲”的肯定又常常会成为对“放纵”的鼓励，生活在清中叶的戴震能顺应历史潮流，从理论上把握这种时代精神，意识到不批判理学，科学就不能发展，社会就不能进步。

在阶级矛盾和民族矛盾日益激化的时候，清朝统治者加强思想统治，一方面大兴文字狱，一方面利用程朱理学作为统治人民的工具。在这样的历史条件下，学术界出现了一种埋头故纸堆，整理古籍的考据学。当时学者放弃对有意义的政治、道德课题的关注，转向思想贫乏的文献考证，借此打发时光。正如龚自珍所说：“避席畏闻文字狱，著书都为稻粱谋。”而戴震的家乡徽州地区，更是一个理学的标本地带，徽州素有“程朱阙里”“理学故乡”“文献之邦”“东南邹鲁”等称号，所谓“三代礼仪，尽在此也”。然而只有戴震在文字狱的白色恐怖中敢于挺身而出，公开与当时的官方哲学相对抗。

联系戴震的人生经历，我们更能理解这位“狂生”的心路历程。戴震少时经商、六次落榜、仕途不顺，本来欲望就得不到满足，反对“存天理，灭人欲”。欲和理之间的矛盾是客观存在的，怎样既坚持理又不违背欲呢？为此他实事求是地提出：欲和理是人之常情，天理和人欲原是不可分的，天理就在人欲之中，人欲适度就是天理，这样就把被宋儒悬空的天理下落到凡尘人伦日用之中。戴震反对“灭人欲”，也并不主张纵欲，而提倡以理节欲，即在理性指导下，使人的自然欲望得到适当满足。在他看来，人性如果是水的话，人欲就是水之流动，对人欲加以节制，就像阻止水之流动；不对人欲节制，就像让水四处泛滥，都是有害的。所以，节制人欲应该像大禹治水，因势利导。宋儒的“存天理，灭人欲”恰似用塞流的办法治水，结果违背了人的自然本性。明清之际时移世易，时代的课题已经变化，理学家的“天理”只能作为历史的“遗物”而供人摩挲了。可见在当时盛世的莺歌燕舞之际，山雨将至，风已满楼，而戴震思想正是这阵风中最猛的一个风头！

孤独的“刺猬”

与其说戴震是“狂生”，不如说戴震是一位忧患现实的学人，批判和实事求是已自觉地成为戴震的思维方法乃至其整个哲学的主导思想。此思想贯穿其哲学始终：在自然观上，戴震批判虚伪，力求实在；在认识论上，他批判虚冥，追求真理；在社会生活中，戴震强调“天理”并非孤悬在上的实体，“理”是无等级差别的，应体现在人们的日常生活中；在道德学说方面，他批判虚伪，务求实情，在他眼里，“人欲”显示为生活情感、生活领悟。而没有生活情感，就没有主体性的人；没有仁爱，就没有仁者；没有母爱，就没有母亲。为此他大胆地否定了“天理”的超越性，恢复人类世俗生活的尊严。戴震的思想已上升到理性的层次，具有那个时代的问题意识。

在清王朝文化专制主义的高压下，他忍受着贫困和疾病的折磨，发愤著述，勇猛战斗，以考据、训诂为形式，以唯物主义为内容，对钦定的宋明理学进行了猛烈抨击，阐发了颇具时代气息的唯物主义哲学思想。余英时说戴震是生活在“狐狸”鼎盛之世的孤独的“刺猬”。因为戴震超越时贤，坚持“空所依傍，唯求其是”，以考据字义的方式发展出一套自己的义理论述，虽然“实事求是”的概念早在汉宋就出现了，但成为一种哲学思潮却是自明末清初才开始的，揭露政体之弊端，关心百姓之日用，才是“实”、才是“事”，找出其中的原因和办法才是“理”、才是“是”，而考据则是其寻找的过程，即“求”。

余英时形象地概括了戴震这只盛世中的“刺猬”虽身处逆境，但刻苦读书、治学，自强不息。和一般史家不同的是，在对待历史发展观上，戴震并不急于探讨历史的盛衰，而把注意力放在历史创造者——人的身上，重视对人欲、人情的研究，这时戴震治学有一个明确的前提，即经典世界真实、完美，这种方法，不只是工具，而且是经典知识内在组成部分。当时的很多学者坚持通过顿悟直接求得大道，而无视学问，片面强调“尊德性”，这引起戴震的反思：士人们难道能够在不知“善”为何物的情况下，盲目地修身养性吗？

历史是“圣人的作品”

戴震坚持历史是“圣人的作品”。戴震坚持“实事求是”的理念，力图恢复历史事实的真相。因为要考察历史的真伪，就必须要对文献史籍进行细致的考异、纠谬、辨伪、祛疑，戴震认为史家的任务则在于疑古考信，进一步考证历史记载是否与史实相契合。比如人与史的先后关系，正如先有鸡还是先有蛋问题一样不好回答。那么历史是以什么方式存在的呢？历史的主人公又是谁？戴震认为，历史是人和社会的存在方式，圣人的作品既揭示了宇宙运行的亘古长存的“道”，也体现着先王创造历史的标准，所以历史就存在于“圣人的作品”之中，理想的史者就是能够把王道社会理想推行于天下的人。戴震认为，圣人之所以为圣人，归根结底在于他是礼乐的制作者，而不在于他是否是道德的完美体现者。“圣人有情”，在社会生活中，圣人与常人一样有喜怒哀乐之情，“情”就是“人情”，包括情感与情欲两个方面。一般来说，“情感”是以内心的真实感受为基础，也就是人们所说的人与人之间的“亲情关系”；“情欲”主要是指人与人之间的“利害关系”，在现实生活中，它总是表现为“人欲”，并且“人欲”是一个很现实的问题，庶民百姓以营生为务，以温饱为业，能过上幸福的生活，便是他们的目标。这样的“人情”才是人的实情，而修身养性不过空谈无用的心性而已，于事无补。所以，治史者要能够自觉地承担起自己的历史责任，自觉地承担起教化天下苍生的社会责任。戴震认为，帝舜、大禹、周公、孔子等圣人心中都系着天下苍生，“昔者，禹抑洪水而天下平，周公兼夷狄、驱猛兽而百姓宁，孔子成《春秋》而乱臣贼子惧”。这样的圣人也是所有人的楷模，“圣人，人伦之至也”。圣人这些功德主要都在圣人的作品之中，圣人的作品有哪些内容呢？戴震认为这一般指先王时代具体的各项制度，上至宫廷礼仪，下至民间冠婚丧祭等的种种描述或解释，这就是历史的具体内容。

戴震科举六次落榜，生活的压力迫使戴震转而致力于家庭营生，也使他体验到真实的社会人情。在历史观上，戴震认为“天理”只不过是既“无形”又“无准”的想象物而已，拿这种近乎虚诞的“理”来“治国安民”，无异于率民而路也。现实中的世界根本不需要超越性的“理”来规定秩序，只有等到彼岸的“天理”破灭了，生活中的“天理”才可以回到人间。所以，统治者不可忘记他们的社会责任是如何使老百姓过上安定祥和的生活，而不是要求百姓做“存天理，灭人欲”的功夫，所以戴震认为政治的前提必须是顺应人情，没有人情的政治是不合人性的，圣人有情，因为圣人是不可能反人性的。戴震坚信“史之道”不在别处，就在“六经”之中。他说：“六经者，道义之宗而神明之府也。”所以，治史者应该常怀一个平常心，不要“穿凿”来附会历史，不要哗众取宠来“创造”历史。由于史籍“历世既久”，古经中的“名义制度”已经“遥溯之至于莫之能通”，造成“六书废弃，经学荒谬，二千年以至今”。戴震虽然自幼就对朱熹持怀疑和否定的态度，但他所创立的皖派朴学仍然归属于儒学范畴，这是毫无疑义的。照戴震的说法，朴学不仅属于儒学，而且属于正宗的儒学，因为他认为朱熹的儒学不正宗，其中老、释的东西太多。戴震认为只有踏踏实实地从字义训诂、名物制度的考释着手，才能读懂圣人大义，代圣贤立言。可以说，戴震治史是一次对宋元明以来七百年国家兴亡历史的总结。

戴震的“史之道”还表现为他在历史典籍中探求隐含的一种普遍的真理，追求治史门径。戴震以自己擅长的小学、测算、典章制度之学来考证史实，专取关国家盛衰，系生民休戚，善可为法，恶可为戒者。戴震还从考据学观点出发，认为治史者如果语言文字不通，则无从体察圣人之意，所以历史学家应该是充当客观历史的播放器，而不是历史的化妆师，相反，一个历史失真、历史思维偏差的民族，必然会扼杀历史的生命力。早在先秦时代，就有许多史家为了实践先民的治史古训，一位接一位的佚名史官，以身殉职，开创了史家秉笔直书的传统。戴震强调把历史结论建立在翔实准确的史料支撑和深入细致的研究分析的基础之上，要更多通过档案、资料、事实等各种考据物证来说话。戴震这种探求历史真理的思维方式对于历史学打破传统束缚、解放思想起到了积极进步的作用。这不同于理学家所致力的“穷理”。朱子的“穷理”即在于格物，不仅格身、心、家、国、天下等物，并且在日常事物中也处处格物穷理。而戴震等考据史学者把具体的制度礼乐刑政，认为是“实”，并于其中追寻其真面目，这才是“是”，这才是最根本的“史”。以戴震为代表的乾嘉考据史学传统应该引起今天史学工作者的关注，因为这种考据史观是相信历史是一种客观的实在，史学的使命就是尽可能地去揭示这一实在，所以戴震正是从儒家经典中挖掘儒学的意蕴，致力于儒学的再整理，矫正了儒学的弊端，从而挽救了儒学。

历史中的“剧中人”

治史者的归宿是“闻道”。传统史学理论的主旨是经学，张之洞说：“由小学而经学，则经学可信；由经学而史学，则史学可信。”所以清代章学诚说“六经皆史”。从整体上看，戴震史学思想的宗旨是“求实”“求真”“求是”。他认为，治史者无论是“解除人之蔽已，还是解除已之自蔽”，其归宿则是“闻道”。科举时代每一个求取功名的士子都记住了经文的注疏，但却没有人质疑他们所记住的是什么。“闻道”在戴震的话语体系中是超越科举功名，要闻圣人之道的崇高意义，通过对史实的研究来发现可信的义理，这种触及义理的思考，说到底就是一种对历史观的寻求。治史者只有探求这种真正的，没有被修正过的圣人之道，才能在历史研究中“扫谬说、正人心”，进而复兴史家传统，寻得历史的真道。

戴震认为在社会发展过程中，人民群众是历史的“剧中人”，英雄人物是历史的“剧作者”。戴震的治史方法，主张做到“即物”和“分理”。概括起来说，“即物”就是首先要校勘古书，“分理”就是要详读古书。这是一种“求真去蔽”的治史思想，最终能实现在治史上确保“不以人蔽已，不以已自蔽”，进而求得对历史的“十分之见”。具体做法是先从

“六经”的“有物有则”出发，进而提出“分理”之说。只有从“六经”中汲取史学真谛，才能心平气和地静下心来思考什么是“史者之道”？而真正的“史者之道”就是要“正人心”。他认为，在良史之才中，就连“君子”“小人”的称谓也不是以道德标准为判断依据的，“君子从大体，小人从小体”，这里的“大”与“小”是从是否参与“治国安天下”的政治行为来划分的社会角色。“小人”与“治国安民”无关，只须关心一己之温饱，这并不是因为“小人”的道德品质低下，而是因为他们的社会职能如此。

戴震的精神遗产乃是我们研究清代学术文化史的一笔丰厚的思想资源。如果说汉人的精神家园是经学、隋唐是佛学、宋明是理学，那么清人的精神家园就是考据学。五四运动以后，中国史学领域融贯近代科学精神与方法，整理国故，探求新知，取得了相当的成就。虽然戴震这种经世致用的史学是长期以来争论不休而又难以达成共识的老问题，但反观今日之史学，我们看到的则是大大小小的主流刊物或专业刊物上，几乎是千篇一律的形式化分类的史学论文，戴震治史相比今日的中国史学的长处与不足恐怕是仁者见仁智者见智了。在乾嘉时代，戴震的考据求真思想以及史学求实方法，给我们留下了值得继续挖掘的学术课题。

学人落幕

戴震虽然在学术上取得了巨大的成功，但是他性格耿直，坚持实事求是的思想，反对所谓的天理，这使得他宁愿在科举之路上一再重考，也于不愿违心地遵从《四书章句集注》之标准答案。为此戴震共参加了多次科举考试，五十三岁时，乾隆赐其同进士出身，授翰林院庶吉士。《清史稿》评价戴震所校书时说：“震为学精诚解辨，每立一义，初若创获，乃参考之，果不可易。”在四库馆里，戴震为校辑整理《四库全书》一丝不苟，殚精竭虑，“震以文学受知，出入著作之庭。馆中有奇文疑义，辄就咨访。震亦思勤修其职，晨夕披检，无间寒暑”。在馆中的四年，经戴震亲手校订的书主要有《仪礼集释》《仪礼识误》《大戴礼记》

《水经注》《周髀算经》《九章算术》等近二十部。

戴震在四库馆的次年初突患脚病，但仍然笔耕不辍。乾隆四十二年（1777），戴震竭尽心血，五日作成《声类表》九卷，又手批《六书音均表》一部。章太炎说："戴君寿不中身，愤时以陨，岂无故耶?"戴震的同乡好友金榜说："先生之坚强，贫困时能日行两百里。"戴震对自己的身体也非常自信，他说："余乖于时，而寿似可比。"戴震去世前还写信给段玉裁说自己"归山之志早定，八日准南旋"。乾隆四十二年（1777），戴震在北京崇文门西范氏颖园与世长辞。京师学者所赠挽联云："孟子之功不在禹下，明德之后必有达人。"段玉裁认为"先生之所学，无愧此语矣"。

戴震去世后，灵柩由其夫人朱氏率子运回故乡。今天的戴震墓占地200平方米左右，墓上横镌"隆阜戴震"，中刻"皇清特赐进士出身，敕授文林郎，翰林院庶吉士，先考东原府君，先妣朱氏孺人合墓"。碑文系段玉裁的女婿龚丽正所书。戴震去世后的戴家继续被不幸所笼罩，他去世后的第三年，儿子戴中立又去世了，因无后，朱氏继立族弟戴渔卿（戴霖）之子戴中孚为嗣子，又为戴中孚娶妻，后来戴中孚妻卒，又为他续娶。凡此种种，导致戴震身灭绝嗣，此殆未可以为偶然也。

章太炎、梁启超也高度评价戴震的哲学，把他和卢梭、孟德斯鸠相比，胡适则认为戴震哲学是颜元的"很彻底的实用主义"和顾炎武的经学"二者结合的产儿"，戴震的考据学是"一种实证的求知的方法"，是那个时代的科学精神，并认为戴震是继朱子以后第一个大思想家、大哲学家。梁启超曾认为，"实事求是"是"清学派之精神"，"惜乎此精神仅应用于考古，而未能应用于自然科学界，则时代为之也"。从梁启超的话中可以看出戴震所坚持的实事求是的思想已经有科学研究的萌芽了，如果从这个角度来看，在当时社会现实中并非是考据学家要人埋首于故纸堆，反而是占统治地位的理学要人皓首穷经、空谈心性，做"存天理，灭人欲"的功夫。事实证明，戴震是中国古代朴素唯物主义的最后一位重要代表，也是一位早期启蒙思想家。

博学鸿儒——程瑶田

王智汪

程瑶田像

程瑶田（1725—1814），字易田，因生时有纹在手曰田，故而得名。又字易畴、伯易，号让堂、葺荷、葺翁，安徽歙县人，清代杰出学者，徽派学术代表人物之一。乾隆三十五年（1770）恩科，始中举人，选授太仓州学正。乾隆五十三年（1788），选嘉定县教谕。嘉庆元年（1796），举孝廉方正。晚年失明，著述不辍，年九十而卒。程瑶田学贯汉宋，博雅宏通，于天文、地理、算学、典制、音韵、名物、书法等许多方面都有精深的研究，代表作是《通艺录》。

学于不疏园

不疏园是清乾隆至道光时期歙县西溪汪氏的一所私家园林。西溪又名西沙溪，是歙县西乡的一个村，东距县城约六公里，位于丰乐水北岸，西边紧邻郑氏族居的贞白里。二村衡宇相连，街巷相通，俨然一体，合称为郑村。西溪始迁祖汪人槛，字月卿，是宋直阁司农少卿汪叔詹的五世孙，于至元辛卯年（1291）迁居西溪，有三子四孙，至汪梧凤时，已是歙县望族，世称西溪汪氏。西溪汪氏不疏园，是集藏书、研究、聚会为一体的重要学术园地，也是当时经学研究的中心。程瑶田家在歙县邑城圭山塔下荷花池边，当时著名的学者戴震、郑虎文、刘大櫆、汪中等在此游学，以上几人对程瑶田而言，或为师长，或为同学，都是那个时代著名的人物和学者，不疏园成为徽州学子们的学术沙龙和皖派汉学的发祥地。

徽州自宋代起，文化发展在全国就凸显出来，尤其是理学的兴盛带动了地区文化的繁荣。理学的奠基人洛阳程颢、程颐和集大成者婺源朱熹的祖籍均在歙县篁墩，理学在徽州地区的传播和影响尤深，世称“新安理学”，朱熹亦自称“新安朱熹”。至明清时期，徽州文化更加发达，教育兴盛，人才辈出，“以才入仕，以文垂世者”愈众。徽州属地书院众多，讲学蔚然成风，据记载仅歙县就有学院十四所之多，还有府学、县学、社学以及为规范言行、讲学明道、宣传教化的组织文会。在各种传播文化的学院中，因朱熹而闻名的紫阳书院最大。而不疏园作为徽州著名学术研究重地，也因程瑶田、戴震等提升为当时中国著名的学术研究重地。江慎修于此著《乡党图考》并讲学，一时文人儒士皆趋于汉学，不谈义理，时代风气对程瑶田的治学思想和治学方法产生了深远的影响。程瑶田在治学上，既推崇朱子讲求义理，不出朱子之学的规矩，又不专讲义理，并举训诂、考据，这是徽派朴学“无信不征”观的集中体现。

近世考古学之先驱

程瑶田八岁时入不疏园，儿时就已有“读书应当师圣贤”的认知，但程瑶田天资有限，不及同学，读书百遍或不能成诵。如程瑶田自己却在诗文中写道：“余性颛愚，知志乎古，而不知宜于时，常思以泽及斯民为任。凡所谓巧取而捷得者，余皆不知其径术，以故与缙绅之士相背而趋。”程瑶田却未曾因自己的天资不足而放弃读书，而是更加努力勤奋，不去也不屑于去巧取捷径。程瑶田靠着自己多倍的刻苦努力，以勤补拙，平居鸡鸣而起，燃灯达旦，夜分就寝，数十年如一日。正因如此，他才有扎实的学术功底，即使盛名古今的学者戴震也不得不承认程瑶田“笃志治经，震自言逊其精密”。焦循称赞程瑶田：“实事求是，穷极微芒。允哉通艺，轶汉驾唐。”

程瑶田在考据学的研究上大有成就，尤其是名物考证，同时他也未曾忽视过义理的重要。程瑶田的《论学小记·诚意义述》中，以孔子所释义的“有物必有则”作为论述“物则”学说的依据，他所阐释的“物则观”，认为有实物的存在就有物则的存在，事物的活动变化受“则”的引导，这一事物变化受制于一定规律的认识还是具有客观性的。《通艺录》是收录程瑶田主要著作的合集，而主言义理哲学的《论学小记》位于篇首，这足以见程瑶田对其的重视，也反映了程瑶田在其所作的所有学术研究中，先指明对世间万物和社会伦理的认识，将义理放置于首位并总领了后续治学研究。程瑶田认为世界是以一种有形有质的客观实体“气”为本，“仰而望之，可见者非天乎。天非形乎！形非质乎，形质非气乎！是故天者，积气而已矣”。这种认知奠定了物质客观性的基础，否定了明时心学的认知理论。程瑶田认为时人只注重考据而废弃义理，这是一种去本逐末的行为，是从一个极端走到另一个极端，应当将义理与考证兼顾，两者并重。程瑶田重视义理，但也批判不读经书随意空谈义理的行为，他主张采取各种方法恢复古籍经典原貌，得明经义，从而恢复先贤真言即古人心中的“真理”。《清代七百名人传》有言：“瑶田笃志著述，其学长于涵泳经文，得其真解，不屑依旁传注。”程瑶田具有强烈的实证精神，不轻信旧说，凡事不经过实际考察，他是不会轻易下结论的，他说“陈言相因，不如目验”，提倡“用实物以整理史料”，开启了传统史料学同博物考古相结合的研究路径，王国维的二重证据法就受其影响，郭沫若也曾赞誉“清人程瑶田，中国近世考古学之先驱”。

徽派朴学的灵魂人物

程瑶田治学学宗汉宋，虽重考证而不废义理，成为徽派朴学中非常有代表性的一位大师。《清史稿》载：“东原戴氏自谓尚逊其精密。”其治学不拘门户，广考博正，求真务实，在清朝中期的学坛上取得突出成就。其诗清高绝俗，刘大櫆称其诗“五言得力渊明，最为高妙；七言从古乐府求；律诗取迳宋人；绝句逼真江西宗派，尤近涪翁矣”。程瑶田学识渊通，所治之学皆能穷究精通，甚有名于当世。程瑶田与戴震同为婺源江永弟子，与同时学者名人钱大昕、段玉裁、王念孙、汪中、王鸣盛、翁方纲、金榜、浚廷堪、纪昀、阮元、朱筠、任大椿、桂馥、陈寿祺、丁杰等均有交谊。程瑶田是皖学之大师，清代之通儒。当时王念孙云：“先生立身之醇，为学之勤，持论之精，所见之卓，一时罕有其匹也。”

程瑶田素来喜欢与后学交往。汪中为人桀骜不驯，盛气凌人，但对于自己所佩服的人，则由衷敬重。乾隆四十四年（1779），汪中在致刘台拱的信中说：“去年交程举人瑶田、洪中书榜。……又长夏客江宁，与钱少詹事相处，日夕谈论甚契。”从汪中的书札中，我们看到了他对友谊的热情，也了解到了他与程瑶田等人切磋学问的情况。乾隆五十五年（1790），毕沅、谢墉、王昶一齐推荐汪中前往杭州承担校勘《四库全书》之役。作为一介布衣，汪中为能参与此事而兴奋。所以，校勘事毕后，汪中自撰楹联并请程瑶田书之：“家有射阳画像，身典金山秘书。”王念孙也说程瑶田和他是“忘年交”，“同在京师，则晨夕过从，南北索居，则尺牍时通，相与商榷古义者四十余年”。

程瑶田自少迄老，笃志著述，传承和丰富了徽派朴学的内涵，成就了徽派朴学的精髓。其治学长于旁搜曲证，多方详考，求真求是，敢于挑战权威的批判精神，今天所见的程瑶田著述有《仪礼丧服文足征记》《宗法小记》《禹贡三江考》《通艺录》《琴音记》《纪砚》等。

视书法为不朽之盛事

程瑶田于书法兴趣甚浓，成就很大，并且有书法著述传世。程瑶田的论书著作《九势碎事》一书，收有他的《书势五事》《书势纂言》《论书示瑞儿》《论书示露孙》等专门研讨书法的文章。作为卓越的小学大师，在书法艺术领域，程瑶田不只有理论，其创作水平也不同凡响。他“精艺事，诗歌、书法、篆刻，无不工妙”。清人李斗说：“易田书法，步武晋唐，均为其学问所掩。”钱林则说：“易田隶书，出入晋唐，精妙无比。”程瑶田论人、论书都崇尚中和而不喜乖戾。他“性和缓，终身不解诟詈”。在谈及书法时，程瑶田曾发表过一段非常精彩的评论。他说：

“世之自谓能者，或不必其果能；而其不能者，反时时流露其能也。譬之草木花实，在天地之间，初何尝有人养之？而未始不应时舒英，当候垂实；而所谓善养树者，尽心于其间，反致枯槁者不少也。”今人贺麟先生的一段话，似乎是程瑶田这段话的注脚：“有许多天天讲卫生，随时随地都在用科学方法想保持健康的人，每每容易生病。反之，一个很忙的人，听其自然，不特别讲卫生，也不特别戕贼身体，反而身体健康。同样，许多天天讲人生观，讲修养，道德名词挂在口上说的人，反而每每道德并不好。而许多从来不谈人生，不谈道德的人，生活反较快乐，道德反而很好。”

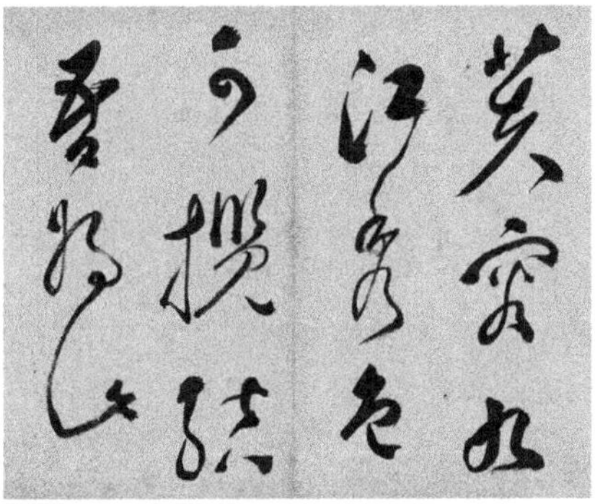

程瑶田书法

在中国书法史上，把书法描述得天花乱坠的，不乏其人。如张怀瓘借用曹丕的话，认为“其道有贵而称圣，其迹有秘而莫传；理不可尽之于词，妙不可穷之于笔”。但在程瑶田自己眼中，书法实为“不朽之盛事”，并且是“学之终事”。为了研究书法，金石、玉器、印章、字画、古陶、古瓦以及古代遗迹文字，均为其所用。他搜集了大量的古瓦，收藏了二十多件古代破损的笔洗，视为至宝。在丰润县考察时，他发现一座旧石幢，隐约有纹，疑为梵书，便用毡笔沾墨汁细细洗涤，仔细辨识，终于弄清此幢是辽天祚时建，当时这里有圆成寺，后改圣寿院。可是当地无人知晓，查县志亦无记载，他感叹地说：“邑之古迹，遂不复有能知之者，而荒寺之中，踏地之石幢，犹有可辨之字，使人知其为辽时旧物。”

王国维与程瑶田

如果说王国维一生旨在建构一座辉煌的学术殿堂，那么其中的一块基石便是从程瑶田的学术中熔铸而来的。对于这位乾嘉时代的著名徽州学者、皖派之学的大儒，王国维作过极深入的研究。其于论著中时有评述，而且又卓越地批判继承，将程氏学说之精蕴在新的学术时代下开拓光大，取得了超迈前哲的成就。王国维以整个清代学术史为广阔背景，高度评价了程瑶田独特的学术地位。在《国学丛刊序》里，王国维称道：学术“天道剥复，钟美本朝，顾、阎浚其源，江、戴拓其宇，小学之奥启于金坛，名物之赜，理于通艺”。王国维又在《周代金石文韵读序》里热情洋溢地颂扬，自汉以后学术之盛，莫过于近三百年。此三百年中，经学史学皆足以凌驾前代，然其尤卓绝者，则曰小学。小学之中，如高邮王氏、棲霞郝氏之于训诂，歙县程氏之于名物，金坛段氏之于《说文》，皆足以上掩前哲。

桐城派大家——姚鼐

朱小阳

姚鼐像

姚鼐（1732—1815），字姬传，又一字梦谷，室号惜抱轩，世人称惜抱先生。安徽桐城人，清代著名文学家，桐城派代表人物之一。其与方苞、刘大櫆并称为“桐城三祖”，被盛誉为“中国古文第一人”“中国古文的高峰”。

人生各有适　岂论荣与枯

姚鼐出身于桐城县城的官宦人家。姚氏是桐城世家大族，人丁一直很兴旺，在明代从浙江迁到桐城。

桐城姚氏宗族是吴兴姚氏的后裔，其家族始迁于浙江余姚地区。姚胜三随父宦居安庆，乃从浙江余姚迁居桐城麻溪，姚旭于明景泰间又将姚氏迁居桐城城里。至姚鼐，其家族居桐城县城已三百余年。桐城姚氏在明清时期是桐城较为显赫的一个家族，明代的姚旭做过云南布政司右参政，姚之兰做过江州府知府加按察副使衔，均载入《明史·循吏传》。姚鼐的高祖姚文然，康熙时任刑部尚书，曾祖姚士基，任湖北罗田知县，均为官清廉，在当地有贤名。姚鼐出生时，姚氏家族已经没有往昔的辉煌了，渐趋衰落，其祖父姚孔瑛早卒，其父姚淑终生没有博得功名，为一介布衣。伯父姚范，进士及第后为翰林院编修，著有《援鹑堂文集》，致力于经学、史学研究，是一名大学问家。姚范与另一名桐城派领袖刘大櫆交往颇深。

姚鼐从小好学，自小跟随其伯父姚范学习经学，跟随姚范的挚友刘大櫆学文学。刘大櫆作为姚鼐的老师对姚鼐甚为了解，对这位学生屡有称赞："时甫冠带，已具垂天翼"，"后来居上待子耳"。

姚鼐天资聪颖，加上读书勤奋，很年轻即考中举人，但会试却一连五次未中，直到乾隆二十八年（1763）在其第六次会试中博得进士功名，选为庶吉士，散馆后先为兵部主事，又改为礼部主事，后来历任山东、湖南两地乡试考官，又任会试同考官，在会试同考官职位上选得多名有才进士。后又任刑部广东司郎中等职位。

乾隆三十八年（1773），朝廷开四库馆，姚鼐入馆任纂修官，在修纂官中姚鼐等八人以非翰林身份担任。《四库全书》修成之后，姚鼐向朝廷请辞回到故里，此时姚鼐仅四十四岁。朝廷屡次以高官厚禄请姚鼐再出仕，均被其婉拒。此后，姚鼐以讲学教育后进为务，自乾隆四十二年（1777）以后，姚鼐在江南多个书院讲学，包括南京、扬州、安庆、徽州等地，致力于教育的姚鼐此时弟子遍布江南各省，门下许多弟子后来成为桐城派文学的中坚力量，其中最著名的有桐城本邑的方东树、姚莹、刘开，上元梅曾亮、管同等。通过姚鼐的传道讲学，桐城派的影响传播甚广。桐城派文学传至姚鼐则集大成，因此有"桐城家法，至此乃立，流风作韵，南极湘桂，北被燕赵"之说。历城周书昌甚至说："天下文章其在桐城乎！"

姚鼐除做了八年官外，其一生主要是在做学问和教育后进。姚鼐在盛年决意主动辞官，虽一再声称是"以疾归"，但实际上是由于在学术上与四库馆的同事产生矛盾，《桐城续修县志》卷十五《人物志》就记载说：姚鼐"充四库全书馆纂修官，以辨汉宋之学，与时不合，遂乞病归"。

姚鼐真正不愿意为官的原因主要还是在于对学术的热爱以及对社会现实深感不满和失望，他要摆脱对当权统治者的依附，实现自己的人生追求。用姚鼐自己的话说，即："大丈夫宁犯天下之所不韪，而不为吾心之所不安。"

姚鼐认为做官的目的是为了实现"可济于众"的人生志向，如果没法做到的话就只有"从容进退，庶免耻辱之在咎已尔"。姚鼐解释他在辞官之后之所以谢绝梁阶平相国继续推荐他做官的原因："古之君子仕，非苟焉而已，将度其志可行于时，其道可济于众，诚可矣。虽遑遑以求得之，而不为慕利；虽因人骤进，而不为贪荣；何则？所济者大也。至其次，则守官摅论，微补于国，而道不章。又其次，则从容进退，庶免耻辱之大咎已尔。"

经过八年的官场生活，姚鼐发出感慨："今有人焉：其于官也，受其亲与尊，而辞其责之重，将不蒙世讥乎？官之失职也，不亦久乎？以宜蒙世讥者，而上下皆谓其当然，是以晏然而无可为，安居而食其禄。"又指出："明之翰林，皆知其职也，谏争之人接踵，谏争之辞运笑而时书。今之人不以为其职也，或取其忠而议其言为出位。夫以尽职为出位，世孰肯为尽职者？"

姚鼐的辞官，除了以上所述原因之外，还由于他认为自己的性格不适合官场，而更适合于以写作"君子之文"，来实行其"君子之志"，"人生各有适，岂论荣与枯"。他自己认为："鼐性鲁知暗，不识人情向背之变，时务进退之宜，与物乖忤，坐守穷约，独仰慕古人之谊，而窃好其文辞。"在他看来，"明道义、维风俗以诏世者，君子之志；而辞足以尽其志者，君子之文也。达其辞则道以明，昧于文则志以晦。鼐之求此数十年矣，瞻于目，诵于口，而书于手，较其离合而量剂其轻重多寡，朝为而夕复。捐嗜舍欲，虽蒙流俗讪笑而不耻者，以为古人之志远矣，苟吾得之，若坐阶席而接其音貌，安得不乐而愿日与为徒也"。

乾隆四十四年（1779），姚鼐的老师刘大櫆去世，姚鼐成了桐城派的领袖。

姚鼐平时清心寡欲，热情都用在治学之上，待人接物和蔼可亲，姚鼐的治学与为人都为时人所推崇。嘉庆十五年（1810），姚鼐重赴鹿鸣宴，并被赏赐四品衔。嘉庆二十年（1815），卒，归葬于桐城杨树湾。

桐城文派的集大成者

姚鼐善古文，康熙年间的桐城学者方苞在文坛名重一时，后来姚鼐同乡亦老师刘大櫆延续其影响。姚鼐与刘大櫆亦师亦友，文学造诣深得刘大櫆指导，文章风格、神韵近北宋大家欧阳修、曾巩。《清史稿》中对姚鼐文章的评论为："其论文根极于道德，而探原于经训。至其浅深之际，有古人所未尝言。鼐独抉其微，发其蕴，论者以为辞迈于方，理深于刘。"姚鼐的文章继承了桐城派学者方苞、刘大櫆之文风。方苞、刘大櫆、姚鼐三人皆籍桐城，世人传以为桐城派。姚鼐不仅对桐城派文学有所继承，而且对桐城派文学理论有一定的补充与创新，姚鼐提出"义理""考据""辞章"三者的相互统一，又师承刘大櫆的"神气"学说，提出了"神、理、气、味"与"格、律、声、色"相统一的理论，又提出了"阴阳刚柔"相反相成的观点。姚鼐又积极从事教育传道，在许多书院主讲，弟子遍布各省，成为桐城派文学的集大成者。

姚鼐提出文章中的"义理""考据""辞章"三者统一，有其时代的原因。众所周知，清代的考据风气在乾隆时期开始盛行。人们称这种考据功夫为"汉学"，与之相对的是势力较弱的讲究文章"义理"的"宋学"。学界多推崇汉学，对宋学比较厌弃，这往往导致文章考证性增强，思想性降低。姚鼐针对这种风气，提出"义理""考据""辞章"三者皆为文章重要的追求，文章不能偏重考据而忽视思想。"义理"，是指当时的理学思想，主要来自宋学；"考据"，是指文章要有实据，避免空泛，主要来自汉学；"辞章"，是指文章还要有文字、修辞、音韵之美。姚鼐认为三者的统一才是最高最美的境界，"苟善用之，则皆足以相继；苟不善用之，则或至于相害"。"义理""考据"两者之中，"考据"要为"义理"服务。"义理""考据""辞章"的文学理论，实际上成了桐城派的文学纲领。虽然姚鼐认为当时多崇尚汉学，贬斥宋学是不对的，但是他也不废弃汉儒治经之长。

姚鼐对传统文学理论的另一大贡献是提出文学的"阴阳刚柔"，姚鼐提出用"阳刚""阴柔"区别文章的特色与风格。"阳刚"就是文章风格豪放，"阴柔"就是文章风格婉约。两大风格相互呼应、相互配合，就产生出风采多样的文章。这是我国古代散文理论的一次重大创新。姚鼐认为："天地之道，阴阳刚柔而已。文者天地之精英，而阴阳刚柔之发也。"文章阴阳刚柔的变化，乃是作者性格、气质、德性的表现。姚鼐用"阴阳刚柔"这个概念来理解和诠释散文的风格特点，其中包含着朴素的唯物论和辩证法思想。

同时，姚鼐又发展了刘大櫆的"拟古"主张，提出"神、理、气、味、格、律、声、色"为文章八要。学习古人，初步是掌握形式，进而是重视精神。

姚鼐的散文简洁严整，纡徐明润。姚鼐并非只有散文出色，其书法亦为当世所看重。姚鼐的书法造诣很深，清代著名书法家包世臣，推崇邓石如、刘石庵及姚鼐为清代书法之冠，将姚鼐的行草书列为上品。

姚鼐的作品流传甚广，如《登泰山记》《袁随园君墓志铭》等，后世均将《登泰山记》视为最能代表姚鼐的作品。乾隆三十九年（1774），在朝任职的姚鼐登上了东岳泰山，就有了著名的《登泰山记》一文。全篇仅数百字，是"考据"与"辞章"的典范。文章描绘了泰山风雪初霁的壮丽景色，从泰山南北的汶水、济水写起，内容涉及天门、岱祠等诸多古迹，辞章优美。桐城派主张"雅洁"，反对"冗辞"，此文可为代表。《登泰山记》篇幅不长，全文如下：

泰山之阳，汶水西流；其阴，济水东流。阳谷皆入汶，阴谷皆入济。当其南北分者，古长城也。最高日观峰，在长城南十五里。

余以乾隆三十九年十二月，自京师乘风雪，历齐河、长清，穿泰山西北谷，越长城之限，至于泰安。是月丁未，与知府朱孝纯子颍由南麓登。四十五里，道皆砌石为磴，其级七千有余。泰山正南面有三谷。中谷绕泰安城下，郦道元所谓环水也。余始循以入，道少半，越中岭，复循西谷，遂至其巅。古时登山，循东谷入，道有天门。东谷者，古谓之天门溪水，余所不至也。今所经中岭及山巅崖限当道者，世皆谓之天门云。道中迷雾冰滑，磴几不可登。及既上，苍山负雪，明烛天南。望晚日照城郭，汶水、徂徕如画，而半山居雾若带然。

戊申晦，五鼓，与子颍坐日观亭，待日出。大风扬积雪击面。亭东自足下皆云漫。稍见云中白若樗蒱数十立者，山也。极天云一线异色，须臾成五彩，日上，正赤如丹，下有红光，动摇承之。或曰，此东海也。回视日观以西峰，或得日，或否，绛皓驳色，而皆若偻。

亭西有岱祠，又有碧霞元君祠。皇帝行宫在碧霞元君祠东。是日，观道中石刻，自唐显庆以来，其远古刻尽漫失。僻不当道者，皆不及往。

山多石，少土。石苍黑色，多平方，少圜。少杂树，多松，生石罅，皆平顶。冰雪，无瀑水，无鸟兽音迹。至日观数里内无树，而雪与人膝齐。

桐城姚鼐记。

姚鼐一生治学勤奋，著作等身，计有《九经说》《春秋三传补注》《老子章义》《庄子章义》《惜抱轩文集》《古文辞类纂》等。尤其值得一提的是《古文辞类纂》，这是姚鼐耗尽心血编纂而成，是古文辞赋选本，按照文章的应用分为十三类：论辩、序跋、奏议、书说、赠序、诏令、传状、碑志、杂记、箴铭、颂赞、辞赋、哀祭等。《古文辞类纂》影响甚大，流传极广，至今受到人们的推崇，扩大了桐城派的影响。桐城派古文到姚鼐时形成了完整的理论体系，为桐城派树立了散文史的“正宗”的地位。

《古文辞类纂》书影

乾嘉学派中坚——金榜

秦宗财

金榜，清代著名的学者，乾嘉学派的中坚力量，以一部不朽之作《礼笺》而名垂青史。

家世生平

金榜（1735—1801），字蕊中，又字辅之，晚年更号为檠斋，安徽歙县岩寺人。金榜的家世生平因为本人没有著书论述，也没有年谱和家谱记载，所以知道情况的人很少，后人通过其墓志铭、其他文人文集中零散的记载，才大致了解到金榜的生平情况。

金榜祖先早年因为战乱而避居徽州，其家早期生活窘迫，后靠经商谋生，家境日渐富裕。金榜的祖父金公著育有三子，次子金长溥是金榜的父亲。金长溥自幼体弱多病，但也努力地为家庭减轻负担，白天帮助家里干活，晚上熬夜苦读，遂也精通诗书，后高中进士，任吏部稽勋郎，开启了金氏家族科举取士的道路。金公著的长子金长洪、季子金长翰在读书上没有什么天分，只好跟在父亲后面经商，父子三人合力经营，家里渐渐富裕起来。徽商除了具备商人一般的特性，注重金钱利益之外，儒家的立德立言仍然是其坚守的价值观，所以徽商在发达之后，都会坚持修身养性、严于律己，给人一种“儒商”的形象，金长洪也是如此。可能是长久以来士农工商传统思想对人的桎梏，徽商即使经商挣了大钱，内心也会觉得读书取士才是上等人应该过的生活，他们一直坚守的人生信条是：“上则读书，次则商贾。”所以待家境富裕之后，金长洪、金长翰也以捐官或者例赠而获得官职，金长洪任选州同知，金长翰任选布政司理问，这样才算既有了面子也有了里子，也因此金氏家族要求子孙必须坚持走科举取士、读书做官的人生道路。

金榜从小立志求学，后师从名师。乾隆二十九年（1764）高宗南巡时，金榜应召献诗，被乾隆皇帝钦赐为举人，授内阁中书、军机处行走。乾隆三十七年（1772）以一甲第一名的成绩考中状元，被授予翰林院修撰。乾隆四十二年（1777）曾担任江西乡试副考官，乾隆四十三年（1778）任京都会试主考官。此后，金榜辞官归隐，“徜徉林下，著书自娱”，广交文人贤士。

金榜天资聪颖，自幼即显露出在读书写作方面的天赋。后来，他与戴震、程瑶田一同在著名的乾嘉学派大师江永门下学习，金榜非常喜欢读书，对学术研究非常感兴趣，把大半的时间都花在了研究经典上面，在学术上取得了颇高的成就，成为研究经学的大家，特别是在“礼”“易”二经的研究上面，更是被誉为“江南魁俊”。在学术研究方面，他不存有门户之见，胸怀广阔、勤于思考、孜孜不倦、上下求索，即使到了晚年，身体出现不适要卧床休息，他也仍然在坚持写《礼笺》，其对于学术兢兢地业业的态度是值得后人学习的。金榜尽管身居高位，但淡泊名利，视荣华富贵为过眼烟云，也正是因为这种不与日月争光辉、不与山丘比寿长的淡然态度，才让金榜一心一意地钻研学术，成就一番事业。

学术成就

金榜的学术成就，最为人们所熟悉的就是《礼笺》三卷，但其实《礼笺》一共有十卷，对于天文、地理、田赋、学校、郊庙、明堂、车旗、器服等方面都做了详细的论述。除了广为天下知的《礼笺》，金榜还有一些不太被人们所熟悉的著作，例如，《周易考古》是金榜研究《易》的主要成果，这本书篇幅较短，主要内容涉及占筮等相关内容。除了研究经学，金榜对于地方志也很有兴趣，有《海曲拾遗》六卷，分为方域、秩官、人物、烈女、杂传、物产六大类，其下又进行了具体、细致的划分。

《礼笺》是金榜的代表作，金榜写作《礼笺》的主要原因在于：病贾孔两疏，不能补齐缺漏，宣其奥秘，于是自己写了《礼笺》。《礼笺》主要的内容涉及天文、地理、田赋、学校等，卷一主要是关于《周礼》的内容，卷二主要是关于《礼记》的内容，卷三主要是关于《戴记》的内容，当然这些内容中都体现着金榜个人的思想价值与礼学观点。

《礼笺》中蕴含着丰富的礼学思想。金榜从十八岁开始跟在江永后面学习，《礼笺》一书既继承了江永的思想，又体现了郑玄的主张，他们都是研究经学的著名学者。江永主张以字声以明义，如果两个字的声音相近，意思也就相近。所以金榜在《礼笺》一书中也从文字训诂入手，认为只有了解了文字的意思，才能理解文字背后圣人所要表达的道理，这也就是徽学主张的不通小学，也就不能通经学的治学之路。此外，金榜还在《礼笺》中直接引用江永的观点，作为自己观点的佐证。例如卷三中提道："江先生曰：如冲远说，则宾未献尸，而君先献宾，失其序矣。此破的之论也。"引用江永的观点，进行进一步论证。这一方面促进了皖派学说的进一步发展，也有利于推动清朝学术向着纵深方向发展。

金榜治礼，虽以郑玄为宗，但并不墨守成规，不盲目认同，有自己独立的见解与主张。金榜秉持学术实事求是的态度，敢于指出郑玄的不足之处。如郑玄对杖在丧服期间的运用的解释，金榜认为这不符合《礼经》原意，郑玄的解释是存在问题的。不唯郑玄，金榜对其他学者亦是如此。如对"三时之月"的问题上，金榜就举例论证其研究存在的不足。另外，金榜对于一些自己不能完全把握和确定的事情，不会轻易下决断，能够做到实事求是、存而不论。如在《礼笺》中关于周公时期的名堂之位能够详细地进行论述，但对于诸侯的名堂之位，则只是指出相关情况，没有进行详细论述，因为他也没有进行细致的研究，真正做到了孔子所说的"知之为知之，不知为不知"。也正是由于金榜对待学术实事求是、追求真理的态度，才使得《礼笺》能够成为超越前人、跻身清朝研究儒家经典著作的前列，从而为清朝的礼学研究提供了重要参考。

与金榜一同在江永门下学习的还有戴震与程瑶田，三人虽师出同门，但从三人的礼学研究成果来看，各具特色。戴震学问广博，主要以"考据”为主，对礼学没有进行深入彻底的研究，但研究成果较系统完整。程瑶田受戴震影响深远，主要也是集中于考据学，虽不废“义理”，但是重点还是“考据”，研究成果丰富。金榜对礼学的研究成果虽只有《礼笺》一书，可能覆盖面稍窄了一些，但是他对礼学的研究却是非常深入细致的，研究能够做到窄而深是非常不容易和难能可贵的。

历史上很多学者对金榜的评价都很高，例如姚鼐曾为《礼笺》作序，并且对金榜的为人及作品都给予了高度评价。支伟成认为金榜可以与江永、戴震齐名，对金榜的学术成给予了高度赞扬。不管这些评价是否客观，但是从学者对金榜的关注可以看出，金榜及其《礼笺》在学术上确实产生了重要影响。

学术成就的原因分析

金榜之所以能够取得那么大的学术成就，有家庭教育的影响，有地域文化的熏陶，还有学术渊源的促就，是多种因素共同作用的结果。

一是良好的家庭教育环境。金榜出身儒商家庭，其祖父在弃农经商、艰苦创业使家庭富裕起来之后，没有一味地要求子孙放弃读书，走经商之路，反而投资子孙的教育，让他们专心学业，如果实在是仕途无望，才继承家业。并且在壮大家业的过程中，还扶持和资助家族其他读书的子弟，让他们无后顾之忧，潜心读书。

金榜的父亲是一位重孝道、待人真诚的人，并且做官清廉公正，不慕名利。父亲为人、治学、做官的态度深深影响了金榜，金榜后来“徜徉林下，著书自娱”，想必在一定程度上受到了父亲的影响。

家庭教育对人的影响是潜移默化的，也是深远的，金榜取得的成就很大程度上得益于良好的家庭氛围。

二是徽州独特的人文环境。地域性的环境对于学术文化的形成与发展也起着不可忽视的作用。金榜是徽州人，在无形之中受到徽州文化的熏陶与感染，这对其学术成就的取得也有着促进作用。一方面，徽州文化底蕴深厚，自唐宋以后，徽州读书的风气盛行，建造了大量的书院，并有大量的知名学者举行讲学活动，可见徽州崇文的风气。另一方面，经济富裕也为徽州文化区的形成奠定了物质基础，为学术活动的举办奠定了基本的物质条件，推动了学术研究的发展。

在这种环境的影响下，徽州学者在学术研究上多兢兢业业、务实求真。金榜的老师、同门多是研究礼学，他们之所以潜心研究礼学，一方面的原因在于礼学是经学的重要组成部分，而且还是科举考试的重要内容，这也能从侧面反映出他们比较务实的学术风格；另一方面的原因在于礼学在现实生活中应用广泛，对人们的现实生活具有重要的实践意义。由于科举考试与日常生活的需要，学习好与礼相关的知识，对于徽州商人和学者来说都是非常重要的事情。

三是继古启后的学术源流。金榜之所以能够取得重要的学术成就，与他当时所处的时代也是分不开的。在金榜之前，清朝的礼学研究转向专而精，即已经拥有一整套完整、系统的考证、训诂程序，这为金榜的礼学研究奠定了基础。从金榜的《礼笺》可以发现，金榜对礼的解释细致而烦琐，从某个小点出发，把涉及的要点搜集齐全，然后进行窄而深的研究。

此外，金榜的学术研究也深受恩师江永的指点与帮助。江永在礼学方面的研究颇深，并且取得了不小的成就，这对金榜研究礼学产生了重要影响，并且金榜自身刻苦钻研，奋发启新，在学术上才能自成一家。

金榜既位居高官，又致力于研究学术，做官，他清正廉洁、不慕名利，深受百姓爱戴；做学术，他孜孜不倦、不辞辛苦，始终秉持着实事求是、务实求真的治学态度，终成一代名儒。

书篆大家——邓石如

陈健

邓石如像

邓石如（1743—1805），原名琰，字顽伯，号完白山人、笈游道人、凤水渔长、龙山樵长等，安徽怀宁人，著有《完白山人篆刻偶存》。他篆刻初学何震、梁千秋，也取法汉印、元印。后尝客南京梅镠家，纵观金石善本，各临百本，四体书功力极深，继以隶书笔法写篆书，深得用笔之变，复以篆书上生龙活虎千变万化的姿态与用笔运之入印，遂开印章中一新生面，特别是朱文印，活力充沛，更有创造性的发展，使印学界气象为之一新。后人称之为邓派，或“徽派”，继之者有包世臣、吴让之、徐三庚等，赵之谦、黄牧甫等也受其影响。

交游贤豪

邓石如的祖父名邓士沅，字飞万，号澹园，对书画十分爱好，终生布衣。其父名邓一枝，字宗两，号北林，善诗文，工书画，平时喜欢刻石。邓石如幼承家训，从小开始习诗文、书画、金石。九岁时，跟随父亲在塾中读了一年书，就辍学“采樵贩饼饵，日以其赢以自给”，但生活的艰难没能扼杀他习书画的性情，反而兴趣日浓。十七岁时，用篆书为乡里一位“潇洒老人”写《雪浪斋铭并序》，技惊四座。由于家境贫寒，他只得游走江湖。二十岁那年，在家乡开设书馆，教童子习书，因不耐学生"憨跳"而舍去。随后与父亲一起去寿州（今安徽寿县）教蒙馆。二十三岁时，曾随父亲到宁国、九江等地，鬻书自给，开始壮游生涯。一生所到之处有安徽、江苏、浙江、山东、河南、河北、湖南、湖北、江西等省，历阅祖国名山大川，尝尽人间滋味。最初，他只是随着父亲在长江中游一带活动，后来在北京住过一段时间，但大部分时间是往游于南京、镇江、扬州、盐城、苏州、常州等地。而扬州的地藏庵、南京的梅家、杭州的也园是他每次经过时的居所。他每到一处，必与友朋切磋书艺，寻碑访碣。曾几度登临泰山、峄山，在刻石下细心揣摩。

邓石如在《为易畴聘君老先生八十寿序》中也是这样描述的："壬寅年，先生（指程瑶田）归馆溪南吴氏，余担簦来游，偕方密庵翁来见，先生留之数日。时值仲冬，先生送至临溪僧寺，去馆所七八里，时届昏暮，风雨倾落，飘荡奔腾，更余雪深四五寸，寒山冷寺，衣被都无，遂篝灯吟咏，彻夜饥寒。天晓过岩镇，行琼山玉宇间，勃勃兴事，如队仙班。"在漫长的浪游生涯中，邓石如结交了许多朋友，如安徽寿县的梁巘，金陵梅氏兄弟梅镠、梅钤、梅钺，安徽歙县的程瑶田、叶天赐，大画家毕兰泉、罗聘，钱塘大诗人袁枚，等等。其中，梁巘、程瑶田对他的帮助很大。

鸿运良缘

邓石如通过程瑶田的推荐，结交了金榜、张惠言等人。金榜及张惠言都是清代名书家、进士，见到邓石如的书法后赞叹不已。金榜宅第的楹联原来都是他自己写，自遇到邓石如，即请重写。两人相交二十余年，感情一直很深。邓石如与张惠言的认识也是从金榜家开始的，张惠言当时正受馆于金榜家。张惠言是桐城派大家王灼、钱鲁斯的学生，邓石如也因此结识了不少文坛高手，如吴育、恽敬、左辅、李兆洛等。张惠言对邓石如的篆书推崇备至，曾作长文《邓石如篆势赋并序》称赞，还从邓石如习篆书一年。《小莽苍苍斋藏清代学者法书选集》中有一八言篆书联，风格很似邓石如。1784年，邓石如又重新回到了金陵，仍住在梅家。

适盐城布政使徐铎过宁，见其议论丰采，超然拔俗，便定交倾盖。邓石如的继室是盐城沈氏，虽说是徐嘉穀介绍，但恐与徐铎有关。徐铎死后，梅镠为文志墓，邓石如为之书于石。

1786年，金榜向当时的户部尚书曹文埴推荐邓石如。曹文埴即嘱邓石如作四体千字横卷，一日而成。曹文埴看后叹绝不止。1790年，乾隆八十寿辰，曹文埴入都祝寿，要邓石如同去。到了北京后，邓石如的书法又得到当时的大书法家、相国刘墉和左都御史陆锡熊的盛赞。陆锡熊赞邓石如的书法是“千数百年无此作矣”。从此，邓石如的书名大震。但邓石如遭到当时内阁大学士翁方纲的排挤，被迫“顿踬出都”。随后，曹文埴将邓石如介绍至兵部尚书、两湖总督毕沅节署作幕宾。“时吴中知名士多集节署，裘马都丽，山人独布衣徒步。”他在毕家教毕沅之子习《说文解字》，教了三年。因看不惯官场习气，邓石如提出还乡，毕沅挽留不住。离别时，毕沅制铁砚相赠，砚背铸有“笈游道人”四字，这也是后来邓石如将自己的书斋取名为“铁砚山房”的缘由。

从毕沅处归来后的第二年，邓石如在群山环抱、溪水如带的“四灵山水”之地建屋一栋。之后，邓石如又开始到处游历。六十一岁时，邓石如再回故里，又是家徒四壁，仅一方铁砚和一对白鹤，后雌鹤因与蛇斗而死，剩一雄鹤孤鸣不已。邓石如遂寄居于安庆北门外集贤关的集贤律院内，引鹤皈依佛门，以铁砚做伴，白鹤为伍，过着“朝朝两件闭功课，鹤放晴空理钓舟”的生活。晚年，他在扬州还结识了包世臣，与其成为挚友。邓石如去世后，李兆洛撰墓志铭，包世臣作《完白山人传》，李兆洛还写了很多诗文悼念他，现存有《书完白翁传后》《邓完白石如刻印诗》《邓石如印册序》《铁砚铭》《邓完白登岱图》《铭邓石如篆书弟子职后》等，可见其情谊深厚。

擅工书篆

篆隶书自秦汉以后，鲜有人为之。邓石如将原本属于好古之士雅玩的篆隶书变成人人都能握管的“俗”书，自然引起一些人的反感。恰恰因为这一点，邓石如掀起了一场波澜壮阔的写篆隶书运动。之后的何绍基、吴让之、赵之谦、徐三庚、吴昌硕等大家，无不在篆隶书上有很大的突破。纵观清朝书法史，篆隶书占了很重要的位置，邓石如承前启后，功莫大焉。而且，后来的大家基本上都是走邓石如的书学道路：以篆隶为本，真行副之。沙孟海先生说，清代书人，公推为卓然大家的不是东阁大学士刘墉，也不是内阁大学士翁方纲，偏是那藤杖芒鞋的邓石如。王尔度提到邓石如时说，中年以篆隶真行驰名海内，无暇为人镌刻。可见他当时的书名之大。相比较而言，邓石如的篆书有开创之功，把小篆的书写推到了一个新的境界。邓石如的隶书则有纠正清初前贤习气，独开生面，起引领后学的作用。

与大多数篆刻家一样，邓石如刻印也多集中在青壮年时代，嘉庆以后，刻印就很少了。目前能看到的署款年份最早的是“太羹玄酒”与“聊浮游以逍遥”二印，作于1778年，时邓石如已三十六岁。而邓石如开始壮游是二十岁左右，主要以刻印为主。乾隆四十六年（1781），程瑶田有封信中提道：“怀宁邓君字石如，工小篆，已入少温之室，刻章宗明季何雪渔、苏朗公一辈人。以瑶田所见，盖亦罕有其匹。时复上错元人，刚健婀娜，殊擅一场；秦汉一种则所未暇及者，然其年甚富，一变至道不难也。”可见，邓石如当时的刻印已是相当不错了，“宗明季何雪渔、苏朗公一辈人”，“罕有其匹”。现今看到邓石如“太羹玄酒”和“聊浮游以逍遥”两印确实可见何震、苏宣的痕迹，而作于已亥（1779）十一月的朱文“家在环峰漕水”则有元人的遗韵。辑录于汪启淑《飞鸿堂印谱》，作于邓石如三十四岁之前的印作如“灵石山长”“印禅居士”“退斋”“富贵功名总如梦”“爱吾庐”“西湖渔隐”等则明显流露秦汉规矩，略出已意。此外，我们还可以看到邓石如模仿过汪关，如“春江社”；模仿过梁千秋，如“一日之迹”；模仿过程邃，如“读画楼”等。可见，邓石如也是转益多师，不断探索的。

邓石如自述学篆时说：“余初以少温为归，久而审其利病，于是以《国山石刻》《天发神谶文》《三公山碑》作其气，《开母石阙》致其朴，

《之罘二十八字》端其神，石鼓文以畅其致，彝器款识以尽其变，汉人碑额以博其体。举秦汉之际零碑断碣，靡不悉究。闭户数年，不敢是也。暇辄求规之所以圆，与方之所以为矩者以摹之。”可见，他的篆书是从唐李阳冰入手的。现藏于上海博物馆的《谦卦篆书轴》和藏于故宫博物院的《周易说卦传篆书轴》同作于其四十六岁时，明显有李阳冰痕迹，可以佐证。

邓石如篆书在李阳冰的基础上，上溯秦李斯，并参入獵碣碑版笔意，惯用长锋羊毫，不加剪截，铺毫作书，浓墨酣畅，神完气足，开创一代新风。当时有人指责他“破坏古法”，因为小篆自秦以后，基本是以《说文》篆书为归，元明几位大家都写得非常光洁，两头圆平，而邓石如的写法是饱墨铺毫，以隶为笔，方圆自任，为后来人开方便之门。正如康有为在《广艺舟双楫》中所指出的那样：“完白山人未出，天下以秦分为不可作之书，自非好古之士，鲜或能之。完白既出之后，三尺竖僮……皆能为篆。”邓石如之后的何绍基、吴让之、徐三庚、赵之谦、吴昌硕以及现代诸大家无不用此法，可见其影响之深远。邓石如的功劳是破解了篆书的神秘色彩，赋予如同楷书、行草书一样的书写方便，吸引了众多的文人握管习篆，为社会各界人士所爱好。所以，邓石如除开篆书新风之外，兼有普及之功。

相对于篆书而言，邓石如的隶书则明显受到了当时书坛一些擅长写隶书的书家如郑簠、金农、桂馥等人的影响，尤其是日益兴盛的金石学研究风气对他影响极大。清初一些学者以考证金石碑版、寻访古刻为能事，举凡商周古器、秦汉碑版，无不溯其源流，用以务实补证。当时文人不再以科举取士为唯一的目标，而是以布衣身份作诗人、词人、艺人，各尽性情。这确实给清代的书学带来了新的风气，像顾炎武、黄宗羲、朱彝尊、钱大昕、翁方纲、阮元等学界泰斗，都对金石碑版有很深的研究。在这种风气的带动下，书风的转变是很自然的。他们言必称秦汉，推重古朴，这对唐以后衰落的隶书无疑是救药一帖。

邓石如的真书与行草书同样是令人钦服的。他的真书得益于六朝碑版，平实质朴，笔致蕴藉，“无五季以来俗气”。康有为分析是因其“生平写《史晨》《礼器》最多，故笔之中锋最厚。又临南北碑最多，故气息规模，自然高古”。篆隶书要求笔画中实，这基本奠定其真书的气质。其字形多从碑版中来，易烂漫为严谨，易简肃为秀逸，别树一帜。行草书学颜真卿《争座位》，结字独到，运笔连绵，举重若轻，奇趣横生。

功垂后世

邓石如的篆刻对后世影响很大，吴让之、徐三庚、赵之谦、吴昌硕等都对他推崇备至，取法于他。有人把邓石如这一路的印风称为“徽派”，也有人干脆称“邓派”。“徽派”是以地域来命名，不可避免会夹杂一些其他因素，还不如以“邓派”来命名更合适，更能深入理解邓石如篆刻的特殊内涵。

目前，辑邓石如印稿最全的当为孙慰祖先生编著的《邓石如篆刻》一书，共145方，其中“十分红处便成灰”“有好都能累此生”二印印风接近吴让之，而署款是邓石如，为不可靠之作。其余的风格面目也很不统一，很难前后贯穿起来。其中原因笔者认为他一生壮游，所刻之印的风格与受主很有关系，如他为毕沅刻的几方很有“官僚气”，而替罗聘、毕兰泉、梅甫等好友所刻的大多很有“文人气”。邓石如没有一个稳定的创作环境，使得他的印没有固定的程式，更多流露的是他身上所蕴藏的那份野性和创造力。

从流传的作品来看，邓石如一生都在探索之中，未到精熟定型的境界。赵之谦在《致魏锡曾书》中认为：“邓（石如）天四人六，包（世臣）天三人七，吴（让之）天一人九。”赵之谦的说法是有一定道理的，邓石如的书法与篆刻作品确实更多流露的是他豪迈的才情和野逸的气质，因此以正统自居的翁方纲看不起他。不过，正是因为邓石如身上所蕴藏的那份野性，使得他的作品充满了生命力，富有创造精神。确实，邓石如“刚健婀娜”“铁钩锁”的篆刻风格在清代是独树一帜的。后人把这种风格归纳为“印从书出”，是篆刻史上的重大突破。吴让之说：“以汉碑入汉印，完白山人开之，所以独有千古。”吴让之的眼光很独到，看到了邓石如篆书成功之处在于融“彝器款识以尽其变，汉人碑额以博其体”。其实，邓石如篆书的意义还在于使书印合一的表现有了崭新的境界，使书的意味在印章的方寸之间有了更大的容量。如果将篆刻的表达手段分为字法、章法、刀法、篆法四个部分，那么其中字法是最具个人色彩的因素，字法往往决定章法、刀法、篆法的选择。在邓石如之前，有过“印外求印论”的主张，明代朱简的“笔意表现论”即要求刀法传达书法的笔意，但还是未像邓石如这样做到书法与印章的统一。这种统一不仅仅是要求刀法传达书法的笔意，而且要求印章的整体体现书法的意味。在邓石如的主导下，篆刻的新风不断，功莫大焉！

从盐商中走出的经学大家——凌廷堪

夏建圩

凌廷堪像

凌廷堪（1757—1809），字次仲，又字仲子，安徽歙县人。清代乾嘉学派的代表人物之一。主要著作有《礼经释例》十三卷、《燕乐考原》六卷、《元遗山先生年谱》二卷、《梅边吹笛谱》二卷、《校礼堂文集》三十六卷、《校礼堂诗集》十四卷、《晋秦始笛律匡谬》。

弃儒经商　贾儒互济

凌廷堪高祖为凌坤元，县学生；祖父凌易筠，国学生，性豪侠仗义，迎娶海州板浦许世贞之女，回到故乡不再外出，其家庭称得上是书香门第。然而凌易筠早逝，凌廷堪祖母许氏失去生活依靠，不得不带着年幼的儿子凌文焻由歙县迁至海州板浦，暂居在娘家。凌文焻外祖父许世贞是经营盐业的灶户，以煮盐为生业。凌文焻，字灿然，成人后，也加入灶户行当，其元配戴氏没有生育，于是又娶王氏，生育二子，长子凌廷尧，次子即凌廷堪。凌廷堪六岁时，父亲凌文焻病逝，长子凌廷尧承担家庭负担。七岁时，凌廷堪开始进入私塾读《大学》，十二岁时，凌廷堪已经熟诵四书了。十三岁时，因家庭经济每况愈下，为了分担兄长负担，凌廷堪弃儒经商，跟随兄长学做生意。他“为贾而耻与人争利”，在生意场上一无所获，不过经商之余，凌廷堪求知的欲望更加强烈了，因无力购买书籍，常常从友人家里借书阅读。这一时期，他主要读的是《词综》《唐诗别裁》之类的书籍。因为借书不容易，更加激励他挑灯夜读，不知疲倦。《词综》是清初著名学者朱彝尊和汪森共同编写的一部词总集，内容非常丰富。《唐诗别裁》是乾隆年间沈德潜选编的一部诗集，辑录了唐代不同流派诗作一千九百余首，两部著作在当时影响很大。凌廷堪对它们百读不厌，反复揣摩，一年下来，他不仅学会诗词的欣赏，而且自己也会赋诗作词了。

为了丰富知识，凌廷堪常到板浦的含沧书屋看书，书屋主人杨锳很欣赏凌廷堪求学的决心。当时，浙江钱塘一位诗人正寄居在含沧书屋，他叫张宾鹤，很有才气，擅长写七言古诗，书法学颜真卿。他看到凌廷堪作的诗词，觉得惊奇，就主动教凌廷堪作诗词的方法与原则。后来凌廷堪有诗回忆这段经历，“忆君在海上，授我为声诗。谓我下笔古，有若屈宋辞”。也许正是这种青睐远古的情怀，引导未来的凌廷堪倾注一生心血研究《仪礼》吧。

正当凌廷堪热心诗词创作的时候，一个偶然的机会，他又结识了戏曲家吴恒宣，吴恒宣当时正在编写《云台山志》，凌廷堪在文坛已小有名气，吴恒宣邀请他一同编写。在吴恒宣的影响下，凌廷堪开始留心南北曲之学。词曲虽然是“末技”“小道”，但毕竟是古代音律学中的一个重要门类，从此他潜心学习词曲。一年后，凌廷堪能够独立写曲和古文了，这也为他日后在燕乐领域的研究奠定了基础。

凌廷堪母亲了解儿子的志向，劝告他：“你选择了经商，却又不屑与商人为伍，这样难以为继，还不如走读书的路。”她提醒凌廷堪：“读书不是为了头衔虚名，而是在学习经典的过程中，明白做人的道理，并能践行。既然你在小小的板浦没有提高学识的机会了，你就外出寻师问学吧，你兄长照顾我，不用担心。”正好这时，凌廷堪的表兄弟许执中，时任仪征县税课司大使，聘请凌廷堪担任署中文案工作，在经济上有了保障，凌廷堪欣然整理行装，前往仪征，迈出深造的第一步。

乾隆四十六年（1781），凌廷堪应两淮巡盐御史伊龄阿之聘请，来到人文荟萃的扬州。伊龄阿擅长书画，早在四年前，他奉乾隆帝旨意删改《古今杂剧传奇》，在扬州开设词馆，修改曲剧。正是凌廷堪在戏曲上有一定的造诣，伊龄阿邀请他来扬州修曲。在扬州，凌廷堪又结识了当时还是秀才的阮元，并为莫逆之交。词馆解散后，凌廷堪认识到局限于词曲还远远不够，他将注意力转移到经书上来，用手抄经书的方法加强记忆。扬州府教授金兆燕对于凌廷堪的勤学很重视，认为他是可造人才，便劝凌廷堪不可长期滞留在乡里，建议他到京师去拜名师，开眼界。

乾隆四十七年（1782），凌廷堪与板浦场盐大使汤惟镜同行入京求取功名，认识恩师翁方纲，为其受业弟子。不久，翁方纲举荐凌廷堪入章维垣幕，又被庆格主事聘为西席，遂得广交师友，一时名声大噪。乾隆五十四年（1789），凌廷堪参加乡试，中第一百零四名举人，次年入京会试，中第四名贡士，回乡等待候补。乾隆五十九年（1794），为潜心修经史，“远利求冷官”，获安徽宁国府教授缺，担任了十一年府学教授，此后又出任宣城敬亭书院、歙县紫阳书院讲席。晚年下肢瘫痪，专心著述。

《礼经释例》 “以礼代理”

乾隆四十四年（1779），凌廷堪在扬州游学时期，由于对同乡江永、戴震的学术比较仰慕，便开始了经学研究之路，尤其究心《礼经》。在经学方面，凌廷堪的《礼经释例》为清代礼学研究的集大成之作，意义与价值重大。凌廷堪自称为戴震的私淑弟子，极为尊重戴震，继承戴震治学方法。在《礼经释例》中，凌廷堪运用归纳条理、发明义例的方法，为研究经学开辟了新的学术路径，并在戴震理学思想基础上，提出“以礼代理”的义理学思想，充实并确立了礼学在特定时期向社会学理念的转型，进而引发晚清时期的重礼思潮。

他从礼之本经《仪礼》所载节文威仪中寻绎经纬途径，概括归纳出各类条例，并根据其性质分为八类，即通例、饮食之例、宾客之例、射例、变例、祭例、器服之例及杂例。其中通例为一般常用仪节，饮食之例、宾客之例、射例、变例、祭例、器服之例为具体仪节，杂例为难以归类的各种仪节。在每一条例下，凌廷堪都采取“以经证经”的方法，广征博引，疏通证明，有时还推而广之，对其中涉及的其他经典文献有关问题进行考证。《仪礼》共十七篇，它基本上是一部结集有关先秦冠、婚、丧、祭、饮、射、燕、聘、觐等礼仪制度方面的著作，其中主要是辨明各种名物礼器及种种行礼的礼节，而不阐发礼的意蕴。由于这些繁缛的礼节年代久远，致使后人难以梳理，不知所云，历来难读难懂，更缺少系统的研究者。清初张尔岐作《仪礼郑注句读》，取汉代郑玄的注释，又摘取唐代贾公彦为《仪礼》所作的疏文，为《仪礼》十七篇划分了段落，并标明了每节的名称，使《仪礼》全文层次较为分明，便于后人阅读。但该著的缺点在于未能从《仪礼》中寻绎出礼例予以条理化，使学者无从具体感知《仪礼》。乾嘉年间，江永、惠栋、杭世骏、沈彤等学者先后对《仪礼》作过研究，但是他们仅仅局限《仪礼》中某项礼制的专门论证，而没有对《仪礼》作全面梳理、贯通并由此来归纳礼例的研究。有感于此，凌廷堪肆力完成《礼经释例》，将《仪礼》中的礼例，进行了全面归纳、会通。《礼经释例》为《仪礼》研究者提供了一把钥匙，“学者得指南车矣”。

凌廷堪《礼经释例》寄托着深沉的学术思想，他在精研《仪礼》及谙熟古代礼制的基础上，提出“复礼”的主张。他认为：礼即圣人之道，亦为学问之道。“夫人之所受于天者，性也；性之所固有者，善也；所以复其善者，学也；所以贯其学者，礼也。是故圣人之道，一礼而已矣。”学礼知礼不仅是人的天性，更是为人、行善、行道的起点，离开具体的礼，道不所依附。他提出“复礼”观点的背后，除了个人学问宗旨之外，还隐藏着深刻的时代内涵及社会思想变化。正因为礼有形有物，可做可行，一扫宋明理学的空疏不实，不利于恢复圣人之道，凌廷堪大胆提出“以礼代理”的思想。清代乾嘉时期，考据学成为学术的主流，凌廷堪虽然没有严格意义上的考据学著作存世，没有形成自己对于考据的学术观点。但考据的精神充分体现在《礼经释例》《元遗山先生年谱》《梅边吹笛谱》等著作中，其《校礼堂文集》中也有数篇有关考据的文章。凌廷堪是乾嘉学派最具有代表性的学者之一，也是最重要的一员大将，是颇负盛名的“扬州学派”三巨头之一，时人江藩赞曰：“君（凌廷堪）读书破万卷，肄经，邃于《士礼》，披文摘句，寻例析辞，闻者冰释。至于声音、训诂、九章、八线，皆造其极而抉其奥。于史，则无史不习，大事本末，名臣行业，谈论时若瓶泻水，纤悉不误。”

热爱词曲　文人本色

凌廷堪是中国戏剧史学和曲学研究的探索者，他曾经入词曲局，帮助黄文旸校订词曲，校订期间与不少曲界名流如黄文旸、焦循等结交，成为清中叶重要的戏曲理论家、音乐理论家。凌廷堪《与程时斋论曲书》《论曲绝句》《燕乐考原》等戏曲论著，体现了他在曲学理论、创作及审美诸多方面的卓越见识。在戏曲渊源问题上，历来众说纷纭，诸如巫觋说均是溯其远流，而凌廷堪则着重探其近源。他认为戏曲源头为“诗余”。南北曲文体演变的探析，也是戏曲史展开讨论的基础。凌廷堪认为，明清传奇由元代北曲杂剧演变而来，“盖北曲以清空古质为主，而南曲为北曲之末流，虽曰意趣缠绵，然亦不外乎清空古质也”，并将这一理论贯穿到自己的文学创作中。对于作家作品领域，凌廷堪用论曲诗的形式细致加以点评，在宏观把握戏曲史的同时，进行微观层面的深入论析。他对元代曲家的作品关注较多，而对明清曲家则严苛很多，带有浓厚的个人感情色彩。凌廷堪认为元代杂剧成功的原因之一在于情节生动曲折，需要大胆虚构假设。针对《包待制智斩鲁斋郎》剧情，凌廷堪论道：“是真是戏妄参详，撼树蚍蜉不自量。信否东都包待制，金牌智斩鲁斋郎。”剧情细节历史并无记载，完全是作者精心杜撰，用以伸张正义，如果拘泥于历史真实，就会失去艺术吸引力。在语言风格上，凌廷堪肯定元曲质朴自然是本色。凌廷堪对戏曲格律音韵问题考辨甚勤。他发现当时一些作品常常忽略方言音韵的差别而用韵混淆，从而影响了戏曲演唱效果，其观点主要体现在《燕乐考原》中。乾嘉时期，学者们从未对燕乐做过细致精密的研究，凌廷堪在此方面，苦心钻研二十余年，完成了对艰深晦涩的燕乐二十八调的研究，影响并促进了后世音韵乐律学的研究。对于戏曲创作的“务头”论，当时存在不同的看法，凌廷堪说：“清如玉笛远横秋，一月孤明论务头。不独律严兼韵胜，可人鸳被冷堆愁。”他认为曲子要动听，语言要自然，音韵要贴切，才能产生身临其境的效果。

凌廷堪也是一位词作家，他创作大量咏物、题画、观景、羁旅及酬唱之类的词。因凌廷堪学有渊源，见识广博，其词作也颇有特色，主要体现在两个方面，一是“词序相生与音律谐和”，二是“婉约清丽与豪放朗阔”。难能可贵的是，凌廷堪还阐述了词学观点。他说：“词者，诗之余也，昉于唐，沿于五代，具于北宋，盛于南宋，衰于元，亡于清。”这是通论，他还有独特的心得，“词以南宋为极，能继之者竹垞，至厉樊榭则更极其工，后来居上。北曲填词以关汉卿诸人为至，犹词家之有姜、张。后之填词家，如文长、粲花、笠翁，皆非正宗。玉茗词坛飞将，然能合元人者，惟《牡丹亭·圆驾》一折。近人如洪昉思《长生殿》，乃能直逼元人，其气韵迥与诸人不类”。

凌廷堪一生虽然短暂，但著作颇丰，其经学更是开创了对古代《仪礼》研究的一种体例，可谓“发古人所未发”，不仅如此，他的弟子，如阮长生、张其锦都有较高的成就，而胡培翚的《仪礼正义》更是地位突出。凌廷堪博览群书，无所不窥，他对历书、历算，职官的异同，史传的错漏，外属的源流，没有不清楚的。另外，他对各朝名人的文章、诗歌、铭赞等，都能诵读，这样学识广博的人，确实不多见。

经世致用——方东树

朱小阳

方东树（1772—1851），字植之，别号副墨子，又号仪卫老人，后世学者称其为仪卫先生，安徽桐城人，为清代桐城派代表人物之一。方东树为著名桐城派学者姚鼐的学生，多有著作传世。

命途多舛　科举无缘

方氏家族在明代时由徽州府婺源县迁入桐城地区。方东树高祖方畯，号竹圃，酷爱读书，在其倡导下，方氏渐成习文风气，后世几代均为儒生。曾祖方泽，乾隆优贡生，候选知县。值得一提的是，方泽曾是鼎鼎有名的文人姚鼐的师傅。祖方训，处士。父亲方绩，亦爱读书，博学工古文词，为县学生。

方东树自幼聪颖，幼承家范，随父读书，十一岁即能诗文，乡里赞叹。至方东树稍长，由于方氏与姚鼐的渊源，乾隆五十八年（1793）方东树来到江宁钟山书院，受业于同乡大儒姚鼐。方东树为姚鼐得意门生，但乡试十余次均不中，至道光年间便不再应试。方东树后补为县学生，一生都为诸生身份。

另一位桐城派文人陈用光与方东树同为姚鼐门生，同窗多年，关系亲密，嘉庆五年（1800）中举，嘉庆六年（1801）中进士，后官运亨通，多次任地方乡试考官。陈用光曾聘请方东树为其家子弟授学三年。方东树的众多朋友都纷纷力劝他去应试，认为机会难得，切莫错过。陈用光也劝方东树，希望他参加乡试。方东树坚持不再参加乡试，他说："从宽慰父母、光宗耀祖的角度来说，我是该参加乡试。然而我早已经决定不再进科场比试，更何况现在的主考老师都是我的同门或好友，我的文章他们一看便能分辨出来，我参加比试就是为难他们，我若考中别人也会有所异议。我应避嫌才是。”方东树成名后，有许多人向安徽地方长官推荐方东树，方东树均婉言辞谢。

方东树四十岁之后，更加刻苦读书，专心治学，每每稍有闲暇即精研不断，稍有感悟，立即记录，无一日松懈。因此，学业大进，经史、文学、诸子百家，无不精通。方东树平生节俭度日，自己节省，对别人宽厚，大灾之年自己节衣缩食周济穷人。他常对弟子说：“读书人不耕不织，却食有米，穿有衣，不免有愧于心。只有读书明理，勤于写作，著书立说回报社会，为民服务，才能无愧于心。”方东树为人热心，重情感，老师姚鼐逝世数十年，每每和别人谈到老师姚鼐，常落泪不止。

姚莹和方东树既是同乡，又师出同门，同为姚鼐学生，二人相交游长达四十年之久。虽然两人都常年在外奔波，但仍通过书信互相交流，他们相互探讨学问，彼此遇到困境时相互关心。之后姚莹左入四川，见方东树家中清贫，临行前给方东树银数百两。方东树后来听闻姚莹出使西藏，家计艰难，将原本姚莹送给自己的银两如数送还给姚家。

方东树一生中大部分时间以教书为生，客游四方，凡是来求教的，方东树知无不言。方东树富有正义感，是非分明，因此颇招人记恨。曾有某县令仰慕方东树文名，以重金请求方东树为其父撰写墓志铭，方东树知此人为官贪污，拒绝了他的请求，说：“我家贫困，确实需要银两，但我更视道德重。”县令怀恨在心，扬言要使方东树下狱，方东树亦无畏惧。

方东树虽无功名，但文名在外，常被封疆大吏聘为幕僚，教学子弟，所以方东树常与公卿交往。道光十一年（1831），桐城境内发生水灾，灾情严重，不少百姓受灾，县令杨大缙搜刮民财，造成民怨沸腾，万人围困县衙，杨大缙惶恐不安，以百姓骚乱为由，派兵镇压。其时，方东树在邓廷桢幕府，向邓廷桢陈述实情。邓廷桢责成杨大缙要安抚灾民，事态才得平息。

道光十八年（1838），方东树在广东巡抚邓廷桢处做幕僚。当时中国人深受英国贩卖鸦片之害，方东树作《匡民正俗对》，陈述鸦片之毒害，请禁鸦片，并指出英国驻广州的领事义律嚣张跋扈，劝拘捕杀之以绝后患。邓廷桢害怕引起事端，没有采纳。鸦片战争爆发后，方东树痛心疾首作《病榻罪言》，文中痛批投降派，慷慨激昂，并作诗："敢将微贱忧天意，漫托虚空饷远思。老死端无陈事日，新书始见属辞时。"

抨击汉学　经世致用

清乾隆嘉庆时期，考据学派盛行，姚鼐独尊宋贤，方东树也坚持老师姚鼐的立场，为"姚门四弟子"之一，学术上主张桐城派"义法"说。方东树一生所做的学问，无不体现出其经世致用的思想。方氏认为学者做学问就应该服务于大众、国家，无论是其反对汉学还是主张严禁鸦片等都能反映出这种思想。

当时阮元开辟学堂，邀请名流交流，方东树也来此学堂，时常有不同于众人的观点，方东树说道："近世尚考据，与宋贤为水火。而其人类皆鸿名博学，贯穿百氏，遂使数十年承学之士，耳目心思为之大障。"当时的清代学者盛行考据，风行一时，又曰汉学，攻程朱理学。方东树是桐城派的直接继承者，竭力维护程朱理学道统地位，反对汉学。清代汉学是指以经学为中心，涉及文学、史学、天文、地理、典制等内容的学派，崇尚并采用汉代学者训诂考订之法治学而名之汉学。当时很多汉学者重形而无及义理、精神，抛弃了汉代学者以训诂求经义之治学精神。在这样的背景下，方东树从以下几个方面集中对当时的汉学流派提出了异议。首先，方东树抨击汉学家钻在故纸堆中，严重脱离实际。方东树反对知识分子钻在故纸堆中治学，希望学者们能够关注时事、经世致用，"才当世用，卓乎实能济世"，认为"文不能经世者，皆无用之言，大雅君子所弗为也"！其次，方东树认为汉学家的考据研究导致知识和社会实践脱节，造成知识和现实生产生活断裂。方东树认为当时的汉学家只注重考证等治学过程中的具体性雕虫小技，穷尽精力以名物训诂成名立身，而忽视探讨经书中于国于民有用的内容和义理。最后，方东树抨击汉学家的研究导致汉学由实学而至虚学，对国家社会的发展极为不利。

方东树所著《汉学商兑》，对其时汉学潮流提出尖锐批判，旗帜鲜明地提出："为汉学者，惟取汉儒破碎，穿凿谬说，扬其波而汩其流，抵掌攘袂，明目张胆，惟以诋宋儒攻朱子为急务，不知学之有统，道之有归，聊相与逞志以骛名而已。"

方东树所著以《汉学商兑》最有影响力，《汉学商兑》于道光十一年（1831）刊行，以攻考据家之失，声名大噪。自此，学界攻击程朱之风始逐渐平息。梁启超评论《汉学商兑》："其文辞斐然，论锋敏锐，所攻者间亦中症结。"《汉学商兑》的内容分上、中、下三卷，卷中又分为上、下两部分。全书以"汉学""宋学"关系，亦即考据与义理之关系为主要线索，前两卷主要按照人物先后顺序进行排列，卷上总论自清初至汉学成型过程中诸儒的汉宋关系。

方东树认为，清初顾炎武、黄宗羲等人虽崇尚实学，尚未专门以汉学为旗帜。"专标汉帜，则自惠氏始。惠氏虽标汉帜，尚未厉禁言理。厉禁言理则自戴氏始，自是宗旨祖述，邪波大肆，遂举唐宋诸儒已定不易之案，至精不易之论，必欲一一尽翻之，以张其门户。江氏作《汉学师承记》，阮氏集《经解》于诸家著述，凡不关小学，不纯用汉儒古训者，概不著录。观江氏书中所记诸人之说，其徒奉为科令者。"如云"南宋以后，讲学家空谈性命，不论训诂，教学者说经，专宗汉儒"。

方东树指出，在清初诸儒那时尚无所谓汉学与宋学的分野，汉学的正式形成则以惠栋《易汉学》为显著标志。然惠栋治学以"六经服许、郑，百行效程、朱"为宗旨，对于程朱理学尚持开放态度。方东树认为，到戴震则开始"厉禁言理"，将汉学训诂与宋学义理截然对立起来。所以方东树对戴震的评价就完全趋于负面。他认为，戴震虽然宣称"以理为学，以道为统，以心为宗者，探之茫茫，索之冥冥也。曷若反求之六经耶"，反对宋明儒空谈心性之学。然而，"戴氏宗旨厉禁言理，而所以反求之六经者，仅在于形声训诂名物制度之末"。方东树的意思是说，戴震抛弃、湮灭了圣贤与经典的义理，要对汉学肆行、宋学消沉的局面负主要责任。

方东树的文学主张见于他晚年所著的论诗专著《昭昧詹言》中。对于诗歌，方东树注重“气”：“凡诗、文、书、画，以精神为主。精神者，气之华也。”又曰：“诗文者，生气也。若满纸如剪彩雕刻无生气，乃应试馆阁体耳，于作家无分。”不仅如此，方东树还以桐城派的“古文之法”来提倡诗歌的创作，认为“古文及书、画、诗，四者之理一也，其用法取境亦一”，所以用文法来看待诗法在他看来变得顺理成章，所谓“诗与古文一也，不解文事，必不能当诗家著录”。方东树注重诗的“章法”“句法”，以为它们“与古文之法相似”。

方东树还呼吁救时济世、关注国计民生，他曾指出：“盖民安而后国安，国安则君自安，一定之理，若夫徒知利国而不利民，不顾民之水火疾痛，而曰：吾固以利国奉君也。譬掘根焦土而求种，获必不得矣，卒之民亡，而国遂受其不败。孟子曰：民为贵，社稷次之，君为轻。此利害次第之实理也。”这就是民本思想范畴，体现出方东树思想的进步性。

方东树于道光年间先后主讲于韶阳书院、庐阳书院、泖湖书院、松滋书院。晚年应祁门县令唐鲁明邀请，任祁门东山书院主讲。

方东树平生著作颇多，著有《汉学商兑》《匡民正俗对》《病榻罪言》《昭昧詹言》等十余种影响力较广的著作，《清史稿》载方东树的《柏堂经说》、笔记、文集一百五十余卷。

佣书布衣——俞正燮

余敏辉　舒甘来

在中国长期的封建社会中，有影响的文化名人灿如星辰。仔细分析他们的人生经历，或亦官亦文，或亦商亦文，或亦戎亦文，真正生活在社会底层而卓有建树者凤毛麟角。清朝黟县的俞正燮就是一个平民出身，家贫落魄，在社会底层奋斗，脱颖而出的传奇式的布衣学者，是一个时运不齐、命途多舛，被誉为人杰的真正人才。

书海遨游博古今

俞正燮像

俞正燮（1775—1840），字理初，安徽黟县人，清著名思想家、考据学家。俞正燮性介不苟流俗，因科考屡试不中，一生未获得一官半职，清贫而又坎坷。虽博学能文，笔耕不辍，著述等身，却大多为人作嫁，以替人编书校书为生。作为一个传奇的布衣学者，他在中国学术史上留下了光辉的一页，被誉为中国近代启幕前夕的一位真正人杰。

乾隆四十年（1775），俞正燮出生在一个家境贫寒的书香之家，其父俞献是个小有名气的从事教育的小吏，“工骈体隶事，尤熟掌故”，曾先后主讲河南闻政书院，任江苏句容训导、安徽庐江教谕等职。作为一个小官吏，薪俸并不丰厚，俞正燮出生后，俞家又先后添了五个儿子，俸少人多，日子过得十分拮据。

父亲在世时，虽说称不上富裕，至少不至于饿肚子，而且能挤出余钱买书。俞正燮从小聪颖好学，“性强记，经目不忘”，他跟随父亲，以读书为乐，并开始著文。父亲以微薄收入，尽量满足他买书的愿望，以至他的藏书处“四养斋”积轴多达七万卷。浩如烟海的《四库全书》以及道藏内典，他基本通览，牢记在心，一些名官世家科墨，原原本本，背诵如流。如此博古通今，世罕其匹，为他以后治学和写作，打下了坚实的基础。

嘉庆六年（1801）十一月，俞正燮的父亲离世，时年仅五十三岁。父亲去世，家中失去了唯一的经济来源，除留下成堆不能当饭吃的书卷，并无其他遗产。身为长子，俞正燮自二十七岁起，不得不担负起侍养母亲及抚育五个弟弟的家庭重任。其实，俞正燮父亲病重之时，家中就已很拮据，有他写于嘉庆六年（1801）六月的《睡起》诗为证：“雨传秋信到，贫又故乡违。乞米书频负，干人事本非。少年尽跳荡，何事苦长饥。”在贫穷中挣扎的一家人，甚至有时“日食不给，不能看书”。二十九岁的俞正燮曾这样自述：“纷纷债务如尘积，今年明年朝复夕。心烦口吃无一言，出门泥途深几尺。艰难此事仗友生，贫交无计又空行。劳劳都为钱刀贵，几时买地事躬耕？”

俞正燮穷而志坚，一生以读书为乐事，在书海中遨游，博览国学经典，由于基础扎实，知识面广，才能崭露头角，硕果累累，在我国学术界占有重要的一席之地。

为人佣书作嫁衣

俞正燮的父亲死后，家无田地，力不能耕，这样的穷知识分子如何生存？为了养活母亲及五个弟弟，俞正燮迫于生活压力，只得背着行李书袋，走遍大半个中国，以替人佣书以及授徒讲学，所得酬劳养家糊口，勉强度日。

佣者，受人雇用之卖力者，古代有佣工、佣耕、女佣之称，这都是卖体力的。而俞正燮的佣书则是为他人写书编校，卖的是智力。“手成官私巨书”，却是“借刻他人姓氏”，连知识产权也是别人的，这对一个知识分子来说，是一件多么痛苦的事。他的好友许瀚曾感叹说："有晋人风度，而不以书名，亦奇事也！"

俞正燮一生到底为他人编写了多少书，有些已无从知晓。现仅能考见的，据于石《俞正燮编纂与批校书目考》一文介绍，主要有：为大学士彭元瑞、编修刘凤浩撰辑《五代史记补注》；为时任会典馆总纂的户部给事中叶继雯编修《大清会典》；为湖南提督、果勇侯杨芳校正《六壬书》；为黟县知县吴甸华编纂《黟县志》；为户部侍郎程恩泽等校订《钦定春秋左传》；为南河总督张井编纂《续行水金鉴》；为礼部侍郎陈用光校订顾祖禹《读史方舆纪要》；为时任两湖总督的林则徐编纂《两湖通志》，并校订林氏先人的书稿；为时任吏部侍郎的祁寯藻校订《影宋本说文系传》《三古六朝文目》；先后为时任山东督粮道的孙星衍编撰《古天文说》二十卷，并辑校纬书。

此外，还有《宋会要辑本》五卷，《校补海国记闻》二卷，编纂《说文》《部纬》各一卷，以及批校《书集传》《文选》《礼记集说》等等，总共有二十种之多。这其中，绝大多数并不注明佣书者的名字，纯是为他人作嫁。

需要补充说明的是，俞正燮除了上述为他人佣书二十多种之外，还有他人或后人为其出资出版的《癸巳类稿》《癸巳存稿》各十五卷，以及《四养斋诗稿》。其中《四养斋诗稿》由他的侄子懋麟于咸丰二年（1852）刊行，程鸿诏《四养斋诗稿题记》云："右诗三卷，俞理初夫子遗稿也。令子怀方属编目录，令侄伯申校字付梓而属识其后。夫子之诗，散佚多矣，此仅有存者。"这篇题记所署时间为"咸丰二年（1852）三月朔"，则该书出版时间当在其后不久。

通考俞正燮的学术精神和治学特点，有三方面值得称道：一是心系国家盛衰、社稷安危，筹远通今，有着强烈的经世旨趣；二是高度关注民生问题，尤其同情妇女；三是通经史百家，尤以考据见长，既博且杂，精益求精，而这些其实都和他佣书有着密切关联。正因此缘故，俞正燮才能方便出入大内府，查阅到大量的邸报与档案资料，且时常来往于官宦之家，耳闻目睹，了解到军国大事、时政要闻，以至“尤熟国家掌故”；也因他身为佣工，来自社会底层，了解民众，才能对弱势群体寄予无限同情，从而“认识人权”，提倡男女平等；还因编书校书之需，他熟谙典籍，“博综九流”，从事文字训诂、名物解释、典制考索、史实纠谬，以及文献辨证、资料汇纂，“长于局部考证”。

如何看待俞正燮的佣书生涯呢？学者于石说：“俞正燮是笔耕为养，佣书成材的学者，这在我国学术史上是不多见的。”诸伟奇还进一步认为：“这种为人作嫁的佣书生涯，突显了像俞正燮这样出身社会中下层的知识分子，其学术能力、智力付出与现实学术地位的差异。然而，俞正燮浩博的学识，正是发轫并成就于编校各种各样的书籍之中，其代表作《癸巳类稿》《癸巳存稿》，便是其佣书心血的结晶。”可以这么说，正是俞正燮一生以佣书为业，成就了他清代著名思想家、考据学一大宗师的学术地位。

俞正燮遍游全国各地，“足迹半天下”，并把读书、治学和佣书合为一体，俞正燮的博学强记，虽不为专经专史之学，而涉览浩博，一时无两。他一生大半时间在外地讲学、著述，“行路无休息”，备尝艰辛，“终年羁旅，出必载书；午夜丹铅，手不释卷”。正如他在《文选自校本跋》中自述：“舟中读《文选》，所记烂然于眉上、行间，四十日始毕。”常年与书为伴，也给他带去了很多快乐，如他在《旅兴》中写道：“局促真堪叹，矜持事转差。征鸿长是客，泽楚若为家。壮志消书卷，闲愁阅岁华。梦中犹笑语，不分在天涯。”

三次落榜断仕进

有人可能要问，俞正燮这样有才华，为何不去博取功名呢？

俞正燮的性格特立独行，不合流俗，对功名利禄比较淡泊，他自言“不乐仕进”，但“为生计所迫更为科举时代大环境所裹挟”，他人到中年后还是不得不去奔竞科场，一生参加过三次科举考试，这三次考试，喜少悲多，可窥见清朝科举制度的冰山一角。

第一次，道光元年（1821），时年四十七岁的俞正燮参加了乡试，由附监生中式第一百一十五名举人。但中举并不注定能当官。因此，要想拿到“铁官碗”，还得参加会试考进士。

第二次，道光二年（1822），俞正燮赴京参加会试，大家以为凭他的才学，一定能考上，谁知命运偏偏和他开了个玩笑，竟榜上无名。什么原因呢？可能出于一个误会。

原来，这个考试的监考官非常器重俞正燮的才学，怕埋没人才，故嘱副主考“细阅此卷”。谁知引起副主考的误会，以为监考官得到徽商的好处，竟不阅此卷。事后，这位副主考才知俞正燮并非什么有钱的徽商，乃是一个布衣人才，感到非常后悔。如果不是这个误会，可能这次就能考上进士。

最后一次是道光十三年（1833），两鬓斑白、年已五十九岁的俞正燮又一次参加会试。三月丁丑，以大学士曹振镛为会试正考官，协办大学士云贵总督阮元、兵部尚书那清安、工部左侍郎恩铭为副考官。可怜的俞正燮又一次失败，而原因是同乡曹振镛对其有偏见。

凡是熟悉俞正燮的人都认为，凭俞正燮的实力，这次考上进士是没有问题的。但到了发榜，却不见俞正燮入榜。协办的官员遍搜落卷亦不得，感到很惊讶。原来，这位同是徽州人的正考官曹振镛竟将俞正燮的卷子束之高阁，予以摈弃。他说，我平生最讨厌这种“迂诞之学”，并愤愤地表示“恶此琐琐者”。所谓“迂诞之学”，就是迂阔荒诞，不合事理；所谓“琐琐者”，就是人品卑微、平庸、渺小。在这位大学士眼里，俞正燮就是这样一个出身卑微，不合潮流，迂阔荒诞的小人物。

曹振镛是徽州歙县人，是当朝炙手可热的权贵，他之所以对俞正燮有偏见，除了不喜欢考据文章之外，还有两个重要原因：一是俞正燮不与俗谐、特立独行，不受世俗牢笼的束缚，为当时的封建体制不容；二是可能和俞正燮的答题内容有关，他的《节妇说》《贞女说》《妒非女子恶德论》等文，对传统的“节烈观”“七出”的道德戒律以及纳妾、强迫妇女裹足等罪恶的制度和习俗作了激烈的批判，这种反封建的一贯观点，势必在答卷中有所体现，而这种反潮流的观点是封建卫道士所不能容忍的。

俞正燮怀才不遇，是时代的悲剧，令许多公正人士为其打抱不平。不仅时任房考的王藻百感交集，认为在安徽知名人士中，应首推俞正燮；就是十年之后的阮元，与人谈起此事，“犹扼腕太息，有余恨”，感到国家失去了一位宏通淹雅之材；甚至《剑桥中国晚清史》作者也认为：“曹振镛的学究气据说曾在会试的程式规格中占统治地位，结果是创造性让位于庸腐，有新义的文章被奚落。”并在注释中进一步指出：“据说，曹振镛应对著名的举子俞正燮在1833年会试中的落选负责。”

俞正燮虽几次落榜，但意志并没有消沉，反而气定神闲，泰然处之，继续勤勉著述，嘉惠学林，为后人留下了一笔丰富的文化遗产，不愧是一位“很了不起的可以被称之为人杰”的布衣学者！

颠覆传统维女权

在封建社会，男尊女卑的传统道德观念十分顽固，而俞正燮却敢于反潮流，从朴素的人权观念出发，明确反对男尊女卑，提出女性应与男性拥有平等的权利，大胆而尖锐地对一些传统道德观念提出异议，并为维护妇女的权益鼓与呼，无异于是冲破旧传统的一声惊雷，不愧是我国近代“维护女权第一人”，成为我国近代女权运动的先驱者之一。

巾帼女杰和才女名媛是中国女性的骄傲，有些贬低女性的封建卫道士却热衷于给她们抹黑，而俞正燮却极力给予她们公正评价。通览俞正燮所著《癸巳类稿》《癸巳存稿》中约六十篇对女性人物考据的文章，不难看出他关注最多的是一代文宗、宋代著名女词人李清照命运多舛的一生，尤其是对她在丈夫赵明诚去世后，为求晚年安适而改嫁张汝舟这一传言进行深入考证，极力为李清照改嫁辩诬。俞正燮夸赞李清照有“秀美之才”，被诬改嫁是因“好论文以中人忌也”。由于引证材料翔实，辨析有力，且能自圆其说，情理兼通，其结论是较为可信的。此外，俞正燮还非常关注另一位传奇式人物——为民族团结而舍身远嫁他乡的王昭君。他在《昭君》一文中，不仅详列其名字、家世的异说，而且对她的亲属、婚姻以及子女情况做了详细考证，撰写了《题昭君图三首》《集昭君诗一册书其后》《昭君诗》等，称赞王昭君“人才多智谋足，明艳寡双，而恬淡无营，母仪行国，阅三十载”，赢得匈奴上下的爱戴和尊敬，也成为中土人士“抒忱追慕”的对象，认为这才是真正的“光彩焕发”。此外，对女扮男装、代父从军的花木兰，杰出的女政治家武则天等，俞正燮也作了公正评价和分析。与此同时，俞正燮还以散考形式，极力为一些被诬陷中伤的名妇鸣冤叫屈。

俞正燮从朴素的人权观念和平等思想出发，赞成人生而平等，“天下无生而贵者也”，“太古天子元子未冠，与庶人之子未冠者同，是总角之士无贵贱”。为了破除男尊女卑的偏见，俞正燮力辟新径，引经据典，多发前人所未发，旗帜鲜明地提出女性应与男性拥有平等的权利。

从称谓上，他通过对一些与女性有关的称谓词做出新的诠释，来消除人们对女性的不敬与误解，以此说明男女自古是平等的，不存在性别歧视。如古人常说的“君子”，并非仅限于男子，在一定条件下女子也可称君子。“娣姒”之称，“是据妇年大小，不以夫年为大小”，仅表明在家庭中长幼关系而已。

从礼制来看，俞正燮认为，古代男女在婚姻关系中也是平等的。他说，《说苑》云：“太公望，故老妇之出夫也。”按娶妻，故有出妇；赘婿，则有出夫。女子生前既可再嫁，死后也应并祀，不分尊卑，即正室、继室在家庙中都享有供祀的平等权利，这才合情入理。

从史实来看，男尊女卑的观念，尤其是“夫为妻纲”观念深入人心，后世如此，就推断古代也必定如此。俞正燮却认为，其实古代妇女政治地位很高，原本是可以治国理政的。他用许多考证事实说明，在古代男女社会地位是平等的。只是自宋以后的一些理学家贬低女人的地位，导致男尊女卑观念的横行。

从佛经来看，俞正燮对尼姑的命运极为同情，所著《尼庵议》长达四千余言，其主旨在于提倡尼、僧平等，尤其是尼当自立，另立门户，不要受男僧节制，男僧对女尼并无支配权，认为尼庵清规戒律应少些，“责以苦行，则非本愿，故不宜求之过急”。

千百年来，在吃人的封建礼教束缚之下，不知有多少妇女受尽了折磨，承受了各种苦难。俞正燮在对她们倾注了无限同情的同时，还研精覃思，缘情说理，非常鲜明地反对摧残、迫害、歧视妇女的言行，尤其是他勇于破旧立新，大胆而尖锐地对一些传统道德观念提出异议，并为维护妇女的权益鼓与呼，真可谓空谷足音。俞正燮在《女》篇中，要求人们“生男勿喜，生女勿怒”；又在《嘌解》《家妓官妓旧事》文中，对古代娼妓制度的源起及流变做了全面考察，指出士大夫狎妓不正当；俞正燮还强烈谴责了妇女必须裹足的恶习，对通过裹足而将女子贬为男子玩物的可耻行为深恶痛绝，极其反对。他写了一系列文章，伸张正义，为妇女抱不平，如《女人称谓贵重》《出夫》《女》《妻》《妒非女人恶德论》《节妇说》《贞女说》诸篇。

俞正燮还设身处地从女性的处境出发，坚决反对一夫多妻制，对“夫有再娶之义，妇无二适之文”的论调，认为礼意不明，苛求妇人，遂为偏义，是无耻之论，认为“女再嫁，与男再娶者等”，女子享有和男子同等的婚嫁自由。

此外，俞正燮通过考察古代婚嫁习俗，以及历代法律条文中关于“婚龄”之规定，主张婚姻自由，嫁娶及时，并明确反对早婚，以保护妇女的身心健康。

俞正燮这些主张男女平等、维护妇女权益思想，在当时的封建社会，是十分难能可贵的反潮流思想，闪烁着思想解放和人性的光辉。正如李敖所指出的，“在鸦片战争的时候，中国有名的思想家死掉了，他的名字叫俞正燮，他是替中国妇女受到不人道的待遇讲话的”。由此也不难看出，俞正燮不愧是我国近代“维护女权第一人”。

考据经世转学风

作为嘉道之际一大通儒和考据名家，俞正燮并不局限于经史考订、名物训诂，而是有着较强的忧患意识和经世思想，“颇留意于时事，于河工、水道、海运、漕运、边防皆有论述”，是嘉道时期学术从考据转向经世的倡导者、践行者。他不仅关注内地，而且关注域外史地，长期从事中国边疆史地研究，他撰写的综合性丛考杂辨类笔记《癸巳类稿》《癸巳存稿》各十五卷，论述域外舆地的就有两卷之多，其中涉及俄罗斯、蒙古、西北亚、东西亚及欧、美各国，文字间流露出对外患的警惕和边备的筹思。

俄罗斯原是个欧洲国家，自17世纪穿越西伯利亚，一直推进到黑龙江流域，才开始与中国接触。俞正燮精心撰写了《俄罗斯佐领考》《俄罗斯事辑》《俄罗斯长编稿跋》等系列文章，通过对档案文献资料的搜集、考证和诠释，钩沉稽古，发微抉隐，首次对俄罗斯这个我国最大的北方邻邦作了较为全面的探讨，应该说“真正具有近代意义的沙俄史研究，当始于嘉道间的俞正燮”。俞正燮研究俄罗斯系列文章的出现，“犹如一缕清新之风吹进了晚清沉寂的思想界”，对俄罗斯做出了开拓性和基础性的研究。

除近邻俄罗斯之外，俞正燮还写有《荷兰》一文，对这个曾侵略东南亚以及“垂涎台湾，窥伺澳门”的西方殖民国家进行了专门考察，指出“自明嘉靖二十九年（1550）以后，荷兰思据广东香山澳，不可得，则据福建澎湖。又与佛朗西分据美洛居及浡泥地。至崇祯时，遂据今台湾，时荷兰从日本得之”，“荷兰本在西北，而远戍东南，其意殊不可测”。还要提及的是，俞正燮所著《缅甸东北两路地形考》，对中国重要的西南邻邦之一缅甸，以及中缅关系史做了考辨和论述，引证博洽，“成为我国早期考证和确认西南邻邦的专门著作”。

我国东南沿海是西方殖民者垂涎已久之地。台湾自古以来就是中国领土不可分割的一部分，是太平洋地区各国海上联系的重要交通枢纽，也是中国东南沿海的重要屏障，对国家安全和发展具有重要意义。俞正燮充分认识到台湾在交通和战略上的重要地位，特意撰写了《台湾府属渡口考》《台湾事辑》等文章，征引各类史料，除了详实介绍其历史沿革、风土人情以及治理之道外，还概述了明朝在台湾抗击倭寇、驱逐海盗的情况，特别是重点记载了郑成功收复台湾、开发台湾的经过，并给予了很高的评价。俞正燮倍加赞扬了施琅攻取台湾、维护祖国统一的千秋功业。

此外，俞正燮在《澳门纪略跋》中指出，“澳门，则佛郎机、意大里（利）亚、荷兰先后窥视”，更何况这些国家“皆工器械，骛利耐远贾，沿海而东而南，……此数国者，远隔重洋，辛苦远戍，其用意甚深”，必须要有所提防。他还认为“而今英吉利日强，……徜徉海中，占地多于荷兰”，已料到英国实力超过荷兰后，将成为中国海防的最大威胁。可见，他在“提醒国人和当政者，注意不要被西方列强利用贸易之名而行侵略之实的假象所迷惑，居安思危，亦即‘思患预防’”，而俞正燮病逝的那一年英国“果犯海疆”，中英鸦片战争的爆发，也验证了他的这种认识在当时来说，真可谓深刻透辟。

总之，为了大清王朝的长治久安，俞正燮有目的、有意识地对列强、邻国开展了力所能及的研究，这是前所罕见的，不仅学术价值高，而且具有极强的现实意义，成为宝贵的历史文献。

中国是一个历史悠久的统一的多民族国家，是由各兄弟民族共同缔造的。正因如此，民族关系研究既是中国边疆史地研究的重要内容。在俞正燮生活的时代，中国东南海疆、西南陆疆，尤其是西北边陲正面临着邻国的蚕食和威胁，以及“西北与西南地区不断闹民族矛盾，边隅多事，当局棘手”，那么加强民族团结，对于维护祖国统一，就有着极其重要的现实意义。

特别值得一提的是《驻扎大臣原始》，这篇文章是俞正燮研究边疆民族关系最具代表性的作品，它写成于嘉庆二十年（1815），洋洋万数千言，综合叙述了自清朝开国以来，历康、雍、乾三世与北方、西方诸少数民族打交道的过程，和管理这些少数民族事务的机构之逐渐设置，所涉地域广及西北西南地区，民族则有蒙古族、藏族、维吾尔族等。俞正燮通过记述设置新疆、西藏等驻扎大臣的由来，分析其原因，钩稽叙述了清代前期与中叶边疆民族关系中的一些重大事件，还介绍了嘉庆十一年（1806）各地驻扎大臣的分布情况，“全文条理井然，言之有据，充分显示了俞正燮的良史之笔”。此外，俞正燮还著有《喀尔喀伊犁》《阿拉善》《蒙古》《书〈西域见闻录〉后》《〈异域录〉题辞》等，其研究范围并不仅限于西域，还包括蒙古地区，特别是他对相关民族关系史实详加考述，以资借鉴，具有很高的学术价值和社会价值。

俞正燮身处“万马齐喑究可哀”的中国近代史前夜，也正是山雨欲来之时，他以强烈的忧患意识和使命意识，满怀济世救民之心，著书立说，高度关注域外史地，究心东南海疆，重视民族问题，成就显著，特点鲜明，影响深远。毋庸置疑，俞正燮以他在边疆史地研究方面做出的重要贡献，成为鸦片战争前后研究边疆和域外史地学者群中的重要成员之一。

此外，俞正燮还撰写了十多篇专题考辨文章，运用训释、纠误、考异、辨伪等手段，主要通过文献佐证、归纳演绎、实物验证等方法，对我国历史上一些产生过深远影响的食俗、民俗和风土人情、本土地理等做了较为系统的辨析，不仅大多数观点新颖，材料丰富，论证严密，结论允当，而且在某种程度上反映出他经世济民的良苦用心。

道光二十年（1840），俞正燮因操劳过度，病逝于金陵寓馆。一代宗师，走完了平凡而辉煌的人生。生时寂寞，死后峥嵘，他在中国文化史上作出的杰出贡献，永远记载在历史史册上。

宇内共知之——包世臣

夏建圩

包世臣像

包世臣（1775—1855），字慎伯，一字诚伯，号倦翁，又号小倦游阁外史，安徽泾县人，因泾县古名安吴，故人称包安吴，学者称安吴先生，清代著名学者、书法家、书学理论家、经世思想家。包世臣学识渊博，喜兵家言，治经济学。他对农政、货币以及文学等均有研究。著作主要有《中衢一勺》《艺舟双楫》《管情三义》《齐民四术》，合刻为《安吴四种》三十六卷，又有《小倦游阁文稿》二卷。在清朝的封建官吏中，包世臣因对“齐民四术”的广博学识，成为当时许多封疆大吏重视的“全才”幕僚。

少年书生　幕僚生涯

包世臣出身贫寒，父亲包郡学虽是位饱学鸿儒，却得不到官绅的青睐，只能四处授馆为生。包世臣七岁时，跟随父亲到南京，寻找出路，却失望而归。乾隆五十年（1786），他再次随父亲至南京，父亲以微薄的学俸收入，维持父子二人的生计。同时，包世臣跟随父亲读书，学习“八比六韵”，吟诗作赋，学业上颇有长进。由于家境贫寒，少年包世臣就租地种菜，从事农业生产劳动。十五岁起，包世臣勤学苦练书法，六十年如一日，从未间断。初学时，家贫无钱购买碑帖，就请教别人，他求教族曾祖包槐，从何学起，如何执笔。族曾祖叮嘱他，先学唐碑，执拨镫之法，并授以《汉溪书法通解》。包世臣如获至宝，日夜苦练，反复斟酌思量，诵读无间，到他二十岁时，终于学会了书法的基本功——执拨镫笔法。

十八岁时，包世臣继承父业，离家做塾师。其间读到清初大学者顾炎武的《日知录》，对他影响很大，坚定了他关注时务的决心。十九岁游览芜湖，受到芜湖中江书院山长程世淳的赏识，将他推荐给徽宁道台宋榕。当时正好天旱不雨，宋榕有意要看看包世臣的才学与见识，命其作诛旱魃文。由于包世臣平时关注民生疾苦，援笔立就洋洋万言，文字华丽而恳切，博得宋榕的激赏，从此开始了他的幕府生涯，兼做家庭教师。此后一段时间，包世臣负笈出游，入湖北、湖南、四川、浙江等地，考察漕运及赋税，开阔了视野。二十三岁时，因“少有才名”受到安徽巡抚朱珪的接见。嘉庆十三年（1808），中举人，但此后十三次参加京师春闱考试，都没有中进士。

他曾先后为陶澍、裕谦、杨芳等人的幕僚，直到道光十八年（1838），六十四岁时被授江西新喻知县，刚上任其母亡故，包世臣只好卸任回乡丁母忧三年，除服后任新喻县令，且有“惠政”，因为在给上级的呈文中用了“小柴胡汤”四个俗字而被弹劾罢官，当时有人戏撰一联曰：说话浑如大花面，罢官只为小柴胡。不久，鸦片战争爆发，包世臣二十年前就对英国图谋和鸦片之害有深刻的分析，林则徐在南下禁烟时，将包世臣“召之舟中，委问竟日”。晚年寄居在南京。无论在原籍还是在南京，包世臣“皆无寸产”，但他安贫若素，淡泊自如。“江省督抚遇大兵、大荒、河漕、盐诸巨政，无不屈节咨询”，包世臣也慷慨论说，不管是否被采纳，他的言论足以流传后世。道光二十四年（1844），七十岁的包世臣担任安徽旌德谭氏讲习，在此期间整理其著述，有《管情三义》《齐民四术》《安吴四种》等。

关心时务　经世致用

包世臣生活的时代，正值乾隆、嘉庆之际，当时学术方向主要有三支：如日中天的乾嘉考据学（汉学）、传统的义理之学（宋学），以及新兴的今文经学等。包世臣长期生活在号称“人文渊薮”的东南区域并且交游广泛，这些学派均与包世臣有过联系，而他的学术却非汉非宋，独辟蹊径，不属于当时学派中任何一支。在乾嘉时期江河日下的社会环境刺激之下，包世臣直追先秦荀子、明末顾炎武的经世实学。包世臣大半生都在颠沛流离中度过，又有长期做幕僚的经历，因而能洞悉吏治的良窳和民生疾苦，潜心研究兵、农、名、法、治人之术，对当时的水利、赋税、漕运、盐务、法律、军事等实际情况和历史掌故十分熟悉。他经世致用，注重社会调查，“虽不得志于有司，而救世之心愈切”，敏锐地提出自己的见解，力主改革弊政，是开风气之先的代表人物。

包世臣“学以致用”的经世思想，对于嘉道时期学风的转变起到了承上启下的作用。一方面，包世臣继承了清初诸遗老的“实用之学”。包世臣对顾炎武及其《日知录》非常推重。他认真研读了《日知录》及《天下郡国利病书》，又陆续阅读其他清初诸老的著作十余种。从中，包世臣受到鼓舞，“深信立言之有本，使励志之士得以倚而自坚”，顾炎武及其他清初诸老成了他的榜样与镜子。当时阳湖派古文领袖李兆洛曾说包世臣的很多主张与顾炎武相似，包世臣自己也同意这种说法。另一方面，包世臣开启了嘉道时期的“经世之学”。梁启超在《中国近三百年学术史》中指出：嘉道时期学风的转变，最值得注意的是常州学派的兴起，而常州学派的源头有两个：一是由庄存与、刘逢禄开派的公羊家经学；一是由张惠言、李兆洛开派的阳湖派古文。两派合一产生一种新精神，就是想在乾嘉考证学的基础上建设顺康间的“经世致用”之学。梁启超认为“开启”和“代表”这种精神的人是龚自珍和魏源。如果就常州学派的发展而言，梁启超的说法大致不错，但从嘉道时期学风转变的过程来看，梁启超的说法就值得商榷。因为包世臣分别比龚自珍和魏源年长十七岁和十九岁，他的经世思想的形成也要比龚、魏早得多，虽然包世臣不属于常州学派中人，也非公羊派经文学者和阳湖派古文学家，但公羊派经学开派人物刘逢禄、阳湖派古文开派者张惠言及李兆洛都是他的好朋友，他与这些人的交往要比龚、魏早三十年，且魏源较多的受到包世臣的影响。可以看出，是包世臣开启了嘉道时期的“经世”学风。吴则虞、余滋兰先生在20世纪60年代初提出观点：包世臣对于嘉道时期“经世”学风的形成，是“上承亭林，下开龚魏，旁及阳湖派诸子的一个重要人物”，这是中允之论。

包世臣重民生的政治改革思想主要体现在荒政改革主张中。包世臣一生高度关注社会民生，他认为国力空虚，民生凋敝的原因“皆由奸人之中饱”。包世臣所学旨在解决民生问题，他说：“故生平所学，主于收奸人之利，三归于国，七归于民。”传统农业基本上依赖自然条件，干旱、水涝、虫害等自然灾害都会极大影响农业收成，不仅政府赋税征收受到影响，而且大量灾民需要及时赈济，否则发展成为流民，甚至引发农民起义，危及统治。因此，赈灾是封建政府不得不面对的重大政治事务，嘉庆十一年（1806），洪湖水灾，男女老幼流亡至扬州觅食，地方政府对此置若罔闻，“唯饬门管闭门下键，有如戒严”，先入城的流民已经一万人了，围住了盐、典当的店铺，因对流民安置失当，情形突然变得紧张起来，这在当时是普遍存在的社会状况。包世臣主张政府安置灾民，并提出具体建议及措施。“商请鹾使，查案饬商在各灾区择便开厂，计本籍给赈。有日资送回就。”留养灾民一个月，等水退去。包世臣对灾民生计做了详细考证，灾民最多三万人，每日需米一百五十石，钱三百千，最多滞留一个月，加上医药、棺木、路费等一切杂费，总共约两万两银。包世臣指出，灾民生活有保障，政府可免受灾民骚扰。但清政府财政紧张，无力经营，包世臣主张实行劝捐，具体做法有：（1）劝谕巨室，以为赈主。（2）明示捐项，公布捐赠的富户，免受贫民抢夺。（3）查议叙成案，鼓励绅士捐赈。（4）清理富户控案，分别劝惩。对灾民的生计上，包世臣主张以工代赈。嘉庆十年（1805），江宁城内无七日之粮，尚书方葆岩得知，恐引起灾民恐慌，想要将聚宝门外三十家富户迁至城内，问策于包世臣。包世臣认为，无故搬迁居民，反生滋扰，不如凭借义赈所剩两万八千两白银，兴办以工代赈之事。这样既解决了灾民生活问题，又使江宁城内公共设施及生活环境得到改善，“活饥黎八万，数事皆先生身与者”。

包世臣重视理财，认为“理财为古人致治之大端，尤此时当务之最急”，“所学大半在此”。他从“民食为本”的观点出发，认为“天下之富在农而已”，把修法劝农看作国家富强、统治稳定的前提。他重农而不抑末，认为工商业和货币财富的发展，不会危害农业，反而可以互相补充。他在《齐民四术》中有相当篇幅论述农业技术问题，对于封建统治者鱼肉农民的罪恶，给予抨击。盐法、漕运、河事是明清两代“三大政”，弊端重重。包世臣最早提出改革“三大政”，他认为这有关国计民生，通过改革可以达到“上利国而下利民”的目的，缓解严重的社会问题。首当其冲的是漕运改革，负责漕运的官吏同商人互相勾结，使得漕粮的直接承担者农民深受其害。漕粮由南向北运输过程中，各环节皆中饱私囊，从漕吏、旗丁至沿途州县均讹索资费，漕粮运输体系恶性循环，致使漕运花费巨大。包世臣指出：南粮北运，至北方时，价格常是东南市价的二三倍，所耗费用都以千万为单位计算，这些费用最终强加给农民，民声沸腾，漕运问题解决不好，则会成为政权瓦解的萌芽。原有漕运路线遭到破坏，除海运外，别无他途。尤其是道光四年（1824），黄河水涨，河道受阻，加上黄河泥沙淤积，依靠黄河运输漕粮已不可行，当时朝中仍有人反对海运。包世臣经过长期考察、思考，提出漕粮海运的主张，包世臣分析利弊，上书英和，指出“扬州去淮甚近，河道淤阻情形见闻稍切。故知必以暂行海运，专力治河为上策”，针对反对者的疑问，一一给出解决的方案。英和赞成他的漕粮海运见解，并于道光六年（1826），各州县海运漕粮，逾旬而至，共节省耗米六万石。

盐课是清政府财政主要支柱，清中后期，盐政弊端日益暴露。一是盐务办理手续过于复杂，官商勾结，腐败滋生。二是私盐泛滥，官盐滞销，盐政收入锐减。针对当时盐务的繁杂，包世臣认为要在体制上进行改革，裁撤多余官吏，简化烦琐的盐务制度，实行自由的运销制度，自由贸易，如此“民间盐价必减于今十之五六”，国家的盐税收入也会成倍增长，盐政就会步入正常的轨道。于是，包世臣主张废除纲盐法，实行票盐法，简化盐务程序。票盐法即凭借盐票运销食盐的制度，盐商先至盐场缴纳课税，凭课税票据至盐场买盐。为推行票盐法，包世臣制定了详细的方法。一是扩大盐商范围，平等对待盐商，没有高低大小之分，统一课税，凭票运销，杜绝私盐，防止偷漏课税现象，增加国家盐务收入。二是合理分配各地盐资源，就近运销，解决各地分配不均问题，减少成本，稳定食盐价格。包世臣曾是两江总督陶澍的幕僚，与魏源一道建议陶澍在两淮地区推行票盐法。道光十一年（1831），淮北盐区二十九州县实行盐法改革，“未及四月，请运之盐，已逾三十万引”，淮北产盐质量高，而价格又低廉，私贩没有利润，票盐法顺利推行。周边地区纷纷效仿，道光十三年（1833），江西、安徽等大多地区推行票盐法，盐政开始繁盛起来。

包世臣是一个爱国主义者。道光八年（1828），他就上陈鸦片源源输入的危害，进行了深入分析，但是没有引起统治者的关注，虽然因受到时代限制，包世臣企图以“撤关罢税”来解决英国鸦片输入问题的主张不尽正确，也难以奏效，因为英国向中国输入鸦片除了在正常贸易中夹带之外，主要途径是走私。但他对鸦片问题的认识有两点值得我们重视。第一，他最早认识到鸦片泛滥造成的白银大量外流，是引起银贵钱贱及物价上涨的重要原因。第二，他较早提出严禁鸦片。虽然他提出禁烟的措施是“撤关罢税”，认为“一切洋货，皆非内地所必须，不过裁撤海关，少收税银二百余万两而已”，反映了那个时代人们根深蒂固的自然经济观念，但他并不主张断绝与外国的一切往来，准许中国商人出洋，“赴彼回市，彼货仍可通行”。到了道光十九年（1839），鸦片流毒成为朝野注目的焦点，包世臣又成为鸦片事宜的顾问和“外事专家”。钦差大臣林则徐、参赞大臣杨芳南下赶赴广东查禁鸦片时，或将包世臣“召之舟中，委问竟日”，或“下顾荒寓”，征求对策。包世臣建议招募熟悉水性的渔民壮勇组成水师，抗击英军进犯，并竭力主张加强长江要塞防务。道光二十二年（1842），英军又犯南京，包世臣连夜写成《歼夷疏》，提出一举歼敌之策，认为只有坚决抗击，方能振威风雪耻。得知广东三元里和浙江沈家头人民奋起抗英义举，包世臣倍感鼓舞，呼吁应当“鼓其气而用之”，抓紧修复珠江沿岸炮台，巩固海防，乘胜直取香港，将英国侵略者驱出国境。

问字老人　倦翁不倦

包世臣不仅是嘉道年间著名的思想家、慷慨激昂的爱国志士和经世致用的渊博学者，同时也是一位多才而勤奋的诗人、文学家和书法家。他一生创作了大量的散文、诗词和书法作品，并探讨过文学和书法创作的理论问题。他强调为文必须严守文法，不仅做到“其言有序”，还要“其言有物”。在论诗方面，他除了强调作诗要遵循儒家的诗教原则，充分发挥其教化社会的作用外，作为嘉道年间的重要诗人，包世臣还特别重视诗歌的艺术性。

此外，他的书法独具一格，“行、草、隶书，皆为世所珍贵”，十几岁开始学书法，初学唐宋，后师北魏，晚年又习二王（王羲之、王献之）体，其书法备得古人执笔运锋之奇，一时称为包体。二十五岁时，开始重点学习“笔势”。一次回乡，包世臣来到泾县水东翟村，见翟同甫作书而善之，暗暗记住其笔势，并请教怎样才能达到这样，翟同甫示以苏东坡《西湖诗帖》，他立即开始练习临摹，两个月后，写字就与翟同甫相似。嘉庆七年（1802），在游浙江时，包世臣与阳湖钱伯坰讨论兔毫、羊毫双钩与中线问题，又向邓石如请教书法，知道“以白当黑”的书理，并以六朝书给予验证。嘉庆十七年（1812）夏天，又同黄小仲同游扬州，早晚辩论笔法“始艮终乾”问题。可贵之处在于，包世臣不拘于一种说法，而是身体力行，实验综合，最终以“裹锋绞毫，逆入平出”概括自己的用笔理论。包世臣在六十九岁时，写下一副对联，“三千余年上下古，八十一家文字奇”，落款为“道光癸卯三月于娄江舟次，泾县问字老人包世臣学篆”，自称“问字老人”。不仅如此，包世臣还“以学养字”，用学术滋养书法，“先生于书无所不读”，正是凭借勤奋、专心、执着、救世的精神，包世臣才能在政论、学术、艺术诸多领域，有不凡的建树，成为清代中后期有影响力的人物。他创作的《小倦游阁法帖》，字迹遒丽清秀，与董其昌的《戏鸿堂帖》和裴景福的《壮陶阁帖》，并称为“安徽三大法帖”。

包世臣一生，历经乾、嘉、道、咸四朝，正值清朝由盛而衰，从“天朝上国”到《南京条约》签订的屈辱，世道的变化影响了包世臣的人生，也成就其独树一帜的学术成就，堪称大转变来临之前中国基层社会的中流砥柱。与之同时代人姚柬之曾对包世臣的学术品行作过一个简短的概括：“倦翁言语妙天下，政事任艰巨，文学冠群流，宇内共知之。即力排之者亦无异议。而其宅心之厚，守身之严，操持之固，则有非人人所共知者。”一百年后的20世纪40年代，著名的清史专家邓之诚先生，将包世臣与龚自珍、魏源作了比较：“世每以包、魏、龚并称。世臣留心事务，尝从田夫野老，究问利病得失，治河为一生精力所萃，刑名实足名家，余多坐言，可以起行，魏、龚非其匹也。三人学术各有门庭，亦以世臣为较质直，盖由多见通人，无惊世骇俗之见。至若宅心和厚，龚不如魏，魏不如包。文亦如此。”可以肯定，在清朝学术史上，包世臣应该占有与魏源、龚自珍同等的地位。

博学贯古今，精思著妙文——胡承珙

夏建圩

胡承珙像

胡承珙（1776—1832），字景孟，号墨庄，安徽泾县人，嘉庆十年（1805）进士，改庶吉士，散馆，授编修。累官补台湾兵备道，在官三年，民番安肃，旋乞假归里。胡承珙归里后，闭户著书，与经学大师陈奂往复讨论，不绝于月。著有《求是堂诗文集》《毛诗后笺》《小尔雅义证》《仪礼古今文疏义》《尔雅古义》，《清史稿》有传。

以学为政　以政为学

胡承珙家族源自泾县榔桥西阳村，故为“西阳胡氏”，宋元之际，由婺源迁居泾县龙坦，随后胡氏繁衍，散居于溪头、西阳、金溪、周村、罗村等地。西阳胡氏文风昌盛，能文善诗，科举连绵，人才辈出。胡承珙出身于书香门第，他的高祖是顺治壬辰（1652）进士，做过知县。祖父胡兆殷，为邑庠生。父亲胡远龄是位乡绅，多隐德懿行。

胡承珙自幼颖悟，五岁诵诗书就超出一般人，跟随塾师学经，十岁便能写文章，十三岁入县邑学。嘉庆十年（1805）中进士，随即选翰林院庶吉士，散馆，授编修。嘉庆十五（1810）年，奉诏充广东乡试副考官。不久升迁为御史，转为给事中。他忠于职守，身居御史，深知天下利弊，敢于进言。多年上奏甚多，提出的方法大多被采纳施行。嘉庆二十四年（1819），授福建分巡延建邵道，遍查保甲，设立缉捕章程八条，匪徒敛迹。后来又调署台湾兵备道。台湾素称难治，胡承珙上任后，力行清庄弭盗之法，缉获洋盗张充等人，依法处置，取得了很好的治理效果，他在台湾的三年期间，百姓安居乐业。他对待公务谨慎负责，事无巨细，均悉心综理，导致积劳成疾，体力不支，四十九岁便不得不乞假回籍养病，从此不再复出。八年后病逝，享年五十七岁。其生平经历比较简单，走的是传统读书人选择的科举道路，追求“立德、立功、立言”，即所谓“三不朽”。

皖派朴学　经学大家

胡承珙生活在经学研究气氛十分浓厚的时代。其前后有戴震、王念孙、王引之、段玉裁、阮元、马瑞辰、胡培翚、魏源、陈奂等一大批经学大师，他与马瑞辰、胡培翚、魏源、陈奂、朱兰坡长期交往，反复研讨。胡承珙年幼就开始学经，赴外游学，广泛交游治经学者。当他踏入仕途，仍治经不辍，每日公务外，撰述或一条或两条读经心得。胡承珙与马瑞辰交往甚深，马瑞辰，字伯元，安徽桐城人，嘉庆进士，官郎中，曾主讲江西白鹿洞、安徽庐阳等书院，精于《毛诗》，所著《毛诗传笺通释》于《毛诗》多有发明，与胡承珙的《毛诗后笺》、陈奂的《诗毛氏传疏》齐名，被称为嘉道年间论《毛诗》的“三部名著”。胡承珙与马瑞辰同年进士及第，同时通过朝考为翰林院庶吉士，此后又在庐山白鹿洞书院相遇，回京师后，朝夕过从，建立了深厚的友谊，后在宦游生涯中书信往来，也多是研讨《毛诗》，切磋学术。两人因研究《毛诗》而惺惺相惜，时常商榷疑义，观点大多不谋而合，并约定彼此为对方《毛诗》学专著写序。遗憾的是，当马瑞辰《毛诗传笺通释》书成的时候，胡承珙已经作古。而胡承珙去世后两年，其子持书请马瑞辰作序，马瑞辰回忆了昔日交游的情景，并检录胡承珙精核处，补入《毛诗传笺通释》中。

《毛诗后笺》是胡承珙用力最勤，倾尽心血之作，直到病逝前几日，仍为之呕心沥血。这部书卷帙浩繁，征引广博，与马瑞辰《毛诗传笺通释》、陈奂《诗毛氏传疏》，鼎足而立，成为清代中期重要的传疏体《诗经》著作，在《诗经》研究史上有着举足轻重的地位。胡承珙历经十余年，专注于《毛诗》，但因工程浩大，加上其早逝，最终未能完成全书，

《鲁颂·泮水》以下，由陈奂取已作《诗毛氏传疏》有关章节为之补足，《毛诗后笺》完成、付梓，已经是胡承珙去世后第六年了。

《毛诗后笺》采用条目式体例，依篇笺释，不载经原文，但标注篇目，每篇先列出《序》《传》，后列郑《笺》，再博引诸家观点，最后加按语，这样处理，与其撰著目的紧密相关，其目的主要有两个：一是发明《毛传》；二是探究诗训。这就要求他在对前人观点继承的基础上有所创新，事实也是如此。胡承珙为考据学家，于治《诗》诸家中最重《毛传》，认为“毛公秦人，去周甚近”，其传《诗》又师承荀子，因而更接近《诗》意真谛。郑玄、孔颖达，仍不能领会毛义，故胡承珙决意以《毛诗后笺》专主阐释《毛传》。但是《毛诗后笺》也并非惟毛是从，胡承珙认为，其《毛诗后笺》“从毛者十之八九，从郑者十之一二”，这也只是一个大概，有时胡承珙还从他说来纠正《毛传》，有时甚至抛开《毛传》，不迷信《毛传》。他表示，“信《传》不如信《经》”，考察《毛传》之是非，是者存，非者则明确否定。他的好友胡培翚将他与陈奂相区别，“奂著书，惟毛是从，君（胡承珙）尚有别择”。正因如此，胡承珙围绕《毛传》释义，大量引用各家各派不同看法，且往往溯其源流，昌明了各家学说，为后人留下了大量源流清楚、排列有序的经学材料。

《毛诗后笺》在训诂方面主要有五大特色。第一，《毛诗后笺》一书引证丰富，十分具有说服力。胡承珙看重古训，每训释一个词语，充分收集有关材料。卷一《葛覃》中对于“黄鸟”的揭示，就引用了《毛传》《郑笺》《尔雅》《说文》等。第二，释义精细，辨析入微。如卷三《击鼓》“死生契阔，与子成说”，《毛传》：“说，数也。”胡承珙认为此训过于笼统，书详加辨析。第三，理解深入，常于寻常处发现问题。《诗经》中有些词语，看似平常，前人未曾注意，胡承珙独能有所阐发。如卷十七《南有嘉鱼》“嘉宾式燕又思”，之“又”，《毛传》无释，《郑笺》云：“又，复也，以其壹意，欲复与燕，加厚之。”而胡承珙却认为不这么简单，因为“宥”“有”“又”“侑”四字在先秦古籍中经常通用，以《诗经》而言，《宾之初宴》之“室人入又”“三爵不识，矧敢多又”，其

"又"皆为"侑"之假借，及劝励之意。此处"又"亦是如此。这种解释，不仅于经文颇顺，而且更富有蕴意。第四，前人简质，《毛诗后笺》补充详备。如卷八《载驱》"汶水"一词，《毛传》不释，胡承珙则详加考证，指出古有二汶水，并分别说明二汶水源流经历，以揭示本文"汶水"所指。第五，为异说作训，保留不同释义。如卷十二《宛邱》"值其鹭羽"，《毛传》："值，持也。"胡氏同毛。又引颜师古《汉书注》以"值"为"立"之说，并为之说明，《毛诗后笺》因之留下了大量训释材料。《清史稿》记载《毛诗后笺》："主于申述毛义，自注疏而外，于唐、宋、元诸儒之说，及近人为《诗》学者，无不广征博引，而于名物训诂及《毛》与三家诗文有异同，类皆剖析精微，折中至当。而其最精者，能于《毛传》本文前后会出指归，又能于西汉以前古书中反覆寻考，贯通《诗》义，证明《毛》旨。"其评述是比较准确的。

《小尔雅》是我国雅学史上第一部增广《尔雅》之作，也是我国第二部训诂专著。现存最早的《小尔雅》注本是宋代宋咸所作。到了清代，随着汉学的复兴，为《小尔雅》作注的有十余家，产生了一批学术价值较高的注本。其中，胡承珙《小尔雅义证》最为世人推重。胡承珙作《小尔雅义证》就是为了给《小尔雅》"正名"，恢复《小尔雅》本来面目，"略存旧帙之仿佛"，为后人阅读和研究《小尔雅》提供借鉴与参考。清代皖派宗师戴震认为《小尔雅》中有很多错误，其书只是"后人皮傅掇拾而成"，因此不是《汉书·艺文志》所载之旧本，段玉裁也持此种说法。胡承珙并不同意，他高度评价《小尔雅》，是"《尔雅》之羽翼，六艺之绪余"，《小尔雅》并非伪书，胡承珙的看法至今在学界仍是主流。

胡承珙撰写《小尔雅义证》，主要做了两方面的工作：一是对《小尔雅》进行了校勘。这是疏证的前提，他对《小尔雅》所有条目进行全面、精细的校勘，或订正，或存疑。另外，对于《小尔雅》中出现的误字、脱字、衍文及条目的错乱，均作了校勘。同时，校勘中也存在不足与疏漏。二是对《小尔雅》的释义进行义证。义证，即疏证，是文献训诂所使用的名词，主要通过广泛搜集材料来证明原书之意，从而更好地理解原书的意旨。在义证《小尔雅》的过程中，胡承珙使用了多种训诂方法，其中最主要的是“以声为义”。以声求义是清代人训诂的第一大法宝，胡承珙作为乾嘉学派的朴学大师，自然广泛运用此方法。除了广搜典籍来证明《小尔雅》的释义成立外，他还使用辨析字形、考释词义、考证名物典制、驳正他人他书之误等方法，但也存在义证不当、例证有误的现象。总体看来，胡承珙的《小尔雅义证》成就卓著，虽存在一些不足，但瑕不掩瑜，仍是一部享有盛名的国学著作。

以文会友　古道热肠

胡承珙在撰述学术著作外，不忘文人的传统，写下了大量的诗文。在泾县西阳乡溪头村原有一座文昌阁，其墙上嵌进一块碑石，当地名士称之为“丹溪大石联句碑”。碑文记述了清嘉庆十一年（1806）七月，洪亮吉、施雪帆、胡承珙、胡世琦等四人同游泾川之事，该碑文绝妙处在于四位名士用巧字韵联句共作同一首五言排律诗，其文曰：

奔流披山胸（胡世琦），突石划地爪。挐云声攘攘（洪亮吉），出水势稍稍。眠真牯芊狞（施雪帆），伏讶猲兔狡。赴泉赤骥渴（胡承珙），吞犊斑虎饱。阳冰铦如峰（胡世琦），阴讷柔过鞄。圆排鉴开匣（洪亮吉），侧簇杯合筊。坚非芋堪煮（施雪帆），皱类栗初焰。纵横竞当叱（洪亮吉），倔强谁能拗。胸穿岛夷病（胡世琦），颈缩共子绞。鞯肝同卫演（洪亮吉），刖足等齐鲍。裂理惊横庚（施雪帆），截方拟刚卯。轻盈天机梭（胡承珙），严整斗车瑵。车西峥岱华（胡世琦），三五法参昂。天造良益奇（洪亮吉），地形攒实巧。居然伏倜傥（施雪帆），从不势屈挠。峰飞诧天竺（胡承珙），石遁笑蛮獠。梵宇镇不浮（胡世琦），鲛宫静谁扰。砰訇碎珠玉（洪亮吉），参差乱芹茆。侧足渡横彴（施雪帆），险步著柔梎。休歌雨无极（胡承珙），会待月出佼（胡世琦），嘉庆甲戌冬十月，星海胡先河书。

胡承珙诗文集主要有《求是堂诗集》《求是堂文集》。其老友胡培翚认为胡承珙文有三变，起初写的骈体文有六朝初唐风格。其后研究经史，与四方朋友往来讨论，辨释名物训诂，这些考据文章，虽不求工，但下笔滔滔，文称其意。等到他从任上回乡之后，学问深邃，文也大进，作的传记、序文、墓志等，已经接近韩愈、欧阳修的笔意了。皖派朴学，以文字学为体，从训诂、典章制度等方面考释经义，胡承珙的成就、地位可与当时煊赫的“桐城派”媲美。泾县胡氏后裔并称家学，推陈出新，近现代又涌现出国学大师胡朴安、胡怀琛、胡耐安、胡道静等著名学者。

传经学世家，继千载绝学——胡培翚

夏建圩

绩溪胡氏宗祠

胡培翚（1782—1849），字载屏，一字竹村，号竹匡、紫蒙，世称竹村先生，绩溪人，清嘉庆十五年（1810）中举人，嘉庆二十四年（1819）中恩科进士，授内阁中书，实录馆详校，擢户部广东司主事。

金紫胡氏　礼学三胡

在绩溪县城东街，有片胡姓住宅区，称“金紫胡”，因宋代名臣胡舜陟获封“金紫光禄大夫”而得名。胡舜陟与抗金英雄岳飞是好友，岳飞曾至绩溪拜访过胡舜陟，并有诗书往来。岳飞因“莫须有”罪而下狱，胡舜陟上书为岳飞鸣冤，两次弹劾秦桧，最终也被秦桧陷害。绩溪金紫胡氏子孙十分注重诗书礼仪，从明代东峰公开始，绩学敦行，到了清代，更是人才济济。金紫胡氏宗族，一向崇尚礼学，清朝的三位学人胡匡衷、胡秉虔、胡培翚因在礼学领域成就突出，被称为“礼学三胡”，其中以胡培翚成就最高。

胡培翚为绩溪金紫胡氏后裔，金紫胡氏从宋代胡舜陟开始，就以治经学著称，逐渐成为经学世家，自明代东峰公以来，代有撰述，胡培翚生长在这样一个经学世家里，从小接受家庭的经学教育与学术的熏陶。至清代而言经学必推绩溪胡氏、婺源江氏与休宁戴氏，胡培翚则是经学研究的集大成者。胡培翚积四十余年之力作《仪礼正义》四十卷。胡培翚患风痹，犹力疾从事，以左手作书，又以族侄肇昕素留心经学，乃引之助校。如此几年，用力不懈。至辞世前，胡培翚称："假我数月，全书可成。"可惜的是，这一愿望未及实现，他便谢世，遗留下《士昏礼》《乡饮酒礼》《乡射礼》《燕礼》《大射仪》五篇未成完帙。此后，其弟子杨大堉据胡肇昕所采辑诸说为底本，补纂成之。胡培翚一生虽仕宦不显，但是他孜孜以学，从小至老，积学参微，勤学不倦，专于著述，另著有《研六室文钞》十卷、补遗一卷，《燕寝考》三卷。

师友交游　礼学人生

胡培翚祖父胡匡衷是一位经学大师，尤精于礼，故胡培翚得以闻其绪言。胡匡衷继承先祖之志，博览经典，广治群经。胡培翚年幼时就接受祖父的经学教育，等到胡培翚十三岁时，又从学于从叔祖胡匡宪，获益良多，他亦自称沐匡宪之教最深，是知其为学渊源矣，胡培翚的父亲胡秉钦、叔父胡秉虔均精通经学，构成了绩溪朴学的半壁江山。

嘉庆六年（1801），胡培翚二十岁，受学于夏銮，此时胡培翚渐渐领悟到诸经的要领，两人也结下了三十余年的深厚友谊。夏銮，字德音，号朗斋，安徽当涂人，做过徽州府学训导，对经史有很深造诣。嘉庆八年（1803），汪廷珍视学安徽，很赏识胡培翚的文章，胡培翚以第一名入学，补为县学生。嘉庆十年（1805），夏銮任徽州府训导，胡培翚已经为博士弟子，以师礼事之。嘉庆十一年（1806），胡培翚又前往歙县，问学著名学者汪莱。汪莱，字孝婴，号衡斋，安徽歙县人，天资敏绝，有早慧之誉，著作除历算之外，有《十三经注疏正误》《说文声类》等。汪莱家贫，二十岁时父逝，遂去扬州教书，以维持生计，后为夏銮所赏识提拔，夏銮亦命其子夏炘以汪莱为师。

嘉庆十二年（1807），胡培翚二十六岁，就学歙县紫阳书院，师从礼学大家凌廷堪。这时凌廷堪的《礼经释例》定稿，胡培翚得以窥见凌廷堪治礼的方法，受到启发。他曾回忆这个时期说："培翚年二十余，始知历学，广学师友，见有方正博闻之士，必就谘访。"正是这一广博的为学胸襟，使胡培翚得以扫除门户之见，博采诸儒为学所长，融会贯通，建构起自己的学术思想框架。次年，胡培翚开始研究《仪礼》，从此胡培翚与《仪礼》结下不解之缘，历四十余年不改。嘉庆十五年（1810），胡培翚举于乡，接着游学京师，与叔父胡秉虔同住，日间往来应酬，夜间苦学不辍。

嘉庆十八年（1813），胡培翚与另一位经学家胡承珙定交。胡承珙，字景孟，号墨庄，嘉庆十年（1805）进士，安徽泾县人。胡承珙究心经学，著有《毛诗后笺》《仪礼古今文疏义》，对胡培翚的影响较大。方向既定，胡培翚遂于二十五岁之后致力于《仪礼》之考究，勾稽排纂，旁搜博证，矻矻求之，不间寒暑。他尝言："嘉庆甲戌（1814），培翚在都，馆于君（胡承珙）邸。时方草创《仪礼疏》，昕夕与君谈论。"其《上罗椒生学使书》曰："贾氏公彦之疏，或解经而违经旨，或申注而失注意。……《正义》间亦辨及，然必悉加驳正，恐卷帙繁多，有失轻重之宜，因别为《仪礼贾疏订疑》一书。又宫室制度非讲明有素，则读《仪礼》时，先于行礼方位盲然，安问其他。今以朝制、庙制及寝制为纲，以天子、诸侯、大夫、士为目；又学制则分别庠、序，馆制则分别公馆、私馆，皆先将宫室考定，而以十七篇所行之礼，条系于后，名曰《宫室提纲》，书成，拟冠于《正义》之首。又陆氏《经典释文》于《仪礼》颇略，拟取各经音义，及《集释》以后各家音切，依次补录，名曰《仪礼释文校补》，草创未就。"这是其考订阶段。此后，胡培翚再加精研，渐有所著。胡肇智尝曰："道光乙巳（1845），智奉讳南归，见《丧服经传》《士丧礼》《既夕礼》《士虞礼》四篇已成。《特牲馈食礼》《少牢馈食礼》《有司彻》诸篇，草稿粗具。其余各篇，皆经考订，尚未排比。先叔父（胡培翚）初意专解《丧服》，故从丧、祭诸礼起手也。"这是胡培翚《仪礼正义》的成型阶段。同时，胡培翚作《燕寝考》，就教于汪廷珍，后又请教王引之，始定稿，又撰写《东房西室疑问》，并与洪颐煊、张聪咸、胡承珙等学者书信往来，展开多次学术讨论。正是这些师友的帮助，使胡培翚治学日益大进。

嘉庆十九年（1814），友人张聪咸殁，胡培翚笃于风义，校遗著《左传杜注辨证》。道光五年（1825），郝懿行卒，校其遗著《尔雅义疏》《春秋说略》。道光八年（1828）十月，胡培翚任捐纳房差，揭露前任假照流弊，道光十年（1830），吏部追查审稿假照案，胡培翚又附和乞情者奏请免议，同被降二级调用。道光十二年（1832），胡承珙殁，又校遗著《求是堂文集》，并力邀陈奂校补其《毛诗后笺》。道光十三年（1833），胡培翚复原职，后以亲老而告归，从事教育，主讲钟山、惜阴书院，又历主云间、娄东、庐州、泾川等地诸书院，并创建东山书院。胡培翚学生众多，达数百人，他都能谆谆教诲，多方提携，学生中也不乏优秀人才，汪士铎就是其中佼佼者，得到曾国藩的器重。

殚精竭虑　裒然巨著

胡培翚的《仪礼正义》付梓之后，便被清代学者视为引以为豪的九种十二部著名新疏之一，备受学界青睐。

就其为学宗尚而言，胡培翚承其祖父不苟与先儒同异、实事求是、以经证经之旨，立学意在贯通，不标门户。在《答赵生炳文论汉学宋学书》中，胡培翚指出："人之言曰：'汉学详于训诂名物，宋学详于义理。'以是歧汉宋而二之，非也。汉之儒者，未尝不讲求义理，宋之儒者，未尝不讲求训诂名物。义理即从训诂名物而出者也，特汉承秦焚书之后，典籍散亡，老师宿儒之传不绝如线。汉儒网罗搜讨，务期博采而兼收之，故于名物训诂特详。宋承五代之敝，人心盲昧，正学不明，故宋儒以言心言性为急，此亦运会使然，非其有偏重也。"然而前儒这一为学特点，却被后人曲解，致使"得其糟粕，耳食空谈，一切儒先古谊轻于背弃，以致声音训诂之不详，而讹文脱字日多，制度名物之不讲，而蔑古荒经者众"。有鉴于此，胡培翚强调道："以孔门之教论之，汉儒先博学致知而不废躬行；宋儒重躬行而亦必本于博学。考据之学，则又兼博学、审问、慎思明辨，以求致知者也。以汉学为难，得其门径，亦非难；以宋学为易，则诚有非者也。"又曰："汉儒说经，各有家法，不为向壁虚造之谈。历魏晋至隋唐，遵循勿失。宋时周、程、张、朱诸子，讲明义理，而名物制度犹必以汉儒为宗。"由此可见，胡培翚之超出门户之见，兼采汉、宋诸儒所长，其见识是相当卓越的。

胡培翚《仪礼正义》以东汉郑玄《仪礼注》为主要依据。他于经文下先录郑注文，其次是对郑注文作校勘，最后作疏解。在校勘上，他本以宁详毋略的宗旨，悉录宋严州单注本，参以《十三经注疏》诸本和阮元校刻《十三经注疏附校勘记》本等，进行校勘，并详载各本经注文异同。胡培翚认为，郑注而后，唐贾公彦之疏盛行于世，但贾氏疏误解经文和郑注文处极多。胡培翚注疏，吸收了贾氏疏的某些见解，也吸收了前代朱熹、邢昺等人的一些注释，而且他还大量吸取清代经学家如张惠言、张尔岐、阮元、段玉裁等的注释成果。他的疏中主要有四方面的内容：一是对郑玄未注释的经文字句及有关名物制度进行补充解释。二是对郑玄注进行引申发挥，使其意义明了清晰。三是对诸儒注释作搜集，将与郑玄注旨义相异，但也能解通经文的注解附于疏中，与郑玄注并存。四是对郑玄注有违经文原义和仪礼古制等处详加辨证，分别是非，以求正解。《仪礼正义》因其成书较晚，吸收前人研究成果较多，胡培翚又备考古礼以作其疏，使此书成为注疏《仪礼》经文和郑玄注文水平最高的著作之一。

胡培翚撰《仪礼正义》，旨在宗郑，辨贾疏之不足，旁证博辩，辅翼郑氏。罗惇衍曾指出："绩溪户部胡先生，夙承家学，邃精《三礼》，以《仪礼经》为周公作，有残阙而无讹托，郑注而后，惟唐贾氏公彦疏盛行，而贾疏或解经而违经旨，或申注而失注意，因参稽众说，覃精研思，积四十余年成《正义》若干卷。"宗郑辨贾的主旨源于胡培翚对《六经》及《仪礼》的密切相联的认识。在他看来，《六经》乃周公所作，而非出于后世。又进而指出，《仪礼》并非后人伪撰。其言曰："《仪礼》有经、有记、有传，经制自周公，传之孔子。记与传则出于孔门七十子之徒之所为……夫《三礼》之书，惟《仪礼》最精。自诸侯去籍，而后礼文散逸，五家之传不绝如线。以为残缺不全，固有之矣。若以为出后人之撰辑，则未有也；且其书亦非后人所能撰辑也。……夫自昔疑《仪礼》者，如乐史徐积之说，前人皆已辨之。今顾氏以各经未引及《仪礼》为疑，余恐读是经者少，而耳食附和，贸然不察，致使球图彝器之重，漫与赝鼎同类，而共讥之也，故不可以不辨。”又言曰：“然十七篇文词古奥，而义例昭显，亲亲尊尊之等杀存焉。未可任其稍有晦塞于其间，以致先圣制作之精意蔑如也。”胡培翚的识断，乃源于陆德明、孔颖达、贾公彦、朱熹等人的立说，并以此作为他撰作《仪礼正义》的指导思想。

《仪礼正义》的问世，是对《仪礼》学研究成果的总结，为清代《仪礼》学研究之大成。罗惇衍尝论之曰：“即器数以考谊理之存，使精融形释……研之之久，而益信其所择者精，所成者大也。”吴廷燮亦曰：“搜采之博，鉴核之精，论说之持平，诂解之求是，实为治《仪礼》家所罕觏……但就大体而论，自贾疏而后，尚无如是书之博大精深者，洵治礼家之杰作也。”以上所论，充分体现了胡培翚研治《仪礼》的特色和学术价值。梁启超先生誉其为《仪礼》研究之“集大成者”。章太炎先生赞扬胡培翚新疏“新疏自比贾疏更精”，实为公允之论。

胡培翚另有《研六室文钞》十卷，内容涉及考释、考辨、书信、序跋、记、行状、墓志等，综观文章，入选标准大多符合“择其有关经义者”。汪士铎在胡培翚的《墓志铭》中这样评价胡培翚的为人、为学、为官：“窃见故户部主事绩溪胡竹村先生，行为士则，学蔚儒宗，练校足以干事，贞憨足以厉俗，严毅足以正奸，廉介足以风世。”胡培翚做到了立德、立行、立言，汪士铎实是知人，也可以看作是对胡培翚的“盖棺定论”。

经世大家——姚莹

张嫣然　王彦章

少年坎坷　立志仕途

姚莹像

姚莹（1785—1853），字石甫，号明叔，晚年又号展和，别署幸翁。乾隆五十年（1785），出生于桐城县内北后街。姚家的先祖居在麻溪，后世迁居县城，仍称麻溪姚家，是桐城有名的仕宦望族。姚莹的曾祖姚范，以经学名世，官至翰林院编修；姚莹的从祖姚鼐，以学术文章闻名，为桐城文派主将。但到姚莹出生时，家境已趋没落。他祖父姚斟元，秀才出身，并未发达，一生在外教书或当幕僚。他父亲姚骙，字襄纬，号云浦，晚号醒庵。

乾隆五十五年（1790），姚莹六岁，与长兄姚朔一起拜入方兰荪门下开蒙，第二年姚家正式分家，姚莹祖父在后街置宅。姚家分家后，姚莹祖父依旧主持整个姚氏宗族的生计，在最开始，整个家庭收支平衡，衣食无忧。然而好景不长，姚莹一家其后多次遇上婚丧嫁娶之事，又逢歉年，粮食不济，无奈之下，姚莹祖父只得出卖祖宅以及姚莹祖母的陪嫁田产，但仍嫌不足。姚莹父亲迫于生计，前往江宁幕游，姚莹兄弟五人的生活与教育就落在母亲张氏的身上。面对日益窘迫的家庭环境，母亲张氏坚韧不拔，她辞退了家里大部分仆妇，只留下一名老妇许氏帮忙家务，终日闭户不出，专心养育姚莹兄弟五人，宁愿典卖衣物也不愿求助于叔伯兄弟。乾隆五十八年（1793），姚莹九岁，师从族兄姚维藩，此时姚莹的家庭状况更为恶劣，母亲张氏自己亲自做家务，由于不甚熟练，以至十指流血。当时姚莹的长兄姚朔已经十三岁，一日看见母亲张氏手持扫帚清理院中落叶，提出愿意帮母亲分担，此时张氏教导他要以学业为重，并将自己的学识教授给自己的弟弟，这才是长兄应该做的事情。

姚莹十岁时，桐城夏季遭遇大水，姚宅房屋进水，深三尺，姚莹母子六人断炊多日，最终幸得外祖父救济柴米，才得以喘息。秋七月，姚莹祖父去世，冬十二月，姚莹患痘症病危，姚莹长兄姚朔每天清晨就前往医馆求医。“十二月，某患痘甚危，大兄每日黎明往候医，岁暮衣薄，风雪中立檐下以俟。医者门启见之感动，为先诊某，不责谢。”在苦闷彷徨中，姚莹立志走科举取士之路。“某于是悲愤苦读，朝以日曙夜四鼓不休倦，惟伏案而已。”姚莹十五岁时开始钻研“诸家诗说”，更思“慕古”，探究“为人”之道，其“经世之志”即萌发于此时。姚莹在《复汪尚书书》中回忆道：“束发之初，即思慕古。每览名臣贤豪事绩，未尝不欣然跂望，奸回鄙吝，嫉如寇雠。年稍长，则尝覃思于天人性命之理，出入于诸子百家之书，泛览汉唐宋元明诸儒先传记之说，博考史汉以来正通别霸史臣载记之详，乃悄然悲宇宙辽阔，惧此身之委于草露也。”十七岁，姚莹师从张蓑园先生，在张先生处结识了张阮林，在交谈过程中，张阮林对其文采学识极为惊叹，并将自己之前所作的诗文尽数焚毁。

嘉庆八年（1803），姚莹第一次参加童子试，失意落榜，此后两年，姚莹一边温习经书，以冀再战，一边为马瑞辰二子开蒙。嘉庆十年（1805），姚莹再次参加童子试，以府试第一名补府学附生（秀才）。第二年，姚莹赴安庆考试，住在敬敷书院，适逢其从祖姚鼐在书院讲学，姚莹亲自聆听从祖讲授文章学问。嘉庆十二年（1807），姚莹前往南京乡试，中第十八名，次年春天，北上入京会试，中三甲第三十二名，却未得入翰林。关于姚莹未能入翰林的原因，姚永朴《旧闻随笔》所记逸闻云：“按察公（姚莹）入觐，宣宗询出身，以嘉庆戊辰科进士对。又问何以未入翰林，对曰：‘以臣不工小楷耳。’上叹息久之。故为人题卷轴，多倩人代录，末署印章曰：‘天子知臣不善书。’”虽然历经波折，但姚莹还是实现了自己的梦想，走上了科举取士的道路。

回顾姚莹早年的读书生涯，我们不难看出，母亲张氏对姚莹产生了极大的影响。其母亲张氏出身桐城望族，康熙间大学士张英后裔，父张曾辙，云南寻甸州吏目。姚莹父亲与祖父出游后，张氏主持家事，延师教子，督课极严。姚莹学文时，张氏手抄唐诗百篇，字画精美，令姚莹的老师惊叹。母亲张氏不仅在学习上严格要求督促姚莹兄弟，同样注重他们的品行修养。姚莹十岁时，因为大水的缘故，家徒四壁，难以为继。此时，县城内有一暴富人家，素闻姚母张氏贤德，欲求婚与姚莹兄弟，“太宜人不许，曰：‘吾不以贫乏乞食族亲，顾令吾儿仰妇家钱耶。’”正是在母亲张氏的言传身教下，姚莹在学问和做人上始终坚持不懈，注重自省，幼年时期的良好教育成为姚莹日后宦海沉浮中的坚强支柱。

游幕广州　初识海防

嘉庆十四年（1869）二月，姚莹前往浙江拜访自己的恩师刘凤诰，返回桐城不久，刚就任两广总督的百龄听闻姚莹的名声，托人邀请他担任幕僚，恰逢姚父在粤，因此姚莹便答应前往广州。姚莹五月从家乡出发，七月进入百龄幕府。姚莹任幕僚时间前后不到一年，在众多幕僚中，由于人微言轻，姚莹所提的意见最终往往被束之高阁。例如，嘉庆十五年（1810）三月，清廷批准了百龄提出的招安海盗张保部的意见。张保在东南沿海拥众数万，不断扰乱广州附近海域，成为东南沿海社会动荡的原因之一，姚莹在起初就反对招安。他认为：“夫边鄙之地，尤重国威。前者洋盗纵横，蹂躏内河，败军戕民，惨毒尤甚，已丧大将二人，仅乃就抚，威何如乎?！贼首复得爵赏，此全粤士民所喋指而痛心者也。军伍废衄，不闻戮罪，转以为功，夷人、猺户皆尝窃笑之矣。降人数万，一时散归田里，彼非有所畏而散，盖有所贪也，其很（狠）心故智曷尝一日忘耶！外洋暂靖而内河匪类益众。夫匪类者非他，即前日之洋盗也。”招安之后，海盗上岸，极有可能祸害内地。但是姚莹的意见并未受到百龄的重视。招安工作结束后，在幕僚一片歌功颂德的声音中，姚莹又提出新的策略，他建议百龄功成身退，并最好“携（张）保去”，这样的做法可以使得海盗群龙无首，避免其再度聚集祸害内地之患。而百龄“愕然”，至于结果，姚莹虽未详说，但估计百龄并未采纳。经过几番之后，姚莹深感留在百龄幕府中毫无用处，因此在嘉庆十五年（1810）六月离开幕府，前往香山县主讲榄山书院。

姚莹祖父曾经主讲过榄山书院，姚莹在此讲学时，昔日祖父的学生多来拜访，在交谈过程中，姚莹感叹自己能够有机会再探祖父遗教，实为幸运。在榄山书院讲学期间，姚莹也曾多次游览榄山。

嘉庆十六年（1811）春，姚莹应广东学政程国仁之邀，在程官署授经。嘉庆十七年（1812），程国仁调离广州，姚莹转入从化县令王蓬壶署中授经。嘉庆十九年（1814），姚莹返回桐城老家。

姚莹在广州游幕五年，与之交往颇深的一是接替百龄任两广总督的松筠，一是自己在江南乡试时的座师赵慎畛。嘉庆十六年（1811）春，松筠接任两广总督，松筠与姚莹从祖姚鼐有旧交，在广州期间对姚莹颇有照顾，松筠曾任伊犁将军，前后镇守西北21年，深谙西北人物、风貌、地理、疆域。在与松筠的交流过程中，姚莹开始关注西北，留心中外。“本朝幅员极广，西北穷边多史鉴所不载。自《会典》《一统志》《八旗通志》及平定准噶尔、两金川，皆有官书矣。他如《西域闻见录》《北征纪行》诸家私传载记不下三十余种，大抵各记所闻，或考诸传志，互有异同，尤征繁衍。今大学士松公筠，两为伊犁将军，前后居西北塞外几二十年，身所巡历盖数万里。尝著有《西招纪行诗》《绥服纪略图诗》，志其疆域地制最为详确。”

嘉庆十七年（1812），姚莹座师赵慎畛任广东惠潮嘉道，姚莹与座师书信往来频繁，阐述自己为官治学的取向与志愿，并对当时的天理教起义提出自己的观点。嘉庆十九年（1814）春，姚莹前往惠州拜访赵慎畛，留宿十日之久。十一月，姚莹听闻赵慎畛由惠潮嘉道升任广西按察使，特作送行诗。

正是在广州游幕期间，姚莹有充足的时间研究学问，关心事实，其经世致用的思想也是形成于此。

任职闽台　抵御外侮

嘉庆二十一年（1816）春，姚莹经谒选任福建平和知县。此后历任福建龙溪县令、台湾县兼理海防同知、武进知县、元和知县等。道光十八年（1838），授台湾道，并照例赏加按察使衔。从嘉庆二十一年（1816）到道光十六年（1836），姚莹多在基层任职，他的工作重心多在文教之上，每到一处必发展书院教育。到了道光十八年（1838）任台湾道时，时局已经颇为紧张。

台湾岛四面环海，加之外敌窥伺，因此，官府尤为重视练兵，久而久之，势必导致军队气焰嚣张，从而引发了不小的军民矛盾。姚莹便从此下手，裁减各属供应，停止大型工程建设，减免捐税，缓解军民矛盾，在民情得以稳定之后，姚莹开始着手维护台湾地方治安。

姚莹总结台湾地区有三大患，“一为盗贼，二为分类械斗，三为谋逆”，此三项多为流民而起，但流民并不等同于匪盗，流民能否转变为良民，取决于地方官府的政策引导。为解决流民问题，姚莹提出了联庄收养的方法。“倘令总董各查本庄，造具年貌花名清册，许以改过自新，既往不咎，由各本庄派出公费给予饭食，使为庄丁，巡守本庄田园门户，或任为雇工力作，责成总董约束稽查，不许出庄滋事及与匪人来往。如此，则无业变为有业，匪民悉为良民。”姚莹将联庄政策的实行作为各地官吏考查政绩的方法，使得台湾地区的游民数量大幅度减少，“自七月至九月，所收游民八千有奇，略以兵法部署之。由是贼党皆为义勇，其势乃衰”。

道光十九年（1839）五月，嘉义县发生地震，台湾其他地区震感强烈，地震过后，姚莹立刻主持救灾工作。他与台湾总兵达洪阿等带头捐出养廉银救灾，统共捐集番银二千九百六十六元，折银二千一百四十九两五钱六分五厘。其中用于丧葬医药的为番银五百七十四元，用于贫困人家房屋修建的为番银二千三百九十四元四角。倒塌的城垣、衙署、监狱以及其他公共设施亦由捐资修复。

除了维护台湾治安之外，姚莹对鸦片走私也秉持严打的政策。台湾鸦片贩卖虽不如广州猖獗，但也形成了一个稳定的市场，鸦片贩卖地点固定在嘉义县朴仔脚，当地烟商往往用小船到近海接货，之前多次派士兵前往捉拿，但大多收效甚微，姚莹到任后，一面重罪食烟人，一面会同台镇出示拿禁。各处烟馆皆纷纷关闭。姚莹一方面坚决销毁鸦片，一方面又清醒地认识到英国人绝不会善罢甘休，迟早会进入台湾，因此，他积极策划台湾的防备工作。关于台湾驻军，姚莹则据实指出："镇（指总兵达洪阿）练兵甚勤，能爱惜士卒。惟台、澎洋面二千余里，非陆营所能为力"，台防"必责成水师"，使"达镇专顾地方，以免顾此失彼"。因此，他屡次拜访早已卸任归乡的福建水师提督王得禄，在姚莹的恳请下，王得禄以七十一岁高龄出山，与姚、达二人共守台湾。

在鸦片战争期间，姚莹带领台湾官民击退英军入侵五次，成功保住了台湾，消息传到京城，道光帝大为兴奋，特意降旨："达洪阿着加恩赏加太子太保衔，并赏加阿克达春巴图鲁（之勇号）；姚莹着赏加二品顶带"，"均仍交部从优议叙"。

含冤发配　鞠躬尽瘁

姚莹在台湾的胜利并不能挽救清军在战争中的颓势，随着清军的节节败退，清廷的失败已成不争的事实，朝廷内投降派掌局，最终签订了中英《南京条约》，主战派自然也就遭到了清算，姚莹和达洪阿被诬告"冒功杀俘"。道光二十三年（1843）二月，闽督怡良奉旨渡海至台。次日，传旨"查办"，达洪阿、姚莹被革职查讯，五月，自福州押解北京。十月五日，姚莹至京入刑部狱。姚莹被押解至京的消息传播开来，姚莹的好友及同朝官员纷纷为其奔走喊冤，特别是其好友张际亮，候于姚莹必经的苏州，陪同他一起进京。十月十六日，姚莹出狱，随即以同知直隶州知州的身份发往四川。

道光二十四年（1844）秋，姚莹到达成都，不久即被四川总督宝兴派遣至理塘调解两呼图克图纷争事件。当年底，姚莹一行抵达理塘，因大呼图克图（当时在理塘）拒返察雅听讯结案而被迫返回。宝兴认为姚莹“未奉札饬，不应中途折回，奏请摘去顶戴”。次年三月，姚莹再次奉宝兴之命，随同宁远知府宣瑛、试用通判丁淦前往察雅和察木多（今昌都）办理此案。三人在察木多滞留半年，于道光二十六年（1846）三月回到成都。姚莹两次奉命至察雅，往返之距达万里，冰山雪窖，道路崎岖，却面不改色，泰然自若，并将途中所见所闻及地理沿革考证记述下来，取名《康輶纪行》，1846年底，姚莹完成初稿，1848年，他重新修缮文稿，分为十六卷，列图于卷末。

道光二十七年（1847），姚莹任四川蓬州知州，重建蓬州玉环书院。道光三十年（1850）十二月，姚莹被授予湖北盐法道一职。咸丰元年（1851），擢升广西按察使，次年，因湖南巡抚张亮基奏荐，权湖南按察使。咸丰三年（1853），姚莹因军旅环境恶劣，且焦虑忧劳，不幸患病，旋即病逝，时年六十九岁。姚莹一生著述颇多。计有《东溟文集》《东溟外集》《东溟文后集》《东溟文外集》《后湘诗集》《后湘续集》《东溟奏稿》《东槎纪略》《康輶纪行》《寸阴丛录》等。其子补编晚年文为《中复堂遗稿》《遗稿续编》。

经世致用思想与实践

纵观姚莹一生，他始终秉持着经世致用的观念为官治民，学文作文。

桐城派有着经世致用的传统，开山之祖方苞确立了桐城文论的“义法”说，要做到内容与形式的统一，文章内容需言之有物，表达简洁严谨，条理清楚。“方苞之论经制，论地丁银两，论常平仓谷、漕运、荒政，皆有关财赋也；泽望之争，苗疆之议，塞外屯田，台湾建城，皆有关于边阃也，……议开海口，论治浑河，议黄淮，议圩田，论禁烟酒，皆吏事也。”在歌功颂德、冗长乏味、拘泥刻板的八股文中开辟了平实朴素、严谨务实的文风。方苞之后，姚莹的曾祖姚范素与桐城派刘大櫆友善，姚范认为学术文章都要从世俗社会入手，他尊重考据家钻研名物训诂，同时也不满他们沽名钓誉，轻视伦常，坚持考证与义理并重。姚莹从祖姚鼐受姚范影响，坚持“天下学问之事有义理、文章、考据之分，异趋而同为不可废”。姚莹从小在祖父、父亲的影响下，十五岁时开始钻研“诸家诗说”，更思“慕古”，探究“为人”之道，经世之志萌发于此。嘉庆年间，姚莹参加科考时住在敬敷书院，适逢姚鼐在此讲学，姚莹每日前往聆听，“先生与言学问文章之事，始得其要归”。姚莹从小接受的是传统的桐城派文论教育，又在姚鼐的影响下，接受了经世致用的文论传统。后人曾说：“翁生桐城文物之邦，其幸一也。通邑百族编氓，微姓多矣，而生于麻溪姚氏，代有名贤，学问、文章、道义、宦绩，渊源有自，其幸二也。”

嘉庆十二年（1807），姚莹前往南京参加乡试，拜当时的刑部给事中赵慎畛为座师。姚莹在广州游幕时，赵慎畛调往广东任惠潮嘉道一职，姚莹先后多次与赵慎畛书信往来，在《上座师赵分巡书》和《再复赵分巡书》中，姚莹阐述了自己的治民观念和治学观点。在《上座师赵分巡书》中，姚莹提到了广东民情以及治理之法，广东“民情有异于他省者四：逐利轻生，一也；顽犷无耻，二也；健斗无理，三也；好贪恶廉，四也”，面对这种状况，治理就需要“刑乱国用重典”，“结之以信，震之以威，平之以情，持之以法，破庸人之见，求补剂之宜，灼见可行，即宜成断，远为百年之计，无狃旦夕之安”。在《再复赵分巡书》中，姚莹提出了自己的经世主张，“莹于经术之文，尝慕董胶西、刘中垒；论事之文，尝慕贾长沙、苏眉山父子，非徒悦其文章，以为数子之学皆精通明达，所谓其言有物者……莹之鲁劣，实愧诸君，乃其私愿则与诸人大异，所不欲以爝火之明耀光于日月也。但使道术粗明，志业成就，稍有万分之一裨于一人一物，则此生不虚”。在赵慎畛的引导下，姚莹的经世致用思想从文论扩展到济世救民，从文学扩展到政治。

嘉庆十四年（1809）到嘉庆十九年（1814）姚莹一直在广州游幕，这段时间是姚莹经世致用思想的形成时期。在广州游幕期间，姚莹得以了解沿海局势的动荡，海盗活动的猖獗，洋人在国门之外的觊觎。在同两广总督松筠的交流中，姚莹的眼光投向了国外，开始留心中外时事。正是在广州游幕时期，姚莹在文论上提出了“其读书者……要端有四：曰义理也、经济也、文章也、多闻也”，将经济放在了文论的要义上。在治民上，姚莹提出了信、威、情、法等观点。在教育上，姚莹主张发展书院教育，破格提拔人才。姚莹的经世致用思想此后虽有发展，但依旧围绕这个框架。

姚莹生活的年代不同于他的先祖，清朝的康乾盛世已经走完，整个社会朝着下坡路滑行，西方势力在国门之外蠢蠢驱动，东南地区海盗猖獗，天理教起义直达京城皇宫门下，整个王朝一片迟暮景象。在此时，一些稍有见解的知识分子从传统的经学中挣扎出来，开始注意到日益动荡的社会，他们的文章开始反映现实社会的困难和危机，主张文章需要符合实际，从传统的宋明理学转向了经世致用。姚莹亦有幸与这样一批志同道合的友人相交。

姚莹早年在桐城时期，与其交往颇深的是方东树。方东树，字植之，别号副墨子，安徽桐城人，亦随姚鼐学习古文，深得真传。姚莹与其交往开始于敬敷书院，“惜抱先生主讲敬敷书院，府君岁试居院中……每有所作，不假思索，议论宏伟，与同里朱歌堂（雅）、方植之（东树）、徐六襄（璈）、左匡叔（朝第）、方竹吾（秉澄）、光栗园（聪谐）、刘孟涂（开）、朱鲁岭（道文）为文章道义之交”。方东树强调文章需关注国计民生，不可无病呻吟，他极力批判清代汉学家埋头故纸堆中，拘泥文字训诂，最终不免牵强附会、生拉硬套，同时由于过分注重文字、考证，往往会因小失大，忽略了文章大义，得不偿失。因此，方东树坚持要学以致用，文章要适应现实需要，切中时弊。在与姚莹的交往中，他十分钦佩姚莹能够救时济事。道光十八年（1838），姚莹任台湾道，为抵抗英人入侵，姚莹带领台湾兵民积极备战，方东树在《寄姚石甫观察台湾》诗中，对姚莹的做法深为称赞。姚莹在同方东树的交往中，亦十分钦佩方东树的文章学术，“足下书皆卫道，见真语确，多前儒所未发，高、顾群公固不及之，即阳明亦未必不以为畏，岂待后世有子云耶？然所论辩，皆在学者用功着力处，苦心苦口，开悟来兹”。姚莹与方东树同为桐城派出身，在文章义理上，两者都排斥汉学，但并未完全否定汉学，他们都深刻了解汉学与宋学相辅相成的关系。两人相互钦佩彼此的文章学风，并在交流过程中共同提高。

除桐城派的方东树，与姚莹交游比较频繁的还有张际亮。张际亮，字亨甫，号华胥大夫，福建建宁人。张际亮洒脱不羁，生性好游，游尽国内名胜，于各处民情了解更为深刻，因此，他的诗文是真正摆脱了华丽虚浮的辞藻、歌功颂德的滥调，有相当一部分是对嘉道年间腐败吏治、天灾人祸、民不聊生的社会现实的揭露。鸦片战争期间，他根据自己的亲历亲感，写出了大量反映战争的诗篇，表达了对英国侵略者在中国的领土上烧杀抢掠的义愤，可以说张际亮最早地将文风转向经世致用并为之号召。

道光三年（1823），张际亮与姚莹相识，姚莹对张际亮的诗文气节颇为赞扬，张际亮对姚莹也非常敬佩，在为姚莹《后湘续集》作序时说：“余足迹遍天下，游处率当世豪士，然仅得近古豪杰一人，其惟桐城姚侯乎。”道光二十三年（1843），姚莹被诬入狱，张际亮亲自护送姚莹入都，及姚莹出狱，张际亮又随其一起迁居明杨继盛故宅，此时的张际亮已病入膏肓，一个多月之后就去世了。张际亮去世之后，姚莹悲痛万分，亲作《张亨甫传》和《哭张亨甫》，足见两人交情之深。

正是在与这样一批经世之士的交往中，姚莹扩展了自己的眼界，坚定了自己的价值取向，同时也树立了自己在桐城派中的地位。姚莹一生志愿为官一任，造福一方，他为官时期的各项活动依旧是在经世致用思想的指导下完成的。在地方教育上，姚莹大力发展书院。书院教育是我国传统教育形式之一，名儒通过书院讲学传播知识，培养门生，书院往往会成为某一地域的文化中心，以书院为中心往往也会形成一个文化流派。姚莹的从祖姚鼐致力书院讲学，一生讲学四十余年，姚莹在姚鼐门下受过教育，深受其影响。因此，姚莹每到一处，必然重修或扩充书院。

鸦片战争后，姚莹被发配到四川，在四川蓬州主持重建玉环书院。

姚莹在兴建、修复书院的同时，针对传统书院教育中重视八股，沉溺于名物训诂的风气，提出了自己的一套教育理念。姚莹尊崇程朱理学，又把经世致用融入理学中去，他常常告诫书院学生读书不仅仅是为了科举功名，更重要的是要修身养性，适应社会。为了让书院贯彻自己的这一套理念，姚莹尤其重视书院山长的选拔，姚莹认为书院山长不仅仅要教书育人，还要把书院管理好，形成一套有效的行政管理体系。

为此，姚莹提出了选拔山长的标准，就是“艺业”与“文章”，既要熟悉科举功名，又要懂得读书养性。在人才选拔方面，姚莹提出要破格选拔人才。在姚莹的不懈努力下，桐城派的文论思想得以传播，经世致用得到了广泛的认可。

姚莹可以算作桐城派承上启下的人物，他提倡经世致用，在他之后，经世致用成为桐城派的主要思想观念。他不仅在文论上秉持经世致用，在为官为学上亦秉持经世致用，为后人留下了宝贵的思想文化遗产。

兼深史学，留意时务——夏燮

安绍东　王彦章

夏燮（1800—1875），字谦甫，别号谢山居士，晚年又号江上蹇叟，安徽当涂人。道光元年（1821）举人，后任安徽青阳训导，道光二十五年（1845）入都，候补知县，道光末年自江西奉调至江南大营，在左宗棠幕中办理文案，咸丰初入曾国藩幕府襄校案牍，咸丰十一年（1861）因功被保举为知县，此后在江西十余年，历任吉水、高安、永宁、宜黄知县。光绪元年（1875）七月，夏燮在宜黄知县任内亏空公帑事发，被御史弹劾，遭革职查办，未几，在忧愤中去世。夏燮是我国近代史上杰出的历史学家，一生著述颇丰，代表作有《明通鉴》《中西纪事》等。

受学父兄　年少成名

嘉庆五年（1800），夏燮出生于安徽当涂。其父夏銮是当地有名的饱学之士，早在嘉庆元年（1796），夏銮即已举孝廉方正入仕，后又得安徽巡抚朱筠推荐，擢为优贡。嘉庆四年（1799），夏銮入都考取八旗教习，后外放为知县，在夏燮出生后不久，即升任徽州府训导，掌一府之教化，是安徽有名的大学者。夏銮治学，提倡由博返约，循序渐进，以阐扬理学、造就人才为己任，五十岁以后，又醉心于程朱之学，以切于身心、裨于世事为治学要务，更雅好辞章，推崇清正雅洁的行文风格。这些学术上的创见不仅对当时的学术界产生了影响，也成为夏家家学传统中的重要一部分。当时夏銮膝下有四个儿子，长子夏炘，仲子夏炯，三子夏燠，夏燮排行第四。夏銮任徽州府训导时，聘请新安名士胡培翚先生教授四个儿子。胡先生精于考据，四兄弟从师受业，胡先生教他们读《毛诗注疏》《礼记》《周礼》《仪礼》以及群经，使他们在经学上打下了深厚的基础。夏銮课子极严，赋闲或者丁忧居家时，常常亲自在家塾解经课子，因此，夏銮的治学方法和文学主张对夏燮的影响是毋庸置疑的，日后在夏燮的诸多著作中都能发现这种影响的痕迹。除了亲自教导以外，夏銮还带着儿子四处交游，开阔视野。在伴随父亲宦游的过程中，年少的夏燮得以结识当时的很多博学鸿儒，聆听这些大家的讲论。据夏燮次兄夏炯在《夏仲子集自序》一文中记载："炯年十一二，侍先君子官新安，一时与先君讲学诸先生若程征君瑶田、凌教授廷堪及吾师汪先生莱，皆称海内通人。炯兄弟朝夕聆其讲论，得稍稍有志于汉唐诸儒之学。"显然，这种启蒙培养，对于夏燮后来的学术成长极为有利。夏銮平时公务繁忙，不能亲自教授儿子时，往往会将三个幼子交给长子夏炘教导。夏炘长夏燮十一岁，道光五年（1825）举人，后官至婺源教谕，加四品衔。夏炘笃志于宋儒之学，他的学术成就主要集中在经学方面，在徽州影响很大，其一生著作最后汇编为《景紫堂全书》。在这样一位笃志于学的兄长的教导下，天资聪颖的夏燮学业进步很快。嘉庆二十三年（1818），十九岁的夏燮已成秀才，拜入时任安徽学政的贾允升门下，成为当地有名的青年才俊。道光元年（1821），二十二岁的夏燮应江南乡试又一举登榜，成为一名前途不可限量的年轻举人，与后来大名鼎鼎的《海国图志》的编纂者魏源结为同年。

夏燮年少时的求学经历，几乎是一帆风顺的，这里面当然有他父兄师友的功劳，但是夏燮母亲吴老夫人的影响也不可忽视。夏燮是家中少子，而且天资聪颖，有时会恃宠生骄，每当此时，吴老夫人总是耳提面命，严厉督责，使夏燮不敢放松对自己的要求。夏炘在《先妣吴孺人行略》中记载了一件小事："季弟燮性颖悟过于诸兄，而督责亦过之，曰：'吾不爱怜少子也。'岁戊寅，先府君署事贵池，燮已食饩，欲得一裘度岁，先妣坚持不可，曰：'汝兄弟皆二十外始衣裘，何能为汝破例！'卒不与，其严如此。"夏燮一生醉心学问，自奉简约，不得不说与母亲的言传身教有很大关系。

宦海沉浮　忧心时艰

道光二十年（1840），英国远征军抵达中国近海，沿海岸线向中国内地发起进攻，鸦片战争爆发。夏燮时任青阳训导，对时局十分关注，在清军屡遭惨败之后，忧愤交加，搜罗邸报，开始了《中西纪事》的资料搜集工作。夏燮在《中西纪事原叙》一文中谈到《中西纪事》的写作缘由时言道："道光庚子之夏，洋氛不靖，蔓延三载。时承乏临城司训，一官苜蓿，无预忧危，而恶声方戢于村鸡，讹言又传于市虎，于是蒿目增伤，列眦怀忧，爰搜集邸抄文报，旁及新闻纸之可记者。"夏燮的《中西纪事》是对两次鸦片战争最为真实的记载，因对投降派的奴颜婢膝之行予以深刻的揭露，夏燮预料到这本书的出版会引起守旧势力的攻击，为免遭迫害，在书稿付印时署名江上蹇叟。1850年，投降派失势以后，夏燮将《中西纪事》付梓，使之刊行于世。

除了著书立说，为后世留下宝贵的历史资料以外，夏燮也十分留心时务，针对具体问题，提出了许多有针对性的解决措施。夏燮在《中西纪事》中附录了一篇上呈两江总督陆建瀛的函件，针对当时的海口撤防、烟土驰禁等问题，提出了申明烟禁、防御内河、闽粤战舰、江浙卫兵、海运利漕、盐茶裕课六则建议。其中禁止鸦片输入和建设水师以抵御外辱的建议在第二次鸦片战争前的国内舆论环境中是非常具有前瞻性的，显示了夏燮远超时人的清醒认知和卓越见识。道光二十六年（1846）六月，夏燮以青阳训导保举知县入京候补，后署江西安仁知县。咸丰三年（1853），因上书议论实行洋务之利弊，受到湘军首领曾国藩和浙江巡抚黄宗汉的赏识。当时正值太平天国运动爆发，南方各省很多地方官畏惧太平军的声势，望风而逃。夏燮时任安仁知县，咸丰四年（1854）五月，太平军进攻石门，夏燮不惧太平军的兵威，率领四百兵勇驻于石门城内，同时上书浙江巡抚，请求派兵增援会剿，东至、建德两县的人民也帮助官兵对抗太平军。太平军见守军力量强大，连夜撤走，夏燮因此得以收复建德。七月，太平军趁夏燮回兵救援都昌时，再攻石门，夏燮率领当地团练死守孤城，太平军最终未能攻克石门，随后夏燮交卸了知县差事，专门负责对太平军的作战。咸丰八年（1858），夏燮遭到部分官员诽谤，为避祸主动前往浙西任职。

咸丰十年（1860），夏燮迎来了仕途的转机，是年，曾国藩调任两江总督，夏燮的声名曾国藩早有耳闻，遂邀请夏燮至祁门幕府，办理文牍，夏燮因此得以从浙西返回。当时夏燮的长兄夏炘也在祁门曾国藩大营，兄弟两遂得半月之聚。是年英法联军攻占北京，焚毁了圆明园，咸丰帝逃往承德，后清政府被迫与英法联军签订了《北京条约》，这一条约加深了中国半殖民地半封建化程度，为一大耻辱。夏燮身处曾国藩幕府，条约签订，列强罢兵，往来函件或经其手，或有耳闻，一向有史学意识又忧国忧民的夏燮，遂撰《庚申续记》，以补《中西纪事》之不足。咸丰十一年（1861），曾国藩奉旨在江西执行长江通商法令，在九江设置租界，夏燮受命与英国领事谈判，曾国藩视他为左右手，经常与他商议对策。九江谈判后，夏燮又前往江西，成为沈葆桢的幕僚，参与长江设关和江西法国传教士传教纠纷处理等事宜。同治五年（1866），六十七岁的夏燮补任江西永宁知县，在永宁知县任上，夏燮搜罗了很多明季史料，萌发了编纂《明通鉴》的想法。同治八年（1869），夏燮迁任高安令，在当地主持编纂了《高安县志》，同治十年（1871）修成，书未修成夏燮已去往江西吉安县任职。没多久又调往宜黄县担任知县，在宜黄知县任上，夏燮的政绩依旧默默无闻。

夏燮一生仕途多舛，始终未能成为一方大员，但他位卑不忘忧国。夏燮生长的时代，正是中国灾难深重的年代，清王朝早已度过它那日丽中天的黄金岁月，呈现出夕阳西下的颓势。昔日威风凛凛的八旗军队，经过两百年历史的冲刷，已经变得黯淡无光。1840年，继英国强盗闯入中国后，法美德俄等列强又像饿狼饥虎一样扑过来。夏燮认识到这是中国亘古未有的大变局，祖国的前途、民族的命运引起他深切的忧虑，也激起了他强烈的爱国思想，他感慨国事，忧心时艰，在鸦片战争后不久，即着手编纂《中西纪事》，总结东西方交流的历史，希望引起当政者的注意。在书中，他表达了对侵略者的强烈愤慨，暴露了他们唯利是图的丑恶嘴脸。他不同意中英战争“自烧烟启之”的论调，而是认为在中英贸易中，由于英商没有获利，“思以害贻中国，而阴收其利”，才导致鸦片大量输入中国，即使不烧烟，也不能保证英国不对中国发动战争，这是由他们唯利是图的本性决定的。他指出《南京条约》签订后，华夷交争，波澜迭起，西洋小国纷纷陈情效尤，民族危难步步加深。这一切固然说明清政府的腐败无能，但也证明了西方侵略势力“得陇望蜀”的贪欲是无止境的。夏燮在《中西纪事》中还揭露了沙俄的狼子野心，他说：“自庚子英夷内犯以来，俄人窥衅，始欲两乘其弊，继遂协以谋我，是殆狼子野心，不可得而畜之者也。”事实证明了夏燮的观点是完全正确的，在第二次鸦片战争期间，沙俄趁火打劫，逼迫清政府签订了一系列不平等条约，霸占了我国北方的大片领土。夏燮对沙俄的揭露，在当时可谓别具慧眼。

夏燮在书中热情赞美英勇抗击英国殖民者的爱国将士，同时对人民自发的抗英斗争寄予深切同情。在《粤民义师》中，详细记述了三元里人民英勇抗英的事迹，他不无痛惜地说，“三元里之役，一朝啸聚者百有三乡，惜粤中大吏不能鼓而用之也”，充分肯定了人民群众的抗英热情。《中西纪事》是一部忧时之作，开创了近代中国当代人写当代史的先河，反映出清代史学正从乾嘉学者埋头考据的故纸堆里挣脱出来，转而直面现实的新的发展动向。鸦片战争时期，夏燮敏锐地感觉到了民族的沉沦，于是从爱国主义的立场出发，大声疾呼，警醒国人。夏燮首先表达了严正的反侵略立场。西方殖民者向中国输入大量鸦片，不但毒害了中国人民，而且严重地破坏了社会经济，“商民人等竭其终岁之操作，不足以偿暗室之一灯”。夏燮对罪恶的鸦片贸易深恶痛绝，倡言：“烟土之来自外洋，流毒内地，如痈疽之溃注，瘟疫之传染，治之稍缓，则其害不可思议。”主张制定严厉的禁烟政策禁绝鸦片输入。对于西方殖民者的武力进攻，夏燮主张坚决抵抗。夏燮认识到侵略者的贪欲永无止境，他们视中国为嘴边的肥肉，不夺不餍，因此靠牺牲民族利益来安抚他们是毫无益处的。针对外国侵略者船坚炮利，武力占优的情况，夏燮专门探讨了抵御外来侵略的方法，其总的作战思想是“避其所长而攻其所短”。夏燮认为海上作战是西方殖民者的强项，因此要力避海战。内河地形复杂，敌人不熟悉，因此要把防务的重点放在内河上，“夷之争利，必于内河，然其道里之远近，山川之迂曲弗悉也，沙礁之有无，淤垫之深浅未知也”。将敌舰引入内河，则必然“如东海之鳖入井坎中，左足未入而右膝已絷，能无一战而蹶耶”！夏燮还热情颂扬清军爱国将士英勇杀敌的光辉事迹，为了表彰这些为国捐躯的爱国将士，夏燮在《中西纪事》中专门编撰了《海疆殉难》一卷，“是编纪殉难之臣，不论文武，不叙官阶，悉以死事之年月先后为次”。其中最具代表性的有两位，定海总兵葛云飞和镇江守将副都统海龄。1841年9月，英军进犯浙江定海，定海总兵葛云飞身先士卒，英勇作战，壮烈牺牲；1842年7月，英军进犯镇江，镇江守将副都统海龄率部死守，城破后举家自焚，壮烈殉国。夏燮在书中深切缅怀了他们的光辉事迹，向他们表达了深深地崇敬。对于一些力主妥协投降的亲贵大臣和临阵脱逃的统兵将帅，夏燮深恶痛绝，在书中无情地鞭挞了他们的无耻行径。《中西纪事》引用广东按察使王廷兰致福建布政使曾望颜的信，揭露琦善临敌“先存一不敢战之心，畏之如虎”，未战而先撤兵。夏燮义正辞严地斥责他：“开门揖盗，百喙难辞。”同时把幕后的投降派穆彰阿也拉出来示众说：“方琦相之入粤议抚也，穆相有力焉。是时，穆相主满首揆之席，……凡军国大事，皆穆相主之。军机入值内廷，其在上前多造膝语，故穆相之主持抚事，中外莫得其详。”1841年2月，英军进攻虎门炮台，琦善“不肯添兵，坐令失事”，广东水师提督关天培“中枪自刎”，是年10月镇海失陷，驻守招宝山的浙江提督余步云率先逃跑，引起“官兵望风自溃”，在前敌督师的两江总督裕谦投水自尽。1842年6月，英军进攻吴淞炮台，两江总督牛鉴“亟待冠靴，杂军校而走”，所部清军争先逃命，江南提督陈化成“遂中铅子伤，喷血死”。夏燮愤懑地指出：“关军门之死也，琦相实杀之；裕帅之死也，余步云实杀之；陈军门之死也，牛督实杀之。”这些将帅临阵脱逃，直接导致了战争的失败和国家的荣誉受损，成为民族的千古罪人，夏燮用自己的如椽之笔将他们永远钉在了历史的耻辱柱上，同时也对国家和民族的前途命运表达了深深地担忧。

潜心著述　老而弥笃

夏燮一生虽然寄身宦海，公务繁忙，却极其勤奋，笔耕不辍，特别是在晚年，意识到仕进无望之后，夏燮更是将主要精力放在撰文著书上了，他的几部重要著作都是成书于晚年。《中西纪事》是他花甲之年才最后增补定稿的，《粤氛纪事》则是他将近古稀之年才完成的，而皇皇巨著《明通鉴》付梓之时，夏燮已经是年过耄耋之年的白发老翁了，这种勤奋治学的精神为夏燮成为中国近代史上一名卓有成就的史学家奠定了重要基石。

夏燮治学不仅勤奋，而且十分严谨，在诸多著作中，夏燮极力追求历史的真实性，彰显了可贵的求实精神和严谨的治学态度。

不惧忌讳研究明史是夏燮求实精神的突出表现。清王朝本是肇基于明朝境内的一个地方政权，满洲军事贵族在夺取明王朝政权的过程中必然有很多见不得人的“窃国”行径，但清廷对此讳莫如深，对于清初汉族人民掀起的长达二十余年的反清斗争，更是稍一提及，辄罹大祸。在这种文化专制政策之下，明史研究成为禁区，无人敢于问津。因此，清政府主持纂修的《明史》一面世，立刻被奉为圭臬，有关史实都必须以此为准绳，不得越雷池一步。夏燮认为，《明史》的质量虽然较高，但也并非尽善尽美，首先，修史之初，主笔者“半系先朝遗老，亡臣子孙，其中或以师友渊源，或因门户嫌隙”，导致很多史实叙述不公。其次，“修史必取征实录”，但《明史》的修纂并未完全参考《明实录》，此外，明史所依据的部分实录也有失实之处。1644年，崇祯自缢之后，几个南明政权又延续十八年之久，这段历史也很重要，但《明史》记之不详，使得明史有残缺不全之感。此外，《明史》对于一些重大问题或付之阙如，或语焉不详，或记载失实。更有甚者，有些该立传的却并未立传，如张煌言，“流离海上，与宋之陆秀夫相似；就刑杭城，与宋之文天祥相似；若其身膏斧锧，距我大清定鼎已二十年，疾风劲草，足以收拾残明之局，为史可法以后之一人”。这样一位重要的人物，《明史》中却没有相应的传记。基于上面的种种情况，夏燮认为编写一部《明通鉴》是一件一日不可缓的事，他不惧时忌，敢于对钦定《明史》提出种种责难，开展明史研究，其求实精神令后世史学家钦佩不已。在具体的编撰过程中，夏燮主张先推历后系事，因为历史事件总是发生在特定的时间和空间之内，只有著史之前先搞清楚事情发生的准确时间，才有可能写出一部信史来。《明通鉴》是一部编年体史书，其体例要求按年月之先后记载历史事件的发展过程，但在朝代鼎革之际，如何纪年是一个难题。夏燮另辟蹊径，突破了编年体成例，在《明通鉴》中，别立《明前纪》和《附记》，来记述朱元璋称帝之前和崇祯自杀之后的历史事件，这样就使得全书叙事完整，同时也符合史书编写的体例规范，这体现了夏燮作为一个史学家的创新精神。

重视史料的搜罗和考辨是夏燮治史的另一个重要特征。夏燮在著书之前，总是要花费大量精力通过多种途径广泛搜集各种资料。为编撰《明通鉴》，他购买了数百种明人笔记，还经常访求有志于明史研究的同道，经常就明史中的一些重大问题互相研讨，夏燮在他们那里手录笔抄了不少资料，由于搜罗资料十分广泛，所以他在《明通鉴》中补充了很多相关材料，有些历史事实的记载比明史更加充实宏富。《明通鉴》主要以明史的资料为主，但夏燮从来也不轻视野史的价值，他说：“若谓野史不可信，则正史何尝无采自野史而折中之者，安见登之正史遂无传闻之误乎！”所以他在编撰《明通鉴》时，广泛搜罗野史中的材料，以补正史之不足。例如，关于南明之事，官修《明史》因政治原因没有记载，夏燮综合清初黄、顾、侯、魏诸家之书，以及王夫之《永历实录》等私人笔记，在《明通鉴》中详细补充了这段历史，对于明史上的重大事件，如建文逊国、英宗北狩、夺门之变、正德南巡、万历妖书等，由于明朝的政治斗争等因素的影响，正史上也没有相关记载，夏燮在《明通鉴》中也一一加以补录，“正史之所不备者，苟事有鉴于得失，义有关于劝惩，虽稗官外乘，亦宜择而书之”。

当然，夏燮也知道“野史如林，率多燕郢传讹之说”，所以对于野史中材料的选用，态度十分谨慎，多方考辨，“芟其不可信，而信其所可信”，力求保证所采用史料的翔实可靠。

《中西纪事》的编撰更能体现夏燮重视史料搜罗与整理的治学特色。如果说编撰《明通鉴》尚有大量的正史、野史、笔记可供参考，那么他编写《中西纪事》时，就无现成的史著可资借鉴了，要撰写这样一部巨著，所需史料就完全靠平时积累了。因此，他非常关心时局，勤于积累一切与时务有关的资料。他利用官职之便，看到有关的上谕、奏折、照会、邸报文抄等材料随时随地将相关材料录而存之，为撰写《中西纪事》打下了深厚基础。鸦片战争之后，中西之间的交往更加频繁，要准确呈现这段历史，除了要了解国内的情况以外，更要深入了解当时的“夷情”。在当时士大夫昏昧无知、耻谈夷情的时代氛围中，夏燮经常阅读西人月报，从中发现了一些国内不易被人知道的资料。为了掌握更多的外国资料，他还利用出差九江的机会，“日至洋关，索阅新闻纸”。一天偶然看到英国税务司案头有一份中文译档文件，一看发现是广东第一次鸦片战争之后的档案材料，这是英军攻陷广东后在制署中得到的，一直没有公之于世，当他索抄不可时，就每日前往洋关，“逐日手录数十纸”，正是在这批档案中，他得以发现耆英主粤时的奏章“大半支吾掩饰，口是心非”，从而在《中西纪事》中彻底揭露了耆英的丑恶嘴脸。

夏燮对于材料的占有，并不是不加考辨地全部照用，而是细心考证，详加辨析。对于某些杜撰的史实，他一旦发现，就会坚决摈弃不用。夏燮在叙述某一史实时，对一些重要材料总要交代其来源，在著述过程中，一旦发现某些材料不够严谨之处，就马上予以纠正，得到新材料，也会即刻加以补充。这些都是夏燮一丝不苟的治学精神的集中体现，正是这种一丝不苟、精益求精的治学精神使他成为一名著作等身的史学大家。

暮年遭劾　身后凄凉

夏燮在学界固然有很大影响，但是在官场却一直郁郁不得志，最后也只是以知县致仕。更令人惋惜的是，夏燮在官场竟未能善终，光绪元年（1875），七十六岁的夏燮被弹劾在江西宜黄知县任内亏空公帑，官府逼还欠款，七月三十日，夏燮在筹集亏空公帑的忧虑中去世。据时人推测，夏燮之所以挪用巨额公帑，可能是为了刊刻自己的著作，当时的私人著作大多需要自费出版，而木板刻书工本费用很贵，案件的来龙去脉今人已经难以窥其全貌，但基本可以确定这笔巨款没有进夏燮私囊，据江西藩司刘秉璋在给友人的一封信中所言："夏嗛甫读书成癖，却非吏才。所短吉水、高安、永宁，交代甚巨，照新章即应撤任。日昨到省，面许二三月内，吉水、高安可以解清，但留宜黄，已算非意之想；乃欲更上一层，鄙人亦不敢预必。日暮途远，情在可矜，当为留意耳。"刘秉璋原籍安徽庐江，和夏燮是安徽同乡，夏燮当时在学界又颇具盛名，一般来说，刘秉璋对夏燮不会苛求。事实上，据刘森木记载，刘秉璋因为夏燮在学界享有盛名，特别嘱咐他，"如能弥补亏空，仍可委补优差"。但夏燮已无力偿还巨款，刘秉璋不便压后任代为弥补，更不会自掏腰包，因此提出让夏家把《明通鉴》书版归官书局，折价一万五千两，这个建议遭到夏家的拒绝，从这件事也可以看出当时刊刻书稿的确需要耗费巨资。夏燮绝不是贪官污吏式的人物，他亏空的数万两，大概都是用于刻书。以书折银的建议遭到夏家拒绝之后，刘秉璋遂将此事据实呈报江西巡抚刘坤一，刘坤一驭下颇严，夏燮随后被革职，监追。

这件事对夏燮身后的声名影响很大。光绪三年（1877），沈葆桢、何绍基等纂修《安徽通志》，夏燮父兄夏銮、夏炘都因为身兼教职而得以列名《职官志》，但同署教职的夏燮却未能列名。夏燮卒于光绪元年（1875），亏空公帑一案导致他被革职查办，欠款在他死后仍未了结，左宗棠爱其才名，在他死后，为他申请开原复官，将生平事迹奏付国史馆立传，结果竟没有得到清廷首肯，"岂有亏空公款数万金而可称为儒林者，此不待智者而后知之也"，清廷当政者就这样将夏燮逐出了儒林，故而夏燮非但未能入国史列传，连入地方志也遭摈弃，甚至墓志铭也被销毁不见传世。因此，虽然夏燮是当时有名的学者，但是后人却很难找到关于他生平事迹的详细材料，许多清人传记，对夏燮要么是缺而不载，要么语焉不详，可怜一代史学大家，身故后的生平事略竟然付之阙如。

总体来看，夏燮的一生虽然未能在仕途上实现大的抱负，但是他在学术上的斐然成就已经足以使他名垂后世。夏燮一生都在读书、著书、刻书，但他已经不同于乾嘉之际专事考据的学者，受到鸦片战争以来的历史大环境的影响，在他的著作中，经常能发现忧国忧民的经世意识和自强御辱的爱国思想。夏燮勤奋的治学态度和严谨的治学精神使他取得了极大的学术成就，为后世留下了一笔宝贵的精神财富，虽然在封建统治者看来，他晚节有玷，不足为训，但是后人不会忘记他在史学研究上所作出的开创性的贡献。

京剧鼻祖——程长庚

胡婷

程长庚像

程长庚（1811—1880），谱名闻檄，字玉珊，也作玉山，堂号“四箴”，安徽潜山人。清代京剧表演艺术大师，被誉为“京剧开基创业的大师”。

独具一格的唱腔艺术

程长庚幼年进徽调科班学戏，习老生兼净，对其他行当也很留心。由于他勤学苦练，加上悟性较高，进步很快。出科后在戏班中搭班演唱，在当地有了一点小名气，后来入京。对于程长庚的出世之作有两种说法。一说，道光年间，程长庚入京贩卖乐器，正好赶上他舅舅唱戏，舅舅知道程长庚擅长戏曲，便让他登台演唱，程长庚欣然答应，粉墨登场。但遗憾的是第一场打炮戏就唱砸了，观众还喝了倒彩，这对程长庚来说无疑是一个巨大的打击。但是出于对戏曲艺术的热爱和追求，他并没有因此气馁，而是更加发奋，经人介绍，入保定著名的昆曲科班和盛成再次坐科。在三年的科班学习中，程长庚一丝不苟，从唱、念、表演到发音吐字，都认真对待，刻苦练习，日夜研究，在这样的刻苦努力之下，程长庚技艺大涨。一日在京城某贵人的堂会上，程长庚在《文昭关》一剧中扮演伍子胥，腔调激昂，神情动人，感染力极其强烈，全座轰动，惊而赞之，可谓是一鸣惊人，这个堂会也可以说是程长庚成为名伶之路的起点，这出《文昭关》也成为他的出世之作。还一种说法认为程长庚的出世之作是《战长沙》。程长庚刚到京城之时没有什么名气，只能在小戏班寻求唱戏的机会，戏班班主还借机羞辱程长庚，询问他能唱什么戏，程长庚不假思索地回答班长，只要是关公戏大抵都可以。班长以为程长庚说大话，想要等到他登台演唱时再一探究竟。程长庚当时所选的曲目是《战长沙》，开脸的时候，先涂上胭脂，与当时的主流扮相有所不同，出场之后“冠剑雄豪，音节慷爽，如当年关羽再世”。顿时掌声雷动，在座的宾客都表现出从未有过的欢喜，程长庚也因为这出戏一举成名。虽然这两种说法我们无法确定其真实性，但可以确定的是这两出戏在程长庚一生中有着很重要的作用。

经过勤学苦练，程长庚于清道光二十五年（1845）成为三庆班挑梁老生和班主。程长庚继承了三庆班以唱二黄为主的声腔特色，以他深厚的昆曲根基，自觉吸收昆曲、京高腔、湖广调的演唱艺术，在“安庆二黄”声腔沉郁雄浑的基础上，运用昆曲和湖广调的一些吐字、发音、运气的技巧，增加了京高腔的高亢平直的特点，在唱腔中柔中带刚，不求花哨，以平直舒展取胜，“高亢之中又别具沉雄之致”，改变了“安庆二黄”中某些呆板单调之现象，使自己唱的二黄达到了“字眼清楚，极抑扬吞吐之妙”的境界。“一唱三叹，听之使人荡气娱神”，“京二黄”开始问世。从历史资料中可以看出，在皮黄的京朝化过程中，程长庚是个起决定作用的关键人物，是他在徽二黄向着京朝化方面迈出了关键的一步。历史经验告诉我们，任何声腔的兴起与流布，都是由高明的演员唱红、唱响才流传开的，“京二黄”的兴起当然也不例外，它的衍变、兴起与流布和程长庚有着直接的关系。他以高超的演唱技巧和得天独厚的高宽亮的嗓子，把“京二黄”唱得既有穿云裂石之高亢激越，又有余音绕梁之韵味无穷。《歌场识小录》曾有这样的记载：“二黄初仅行于皖间，咸丰初年，程长庚师其法而变通之，挟技游京师，每一登场，万人空巷，二黄因大昌。”他的唱腔改变了“安庆二黄”的面貌，他的成功经验也影响了其他演员，推动了京剧声腔的演唱艺术，对京剧产生了深远的影响。“京二黄”的形成，使徽戏发生了质的飞跃，从此开始了京剧历史的新篇章。

“京二黄”的兴起加速了西皮腔的京化。程长庚吸取了米喜子、王洪贵、余三胜等新老西皮名家演唱的精华，在西皮腔的演唱上也同样显示出高超的艺术创造力，他在《法门寺》《让成都》《草船借箭》等剧目的西皮唱腔中，达到了“……乐工或停奏痴听，忘其所以”的艺术境界。遂使西皮与“京二黄”的融合日趋和谐。西皮的京化并与“京二黄”浑然一体，使京剧唱腔初步形成，从此，西皮、二黄脱离了它们的母体，而成为老北京常说的皮黄戏，即京剧。在皮黄结合、形成京剧的嬗变过程中，程长庚的艺术创造发挥了重大作用。后人评论说：“谈皮黄者，靡不知有四簇堂主人程长庚。长庚……愤徽伶之依人门户，乃熔昆、弋声容于皮黄中。匠心独造，遂成大观。”

程长庚的戏路很宽，不论皮黄、昆曲、文戏、武戏，他都能演。除老生本工戏以外，还演武生戏、小生戏、花脸戏等。即如老生靠把戏，五种颜色靠把戏的角色，他都能演，红靠戏能演《战太平》的花云，黄靠戏能演《风云会》的赵匡胤，绿靠戏能演《战长沙》的关羽，白靠戏能演《镇潭州》的岳飞，黑靠戏能演《白良关》的尉迟敬德。再如小生与青衣，程长庚也有着相当的功力，故有“胡喜禄托病则唱旦，徐小香离班则小生”。据说在程长庚管理的三庆班，有个名叫徐小香的戏子与程长庚交好，但徐小香为人洒脱不羁，家境也较为殷实，想要罢演，但因程长庚不许，他就设法偷偷地回到故乡苏州，后来程长庚托人把徐小香送回北京。程长庚当时十分恼火，就对徐小香说：“君紊乱班规，藐视合同而脱走，君自以为己若不出，则小生剧无人演唱矣，明日余当演之，君请观焉。”当时徐小香听到这话，心下不服，就想“你程长庚既然有如此本事，又何苦留我在三庆班，更何况你擅长老生戏，我就看你明日能唱的如何”。第二日程长庚依约演唱小生戏，自始至终，没有什么地方可以挑剔，徐小香遂由自信转为愧疚，又留在三庆班成为其中一员。

程长庚虽然戏路很宽，却并不是以此来号召观众，他的真实本领依然是老生。程长庚的嗓音称为“腔音”，更倾向于“脑后音”。在“腔音”中分为“云遮月”和“脑后音”两种。所谓“脑后音”，就是“当其唱之初，稍稍激出，而徐复于平调”，唱腔“于高亢之中，别具沉雄之致”，因为程长庚在演唱时带着浓厚的安徽方言，声音一出“如长河大河，一泻千里，凌厉无前，质直而少弯曲”，跟有的演员徒以调高声宏取胜，而欠缺韵味回音的唱腔迥然不同。当时有人把他的唱腔与唐代诗人杜甫的诗风相比，形容为“天风海涛，金钟大镛”。

而尤其值得一提的是，程长庚在唱腔上不单是唱声，更重要的是唱情，以声传情，声情交融。程长庚所处的时代，正值1840年英国侵略中国之际，广大人民群众对帝国主义的侵略无比愤怒，并且拿起了武器与之进行殊死斗争。当时程长庚对帝国主义侵华也表现出一个爱国者的情操。道光年间，当程长庚听说英国携鸦片侵入我国广东并直入长江之后，他愤怒欲绝。此时，就程长庚所擅演剧中人物而言，亦多古贤豪杰之士，像坚韧不拔的伍子胥，忠勇爱国的岳飞，以及嫉恶如仇的祢衡等。为了表现这些人物的激昂、愤慨之情，程长庚在演唱上逐渐形成高亢雄壮、慷慨愤激的特色。据说程长庚的演唱能使“闻者泣下”，这正是当时人民对帝国主义侵略中国的愤怒感情在演员声乐中的曲折反映的结果。这是程长庚的演唱在当时颇受广大群众喜爱的一个重要原因。

技艺精湛的表演技巧

作为表演艺术家，程长庚很重视塑造人物形象，对角色的性格、身份体察人微。他对唱、做、念、打“四功”和手、眼、身、法、步“五法”并重，善于运用这些表演技术来表现人物，一举手，一投足，都注意符合所扮角色的性格，不仅形似，而且能传神。所以“一经登场，不啻现身说法”，“为大臣则风度端凝，为正士则气象严肃，为隐者则其貌逸，为员外则其神恬”，“能令观者如对古人，油然起敬慕之心”。其中最为人称道的杰作是《文昭关》的伍子胥、《战长沙》的关羽、《群英会》的鲁肃。

程长庚虽以唱功为其特长，但亦十分注意身段做派。他在舞台上演戏，身段的运用、表情的变化，均能从人物出发，因人而异。例如，他演《群英会》鲁肃一角，其出场亮相，则是用双手握玉带的前端，而不用双手分托玉带两侧的“端带”。进大帐的身段，也绝不用抬（踢）腿撩袍，而是为符合人物性格，先提袍后抬腿迈步，以示鲁肃的凝重。又如他不论坐内场椅或外场椅，决不偏斜坐，都是正面坐，以示鲁肃之端庄。再如程长庚演《文昭关》伍子胥一角，“虽是身穿‘富贵衣’（带补丁的褶子），其台步则是高抬腿走大步，以示伍子胥身在困境，仍不失武将风范”。

程长庚读书识字，具有文化素质，胸襟也极为宽广，对所扮演的角色，他总能设身处地地分析角色，形容得体。陈彦衡年幼时曾见过程长庚登台，就说他“不但声荣之美，艺术之高，人不能及。即其神采举止，一种雍容尔雅之气概，亦觉难能而可贵，盖于古人之性情、身份，体察入微，一经登场，不啻现身说法，故为大臣则风度端凝，为正士则气象严肃，为隐者则其貌逸，为员外则其神恬，虽疾言遽色，而体自安详，虽快意娱情，而神殊静穆，能令观者对古人油然而起敬慕之心”。过去有书记载，程长庚不唱二黄反调。在老生剧目中不演《战北原》《空城计》《赶三关》《武家坡》《算粮登殿》等戏。程长庚不唱二黄反调，有说是出于戏德（因二黄反调系余三胜所擅长。旧时演戏，演员之间对其他人的专长，均避之以示做艺之道德），也有人说不唱上述五个剧目是“以其不近情理之故”。尤其孔明一角，他认为“诸葛一生唯谨慎”，而《空城计》之孔明，如此冒险，有失“诸葛谨慎身份”。实际上除了上述原因外，若从程长庚的演唱风格和擅长剧目来看，程长庚之声腔多高亢、雄壮，程长庚之剧目多为端庄正剧，而二黄反调的旋律多悲凉之感，《武家坡》《算粮登殿》等剧，又多噱头风趣之表演，这可能是与程长庚演出风格有异。程长庚的表演艺术之所以能得到广大观众的喜爱，还在于他颇能注意戏剧的社会功能。程长庚曾与人云，他之演剧，是“聊以泄吾悲耳”！他所扮之剧，“则多演忠臣孝子事”，并“寓以讽世之词”。如在同治末年，一日都察院曾强使程长庚出演《击鼓骂曹》，程长庚破例允诺。至登台后，演到祢衡击鼓三通，怒斥曹操的一段表演时，程长庚气概激昂，指堂下怒骂曰：“方今外患未平，内忧隐患，你们一班奸党，尚在此饮酒作乐，好不愧也！有忠良，你们不能保护；有权奸，你们不能弹劾。你们一班奸党，尚在此饮酒作乐，好不愧也！”使台下端坐之官僚显贵，如坐针毡，怒愧难言。

正是由于读书识字的关系，程长庚除了演《战樊城》《长亭会》《文昭关》《鱼藏剑》《镇潭州》《捉放曹》《击鼓骂曹》《群英会》《华容道》《战长沙》等经常叫座、历久不衰的戏外，且上演新编的连台本戏。也由于程长庚读书识字，有一定的文化修养和艺术素养，对剧本内容和人物内心活动有深刻理解，因而能在编导、排练和表演时，展现出超人的艺术才华。三庆班里有一位老生演员叫卢胜奎，擅长编写剧本，深得他的赏识与器重。卢胜奎也为同光十三绝之一，入行后真名隐去，“胜奎”二字亦有“胜过二奎”之意。卢氏因早年落第又喜爱听戏，经常到戏院听程长庚的戏，久而久之，二人便相识，程长庚在知道他的经历之后，深为同情，便将他留在自己的寓所，供其饮食，卢胜奎也因为功名坎坷，遂入伶界。据传，程长庚为了扩大他的影响力，以后演戏，非卢为配角不唱。卢胜奎文学根底深厚，入三庆班后，发挥自己的长处，根据《三国演义》，从三十一回玄德荆州依刘表，到五十一回孔明一气周公瑾止，参考陈寿的《三国志》编成了三十六本连台轴子戏，词句节目均为可观，即使其他演员演之，也能体贴入微，所以一时间有“活鲁肃”（程长庚饰鲁肃），“活公瑾”（小生徐小香饰周瑜），“活孔明”（卢胜奎饰诸葛亮），“活曹操”（花脸黄润甫饰曹操），“活赵云”（武生杨月楼饰赵云）之称。

一丝不苟的为人治班

程长庚声誉既高，但演戏依然极为认真，不马虎敷衍。他对别的演员也严格要求，演出时如有失误，退场后随即指出，当面规劝。但其为人宽厚，从不当场奚落讪笑，使人难堪，故被赞誉为有戏德。他虽享有盛誉，却不拿架子、不争角色，配角也演。他认为演剧以戏为重，主角和配角都是演戏，好比红花绿叶，没有高低贵贱之分。

程长庚被众人尊称为“大老板”，不仅仅因为他的戏曲，更重要的是他高贵的人格。他爱惜同人，从不自私自利，他仗义疏财，凡伶人中有贫困者他都用自己的钱财来救济。按封建制度，凡帝、后死，称“国丧”。在“国丧”期间，城内戏园禁止演出，只准在外城茶馆、饭庄清唱。同治帝死时，程长庚为了维持同人的生活，每日带领全班到外城清唱，所得收入归全班使用，从不多取分文。

程长庚严于律己，“不应外串”是程长庚恪守的原则之一，他说：“我若应外串，自召自谋，诚为得计，其如本班众人何?”“大人先生喜观余剧，尽可演三庆班，我身为班长，虽演多剧，岂敢辞劳，若我独应外串，而使全班向隅，何以对待同人?”因此，达官贵人要他外串，甚至是威逼绑架都不能使他答应，王府、贵官曾屡次传召程长庚演堂会，他一概拒绝。有一次都察院团拜，要程长庚演堂会，他因不从而被强行绑走。当他知道点的剧目是《击鼓骂曹》时，才破例应允。他饰祢衡，肉袒击鼓，气概激昂，指堂下怒骂，台下达官贵人狼狈不堪。程长庚每期必演，风雨无阻。据吴竹楼老先生回忆，某年冬，程长庚在广和楼演出，将要开锣，观众只有一人，管事的主张回戏，而程长庚却特意到台前对此观众说：“今日如此风寒雪冷，他人均为足不出户，你却独来，可见是个知音。我已命全班专演佳剧，我自演《昭关》，请你欣赏。”次日北京轰传“大老板”为一人唱拿手好戏，顿时广和楼座无虚席。

此外程长庚还颇具组织能力，他掌管的三庆班，纪律严明，不容谬误。咸丰年间，因其声誉大显，曾多次被对皮黄感兴趣的咸丰帝召进宫内演出。嗣后，程长庚声望更高，他不仅身任三庆班班主，并兼任三庆、四喜、春台三个戏班的总管。而且继张二奎之后，被推选为精忠庙庙首。此后，程长庚对于剧界公益更是尽心尽力。例如，旧时戏园，台下秩序极为混乱，怪声哄叫十分严重，对演出影响颇大。而程长庚曾特上书宫廷，奏免怪声叫好之恶习。再如，自明清以来，戏班流行着一种“站台”的陋习。所谓“站台”，就是在开戏以前，演员必须到台上站立，供台下观赏。如遇有官僚豪富，还要陪其玩乐，对于戏曲艺人的人格极不尊重，而程长庚则将其一举废除。这使当时的京剧舞台风貌为之一新，朝着健康的方向发展，是良好的开端，受到了广大戏曲艺人的拥护，不少戏曲艺人都加入程长庚所主持的三庆班。就是台下的观众，对于程长庚也是十分敬重的。据说程长庚最怕叶子烟的气味，而每逢程长庚登台演出时，台下观众必停止吸烟。可见程长庚在当时的戏曲界内外，都是德高望重的。

为了三庆班的事业，程长庚鞠躬尽瘁，死而后已。作为三庆班班主，程长庚深知掌班人的重要性。为了选择能够继承三庆班事业的班主，程长庚费尽心血。他选的第一个接班人是孙菊仙。程长庚看中了他的人品、技艺，有意将三庆班交给孙菊仙，语重心长地对他说："现在我老了，唯一追求的是维系我一生名誉的三庆班事业，你我性格接近，你来接替我的事业，我就不会有后顾之忧了。"孙菊仙以资望尚浅、能力不够推辞了。程长庚最后把三庆班交给了杨月楼。杨月楼以须生兼演武生，以歌喉嘹亮、技艺精娴而誉满京沪。入三庆班后深得程长庚器重，极力提携，终成班主。程长庚谆谆告诫杨月楼：必与三庆相始终。杨月楼感其知遇之恩，领导三庆班近十年。但杨月楼英年早逝，尚未来得及安排三庆班的接班人，结果继任不得其人，杨月楼死后一年多，三庆班解散。

因材施教的育人艺术

中国戏曲得以长生不灭的又一个奥秘，在于它独特的承传方式。明智的戏曲艺术家，都表现出深重的历史意识。他们尽可能多地继承前人的艺术成果，又尽可能好地创造出新成果，再尽可能广地传授艺术成果，使之纵横延伸。他们把习艺、创艺、传艺集于一身并贯穿一生，这又是一种可贵的艺术精神。我们从程长庚艺术的历史延伸中可以探寻出一些重要特点。"老生后三杰"的谭鑫培、孙菊仙、汪桂芬，虽非全部与程长庚有师徒名分，但都曾受业于他、受德于他。

程长庚在培育人才方面非常注意因才施教。同治九年（1870），谭鑫培入三庆班，随后拜程长庚为师，深得程长庚赏识。在《伶史·谭鑫培本纪第五》中记录了一段动人故事：谭鑫培原是一位唱武生的演员。程长庚对他说：你唱武生之所以不得名，是因为你脸瘦而口大，演武生不合适。应当悬髯演老生，则疵瑕尽掩，再佐以你的歌喉，当无往而不利！“遂令改武生为武老生，唱《定军山》《战长沙》《阳平关》《战太平》诸剧良佳”。程长庚对谭鑫培的天赋潜力看得很清楚，并寄予愿望，他对谭鑫培说：“我死后子必独步。”谭鑫培对自己似乎没有那么自信，回答说：“弟子安能独步？不有孙菊仙在前耶？”程长庚勉励他说：“非若子之声甘能醉人也，子其勉之，三十年后吾言验矣？”谭鑫培听从程长庚的教诲，改演老生，勤奋好学，精进不懈，锐意创新，博采众长，自成一派，在唱、念、做、打诸方面都达到了艺术的巅峰，被誉为“伶界大王”，成为京剧艺术的一代宗师，果真应验了程长庚“我死后子必独步”之预言。谭派的传人及私淑者甚多，余叔岩、言菊朋、马连良、杨宝森、吴啸伯以及谭鑫培子谭小培、孙谭富英皆宗谭派。从这里亦可看出程长庚及其传人对于京剧发展所产生的深远影响。

程长庚慧眼识良才。被誉为“老生后三杰”之一的孙菊仙，就是程长庚劝其从艺“下海”而成为名家的。孙菊仙原来是一个武官，因喜爱京剧，常出入于三庆班，结识了程长庚，被程长庚的艺术魅力所折服。程长庚“劝孙脱仕”，弃武从艺，“下海”唱戏。由于“其歌声酷似程而规范不及也，程乃授以诀，孙亦恭谨执弟子礼，未数月，艺大进，班中老生无能当之者”。《旧居丛谈》中说孙菊仙“天赋歌喉，不必循规蹈矩而高下长短，从心所欲自成一家”。于光绪二年（1876），孙菊仙正式拜程长庚为师。艺宗程氏，深得三昧。当时观众听了他的唱腔，都谓“程长庚也”！皇家得知他能传程长庚之声容，于光绪十二年（1886）选其入清内廷升平署外学，兼“储秀宫”教习。慈禧听了他的唱腔，亦云“果程长庚也”。孙菊仙把程长庚作为终身学习的楷模，他曾说：“予之师大老板（程长庚）者，非师其艺，实师其为人也。”他在管理戏班、扶植人才、为人处世等方面，都效仿程长庚的样子去做。他注重戏德，热心提携新人，如龚云甫、麻穆子、尚小云、荀慧生、冯子和等均经其亲手提拔。

程长庚为了实现“毋使广陵散绝人间”的伟大抱负，创办了四箴堂科班，注意从小抓起，培养了一批京剧艺术的骨干力量，造就了陈德霖、钱金福、张淇林等著名表演艺术家，推动了京剧艺术的发展。如被誉为“青衣泰斗”的陈德霖，能演之戏甚多，同行称其为“陈老夫子”。他嗓音高亢嘹亮，唱法昂扬刚劲，做工严谨，讲究声韵，咬字准确，把青衣这一行推到了一个新的境界。《菊部丛谈》中说：“据深于昆曲者谓，北方伶人中，昆曲字正腔圆、可称稳练者，惟陈德霖一人而矣。”

程长庚为人宽厚，但又是一位严师。正如《平剧二百年》所云：“长庚待人接物，至为和蔼，但教授弟子时，则十分严厉。清晨即开始教授，生旦净丑，各归一组。大老板自备茶几一张，手藤条一根，置于几上，目不转瞬，监督诸徒，见抬手动脚有错者，藤条即打其所错之处，手错打手，脚错打脚，决不打别处，其准非常。”又据《皖优谱》一书谓：“溥西园先生云，陈德霖尝自言，幼在三庆科班，习《白蛇传》，念许郎之‘郎’字，彼辄念音若‘兰’，程大老板出细（‘出细’为戏班中术语，即习戏已成，又请老辈作进一步之研究也）时，必以尺痛责之，经过月余，彼始行改正，然在一月中，所受夏楚，痛苦不堪，几至欲觅死。”可知长庚训徒之如何严厉，然如此训练，始能出正当人才，不在其虐，而在其以戏为前提，不假丝毫耳。从这段具体而形象的叙述中，可看出程长庚在训练育才方面是何等严肃认真。它告诉了人们这样一条育才之经验：严师出高徒。

光绪六年（1880）十二月十三日，这位为奠定京剧基础作出重大贡献的艺术家因病辞世，享年六十九岁。穆辰公所著的《伶史》中有这样一段话来评价程长庚：“程氏长庚，梨园一老伶也，然操行特著，后人称道弗衰。察其言行，虽古之贤宰相不是过也，则其得名也，岂偶然哉。岂偶然哉。宜其后之大也。呜呼！今世尚有其人否？吾愿为之执鞭焉。”程长庚生活于中国封建社会没落时期，社会黑暗，从艺艰难，但程长庚就是凭着精进不懈的进取精神、博采众长的创新精神、以艺为重的献身精神、严于律己的敬业精神、群体团结的协作精神，以及在声腔革新、唱腔艺术、剧目设计、培育良才、治班管理等方面所取得的成绩，建了一个鲜明的京剧艺术创始者的形象。

现代教育的先行者——孙家鼐

徐焕芹　王彦章

生逢剧变　心系新学

孙家鼐像

孙家鼐（1827—1909），字燮臣，号容卿，晚号蛰生，别号澹静老人。安徽寿州（今寿县）人。孙家鼐出身于书香门第，其曾祖父孙士谦为乾隆年间刑部郎中，治家严谨，祖父孙克伟是贡生，父亲孙崇祖为安徽池州府教谕。到孙家鼐这一辈时，孙家“一门三进士，五子四登科”，长兄孙家泽，道光十八年（1838）进士，任内阁中书国史馆分校、礼部祠祭司主事。二哥孙家铎，道光二十一年（1841）进士，历任安仁、彭泽、贵溪等地知县，山西河口镇同知，瑞州府知府。三哥孙家怿，咸丰二年（1852）举人，刑部员外郎，奉天司行走，赏戴花翎。四哥孙家丞为优廪生。孙家鼐在家庭氛围的熏陶下，自幼苦读经史，于咸丰九年（1859）考中了一甲一名进士，在参加殿试时，咸丰帝命他以大清王朝的兴盛写一副对联，孙家鼐即兴书联曰：“亿万年济济绳绳，顺天心，康民意，雍和其体，乾见其行，嘉气遍九州，道统继羲皇尧舜；二百载绵绵奕奕，治绩昭，熙功茂，正直在朝，隆平在野，庆云飞五色，光华照日月星辰。”此联巧妙地将清朝六代皇帝顺治、康熙、雍正、乾隆、嘉庆、道光的年号均嵌入其中，又颂扬了大清王朝的丰功伟绩，咸丰帝惊呼“绝妙”！举起朱笔点孙家鼐为头名状元。

孙家鼐步入仕途后，历任翰林院修撰、武英殿纂修、提督湖北学政、翰林院侍读。由于他为人深沉内敛，做事谨慎，深得慈禧太后赏识。光绪四年（1878）春，慈禧太后命其在毓庆宫行走，担任光绪帝师傅，和翁同龢一同教授光绪帝读书，他是光绪帝任期最长的老师，也是光绪帝最信任和最依赖的老师。仕途的顺畅并未减轻他对时局的担忧，他希望寻求新的方式去改变清王朝内忧外患的局面。因此他博览群书，沉潜好学，勇于接触西方先进的科学文化教育。他非常喜欢早期维新思想家冯桂芬的《校邠庐抗议》，“平日固不离左右”。光绪二十四年（1898），孙家鼐上奏《请饬刷印〈校邠庐抗议〉颁行疏》，曾回忆说：“臣昔侍从书斋，曾以原任詹事府中允冯桂芬《校邠庐抗议》一书进呈，又以安徽青阳县知县汤寿潜《危言》进呈，又以候选道郑观应《盛世危言》进呈，其书皆主变法，臣亦欲皇上留心阅看，采择施行……”《校邠庐抗议》《危言》《盛世危言》，都以不同的篇幅，深入探讨了中国的教育改革，特别是《盛世危言》中明确提出“学校者，人才所由出。人才者，国势所由强。固泰西之强，强于学，非强于人也……故善学者，必先明本末，更明大本末，而后可言西学……则中学其本也，西学其末也。主以中学，辅以西学，知其缓急，审其变通，操纵刚柔，洞达政体，教学之效”。他认为想要中国强大，必须重视西学，发展教育，注重掌握西方天文、地理、政治等方面的知识，并设想“设于各州县者为小学，设于各省会者为中学，设于京师者为大学”。郑观应的先进的教育理念给孙家鼐很大的启示。光绪二十一年（1895），孙家鼐与英国传教士、光学会总干事李提摩太结识，并且接触李提摩太所著的《现代教育》。李提摩太对中国的教育提出了自己的看法，他认为中国的教育需要改变，要废除禁锢文人学子的八股文，兴办学堂，引进西学，发展中国现代教育。李氏的教育理念无疑对孙家鼐了解近代高等教育的现状和走向提供了巨大的帮助。

临危受命　开山之功

甲午战败，国家与民族危机空前严重，国民从天朝上国迷梦中觉醒，纷纷寻找新的道路来拯救民族危亡。1895年，康有为、梁启超等人在京师建强学会，以强学书局成立为标志，该会宣传变法思想，积蓄维新力量，光绪帝的两位老师翁同龢与孙家鼐，以及军机大臣李鸿藻等暗中积极支持。强学会的成立及其活动，引起了守旧派的极大不安和恐惧，逼迫光绪帝以“植党营私”的罪名予以严禁。御史胡孚宸以“书局有益人才”为由，力奏请将“强学会”改为“官书局”。光绪帝从之，并委派工部尚书孙家鼐为新设官书局管理大臣。孙家鼐随即向光绪帝上《官书局奏定章程疏》七条：一设藏书院，二设刊书处，三设游艺院，四设学堂，五筹办经费，六分职掌，七刊印信。

光绪二十二年（1896）五月初二，刑部左侍郎李端棻上书《奏请推广学校折》，首次提出办京师大学堂，推广学校，为朝廷培养御侮强国人才，试办新式教育。此提议得到光绪帝的认可，于是将此事委派总理衙门办理，但是总理衙门却认为“该侍郎所请于京师建设大学堂，系为扩充官书局起见，应请旨饬下管理官书局大臣察度情形，妥筹办理”，将办学堂的事情推到官书局。遇事谦让的孙家鼐果敢地接手事关国家强盛的育人大任，并向光绪皇帝奏陈自己的办学理念，即“中体西用”。他认为中国五千年来圣神相继、政教修明，而日本实行明治维新，抛弃本国文化，完全引进和学习西方的政治制度的行为，这是他不赞成的，所以提议中国办大学堂必须坚持“以中学为主西学为辅，中西为体西学为用，中学为经西学为纬，中学有未备者以西学补之，中学有失传者以西学还之，以中学包西学，不能以西学凌驾中学，此立学宗旨也”。继而他提出了几个办学方法：一曰宗旨宜定也，二曰学堂宜建造也，三曰学问宜分科也，四曰教习宜访求也，五曰生徒宜慎选也，六曰出身宜推广也。虽然孙家鼐提出的京师大学堂的筹办计划深得光绪帝的认可，但是朝中顽固派及后党势力频频阻扰，恭亲王奕䜣和军机大臣刚毅等，以经费困难为由，主张缓办，使筹办工作束之高阁。

光绪二十四年（1898），光绪帝颁布《明定国是诏》，实行维新变法，变法的重要内容便是建立京师大学堂，诏书中强调：“京师大学堂为各行省之倡，尤应首先举办。”在光绪帝的施压下，总理衙门邀请康有为代为起草办理大学堂章程，康有为、梁启超合力起草了《奏拟京师大学堂章程》，提出了四个章程：一曰预筹巨款，二曰即拨官舍，三曰精选教习，四曰选刻学书。光绪帝看过奏折后当即决定“即著照所议办理。派孙家鼐管理大学堂事务；办理各员由该大臣慎选奏派；至总教习综司功课，尤须选择学贯中外人士，奏请简派”。五月十五日，慈禧太后在颐和园批准了《京师大学堂章程》，并同意任命孙家鼐为管学大臣，管理大学堂事务。孙家鼐深知筹办大学堂非一朝一夕可以完成的大事，且处在光绪帝和慈禧太后两派争权最激烈时期，办理维新大学堂，真可谓难于登天，然而他依然不顾个人得失，以民族大义为己任，毅然挑起了创办新式学堂的重担。

孙家鼐在同年六月二十二日上《奏覆筹办大学堂情形折》，对《奏拟京师大学堂章程》提出了改进意见，将原有章程问题进行了一一列举，提出双教习的建议，将教习在原有学堂草拟章程中的地位降低，并将学堂管理权收归管学大臣，进而否定了康、梁所提倡的教习管辖学务的建议。西学总教习人选选任丁韪良，明确规定西学总教习专理西学，不得管理超越其权限之事，将大学堂的实权掌握在国人手中。他全面而系统地提出了八条建议：一是进士举人出身之京官，拟立仕学院；二是出路宜筹；三是中西学分门宜变通；四是学成出身名器宜慎；五是译书宜慎；六是西学拟设总教习；七是专门设西教习，薪水宜从优；八是膏火宜酌量变通。光绪帝于当日即批复，认为孙家鼐所拟八条“尚属妥协”，令他“不妨博取众长，仍须折中一是”，以求完善，并明令“按照所拟各节，认真办理”。

孙家鼐的办学思想是通过他上书光绪帝而完整地体现出来的。他认为办学必须先定宗旨，宗旨如果不明确，办学便无从谈起，规定京师大学堂的宗旨是“中学为主，西学为用”。他强调以后无论是大学堂分科设班，还是推广各省，都必须遵守这一宗旨，以这个宗旨为基础，方可变通办理。在办学形式上，他主张学习欧美学校分科的办法。孙家鼐认为过去所办学馆虽然也有西学，但是因为浅尝辄止，没有培养出拯救危局之人才，如果不设立专门学科，学生仍无造诣。因此主张将京师大学堂分为天文、地学、道学、政学、文学、武学、农学、工学、商学、医学等十科，力求“总古今，包中外，该体用，贯粗精，理索于虚，事征诸实。立格以待奇杰，分院以庋图书”。在教师聘用上，他强调选择高质量的教师。孙家鼐认为，要办好大学，教师至关重要，他主张中西教习各两人，“中国教习应取品行纯正，学问渊深，通达中外大事者”。“外国教习，须深通西学，精识华文”。教习的待遇酌情从优，目的是吸引“天下贤士”从教。在教学内容上，孙家鼐认为“学堂教育人才，首以书籍为要，而书籍考订尤不可不精”，并认为“学问乃天下万世之公理，必不可以一家之学而范围天下”，即要注意书中义理，不能使之偏歧，更不能以一家的学术观点束缚学生对学术的研究。对于学生的来源，孙家鼐主张要慎选生源。孙家鼐同意李端棻的意见，学生由同文、方言各馆调取，内外各衙门咨送及举贡生监学过西文、年龄在三十岁以下者，自行投考，但主张“中西各学均需切实考验，第其优劣，分别去留”，且“中学、西学一律赅通者为上等，中学通而略通西学者次之，西文通而粗通中文者又次之”。三等学生各编一班，并按等级发给不同的薪水。关于毕业生的出路，孙家鼐主张按照学以致用的原则，安排学生出路。他“参酌中西特辟三途”：一是立时务科，由大学堂咨送学生参加乡会考，中试名额酌情放宽。二是派差，应试不中者，由学堂考验后发给金牌文凭，请总理衙门派往驻外使馆充当翻译随员，或分配到南北洋海军、陆军、船政、制造各局，帮办一切，以资阅历。三是分教，学生如不能应举为官，经考验发给牌凭充任教习，既使各省师资来源有了保证，又有助于京内外学堂之间联系的加强。他还主张学堂肄业之人，不论是否授职，在使用时都应“各就所长”，各有所属，学政治的归吏部，学商务、矿务者归户部，学法律者归刑部，“俾所学所用相符，冀收实效”。总之，量才录用，各得其所。他的教育思想，即使放到现在仍然不过时。

孙家鼐筹办大学堂时精心选任京师大学堂总教习。他向光绪帝讲明办理京师大学堂“首在总教习得人，而京官之中人品端正，学问优长者，原不乏人，求其学贯中外，通达政体，居心立品，又为众所翕望者，则实难其选，伏见工部左侍郎许景澄学问渊通，出使外洋多年，情形熟悉，若以充教习之任，必能众望允符……”许景澄于1885年出使法、德、意、荷、奥五国，次年又兼任驻比利时公使，至光绪十三年（1887）以母忧回国，光绪十六年（1890），又任驻俄、德、奥、荷四国公使，任期长达八年，光绪二十六年（1900），他担任总署行走，并兼任工部左侍郎，是名副其实的学贯中西之人。兼之许景澄为人正直，刚正不阿，敢于坚持自己的原则，是学识、人品均过硬的人才，可见孙家鼐在选人这方面可谓下了大功夫。

京师大学堂草创初定之后，孙家鼐不顾百病缠身，只争朝夕地抓好京师大学堂及其全国中、小学堂的建设。孙家鼐提出开办大学堂，必须多办小学堂、中学堂，以便取材。但是全国办学堂的风气刚开，并没有开办小学堂、中学堂，而大学堂招生规定是大学堂生源必须要由小学堂、中学堂依次递升上来，所以国家要获得通达时务的人才，必须多设中小学堂，并支持开办民办“会文学堂”。

孙家鼐在关注中西文化教育的同时，奏请在京师大学堂开设中西医学专业。孙家鼐认为医学自古关系百姓生灵，西方各国近百年来一直致力于发展医学，中国开办大学堂，旨在融汇中西教育，获得通达时务的人才，所以在大学堂开办中西医教育很有必要，他建议在大学堂开办医学堂，该建议得到光绪帝的赞同。之后孙家鼐拟定医学堂章程，规定医学堂归大学堂管辖，设提调一人，中医和西医教习各二人。学生兼学中西医学，大学堂开设一家医院，供学生日常实习之用。他在呈给光绪帝的附件当中奏请以朱启勋充任医学堂提调，“医学堂办事人员必须通晓医理，方能胜任，查有翰林院编修朱启勋研求有素，可以充派医学堂提调。该员现充大学堂文案会办，毋庸另给薪水”。孙家鼐此举，开创了官方开办医学教育的先河，对中国高等医学教育的发展产生了重要作用。

救护学堂　艰难办学

孙家鼐在创办大学堂的同时也时刻关注着维新变法活动，他对光绪帝急躁的变法行动深感担忧，且对康、梁颠覆传统，曲解孔子的行为甚为不满。是时，康有为的《孔子改制考》刊行，引起不小的思想冲突。孙家鼐在《奏请译书局编纂各书请候钦定颁发并请严禁悖书事》中对康有为的《孔子改制考》一书严加指责，认为“杂引谶纬之书，影响附会，必证实孔子改制称王而后已……窃恐以此为教，人人存改制之心，人人谓素王可作。是学堂之设，本以教育人才，而转以蛊惑民志，是导天下于乱也”。戊戌变法前孙家鼐是支持康有为的改良行为的，但是到维新派触动了中体的基础，威胁到封建统治基础时，他是不能容忍的。光绪皇帝接受了孙家鼐的提议，下令禁止《孔子改制考》刊行。

光绪二十四年（1898），慈禧太后发动戊戌政变，废除光绪帝实施的一系列新政，北京城弥漫着强烈的复辟气息。但慈禧太后在谕旨中指出保留京师大学堂，孙家鼐心中悬着的大石头终于落地。但是京师大学堂的日子并不好过，刚毅等顽固派视大学堂为眼中钉，时刻想要除而后快，所以作为管学大臣的孙家鼐时刻小心谨慎，在处理大学堂事务上以稳为主。十二月初，孙家鼐制定了三十条《京师大学堂规条》，对各种礼仪、入学条件、分班、功课考核等作了详细规定，以规范教职员工的言行。光绪二十五年（1899）二月，面对顽固派的寻衅滋事，为预防师生言行不慎触犯朝廷，祸及大学堂，他又研究、制定了《京师大学堂禁约》，此禁约共二十六款，对学生的言行、尊师、请假、卫生等作了更为详细、严格的规定，违禁者予以记过、斥退等。在课程设置上以中学为主，理学偏于西学，就连中学总教习许景澄都笑话他办学偏于中学，对于种种非议，孙家鼐始终保持理智的头脑，他深知在艰险的时局下，太偏重西学，肯定会遭到非议，甚至好心办坏事，为大学堂引来灭顶之灾。

京师大学堂在孙家鼐的执掌下，就像一艘试航的航船，顶风破浪，绕过暗礁险滩，缓慢前行。光绪二十四年（1898）十月初九，内务府将京师大学堂校园正式移交孙家鼐，校园南北六十丈，东西四十丈，共计修复、新建房舍四百余间。从当时《北华捷报》的报道看，除原有的公主楼外，还新建了近代教学楼。学生宿舍能住200多人，交工当天，孙家鼐便迅速指派办事人员进驻校园，并于此处发布招生广告："凡愿入堂肄业者，报名纳卷，甄别取去……当先择人品纯正，文理优长者录取入堂，以广造就。"十二月初，在京师大学堂本部举行了隆重的开学仪式。《北华捷报》作了较为翔实的报道，并对孙家鼐给予极高的评价，称他为"虽然是个保守派，但却通情达理，具有十足的绅士风度"。但是在顽固势力的阻挠下，大学堂当时实际上只开办了诗、书、礼、易四堂及春、秋二堂，性质类同于旧式书院。后来在孙家鼐的具体谋划下，于光绪二十八年（1902）增设了政科、艺科及速成科（仕学馆、师范馆）。京师大学堂在孙家鼐这个稳健的舵手的引领下走上了正轨，同时也开启了中国近代综合高等大学的探索和发展的道路。

光绪皇帝被囚禁后，对权力疯狂痴迷的慈禧太后便立端亲王载漪的儿子溥儁为大阿哥，兼祧同治皇帝，对外宣称光绪皇帝病重，意欲将光绪帝废掉，但是此举遭到西方列强的反对，慈禧太后对此忌恨不已。光绪二十五年（1899）十一月，慈禧太后临朝听政，提议废除光绪帝，另立大阿哥为新帝。朝堂上无一人敢反对慈禧太后的提议。孙家鼐则不卑不亢地提出反对意见，他认为废立帝是国家大事，稍有不慎会引起南方骚乱和西方列强抗议，况且光绪皇帝正值盛年，且身体康健，没有理由将其废黜。孙家鼐此举无疑遭到慈禧太后的忌恨，第二天孙家鼐就以病休为由辞职还乡，京师大学堂暂由中学总教习许景澄管理。

京师大学堂尽管没能培养出杰出的毕业生，但是作为中国第一所中西学并重的新式综合性大学，它为壬寅大学堂乃至以后的中国高等教育树立了一个良好的榜样，并打下了坚实的基础。孙家鼐的开山之功，应名载史册，万世流芳。

宣统元年（1909），孙家鼐再疏乞病，不久去世，终年八十三岁，谥号文正公，有清一朝，获得"文正"谥号的只有八人，他是清朝最后一位“文正”。时人杨士琦挽孙家鼐联：“事上也敬，行己也恭，杖于朝，杖于乡，允矣君子；和而不同，群而不党，能为师，能为长，所谓大臣。”可谓是对孙家鼐一生仕途的概括。

近代佛教复兴之父——杨文会

宫超

杨文会像

杨文会（1837—1911），字仁山，号深柳堂主人，又自号仁山居士，安徽石埭（今石台）人，清末著名的佛教居士，近代佛教复兴之父。梁启超在其《清代学术概论》中称："晚清所谓新学者，殆无一不与佛学有关系，而凡有真信仰者，率归依文会。"中国近代一大批政治家、思想家、学者、高僧，如梁启超、谭嗣同、章太炎、宋恕、汪康年、沈曾植、陈三立、夏曾佑、欧阳渐、释太虚等，都曾直接受到杨文会所倡导佛学的影响。

经历波折　信仰佛学

杨文会的父亲杨摛藻，号朴庵，年轻时积极参加科举考试，却屡试不第，且有数女而无子。杨摛藻三十八岁时，其妻孙氏又怀有身孕。一日，孙氏梦见自己走进一座古刹中，见到中庭有一个以箬笠覆口的巨瓮，掀开箬笠则看见瓮中有一朵美丽的莲花。醒来后孙氏便对杨摛藻说："今年汝若举于乡，当生男以贺。"不料戏言成真，当年杨摛藻果然在乡试上中举，随后孙氏生下杨文会，乡里一时传为佳话。此后，杨摛藻仕途顺遂，在杨文会两岁时高中进士，授刑部主事，遂举家北上，在北京住了七年。

相传，杨文会少年时非常聪明，博览群书，领悟能力也强。但是，他却并不热衷于科举功名，而是任侠行义，好读奇书，凡音韵、历算、天文、舆地，以及黄老庄列，无不研读。他十七岁时，太平军进攻安徽，他随家人辗转于安徽、江西、浙江、江苏各地，前后达十年。其间，他曾兴办团练，参与镇压农民运动，也曾入周天爵等人幕府帮办军事。太平天国失败后，他又入曾国藩幕府，饬办谷米局事务，又总办江宁工程界之事和经理汉口盐局。

同治三年（1864），他二十八岁时，回乡料理其父丧事，因伤心过度不幸感染时疫，生了一场大病。在养病期间，他反复研读《大乘起信论》一书，对其中所讲的道理有了领会，于是开始寻求佛经研读。不久，他又研读了《楞严经》，对佛学发生了更加浓厚的兴趣。据《杨仁山居士事略》介绍，此后他遍求佛经，凡亲朋好友去外地，必委托代为寻找佛学典籍，见行脚僧，必询问其来历，有何宝刹，有甚经卷。从此，他一心学佛，悉废弃其以前所学。

对于杨文会皈依佛教的原因，还有另外一种说法，在其孙女杨步伟的《一个女人的自传》中有所反映。杨文会在出生后三天，经父母包办，与他同乡的一位比他大六岁的苏姓姑娘定了亲。在杨文会十一岁的时候，苏姓姑娘得了天花破了相，苏家允许退婚。但杨文会说订婚在前，破相在后，如果我不娶她，谁还会要她呢。杨文会十五岁的时候与苏姓姑娘完婚。苏家过意不去，允诺杨文会以后可以另娶一妻作为“并妻”（地位比妾高，与发妻同等），只要不欺负他们的女儿就可以了。后来太平军兴起，杨文会带领家人到杭州避乱，杨文会到杭州不久认识一个邻家女叫巧姐，知书识礼，又美丽又温柔，杨文会就提出以前苏家的承诺要娶这位姑娘为妻。杨文会的父亲和苏姓姑娘都答应了，但是杨文会的母亲却要求等等再说，因为其时苏姓姑娘怀孕了。杨文会的母亲认为如果生下来是个女的可以让杨文会娶一个并妻，如果是个男的杨文会就不应该再娶双妻了。后来，等到苏姓姑娘分娩时是个男孩，所以杨文会再娶并妻的事就打消了。杨文会的母亲认为妻已经生子，没有娶并妻的道理，除非是娶过来做妾。但是那位姑娘出身书香之家，哥哥又在外省做官，断无为人做妾的道理。同时杨文会又是极爱慕这位姑娘，宁愿不娶也不愿意委屈她做妾。而苏姓姑娘仗着婆婆的庇护，又有儿子，所以也不肯让步。这样杨文会内心受到一次严重的打击，觉得世事无聊。一天在西湖散步时，在书摊看到一本《大乘起信论》，杨文会“就大看而特看起来了，自己就想研究佛学以了终生，绝不做官”。可以看出，杨文会是情场失意，看破红尘，这才遁入佛门的。杨文会修行佛法是他感觉到了世事无聊，为了寻求寄托而开始的。归结起来就是寻求个人身心的安顿。

创立金陵刻经处

同治四年（1865），李鸿章署两江总督，委任杨文会负责江宁工程。为了全家衣食生计，杨文会只好打消出家的念头，出任就职，杨家遂由安庆迁居南京。移居南京后，杨文会结识了一批佛学同好，如王梅叔、曹镜初等。他们经常在一起切磋佛学，深感当时佛教之所以衰微，与佛教典籍的散佚、经版的毁灭、大藏经流通的不便等有着直接的关系。因此，杨文会发愿要恢复刻经事业，刻印方册本佛经，以便广泛流通。为此，他亲自拟订刻经章程，集合同志十余人，分别劝募刻经，并创建了金陵刻经处。

为了保证经书的质量品位和佛法的严肃性，杨文会在刻经处创立之初即拟定了“三不刻”原则：一是疑为伪经者不刻；二是文义浅俗者不刻；三是乩坛之书不刻。以后数十年间，一直保持着这个优良传统，使金陵刻经处的威望声誉与日俱增。金陵刻经处刻出的第一部经书是魏源所辑的《净土四经》——《无量寿经》《观无量寿经》《阿弥陀经》及《普贤行愿品》合刊本。杨文会在《重刊净土四经跋》中称：“予初闻佛法，惟尚宗乘，见净土经论，辄不介意。以为著相庄严，非了义说。及见云栖诸书阐发奥旨，始知净土一门，普被群机，广流末法，实为苦海之舟航、入道之阶梯。”这段时间，杨文会白天办理工程事务，晚上则潜心学佛，他在校勘刻印之外，或诵经念佛，或静坐观想，往往至深更半夜才就寝。

金陵刻经处创建初期，由于经费不足等原因，一直没有固定场地。起初，杨文会在南京城内北极阁借得一块地方，作为刻印佛书和储存经版的临时住所，后北极阁土地发生纠纷，杨文会不得不把刻经处迁入花牌楼租赁的私宅中。以后杨文会曾到苏州元墓山香雪海探看过，想在那里盖一座刻经储版的专门处所，可惜没有成功。直到1897年，杨文会在南京城北龚家桥附近的延龄巷内，买下了一块约21亩的土地，盖起了一座环境优美、气势恢宏的“杨公馆”，并作为金陵刻经处的长期住所。1901年，杨文会与三个儿子签订了一份《分家笔据》，表示延龄巷杨宅“此屋专作刻经处公业。系父亲三十余年经营所成，永远作为流通经典之所，三房均不得认为己产”，“经局刻板之资，系十方善信捐助。永远作为公业，经营之人公同选举”。临终前，杨文会将金陵刻经处托付给陈稚庵、陈宜甫、欧阳渐三君，并表示“经版所在，灵柩所在”，家属和诸友门人遂敬遵其嘱，在金陵刻经处内“建塔坊中以葬”，“昭其志也”。

杨文会主持金陵刻经处事务45年，刻印出版3000余卷、几百种佛典，不仅包括许多宋元以后的重要佚著，而且对所刻典籍都做了十分精审的选择、校勘和句读。如对华严宗著述，特别是对贤首法藏著述进行收集、整理、校订，为研究华严宗思想提供了系统的重要资料。在法相唯识宗著述方面，校刻了佚失已久的《成唯识论述记》等，在当时引起了思想界、学术界的极大兴趣，促进了近代法相唯识学研究的开展。此外，汇刻的《大乘起信论疏解汇集》《净土经论十四种》《古逸净土十书》等也都对近代佛学的研究起了重要的推动作用。

培养佛学人才

针对清末佛教界的衰败和无知，杨文会一直主张开办佛学学堂。他一针见血地指出：“自试经之例停，传戒之禁弛，以致释氏之徒，无论贤愚，概得度牒。于经、律、论毫无所知，居然作方丈开期传戒。与之谈论，庸俗不堪，士大夫从而鄙之”，“目不识丁，辄自比于六祖”，“且诸方名刹，向无学堂造就人才，所以日趋于下也”。因此，他认为，要想振兴佛教，首先要开设学堂培养人才。

杨文会建议由各省选择名胜大刹，开设佛学学堂，经费由寺院庵观田产提充，教习共同推举。他还设想仿照小学、中学、大学的兴办方法，将僧学堂分为三等，初等先学习文理，然后教以浅近的佛教经典，三年学成后准其授沙弥戒。中等再令其学习稍深的经、律、论等，三年学成后准其授比丘戒，给牒。高等及其后应学深奥经典著作，以及教、律、禅、净专门之学，三年学成后能通大意，讲解如流，准其授菩萨戒，换牒。聪明的人，九年可以学成，具受三坛大戒，方能做方丈。开堂说法，升座讲经，登坛传戒，才能称为大和尚。仅学得初等、中等的，只能担任普通的执事僧人。对于学习一窍不通的僧人，则务必要求他还俗，不能成为信徒。他认为，只有经过如此循序渐进、由浅入深的严格学习，才能培养出一批合格的振兴佛学的人才，才能令天下僧尼，人人讲习如来教法，与经世之学，互相辉映。

杨文会还主张佛学学堂分教内、教外二班，既收出家僧徒，又收在家居士，外班以普通学生为主，兼读佛家经典，模仿西方人在学习科学知识的同时也学习基督教的办法。内班以学佛为主，兼习普通课程，普通课程包括国文、史学、地理、算法、梵文、英文、日文等。他要求内班专门学者，需在打牢前三年初等基础上，自第四年起，开始研究佛教各宗典籍，或专学一门，或兼学数门，均随学人志愿。但须一门通达，方可另学一门，不得急切改换，以致一无所成。他特别强调专门学者要内外兼通、东学西学都要精通。

杨文会不仅大力提倡僧界办学，自己也利用金陵刻经处的资源优势，积极筹办新式学堂。1895年，锡兰（今斯里兰卡）人达摩波罗居士来华，他家资富有，笃信释尊，以复兴印度佛教为己任。他希望得到中国佛教界的支持，但访问一些寺院后未能如愿。后在英国传教士李提摩太引荐下，结识了杨文会，二人相见恨晚，志同道合。他们相约：由杨文会在中国训练出一批精通佛学、汉文和英文的青年才俊，到印度学习梵文并协助达摩波罗复兴佛教。但由于种种原因未能实现这一目标。1908年冬，中国近代最早的新式佛学学堂——祇洹精舍，在金陵刻经处内开学，为此，杨文会专门写下《祇洹精舍开学记》铭志庆贺。由于各种条件限制，祇洹精舍办学规模不大，办学时间亦不长，但其开风气育英才的作用则影响深远。受祇洹精舍启迪，欧阳渐创办的支那内学院和太虚大师创办的武昌佛学院，在中国现代佛学史上均意义重大，声望卓著。

出使欧洲　思想开明

1878年和1886年，杨文会分别应曾纪泽和刘芝田之邀，两次出使欧洲，前后共达七年之久。杨文会在出使过程中见识到了西方先进的科技，思想中吸收了许多先进的东西。

杨文会对西方先进的自然科学成就是非常重视的。出国七年，所有薪金，只留少许家用，其余全数用在购买仪器与机械图纸上。其中有天（地）球仪（包括制作模具）、望远镜、显微镜、照相机、寒暑表、测量仪与各种格致图、各种货物图（兼有农学器具图），总数达到千件，教学用的形体方圆尖斜木块数百件。不仅如此，杨文会回国后，还积极从事这方面的研究。在考查了中国与西方制作的地图尺后，他研制了一种适合中国用的舆图尺，在《舆图尺说》一文中详加说明："今此尺式，专为测绘舆图而设，故名舆图尺也。往昔所绘舆图，均系古法，近时电线铁路，兵船炮台，仿照西法，次第兴办，则舆图一门，实为要务。将来亦必采用新法，精详测绘。故制此尺以待用。"夏夜，他与家人一道用高倍望远镜，观察土星光环；南京发大水，他带上几个弟子或者家人，观察水情；把寒暑表挂在客厅，让大家注意气温的变化；用测量仪测量方位；等等。杨文会对西方自然科学的接受与传播，在客观上汇入了当时以洋务派为主体的宣传西学的洪流，因而被誉为"佛学、西学，海内有名"。

杨文会回国后，极力反对妇女缠足、包办婚姻等封建恶习。他首先从自己家庭做起，他不让他的三孙女杨步伟缠足，这在当时的南京是罕见的。杨文会在英国期间，看到宪法上有关于妇女婚姻享有自由权的章节时，感触极深。回国后，在处理孙女、外孙女婚姻问题时，他也尽其所能给予她们自由。在杨文会的干预下，他的孙女、外孙女，有的退掉婚约，自主婚姻，有的出家为尼，终身不嫁，实现了她们各自的愿望。

他还重视新式教育，早在1878年赴英后，就将随同赴英的长子杨自新安排去德国留学三年，去法国学习一年，专攻工程、测量诸学。归国后，对家里孙辈的启蒙教育也做了改革。他废除了以四书五经为启蒙教育的旧框，主张在《古文观止》一类非正统儒家典籍中，自选题目加以评讲，并授以历史、地理、算学等自然学科知识。就连两江总督周玉山也采纳了杨文会的建议，成立了南京第一个女子学堂——旅宁女学校。

1895年，丧权辱国的《马关条约》签订，震惊中外的“公车上书”事件爆发，中国先进的知识分子群体要求朝廷维新变法以求自强。一直远离政坛，追求出世之道的杨文会，也发表了看法：“且就目前世界论之，支那之衰坏极矣。有志之士，热肠百转，痛其江河日下，不能振兴。然揣度形势，不出百年，必与欧美诸国，并驾齐驱。何则？人心之趋向，可为左券也。不变法不能自存，既变法矣，人人争竞，始而效法他国，既而求胜他国。”杨文会对当时中国的现状有清楚的认识，对于变法图强有着深刻的理解，因此他是支持维新变法的，并直接或间接参与了一些维新变法活动。

1897年5月，为了倡导科学，反对封建迷信，借以推动维新，杨文会、谭嗣同等人，在南京创立了金陵测量会，并凑集了许多科学仪器，如天（地）球仪、天文镜、子午仪、经纬仪、纪限仪、叠测仪、地平仪、测向仪、罗盘、空气风雨表、量风器、量雨器等二三十种。一方面进行科普教育，一方面从事研究。其中杨文会还用模具自己制作天（地）球仪，为当时全国许多开设新学的学校及时提供了教具。杨文会还大力支持儿子杨自新参与时务学堂的校务，而且为时务学堂挑选了大量科学仪器与各种图纸，运往湖南，并积极推销《时务报》。

参与国际佛教界交流

近代以来，中国佛教徒中，最早赴西方及与西方学者相接触的是杨文会。1878年，杨文会随曾纪泽出使英、法，不久与日本净土真宗留学僧南条文雄和笠原研寿相识。初次见面，杨文会即向南条文雄问起《大乘起信论》梵文是否存在。稍后在寄给南条文雄的信中又提及"《大乘起信论》，既不能得梵本，将来即据梁译翻成英文，或亦欧人入道之胜缘也"，"此理一明，导欧美而归诸净土，易于反掌耳"。此为杨文会传教西方的最初想法。

1886年，南条文雄在牛津大学马可斯·缪勒教授的协助下，将日本黄檗版大藏经的目录译成英文，这是西方世界对汉译佛教经典情况的最初了解，遂引起西方学者对中国佛教的关注。杨文会知道后，就此做了很高的评价，认为南条文雄等人的事业可与摩腾、竺法兰并称了。但此时的杨文会正埋头于董理工程和刻经事务，仍没有传教西方的具体意向和活动。1894年，杨文会终于获得与英国传教士李提摩太合作的机会，将《大乘起信论》翻译成英文，刊布于欧洲。然李提摩太之意并非在于向西方介绍真正的佛教思想，他所译的《大乘起信论》也与杨文会的叙述大相违背，即有援佛入耶之嫌。杨文会对此大为不满，以至以后有人约请他翻译《楞严经》等也被他拒绝了。

杨文会所接触的海外佛教人士中，达摩波罗对他影响颇大。有关杨文会和达摩波罗会晤谈话的具体内容，现虽不得其详细，但其中至少包括派遣中国精通佛学者赴印度讲学和接受印度学佛者来中国学习两项。事后，杨文会还将这一情况写信告知日本友人南条文雄，邀请他一同前去印度传教。不过从目前所掌握的资料来看，直到1907年，杨文会并没有开展任何与上述约定相关的事业。总之，1907年以后，杨文会才正式开始具体筹划培养佛教人才以传教印度的事，但他认为能去传教者必须精通中文、英文和佛学，三者缺一不可，并且还需要五万金费用。

杨文会同这些佛教界的国际友人的交往，不仅增进了他们之间的友谊，还扩大了中国佛教在世界范围内的影响，同时交流中的互通有无也促进了中国传统佛教的进一步发展，为传统佛教的近代化提供了良好的契机。

宣统三年（1911），杨文会卒于南京，后人遵其逝前遗嘱"经版所在，灵柩所在"，将其葬于金陵刻经处。其全部著作在去世后由金陵刻经处汇编成《杨仁山居士遗著汇刻》，于1919年刊行。赵朴初在重印的《净土四经》序中称：“杨仁山居士遗著，开佛教一代之风气，为居士著述之先河，有功于我国近世佛教之发展者至钜。”

近代教育的倡导者——吴汝纶

张嫣然　王彦章

耕读传家　纵情山水

吴汝纶像

桐城派自清朝起异军突起，独树一帜，更有“天下文章出桐城”的美誉，因其学者多属皖籍桐城，故以此命名。吴汝纶便出生在闻名天下的文都桐城。

吴汝纶（1840—1903），字挚甫，清文学家、教育家。吴汝纶祖父为私塾教师，虽一生未中科举，但性情旷达，好诗文，著有《静远轩诗稿》一部。吴汝纶的父亲吴元甲九岁能属文，文思敏捷，见者心服，但于科举一路终是磕磕绊绊，仅在咸丰元年（1851）举孝廉方正，但因不久之后的太平天国运动而放弃科举。吴父品行高洁，因此闻名乡里。纵观吴汝纶家世，虽说不及门阀贵族清贵，但也可以说是耕读传家，家学渊源。

吴汝纶出生时，正值鸦片战争爆发，外国势力逐渐深入内地，但对于身处皖南桐城的少年吴汝纶来说，西方仅仅是一个陌生而遥远的词汇。而19世纪50年代爆发的太平天国运动给他带来的印象要更为深刻。道光三十年（1850），吴汝纶十一岁，洪秀全在广西发动金田起义。第二年吴汝纶爆发随父学文，但好景不长。两年后，桐城被太平军占领，吴汝纶随父避乱于山中，吴父隐姓埋名，随败退清兵迁入枞阳开馆。

尽管外界局势动荡不安，少年时期的吴汝纶及兄弟三人在父亲的教海培育之下，尚未识得愁滋味，还能够游历山水，旷达心胸。咸丰十年（1860），吴汝纶兄弟四人游历浮山。游历之际，吴汝纶的两个弟弟因兴所发，一弟（纯甫）高唱一绝，一弟（绳甫）作五言短古诗一首，颇得佳趣。这反映出吴氏兄弟畅叙幽情、寄情山水的日常生活。咸丰十一年（1861），清兵收复桐城。桐城在历经战火后，盗贼横行，民不聊生，无奈之下，兄弟四人奉母避乱于东乡。当时吴汝纶家徒四壁，兄弟四人不得不以野菜为食，拾柴烧火煮野菜粥奉养母亲，而父亲吴元甲因处理乡内盗贼事务，暂居西乡，父子之间往往数月不得相见。

吴汝纶在早年时期深受父亲的影响，父亲吴元甲除了教授他制艺之文外，更注重他的品行修养，无时无刻不用言传身教的方式影响着他。吴父为人宽厚，好静坐。同时吴父又是一位极有主见的人，“遇事有疑议，众噤不发声，家君徐出一两言，无不判决，为之，无不辨。治事毕，不言劳”。吴父教会了吴汝纶孝悌仁义，多年之后，吴汝纶每每回忆父亲的教诲，依然铭记。

幕僚曾李　初识西学

同治二年（1863），吴汝纶二十四岁。这一年他和其兄同时参加县试，分获第一、二名。接下来的府试中，其兄获第一，吴汝纶获第二。第二年，吴汝纶参加江南乡试，中第九名举人。第三年，吴汝纶入京会试，中第八名进士，并以内阁中书用。

吴汝纶参加会试期间遇见同乡方存之，通过方存之的推荐，拜访曾国藩，曾国藩在同治三年（1864）五月二十七日的日记中记载：“阅桐城吴某所为古文，方存之荐来，以为义理、考据、辞章三者皆可成就，余观之信然，不独为桐城后起之英也。”同治四年（1865）十月十五日，曾国藩又记：“吴挚甫来久谈，吴，桐城人，本年进士，年仅二十六岁，而古文、经学、时文皆卓然不群，异才也。”在曾国藩的建议下，吴汝纶不急于入职当差，反入曾府幕僚，潜心修习古文。吴汝纶因此与曾国藩有了师徒之名，并开始了自己的幕僚生活。

吴汝纶在曾国藩幕府学习了五年，后吴汝纶在日本接受记者采访时，回忆自己的五年幕僚生活轨迹：同治五年（1866），山东、河南剿捻匪；同治六年（1867），回河南；同治七年（1868）十一月，从曾公到京；同治八年（1869），在直隶；同治九年（1870），送曾文正公回江南，李文忠为直隶总督。

吴汝纶初入曾府时并未接触钱粮事物，多以看书习文为业，曾国藩多在闲暇之时与吴谈论文学。同治六年（1867），吴汝纶从家乡返回金陵后，开始参与曾府中的各项事物。

在内事方面，此时的吴汝纶多注重剿捻，他常常同曾国藩和其他幕僚讨论军情。同治六年（1867）十二月，捻军扰乱扬州，在吴汝纶的建议下，曾国藩大获全胜，扑灭了捻军的入侵。吴汝纶的日记曾记载："闻吴观察毓兰截击败匪，颇有擒斩，私幸料事颇合。"

在外事方面，同治六年（1867）九月，清政府就中英《天津条约》的修约问题，以及英使以前所要求的请觐、遣使、开矿、传教等条件，整饬谕督抚等大臣疆吏筹议对策。吴汝纶得以浏览各督抚大臣所上奏折，不时参与幕府讨论。吴汝纶提出：在利权方面，洋人意欲在中国争利，而我国官员却不顾大局，只在细枝末节上斤斤计较，得不偿失。修约时应做到："彼所欲增者我宜力持不许，我所欲减者宜强与相难，若彼我俱可增减者则不必预筹，可以临时定计矣。"在请觐、遣使一事上，吴汝纶认为觐见一事既然不可避免，就可以顺势而为。至于开矿一事，吴汝纶则以为"一准开挖，则利权归彼，我复何所利耶……此层实后日无穷之患，断不可行"。在讨论修约问题的过程中，吴汝纶多次在日记中记录了自己对曾国藩的钦佩之情，曾在遣使、传教等事上看法深远，吴汝纶称"此极有见"。此间，吴汝纶对当时通商、同文馆、蒲安臣使团等洋务事宜亦颇有留心。

除修约一事外，同治九年（1870），曾国藩赴天津办理天津教案，吴汝纶全程协助。在办案期间，吴汝纶目睹曾国藩在洋人与清流间处境两难，"外惭清议，内疚神明"，不得善终，对其日后的政治观念产生了极大影响。

吴汝纶在曾国藩幕府经历了五年多的历练，从专心文事到主动参与幕府事务，再到拟奏幕僚，其地位不断提升。吴汝纶在参与幕府实际工作中，通过各种交往途径了解外部世界，不但提高了自己处理实际事务的能力，也使其对晚清国内外局势有了比较切合实际的认知。

同治十年（1871），吴汝纶在曾国藩的推荐下补深州，不到两年，因丁忧去职。同治十三年（1874），吴汝纶入张树声幕府，一年后，吴母去世，吴汝纶返乡丁母忧。

光绪二年（1876）八月至光绪七年（1881）二月，吴汝纶常居李鸿章府，李鸿章奏疏多出自吴汝纶之手，吴汝纶对于当时局势也有了广泛的关注和了解。例如，在刘铭传的请求下，吴汝纶代作《筹造铁路以图自强折》，吴汝纶在疏中感慨时艰，又详细条例修建铁路的诸多有利之处。

为官深冀　造福一方

早在同治十年（1871）六月，吴汝纶经曾国藩举荐，出幕入仕，任深州知州，不到两年即丁忧去职。光绪七年（1881）闰七月至光绪十五年（1889）二月，经“李相疏题”，“例补冀州”，任冀州知州长达八年。

吴汝纶在任职深、冀二州时，将工作重点定位于“一缉盗，一听断，一培养人才也”。入职后，他的各项工作皆从这三点而来。

吴汝纶历任深、冀二州时，正值直隶连遭兵祸，民不聊生，盗贼横行时期，为维护地方治安，保障民众生命安全，吴汝纶完善深州旧制。“一村有乡长一人，有月头十二人，月头率系殷富之家，分领人户，有条不紊”，使州境“安谧无事”。在冀州时，吴汝纶重视缉盗和听断，吴汝纶往往亲自前往捕盗并断案，力求无冤情，有罪必罚。在吴汝纶的努力下，至光绪十三年（1887）底，冀州“监狱近已空无一人，殆数十年来未见之事”。

吴汝纶主持深州的第二年，深州遭遇水灾被淹，吴汝纶就有了治水的想法，无奈随后丁忧去职，未能完成愿望。后吴汝纶任职冀州，冀州北部地势低凹，容易积水，一遇大雨，农田极易被淹，吴汝纶决心开渠建闸，光绪十年（1884）动工，年底竣工。建成之后，“田皆沃饶，今七八年所获，倍蓰所费。而夏秋水盛，舟楫来往，商旅称便，州境遂富”。

吴汝纶治理州县时以教育为先，在深州时，他不畏权贵，收回深州被当地豪强侵占的学田一千四百余亩，划归书院，提高书院学生的伙食待遇。在冀州时，为聘请书院山长大费周章。到任冀州的当年十月，吴汝纶欲聘王树枏为冀州信都书院山长，首先致信旧友赵君坚，请求其代为探询、游说，同时委托黄彭年“先通关节”，后又多次上书李鸿章，条陈书院山长的必要性与自己工作的困难，李鸿章此时丁母忧，最后托请张树声出面，最终确定了书院山长。光绪十三年（1887），王树枏中进士入职做官，无法再担任山长一职，吴汝纶此时欲请昔日学生贺涛接替山长，此时贺涛已有功名，吴汝纶几次三番致信，千方百计调贺涛来冀州，终于得偿所愿。光绪十五年（1889），贺涛殿试授刑部主事，仍兼讲席，前后达十八年之久。

吴汝纶主持深、冀二州时，亲自为当地士子授课，深、冀二州百姓无不尊称其为“大师”。在吴汝纶的倡导下，直隶一带书院兴盛，学风兴起，俨然成了北方教育的中心之地，其子吴闿生后来回忆说：“前清同治中，曾文正、李文忠先后来督畿甸，咸殷然有振兴文教之意。其时先大夫实刺深州，修孔庙，兴乐舞，括义学废田，大开书院，州人士忻忻向化，如百谷之沐膏雨焉。武强贺松坡先生涛、安平阎鹤泉太史廉实撅起于此。既一载，朱公以忧去。又六年，起复守天津府，严范孙侍郎修始甄录在门。未几，移刺冀州，在冀州八年，提倡文教尤力。及罢官，主讲莲池书院，于是教化大行，一时风气为之转移。”

任职莲池　心系外事

吴汝纶的仕途并不顺利，他先后在曾、李幕府办事多年，卒未荣一衔、进一秩，虽主持深、冀两州政务，但在深州是为官，不过两载丁忧去职，在冀州任上，因治水一事多次受到弹劾，加之身边好友多获得迁升，自己仍拘泥不前，更加剧了吴汝纶消极仕途、退隐辞官的心态。加之吴汝纶文人出身，书生意气，喜读书，任职时多重视文教，其文人性情也与官场格格不入。吴汝纶在与两弟书中说："吾性爱读书，于官不相宜，每念李杜穷困而能辞荣，今人则姚梅诸公亦能之，高山景行，不可及也。……近日闻方存之亦已辞官，吾甚羡之。"

保定莲池书院

光绪十四年（1888），李鸿章欲推荐张佩纶为莲池书院山长，将时任莲池书院的山长张裕钊派遣至湖北江汉书院，消息传到莲池书院之后，书院学生大哗，张佩纶"不敢就"。莲池书院出现了山长"真空期"。此时吴汝纶仕途绝意，一方面热心教育，一方面为生计考虑，与张裕钊几番通信、商议后，吴汝纶遂到天津拜访李鸿章，面请辞去冀州知州一职，讲习莲池书院，李鸿章大喜。

吴汝纶和张裕钊昔日同为曾国藩幕僚，以曾门嫡传自居，并坚持弘扬曾门学术。曾国藩生前对吴汝纶和张裕钊期望最大，尝有"吾门人可期有成者，惟张、吴两生"之言。此时面对张裕钊要离开直隶、莲池书院易于他人之手的局面，吴、张两人都担心所托非人，导致北方学门遭受重创。吴汝纶最初是想把张裕钊留在冀州或深州任教，他于光绪十四年（1888）六月致函张裕钊时说道："目前深、冀两州读书之士，意欲挽留在北，由此两州醵金为寿，亦如莲池之数。虽由省城下至外州县，俗人以为左迁，而大贤固不屑屑校论此等。缘恐从者南返，北士从此失师，不复能振起，非有他意也。执事倘见许，乞密赐一复示，二州人当自上书傅相乞留，续自具书币造门请谒，于上游决无妨碍，于执事亦无轻重，不过于北方学者有无穷之益。"吴汝纶为此还专门派人前去详商，从中可见吴汝纶对因张裕钊离去而致“北士从此失师，不能振起”的真切担心。张裕钊也把莲池书院的工作寄希望于吴汝纶，在给吴汝纶的信中提到“他日阁下必当来此一尽绸缪耳”。张裕钊无奈赴鄂，已成定局，莲池书院如果由吴汝纶亲自接手，也可以算是一个能够让张裕钊及同仁放心和高兴的结果。

光绪十五年（1889）二月二十五日，吴汝纶到达莲池书院，开始了他十三年的执教生涯。吴汝纶在莲池书院任教期间，对书院懒散松弛的学风加以整顿，严格考试制度。以往莲池书院的师课一度采用“开卷”的方式，但是这又同时引发了一些问题，如滋长了抄袭之风。吴汝纶任山长之后，对书院松弛的学风加以整顿，将师课改为“闭卷”方式。

吴汝纶十分重视古文教育，他注重把学术研究与教学结合在一起，在讲授科举应试之学的同时，积极引导学生学习古文，鼓励他们练习写作，培养出一批“以辞章蜚声”的门生，发展了桐城古文学派。这也促使桐城古文学派的中心从南方转到北方的直隶地区，莲池书院可以说是桐城学派的北方基地。

吴汝纶在担任曾国藩、李鸿章的幕僚时，与洋务派中的郭嵩涛、薛福成等互有交往，同时，吴汝纶参与了中英换约、天津教案等对外事务的处理，了解到了西方的强大与中国的落后。甲午战争后，他更是推崇西方近代新式教育，认为“中国书院专讲应试之学，国家以此取士，士之学者日众，止能扩充，不能裁减，来示所谓多窒碍，自是卓论”。他广泛深入地关注西学，时时向学生强调西学的积极意义，指导他们阅读当时的西学书籍。“洋务，国之大事，诸生不可不讲。今新出之书，有《泰西新史揽要》，西人李提摩太所编，而华人为之润色者。其书皆百年以来各国转弱为强之事迹，最为有盖于中国。又有《自西徂东》一书，所分子目甚多，每篇皆历道中国盛衰，而结以外国制久，亦甚可观。至若中东战纪，西人亦归入蓝皮书中。蓝皮书者，西人掌故书。然所记颇乖事实，亦少叙记之法，盖非佳制。其余则同文馆及上海方言馆所译诸书，皆可考览，而尤以阅《万国公报》为总持要领。近来京城官书局有报，而上海又有《时务报》，皆可购而阅之。”吴汝纶时常购置新译书报供学生阅读，教授内容密切联系时局，并尽可能加入一些西学。

吴汝纶同时认为要同西方竞争，就必须精通外语，熟悉各国政治。他在给学生贺涛的复信中说：“故西学捷径，但读已译之书，其弊则苦于不能深入。其导源之法，则必从西文入手，能通西文，然后能尽读西书，能尽读西书，然后能识西国深处。”正是基于这样的考虑，他于光绪二十四年（1898）在书院创办了西文学堂，由英国人贝格耨担任教员。后又办东文学堂，聘请日本人野口多内执教。两学堂的教学内容除了英、日文外，还包括欧美历史、地理、政治宪法、格致之学等方面的内容。莲池书院的办学方式，在当时十分少见。

在吴汝纶执掌莲池书院期间，莲池书院人才辈出，拜入吴汝纶门下或受过他奖励的弟子遍及大江南北。其中比较著名的有严复、贺涛、林纾等，这些人或因古文扎实或因西学斐然或因宣传革命而留名史册。

吴汝纶虽然辞官退隐莲池书院，但并非两耳不闻窗外事，在执掌莲池书院期间依旧时刻注意着外部局势的变化。光绪二十年（1894）爆发甲午中日战争，吴汝纶虽卧病但持续关注战事，他认为“日本此次争高丽蓄谋已久”，中国绝无能守之望，战争失败不可避免。吴汝纶深入分析中国战败的原因，认为“倭人艰苦卓绝，廿余年日进无疆，我乃漫不经心，朝野皆以用夷变夏为耻”。对于西学的认知程度相差甚远，是中国失败的根本原因。

光绪二十三年（1897），吴汝纶收到严复翻译的《天演论》，欣喜若狂，立即写信回复严复，赞扬道：“虽刘先生之得荆州，不足为喻。比经手录副本，秘之枕中。”第二年，吴汝纶亲自为《天演论》作序，称“赫胥氏起而尽变其说，以为天不可独任，要贵以人持天。以人持天，必究极乎天赋之能，使人治日即乎新，而后其国永存，而种族赖以不坠，是之谓与天争胜。而人之争天而胜天者，又皆天事之所苞。是故天行人治，同归天演”。吴汝纶特地另行删节刊印了《吴京卿节本天演论》。

光绪二十六年（1900），义和团控制保定，由于吴汝纶在莲池书院开办西文学堂，聘用外国教师，莲池书院遭到义和团围攻，吴汝纶避乱深州，事后从吴汝纶写给家人的信中，还可以看出当时急迫的形势。“顷发一函，拟在此勾留数日。去后有人自省城来，传闻吾晨出后，有拳民六人追我，未及而返。虽未必可信，亦不得不防。我明日拟冒雨至唐县王古愚处，汝等不可久于满城，必应速出，无论如何为难，可将人口先行。”

晚年访日　立志改革

吴汝纶避乱深州时就有了返乡之意，光绪二十七年（1901）九月，李鸿章病逝，吴汝纶决定南归，整理李鸿章遗集。光绪二十八年（1902）初，清政府准备恢复京师大学堂，任命吏部尚书张百熙为管学大臣，负责恢复京师大学堂。张百熙久仰吴汝纶大名，向清廷力荐吴汝纶出任大学堂总教习，但吴汝纶却坚辞不受。张百熙求贤心切，仍向清廷专折奏谏说吴汝纶“学问纯粹，时事洞明，淹冠古今，详悉中外，足当大学堂总教习之任”。清廷准奏，批旨赏吴汝纶五品卿衔。二月七日，吴汝纶托人转告张百熙，请求访问日本，考查新学制。

明治维新时，日本一致认为培养新式人才是日本实现近代化的根本所在。在明治政府的有力推动下，新式教育发展迅速。明治政府制定学制，在全国范围内推行和建立小学到大学的近代化学校制度。甲午惨败和日本迅速发展的现实，给中国先进的知识分子以强烈的刺激。吴汝纶在甲午战争时就指出，中日两国实力悬殊的根本原因一是教育上的差距，二是掌握西学上的差距。

光绪二十八年（1902）五月初三，吴汝纶从塘沽启程，随行的有京师大学堂提调荣勋、绍英以及自愿充当译员的日籍门生中岛裁之等人。十四日到达长崎，经神户、大阪，十九日晚抵京都。吴汝纶前后在日本逗留四个多月，在外部和文部派出官员陪同下，参观访问各类中小学校、女学校、示范学校、大学堂和各类专科学校近四十所，对教室、宿舍、师资、教学仪器及设备等无不详细询问，记录备案。在京都帝国大学参观校舍后，吴汝纶特意要求校长把京都大学校舍做一个木制模型寄到北京，以作京师大学堂的借鉴。

吴汝纶访日期间结识的日本教育家、学者达百余人，其中著名的有伊泽修二、井上哲次郎、加藤弘之等。除此之外，还访问与学校有关的官厅，在文部省参加十九次“特别演讲”的听讲，其内容均是有关教育行政、教育大意、学校卫生、学校管理法、教学法、学校设备、日本学校沿革等。

吴汝纶在日本访问期间，恰逢中国留学生欲前往成城学校就读，而驻日公使不愿保送，双方发生冲突，蔡均请日本警视厅捕捉中国留学生，并将其中二人（吴稚晖、孙揆均）遣返回国，吴汝纶深以为耻，愤言：“使馆吾国辖地，与渠国无干，学生去留，亦吾公使权力所专管，日本不应羼与，此与国际关系不小，某眼见而无如何，诚为愤愤。”在这一事件中，吴汝纶希望蔡均以维护留日学生利益为重，蔡均反而密电清政府，诬陷吴汝纶支持学生闹事。清廷接到密报后，主张严惩吴汝纶，幸得张百熙多次调和，但在多重压力下，不得不电令吴汝纶提前归国。吴汝纶归国时途径马关，此时正值《马关条约》签订七周年，当地人士聚会欢迎吴汝纶，席间吴汝纶被邀请赐字留念，吴汝纶写下“伤心之地”四字，表达了自己面对风雨飘摇、危机四伏的国家却无能为力的一腔悲愤之情。

离开日本之前，吴汝纶将自己在日本考察的笔记、会议摘要及往来信件整理成《东游丛录》一书，交付东京三省堂刊印。《东游丛录》一书共分四卷，第一卷为文部听讲，是他亲自到日本文部省听取官员介绍日本教育情况的讲座记录。第二卷为摘抄日记，是其访问日本期间日记的摘录。第三卷为学校图表，包括东京高等商业学校日课表等十九份图表。第四卷为札记笔谈，包括他与日本各界人士会面座谈记录和往来信件共二十八篇。该书全面详细地介绍了日本的教育制度和发展教育的具体方法，为中国建立新学制、发展近代教育提供了翔实丰富具体的资料。

吴汝纶在从日本回国前，写信给张百熙，对发展近代教育提出以下几点建议：

一是培养新式教员。中国欲意发展西方现代教育，首先需要拥有一大批掌握数学、天文、格致、化学等课程教学内容和教学方法的教员。国内极度缺乏此类教员，因此重中之重就是迅速培养掌握西学的教员，数年之后，等他们学业完成之后，就可以传道授业解惑，培养中国新一代的西学人才了。

二是实施国民教育。吴汝纶访日期间，看到了日本的强盛与教育的普及，同时为了提高全体国民素质，从而更好地抵御外侮，吴汝纶提出了发展国民教育、普及教育的建议。他提出中国如果想要自强，想要抵御外来侵略，就要学习日本和德国，建立义务制教育，全国各省、府、县都要分立大、中、小学堂。全国上下，无论男女都要入学接收新式教育，同时不得以任何理由放弃教育。同时，为了方便普及国民教育，吴汝纶建议在全国推行国语和省笔字。

三是合理规定学年和学时。例如，在师范生教育上，吴汝纶十分推崇日本东京市立师范学校的学制和实习办法，认为“师范生徒年限四年，实则三年半卒业，以半年为小学教习，实施其师范之学，半年辄复易师……此法最善。”

“今约计西学程度，非十五六年不能卒业，吾国文学又非十五年不能卒业，合此二学，需用卅余年之日力。今各国教育家皆以为学年限过久为患，群议缩短学期”。为缩短学制年限，必须合理选择教学内容，吴汝纶提议“减课之法，于西学则宜以博物、理化、算术为要，而外国语文从缓。中学则国朝史为要，古文次之，经又次之”，“每人每日止学五六时，至多止能学五六科，余则无暇及矣”。

四是废除科举。吴汝纶是通过科举走上仕途的，他对科举的利弊有着深入的了解。通过访日和以往对西学的了解，他认识到了西学与中学有着本质的不同，中学与西学可以融合，但是传播西学，开设西式学堂却与科举格格不入。科举不仅阻碍了西学的传播，同时也阻碍了在中国推广国民教育。“其尤要者，教育与政治有密切关系，非请停科举则学校难成”。

以上是吴汝纶东渡日本考察教育后形成的一些主要观点，包括他在日本考察期间写给张百熙的信函所提供的情况和观点，对壬寅学制，以及其后癸卯学制的制定，产生了重要影响。

吴汝纶全面考查日本近代教育，立志在中国推行，但他尚在日本，国内便有人上书弹劾，吴汝纶只得匆匆回国，在京师大学堂推行新式教育已成泡影，吴汝纶便有心在家乡桐城建立一所新式学堂。因此吴回国后，委托专人将文稿送北京管学大臣处，自己则返回桐城，借用巡抚衙门南院创立了桐城中学堂。学堂建成后，他亲笔书写楹联："后十百年人才奋兴，胚胎于此；合东西国学问精粹，陶冶而成"，横联："勉成国器"。并聘请早川新次担任桐城中学堂的教师，教授数学、物理、化学等课程。学堂之事大致就绪后，吴汝纶方返回高甸刘庄老家。光绪二十九年（1903），吴汝纶不幸因积劳引发疾病去世。

吴汝纶可以说是融合了中西学的学术大家，他自幼受到传统严格的古文教育，对中国传统经学有着极大的造诣，著有《易说》《深州风土记》《东游从录》等。由于吴汝纶在李鸿章幕府长达八年，李鸿章当时的奏稿多为吴汝纶撰写，李鸿章故去后，吴汝纶离开莲池书院，整理李鸿章遗稿，编撰《李肃毅伯奏议》。由于时间仓促，光绪二十九年（1903）吴汝纶去世之时，共整理出了海军函稿、电稿、译署稿等，光绪三十年（1904）年吴汝纶的从侄女婿廉泉继续编撰，最终编成《李文忠公全书》。在西学方面，吴汝纶大力推广西学，他大量阅读西方报纸和译作，对西方科学有一定程度的了解，同时坚持发展西式教育，他门下的弟子大多融会贯通中西之学问，并且，吴汝纶还在家乡桐城建立了当地的第一座新式学堂，推动了中国的近代化教育，严复赞其为"平生风义兼师友，天下英雄惟使君"。

京剧大师——杨月楼

胡婷

杨月楼（1849—1898），名久昌。安徽怀宁人。清著名京剧表演艺术家。

幼年入京　拜师二奎

杨月楼像

关于杨月楼来京拜师学艺是有故事的。话说清咸丰年间，本名杨久昌的杨月楼尚在幼年，随其父杨二喜进京投班觅食。杨二喜武旦戏剽悍轻捷，杀法勇猛，一把大刀，抡动如飞，所以有“大刀杨二”之誉。尽管如此，他在京师一时还搭不上班，无奈只好来到前门外天桥杂耍场卖艺求生。杨久昌在前施展拳脚，虽然年小，却也身手不凡，其父抡刀在后，耍得呼呼带风。这时居住在附近的双奎班班主、忠恕堂科班成班人兼教师的皮黄艺术家张二奎来到天桥遛弯，见幼童身手矫健，拳术惊人，其父刀法纯熟，腰腿灵便，特别是幼童嗓音又十分宏亮，五官英气端正，便十分喜欢。于是将他父子二人请至酒肆，问明始末根由，得知杨二喜也是皮黄艺人，更加喜悦。于是慨然收幼童杨久昌为徒，按自己双奎科班“玉”字拜名，排名玉楼，就是后来的杨月楼。而同班师兄弟尚有陆玉风、程玉翠，还有武生俞玉笙。杨二喜也入科班做了武艺教员。

杨月楼天赋极好，面貌姣好，长方脸，鼻直、口方、大耳，扮相漂亮，并且嗓子好，高亢宽厚，透亮达远，又聪颖异常，学艺刻苦。张二奎兴奋极了，他将奎派老生剧目倾囊相赠，高兴自己无意中“拣”了这么一个接班人。同时，张二奎还把一些武戏传艺给他。这一点正中少年杨月楼的下怀，他本来拳术好，跟斗翻得漂亮，所以学起武戏来游刃有余。杨月楼有个师哥叫俞玉笙，是专门学武的，技艺出众，寻常人难及，与杨月楼一文一武，称为双璧。

飞来横祸　几经生死

杨月楼出科之后，学成一身技艺，文能唱奎派老生的经典剧目如《四郎探母》《打金枝》等，武能演《恶虎村》《连环套》等名剧，本因在梨园获得一众戏迷的追捧，但在咸丰十年（1860）到同治七年（1868）这八年间却鲜有资料记载杨月楼搭班唱戏的经历，据王芷章《中国京剧编年史》载：“杨月楼，双奎散后，在京未见搭班，本年随任七等人南下，即红紫起来。”八年岁月不短，在京又未见搭班，他究竟去了哪？又做了什么？在徐珂的《清稗类钞·优伶类》中有载：“（杨月楼）少时鬻于张二奎家，习武生，兼习须生。甫登场，名即噪。后为蒋某以千金赎之去。蒋有姊，适林氏，其夫方握浙藩篆，苦无嗣，言于蒋，欲以月楼充假子，蒋诺之，月楼遂之浙。咸丰‘粤寇’之乱，浙围急，林弃城，遁入云栖，乃披剃为僧。寇既平，月楼奉义母至上海，隶刘维忠所设之新丹桂茶园，以所入供养膳。如是者约数年，已而卒，月楼驰书告蒋，蒋持其丧归湖北。”

从这条资料中不难发现，其一，杨月楼出科后名声大噪，但被蒋某以千金从张二奎处赎去，而作为蒋某姐姐的干儿子去了浙江。其二，为躲避战乱，杨月楼奉义母至上海，入刘维忠新开张的新丹桂茶园演戏。其三，此条资料说奉义母供养膳约数年，也就是说杨月楼从同治七年（1868）至同治十年（1871），应在上海侍奉义母。所以在各大班未曾见到杨月楼的身影。

随后杨月楼开始在上海进行演出，据《上海京剧志》载：“同治十一年（1872）四月杨月楼应聘在同治八年（1869）开张的金桂轩茶园演出，剧目有《四郎探母》《牧羊圈》《翠屏山》《赵家楼》等。”数场之后观众们都蜂拥而至，因为杨月楼扮相极为俊秀，吸引来不少妇女，而且多为勾栏之人。对于杨月楼扮相英俊也有不少记载，《清稗类钞·优伶类》就载：“月楼旅居上海既久，渐习轻浮，其演剧，时效世俗所谓的钓蚌珠故事，虽丰躯干，而面莹洁，每着胭脂，带雨桃花，无斯艳丽，以故妇女皆趋之若鹜。”

正是这俊美的扮相给杨月楼引来了无妄之灾，在《京剧二百年之历史》中有载：“月楼貌美而壮，曾出演于上海，妖姬艳妇，均欲得彼而甘心，其中有热心之某名妓，属意于月楼，广散黄白，终不如意，妓怒而陷月楼以欺诈取财罪，月楼惊惧，逃归北京……妓遂连动彼狎客曾劼刚，卒因权贵之力，下于沪狱。”到头来经过甄别这个故事是假的，原来杨月楼的确入狱，但却是一桩“骗婚案”。

原来杨月楼自同治十一年（1872）四月在上海金桂轩茶园演出以后，众多的女观众中，有一名广东香山富商的女儿韦阿宝，她年方十七岁，看见他英武的扮相，喜欢上了他，并且一定要嫁给他，所以派人相邀，意图见面，开始杨月楼以为是陷阱，并不敢前往，但该女十分痴情，竟一病不起。韦氏的母亲担心女儿，让杨月楼答应了这门亲事，并且要“延媒妁以求婚”。只是韦阿宝的父亲漂洋过海，出外创业，他的弟弟知道后认为杨月楼是戏子，职业低贱不可与之通婚，只有退婚，才能够不辱没门楣。在韦母的默许下，杨月楼“效沪上故事，以抢亲焉”，意图秘密成婚。韦阿宝的叔父和在沪香山籍乡党用“拐盗罪”告官，差捕在婚礼当天将杨月楼和韦氏母女拿获。审案的上海知县叶廷眷，恰巧为广东香山籍，“当夜”堂审，“痛恶月楼素行不端”“敲打其胫骨百五”，韦阿宝掌嘴二百，乳母扑背二百。杨月楼以诱拐妇女罪论处收监，韦阿宝也受到监禁。此时为同治十二年（1873）十一月初三、初四事。十二月中旬再审时，韦阿宝因“伊父韦某不愿领回，掌责一百后，由善堂择配”。杨月楼依然维持原判。

这种严刑逼供，善恶颠倒，暴露了清朝末年官场的无法无天，草菅人命，以及优伶社会地位的低下。一石激起千层浪，杨月楼事件引起中外媒体的注意，一时间舆论哗然。各大报纸都对这起案件做了报道，如《申报》连续发表的《持平子致本馆论杨月楼事书》《不平文论杨月楼》等，对叶县令嬉笑怒骂，揭露中国封建专制统治下司法制度的暗无天日。

在媒体的关注下，叶县令不敢定案而是将杨月楼解往松江府与江苏省复审，被屈含冤的杨月楼满怀希望，决然翻供。在公堂之上杨月楼陈述"瞒阿宝父母以诱拐其女"等语是屈打成招，太守虽知道杨月楼有冤屈，但仍维持原判并且又对杨月楼进行了责罚，使其不得再翻供。最后于当年七月由江苏省衙门发回上海县监禁。再转一年，即光绪元年(1875)，刑部批复下。最后定案为判"四千里充军"，发配黑龙江。正当杨月楼山穷水尽之时，出人意料的一道大赦令从天而降。原来清内廷此时正逢慈禧太后垂帘听政，又逢她四十整寿。为收买人心，下旨"大赦天下"，此时杨月楼"一年徒役满，取保释放"。

长庚让贤　主管三庆

经历此事后，杨月楼几经辗转，最后来到京都，被当时三庆班的班主程长庚看重，演绎《三国志》中的赵云，杨月楼精湛的武艺顿时赢得了观众的喝彩，许多资料中都有记载："《长坂坡》之赵云，则年只一演，必至腊尽年逼，封台将届，始一为之，癖好者引领终岁乍快耳目，其欣赏之情，可想而知。四座寂寂，屏息以俟，即至绣幕一揭，欲不喝彩不能也，而月楼之作，则英姿飒爽，神采奕奕，如睹顺平侯（赵云官爵）浴血挥戈与魏将十荡十抉，拼命酣战，观者至此，则不禁呆若木鸡，噤若寒蝉，必待一决告终，方得气息乍缓，纵声一赞，屋瓦为动也！"《梨园轶闻》更是赞叹他："时三庆初期《三国志》，月楼饰赵云，精神饱满，唱做俱佳。后长庚老去，月楼接演鲁肃，安详沉静，颇能传长庚衣钵。"

这次演出让程长庚更加欣赏杨月楼，当时正值三大徽班鼎峙而立，四喜以梅巧玲、时小福等旦角为主，而辅以王九龄之老生；春台以俞菊笙、胡喜禄为主，而辅以张三元、张喜儿等。群英济济，皆为三庆班劲敌。程长庚年岁渐长，于是决定将三庆班交给杨月楼掌管，杨月楼也是个非常有良心的义伶，当时便因感念程老板的知遇之恩指天发誓，今后愿将自己的后半生完全贡献给三庆班，要效仿程老板，一生守着三庆班，再也不离开三庆班。生在三庆，死也在三庆。杨月楼是这样说的，也是这样做的。自程长庚光绪六年（1880）末逝世后，杨月楼接替程长庚做了班主，殚精竭虑，再也没有离开三庆班一步，也没有去过外地“串台”，苦心孤诣维持三庆班达十年之久。杨月楼去世后，因未找到合适的接班人，三庆班就此没落。《菊台集秀录》高度评价杨月楼和程长庚的亲密关系：“一则赏鉴不虚（指程），一则无负知己（指杨）。可谓两得之矣，月楼在京，继长庚而存三庆，其艺与名，固为人所共仰。”杨月楼完全继承了程长庚一心为三庆班同仁而毫不考虑自己利益的高风亮节。

杨月楼因技艺精纯，艺压群芳，于光绪十四年（1888）十一月七日，经三庆班的老学员、武生张长保的推荐，乃被选入昇平署，做内学教习，也即民间俗称为内廷供奉。杨月楼在长春宫纯一斋为慈禧演唱了张、程二派的老生名剧如《打金枝》等戏。慈禧极为欣赏，极为优宠。光绪十六年（1890），慈禧听到杨月楼患病的消息，特赐银二十两，良药四匣。这在当时是绝无仅有的。

博采众长　技艺精绝

杨月楼嗓音洪亮结实，高亢宽大。“喉宽善唱，腔调兼胜”。特别适宜演“奎派”王帽戏。杨月楼扮相有样，雍容华贵，所以他在《打金枝》《取荥阳》《回龙鸽》等戏中扮演的唐王、刘邦和薛平贵等戴王帽的皇上，富丽堂皇，气度不凡，他又有一条高、宽、亮的好嗓子，响遏行云，声震屋瓦，咬字切音，喷吐有力，完全继承了其师的特点。《梨园旧话》赞曰：杨月楼为张二奎弟子，其所演《打金枝》《取荥阳》《五雷阵》《牧羊卷》等剧，恪守师门衣钵，观者称其不坠宗风。但杨本以武生著名，后始兼演须生，二者并负盛誉。余独喜其武生各剧，如《恶虎村》《连环套》之饰黄天霸，《昊天关》之饰赵义，《贾家楼》之饰唐璧，皆奕奕有神，与他伶迥异。至《长坂坡》之饰赵云，每岁只演一次，大率在腊月封台前二三日献技。癖好者想望至一年之久，始得一观，无不目眩神摇，如睹顺平侯飒爽英姿，当日与魏将十荡十抉，挥戈酣战时情状，真绝技也。

杨月楼又具有程（长庚）派的严谨凝肃、讲究字音的特点，所以唱出来似敲金嘎玉，有程派“结实”饶有韵味的特点。程长庚倾囊相授了他的拿手杰作，首先他继承了《群英会》《借箭》《取南郡》的鲁肃。此外，程长庚的好戏，如《法门寺》《安居平五路》《天水关》《战樊城》《文昭关》《八大锤》等，杨月楼演来无一不佳。程长庚演戏以气魄大，人物刻画端庄凝练、沉雄浑厚取胜。杨月楼入三庆班后，除去程班主外，其他老伶工如徐小香、卢胜奎，特别是名鼓师、长庚之子程章圃等人为他说戏、改戏，使他受益匪浅。唱这些戏，杨月楼的嗓子尽量以丹附气和音韵取胜，唱腔似金镛玉振，凝重结实；高腔，穿云裂帛，激愤悲壮；低回处，雄浑苍凉，处处与人物吻合。这都是继承于程长庚之处。

因此，杨月楼的唱功又兼具程（长庚）、奎（张二奎）两派之长。程、奎二派都不以念白见长，而杨月楼讲究字韵，念白有功夫，所以又能演程、奎两派以外的大段念工戏，如《审刺客》。而杨月楼的长靠挂白髯戏，如《定军山》《阳平关》等，则取法于余三胜的圆润老练。因此，可以说杨月楼将三派之长，举于一身。杨月楼以唱“正宫调”的嗓子应武生行，不但扮相华贵，魁梧英俊，气派轩昂，而且善于利用自己的唱、念特长，在《长坂坡》《连环套》中有很多创造，武功技艺也超绝一时。《清稗类钞》说他：“武生最重在胫，无论猿超鹤立，必脚踏实地，毫不倾倚，方为能手。月楼工力甚至，舒转自如，且力大于身，虽长剧如《长坂坡》，身在重围，七进七出，备诸牌调、架式，而始终不汗不喘，一丝不走，恢恢乎游刃有余。”他在一些长靠武戏中多具有儒将风度，与俞（菊笙）派武戏“好勇斗狠”不同，即使一些前扎靠后换箭衣的武戏，如《昊天关》的赵义、《贾家楼》的唐璧等，杨月楼的表演在当时也与俞菊笙齐名，互见长短。《清代伶官传》说他“武生各戏，亦复能具高山深林龙虎不测之气象，与菊笙相较，亦无愧色，故于出师后。名即日显”。而杨月楼的短打戏，如《恶虎村》等，则是继承了乃师张二奎。

除了在唱腔上兼具程、奎两派的特点，在杨月楼刚到北平进行公演时，还受到过汪桂芬的指点。在北平公演时，第一日为《文昭关》，次日为《金水河》，皆杨月楼得意之作也，上演既毕，遂往谒汪桂芬，询问汪老凭借他的技艺是否可以在北平立足，汪先生则认为他的技艺还是有所欠缺，杨月楼则不以为然，汪先生就举了个例子，《文昭关》在出场的时候要高喊“马来”，必须要表现惊慌之色，但是杨月楼在演的时候却是从容不迫，这是其一。在《金水桥》一百零八句唱时要表现出稳重，冲霄冠不能存帝王身份，这是其二。次日，汪桂芬登台演唱这两出戏，果然如此，杨月楼受教。

杨月楼又有“美猴王”之誉。他的猴戏，有老南派之长，他在清同治六年（1867）曾到上海，加入以武戏为主的金桂轩班，后又自己开设鹤鸣戏园，以演猴戏为号召。杨月楼演猴戏，讲究“神、人、猴”三位一体的猴王形象，追求在精神面貌、形体扮相上以气度取胜，身段动作又极玲珑，所扮演的孙悟空，矫捷灵活，翻腾动作轻似棉团柳絮。《清稗类钞》记载：杨月楼“人称之曰杨猴子。演《西游记》悟空，必以武生绘面为之，或竟有不绘面者，此角以超距灵捷，舞棒圆熟为工。月楼本善武生，扮相绝佳，而技击、台步、身段、打把，又靡不精。每扮悟空，如《芭蕉扇》《五花洞》《蟠桃会》《金钱豹》等剧，皆灵活如猴，有出入风云之概，故以猴子见称”。

杨月楼所演唱剧目甚多，光绪十二年（1886），《菊台集秀录》载其剧目为：《探母》（四郎）、《安五路》（邓芝）、《镇潭州》（岳飞）、《御碑亭》（王有道）、《群英会》（鲁肃）、《取南郡》（鲁肃）、《回龙阁》（薛平贵）、《打金枝》（唐王）、《金水桥》（唐王）、《定军山》（黄忠）、《阳平关》（黄忠）、《五雷阵》（孙膑）、《戏妻》（秋胡）、《下河东》（呼延寿廷)、《长坂坡》(赵云)、《黄鹤楼》(赵云)、《连环套》(黄天霸)、《恶虎村》(黄天霸)、《翠屏山》(石秀)、《泗州城》(猴子)等。

三庆班先是徐小香归南，继而卢胜奎病逝。杨月楼心力交瘁，于光绪二十四年(1898)六月初一，猝然弃世，英年去，寿不永。

中国近代工程之父——詹天佑

曹阳　王彦章

詹天佑像

"生命有长短，命运有沉升……所幸我的生命，能化成匍匐在华夏大地上的一根铁轨，也算是我坎坷人生中的莫大幸事了。"作为中国铁路事业的先驱者，詹天佑被人们称作中国铁路之父、中国近代工程之父。他出身于平民之家，在内忧外患之际，将一生奉献给中国交通事业，成为清末和民国前期最具国际知名度的中国人之一，至今他仍是最具世界影响力的中国历史人物之一。他的成长史，他的家国情，无不映照着他生活的那个年代的多彩画卷。

行路致远　开启梦想之帆

詹天佑（1861—1919），号眷诚，字达潮，祖籍徽州婺源。清乾隆二十五年（1760），其曾祖父詹万榜携家眷到广州经营茶叶生意。嘉庆二十一年（1816），其祖父詹世鸾迁居西门外十二甫，同样经营茶叶生意，并在嘉庆二十五（1820）年入籍南海县。到了其父亲詹兴洪时，两次鸦片战争的爆发，西方资本的入侵，詹氏茶行同其他许多小商行一样逐渐衰落。由于家境中落，詹兴洪不得不耕读持家。

咸丰十一年（1861），詹天佑出生于广东省南海县。年少时，詹天佑便对机器十分感兴趣，常和邻里孩子一起用泥土制作各种机器模型，他还把家里的自鸣钟偷偷拆开，摆弄里面的构件。詹兴洪是一个有远见的父亲，为了更好地培养儿子，在詹天佑七八岁的时候，便将其送进南海的一所私塾去读书。同治十年（1871），詹天佑读完私塾之后，詹兴洪希望詹天佑能多读些书考取功名或者去省城学些技艺，但由于家庭经济拮据，不能如愿以偿。不过，机会很快来临。

19世纪六七十年代，清政府面临着内忧外患的局面，晚清洋务派进行了一场引进西方军事装备、机器生产和科学技术以维护清朝统治的自救运动，即洋务运动。其中在教育方面，为了更好地学习西方先进科技，洋务派“选送幼童出洋肄业”，培养优秀人才。这场运动的主持和策划者正是容闳。

詹兴洪有个安徽同乡谭伯村，他非常喜欢詹天佑，常常接济詹家。当时谭伯村正在香港，听到“选送幼童出洋肄业”这个消息后，特地从香港赶回来劝说詹兴洪夫妇送詹天佑去美国留学。经过谭伯村的再三劝说，詹兴洪夫妇最终同意送詹天佑出国留学。

同治十一年（1872），年仅十二岁的詹天佑，到香港报考容闳的幼童出洋预备班，被顺利录取。后随容闳到达上海，在上海出洋局所办的预备学校学习，准备出国。同年七月初八，包括詹天佑在内的首批留美幼童共三十人，乘船赴美。

首批留美幼童在上海轮船招商局合影，最后一排左三为詹天佑

同治十二年（1873）到光绪四年（1878），五年间詹天佑从西海文小学毕业进入纽海文中学，其间詹天佑开始系统地学习科学基础知识，并以优异成绩从纽海文中学毕业，随后他成功考入美国耶鲁大学土木工程系，学习铁路工程。在耶鲁大学学习的四年里，詹天佑刻苦钻研，数学成绩尤为优异。课余时间，他阅读了大量具有民主思想的进步作家的文学作品。他兴趣广泛，还喜爱游泳、滑冰、钓鱼、打球等各种体育活动，特别喜欢打棒球，甚至一度成为中国留学生代表队——中华棒球队的队员。这支球队曾同旧金山附近的一支半职业队进行过一场表演赛，詹天佑的表现得到了对手和观众的称赞。

光绪七年（1881），詹天佑在大学毕业考试中获得了第一名。其经过半年努力写出的毕业论文《码头起重机的研究》得到了教授很高的赞誉。同年，詹天佑以优异成绩毕业于耶鲁大学，获学士学位。

事实上在容闳的计划中，留美幼童共计四批，每批三十人，总共一百二十人，最后一批于光绪元年（1875）抵达美国。幼童在美国接受西方的教育，过美国式的生活。他们在学习西方自然科学知识的同时，也接触了较多的资产阶级启蒙时期的人文社会科学文化，这使他们渐渐地对学习四书五经等儒家经典失去了兴趣，对烦琐的封建礼节也不大遵守。他们与美国的女孩子暗暗约会，参加各类体育活动……所有这些新变化都被清政府的保守官僚视为大逆不道，不可容忍。而且当时美国存在反对华工，宣传种族歧视的言论，留学生在美国也受到排斥。中西方在政治文化上的巨大差异，导致了无论是在国内还是国外，留美幼童都遭到了严重的抵触，难以继续。最终清政府在保守官僚的怂恿下，命令全部留学生返国，终止留美学习，并要求“地方官严加管束”。光绪七年（1881），105名留学生返回祖国，其中只有詹天佑和他的同学欧阳庚获得了学位。

厚积薄发　坚守鸿鹄之志

光绪七年（1881），詹天佑回到中国，在上海听候派用，准备把所学本领贡献给铁路事业。但是，当时清政府洋务派官员十分迷信外国人，修筑铁路时一味依靠洋人、借洋债，竟不顾詹天佑的专业特长，由当时的上海海关道把他差遣至福建水师学堂学习驾驶海船。十月，詹天佑和其他十五名同学一起抵达福州，并在水师学堂学习。次年六月，他以一等第一名的成绩从水师学堂毕业，后被派往旗舰“扬威”号担任驾驶官，指挥操练。

光绪九年（1883），中法战争爆发。次年二月，詹天佑接到清政府任命职位调令，被福建船政大臣何如璋调回福州船政学堂的后学堂，升任教习。根据《光绪十年詹天佑立族谱》载：“光绪十年正月，蒙钦命船政大臣何升授船政局水师学堂教习。”主要教授英文和驾驶等课程，因教学认真，获清政府五品顶戴。马江之战时，詹天佑目睹了中国水师的失败，并奋不顾身跑到马江边上与当地村民一起，抢救落水的福建水师。

光绪十年（1884）九月，詹天佑因两广总督张之洞的咨调，回到广东。在广东博学馆任教习，并用西洋测绘方法测绘中国沿海形势。光绪十二年（1886）六月，张之洞将广东博学馆改名为水陆师学堂，准备建立新的海陆军力量。詹天佑继续担任洋文教习。

此时距离詹天佑归国已有七年之久，但在这七年时间里，他一直学非所用。直到光绪十四年（1888），詹天佑由老同学邝孙谋推荐，几经周折，终于转入了中国铁路公司，并担任工程师，这正是他献身中国铁路事业的开始。被湮没了七年之久的詹天佑终于有机会献身于祖国的铁路事业。当时正值天津—唐山铁路施工，他不愿久居天津，亲自下工地，与工人同甘共苦，只用八十天的时间就竣工通车。

光绪十六年（1890），清政府修建关内外铁路（今京沈铁路），以英国人金达为总工程师。光绪十八年（1892），当铁路修建到滦河，滦河河床泥沙深，又遇到水涨急流，要造一座横跨滦河的铁路大桥并不是一件容易的事。不过由于经费雄厚，许多国家都想兜揽这桩生意，金达当然以英国人为先，但号称世界第一流的英国工程师喀克斯建桥失败。日本、德国的承包者也相继失败。詹天佑要求由中国人自己来建造，由于交工期限将至，负责工程的英国人只好同意詹天佑来试试。詹天佑在详尽分析了各国工程师用过的打桩方法，并对滦河河底的地质土壤进行了周密测量研究之后，决定改变桩址，采用中国传统的方法，以中国的潜水员潜入河底，配以机器操作，采用“压气沉箱法”打桩，顺利完成了打桩任务，成功建成了滦河大桥。

光绪二十年（1894），关内铁路完成，开始兴修关外铁路，但由于甲午中日战争爆发，关外铁路工程被迫停顿。詹天佑在修筑铁路过程中所表现出来的学识渊博、技术熟练和工作认真负责，为各国工程师所钦佩。因此，在光绪二十年（1894），英国土木工程师学会录取詹天佑为该会会员。此后詹天佑先后从事津芦、锦州、萍醴等铁路的修筑。

光绪二十八年（1902），詹天佑被袁世凯委派独立主持修建新易铁路，这是中国工程师自修铁路的开端。詹天佑经过周密计划，领导全体工作人员，勠力修建，最终在预定日期通车。新易铁路的修建，是为了满足慈禧太后祭扫西陵的意愿，虽然经济上意义不大，但在政治上却有着相当的影响，因为新易铁路是在没有“借外债”“用洋匠”的情况下独立修建的，为我国自建京张铁路做了先期准备。

栉风沐雨　克服砥砺之途

光绪三十一年（1905），詹天佑向商部建议，全国统一采用标准轨道，统一工程标准，推广使用自动车钩，为我国自行设计修建铁路打下良好基础。并于次年就线路等级、桥梁载重、路基宽度、限制坡度、机车载重等各项标准向商部提出建议，商部据此制定了全国铁路建筑章程，形成了我国较早的较全面的铁路建筑规范。詹天佑也被任命为商部、邮传部路务议员及顾问，同时被选入上海、欧洲皇家工程师建筑师学会。

同年五月，詹天佑受命勘测并主持修建京张铁路，担任总工程师兼会办（后任总办）。京张铁路是一条自北京西直门，经居庸关、沙城、宣化至河北张家口的铁路，具有重要的政治和经济价值。当时英俄两国争夺筑路权相持不下，清廷要臣袁世凯多次与英俄协商，最后达成协议：在不雇佣外国工程师的前提下，才允许中国人自己修建。詹天佑认为：“我国地大物博，而于一路之工，必须借重外人，引以为耻。”他深感若不能建成此路，必将“贻笑于邻国”。他在给他的美国老师诺索朴夫人的信中这样写道："如果京张工程失败的话，不但是我的不幸，更是中国工程师的不幸，同时带给中国很大损失。在我接受这一任务前后，许多外国人露骨地宣称中国工程师不能担当京张线的石方和山洞的艰巨工程，但是我坚持我的工程。"此时摆在詹天佑面前的头等问题便是修建路线如何确定、技术人员从何而来。

关于京张铁路的修建路线，詹天佑带着从山海关铁路官学堂毕业的两名技术助手徐文炯和张鸿诰共勘测了三条路线。第三条路线最为合适，就是今天的丰沙线。但由于清廷拨款有限，时间紧迫，詹天佑决定采用第一条路线，即从丰台北上西直门、沙河、经南口、居庸关、八达岭、怀来、鸡鸣驿、宣化到张家口。全线的难关在关沟，这一带重峦叠嶂，悬殊峭壁，工程之难在当时为全国所没有，为世界所罕见。并且，这段路坡度极大，南口和八达岭的高度相差一百八十丈。詹天佑把全线分为三段：丰台到南口为第一段，南口到康庄为第二段，余为第三段。

在当时有修建铁路经历的中国工程师极为稀少，詹天佑仅仅能招揽到邝孙谋（留美同学，供职关内外铁路）、颜德庆（留美回国，供职江苏铁路）和沈琪、陈西林、翟兆麟、俞人凤、柴俊畴（天津北洋武备学堂1893年铁路工程班首批毕业学生）等人，其他多是山海关铁路官学堂第一届毕业生和部分肄业生。

光绪三十一年（1905）九月，京张铁路正式开工。十二月从丰台开始铺轨，在丰台铺轨的第一天，工程列车中有一节车钩链子折断，造成脱轨事故。事故使中国人自修铁路再一次遭到了国内外的质疑，但詹天佑没有惊慌失措，反倒冷静地思考：这段铁路坡度极大，但凡哪两节车厢之间的连接性能稍有不稳固，事故就难避免。在反复推敲思考之后，他使用了自动挂钩法，终于解决了这个脱轨问题。

对于工程上的技术困难，詹天佑从未放在眼里，但人为的障碍却使詹天佑忧愤至极。当京张铁路路轨铺到清河镇时，清河镇有个叫广宅的人，是前任道员，也是皇室载泽的亲戚，朝野均有势力。铁路恰好经过广宅家的坟地，他即率众闹事，阻止工程，私下又许以重贿，要求改道，邮传部竟不敢过问。但是这里的地理位置特殊，北面是郑王坟，南面是宦官坟，西面是那拉氏父亲桂公坟，倘若改道不知要浪费多少时间和经费。詹天佑以受贿为可耻，坚持不改道。最后是五大臣出洋被炸事件把载泽吓得不敢再张扬，广宅才因失去靠山而同意铁轨可以经过他家祖坟的墙外。詹天佑率领工人克服困难，最终在光绪三十二年（1906）九月三十日使得京张铁路第一段工程全部通车。在修筑第一段工程时，詹天佑还同时兼任沪嘉铁路的顾问工程师，并参加津浦路、洛潼路的计划工作。

在第一段工程通车的同时，京张铁路第二段工程开始。第二段工程是京张铁路中最艰巨的一段，首先必须打通居庸关、五桂头、石佛寺、八达岭四条隧道，最长的是八达岭隧道，长达一千零九十二公尺。这不仅要有精确的计算和正确的指挥，还要有新式的开山机、通风机和抽水机。前者对詹天佑都不成问题，而后者当时中国全都没有，只有靠工人的双手，其困难程度可以想见。该工程采用南北两头同时向隧道中间点凿进的方法，并同时采用竖井方法挖掘，从中部开凿两个直井，分别向相反方向进行开凿，增加工作面，依靠人力建成了这条中国筑路历史上的第一条长大隧道。京张铁路最为人所知的工程是为克服南口和八达岭的高度差而修建的青龙桥车站人字形铁路。克服了重重困难，在光绪三十四年（1908）九月完成了第二段工程。

第三段工程的难度仅次于关沟，首先遇到的是怀来大桥，这是京张铁路上最长的一座桥，它由七根一百英尺长的钢梁架设而成。宣统元年（1909）四月二日火车通到下花园。下花园到鸡鸣驿矿区岔道一段虽不长，工程却极难。它右临羊河，左傍石山，山上要开一条六丈深的通道，山下要垫高七华里长的河床。詹天佑以山上开道之石来垫山下河床。为防山洪冲击路基，又用水泥砖加以保护，胜利完成了第三段工程。

京张铁路的修建除了山高谷深的地理难题和人为的障碍之外，还有公款往往不能及时拨到的难题。慈禧太后为修颐和园每年不惜数千万金，却不愿为修路出钱。京张铁路经费全靠关内外铁路的赢余，而此款却被控制在英国汇丰银行手中，正当进入第二段工程时，汇丰银行故意刁难，拖付款饷，造成误工。詹天佑既不善钻营于权贵，更耻于逢迎于洋人，因而愤懑至极。同样糟糕的是帝国主义无时不想夺取此路，工程一开始，日本人雨宫敬次郎就上书袁世凯说：中国人无力修成此路，不如聘请日本技师较为稳妥。英国人金达也来替日本说话。詹天佑以此路决不任用任何一个外国人为由断然拒绝。居庸关隧道工程开始后，三五成群的外国人，以打猎为名常来窥探，他们希望工程失败以便乘人之危。

宣统元年（1909），京张铁路提前两年建成，工款还结余二十八万两白银，十月二日在南口举行通车典礼，振奋了中国人奋发图强的信心和勇气。正如大会上广东代表所说："詹总办独具匠心，不假外人分毫之力，筑成此路，为中国人吐气矣……铁路工程既可由中国人自筑之，全国矿务、机器、工厂，中国人也能自为之。"

京张铁路建成后，詹天佑获得宣统御赐的工科进士身份，并担任留学生主试官。宣统二年（1910），詹天佑任广东商办粤汉铁路总公司总理兼工程师，在此期间，詹天佑在四条铁路上担任了六个不同的职务。在北京、宜昌、广州三地来往工作。詹天佑在广东工作时，广东爆发保路运动，他深知商办粤路非常困难，但他依然支持自建铁路并大力支持保路运动。

修己惠人　不忘赤子之心

詹天佑从出国留学到学成归国，从七年学非所用的沉淀到二十余年全身心贡献到铁路事业的坚守，他说："各出所学，各尽所能，使国家富强不受外侮，以自立于地球之上。"他确实为之努力，并且从未停止。

辛亥革命爆发后，铁路工程暂时停工，很多工程技术人员聚在上海、广东等地，由颜德庆等工程师相继创办了上海"中华工学会"、广东"中华工程师会""中华铁路路工同人共济会"。1912年，詹天佑提议三会合并，于汉口成立"中华工程师会"，詹天佑被推选为首任会长。但是袁世凯为了巩固自己的统治，对一些民间团体组织施加压力，勒令解散。"中华工程师会”亦是如此，詹天佑为了保存这个团体，于1913年被迫修改“中华工程师会”章程，改名“中华工程师学会”，表明它的纯学术性质，这才得以继续存在。

在詹天佑的维护和关心下，“中华工程师学会”获得了长足的发展，在团结全国工程技术人员和推动科学事业发展等方面，都起了一定的作用。该会刊行有《中华工程师学会会报》，借以交流技术经验，并出版了许多技术书籍。詹天佑所编的《京张铁路工程纪略》《京张铁路标准图》《华英工学字汇》等也在该会出版。1916年在詹天佑的资助下，“中华工程师学会”迁至北京。在这一时期，詹天佑还发表了一系列的演讲和文章，如《在武汉欧美同学恳亲会上的演说辞》《告青年工学家等》，痛斥贪污腐败，勉力青年努力创新创造。

1913年，詹天佑在担任民国铁路技术委员会会长期间，鉴于中国“西学东渐，历时虽久；工学名称，迄未准定”的现状，他把自己实际工作中“积二十年之岁月”所存的笔记、资料，编成《新编华英工学字汇》，作为中国第一部英汉工程词典行世。并且聘请中外铁路、运输专家二百余人，另聘请英、法、日、美四国顾问各一人，按工程、机械、运输、总务各专业分成四股，共同从事铁路建筑规程、设备标准、行车规章制度的制定工作。虽然有关的规章标准，在詹天佑去世后才公布实行，但不能磨灭他为奠定中国铁路建设学的基础工作做出的贡献。

1919年，美、英、法、日借口所谓的“俄国自一九一七年没有正式的政府”，企图组成特别委员会监管西伯利亚铁路及中东铁路。中东铁路原属于中俄合办的，詹天佑致电巴黎和会中国代表反对国际共管中国铁路。2月，詹天佑受命代表中国出席国际联合监管远东铁路会议，前往海参崴、哈尔滨赴会。

在哈尔滨和海参崴的会连续开了两个月，詹天佑日冒严寒赴会，夜研文书议案，惟恐主权受损，与企图霸占我国东北地区中东铁路的日方代表论战，在和其他赴会中国代表的共同努力下取得了中东铁路沿线护路权，防止了列强以护路为名武力夺取中东铁路。而此时詹天佑由于疲劳过度，心力交疲，旧日腹疾复发，不得已请假就医。回乡途中，他抱病再次登上长城，浩叹：“生命有长短，命运有沉升，初建路网的梦想破灭令我抱恨终天，所幸我的生命能化成匍匐在华夏大地上的一根铁轨。”

1919年4月20日詹天佑到达汉口，二十一日入仁济医院，不久之后，詹天佑病情加重，语不成声，临终遗嘱语不及私，向国家陈述三事：一、振奋发扬工程师学会活动，以兴国阜民；二、慎选人才管理俄路，以扬国光；三、就款计工，唯力是视，脚踏实地建成汉粤川全路。并称，“上述三事乃天佑未了之血忱，如得到国家采纳，则天佑虽死之日，犹生之年”。

詹天佑奖奖杯

1919年4月24日，詹天佑因腹疾严重、心力衰竭在汉口逝世，后葬于北京。1982年，由中华人民共和国铁道部举行隆重仪式，移葬于居庸关下青龙桥车站。为了纪念詹天佑对于中国铁路的巨大贡献，在中国科学技术发展基金会詹天佑铁道科技发展基金的基础上，按国家新颁布的《基金会管理条例》的要求设立了詹天佑铁道科学技术奖（简称詹天佑奖）。詹天佑奖旨在表彰奖励为铁路科技领域作出突出贡献的科技人员，促进科技创新和优秀人才成长，激励科技人员刻苦钻研，不断创新，勇攀科技高峰。

新旧交织下的教育大家——姚永朴

徐焕芹　王彦章

家学深厚　受学名师

姚永朴像

姚永朴（1861—1939），字仲实，晚号蜕私老人，安徽桐城人。姚永朴出身桐城望族麻溪姚氏，这是一个让人极其羡慕的文学世家。桐城姚氏以麻溪姚氏最为望族，自元朝末年由浙江余姚迁居桐城麻溪，家族秉持耕读为业，到了第五代姚旭考中明景泰二年（1451）进士，官至云南布政使司右参政，后“名哲继踵，遂为世家”。姚永朴的远祖姚文然是明末年进士，康熙年间，官至刑部尚书，五世祖姚范是清乾隆进士，官翰林院编修，高叔祖父是桐城派“三祖”之一的姚鼐，祖父姚莹是桐城派中的经世派巨擘，和管同、梅曾亮、方东树并列“姚门四弟子”。姚永朴的父亲姚浚昌，对诗歌和古文造诣很深，受到曾国藩赏识，历任江西湖口知县，湖北竹山、南漳知县等。姚浚昌极爱读书，每日手不释卷，对《易》有深解，著有《读易推见》三卷，喜欢作诗，晚年自订其诗集十二卷。对于这个世代相传的桐城派世家，清末乔树柟就曾惊叹：“国朝自康雍以来，父子祖孙踵为大儒，著书之多，赓续至二世三世者，或有其人。如桐城姚氏，代有著述，历三百年而未有已，则未之前闻。求之史策，亦罕其匹。”

在如此奇羡的家庭环境熏陶下，姚永朴自幼就受到良好的家庭教育，学问相继，家学源远流长。父亲姚浚昌是他的启蒙老师。姚浚昌教学有方，善于循循善诱，从小微见大义。根据姚永朴回忆：“昔永朴侍先考于南漳，先考训之曰：‘汝读荀卿之书乎？其言曰：君子之学如蜕。幡然从之。蜕者何？蜕其害吾德者也。害莫若私，故张南轩曰：蝉蜕人欲之私。今以蜕私名汝轩，其识之勿忘。’永朴敬受教。”姚永朴的母亲光氏，是名门之后，知书达理，教育孩子以品德为先，据姚永朴回忆他的母亲：“爱之甚笃，然有过必痛惩焉，不为煦煦之慈。”

幼时姚永朴不但受到良好的家庭教育，也受到名师的教学和指导。同治五年（1866），姚浚昌补安福县知县，携家上任，便延请同里郑福照教授姚永朴、姚永概兄弟两人经学。郑福照，字容甫，号洁园，是“姚门四弟子”之一方东树的弟子，学识渊博，天文算学皆有研究，姚氏兄弟两人跟随他学习两年，所学获益匪浅。姚永朴也作《郑容甫先生墓志铭》，赞扬他“诗清洁，以遭逢之蹇，音多峭苦，尝用鬼语为词，极幽冷之趣”。同治十三年（1874），姚浚昌因为身体原因回归乡里，全家居住在安庆，姚永朴得以受教于秦吉帆先生。秦先生善于启发式教学，对学生循循善诱，善于以小见大，深谙微言大义之理。“尝观水，语永朴曰：‘汝知之乎？川之大也，纳细流也；功之崇也，因众智也’，又观鸟，曰：‘鸟飞戾天，鱼潜于渊，而或取之，诱以所欲也，人可动心于外物邪？’”秦先生在学业上对姚永朴严格要求，在修身做人上面也丝毫不松懈。一天姚永朴得到名茶，未邀请同学分享而自己独饮，同学请求品尝佳茗而不得，因此向秦先生告状，秦先生指出他的过错，姚永朴便傲气地邀请同学饮茶，秦先生看到如此行为，严肃指出：“你第一次过错是吝啬，第二次过错是骄傲。”姚永朴便说：“这些都是小事，何须如此深究呢？”秦先生说：“这是不对的，人做错事都是从小事开始的，刚开始是小事，后来会酿成大错。”秦先生治学严谨，对人恭谨有理，对姚永朴有很深的影响，秦先生逝去后，姚永朴为他作《秦吉帆先生墓志铭》。

遍访名师　立志教育

姚永朴于光绪五年（1879）至光绪十九年（1893）先后拜入张裕钊、

方宗诚、萧穆、吴汝纶门下学习。这几位大儒品格高洁，学问高深，且都不钻营仕途，汲汲于名利，他们都专心学问，以教书育人为人生追求，姚永朴在这几位老师的悉心教导下，不但学问日益精进，也为他立志教育树立了良好的榜样。

光绪五年（1879）秋，姚永朴到金陵参加省试，抵达金陵后便去拜谒曾国藩门下的四弟子之一、时任凤池书院山长的张裕钊。张裕钊，字廉卿，湖北武昌人，咸丰举人，曾任内阁中书，先后住持江宁、湖北、河北等地书院，拜曾国藩为师，和黎庶昌、吴汝纶、薛福成称“曾门四弟子”，张裕钊不热心仕途，酷爱书法，自言“于人世都无所嗜好，独自幼酷喜文事”，被曾国藩推许为“可期有成者”。姚永朴拜访张裕钊的时候，张裕钊因为有事回乡去了，没有见到张先生，姚永朴感到非常遗憾，他便把自己所作的文章录下来，希望张裕钊回寓所后能够指导一二，且“欲附于门墙之末”。

光绪六年（1880）底，姚永朴到上海，见到任职于上海制造局广方言馆的萧穆。萧穆，字敬甫，桐城人，先后游学方宗诚、吴汝纶、徐宗亮的门下，古文功底深厚，爱好收藏，是著名的收藏家。萧穆在姚永朴幼时就见过他，很欣赏他作的诗文，此次在上海相见，萧穆劝导他要致力经学，姚永朴听萧先生的劝导，致力于经学研究，终成为一代经师。“永朴从事朴学，实斯言启之。”萧穆是对姚永朴影响很大的一位老师，他去世后，姚永朴为他作传，并撰写墓表。

光绪二十年（1894），姚永朴中顺天乡试举人，第二年到凤阳王鼎丞观察署中，和长沙朱仙武共同修两淮盐法志，成《清代盐法考略》若干卷。光绪二十六年（1900），他的父亲姚浚昌在竹山县署病逝，伤痛之余，他坚定了从事教育事业的决心。其孙姚墉回忆道：“曾王考终于竹山官舍，府君偕叔祖慎宜公，扶榇归葬，遂绝意进取，殚心教育。”

姚永朴从事教育并非偶然，这和桐城派的发展理念息息相关。桐城派之所以能够延绵二百年而不绝，除了有一套基本一致的文学主张和写作技巧外，兴学从教是维系其学派生命的纽带。桐城派中绝大多数学者以教徒作为谋生和济世的手段。方苞、刘大櫆都曾设馆授徒。姚鼐二十二岁便出外四处教学，不惑之年又辞官在敬敷书院、中山书院、梅花书院讲学。晚清桐城学人吴汝纶、马其昶都长期从事教育。这些桐城先辈和贤人对教育的热忱和认真对姚永朴有很深的影响，也是他坚持一生从教的原动力。

光绪七年（1881），因为家庭经济十分困难，姚永朴只得赴湖口县授经养家，后来辗转天津、旅顺、北京等地教书，自此开始了他半生的教学生涯。光绪二十七年（1901），他远赴广东信宜县，到起凤书院担任山长一职。在起凤书院他写成了《尚书谊略》和《起凤书院答问》。光绪二十九年（1903），在清政府广办学堂的号召下，山东创设高等学堂，总办秋浦周学熙聘他为教习。同时，安徽也成立高等学堂（由敬敷书院改设），他的弟弟姚永概担任教务长，武进刘葆良观察、阳湖恽季申太守大力推举姚永朴为学堂教习。姚永朴见家乡的道、府都极力邀请他前去任教，思考之下回到安庆，在安徽高等学堂任教，给学生讲授经学和伦理学，同时也担任汉学教务长职务。在此期间，他写了《小学广》《诸子考略》《十三经述要》《群儒考略》及《群经考略》等大量的经学著作。

宣统元年（1909），清政府成立学部，学部大臣奏请姚永朴为学部咨议局官。因为其长子姚焕从日本留学回到京师任职，姚永朴便接受京师政法学堂监督乔树楠的聘请，携家到京城赴任。姚永朴在政法学堂任国文教习，教授古文法。乔树楠对姚永朴极为推崇，将其与廖平并称为“当代两经师”。他曾经对人讲：“先生说经，虽以宋儒为宗，而于汉唐博稽兼采，无门户之见，是谓通儒。且世之治朴学者，往往不工于文，而先生则文与诗并工且卓有惜抱家法，殆所谓华实两胜者。”宣统二年（1910）年，姚永朴去京师大学堂教授文科。1914开清史馆，清史馆馆长赵尔巽聘他纂修清史，其中《食货志·盐法》就出自其手。当时张一麟推荐姚永朴为硕学通儒，姚永朴不愿意就任，以才学不足为由拒绝了张一麟的推荐。1917年3月，受新文化运动的冲击，姚永朴愤而辞去北京大学教职。

姚永朴离开北京大学南下，在萧县徐树铮创办的正志学校任教。1923年，在秋浦周氏宏毅学舍担任三年教务长，管教务的同时，也亲自主教。1926年秋，姚永朴应聘到东南大学，古文才学扬名当时。那时，安徽大学正在筹建，鉴于姚永朴在学界的声望，安徽省省长高世续聘其为校长，姚永朴拒绝。1928年，安徽大学建成，他立刻回故乡安庆任教。此时，姚永朴已经眼睛失明，每次讲课，都由别人扶入教室，坐定后开讲，往往是庄言谐语，妙趣横生。每引诸经，所说某页某行，从无错误，学生佩服不已。从1928年到1936年，整整八年时间，他一直在安徽大学教书。由于他高文雅望，许多学生慕名来求学，加之博闻强识，至老不衰，因而深受学生的爱戴。1936年，姚永朴身体虚弱，疾病缠身，回到桐城故里，学校决定每月都给他发养老金，姚永朴坚决不受，品节之高，令人敬仰。

守旧革新　经世致用

姚永朴生活在新旧交替的时代，他的教学理念不离“中学为体，西学为用”的窠臼，但是他仍能紧随时代脚步，支持现代教育。他是桐城派的嫡传，在文学上秉承桐城派古文传统，一直坚持着桐城派所尊奉的程朱理学。但他对西学绝对不排斥，而是支持和赞赏向西方学习，企图借助西学寻找到一条富国强民的道路。他的两个儿子都曾留学日本，两个侄子在长大成人后，也被送到上海学习西方文化，子侄毕业后都各有作为。他平时对时事很关注，且有自己的见解：“泰西诸国之所长，不仅在舟车枪炮也，其所谓政治、法律、理财、外交诸学，处今日世界，何一不当讲求？”外国的舟船枪炮打开了中国的大门，他们先进的军事技术、先进的制度学说等都可以学习，并且他辑录日本名人言行成一书，目的也是学习他国之长以救中国。但是，在他的观念中，外国的技术固然先进，而中国的文化更是博大精深，在学习西方文化的同时，要保持中国传统文化不丢失。“夫西人所长特在于事之显然者耳。若夫理之深隐者，彼所推测，要不能如吾圣人之精。”他指出中国文化要优于西方，在任何情况下，都不能只学习西方的科学技术，而丢弃中国传统文化。他没有要求全盘否定西学，而是始终坚持“中学为体，西学为用”。

姚永朴提倡大力兴办学堂，鼓励私人办学。他在《上学部论学务书》中写道：“甲午后国势渐替，德宗景皇帝慨然罢科举，开学堂，……顾十余年来，各行省虽都会有师范高等武备实业各学堂，而州县所建，要不过一二所而止，甚至有至今未建者，其已建者又多名与实乖，晨时乡间中盖家有塾矣！系玄诵之声，遍于四境也。”自清末朝廷风气打开，号召各省兴办学堂以后十多年，各省的学堂发展很不平衡，州县以下的小学堂数量偏少，而且教学经费严重短缺，更为重要的是小学堂很难聘请到教师，很多还是延续私塾教育模式，以四书五经为教材，学生很难接触到新学。民间“自学堂外，其自延师训课者，乃日少一日……”针对以上的弊端，姚永朴提出：“为今之计，莫若高等小学堂以下，听民间自为，勿拘人数多寡，以济其穷。”主张私人开办小学堂，并且加强对私立学堂的监管。私立学堂开办时要上报提学使造册备案，学生毕业由提学派员进行考核，如果学生的学习年限、知识掌握程度达到章程要求，则发给学生文凭，反之则不允许毕业，学生应得奖励和公立学堂学生相同。另外，姚永朴主张办小学堂，应该做到公立、私立公正对待，教育管理部门考核学生应该以学生的学习年限和知识掌握程度为标准，而不以学生毕业于私立学堂受到歧视。公平、公正地对待公、私学堂，管理得法，成效明显，那么入小学堂学习的学生会越来越多，小学堂的数量自然会有增无减。至于中学堂以上，姚永朴认为“学科较深，费用较广，势非私家所能为，此则又当合群力图之，未可一概而论矣”。这种根据中、小学堂的实际情况有针对性的办学方法不仅可取，在实践中也是可以操作的。后来私立小学堂蔚然大兴，即证明了姚永朴的远见卓识。

姚永朴主张统一编订教科书。中国传统教育的书院教育，教学方式是教师口传心授，侧重于诵读，每个书院的讲授都是根据老师的思路去讲，并没有统一的标准、系统的课程设置，也没有统一的教材，学生不分班级，有问题则向老师提出疑问，老师予以解答。这种教学方式组织松散，学生没有统一的课本接受系统的知识教育，这种状况实在不利于人才的培养。而且姚永朴在教学过程中，也根据教学经验，编订了一些教学读本，如《史事举要》《修身范本》《国文初学读本》等等。姚永朴鉴于此种情况，在《上学部论学务书》中提到审订课本是“此实今日之要务”。他提议各省中学堂的课本统一由学部选派专人编辑审订，以求教学臻于完善。不仅如此，他还主张“诸经读本，亦宜博考古今传注，约取成为定本，颁示天下，以存绝学。高等小学堂以下，虽听民间自为，然诸经必经大部审计，乃便于诵习，似亦不宜苟简从事，示人以陋。兹事体大，不妨博访通才相助为理”。虽然姚永朴的出发点是想通过经明修之士编写的教科书，以达到挽风俗、正人心的教育功效，从而改变世衰道弊、邪说横作的现状，但是他提出教科书由专家编写、统一审订的主张，确实是具有强烈的实际作用。

姚永朴的半生辗转在书院、学堂、大学教书育人，把自己的心血汗水播撒在教育园地，以其深厚的学识、诲人不倦的精神培养了一大批优秀人才，姚永朴的教育思想集中在《上学部论学务书》。

姚永朴从教多年，并不是如其老师萧穆埋首苦读，不问世事，他对学生的要求不止学业精进，更是鼓励学生关心国家大事，经世致用，拯救国家于危亡当中。1933年，在省立安徽大学第二届毕业生的毕业典礼上，他勉励学生说：“诸君，诸君，你们看现在中国到了何种时势了。内而言之，各处水旱频仍，盗匪遍地；外而言之，外国人欺侮中国，可算已达于极点了。……近来辽宁、吉林、黑林、热河四省，又让人占去。难道还不痛心，还不为之痛哭流涕三太息吗？……鄙人已老矣。其所希望将来救国，亦所以不忘政府维持学校之至意者，不在诸位青年，更在何人？诸君出校在外办事，总要把精神和物质打通，以精神贯注物质，以物质维系精神，道义双全，体用兼备，庶几可矣。这就是鄙人与诸位临别的赠言。望君三思之。”

1937年，抗日战争全面爆发，日军逼近安徽。姚永朴携家人先暂避宿松，后来不得不由江西经湖南去桂林避难。姚永朴担忧国家，寝食难安，于1939年病逝于桂林寓所。由于时局不稳，抗日战争胜利后，其孙姚墉扶柩归葬于桐城龙眠陶家冲。回来那天，人们送了很多挽幛，纷纷写诗悼念，他的老朋友苏艺叔写的挽诗如下：

白首传经拥盛名，十年江上士林倾。无端朝市惊奇变，垂死关山迫远征。

诗礼荡然豺虎悉恣，兵戈经过井庐平。可堪丹旐归来日，摇落霜秋鹤晚清。

姚永朴继承桐城家法，后经各大名师指点，学业功底深厚，且热爱专研学问，专心著作，所以平生著述很多，如《旧闻随笔》《蜕私轩集》《史事举要》《群经考略》《文学研究法》等。

金石书画皆通，人品画品俱佳——黄宾虹

宫超

黄宾虹像

黄宾虹（1865—1955），初名懋质，后改名质，字朴存，以祖居地有滨虹亭而号滨虹，后改为宾虹，别号朴岑（亦作朴丞）、劈琴、予向，晚年作品多署名虹叟、黄山山中人，世称黄宾虹。他原籍安徽歙县，生于浙江金华，成长于老家歙县潭渡村。他是著名画家、美术教育家，但他成名相对较晚，古稀之后才真正形成了人们所熟悉的“黑、密、厚、重”的画风。黄宾虹晚年的山水画，所画山川层层深厚，气势磅礴，惊世骇俗，这一显著特点，也使中国的山水画上升到一种至高无上的境界。由于黄宾虹在美术史上的突出贡献，在他九十岁寿辰的时候，国家授予其“中国人民优秀的画家”称号。

徽商后人　科场蹭蹬

清同治四年（1865）正月初一，黄宾虹出生于浙江金华县城西的铁岭头。他的父亲黄定三，本是安徽徽州府歙县人，因为太平天国战乱，举家由歙县迁到浙江金华县南五十里的白砂岭。太平天国运动失败后，黄定三又携家搬到金华县城西的铁岭头。所以，黄宾虹虽出生在浙江金华，但一直认为自己是徽州人。黄定三在金华主要经营布业，由于他聪明好学，善于做生意，在当地人缘很好、生意红火，且迎娶了出身金华望族的妻子方氏，生下四子三女，黄宾虹是他们的长子。

历史上，徽商有一个共同的特点，即“贾而好儒”。许多徽商在从商

之前皆是儒生，他们从很小的时候就熟读经史，有较高的儒学修养，甚至一些人还身负功名。黄宾虹的父亲黄定三即是一个好儒的徽商，还曾是一名太学生。黄宾虹在《歙潭渡黄氏先德录》中这样描写自己的父亲：

“嗜读书，手录善本，不释卷。”

“幼值家艰，恒忍饥励学，志气不凡。外祖汪篆扶（黄定三第一任妻子的父亲）先生，时教授里中，一见遂异之，以爱女归府君。”

“凡能文之士，宦游名公，恒相过访，亦莫不礼接之，书问往来无虚日。府君推襟送抱，扬榷今古，出其暇豫，喜事吟咏。”

可见，黄定三不仅爱好读书，天资聪颖，而且雅好结交文人墨客。如果不是太平军进入皖浙地区造成兵连祸结，加之父亲早逝为生计所迫，也许黄定三会继续走科举这条路的。

黄定三在经商成功、家境好转之后，将读书的希望寄托在黄宾虹等子女身上，对他们的教育非常重视。根据黄宾虹《自撰年谱稿片断》所载，黄定三几乎每年都有针对性地更换不同的塾师，或同时聘请几位塾师来教育黄宾虹。为了使黄宾虹受到更好的教育，还将他送到杭州大儒应芷宾门下求学。

黄宾虹的二弟曾对自己的儿子说：小的时候，年三十晚上都得照样读书。有一年的三十晚，堂前点燃了大蜡烛，你祖父（黄定三）为你大伯（黄宾虹）教了一课书，也教我几句，吩咐读熟背诵后，才准睡觉。

有时候，黄定三还亲自对儿子进行教育。光绪二年（1876）春，十二岁的黄宾虹跟随父亲返回歙县参加县试。路上，当黄宾虹感叹鲥鱼价格昂贵时，黄定三则用诗书来跟鲥鱼比较，让他认识到诗书的价值更贵重；行舟中，则引导他领悟学习如逆水行舟的道理。黄定三苦心孤诣地培养儿子，主要还是为封建社会儒生们的普遍理想——科举考试做准备。即使到1880年，黄定三经商失败，钱号、布业均休歇，但他还是将已考上秀才的黄宾虹送到书院求学。不难看出，黄定三还是希望儿子在科举的道路上有所成就的。

黄宾虹从光绪二年（1876）应县试，到后来参加府试，再到光绪六年（1880）在院试中取得秀才的功名，应该说科场之初还是比较顺利的。但其后屡次应试却没有进一步取得更好的功名，这一方面是受父亲去世、生计压力等家庭问题所牵绊，另一方面是因为当时内忧外患的时局和西学东渐的风气。甲午战争后，科举考试的内容发生了变化，由原先的重视经文大义转向经世致用之学，清政府开科取士逐渐重视通晓洋务、西学之人。黄宾虹1897年左右曾在敬敷书院学习，考试题目已是“能治其国家，谁能侮之”这种带有时务性质的论文。此后，他回乡一边坐馆教书，一边垦荒种田，遂放弃了科举之路。

耳濡目染　少有禀赋

虽然受到家庭的影响，黄宾虹早年视读书为正途，努力走科举取士的道路，但他在绘画、篆刻等方面也表现出了超群的悟性和天分。他六岁临摹古人的山水册曾得到老师的赞扬，十一岁模仿邓石如的篆刻几乎达到以假乱真的地步。他对绘画有着持久的兴趣，凡是能够看到的古代字画，他都会认真临摹学习，并将绘画技法牢记在心。

在黄宾虹的家族中，擅长绘画的不乏其人。黄宾虹在《歙潭渡黄氏先德录》中记述，黄氏三十六世黄熙擅长文辞书画，“画松如雾雨欲滴，纸障犹湿，画石如池冰初裂，纹理四出”，“作工笔山水，寸马豆人，须眉活现”。黄宾虹的父亲也爱好绘画，尤其是到晚年，擅长画竹子、梅花。据黄宾虹回忆:“工擘窠大书，晚岁尤喜作画，写竹竟日可数十纸。又画梅，繁枝丛萼，自拟王元章、扬补之，横墨飞翰，积楮盈箧，不以示人。”

在黄宾虹四岁时，其父黄定三便开始教其画梅花、树枝、竹叶等，并在亲友面前夸奖他有悟性，可以学习绘画。每当黄定三写字绘画时，黄宾虹便侍立左右，听他讲绘画技巧和理论。黄定三还不时督导黄宾虹绘画临摹，每天都要练习临摹两三个小时。黄定三的好友金华人倪易甫不仅擅长绘画，而且精通绘画理论。倪易甫时常来到黄家，一边观看黄定三收藏的各种字画，并不时做出点评，一边教少年黄宾虹作画，他教育黄宾虹绘画要笔笔分明，这成为贯穿黄宾虹一生的创作主张。在倪易甫的悉心教导下，黄宾虹迅速掌握了临摹、速写等基本功，并创作了大量时事画、山水画、插图等。

家族的风气引领和亲友的影响，使少年黄宾虹对绘画情有独钟，由兴趣变成了一种自觉的爱好。他十岁时跟随父亲到杭州游览西湖、吴山，便开始用手册写生。后来跟随应芷宾读书，课余常常游览山水，写景以归。

在十七岁到二十六岁间，黄宾虹一面外出游学，一面广交书画界的前辈硕彦，学习绘画技法。他曾跟随画师陈春帆学画并游览义乌地区，随舅舅方良英游览永康、金华等地的名胜古迹并写生，他还回歙县搜求世家大族的旧藏书画、玺印，拿回去学习、临摹，从而开始了他一生不间断的收藏事业。由于黄氏家族有不少人在扬州做事，他也曾在扬州的两淮盐运使衙门做过文书一职，于是便跟随郑珊、陈崇光等人学习山水花鸟画，并有机会观赏、临摹扬州所藏的古字画。尤其是郑珊对其所传授的“实处易，虚处难”六字诀，对黄宾虹一生的艺术主张影响很大。

参与革命　造福家乡

清朝末年，中国贫弱不堪，任由外国列强欺凌瓜分，加之内乱不断，民不聊生。到了19世纪90年代，列强更是掀起了瓜分中国的狂潮，尤其是甲午中日战争失败之后，国家更处在存亡的紧要关头。1895年，中日《马关条约》签订，消息传来，举国哗然，群情激愤，以康有为、梁启超为首的维新派积极推动维新变法，力图通过变法救亡图存。

黄宾虹在此前已接触过康有为的《大同书》，认识到了中国不变革则可能亡国的道理，接受了康、梁等人的维新思想。恰好在光绪二十一年（1895）夏天，服丧在家的黄宾虹听说维新派的另一位重要人物谭嗣同因事从家乡浏阳去上海，路经池州，于是特地从徽州赶往池州去见谭嗣同。两人是同年人，一见如故。黄宾虹提出，对于有野心的列强，要敢于伸出拳头去打，国人要团结一致，反对卖国行径。这一观点深得谭嗣同的赞许。在谈话中，两人一致反对清政府顽固派闭关锁国、盲目排外，反对妇女缠足等封建陋俗，提倡科学，认可西学东传和东学西传。此次会谈，改变了黄宾虹对于清政府的看法，从此他逐渐放弃了科举取士的道路。

1898年，守丧期满的黄宾虹被推荐进入安庆敬敷书院读书，但此时他已志不在此，转而希望能够挽救国家于危亡。他深感社会动荡不安，自己有责任保境安民，于是在这年冬天回到家乡，联系洪佩泉、汪佐臣等两位武科举人，组建乡兵民团，习练武艺，名为增强乡民体质，其实是想要集中民力，保卫乡里。

正当黄宾虹训练乡民的工作开展得红红火火的时候，“戊戌变法”失败的消息传来，谭嗣同等“六君子”殉难。不久，他也被人告发，罪名是“维新派同谋者”，幸亏事前已经获悉官府要捉拿他，于是远逃河南，直到冬天事态平息后才返回家乡。

国家危难，却报国无门，这使得黄宾虹异常苦闷。好在地方官员比较认可他的能力，他先是参加了由知府组织的团练建设事宜，后受歙县知县的委托，重修歙县东部一带的水利设施。歙县东部有黄家的几百亩水田，但由于水利设施年久失修，造成淤泥堵塞了数十里河道，附近田地因缺乏灌溉之利而日渐荒芜，周边老百姓也因失去了生存之资而日益穷困。

为了兴修水利，黄宾虹耗时四年，实地勘察度量，带头捐献资金，招工计酬、巡查监督，各事均尽心竭力地去办理。在工作过程中，他常常风餐露宿、晨出夜归，偶尔还会遇上山洪暴发或是豺狼虎豹，充满了艰辛。经过黄宾虹的精心整治，歙东一带的水利设施终于疏通了，在建成当年就发挥了作用。当时，全国兴起举办新式学堂的热潮，他有感于农村贫困家庭的儿童无处求学，于是在自家的大厅创办了“私立惇素初等小学堂”，兼收男女学生，增设自然科学和音、体、美等课程，开风气之先。

维新变法的失败，让黄宾虹彻底认清了清统治的颟顸、落后，因此放弃了维新变革，产生了反清革命的想法。光绪三十年（1904），陈独秀在芜湖创办《安徽俗话报》，用以宣传民主革命，并与陶成章、刘师培、陈去病等人在新建的安徽公学教书。一时之间，芜湖成为皖南革命志士汇集之地。黄宾虹也常常往来于歙县芜湖等地，与那里的革命者接触，后又应邀在安徽公学任教，逐渐接受了民主革命的思想。

次年，歙县历史上第一所中学新安中学堂创办，黄宾虹受聘前去教授国文，他又邀请陈去病等人一起来新安中学堂教书。陈去病本是同盟会会员，来歙县的主要目的就是组建当地的反清组织，开展革命活动。此时，黄宾虹也参与了革命组织“黄社”，并接受组织的安排在自家后院私自铸造货币，一是用以补充革命经费，二是扰乱清朝币制。随着反清革命的风起云涌，清廷及地方顽固派也对革命活动展开疯狂的镇压，他们破坏革命组织、残酷屠杀革命志士。光绪三十三年（1907）元年，黄宾虹等人私铸货币之事被人告发，他不得不远走上海。所幸，不久之后安徽巡抚恩铭被徐锡麟刺杀，造币之事遂不了了之。

他的民主革命理想并未因此而磨灭，避居上海期间，他仍旧积极联络革命同志，参加革命活动。光绪三十三年（1907），黄宾虹在上海定居，供职于倾向革命的《政艺通报》，先后负责下编技艺版和上编政治版。为了发扬、保存中华国粹，他还参加了国学保存会，该会社以研究国学，发扬国光，兴起人之爱国心为宗旨。在国学保存会的基础上，宣统元年（1909），陈去病、柳亚子等人又在苏州发起成立了“南社”。南社是在中国近代史上产生过重要影响的资产阶级革命文化团体，该团体旗帜鲜明地反对清朝统治，支持民主革命。宣统三年（1911），黄宾虹当选为南社庶务员，积极处理社团事务。1911年10月，武昌起义后不久，他又主动担任了上海商团的外线情报信息传递任务。从1912年开始，他用“宾虹”二字作为书画题款，以纪念革命成功。

编辑评论　教画育人

1907年起，在上海定居的黄宾虹开始了他近三十年的编撰生涯。他先后参与了《政艺通报》《国粹学报》《神州国光集》《真相画报》《神州日报》《时报》《中国名画集》《国画月刊》《美术生活》《学术世界》等报纸、杂志、丛书的编撰工作，他不遗余力地甄别、注释、校勘，以期留住中华民族的国粹，发扬传统艺术的精神内涵。

1911年至1913年，黄宾虹负责《美术丛书》的编辑出版工作，为此，他在作品的搜集、善本的甄别、资料的梳理等方面倾注了大量的心血，在短短两年内几乎是独自完成，可见其功力之深厚。这套丛书内容包括书画、雕刻摹印、瓷铜玉石、文艺、杂志等类，在当时的学术界产生了巨大的影响。后来这套丛书又几经增刊，每次黄宾虹都不厌其烦地仔细校勘，保证了图书的上乘品质。

其后，黄宾虹除担任神州国光社的编审外，还曾任商务印书馆美术部主任。1924年，神州国光社停办，他又应邀担任有正书局《中国名画集》的编辑。

在繁忙的编辑工作之外，他还在多所学校从事美术史、美术理论教学工作。1917年，任上海美术专门学校中国美术史教习；1928年，担任上海暨南大学艺术系国画讲师；1929年，与叶恭绰等人创办中国文艺学院，并担任专任教授。他还曾先后应约赴安庆、桂林等地讲学，并在上海的留美预备学堂担任文科教员。

黄宾虹教授美术史与一般人不同，别人是按照时代顺序依次讲授，而他则根据自己的绘画实践，逆时代讲授，由繁入简，层层剖析。学生常常被他深厚的学术素养、理论功底和高超的绘画技能所折服，课堂上气氛活跃。

除了在校的学生外，林散之、顾飞、汪采白等人也都曾跟随黄宾虹学画，成为他的入室弟子。对于虚心求学的学生，他都按照学画的途径和程序认真教导。他认为学画应以临摹为先，临摹古人的绘画作品可以取长补短，少走弯路。他还认为："善学古人者，学古人之精神，有圣贤豪杰之精神，即圣贤豪杰。"同时，他告诫学画者，一定要学习大家作品，切忌学习市井草草之作，否则不仅练不出功力，还有可能会误入歧途。对于学画的程序，他有自己独特的主张："第一期，述练习。先明笔墨真传之法，次详绢素画具之用，附引古今名人诸说，合证生平得力之端，积久功深，无难神悟。第二期，法古人。详论历代名家师承授受之所自，画法变迁之原因，由其宗派不同，乃有支流之别。第三期，师造化，四时气候之殊态，五方风土之异宜，各有参差，未容拘泥。惟名大家始能融会今古，穷极变化，可以创格，可以开先。第四期，崇品学。古来士夫名画，不惟天资学力，度越寻常，尤重道德文学之渊深，性情品诣之高洁，涵养有素，流露其间，故与庸史不同，戛然独造。"

对于临摹古人画作，他认为首先要临摹元人作品，因为元人的画作用笔精妙，这样才会让初学者在入手时学会用笔。然后，进一步学习要临摹明人的画作，因其结构平稳，学习后不会误入歧途。进而临摹唐画，因其上接古人，学之可得其神韵。最后，学习宋画，因宋画六法皆备，学之能生变化。

在上海的三十年里，黄宾虹不仅编辑图书、教育学生、写作绘画，而且还积极组织艺术团体、参与艺术活动，他参与或组织的美术团体共有9个之多。1908年，黄宾虹应当时"海上题襟馆金石书画会"会长吴昌硕邀请，做了题为"金石书画谈荟"的演讲，展示出其在金石书画、考鉴文物上的非凡能力，获得了上海书画界的认同。此后，他又通过自己大量的研究著作，逐渐成为考证鉴定文物书画方面的权威。

1912年，他有感于美术界神品不振，人才凋零，因而发起了以保存国粹，发明艺术，启发爱国之心为宗旨的"贞社"，社名取"报守坚固，持行久远"之意。他在《南社丛刻》上发表《贞社启》，在《真相画报》上刊登广告征集同仁，以扩大贞社影响，宣传其主张，并在广州成立了分社。1915年，黄宾虹开设"宙合斋古玩书画店"，该店遂成为志同道合的朋友聚会、讨论交流之地。鲁迅先生也曾到店里去观赏嘉祥画像石刻拓本，并跟黄宾虹交流古玩、文物现状。

后来，他亲自组织或间接参与的艺术类团体还有"寒之友社""烂漫社""百川书画会""中国画会"等，其中"中国画会"是一个全国性的艺术团体，并在民国政府有关部门注册，黄宾虹担任执监委员。黄宾虹惊人的艺术敏锐度、过人的精力和持久的毅力，不仅使他以成果卓著的书画家闻名于世，而且以美术活动家和传统艺术的捍卫者著称。

善师造化　著作等身

在上海的三十年，是黄宾虹绘画方法师古人、法造化的时期。他全力搜求古代书画并加以细心研究、临摹。在师古人之后，开始了他“化蝶飞去”的法造化时期。黄宾虹非常重视师造化，他认为“知师古人，而不知师造化，终无以得山川之灵秀也”，“所谓师古人不若师造化，造化无穷，取之不尽”。他又说：“大家杰出，诣臻神妙，多师造化，几于化工。”

为了获得灵感，感受大自然的神妙，黄宾虹一生九上黄山，五上华山，四上泰山。他还曾先后登临山东的历山，江苏的虞山，漫游太湖之滨，遍览浙江天目、天台、雁荡诸名山，入福建，游武夷山，入广东，游越秀、罗浮诸山，至广西，畅游桂林、阳朔，又自湘江至湖南，登衡山，游岳麓，放舟洞庭湖，入四川，游峨眉、青城，体验川江之奇险。

1931年5月，黄宾虹从上海出发，经舟山到乐清游雁荡山。他在灵岩观音洞寺院住了三天，被寺院的和尚视为怪客。原来，他每天晚上都要等夜深人静的时候，携带笔墨纸砚到户外去观看夜月空山。他每每面山而坐，观察良久，方在纸上落墨下笔，甚至不用笔，直接用手蘸墨在纸上作画。回到寺院后，他又对着在黑暗中画就的墨迹细细品味，直到深夜。这次游雁荡山，他创作画稿百余幅。后来，据他所述：“看久了，便觉得四山有如生龙活虎出现，有跳有跃，使我懂得了什么叫万壑奔腾。”

他中年画风苍浑清润，晚年尤精墨法。七十岁后所画，兴会淋漓、浑厚华滋，喜以积墨、泼墨、破墨、宿墨互用，形成所谓“黑、密、厚、重”画风。作品浓郁浑厚，意境开阔澹宕，蕴含力量而不粗疏，高雅文气而不纤柔，在画坛享有“北齐（白石）南黄”声誉。

黄宾虹一边勤奋作画，一边发表了大量讨论金石书画及美术史的文章，可谓著作等身。通过这些研究著作之间以史论证、以论贯史的相互作用，伴随着不断丰富的艺术实践，他的绘画思想在上海的这三十年间逐步成熟并系统化。他在《国学粹报》上发表的文章有《宾虹论画》《四巧工传》《宾虹羼抹·叙摹印》等。其中，《宾虹论画》分画源、派别、法古、院体、重品、尚文六节，认为“画品之高，根于人品”，“画以人重，艺由道崇”。《宾虹羼抹·叙摹印》详细论述了玺印的渊源、流派，以及印谱的源流，摹印篆法、刀法等。根据粗略统计，他在上海的三十年中，在各种报纸刊物上发表的美术论文就有近百篇。这些文章无不表现出他在弘扬中华民族文艺精神方面的真知灼见。

为了对中国画史有一个全面的整理，他于1925年出版了《古画微》，这是一部较为完整的美术史著作。该书从上古三代的图画实物开始，详细介绍了两汉、魏晋一直到近代沪上名流的绘画作品。因为他学习绘画发端于新安、黄山诸派，一方面出于对家乡的无限热爱，另一方面也源于他早年的反清思想和民族意识，故而他对明末遗民画家，特别是活动于黄山地区的程邃、渐江等画家进行了深入的研究，由此创作了《新安画派论略》《黄山画苑论略》《渐江大师事迹佚闻》等文章。

他还著有《黄山画家源流考》《虹庐画谈》《画法要旨》等，与邓实合辑《美术丛书》，后人辑有《黄宾虹画语录》。

1937年5月，应古物陈列所聘请，黄宾虹为该所鉴定故宫书画，兼任国画研究会导师、北平艺术专科学校教授。抗日战争全面爆发后，他困居北平，谢绝应酬，专心从事绘画和著述。1940年，北平伪文物研究会欲推其为美术馆馆长，他坚辞不就。1947年夏秋之交，他回到上海。1948年，黄宾虹到杭州美术专科学校任教授，定居于西湖栖霞岭。中华人民共和国成立后，他受聘为中央美术学院国画研究所所长、中央美术学院华东分院教授，系中国美术家协会华东分会副主席，第一届、第二届全国政协委员。

黄宾虹是20世纪中国画坛上承前启后的大家。他在五十岁前纵横百家，参与各种弘扬传统艺术文化的活动。七十岁后融会贯通，卓然成一代名匠。他的绘画，在深研传统、取精用宏的基础上凝聚和升华，进而熔铸为自己的艺术个性。与20世纪的其他画坛巨匠相较，黄宾虹更具学养，更富于文人气质。除了山水画创作，他在金石学、美术史学、诗学、文字学、古籍整理出版等领域均有卓越的贡献。黄宾虹于1955年病逝，家属遵照遗嘱，将他全部遗作捐献给了国家。

南社诗人——胡朴安

安绍东　王彦章

胡朴安像

胡朴安（1878—1947），字仲明、仲民，号朴安，又自号半边翁，安徽泾县人。自幼习学经史，钻研文字训诂之学。青年时曾在家乡及芜湖等地参加垦荒，磨炼意志。光绪三十二年（1906），在上海加入国学保存会，宣统元年（1909）后加入南社及中国同盟会，历任《国粹学报》《太平洋报》《中华民报》《民权报》《民立报》等编辑，并曾担任北京交通部秘书、考试院专门委员、《民国日报》社社长等职，先后执教于中国公学、持志大学、国民大学和群治大学等。他是我国近现代著名的国学大师，文字训诂学家，诗人和民俗学家，一生著作颇丰。

幼承庭训　年少向学

胡朴安出身于书香世家，祖上世代为儒，家学传统源远流长，祖父胡雪堂、父胡爱亭俱有文名，可谓一门风雅。胡雪堂著有《养拙斋诗存》，胡爱亭著有《守拙斋诗存》及《守拙斋文存》《笔耕录》。胡朴安兄弟三人，兄胡伯春著有《伯子书稿》，弟胡寄尘早年加入南社，一生诗文著述甚富，有《江山集》《秋山文存》等传世。胡氏一门文风浓郁，家刻丰饶，尤为可贵的是，胡氏父祖都能做到充分尊重子弟的读书兴趣，不以科举仕进苛求子弟，良好的家族学风为胡朴安以后的学术成就奠定了坚实而广博的基础。胡朴安在其自传《五九之我》中曾满怀深情地记述说：“我不好八股文与试帖诗，我父亦不以八股文试帖诗责我。我时常发箧取书，随手翻阅。顾无恒记，多不能终卷，亦不能领略书中之义。而又忽史忽子忽论忽文，杂然并陈，毫无路径。我父之课我者为《史记》与韩、柳、欧会苏、王之文，其他虽不禁我泛览，然每谓泛览无益。”在这样宽松的学习氛围里，胡朴安得以按照自己的阅读兴趣披览古今典籍，经、史、子、诗文，乃至算学、军事等书无所不读，在其回忆录《六十年前的我》一书中，胡朴安回忆少年时的读书经历说道：“我于经仅读《诗经》《书经》《左传》三种；于史仅读《史记》一种；于子仅读《荀子》《庄子》二种；于文喜读韩退之、欧阳修；于诗喜读李太白、白居易；于算学喜读李善兰、华衡芳之书。又喜读徐光启之《农政全书》；戚继光之《纪效新书》。有时也喜读段玉裁之《说文解字注》，朱子之《近思录》。”青少年时期汲取的大量知识为胡朴安日后在文字训诂、诗、词，乃至书法创作等多个领域均有建树奠定了良好的知识底蕴。

除了良好家风的浸润外，皖南地区特有的地域文化也对胡朴安少年时的学习经历产生了深远影响。胡氏家族位于安徽泾县，地处安徽东南部，属“桐城—阳湖”文化圈。受地域文风影响，历代从文者颇为可观，素有“汉家旧县，江左名邦”“山川清淑，秀甲江南”之誉。这一文化圈聚集了当时活跃在皖南、常州、南京、镇江、扬州和宜兴等地的一大批学者。“桐城—阳湖”文化圈名家辈出，包世臣即为其中的重要一员。包世臣，字慎伯，世称包安吴，亦为安徽泾县人，包世臣一生经乾、嘉、道、咸四朝，上承顾炎武经世致用之学，下启魏源以夷制夷之说，是近代转型时期的传统文人士子中具有代表性的经世派人物，在文学、书法、农政等方面颇有建树。包世臣为胡朴安之一水同乡，且备受胡朴安推崇，柳亚子在为胡氏家刻《朴学斋丛书》作序时称：“朴安伟躯干，能文章，有志经世之学，卓然慕其乡先哲包安吴。”胡朴安学宗包氏，受经世致用思潮的影响，积极参加社会实践。胡朴安的家庭背景也为他实践这种思想提供了便利条件，他的家乡在安徽泾县东乡龙坦村，乃万山丛中一平地，胡氏一族在元明之际由徽州迁居到此地，聚族而居，至清末已繁衍至一千余家，耕地短缺的现象越来越严重，人地矛盾十分突出，村中人大多外出谋生。胡朴安的父亲胡爱亭在清同治年间便在上海大东门经营丝线生意，后弃商为儒，在江西南昌等地开馆授徒。由于家中人口众多，家境贫寒，少年时的胡朴安每日必须从事种菜、舂米、挑水、砍柴等繁重体力劳动，以帮助父母减轻生活压力，劳动锤炼了他的意志品质，使他树立起远大的志向。他在青年时期写的《言志》诗道："我志与人殊，我怀与古似。贱不耻泥涂，贵不荣朱紫。高亦不求官，卑亦不求仕。不学时世妆，任人誉与毁。"充分表达了他淡泊明志、宁静致远的远大理想。乡居时期，他对于盛行的科举八股文、试贴诗等仕途门径并不上心，应了几次童子试后，即不再去应试，离开家乡到当涂黄池镇开馆授徒。光绪三十一年（1905），接到芜湖万春圩放垦消息后，胡朴安便与乡人筹集资金招募农民前去垦荒。两年之中，无论盛夏酷暑还是寒冬腊月，他都与垦荒的农民同吃同住同劳动，赤足上田埂，虚心向人民群众学习，"扶犁随老农，耕土问深浅"，一切艰难困苦的事都亲自动手去做。

革命生涯　以笔为剑

由于洪水泛滥，围垦万春圩最终失败。光绪三十二年（1906），胡朴安离皖赴沪，因胞弟胡寄尘之关系结识朱少屏，遂加入国学保存会。国学保存会由邓实、黄节、刘师培、章太炎等发起组织，其目的在于保存国粹，因此，发起者把"建立公开的藏书楼"作为重要会务之一。国学保存会建藏书楼的宗旨是："庋藏古今载籍，搜罗秘要图书，分别部目，以供本会会员及会外好学之士观览。"胡朴安极爱查书，稍有闲暇辄去藏书楼看书，因此得以结识陈佩忍、高天梅、苏曼殊等南社人士。南社是由陈去病、高天梅、柳亚子发起组织的中国近现代革命文学团体，有一千多名社员，在当时以充满激情的诗文，鼓吹推翻腐朽的清王朝，与中国同盟会机关报《民报》所发出的以反清为宗旨的言论相呼应。胡朴安少负诗名，遂又在众人的影响下加入南社，这一时期，胡朴安开始从事新闻业。胡朴安加入国学保存会后，便进入其机关刊物《国粹学报》担任编辑工作。《国粹学报》在当时是一份宣扬反清思想的杂志。所编之书，大多为宣扬民族精神的宋明遗民之著作，如《伯牙琴》《心史》《留都见闻录》《甲申传信录》《张苍水集》等。胡朴安在《国粹学报》时，也曾编辑过《吾炙集小传》一书，鼓吹反清革命，并为之撰写跋文。结识于右任后，胡朴安开始担任《民立报》主笔，该报为于右任所创办，是继《民呼日报》《民吁日报》之后专为民国发祥而创办的报刊。胡朴安在《民立报》主编小品文章，专事收集明末遗民之事迹及其言论含有种族思想的著作，编为笔记，载之报端。胡朴安所编纂的《发史》一书，叙述清军入关后，强迫汉人按满人风俗剃发蓄辫，遭到汉人反抗的一段史实，将清初不剃发而被杀或祝发而为僧者的事迹悉数收录，以揭露满洲军事贵族的残暴统治。后又编《汉人不服满人表》等书，揭露清廷的腐败状况，二者皆收入胡寄尘所编之《清季野史》一书中。为《民立报》撰写社论的，除胡朴安外，还有宋教仁、景耀月、王印川、徐血儿等，在当时可谓人才济济。胡朴安在与他们的交游中，大大开阔了视野，逐渐由传统文士向现代知识分子转型。这段经历对他后来的学术研究也产生了深远影响，如胡朴安与宋教仁，早在国学保存会藏书楼同时看书时便熟识了，宋教仁有一次对胡朴安说："中国的学问极好，惜散见各书中，未加整理耳，吾子多读中国之书，盍为此盛业乎？"此言对胡朴安后来从事中国传统文化研究的启发很大。

1912年，胡朴安进入叶楚伧任总编辑的《太平洋报》。《太平洋报》于1912年4月1日由同盟会在上海创办，是近代著名的资产阶级革命刊物，当时在《太平洋报》任编辑与记者的，大多是南社社友，他们所写的文章慷慨激昂，极富生气，很能引起读者的共鸣，在上海等地影响很大。《太平洋报》因经费困难而停刊后，胡朴安又在邓孟硕任总编辑的《中华民报》任评论员，后在《民权报》《民国日报》《民国新闻》《新闻报》等任职。胡朴安的新闻报道具有很强的战斗性，他强烈地斥责君主专制，呼吁人们起来冲决封建思想的罗网，争民权、争自由，为建立资产阶级共和国而斗争。1913年，袁世凯阴谋篡权，派杀手在上海火车站刺杀宋教仁，胡朴安作为在场记者，目睹了这一血淋淋的事实。事发后，他在报上连发数十篇文章，如《论宋案迟延之危机》《告政党》《宋案与大借款》《论袁世凯之激变造祸》等，揭露袁世凯及其党羽的罪恶行径，猛烈抨击袁世凯集团的倒行逆施。后来，袁世凯筹办帝制活动越来越猖獗，胡朴安曾写咏史诗讽刺袁世凯复辟帝制的丑行。其诗曰："师旷鼓鸣琴，骤雨声震屋。白云西北来，大风吹折木。天地何苍苍，吉凶不可卜。古乐有神灵，未许俗人渎。平公亦何愚，无德妄奏曲。一曲奏未终，四野人民哭。"在喧嚣扰攘的恢复帝制声中，胡朴安从民生疾苦的角度出发，预言了帝制活动的必然失败，表现出了深刻的政治洞察力。1914年，胡朴安去福建任巡阅使署秘书，主办教育，不久即告假返回中国公学继续任教。1916年，他赴北京交通部任秘书职。1922年，胡朴安曾应孙中山之请，准备去广州，后因陈炯明叛乱而未成行。1930年，又应叶楚伦之邀，出任江苏省民政厅长之职。由于他自认缺乏才能，供职两年便自呈辞职书，辞去职务返回上海，继续任教于大夏、复旦、东吴、暨南、上海、持志等大学，重理笔墨生涯，还其书生本色。

闭门沪上　潜心著述

1937年，抗日战争全面爆发，淞沪会战开始后，胡朴安身居危城，蒿目时艰，满怀对时局的忧愤，写下了大量的诗作，表达对日本侵略者的痛恨，歌颂中国军民不畏强敌，英勇抗战的英雄气概。上海沦陷后，环境日益恶劣，他闭门著述，刚正不阿。1940年4月，他患脑溢血半身不遂，病废家居，撰《病废闭门记》，又撰回忆录《六十年前的我》，对自己数十年来所走过的学术研究道路与学术思想做了一次系统的回顾。在书中他谈到年轻时，常以顾炎武、黄宗羲、王夫之、颜元四人学说作为自己读书做人的标准。后又受戴震、段玉裁、王念孙父子等清代朴学大师学术思想的影响，逐步走上东汉朴学一路。他在整理旧学术方面，则从戴震、段玉裁、王念孙父子治学方法入手，以文字、训诂、音韵为考据的工具，以经史古籍为考据的材料，来还原上古的生活图景。但他并不满足于做个考据家，他对于清代的“朴学”，也有独立的见解。他认为清代朴学已到了无路可走的地步，必须开辟新的学术境界。为此，他做了大量探索，在接触了达尔文、赫胥黎、康德、黑格尔、叔本华、柏格森、罗素等许多近代西方进步哲人的思想著作后，他决心在经史研究方面不落窠臼，而应另辟蹊径，独树一帜。他曾经考虑编撰一部中国文化史，取材于甲骨文、金文、大篆等历代文字，取材于《尔雅》《说文》以下每个时代的各种辞书、字书以及辞海等，由文字考见上古时代的事物、言语、习俗之变化，以求得各时代文化递嬗之历史轨迹，由此而成为一部可信之中国文化史。胡朴安从年轻时便爱好积书，每去旧书铺大有车载而归之概。有一次，就用大洋一百二三十元买进两千多本文字学书籍。对于古籍图书，他曾说：“我谓一切古书，皆是材料，当立足于现代学术之点，取古书之材料，辨其真伪而组织之，以成一有系统之学术。”他自20世纪30年代著成《中国文字学史》《中国训诂学史》二书之后，20世纪40年代初病废家居的数年中，又撰成《周易古史观》《中庸新解》《通书新解》等专著，特别是在《从文字学上考见古代人之声韵与言语》《从文字学上考见古代妇女》《从文字学上考见古代辨色的本能与染色技术》《从诗经上考见古代之家庭》等文章中，他通过汉字形体声韵之分析，以考证古代科学技术、社会家庭组织、人的动作、心理等，展现了独树一帜的治学风格，为中国的学术发展作出了重要贡献。

胡朴安作为南社的老前辈，一生留下了大量诗作。计有《歇浦集》《闽海集》《养疴集》等。在文学创作方面，胡朴安也有独特见解，他认为文学与时代关系密切，作家与诗人对时代的感受不同，则所创作的文学作品对时代的感受也不同。在《南社丛选序》一文中他指出：“文章与时代有关系，一时代之文章，必感受一时代之影响而成。其影响也，有顺受，有反感。其顺受也，昌黎所谓和其声以鸣国家之盛是。其反感也，其弱者则有变风变雅之作，其强者则有吊民伐罪之辞。南社之文章，一时代影响之反感者也。”当时的中国连年军阀混战，哀鸿遍野，普通民众处于水深火热之中，胡朴安因此经常在诗中表达对民族命运的深深忧虑和对民生多艰的深切同情。如胡朴安曾作《为傅屯艮题〈醴陵兵燹图〉》五言诗一首。诗曰：“大道久衰息，连年事纷争。潇湘战云恶，干戈横暴兵。万室付一炬，醴陵成空城，地赤烟未熄，池涸骨已平。细雨土花紫，阴云鬼火青，井邑改常道，门户不分明。家破身无寄，踟蹰城中行，昔日楼与阁，今为棘与荆，啼蜇泣寒月，归燕惊空庭，悲哀谁与语，仰天鸣呜呜。凄风起穷巷，歌舞出大营，将军不足贵，乱世民命轻。”诗人以写实的手法，再现了《醴陵兵燹图》中城池遭战火焚毁后的惨状，对于无家可归的民众，诗人表达了无限的同情与悲愤之情，诗风苍凉慷慨，颇具感人之力。

除了这些政治讽喻诗外，胡朴安也创作过多首朋友之间的唱和诗。南社十分重视诗文创作的思想性与革命性，成员之间经常以诗文互相激励，回忆生平经历，鼓舞革命士气，表达同志之间的真挚情意，因此，他们的唱和诗，不是一般意义上的无聊应酬之作，而带有鲜明的革命色彩。胡朴安一生大部分时间旅居上海，与南社及诸多报社结下了不解之缘，与南社成员之间的诗文交往颇多。诗坛巨子南社发起人陈去病（巢南）五十大寿，胡朴安作《寿巢南五十》诗：“忆昔海上识君日，君年三五我三一。当年意气各如云，下笔能扫千人军。文章慷慨泣日月，眼底胡儿尽流血。收拾禹城旧山河，论功孰比干戈多。一纸露布全城下，君本文章最健者。倚马奚止草万言，功成身退归田园。伯先阵亡渔父死，眼中碌碌尽余子。争名争利朝市中，君独矫矫寒素风。不向长安求官禄，教育人才愿已足。”诗中回忆往昔的交往，赞扬了陈去病追随孙中山为反清革命作出的贡献，钦佩他磊落的胸襟与高尚的情怀，表达了和他相同的个人追求，也反映出当时南社成员的价值取向所在。胡朴安在《太平洋报》主持笔政时，李叔同曾为该报编图画，在《太平洋报》，胡朴安与李叔同度过了一段朝夕相处的时日，结下了深厚的友谊。后李叔同悉心研究南山戒疏，出家杭州灵隐寺，人称弘一法师，胡朴安深敬这位高僧持律之精严，道行之高尚，音乐、书画艺术之精湛，每次去杭州，必定设法去看望他。他曾作《灵隐寺寻弘一和尚》一诗，其中有这样几句："弘一精佛理，禅房欣良规。岂知菩提身，本是文章伯。静中忽然悟，逃世入幽僻。为我说禅宗，天花落几席。坐久松风寒，楼外山沈碧。"1940年，胡朴安患脑溢血半身不遂后，决心学佛，"长斋读佛，以自宁静"，显然也是受李叔同的影响。1942年10月13日，弘一法师圆寂于福建泉州大开元寺，胡朴安接到消息后，"心怦怦不能自已"，提笔为弘一法师写了一首挽诗："凡夫迷本来，生死一大事。知者顿然悟，去来原一致。自性本清净，是乃真佛子。我言弘一师，泯然契佛旨。往日本不生，今日亦不死。"这首诗充分表达了胡朴安豁达的生死观。

亦狷亦狂　名士风流

关于胡朴安的趣事很多。他和马君武对局下棋，马君武经常悔棋，他没法制止，就想出了一个抵制办法，马君武悔一子，他也悔一子，马君武再悔一子，他也再悔一子，最后往往通盘混乱，只得重新再下。他常和南社的朋友赴酒店豪饮，有一次，旁边座位上的客人在猜拳，喧闹声很大，他心里十分厌恶，便和朋友们以更大的声音盖过他们，五魁八仙，划拳的声音超过了邻座。当时数胡朴安的声音最大，大家便把他的名字加上四个形容字，叫他英英皇皇的胡朴安，算是表彰他的英豪之气。他则将这种叫法推而广之，使身边的许多朋友都有了自己的诨名，如吞吞吐吐的朱少屏，谓其讲话不爽快；期期艾艾的柳亚子，谓其口吃；圈圈点点的吕天民，谓其面有痘斑；阔阔气气的汪兆铭，谓其经常乘马车；娇娇滴滴的叶楚伧，谓其作小说题名为小凤；陪陪坐坐的陶小柳，谓其不善饮而侍坐；轻轻巧巧的胡寄尘，谓其出言吐语，声音极低；马马虎虎的姚鹓雏，谓其行为不羁，不同寻常。姚鹓雏与胡朴安性格相投，感情最洽。一日，姚鹓雏乘马车来访胡朴安，当时能乘马车的都是富人，新闻记者是没有钱乘坐马车的，发现下车之人是姚鹓雏，胡朴安以为他有急事，急忙询问，姚鹓雏说："找你借钱。"问："借多少？"回答说："借四元。"问："借去作何用？"答："付马车钱。"胡朴安为之大笑。

胡朴安不但能赋诗作文，对武术也很有研究。他幼年时便十分好武，家中有一贮藏杂物之楼，平时没有人去，他便瞒着家人，把梯子撤掉，用沙袋悬于中梁，读书之暇辄击沙袋，以练身手。又缚小铁条于胫足间，以练超越。受伤时不出声，家人始终没有知道。他的同学王某，有家传少林派拳法，他便向王学习，从基本功着手，学习多年，深得少林拳法要领。后又师从陈微明学太极拳，陈微明是有名的太极拳家，经陈微明一指点，胡朴安的拳法精进不少。据郑逸梅回忆，有一年胡朴安的女弟子陈乃文邀请朋友及老师开联欢会，胡朴安兴至，曾在中庭一试身手，他的另一位女弟子王灿芝（秋瑾之女）舞剑助兴，这一幕令在场宾客印象深刻，惊叹不已。胡朴安晚年回忆少年时的经历时，还得意地向朋友讲述年轻时的尚武情结，节录一二如下：性强硬，仆跌非破皮流血不哭。好与群儿斗，斗必求胜，不胜则视为大耻辱。……一日，与群儿斗，纠结不可解，我兄伯春奉母命呼我，且斥责我。我不服，转而斗伯春，伯春长我三岁，身高于我，而斗则屈我下。我以足蹴伯春，伯春仆地，石破其颅而流血。我骇极而逃，时已薄暮，冥色四合，我家雇工，恐我迷路，自后追之，约一里余，前临一涧，宽可五尺，水流甚急，我一跃而过，雇工力不胜，对涧大呼，旁观笑之，谓：三十岁男壮丁，反不及十岁孩童。旅居沪上以后，胡朴安虽然终日操持笔墨生涯，但一有机会，仍然会露出尚武本色。南社每次雅集，例招摄影师来，摄一集体照，诸社友雁行而立，呈现着温文尔雅的气派。据南社社友回忆，某次雅集，胡朴安酒酣，除摄集体照外，又赤膊别摄一腾挪超纵地拳法小影，以留纪念，颇有侠气。

胡朴安对于当时的社会现象有很多独特的看法，发表了很多独特见解，新颖深刻。他曾经阐述情与爱的关系时说道：“男女进而为夫妇，当注重于情之一字，不可专注重于爱之一字，爱则日久而消，情则日久而积。我觉得对于家庭，对于朋友，对于国家，惟有一情字，始能有真正的爱。”他目睹旧社会的世风不振，也曾不无激愤地说：“中国一千人中，五百人吃饭不做事，四百九十九人，为吃饭而做事，不知可有一人为做事而吃饭？吃饭不做事者，倚赖人为生活，禽兽不若也。为吃饭而做事者，禽兽以爪牙觅食，人以知识觅食，觅食之方法不同，而其觅食则一，禽兽类也。为做事而吃饭者，具有人格，出于禽兽之上，始得谓之人。”这些言论集中体现了胡朴安身上的狂狷之气。因此，胡朴安虽然是当时有名的朴学家，却不是人们想象的那样威仪棣棣、文质彬彬，终日埋首故纸堆中探遗索隐的老学究，他亦庄亦谐，亦狂亦狷，非常具有生活气息。

抗战胜利后，《民国日报》在沪复刊，胡朴安受任馆长，并继任上海通志馆馆长之职，后又担任上海通志馆改组的文献委员会主任之职，1947年7月，因患肝癌在上海逝世。胡朴安一生横跨新闻界、学界、政界，救国不忘治学，为后人留下了宝贵财富，“发寂寞之狮吼兮，欲振聩而启聋，志弥高而行弥谨”，是胡朴安先生一生的真实写照。

民国第一才女——吕碧城

万红康丽　王彦章

吕碧城像

吕碧城（1883—1943），原名贤锡，字遁天、明因，后改字圣因，法号宝莲，安徽旌德人。吕碧城的父亲吕凤岐，字瑞田，别号石柱山农，光绪丁丑科进士，先后出任过国史馆协修、玉牒馆纂修、山西学政等重要职务。吕凤岐原配生二子后去世，续弦的严式生了四个女儿，吕碧城是老三。

少年逢家变　决意出家门

吕父退休后并没有按照古人惯例回到老家庙首，而是定居在了六安，他花了三年的时间建成“长恩精舍”，藏书达数万卷。在这样一个书香门第之家，吕碧城自小就受到文化的熏陶，童年过着锦衣玉食、无忧无虑的生活。“吕碧城资质聪颖，五岁知诗，七岁能作巨幅山水。”在她七岁的时候，曾用“春风依杨柳”对出了父亲所出的对子“秋雨打梧桐”。樊增祥曾称赞她道：“聪明天赋与娉婷，记取生前琯朗星。练就才人心与眼，为谁暖热为谁青。”可是幸福的生活随着父亲的去世而结束，光绪二十一年（1895），吕凤岐因劳顿疾作而去世，两个儿子也早亡，家里没有一个男子当家，女子在旧的制度下是没有继承权的，于是就上演了一出家族争产的丑剧。一群想要争财产的子侄辈们为了夺产最后竟然把她们幽禁起来。吕碧城母亲最后忍不了族人的欺辱，为了保全膝下女儿免遭毒手，无奈中只能茹痛弃产，携碧城姐妹一起远走来安外家，可是寄人篱下的生活苦不堪言。

光绪三十年（1904），住在舅舅家中的吕碧城受到西学的影响决心研究新学，“濒行，被舅氏骂阻，予忿甚，决与脱离”。吕碧城所遭遇的父丧和继之而来的遭遇都对她产生了不可磨灭的心理影响，伴随了她一生。她孤傲的性格和尤为独立的人格、有悖于社会传统的行为方式和不惧流言的处世态度，都能从这段经历中找到原因。

青年遇贵人　开创新天地

光绪三十年（1904），离家出走的吕碧城只身来到天津，机缘巧合认识了《大公报》的总理英敛之。《大公报》是我国新闻史上历史最长、声誉最盛、影响最为深远的报纸之一，其内容堪称“一部百科全书式的中国近代史”。作为该报总理的英敛之很欣赏吕碧城的文笔，邀请她到报社任助理编辑，这看似偶然的事情改变了吕碧城一生的命运。

英敛之在《大公报》创办之初，就以浅显的言语鼓吹开民智，提倡破除迷信、开办女学，这些观点都让吕碧城大开眼界。她在报刊上发表的诗词文章多慷慨激昂，比如《满江红·感怀》：“晦暗神州，欣曙光一线遥射。问何人，女权高唱，若安达克？雪浪千寻悲业海，风潮廿纪看东亚。听青闺挥涕发狂言，君休讶。　　幽与闭，长如夜。羁与绊，无休歇。叩帝阍不见，怀愤难泻。遍地离魂招未得，一腔热血无从洒。叹蛙居井底愿频违，情空惹。”此词一发表，立即引起了社会上的极大反响，中外名流纷纷唱和响应。短短几十字，将中国妇女所遭受的压迫、限制以及自己悲愤的胸襟表达得淋漓尽致，令人叫绝，引起了文人的强烈共鸣。一时间，吕碧城声名鹊起，京津一带造访她的人络绎不绝，清末女革命家秋瑾也是其中之一，秋瑾原笔名也叫碧城，所以当时吕碧城发表在报纸上的很多言论都被认为是秋瑾所写。秋瑾也曾致信英敛之之妻淑仲云：“所云秋碧城女史，同时而同字，事亦甚奇。惟伊生于名地，阅历必深，自是新学中之佼佼者，若妹则幼无父兄指授，僻处乡偶，见闻狭隘，安敢望其肩背？亦愿仰瞻风范。”光绪三十年（1904）六月十日，秋瑾亲自来天津大公报馆造访，这就是当时传为佳话的“双碧城会”，她俩一见如故，情同姐妹，后来秋瑾取消其号，吕碧城也曾在《鸿雪因缘》中记载了这次见面的过程。

随着“西学东渐”的影响，天津地区争取男女平等权利和女子受教育权的女权运动正在缓慢兴起。经英敛之介绍，吕碧城认识了直隶学务处总办严修，严修举荐吕碧城协助傅增湘筹办女学，袁世凯照准了。就这样，光绪三十年（1904）十一月，吕碧城创办了近代中国最早的女学之一——北洋女子公学，并出任总教习兼国文教习，主持全校事务，成为我国近代女性教育的先行者。她先后陆续发表了《论提倡女学之宗旨》《兴女学贵有坚忍之志》《论上海宜设女学报及女学调查》等文章，全面阐述自己关于兴办女学的思想，提出了一套切合实际的管理思想，她认为女子教育的宗旨不是培养贤妻良母，应该是培养一批新型人才。

1912年，清朝宣统皇帝宣布退位，北洋女子公学停办。辛亥革命后，吕碧城在上海加入了南社。1912年，中华民国成立，吕碧城被袁世凯聘为公府咨议，后因为袁世凯鼓吹复辟帝制，吕碧城辞去总统府秘书一职，南下上海。她在进修英语的同时，还与洋人角逐贸易，盈利丰厚，这段经商经历给了她足够的经济能力立足于社会。她后来回忆这段记忆的时候也说：“先君故后因析产而构家难，唯余锱铢未受……余素习奢华……皆所自储。”

吕碧城一生所作的三百多首词根据内容大体可以分为酬唱词、咏物词、写景抒怀词、海外词和佛理词，前三者大多在这一期间完成。

吕碧城曾为余十眉的悼念亡妻之作——《神伤集》题写的《祝英台近·为余十眉题〈神伤集〉》写得感情真挚，哀婉有致。此词一开始竭力渲染失妻的忧伤，连用数典，有如悲歌传响，哀思不绝。接着笔锋一转，沉痛中作宽慰语，融神话故事、历史及佛教故事于一体，以表达余十眉对亡妻的悼念。樊增祥对这首词极为推崇，他在《吕碧城集》卷三中有这样的批语：“句法善于伸缩，的是填词能手，世间无数钝汉，自命梦窗，纵使呕心十二万年，不能道其只字。”词云：

背银釭，拈翠管，秋影瘦萸倩。洛赋吟成，人共素波远。可怜魂觅帷间，钗寻海上，都不是、等闲恩怨。

几曾见，琼树日日常新，冰蜍夜常满。赢得情长，哪怕梦缘短。瓣香待卜他生，慈云乞取，好深护、玉楼仙眷。

吕碧城也经常为友人的书、画题词，白葭居士的夫人好作山水画，曾画《白葭图》，白葭居士曾多方请名流为此图题咏，吕碧城就是其中之一，填词《月华清·为白葭居士题〈葭梦题〉》一首，取其易于抒发活泼、轻快的潇洒情怀。词云：

人影芦深，诗怀雪瘦，溯洄谁泛空际。和水和风，洗尽梨云春腻。笑放翁、画入梅花，羞庄叟、情牵凤子。徙倚。对苍茫天地，潇潇秋矣。

除却烟波休寄。更不寄人间，寄存梦里。墨晕葭痕，差见白描高致。任昼长、茶沸瓶笙，尽消受、南窗清睡。慵起。只莞为问，蜗蛮何世。

吕碧城的这类题词大多寓意深刻，耐人寻味，其他的如为袁寒云所题的《更漏子》（句连珠）、《齐天乐·寒庐茗话图为袁君寒云题》，为刘豁公的《戏剧大观》所题的《念奴娇》等，都能够根据不同的书画，融入自己饱满的情绪，再借题发挥。

吕碧城的酬唱词除了赠答、唱和师友外，还有许多融入了吕碧城真挚感情的凄婉清绝的悼亡词。吕碧城为祭祀先母和回忆先父还写有两首《临江仙》：

空记藐孤家难日，伊谁祸水翻澜。长余风木感辛酸。囊萤书惯读，手线泪常弹。　东望松楸拼一恸，无由说与慈颜。虚声今日满江关。重泉呼不应，多事锦衣还。

莫问金张全盛际，可怜愁里年华。谢堂飞燕已天涯。前尘原噩梦。身世比抟沙。　回首乡园歌哭地，颓垣断井横斜。素云连苑锁梨花。当时明月在。曾照故侯家。

这两首词凄婉清绝，无论是语言、结构，还是意境，以及所抒情感之哀痛，都非常相似。

吕碧城的咏物词在赞美各式各样的自然之物的同时，也寄予了她的感人至深、深沉委婉的爱国情怀，而在所咏的对象上，她也是有所偏好的，她偏爱水仙、莲、梅，认为这些都具有高雅脱俗、不与世俗同流合污的特征，同时她也写一些特别对象如慈禧画像、巴黎铁塔、汤山温泉等。

吕碧城不同时期的咏物词有一些区别，童年时期是幸福无忧的，吕父去世后，她的人生命运一下子全改变了，这一时期的咏物词大多寄托了她悲伤凄恻的感情，如《清平乐·落花》所云："大千尘世，总是销魂地。粉怨香愁无限意，吹得满空红泪。"离开舅家之后的吕碧城得到了英敛之的赏识，结实了许多有识之士，这一段时间吕碧城的咏物词表达了她忧国忧民，想要在封建思想根深蒂固的社会做一些事情的决心。1920年出国后，久居国外，所以这一时期其咏物词的对象涉及国外的事物，视野更加开阔，思想内涵也更加深厚，但不变的是她忧时虑世的高远胸襟。在这么多咏物词中最多的当是咏莲的，达到了四首，词云：

《齐天乐·荷叶》

横塘未到花时节。暗香已先浮动。绀袂飘烟。绿房迎晓、旖旎风光谁共。田田满种。正雨过如珠，翠盘轻捧。鸳侣同盟。相逢倾盖倍情重。　　芳心深卷不展，问闲愁几许。缄紧无缝。越女开奁，秦宫启镜，扰扰云堆拥。新凉乍送。看万绿无声，一鸥成梦。惆怅秋来，水天残景影弄。

《天香·白莲》

玉井漂铅，铜盘泄汐，年时梦影曾写。佛彩敷华，帝青涂叶，七宝修成无价。素标难亵，漫拟作，凡葩姚冶。三十六天如水，瑶笙夜凉吹罢。　　亭亭法身惯化。纳须弥。藕心铁罅。揽取茜云同幕。粉绡封麝。谁证无生慧业，待隔浦相逢共清话。顶礼空王，瓣香容借。

《虞美人·白莲》

仙云翠窣琉璃面，银浦流香远。一枝清越见丰神。卅六湖中红粉不成春。　　瑶峰太华擎残雪，十丈花重叠，颀颀宜向月中看。绝净天身莹作水精寒。

《解连环·忆海荷花》

翠漪烟幂。记蛛桥流玉，花深天窄。话小劫、欲托微波，早官锦乱抛，舞衣狼籍。旧月来时，照秋粉、残妆犹薄。叹何郎老矣，自分此生，不见颜色。　　弦歌梦传太液。奈莺吭未讴，凤柱先泣。更莫愁、愁人西风，换一样秋光，蒋青淮碧。画舸中流，按新谱、谁家箫笛？正芝田、袜罗未返。闹红漫忆。

以上四首词同样是咏莲，但是吕碧城所托之情却是不同的。《齐天乐·荷叶》写于1905年，“芳心深卷不展，问闲愁几许”，只是表达了少女的闲愁和郁闷。《天香·白莲》《虞美人·白莲》则是写于吕碧城入佛不久，字里行间透露出来的是吕碧城对于佛教的信仰。《解连环·忆海荷花》却是写于吕碧城三度出国之时，“叹何郎老矣”，把世事沧桑尽写于词中。可以看出，词是吕碧城情感的一个宣泄口，通过不同时间段的咏物词，可以看出吕碧城思想境界的变化。

在吕碧城的众多词中，情感色彩最浓、数量最多的当属抒怀词，这些词同样与她一生的遭遇相关，其中既有对自身遭遇的感叹和对美好未来的向往，也有对国家和社会的担忧和热烈期望。

少女时代吕碧城的很多词都表达了她家庭败落、寄人篱下的烦恼和辛酸，比如《清平乐》中所云：“银汉恹恹清更浅，风动云华微卷。”“不是一声孤雁，秋声哪到人间。”写出了原是仕宦之家却沦落到依靠别人生活的艰难辛酸。诸如此种纤婉缠绵的情感还体现在很多词中，如《生查子》：“游侣渐凋零，追忆成烦恼。”《踏莎行》：“韶华有限恨无穷，人生暗向愁中老。”

独自奔赴天津闯出一番天地后，吕碧城还心系时代女性的解放，她的很多词都表现出她争取女性平等、拯救女性同胞、振兴女权的愿望。如《满江红·感怀》云：“晦暗神州，欣曙光一线遥射。问何人，女权高唱，若安达克？雪浪千寻悲业海，风潮廿纪看东亚。听青闺挥涕发狂言，君休讶。”《写怀》云：“苦海超离渐有期，亚东风气已潜移。待看廿纪争存日，便是峨眉独立日。”等等，都体现了吕碧城对于妇女解放的热烈期望和豪情壮志。

这一类的反封建礼教、追求个性解放的诗词在清中叶就已经出现了，这也是清代女性迈向新生活的重要表现。

中年游世界　海外求新知

早在1918年吕碧城就做好了出国留学的打算，但是突然染上时疫，直到1920年秋，吕碧城终于可以远涉重洋赴哥伦比亚大学学习。在离开前，她将十万巨资捐赠红十字会。在哥伦比亚大学她研习文学、美术，进修英语。1922年，吕碧城由加拿大回到上海，这段时间吕碧城除了经营商业外，多数时间是与朋友到各地游览。据说她还在上海、南京创立了丽斯跳舞传习所。1925年8月，《申报》封面第一项就是吕碧城关于跳舞的启事，主要是关于同德国飞行员跳舞的事件。1926年秋，吕碧城再次出国赴美，在途中，她游历了法、英、德、奥和瑞士等国。她不仅英语比较娴熟，还略懂法语，因此在语言方面是完全可以应对的。此外，她性格豪爽、善于交际，所以结交了许多政要富商。在欧洲，吕碧城不仅参与各界晚会活动，而且积极参加护生运动。1929年5月，她受邀出席了维也纳国际保护大会，发表了对于护生运动的美好愿望的演讲，在当时引起了很大的影响。这一时期也是吕碧城诗词创作的黄金时期，有描写日内瓦生活的《绛都春》，也有描写瑞士滑雪的情景的《破阵乐》，还有描写法国马勒梅桑风情的《八声甘州》，这一时期的海外词大多有新意，脍炙人口。1938年秋天，欧洲全面爆发战争，吕碧城被迫在瑞士居住了一段时间，1940年回到香港，居住在九龙的东莲觉苑。

这一时期国外丰富多彩的人文景观和雄伟壮丽的自然景观激发了她的文学灵感，为她写海外词提供丰富的题材。

除了单纯描写国外风土人情的词外，吕碧城还在国外写了很多怀念故乡、思念亲友的词，如《高阳台》《摸鱼儿》《一枝春》等，字里行间都透着作者对于故国家园的思念和国外旅途中的落寞凄凉。

在近代作家中，描写海外风光和风土人情的作品早就有之，比如黄遵宪、康有为、林则徐等人的作品，但是吕碧城用词将她的海外生活描写出来了，无论是富有欧洲特色的建筑、风俗，还是在外对故国家乡深婉感人的思念，都可以在她的海外词中寻到，这样充实的内容、真挚的情感、高超精湛的艺术手法在近代词坛、女性词史上具有很重要的地位。吴宓曾评价吕碧城的海外词是“实为今日中国文学创作正轨及精品”。

20世纪30年代开始，吕碧城受到了《印光法师嘉言录》的影响，开始潜心研究佛学，并皈依佛教，一生食素，吕碧城曾在海外的时候，友人曾劝其食鸡蛋，吕碧城为此还特地写诗给老法师征求意见，老法师也回复了吕碧城不可，并称：“蛋之成鸡，自是彼先业所感之果报，吾人食者，总成冤结。”“方悉寓迹在海外，素食一节，诚为难事。但坚忍其志，现身苦难，后获福报。”其实在1920年，早在国外的吕碧城就在巴黎接触佛学而写了《巴黎佛会一夕记》，在她生命最后的十年中，她也一直以弘扬佛法为己任。1940年秋，日渐年迈的她更是全身心投入佛学写作中。从1942年12月30日开始，吕碧城连续三天写遗书寄给当时身在上海的李圆净居士，将身后事交代一番，提出将自己在美国纽约、旧金山以及上海的存款捐出，用以弘扬佛法事业和护生事业。此外，直到这一年的春天，她还坚持每天在东莲觉苑为学佛居士讲学。这年冬天，吕碧城的胃病复发，其道友都劝她去看病，但她婉言拒绝了。

1943年1月23日，吕碧城在香港东莲觉苑病逝，她临终时，含笑念佛，仪态安详。在她病重之时，她还称她在梦中得一诗，抄录下来赠予张次溪先生，诗云：“护首探花亦可哀，平生功绩忍重埋。匆匆说法谈经后，我到人间只此回。”这是她一生中的最后一首诗，从中也看得出佛学在其人生中的重要地位，此诗也表达了她对于一生经历的一些遗憾和幽怨。

吕碧城一生写了八十余首佛理词，大致可以分为两类，一类是纯粹宣讲佛理，一类是借景抒发自己对于佛理感悟的词，此类词大多写于1929年后，尤其是1930年吕碧城皈依佛教后，她的词中佛教用语明显就多了起来，结合个人经历或者自然景物抒发自己对于佛理的感悟和理解。比如《夜飞鹊》云：

> 春魂殢尘网，谁解连环，参彻十二因缘。还凭四谛说微旨，拈花初试心传。迦陵妙音啭。警雕梁栖燕，火宅难安。何堪黑海，任罡风、罗刹吹船。　　观遍色空昙艳，幻影更何心，往返人天。回首飙轮万劫，红酣翠腻，销与云烟。阿罗汉果，证无生、只有忘筌。似蝶衣轻褪，金针自度，小试初禅。

这首词是吕碧城仿照英国诗人雪莱、罗塞蒂的体例所写的，写出了吕碧城自己“参彻十二因缘”“观遍色空昙艳”，认为一切的美好事物都是“销与云烟”，看似消极的词句中，却包含着深奥的人生哲理，通篇词句中都融入了“四谛”“迦陵”“罡风”“阿罗汉果”等佛理概念，给这首词加上了别样的意境。此类的词还有很多，诸如《望江南》《波罗门引》《丹凤吟》等。

吕碧城在自己的佛理词中不仅阐发佛理、弘扬佛法，还能结合自己丰富的人生经历阐发自己对于佛理的理解，寓深于浅，给人以深刻的哲学思考和人生反省。

吕碧城去世后，她的友人都曾写过词悼念，如张觉明《闻碧城女士迁化感赋》：“婺女星沉四海惊，东西英丽哭吞声。”龙榆生的《声声慢·吕碧城女士怛化香港，倚声寄悼》：“慧业早滋兰畹，共灵均哀怨，泽畔醒余。揽涕高丘，而今踯躅焉如。慈航有情同度，瞰清流、拼饱江鱼。真觉了，任天风、吹冷翠裾。”另外，很多期刊都刊登了纪念吕碧城的文章，如《觉有情》在第87和88期还开辟了“吕碧城女士纪念专号”，刊登了澄彻居士的《吕碧城居士传略》和吕碧城自己的《佛儒不能平等说》以纪念吕碧城。

吕碧城是中国近现代的一位传奇式才女，少遭家难，常年漂泊异国他乡，孤独终老，她经历了难以想象的世事无常，但也正是因为如此，才让她对社会有更加深刻的理解，促成了她大量词作的创作。龙榆生在《近三百年名家词选》中，将吕碧城作为清词殿军。邓逸梅也曾评论吕碧城：“碧城放诞风流，有比诸《红楼梦》中之史湘云者。”钱仲联也道吕碧城为“近代女词人第一，不徒皖中之秀”。吕碧城的一生都在追求男女平等，追求世间公平、和谐共存，实属近代伟大之女性。

国学大师——刘文典

王平子

刘文典像

刘文典，中国著名的国学大师、教育家。师从陈独秀、刘师培、章太炎等学术名家，曾担任孙中山先生的英文秘书。历任北京大学教授、安徽大学（原址在安庆）校长、清华大学教授及系主任、西南联合大学教授、云南大学教授等，中华人民共和国成立后，被评为全国一级教授，全国政协第一届、第二届委员。他著有《淮南鸿烈集解》《庄子补正》等学术名篇。刘文典一生弘扬国学，传道授业，恪守初衷，为我国教育文化事业作出重要贡献。

青春如火

刘文典（1889—1958），字叔雅，原名文聪，安徽合肥人。刘文典生长在一个经商家庭，自幼聪慧，记忆超人，家人期盼刘文典长大后能当个“洋买办”，继承家业，光宗耀祖。幼年时，刘文典进入当地私塾学习经书和古文。当国内兴起“大谈洋务，讲究新学”潮流之时，他开始跟随合肥基督教医院（今安徽省立医院）的一位美国传教士学习英语。这是他第一次接触西方文化，对他内心的震撼极大。后来，他在回忆早年生活时，对这段经历仍念念不忘，“这是我第一遭和西洋的文化接触，看见他用的器物无一件不十分精美，而且件件都有神妙莫测的作用，心里十分惊异……我心里细细想着，西洋人真有本事，他的东西件件比中国人的强，难怪我们中国打他不过。又看见他替人治病，真正是‘着手成春’，那‘剖腹湔肠’的手段，就连书上说的扁鹊、仓公都赶他不上”。

刘文典尽管跟着这位传教士学了点浅显的西方知识，但正是这些西方知识使他的视野不断变大。

为拓宽眼界和知识面，光绪三十一年（1905），他来到安徽的通商口岸城市——芜湖，进入安徽公学读书。安徽公学是当时一所新型学校，师生思维活跃，特别是反清革命的思想在这里得到广泛传播，有陈独秀、刘师培、陶成章等名家到学校任教，有黄兴、赵声、苏曼殊、柏文蔚等革命党人来此讲学，大江南北有志青年纷纷慕名到此。在芜湖学习期间，他聪明好学，积极上进，深受陈独秀、刘师培的赏识。刘师培高度表扬他的文章，陈独秀夸他是三百年中第一人。在安徽公学民主革命气氛的熏陶下，以及在陈独秀等人革命思想的影响下，他的革命意识日益强烈，于光绪三十三年（1907）加入同盟会。宣统元年（1909），刘文典走出国门，前往日本早稻田大学求学，投入章太炎门下，积极从事反清革命活动。辛亥革命爆发后，刘文典回国，进入于右任、邵力子等在上海办的《民立报》担任编辑，宣传民主革命思想。1913年，宋教仁遇刺身亡，《民立报》做出激烈反应，后又爆出袁世凯的惊天丑闻。二次革命失败后，刘文典再一次赴日，参加孙中山在日本组建的中华革命党，并担任党部秘书，负责为孙中山起草英文稿电报。1916年，袁世凯倒台后，他重返祖国，对张勋复辟、军阀混战、民不聊生的现实极为失望，决定不再过问政事，开始著书立说和教学的生涯。

北大任教

1917年，刘文典受陈独秀的邀请，出任北京大学文科教授，并兼任《新青年》英文编辑和翻译，主要教授古典文学、古典校勘学等课程。

北京大学是名流荟萃、思想活跃、学术气氛浓厚之地，对教师的标准也较高。刘文典在北京大学任教期间，把教学和科研结合起来，上课的内容是他学术研究的课题。北京大学学生最喜欢的课程是他讲授的《淮南子》。《淮南子》是西汉刘安编撰的古籍，比较难懂。他一边讲授知识，一边记读书心得，通过教学促进科研。当时北京大学的学风非常浓厚，如果教师上课照本宣科，仅引用别人的科研成果，不可能吸引学生的注意力。为提高学生兴趣，更是为了对学生负责，刘文典将这门课程和自己的研究结合。为尽快完成点校工作，他经常白天上课，晚上熬夜读书、写作，且校注《淮南子》的时候，他经常咨询胡适的意见，在给胡适的信中说自己“心里十分恐惧，生怕脱去一字，后人说我是妄删；多出一字，后人说我是妄增；错了一字，后人说我是妄改，不说手民弄错而说我之不学，所以非自校不能放心，将来身后虚名，全系于今日之校对也”。由此可见，刘文典治学极为严谨。1923年，《淮南鸿烈集解》正式出版，同时还出版了《三余札记》,《淮南鸿烈集解》在学术界引起极大反响，他的学术名声也随之大震。胡适破例用文言为《淮南鸿烈集解》作序，“叔雅治此书，最精严有法。……其功力之艰苦如此，宜其成就独多也”。后来，又评价该书“收罗清代学者的校注最完备，为最方便实用的本子”。继《淮南鸿烈集解》之后，他继续从事点校工作，对《庄子》《说苑》等书进行校勘，并随之出版《庄子补正》《说苑校补》等著作。除了点校书籍，他还利用语言优势，翻译一些哲学著作，如日本学者丘博士的《进化与人生》《进化论讲义》，荒木桢夫的《告日本国民书》，细井肇的《日本之决心》等。

筹建安大

民国时期省立安徽大学的创办几经磨难。早在五四运动后，皖籍学者一致认为安徽省教育落后，建设大学刻不容缓，于是有筹建安徽大学的提议，因军阀混战，该计划未能实施。1926年，再次提出建设安徽大学的提议，并提出《大学组织大纲》《大学师资问题案》《大学招生办法案》等议案。1927年9月，应安徽省政府之请，刘文典成为省立安徽大学筹备委员会委员，在其积极努力下，于省府安庆建立了安徽大学，他被任命为安徽大学校长，租锡麟街圣公会房屋作为教室、办公室及图书馆，又将原安徽法政专门学校的校舍作为学生宿舍。1928年4月，安徽大学正式开课。

刘文典在管理安徽大学的过程中，热心教育，爱护学生，深受广大师生的爱戴。其间，刘文典与蒋介石叫板，曾轰动一时。1928年11月，安徽大学附近的省立第一女中举行校庆，一些安徽大学的学生无票冲进女中看戏，女中停电罢演，导致安徽大学的学生砸坏女中部分桌椅门窗，造成安徽大学的学生与女中学生发生冲突，继而军警弹压，引发声势浩大的“学潮”。当时，蒋介石正好在安庆巡视，闻知此事，大为恼怒，认为安徽学风不正，即刻传见校长刘文典。刘文典被带到省府时看见蒋介石，先是有些惊讶，后很快镇定坐下，既不脱帽也不行礼，而是掏出烟盒开始抽烟。蒋介石对刘文典的不屑举动极为恼火，让他交出煽动学潮、带头闹事的学生。这引发了两人的言语冲突，刘文典说：“你是总司令，带好你的兵就是了。我是大学校长，学校的事自会料理，由不得你这个不成器的狗东西新军阀来多管闲事！”蒋介石听闻此言怒火冲天，道：“大学学生黑夜捣毁女校，殴伤学生，尔事前不能制止，事后纵任学生胡作非为，是为安徽教育界之大耻，我此来为安徽洗耻，不得不从严法办，先自尔始。”随后以“治学不严”的罪名把刘文典投入监狱。消息传出，安徽学界和民众群情激愤，舆论哗然。安徽大学的师生立即组成护校代表团，联合安庆多所学校的四百多名学生，到省府门前请愿，要求立即释放刘文典。与此同时，社会名人胡适，教育界名人蒋梦麟、蔡元培，甚至国民党要员陈立夫相继出面斡旋，力陈刘文典的功绩，保其“无有其他”。蒋介石迫于强大压力，被迫答应释放刘文典，但必须以“立刻滚出安徽地盘”为条件。

1928年底，刘文典离开安徽大学，心有不甘，曾说自己“这次回来，在祖父坟上掘了一个大坑，来害自家的子弟，个人身败名裂不足惜，公家事被我误尽了”。之后他一直念念不忘安徽的教育事业，曾在离开安庆到达南京后，致函安徽大学全体师生，勉励他们要“安心向学，努力校务”。

任职清华

1929年，刘文典应清华大学校长罗家伦邀请，任该校中文系教授。

抗战前的清华校园里，刘文典是学术威望较高、最受学生欢迎的教授之一。他的学问广博精深，性情热烈诚挚，当时清华校刊曾报道，“考入清华那年，大一国文不选杨遇夫先生，不选俞平伯先生，也不选朱自清先生，而单选这位善解文字给人种种不同印象的刘叔雅先生”。

刘文典在上课时善于旁征博引，从不照本宣科，每堂课都会让学生有意想不到的收获。学生向他请教如何写文章时，他只说注意“观世音菩萨”就好。学生们一头雾水，最后他解释说，“观”是需要多多观察生活，“世”是要明白社会上的人情世故，“音”是要求文章要讲音韵，“菩萨”是指要有救苦救难、为广大人民服务的菩萨心肠。这样的解释，不仅形象生动地说明写好文章的技巧，还强调了文章需要有高尚的品德所承载。但是在清华大学任职期间，他经历了人生难以承受之痛——中年丧子。刘文典儿子刘成章极其聪明，擅长英语，之后考入辅仁大学物理系。九一八事变后，日本侵略中国，东三省沦陷，举国上下要求抗日。北京一些爱国青年，为敦促国民党积极抗日，发起卧轨请愿活动，刘成章积极参加这次爱国学生运动。当时正值严寒季节，刘成章因连夜在外，受寒受冻，不久患病去世。这对刘文典来说是难以忍受的打击，心灵上留下了无法弥补的创伤，更激起他对日本侵略者的痛恨。

七七事变后，北京沦陷，北大、清华等高校迁往长沙，后又迁往云南，与南开等大学合并为西南联合大学。日寇得知刘文典曾留学日本，用尽各种手段威逼利诱他加入日伪政府，刘文典誓不屈服。1938年，在朋友们的帮助下，刘文典一家人离开北平，从天津搭船前往香港，取道越南，辗转两个多月进入云南。

联大风云

1938年，刘文典开始在西南联合大学任教。抗战时期，西南联合大学经常遭遇日军空袭，但他从不缺课，“国难当头，我宁愿被日机炸死，也不能缺课”。身负国恨家仇，刘文典经常向学生宣传国情的危机、日寇的险恶用心，号召学生不仅要了解中国文化，还要研究日本。

刘文典认为，文化是民族宝贵的财富，是国民精神的源泉，因此更加注重对传统文化的研究。在西南联合大学，他开设“庄子”“文选”等课。课堂上，他只讲自己的研究成果，特别是自己的心得体会，学生们对他授课的情形印象颇深。在西南联合大学任职期间，他潜心研究《庄子》。1939年，刘文典出版《庄子补正》一书，这本著作由陈寅恪先生为之作序，“先生之作，可为天下之至慎矣。……然则此书之刊布，盖将一匡当世之学风，而示人以准则，岂仅供治《庄子》者之所必读而已哉”！刘文典自认为自己是古今能读懂《庄子》的一个人，他说：“古今真懂《庄子》者，两个半人而已。第一个是庄子本人，第二个是我刘文典……”这本书以考据为主，很少对庄子思想进行发散。刘文典认同庄子的达观，并对庄子的节操高度赞扬。该书的重要特点就是提出中西文化的差异。在西洋学者与中国先秦诸子的关系上，刘文典承认中国学者的地位，“中国古来许多学者，那种敏锐的思路、透彻的观察力、绵密的组织力，本来不在西洋学者之下”，但关于近世科学中存在的问题，中国学者却不能提出解决办法，其中《庄子》与生物进化论就是典型的例子。他强调庄子虽然看到生物进化的现象，但当时庄子的思想并不是进化论思想。刘文典对《庄子》所作的理性思考，体现出在面临时代变革时，他严谨治学的态度和独立的学术精神。

同时刘文典还研究红楼梦学。在西南联合大学时，他曾开办“红学”讲座。据资料记载，当时刘文典开办讲座的地方原定在一个小教室，后因为听众太多，多在大教室，但还是坐不下，最后只好将地点改在广场上，大批学生席地而坐，等待开讲。刘文典的开场白这样说：“只、吃、仙、桃、一口，不、吃、烂、杏、满筐！仙桃只要一口就行了啊！……我讲红楼梦嘛，凡是别人说过的，我都不讲；凡是我讲的，别人都没有说过！”对贾元春在宝、黛两人情窦初开时反对二人相爱这一段，他说元春省亲时，对贾宝玉给大观园各景点所题匾额均点头称许，只有看到“蓼汀花溆”四字时，说“花溆便好，何必蓼汀”。对这段的解读，刘文典说，贾元春实际上是在暗示只喜欢薛宝钗，不喜欢林黛玉。因为“花溆”的“溆”形似“钗”音似“薛”，而“蓼汀”反切一“林”字，所有学生听后恍然大悟。

在西南联合大学后半期，他的磨黑之行遭到校方非议。抗日战争时期，沦陷区的人民生活在敌人的铁蹄之下，大后方的人民处于饥寒交迫、水深火热之中。那时，昆明物价飞涨、货币贬值，教师的工资经常不能正常发放，即使领到薪金，也只够买几十斤大米。很多大学教师，在校外兼职谋生。刘文典的家庭也难以幸免，为解决生计问题，他答应普洱大商人张孟希的邀请，到磨黑为这位商人的母亲撰写墓志铭。张孟希为让家族的孩子们受到良好的教育，在磨黑曾办过补习班，由于师资力量薄弱，专门派人到昆明招聘教师。当时磨黑是云南地下党的据点，正需要转移一批革命同志到农村，其中地下党吴显钺应聘成功。1941年，吴显钺在磨黑创办初中补习班，后又成立磨黑中学，该学校的部分教师是地下党，他们以教师职业为掩护，发展壮大革命力量。在磨黑期间，刘文典经常给张孟希和士绅讲《庄子》等内容。刘文典回到昆明后，被西南联合大学解聘，其原因有两点：一是违反校规。当时的规定是：“本大学教师在聘约期内，若遇下列事故之一，本大学得解除其聘约：……旷职或不称职者；不遵守校章者。”且规定“本大学教授、副教授，在本校任课之钟点不超过最低限度者，不得在外兼课或兼事”，如有兼职“应先函商本校”，且“其所兼之事，必须与所授之课性质相同”，还特别对报酬方面有规定。校方认为刘文典的报酬，严重超标。二是操守方面有失检点。为张孟希做了半年幕僚，“乐不思蜀”，有违校规。在国民政府看来，刘文典的磨黑之行，给这些到磨黑开展革命的共产党员和进步青年起了“掩护”的作用。1943年，刘文典被西南联合大学解聘。

栖身云大

刘文典离开西南联合大学后，立刻收到云南大学的聘请，于是，他到云南大学任文史系教授。其间，刘文典依旧关注抗日战事，在看到抗日战争胜利的曙光时，他在《日本败后我们该怎样对他》一文中，要求日寇战败后，中国不求赔款，不求割地，但必须收回琉球，他说："但是有一点却不可不据理力争，就是琉球这个小小的岛屿必然要归还中国，这件事千万不可放松……切不可视为一个无足重轻的小岛，稍有疏忽，贻国家后日无穷之害。"可惜蒋介石政府根本没有重视这个呼吁。

抗战胜利后，西南联合大学解散，原清华、北大等高校陆续迁回北京，刘文典继续留在云南大学任教。1948年4月，首批中研院院士评审，人文组共55人候选，刘文典在其中，王叔岷以"刘文典先生之《淮南子》及《庄子》，校勘考据皆甚糟糕"为由提出强烈反对，经过三轮投票，刘文典得票均为零，最终落选中研院院士。1949年，国民党向台湾败退之际，胡适打算安排刘文典一家去美国，甚至都为其办好了入境签证，但刘文典却拒绝了，他说："我是中国人，为什么要离开祖国？"同年7月，刘文典在云南大学做一场关于鲁迅的讲座，再次"闯祸"，因为他随口说了一些个人观点，反对"过度崇拜"鲁迅，引来媒体炮轰。

中华人民共和国成立后，刘文典继续留在云南大学教书，通过对新社会和新政策的学习和了解，对中国共产党的革命事业和党的各项政策有了进一步认识，表达了拥护中国共产党并愿意为新中国的教育事业贡献自己力量的决心。在后来的教学和科研中，他努力将自己的知识传授给学生，把毕生积累的治学经验介绍给学生。他每学期都给学生上课，先后开过"温李诗""文学选""杜诗研究"等课程。1955年和1957年两次到北京出席全国政协会议，受到毛主席的亲自接见。之后，一直为社会主义教育事业贡献毕生精力。1958年，刘文典在昆明去世。

草创学衡倡国粹，论辩文学愈辨明——梅光迪

王帅　王彦章

20世纪20年代初期，五四运动后的新文化运动者继续探索救亡中国的道路，宣扬民主与科学，批判传统的中国文化，并传播着马克思主义思想，他们在学术、道德、价值等方面引导着国内主流思想。而“学衡”派却敢于“冒天下之大不韪”与之分庭抗礼，捍卫传统文化的历史地位。而“学衡”的真正定位现已被学界正名，其价值或多或少也得到学界肯定。在《学衡》杂志以惊雷之声震撼国人之心时，它最被人熟知的创始人当属时任南京东南大学教授的吴宓，而真正最早提倡、发起创建的，有着较高学术造诣和独到思想的梅光迪，却很少为世人知晓。拥有非凡才学、济世情怀、出身名门、性格不羁的梅光迪，有很多地方值得我们去了解、学习。

出身名门　砥砺前行

梅光迪像

梅光迪（1890—1945），字迪生，又字觐庄，安徽宣城（今安徽南陵）人。梅氏为宣城名门望族，往前追溯到宋代，梅氏出了一个文学家梅尧臣，到了清朝，梅氏出了一位数学家梅文鼎，可谓文理兼长的书香世家，而梅光迪是梅尧臣的胞弟梅禹臣的直系后人，可以说梅光迪自出生即带有名门光环。对于梅氏名人，梅光迪曾说过：“予考宣城梅氏所产人物有两种：一为文艺家，一为数学家。文艺家自圣俞公以至瞿山、雪坪、伯言（伯言一支自文穆公寄籍上元，然实宣城人

也。《柏枧山房集》中屡言之，且柏枧山即在宣城）。数学家定九先生一家相传百余年。而高官厚禄者，除宋之昌言公，清之而止（名铜，仕至左都御史）及文穆公外，乃不多得。可知梅氏以学术相传之家风矣。”深厚的文化积淀，独特的文化背景，对梅光迪接下来的乡里学习以及更远的深造学习，更或是对梅光迪的一生都影响很大。

和历代宣城梅氏望族相比，梅光迪出生的时期也只能算作梅家重拾“书香门第”学术传家之风的时期。梅光迪的父亲梅藻祖上好几代都以务农为业，没受过教育，这与其远祖上的集游宦、农民与书生身份于一体的身份特点迥然不同。直至梅光迪父亲这一辈，梅家才重新赢得“书香门第”的美誉。而关于梅光迪父亲梅藻受教育的经历还带有一点传奇色彩。授业梅藻的先生据说是桐城派的门生，学术造诣较深，因误杀妻子，逃遁到西梅村被梅藻的父亲收留，为报答梅家遂在西梅村开馆讲学，教授梅藻及其他梅氏子弟读书，也就是在这种教育环境下梅藻得习文学，后中秀才而成为当地儒雅文人。梅藻育有三子，长子即是梅光迪，次子梅昌厚，三子梅光道。鉴于自身经济实力，梅藻没有能力供三个儿子读书，而由于嫡长子的特殊地位，梅光迪有机会接受较好的教育。次子梅昌厚没读过书，长期在家务农，三子梅光道是在梅光迪发迹后，在他的帮衬下得到教育。

都说“江山易改，秉性难移”，当梅藻接受了正规的书香教育后，孕育在梅家骨子里的诗书传家的风气又再次得到传承，有读书天赋的梅光迪自然成为传承家风的首选。梅光迪的三弟梅光道曾在《南陵志稿》中写道：“先生（即梅光迪）十四五岁，从其父塾中读完四书五经。过目能诵，精于制艺文字，曾考中秀才（童子试），为乡里获取科名之最年幼者，时人目之为神童。”有这种读书能力，当然是继承诗书传家的最好人选，然而在乡里虽是翘楚人物，但并不是正式生徒。这样的学习能力，加之其父重视教育的思想观念，梅光迪继续深造成为必然。

多年的私塾学习以及考中秀才的能力，为梅光迪的继续求学铺就了道路。光绪三十四年（1908）前，梅光迪先后在安徽高等学堂和上海复旦公学学习，且肄业于安徽高等学堂。宣统三年（1911），经历过第一次失利后的他成功通过第三届庚子赔款留美生考试，而后在清华留美预备学堂接受短期留学相关知识培训后正式赴美开始留学生涯。同年，入威斯康辛大学学习；1913年夏，自威斯康辛大学转入芝加哥西北大学学习文学并获得文学硕士学位。1915年，时哈佛大学白璧德以新人文主义倡于哈佛，其学说上承古希腊苏格拉底、柏拉图等之精义微言，下接文艺复兴诸贤及英国古典文学，撷西方文化之精华，考究源流，辩解学问，又取东方的孔子等中华传统文化，采众家之长独成一家。在这种思想的吸引下，梅光迪慕名而去投入白璧德门下，专攻西洋文学。1915年至1920年，梅光迪在白璧德的教导下，刻苦钻研，博采众长，成绩优异，毕业后顺利获得哈佛大学文学博士学位。

君子之交　文学相长

当梅光迪走出安徽，到外地，乃至国外学习时，有一个人对他影响很大，这个人就是在我国近代历史上较为活跃、名气很大的学者——胡适。胡适，安徽绩溪人，是以“白话文”领导新文化运动闻名于世，是中国近代史上影响很大的著名人物。宣统元年（1909），胡适在上海中国公学学习，此时梅光迪也在上海，就读于上海复旦公学，作为共同漂泊异乡的安徽老乡，在胡适族人、梅光迪同在上海复旦公学学习的胡绍庭的介绍下，两个才华横溢、胸怀大志的年轻人相识，且两人一见如故，惺惺相惜。不久，由于某些原因，梅光迪没能通过第一年的选拔考试而晚胡适一年出国，二人先后于宣统二年（1910）和宣统三年（1911）赴美留学，同在异国他乡的他们更是相互扶持，共同学习进步。

相比胡适，梅光迪晚一年出国。在孤身一人漂泊外国之时，由于个人原因，梅光迪与同学相处不融洽，而且还受到同学的不待见，这些都让梅光迪内心很煎熬，在异国学习生活备尝辛苦。胡适得知自己的故友、老乡也与他同在国外，且相距不远，就与梅光迪开始了书信往来。梅光迪将自己身在异乡孤独的内心向胡适倾诉，两人相谈甚欢，胡适的书信就像母亲的怀抱，给梅光迪那自负而又孤独的流浪之心送去安慰与温暖。梅光迪渐渐地适应了国外的生活与学习，与胡适更是建立了深厚的友谊。两人除书信往来外，偶尔在假期也与其他中国留学生聚在一起，大家谈论古今、议论中外，彼此互相学习共同进步。而讨论最多的是关于中国文化、中华文化复兴等问题，讨论最为积极的当属梅光迪和胡适。

留学最初两年梅光迪思考最多的问题是如何复兴以孔子儒学为代表的“古学”以及自己内心的“新文化”，且还提出了在实践中复兴“古学”，强调要具有批判精神，在批判继承“古学”的基础上，融会西方文明。其思想虽具有一些国粹派的嫌疑，但对西化派的批判较国粹派尖锐。此时的胡适也极力反对极端西化，且以留学生不懂祖国学术文化为耻，认为不研究祖国文字学术，不知本国历史文化风俗，数典忘祖，会导致无自尊心，更无法将西方文明传播东方。胡、梅二人对复兴“古学”有许多讨论，但他们的讨论都是一种对中国文化的批判性继承，进而尝试在中国创造新文化。梅光迪提出的对儒学加以分析，洗去谬言，继承精华，合中西于一体的思考具有相当的合理性。除关于“古学”的问题讨论外，胡、梅二人关于文学革命的讨论也有不少火花迸出。改良中国文学可以说是胡适和梅光迪二人的共同心愿。胡适认为一部中国文学史只是一部文字形式新陈代谢的历史。文学的生命靠一个时代的活的工具来表现一个时代的情感与思想。工具僵化了，必须另换新的、活的，这就是胡适所提出的文学革命。梅光迪对胡适的观点甚为赞成，他还在给胡适的回信中说：“来书论宋元文学，甚启聋聩。文学革命自当从‘民间文学’入手，此无待言。惟非经一番大战争不可。骤言俗俚文学，必为旧派文学讪笑攻击。但我辈正欢迎其讪笑攻击耳。”梅光迪开始时对胡适的文学革命是支持的，可以说在胡适文学革命的道路上有梅光迪的支持与推动。梅光迪在胡适面前也曾以文学革命的“我辈”自居，但胡、梅二人在文学革命的细节上有一些纷争，就是这些小的纷争，为接下来中国文化界带来了巨大变化。

文言与白话，这是1915年左右两人争论的焦点。“古文是半死的文字，白话是活的文字；文言文是死的语言，白话文才是活的语言”，在此胡适极力提倡白话文，并提倡用白话来写诗。此时胡适的文学革命既反对文言，提倡白话，又反对旧文学，提倡新文学。梅光迪对用文言文书写文章不反对，但在“要须作诗如作文”的问题上极力与胡适相争论。1916年的一天，胡适和好友任鸿隽、陈衡哲、梅光迪、杨铨几个人在绮色佳的凯越嘉湖上划船游玩，突然天降暴雨，将游玩的他们淋得狼狈不堪，事后任鸿隽写了小诗《泛湖即事》寄给胡适请求批评。胡适对任鸿隽的诗大加挞伐，任鸿隽不服就与胡适写信相辩，得知消息的梅光迪站到任鸿隽这边，当即加入论争。就这样，20世纪中国文学史上也许是最重要的好友之间的论争拉开帷幕。胡、梅二人彼此就此问题不断书信交流论争，他们的书信由此成为中国现代文学史上最为重要的史料之一，而白话诗的创作也由于他们的论争不断深入，最终由胡适付诸行动，将自己的文学作品投向国内寻求支援。刚开始胡适文学革命的观念是很模糊的，而与梅光迪的论争使他“愈辩则牵涉愈多，内容也愈复杂愈精湛”，这更促成其投身且坚定文学革命的决心，这在胡适的眼里被认为是“逼上梁山”，他与梅光迪在文学革命问题上表现出水火不容但又相互影响激励。胡适在中国现代文学上的重要地位背后有不少是梅光迪与其论争的结果，也可以说是在梅光迪的助推下向前迈进的。

在与胡适的论争中，梅光迪曾连发了几篇文章，如《评提倡新文化者》《评今人提倡学术之方法》《论今日吾国学术界之需要》等，且又有其他作品相继刊登，以针锋相对之势，用扎实而丰富的学术知识，与胡适在文学革命中相互驳斥，与胡适的文学实力不相上下，这在当时学界可谓是难得一见的。在对待“古学”中，梅光迪的思想虽不符时代的潮流，但在对待中国“古学”上梅光迪有着较为正确的对待方式，他提出反对过激的文学革命，以人为本，重视个体素质的提高，提倡学术的适应性和渐进性，这在当时全盘否定传统文化的背景下可算是较为理性的观点，对传统文化的健康发展与继承意义重大。君子和而不同，小人同而不和。不管是作为老乡的两位，还是学生时代伙伴的两人，从彼此关心照顾、惺惺相惜的挚友，到水火不容、剑拔弩张的对手，两人为白话诗问题大肆攻击嘲讽对方乃至几乎绝交的程度。看似以后将老死不相往来，然而那只是学术见解的分歧，但在对彼此文学造诣、才华修养方面，两人是相互肯定、相互赞赏的。

昌明国粹　融化新知

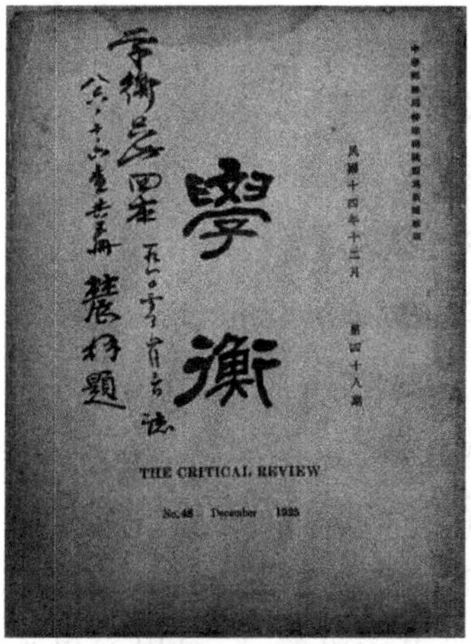

《学衡》杂志

胡适与梅光迪的争辩是在胡适给梅光迪的白话讽刺诗中达到高潮的，令胡适感到有些灰心的是，他的主张在他的这些国外朋友那里几乎遭到众口一词的反对，仅有一人认同。胡适在留学生朋友那里得不到支持，自然转向国内谋求同道，于是他把文章寄给《新青年》，而其文章在国内引起较大的轰动。当胡适学成归国发起新文化运动，爆得大名，梅光迪在心理上有些许反对，所以当胡适发表《文学改良刍议》于《新青年》之时，梅光迪在国外期刊上也发文指出："我们今天所要的是世界性观念，能够不仅与任一时代的精神相合，而且与一切时代的精神相合。我们必须理解，拥有通过时间考验的一切真善美的东西，然后才能应付当前与未来的生活……"其学术有较高的立论，观点新颖，水平不亚于陈独秀、胡适辈。看到胡适在国内"高谈阔论"、名利双收，而身在国外，再加上孤身一人，梅光迪感觉到要想将自己的正确观点带给国人进而抵制胡适的"错误"观点，就必须有足够的准备。梅光迪决定在国外招兵买马，进而回国后可以与胡适继续"作战"，于是梅光迪联合刘伯明、吴宓等人，商讨对策，筹措回击胡适和其他新文化运动者。1920年，梅光迪回国，此时刘伯明等人都在南京东南大学（今南京大学）任教，且刘伯明还任东南大学副校长。因此，梅光迪回国后第二年也任教于东南大学，并在刘伯明的支持下，拟创建全国第一个西洋文学系，同时还和中华书局约定，即将创办《学衡》杂志，将对抗新文化运动提上日程，且梅光迪还多次写信邀请吴宓来南京共同经营这番事业。

1922年，梅光迪、吴宓、刘伯明三人发起创办《学衡》杂志，成员有梅光迪、吴宓、刘伯明、马承堃、胡先骕、萧纯锦、邵祖平、柳诒徵等人。刊物的宗旨，据《学衡杂志简章》称，是“论究学术，阐求真理，昌明国粹，融化新知。以中正之眼光，行批评之职事”。《学衡杂志简章》还声称：“本杂志于国学则立以切实之工夫，为精确之研究，然后整理而条析之，明其源流，着其旨要，以见吾国文化，有可与日月争光之价值。”可见这是一本以极鲜明的态度反对新文化运动的刊物。

梅光迪创建《学衡》及极力反对新文化运动，除了与胡适的“个人斗争”外，更多的有其深层次原因，而这些因素要从梅光迪所受的教育及其个人思想谈起。首先要说的是他的家庭因素，作为一个有着历史积淀的家族，定会有中国传统知识分子的修身、齐家、治国、平天下的理念，而作为地方绅士的梅藻用其开明的思想教育儿子，在梅光迪国外学习之时，其父就告诫：“汝若在威斯康辛三年毕业，再至哈佛或耶鲁等最著名之校，再学两年得一博士……子书可看三数种，加以研究，如《庄子》《荀子》《墨子》《管子》《晏子》《老子》等书皆可看。”可以看出其父在重视梅光迪学习西洋学问的同时，不忘记提醒他学习中国传统文化，对中国文化加深了解、深入研究。这就加深了梅光迪对中华文化的了解与认同，这在梅光迪的文学造诣中足可窥见。除梅光迪出生环境及父亲的思想影响外，留学哈佛期间的导师白璧德对其也有很大影响。白璧德给梅光迪印象最深的是他能够清理疏通和阐释文艺复兴以来西方文明最重要的线索，洞察20世纪各种“新思潮”的来龙去脉，他敢于批判绝大部分现代思想的最高统治者们的思想。白璧德还提出“新人文主义”思想，提倡以人性中更高尚的部分来遏制较低级的本能和冲动，他认为要建立新的思想文化体系就必须求助于“千百年实在经验之总汇”。梅光迪之所以接近白璧德，不仅仅是白璧德的名声，更多的是白璧德的一些思想确实在某方面回答了梅光迪想解决的在中国创建“新文化”的问题。正是在这种东西方思想的交融下，梅光迪提出对待中华文化要辩证看待，批判继承，更要在吸收西方文明的过程中不断发展，这些思想在其主持的《学衡》杂志的宗旨及其所发表的文章中显现。

《学衡》杂志面对的最主要的对手当属新文化运动者，最根本的还是胡适及其所提倡的白话文。梅光迪在《学衡》上发表的文章中，属《评提倡新文化者》影响最大。文中直指新文化运动者是“非思想家乃诡辩家，非创造家乃模仿家，非学问家乃功名之士，非教育家乃政客也……他们高举改革旗帜，以实行破坏社会之谋”。梅光迪想通过自己的指正，让走在“歧途”上的新文化运动者改变过激行为，引导文学健康发展。新文化运动者并没有对学衡派的出现不作评论、对其思想不加反驳，反驳的学者除胡适、陈独秀外，鲁迅对学衡派的评论也很尖锐。1922年，鲁迅曾发表著名杂文《估〈学衡〉》斥责学衡派“于旧文学并无门径，而主张也还不配”，“夫所谓学衡者，据我看来，实不过聚在‘聚宝之门’左近，几个假古董所放的假毫光”。在这种对战的刺激下，学衡派积极站出来与之对抗。在梅光迪、吴宓、汤用彤等人的努力斗争下，新旧文化之争激烈进行着，也正是这些人的努力，促进新文化运动的启蒙运动，新文化运动代表主流文化，学衡派提倡人文主义以与实用主义对抗，对主流文化起到补偏救弊与制衡的作用，从而使新文化运动走向正轨，使中国文学运动走向正路。

1923年初，作为《学衡》杂志首要创办人的梅光迪不再出现于《学衡》杂志上，梅光迪与《学衡》及学衡派分道扬镳了。这主要是由于梅梅光迪与吴宓在理论上的分歧造成的，不管是从梅光迪个人书信中还是吴宓的日记中都能看到梅光迪在1923年初就与《学衡》撇清关系，承认再无瓜葛。虽说如此，但无论是从思想上、情感上，还是与其他人的友谊上，梅光迪都没有断绝联系，梅光迪曾写下《九年后之回忆》用来缅怀学衡派重要组织者之一的刘伯明去世九周年，文章感情真挚，真诚表达了对曾经挚友的沉痛悼念。就算是曾经将其“逐出”《学衡》的吴宓，梅光迪在自己的文章《人文主义与现代中国》中依然给予高度评价，将其称为中国人文主义运动最热忱而忠诚的捍卫者。在对其他曾经共事于

《学衡》的同事同仁，梅光迪从不吝啬溢美之词，都是给予高度赞赏。从1922年梅光迪和吴宓等人将它带到大众视线，到1933年7月停刊，《学衡》历经11个年头，共出版79期，它和学衡派一起构成了20个世纪一个具有相当影响力的思想团体，以其特有的方式推动着中国文化的创新与发展。

人师典范　心忧国家

梅光迪于1920年自美归国，回国后任南开大学英文系主任。翌年，应美国芝加哥西北大学同学、时任东南大学副校长的刘伯明之邀，赴南京任东南大学英文系教授，后任西洋文学系主任。1924年他离开东南大学到美国哈佛大学任教。1927年归国，任国立中央大学代理文学院院长。未几，再往哈佛大学担任汉文副教授，于1936年夏，自美回国。在此期间他发表了《孔子之风度》《九年后之回忆》。《孔子之风度》以一种人文主义的笔调去描写孔子，在他的笔下，孔子是那样一个风趣横生、高华可爱的人。这篇文章在学术和思想方面引导了新风尚。1936年夏，梅光迪自美归国，应浙江大学竺可桢校长的聘请，任文理学院副院长兼外国文学系主任。在他即将离美回国之际，芝加哥大学负责主持中文系的顾立雅苦苦挽留，与他谈到深夜，但爱国之心早已在梅光迪心中被唤醒，回国任教是守信浙大的表现，更主要的原因还是，国难当头，希望报效国家。梅光迪注重通才教育，提倡人文修养，使学生能闳中肆外，笃实而有光辉，对待学生学业极为严格、一丝不苟，看似以冷淡之心对待学生，实则内心关切之至。

当时日寇犯中华，民族危机四伏，作为文人的梅光迪用文人的方式为国家民族的生存努力着。他在《言论界之新使命》一文中，呼吁全国言论界阐扬我国历史上有力反抗外来侵略之斗争传统，恢复民族自信心，打破民族之自卑心理，团结起来，以实现抗战的胜利。在《斥伪教育》一文中，梅光迪痛斥天津日伪组织提倡读经、推行奴化教育，妄图使民众充当日本侵略者顺民的罪恶行径。在《近代大一统思想之演变》一文中，通过对西欧文化与日本善于模仿的文化特点相比较，将日本与德国的法西斯丑态揭露无疑，将日本侵华的罪恶行径昭示在中国人民乃至世界爱好和平的人民面前。这三篇文章都是梅光迪在抗战初期发表的，引经据典，观点、立论不落窠臼，更能看出在民族危机面前他忧心祖国的表现。

抗战期间，为了与国家一起寻求生存与解放，梅光迪当选重庆国民政府参议院参政员，并且连续三届当选。他深孚众望，在国家需要而自己有能力的方面不断奉献，在没有涉猎的方面更是努力学习。当时美日海军实力强大，我国海军力量弱小，而且存在军令不统一、旧舰多而战斗力弱问题，这些问题既耗费国币财力，又严重影响战斗力，这在当时可谓是棘手的问题。梅光迪敢于向困难宣战，在经过细心考察与努力学习后，他在参政会上提请拟建设新海防的方案。此方案对解决时下中国海军问题、提高中国军队综合战斗力，可谓见解深刻，方案具体明确，完全像一个身经百战的军事家所为。作为一位文学博士，忽然对海军国防产生兴趣，进而献策，这份高涨的爱国热情，足以显示他在国难当头的担当和救国于危亡的责任感。教育是国家发展的力量源泉，更是一个国家的未来，梅光迪在国民参政员任内，就国家大学教育提过两个方案。一是国立各大学应增设东方语文学系，以加强东方各民族在政治经济文化上之联系，而维持世界永久和平。他提出的具体方案是：（一）改国立各大学现有之外国语文学系为西方语文学系；（二）在国立各大学已有文学院而内容比较充实者，成立东方语文学系，应包括蒙藏语文学系在内；（三）与各国商定交换大学教授办法，被派遣的交换教授可担当本国语文课程的教授。二是大学教育在遵行国家教育方针之下也应给予相当的自由，内容涉及行政效率、教员待遇及学生课程三个方面，而就教员待遇上，他提出了浮动工资的概念，也就是工资要与当地的物价相一致，工资的增幅要以物价为参考。这些教育措施在当时乃至当下仍是求新求变、眼光长远的方案。

当抗战迎来胜利，中华人民以胜利的姿态屹立于世界人民面前时，

1945年秋冬之交，年仅五十六岁的文学名士梅光迪在贵阳医院与世长辞，默默告别了这个他深爱的国家。竺可桢校长为表示对他的敬仰，亲自为他主持追悼会。这位以“昌明国粹，融化新知”为己任的文学者，在20世纪二三十年代受到众多人的否定，他的“新文化”思想被人们一次次指责。然而时至今日，在提倡文化的包容与交流，继承传统，推陈出新等文化发展观念下，可以看到梅光迪文化思想的影子，也可看出梅光迪的文学价值与文化远见。楼光来评价他“先生为人坦白真率，往往面斥人过，不稍宽假，惟绝不藏怒宿怒，友人与之议论不合，直言其非者，先生亦毫不介意。……先生风神散朗，胸襟洒落，如魏晋间人，而遇事直言，主持正义，实有儒者之风”。作为文人，他洒脱飘逸，不骛利，不求名，一丝不苟；作为友人，他坦白率真，胸襟广阔，正直仗义；作为国人，他为国家肝脑涂地，为民族殚精竭虑，爱国热忱高涨，民族情感深厚……而他的一生更是致力于向国内介绍西方文学，向西方介绍中国文化。

伟大的人民教育家——陶行知

王平子

陶行知，毕生致力于人民教育，他以“捧着一颗心来，不带半根草去”的赤子之忱，为中国教育探寻新路，不仅在理论上进行探索，还以“甘当骆驼”的精神践行平民教育，为中国教育的现代化做出开创性贡献。

少年胸有壮志

陶行知像

陶行知（1891—1946），原名文濬，后改为知行，最后改为行知，安徽歙县人。

他从小一直受乡村私塾的启蒙，具有坚实的中国传统文化基础。光绪三十二年（1906），进入教会学校——徽州府崇一私立中学堂，学习西方近代科学文化知识。崇一学堂是当时中国旧式知识分子转变为近代文人的跳板，开设德行、修身、经学、国文、英文、中西历史、算学、代数、格致、地理、音乐、体操等课程。在崇一学堂学习期间，陶行知如饥似渴地学习西方科学文化知识，尽管接触到的西方文化极为有限，但扩宽了陶行知的眼界，他看到了四书五经、子曰诗云所无法告诉他的新世界，强烈的历史使命感油然而生，他在宿舍的墙壁上写下“我是一个中国人，要为中国作出一些贡献”。宣统二年（1910），陶行知考入美国教会美以美会在南京开办的汇文书院。后来汇文书院与其他教会学校合并为金陵大学，他进入金陵大学学习。其间，陶行知学习非常勤奋，不但各门专业课程成绩优异，而且还利用课余时间，广泛阅读近代西方哲学、社会政治学说和中国古代文化典籍。尤其对严复介绍的进化论、西方资产阶级民约论和孙中山所宣传的资产阶级民主共和思想，以及王阳明的“知行合一”学说颇有研究，形成了自己的世界观和人生观。

1914年，他以优异成绩从金陵大学毕业，留学美国。1915年，获得伊利诺斯大学政治学硕士学位后，又转入哥伦比亚大学攻读教育专业。他的论文指导教师斯特雷耶教授，学问渊博，是美国著名的教育行政学专家、美国教育行政学会会长。同时，他还选修美国著名的实用主义哲学家、教育家和心理学家约翰·杜威的课程。当时，杜威实用主义教育理论的影响已享誉全美，这一理论对陶行知以后的人生和事业产生深远影响。后来，陶行知对于中国传统教育的批判，就是以杜威实用主义教育理论为依据。他提出的生活教育理论，与杜威实用主义教育理论存在一定联系。当然，陶行知对于杜威的学说，并不是盲目崇信，而是依照自己的理解，根据中国的具体国情加以扬弃和发展。

1917年回国后，他先后任南京高等师范学校、国立东南大学教授、教务主任等职，开始了他的教育生涯。1921年，任中华教育改进社总干事，致力于学制改革。从1923年起，投身于平民教育运动。他将西方的教育思想引入中国，结合中国的国情，提出“生活即教育”“社会即学校”“教学做合一”等教育理论。1946年，陶行知在上海病逝。陶行知的著作主要有《中国教育改造》《知行书信》《斋夫自由谈》《古庙敲钟录》《行知诗歌集》等。

提出教育新理念

陶行知根据中国国情，提出改造中国旧传统教育的口号，在不断探索和实践中，创立新的教育学说——生活教育理论，形成以“生活即教育”“社会即学校”“教学做合一”为核心的理论体系。

其一，“生活即教育”。其含义是生活含有教育的意义。陶行知认为生活无时不变，即生活无时不含有教育的意义。教育必须和生活结合才能发生作用，他主张把教育与生活完全熔于一炉。他认为："生活教育是生活所原有，生活所自营，生活所必需的教育。"生活与教育是一回事，是同一个过程，教育不能脱离生活，无论教育的内容还是方法，都要依据生活的需要。他批判传统的"老八股"和"洋八股"教育，提倡"用生活来教育"。从生活与教育的关系上看，一方面生活决定教育，表现为教育目的、原则、内容、方法都由生活所决定。另一方面，教育又能改造生活，推动生活进步。陶行知说："教育是民族解放、大众解放、人类解放之武器。"他一生从事教育的目的就是培养能够承担改造社会重任的人。教育不仅改造着社会生活，也改造着每个人的生活。因此，生活决定教育，教育改造生活，相辅相成。总之，"生活即教育"强调的是教育以生活为中心，反对传统教育脱离生活而以书本为中心。

其二，"社会即学校"。其含义包括两层，一是指"社会含有学校的意味"，或者说"以社会为学校"。陶行知说："整个的社会是生活的场所，亦即教育之场所。"因此，我们又可以说"社会即学校"。传统的"老八股"和"洋八股"的教育脱离民众生活，他把没有生活的教育、学校和书本比喻成"死教育、死学校、死书本"。即使在"学校即社会"的主张下，学校里面的东西仍旧太少，学校如同鸟笼，学生如同笼中鸟。因此需要打破学校与社会之间的隔断，"把学校的一切伸张到大自然里去"，把学生从学校中解放出来，成为适应生活、融于民众的有用的人。他鼓励劳动群众在社会中学习、向社会学习。并非所有的普通民众都能进入课堂学习，所以"只好承认社会是我们的唯一的学校"，凡是生活的场所，如马路、弄堂、乡村、工厂、店铺、战场等都可以成为教育自己的场所。二是指"学校含有社会的意味"。他提出的"社会即学校"，实质是指学校通过与社会结合，一方面"运用社会的力量，使学校进步"，另一方面"动员学校的力量，帮助社会进步"，使学校真正成为社会不可或缺的组成部分。

其三，"教学做合一"。其含义主要可以从以下几方面理解，首先，"教学做合一"要求"在劳力上劳心"。传统教育割裂了劳力者与劳心者的联系，经常出现“田呆子”（劳力者）和“书呆子”（劳心者）两个极端。其次，“教学做合一”是因为“行是知之始”。陶行知历来批评传统教育把读书作为知识的唯一来源，忽略行的重要性。再次，“教学做合一”要求“有教先学”和“有学有教”。“以教人者教己”要求教师先将所授知识弄得非常明白，同时，教师还要“为教而学”，即先了解学生为什么而学、要学什么、怎么学，“为教而学必须设身处地，努力使人明白；既要努力使人明白，自己便自然而然的格外明白了”。“有学有教”要求会者教人学，能者教人做，还要求不可保守，不应迟疑，不能间断。最后，“教学做合一”的实质是否定注入式教学法，应根据社会和学生的需求进行教学。

推行教育改革

20世纪上半叶，教育改革是中国教育发展的主题。陶行知以教育改革者自居，为探索我国新式教育发展的路径不懈地努力。

1917年，陶行知在南京高等师范学校担任教务主任期间，进行了一系列高等教育的教学与管理改革。第一，教学合一。针对当时中国学校的通病，“先生只管教，学生只管受教，好像是学的事体，都被教的事体打消掉了”，过于注重教，导致教与学分离，陶行知认为教与学不能分离，应当合一。教师的责任不仅在教书，还在教学，重点是教学生学习。教学合一，一方面需要教师负指导的责任，另一方面要求学生负学习的责任。教的方法必须植根于学的方法，怎样学就须怎样教；学得多教得多，学得少教得少；学得快教得快，学得慢教得慢。教师要一面教一面学，不断更新知识储备，追求进步。陶行知的这一改革，在南京高等师范学校中逐渐推广。第二，学生自治。学生自治不是自由行动而是共同治理，不是不遵守规则而是大家立法守法。自治的好处在于能修身伦理、适应学生的需要、辅助风纪的进步、促进学生经验的发展。然而，如果学生自治处理得不当，不仅不利于师生之情，还会成为他人争权夺利的工具，小则害己，大则误国。因此，学生自治应该有一定的标准。陶行知提出学生自治应该以学生应负责的事为限，做事应仔细观察，学生共同负责、共同自治。在他的支持和鼓励下南京高等师范学校的学生成立了不少研究团体，如工读协助研究委员会、改良考试委员会、学生自治委员会、暑假学校委员会、女生研究委员会等，通过这些研究团体锻炼学生的自治能力和管理能力，从而增强学生在社会上的适应能力。第三，倡导男女同校。1919年，陶行知向南京高等师范学校提交《规定女子旁听办法案》，“本校各科功课，有宜于女子旁听者，可否通融办理，容其旁听，遂其向学之志愿”，“本校各班有余额时，除本校职教员、学生、毕业生旁听外，得酌收女子旁听生”。1920年2月，北京大学招收两名女生，开创中国公立高校男女同校的先河。4月，南京高等师范学校接受陶行知的建议，并于当年秋季开始招收女子旁听生和正式生，实行男女同校。男女同校，为女子与男子接受同等教育开通了绿色通道。第四，进行教务管理。南京高等师范学校以往的教务管理陈旧且不科学，教师、课程、教室不能协调运用，针对这个问题，他将全校所有课程、班级、教师、学生、教室、实验室等均列出，然后通过科学方法编排课程表，大大地提高了全校的教学质量和管理水平。陶行知的改革方案成为中国现代高等教育改革的冲锋号角。

1921年，陶行知开始主持全国教育改革。同年12月中华教育改进社成立，陶行知担任主任干事，主要职责为拟订活动计划、进行预算决算、任免职员雇员、执行董事会决议等事务。该社以“调查教育实况，研究教育学说，力谋教育改进”为宗旨，以期推动全国教育改革。其间，陶行知的主要工作为：一是广泛开展教育调查。从1922年开始对北京、南京、无锡、济南等地进行教育调查，同时还开展小学教育的专题调查研究，并编纂《中国之教育统计》，为后来研究中国现代教育提供第一手资料。二是开展教育研究。聘请中外知名的教育专家研究中国教育现状，如探讨教育经费、师范教育、普及教育、女子教育、平民教育、乡村教育等问题。三是编译教育刊物。陶行知主持《新教育》《新教育评论》杂志，并聘请多名中外专家担任编辑。与其他机构合办《中等教育季刊》

《初等教育季刊》等刊物，刊发大量教育方面的文章。同时，他还编辑出版《平民丛书》《中华教育改进社丛书》等著作。四是推广教育工作。推广平民教育、乡村教育、科学教育、女子教育和职业教育等工作。在陶行知的主持下，中华教育改进社的年会每年如期举行。1922年7月3日至8日，在济南召开第一次年会，主要议案有推广女子教育案、推行平民教育案、创办青岛大学案等。1923年8月20日至25日，在北京召开第二次年会，重要议题有修订社章和年会规程、参加世界教育会议、推进义务教育与科学教育等。1924年7月3日至9日，在南京召开第三次年会，议题有收回教育权、促进蒙古教育、推进平民教育等。1925年8月17日至23日，在太原召开第四次年会，议题有教育写入宪法、抵抗日英文化教育侵略、组织国家教育政策委员会等。

从1923年起，陶行知致力于推行平民教育运动，与晏阳初等人发起成立中华平民教育促进总会，后成立中华平民教育促进会筹备会等。1923年8月，陶行知在中华教育改进社第二次年会上作了题为《平民教育》的演讲，号召动员全社会来实施平民教育。会后，在陶行知的宣传下，举行中华平民教育促进总会成立大会。总会成立后，为加大宣传，9月陶行知在《新教育》上发表《中华平民教育促进会宣言》，强调中国有80%的人不识字，即3.2亿人不识字，这些不识字的人中，至少有1亿是十二岁至二十五岁的青少年。为了使这1亿人在极短的时间里受到教育，就需要推行平民教育。他认为编写平民教材是开展平民教育最为关键的问题，于是，他身体力行承担起编写平民教育课本的重任。他与朱经农共同研究平民教育课本的编写，最后编出《平民千字课》（四册）这一通俗易懂的教材。1923年，该教材出版后很快销售一空，后再版30万部。截至1924年底，已有50多万人能读懂《平民千字课》，极大地推了进全国平民教育运动的开展。与此同时，陶行知先后到南京、安庆、南昌、武汉、襄樊、沙市、宜昌、芜湖、北京、张家口、内蒙古、开封、上海等地进行演讲，宣传平民教育，在他的辛勤奔波下，全国各地的平民教育运动轰轰烈烈地开展。

1925年，陶行知开始组织乡村教育。在推进平民教育的过程中，陶行知深感乡民不但缺乏文化知识，而且还缺乏谋生知识。他认为，要解决乡民的问题必须要对乡村进行改造。1925年8月，在中华教育改进社第四次年会上，他强调中华教育改进社今后的工作重点是“一为科学教育，二为乡村教育”。1926年，陶行知积极筹划建立乡村试验学校。在11月21日于上海召开的乡村教师研究会第一次会议上，他倡议：“我们从事乡村教育的同志，要把他们整个的心献给我们三万万四千万的农民。”12月，他在《中华教育改进社改造全国乡村教育宣言书》中指出“乡村教育政策是要乡村学校做改造乡村生活的中心，乡村教师做改造乡村生活的灵魂”，乡村教育的目标是“为我们三万万四千万农民服务。我们已经下了决心，要筹募一百万元基金，征集一百万位同志，提倡一百万所学校，改造一百万个乡村”。12月25日，在南京召开的乡村教育研究会第二次会议，会上陶行知宣读了《中华教育改进社乡村教育同志会简章》，明确提出“以群策群力、共谋中国乡村教育之改造为宗旨”；“实际在乡村学校服务者”，“学术实力足以研究或提倡乡村教育者”，“初中以上各级学校末二年学生预备毕业后从事乡村教育者”是会员的资格；以陶行知的《我们的信条》为会员的行动纲领和指南；《乡教丛讯》为乡村教育同志会的会刊。1927年1月1日，陶行知任主编的《乡教丛讯》正式创刊，仅半年时间，乡村教育同志会会员就发展到上千人。该刊发表系列关于乡村教育的文章，如《中华教育改进社辅导乡村小学办法》《中华教育改进社拟订全国乡村学校大比赛办法》《中华教育改进社特约乡村学校办法》《中华教育改进社试验乡村师范学校组织大纲》等。

抗日战争中，陶行知主要从事抗战教育工作。九一八事变后，日本帝国主义加紧侵略中国，中华民族处于危难之际，为配合抗日，1936年2月陶行知在上海发起成立国难教育社。参加成立大会的有教师、学生、工人、农民、店员、商人、科学家、艺术家、律师、记者、宗教界人士、出版界人士、文艺界人士等社会各界人士。大会宣读“国难教育，是民族解放斗争中最重要的工作，这绝不是少数人能够担负起来的。国难教育社是我们行动的指导机关，是我们行动的设计机关，我们不但要积极地拥护它，并且要诚意接受它的指导，执行它的设计。同时。我们不要忘记：只有有组织的力量，才是真的战斗的力量，只有集体的行动，才是真的战斗的行动。”国难教育社成立后，陶行知投身到国难教育、战时教育运动之中。

七七事变后，许多城市相继沦陷，在国难当头之际，陶行知为进一步推进国难教育，于1938年12月15日在广西成立生活教育社。生活教育社是教育思想者的团体，是教育运动者的团体，是教育工作者的团体，是培养教师的团体，是一般人学习生活的团体，是一个共同生活体。它开展的活动主要有：编辑《战时教育》和《生活教育通讯》，进行桂林岩洞教育，成立儿童工学团，开展成人教育和儿童教育等。其中，推行桂林岩洞教育是重要活动。因为桂林的岩溶洞非常多，可以作为天然的防空洞，陶行知就利用这些岩洞来进行教学。1939年，生活教育社在桂林七星岩设立岩洞教育民众书报阅览处，为广大民众提供阅读服务。还先后举办“中国儿童运动问题”座谈会、时事讨论会、“宪政运动与国民教育”问题研讨会等活动。抗战时期，陶行知领导的生活教育社，实实在在地推动了战时教育和全面教育的发展。1945年，陶行知担任民盟中央民主教育委员会主任之后，开展民主教育活动。抗战胜利后，根据形势的需要，1945年11月将《战时教育》更名为《民主教育》，并在创刊号上将民主教育定义为：人民的教育，人民办的教育，为人民的幸福而办的教育。后来他又强调，民主教育一方面是教人争取民主，一方面是教人发展民主。为将民主教育活动落入实处，1946年1月，陶行知与李公朴创办社会大学，他在《社会大学运动》中讲道：社会大学之道“在明民德，在亲民，在止于人民之幸福”。也就是说，社会大学是要明白人民的大德，要亲近老百姓，要为人民谋幸福。

投身办学实践

陶行知为将自己的教育理念变为现实，积极投身兴办学校的实践中，具体情况如下：

一是创办晓庄师范学校。陶行知认为，师范教育是改造社会环境的一个重要方法，表示："我从前曾经为师范教育努力，现在正在为师范教育努力，以后仍继续为师范教育努力。"1926年，陶行知聘请东南大学乡村教育教授赵叔愚、金陵大学农业教授兼农场主任邵仲香，调查沪宁路沿线乡村学校现状，拟计划筹办乡村师范学校，以推进乡村教育的改进。1927年，他在南京晓庄创办晓庄师范学校，计划培养一批具有科学头脑、改造社会的精神、健康体魄的乡村教师，然后由这些乡村教师去经理乡村学校，以乡村学校为改造乡村的中心，以乡村教师为改造乡村的灵魂。晓庄师范学校的办学宗旨："根据中心学校办法，招收中等以上各级学校末年级生加以特殊训练，俾能实施乡村教育并改造乡村生活。"在这一思想的指导下，师生们选择荒山野岭作为建校的地址。大家自己动手开辟校园，种粮种菜，绿化环境，并结合当时中国农村状况进行试验。晓庄师范学校培养人才的目标为"培养乡村人民儿童所敬爱的导师"。为达此目标，陶行知又提出五项培养目标：农夫的身手；科学的头脑；改造社会的精神；健康的体魄；艺术的兴趣。为实现上述目标，陶行知在学校建设上作出许多努力，使晓庄师范学校成为与旧式学校迥然不同的新式学校。晓庄师范学校的特色体现在：其一，招生看重农事经验。其二，考试方式不拘一格。其三，教学合一，课程以乡村生活为中心。其四，加强学校与社会的联系。

晓庄师范学校成立不到三年，就在国内外产生广泛而深远的影响。国民党党政要员纷纷慕名而来，蒋介石、宋美龄夫妇曾于1928年下半年，两次到晓庄师范学校参观。军政部长冯玉祥也曾多次前往晓庄师范学校考察。20世纪20年代后期，晓庄师范学校在国际教育界也产生巨大影响。1929年10月，美国哥伦比亚大学师范学院的克伯屈教授参观晓庄师范学校之后，对其生活教育试验赞扬备至，"他的实施方针和办法，以及发动的理想，进步的过程，都合乎我的标准。这也可以代表中国整个民族的精神"，并预言晓庄师范学校作为教育革命的策源地，将会在历史上留下重要地位。1930年，晓庄师范学校因支持工人们的反蒋示威游行活动，被国民政府下令查封，晓庄师范学校的生活教育实践终止。

二是创建山海工学团。1930年，晓庄师范学校被国民党政权查封后，陶行知被迫流亡日本。1931年3月，他潜回上海，匿居在法租界。尽管处境艰难，但他仍未放弃对教育事业的追求。他希望全国的家庭、商店、工厂、学校、军队、乡村等都变成工学团，人人生产，人人长进，人人平等互助，人人自卫卫人，以改造旧教育。1932年，他提出“工以养生，学以明生，团以保生”，将工场、学校、社会打成一片，进行军事训练、生产训练、民权训练、生育训练等。经过不断的努力，同年10月1日，孟家木桥儿童工学团正式成立。由于孟家木桥地处宝山和上海市的交界，此时日本侵占东北，山海关已无险可守，陶行知将创办的工学团改名为山海工学团，体现出陶行知在国难之际创办工学团的用心良苦。

山海工学团是继晓庄师范学校之后，陶行知生活教育理论的又一次重要实践，它所创造的新教育的思路、原则和方法，对当时中国教育事业起了明显的推动作用，甚至对革命根据地的教育普及工作也有借鉴意义。

三是开办育才学校。育才学校的开办是陶行知人才教育思想的一次重要实践，它标志着生活教育理论和实践发展到一个新的阶段。陶行知指出“创办育才的主要意思在于培养人才之幼苗，使得有特殊才能者的幼苗不致枯萎，而且能够发展，就必须给予适当的阳光、空气、水分和养料，并扫除害虫”。1939年7月，陶行知在四川重庆创办育才学校，培养有特殊才能的儿童。育才学校的特色在于：一是基础知识与专业技能并重；二是注重“知情意合一”的教育；三是注重创造教育；四是注重集体生活；五是课堂教育与校外教育、社会活动相结合。陶行知在育才学校的生活教育试验，注重培养青年积极追求真理、追求进步，为中国造就大批杰出人才。育才学校从1939年开办到1946年，共招收学生410人，有三分之一的学生后来走上了革命岗位。

四是成立社会大学。抗战胜利后，全国人民要求建立和平民主的新中国。陶行知提出建立社会大学的几点原因：一是新形势下，广大青年迫切需要进修学习。二是需要在国民党统治区开办一所为民主运动和人民解放事业培养干部的学校。1946年1月，陶行知在重庆创办社会大学，推行民主教育，该校1947年被国民政府查封。

社会大学是抗日战争胜利后，在中共中央支持下创办的一所新式学校。它自诞生之日起，就成为重庆民主运动的一座堡垒，成为陶行知生活教育理论的试验基地。虽然存在时间不长，但对生活教育理论和实践的发展起了重要作用。社会大学也推动了当时的民主运动，培养和造就了一批革命干部，为建设社会主义中国提供了人才。

1946年7月25日，著名教育家陶行知突发脑溢血，在上海逝世。